Nomos Universitätsschriften

Recht

Band 981

Stephanie Weiss-Brummer

Der Schutz älterer Menschen durch das Strafrecht

Nomos

Onlineversion
Nomos eLibrary

Die Deutsche Nationalbibliothek verzeichnet diese Publikation in der Deutschen Nationalbibliografie; detaillierte bibliografische Daten sind im Internet über http://dnb.d-nb.de abrufbar.

Zugl.: Diss., Ludwig-Maximilians-Universität, 2020

u.d.T.: Der Schutz „älterer Menschen" durch das Strafrecht

ISBN 978-3-8487-7800-3 (Print)
ISBN 978-3-7489-2204-9 (ePDF)

1. Auflage 2021

Vorwort

Die vorliegende Arbeit wurde im November 2019 von der Ludwig-Maximilians-Universität München als Dissertation angenommen, das Rigorosum fand sodann am 23.06.2020 statt. Rechtsprechung und Schrifttum sind bis zur Einreichung der Dissertation im November 2019 berücksichtigt worden. Nach Einreichung des Manuskripts wurde dieses nur noch in formaler Hinsicht überarbeitet, insbesondere die Anführungszeichen im Titel gestrichen sowie ein Abbildungsverzeichnis ergänzt.

Mein Dank gilt in besonderem Maße meiner Doktormutter, Frau Prof. Dr. Petra Wittig, für ihre hervorragende Betreuung, das zügig erstellte Gutachten und ihre Bereitschaft die mündliche Prüfung pandemiebedingt online abzuhalten. Ebenfalls bedanken möchte mich bei Herrn Prof. Dr. Ralf Kölbel für die außerordentlich schnelle Erstellung des Zweitgutachtens sowie bei Herrn Prof. Dr. Armin Engländer für seine freundliche Mitwirkung in der Prüfungskommission.

Dank gebührt auch allen anderen Personen, die mich in vielfältiger Weise bei der Arbeit an dieser Dissertation unterstützt haben, sei es durch Anregungen, Tipps, Kritik, seelische Unterstützung oder einfach nur Ablenkung. In diesem Zusammenhang möchte ich meinem Onkel Franz-Xaver Weiss-Brummer meinen ganz herzlichen Dank für das Korrekturlesen der Arbeit aussprechen. Zudem bin ich meiner Freundin Dr. Rita Vavra außerordentlich dankbar dafür, dass sie stets ein offenes Ohr, einen hilfreichen Ratschlag und motivierende Worte für mich parat hatte. Mein ganz besonderer Dank gilt meinem Freund Dr. Markus Jobst für seine empathische und liebevolle Unterstützung sowie unermüdliche moralische Aufbauarbeit.

Mein größter Dank gilt allerdings meinen Eltern, die mich bereits während meiner Ausbildung immer unterstützt und in meinem Weg bestärkt haben. So auch während der Zeit meiner Promotion, in der sie stets vollstes Vertrauen in mich und das Gelingen des Dissertationsprojekts zeigten.

München, Oktober 2020 *Stephanie Weiss-Brummer*

Inhaltsverzeichnis

Abbildungsverzeichnis

Abkürzungsverzeichnis

a.A.	Andere Ansicht
Abb.	Abbildung
Abs.	Absatz
ADS	Antidiskriminierungsstelle
a.E.	am Ende
a.F.	alte Fassung
AGG	Allgemeines Gleichbehandlungsgesetz
akt.	aktualisierte
Auftr.	Auftrag
Ausg.	Ausgabe
BayObLG	Bayerisches Oberstes Landesgericht
Bd.	Band
bearb.	bearbeitete
BeckOK	Beck'scher Onlinekommentar
BGH	Bundesgerichtshof
BGHSt.	Entscheidungen des BGH in Strafsachen
BKA	Bundeskriminalamt
BMFSFJ	Bundesministerium für Familie, Senioren, Frauen und Jugend
BMI	Bundesministerium des Inneren
BMJV	Bundesministerium der Justiz und für Verbraucherschutz
BMWi	Bundesministerium für Wirtschaft und Technologie
bspw.	beispielsweise
BT-Drucks.	Drucksache des Deutschen Bundestages
BVerfG	Bundesverfassungsgericht
BVerfGE	Sammlung der Entscheidungen des BVerfG
bzgl.	bezüglich
bzw.	beziehungsweise
d.h.	das heißt
d.Vfin.	die Verfasserin
ebd.	Ebenda, ebendort
Ed.	Edition
EG	Europäische Gemeinschaft
Einf.	Einführung
Einl.	Einleitung
erg.	ergänzte
erw.	erweiterte
etc.	et cetera

EU	Europäische Union
f.	folgende (Seite)
ff.	Folgende (Seiten)
FS	Festschrift
Fn.	Fußnote
GBE-Beitrag	Beiträge zur Gesundheitsberichtserstattung des Bundes
GG	Grundgesetz
GRCh	Charta der Grundrechte der Europäischen Union
grds.	grundsätzlich
H.	Heft
Hg.	Herausgeber
h.Lit.	herrschende Literatur
h.M.	herrschende Meinung
i. A.	im Auftrag
i.e.S.	im engeren Sinne
Int. J. Law Psychiatry	International Journal of Law and Psychiatry
i.S.v.	im Sinne von
i.V.m.	in Verbindung mit
JA	Juristische Arbeitsblätter
Jg.	Jahrgang
JZ	Juristenzeitung
k.A.	Keine Angabe
KFN	Kriminologisches Forschungsinstitut Niedersachsen e.V.
KFN-FB	KFN-Forschungsbericht
Kh.	Krankenhaus
kma	Klinik Management aktuell
LKA	Landeskriminalamt
LK	Leipziger Kommentar
l. Sp.	linke Spalte
Lit.	Literatur
LG	Landgericht
m.w.N.	mit weiteren Nachweisen
MüKo	Münchner Kommentar
NJW	Neue Juristische Wochenschrift
Nr.	Nummer
NStZ	Neue Zeitschrift für Strafrecht
NStZ-RR	NStZ-Rechtsprechungs-Report Strafrecht
NRW	Nordrhein-Westfalen
NZA	Neue Zeitschrift für Arbeitsrecht
OGZ	Opfergefährdungszahl
OLG	Oberlandesgericht
o.ä.	oder ähnlich
o.Ä.	oder Ähnliche(s)
PKS	Polizeiliche Kriminalstatistik

r. Sp.	rechte Spalte
RegE	Regierungsentwurf
RL	Richtlinie
Rn.	Randnummer
Rspr.	Rechtsprechung
S.	Seite
SGB	Sozialgesetzbuch
SHgZ	Sicherer Hafen oder gefahrvolle Zone?
s.a.	siehe auch
s.o.	siehe oben
sog.	sogenannt
SozR	Sozialrecht
st. Rspr.	ständige Rechtsprechung
StBA	Statistisches Bundesamt
StV	Strafverteidiger
Tab.	Tabelle
u.a.	und andere
Urt.	Urteil
USA	Vereinigte Staaten von Amerika
usw.	und so weiter
v.	von
vgl.	vergleiche
vs.	versus
u.U.	unter Umständen
überarb.	überabeitete
verb.	verbessert(e)
vollst.	vollständig
Vorb.	Vorbemerkung
WHO	World Health Organization
z.B.	zum Beispiel
ZBewHi	Zeitschrift Bewährungshilfe
Ztschr. f. Entwicklungspsychologie	Zeitschrift für Entwicklungspsychologie und Pädagogische Psychologie
ZfGG	Zeitschrift für Gerontologie und Geriatrie
ZfG	Zeitschrift für Gerontologie
ZKP	Zeitschrift für Klinische Psychologie
ZMP	Zeitschrift für Medizinische Psychologie
ZStW	Zeitschrift für die gesamte Strafrechtswissenschaft

1. Teil: Problemaufriss und Gang der Untersuchung

A. Problemaufriss

Ältere Menschen sind im Rahmen der Erforschung von Kriminalität sowohl auf Täter-[1] als auch auf Opferseite eine an sich eher wenig beachtete Gruppe. Da sich der Wissenschaft und Politik die Klärung der Frage, wie ältere Menschen im Strafvollzug behandelt werden sollten, aufgrund des demographischen Wandels und dem damit verbundenen Anstieg der Zahl älterer Menschen in Strafvollzugsanstalten jedoch geradezu aufgedrängt hat, konnte zumindest die Thematik der Alterskriminalität nicht weiter ignoriert werden.[2] Es wird zwar von einigen Forschern moniert, dass dieses Phänomen nicht ausreichend erforscht werde,[3] allerdings existiert hierzu mittlerweile ein zumindest nicht völlig unbeachtlicher Forschungsgrundstock.[4] Auch wenn dieser ausbaufähig sein mag, so erfolgte in Deutschland bereits eine differenziertere wissenschaftliche Auseinandersetzung mit der Frage der Kriminalitätsbelastung älterer Menschen, dem Einfluss des Alters hierauf sowie dem Umgang der Strafverfolgungsbehörden mit älteren Tätern.[5] Auch in der internationalen Forschung fand das Thema bereits Beachtung. Es existieren insbesondere zahlreiche US-amerikanische Untersuchungen aus den 1970er und 1980er Jahren, da man dort angesichts des demographischen Wandels die (sich später nicht verwirklichende) Gefahr sah, dass sich ein gravierendes soziales Problem zusammenbrauen könnte.[6] Für den Fall, in dem der alte Mensch zum Opfer wird, existiert hingegen nach wie vor noch keine vergleichbar differenzierte Forschung. Eine Antwort auf die Frage, weshalb die Viktimisierung

1 Die Bezeichnung von Personen wie etwa „Täter", „Senioren" etc. ist zugunsten der einfacheren Lesbarkeit der Arbeit grundsätzlich im generischen Maskulinum gehalten; sofern kein entsprechender Hinweis enthalten ist, ist hiermit aber ebenfalls immer auch das weibliche Geschlecht gemeint.

2 So Lachmund, S. 13.

3 Bspw. bei Acker, S. 6; Lachmund, S. 11; Kunz, S. 1.

4 Vgl. Kunz/Gertz, S. IX; siehe den Überblick bei Kunz, S. 14 ff.

5 Siehe beispielhaft die Arbeiten von Lachmund, S. 11 ff.; Kunz, S. 1 ff; Kunz/Gertz, S. 1 ff.; Acker, S. 11 ff.; Kreuzer/Hürlimann, S. 22 m.w.N. sowie eingehend auf den S. 23 ff.; Keßler, S. 1 ff.; Roth, Kriminelles Verhalten, S. 12 ff.; Schaumann, S. 11 ff.

6 Kunz, S. 15 f. m.w.N.

älterer Menschen etwas stiefmütterlich behandelt wird, lässt sich nicht ohne Weiteres finden. Möglich wäre, dass in der jugendfixierten Gesellschaft eine gewisse Scheu davor besteht, sich neben Jugendkriminalität und Jugendkriminologie auch explizit älteren Menschen zuzuwenden.[7] Dies kann jedoch nicht erklären, wieso gerade ältere Menschen als *Opfer* relativ wenig Beachtung finden und müsste für die Auseinandersetzung mit Alterskriminalität ebenso gelten. Außerdem dürfte der demographische Wandel nicht nur auf Täterseite,[8] sondern auch auf der Opferseite zu einem Anstieg der Beteiligung älterer Menschen führen. Es ist zu vermuten, dass die mangelnde Aufarbeitung des Themas im wissenschaftlichen Diskurs damit zusammenhängt, dass ältere Menschen auf einen ersten Blick nicht besonders häufig von Kriminalität betroffen werden und es sich daher „nicht lohnt", in diesem Bereich näher zu forschen.[9] Dies ist jedoch keine zutreffende Erwägung, schon allein deswegen, weil der demographische Wandel sich eben auch in diesem Bereich mehr und mehr bemerkbar machen wird. Laut Statistik werden ältere Menschen zwar grundsätzlich seltener Opfer von Gewaltkriminalität, im Gegenzug werden sie allerdings in anderen Bereichen des Öfteren viktimisiert, so etwa im Bereich von Pflegebeziehungen und Eigentums- und Vermögensdelikten.[10] Besondere Normen, die explizit ältere Menschen schützen, sei es in Form von eigenen Straftatbeständen, Qualifikationen oder Regelbeispielen, existieren in Deutschland jedoch bislang nicht. Eine allgemeine Strafrechtspraxis, die ein höheres Alter des Opfers in der Strafzumessung grundsätzlich als strafschärfendes Kriterium berücksichtigt, scheint ebenfalls nicht vorhanden zu sein. Sofern das Alter des Opfers im Rahmen der Strafzumessung diskutiert wird, so wird eher das junge Alter des Opfers thematisiert, etwa durch die Aussage, dass im Rahmen der Tötungsdelikte ein junges Leben nicht als schützenswerter angesehen werden kann[11] und es sich, wenn überhaupt, um eine Frage der Schuld handele, da die Hemmschwelle, z.B. bei der Tötung eines Babys, besonders hoch anzuset-

---

7 So Kreuzer/Hürlimann, S. 13.

8 So die Begründung für die Wichtigkeit einer näheren Untersuchung der Alterskriminalität etwa bei Keßler, S. 1 f.; Kunz, S. 1.

9 Vgl. auch Kunz, S. 14, die diesen Gedanken bezüglich der Alterskriminalität aufwirft.

10 Siehe etwa http://www.weisser-ring.de/internet/verwaltung/news/details/article/29560/index.html (05.09.2020) mit Verweis auf die Kriminalstatistik für das Jahr 2014; Fattah/Sacco, S. 168, S. 170 mit dem Verweis auf amerikanische, britische und europäische Studien.

11 BGH NStZ 1996, 129, 129; BGH NStZ 2008, 510, 512.

zen sei.[12] Auch bei der Auslegung von Regelbeispielen übt sich der BGH bezüglich eines höheren Alters des Opfers in Zurückhaltung. So stellte er zum Beispiel im Zusammenhang mit § 243 Abs. 1 S. 2 Nr. 6 StGB fest, dass allein das hohe Alter des Tatopfers für sich noch keine Hilflosigkeit i.S. dieser Vorschrift begründe und auch die Annahme eines unbenannten besonders schweren Falles des Diebstahles i.S.v. § 243 Abs. 1 S. 1 StGB eher fernliege.[13]

Fraglich ist, ob eine Wertung, wonach ältere Menschen gegenüber dem Rest der Bevölkerung nicht per se als strafrechtlich gesteigert schützenswert anzusehen sind, gerechtfertigt ist. Dies scheint zumindest insofern zweifelhaft, als man in einem ersten Impuls dazu geneigt ist, ältere Menschen grundsätzlich als „leichtere" Opfer und das Ausnutzen dieser (vermeintlichen) Schwäche als (moralisch) besonders verwerflich einzustufen.[14] Dieser Impuls und die Frage, ob damit besondere strafrechtliche Konsequenzen verbunden werden sollten, sollen in dieser Arbeit kritisch hinterfragt werden. Dabei ist zwischen zwei Fällen zu unterscheiden. Zum einen gibt es die Konstellation, dass man einem älteren Menschen den Strafrechtsschutz nicht versagt aufgrund einer Disposition, die mit seinem Alter zusammenhängt. Als Beispiel kann hierfür der Fall genannt werden, in dem einer alten Frau die Handtasche entrissen wird, wobei hierfür keine besondere Kraftentfaltung vonnöten ist, da die alte Dame zu betagt ist, um sich ernsthaft gegen die Wegnahme zu wehren. Nach Ansicht des BGH kann Gewalt auch bei einem schwachen alten Mensch, der keine große Abwehrkraft mehr aufbringt, bejaht werden, so dass es sich hierbei dennoch um einen Raub i.S.v. § 249 Abs. 1 StGB und nicht nur um einen bloßen Diebstahl i.S.v. § 242 Abs. 1 StGB handelt.[15] Zum anderen gibt es aber auch die Konstellation, in der das Alter nicht die Frage aufwirft ob bzw. welcher Straftatbestand erfüllt ist, sondern ob man gerade deshalb, weil es sich um ein älteres Opfer handelt, eine schärfere Bestrafung in Betracht ziehen sollte. Im genannten Beispiel beträfe dies also die Frage, ob ein tatbestandlich zu bejahender Raub deshalb härter zu bestrafen ist, weil es sich bei dem Opfer um eine alte Dame handelt. Die vorliegende Arbeit wird sich auf letztgenannte Konstellation konzentrieren. Dies erscheint deshalb gerechtfertigt, weil es in der erstgenannten Konstellation vorrangig um die argumentative Überwindung einzelner tatbestandlicher

12 Stree/Kinzig in: Schönke/Schröder StGB, 29. Auflage, § 46 StGB Rn. 20.
13 BGH NStZ 2001, 532.
14 So muten etwa die Ausführungen bei Ahlf, ZfG 1994, S. 289 an.
15 BGHSt 18, 239 = NJW 1963, 1210.

Hürden bei der Herstellung eines gleichwertigen strafrechtlichen Schutzes für alte Personen geht (im Beispiel kann diese Hürde etwa mit einer extensiven Auslegung des Gewaltbegriffs genommen werden). Die dahinterliegende Überzeugung, namentlich *dass* ein mindestens gleichwertiger strafrechtlicher Schutz auch für Alte erstrebenswert ist, dürfte dagegen kaum auf Ablehnung stoßen. Für den wissenschaftlichen Diskurs erscheinen die in der ersten Konstellation aufgeworfenen Fragen daher von eher geringem Interesse zu sein. Die durch die zweite Konstellation angesprochene Problematik einer wie auch immer zu verwirklichenden *erhöhten* strafrechtlichen Schutzwürdigkeit alter Personen dürfte dagegen ungleich kontroverser zu beurteilen sein und ist gerade deshalb im wissenschaftlichen Kontext spannend.

Im internationalen Diskurs wird zudem zutreffend unterschieden zwischen älteren Menschen als „klassischen" Kriminalitätsopfern (*„criminal victimization of the elderly"*), d.h. Gewalt-, Eigentums- und Vermögensdelikte durch fremde Täter im öffentlichen Raum, und Misshandlung und Vernachlässigung älterer Menschen in Form von Gewaltdelikten (*„elder abuse and neglect"*).[16] *Görgen/Greve* weisen richtigerweise darauf hin, dass bei der Verwendung des Begriffs Gewalt Vorsicht zu walten und dieser nicht zu weit zu fassen ist, damit keine „Unschärfe" entsteht, aufgrund derer der Komplexität der Vorgänge nicht ausreichend Rechnung getragen wird.[17] Die von diesen Autoren vorgeschlagene Unterscheidung in Viktimisierung im öffentlichen Raum, Viktimisierung durch häusliche Gewalt (Familie, sozialer Nahraum) und Viktimisierung durch institutionelle Gewalt (Pflegeinstitutionen), erscheint sinnvoll. Ihnen ist darin zuzustimmen, dass die Opferwerdung unter einer anderen Prämisse geschieht, sei es hinsichtlich der Motivation des Täters, der Täter-Opfer-Beziehung, der Tatorte oder der Art der Delikte. Folglich unterscheiden sie sich auch maßgeblich darin, wie deren Verhinderung und Bestrafung am effektivsten erfolgen kann.[18] Auch wenn Viktimisierung durch häusliche und institutionelle Gewalt ebenfalls Erwähnung finden wird, wird der Fokus dieser Arbeit auf Viktimisierung Älterer im öffentlichen Raum liegen.

---

16 Vgl. hierzu Alter – ein Risiko, S. 55; Görgen, Kriminologische Spuren in Hessen, S. 144.

17 Vgl. Alter – ein Risiko?, S. 55.

18 Vgl. Alter – ein Risiko?, S. 59, S. 193.

B. Gang der Untersuchung

Die Viktimologie ist eine Disziplin der Kriminologie und die sog. Lehre vom Opferverhalten.[19] Teil hiervon ist auch die Bildung von Opfertypologien, deren Einteilungen von unterschiedlichen Forschungsmotiven getragen sein können und sich zum Beispiel nach Risikogruppen oder Tatbeiträgen des Opfers richten.[20] Eine sehr phänomenologische Unterscheidung nach *v. Hentig* kennt auch die Opfergruppe wehrloser Menschen wie Kinder, Schwachsinnige, Gebrechliche oder eben auch Greise.[21] An einer Einordnung der Opfer in bestimmte Gruppen wird zwar einige Kritik geübt,[22] allerdings kann eine Klassifizierung trotz eventueller Mängel dabei behilflich sein, den Fokus auf das Opfer zu richten und diesbezügliche Erkenntnisse etwa im Rahmen der Strafzumessung fruchtbar zu machen.[23] In Bezug auf Gewaltdelikte wird der Vorwurf erhoben, dass bei Forschungsprojekten zu (vermeintlich) besonders schutzlosen und hilfebedürftigen Gruppen wie Kindern und alten Menschen, die Qualität der Untersuchungen oft leide, da die Forscher sich zu unkritisch von Gefühlen wie „*Abscheu, Abneigung und moralischer Entrüstung*" leiten lassen würden.[24] In seiner Kritik stellt *Fattah* insbesondere auch auf Kriminologen, Viktimologen und Gerontologen ab und zweifelt allgemein deren Objektivität an.[25] Um derartige Vorhaltungen zu vermeiden, soll im Folgenden der Frage, ob ältere Menschen tatsächlich besonders schutz- und wehrlos sind bzw. inwiefern sie überhaupt viktimisiert werden und ob aus strafrechtlicher Sicht Handlungsbedarf gegeben ist, besondere Aufmerksamkeit geschenkt werden.

Im **zweiten Teil** der Arbeit wird eine ausschließlich empirische Untersuchung vorgenommen, um zu klären, ob ältere Menschen in quantitativer oder qualitativer Hinsicht besonders von strafbaren Handlungen zu ihren Lasten betroffen sind. Ein klares Umreißen des Begriffs „älterer Mensch" erfolgt in diesem Kapitel noch nicht, da die zugrundeliegenden Studien und Statistiken keinen einheitlichen Maßstab verwenden. Dies ist für eine generelle Vorstellung davon, was die Gruppe älterer Menschen

19 Für viele Schwind, Kriminologie, § 19 Rn. 1; vgl. Göppinger, § 11 Rn. 6.
20 Göppinger, § 11 Rn. 7; Neubacher, S. 133; Schwind, Kriminologie, § 19 Rn. 12.
21 Göppinger, § 11 Rn. 7; Schwind, Kriminologie, § 19 Rn. 12 a.E.; vgl. Neubacher, S. 133.
22 Vgl. hierzu Schwind, Kriminologie, § 19 Rn. 15.
23 Ebd., § 19 Rn. 15.
24 Fattah, KFN-FB, Nr. 10, S. 3.
25 Ebd., S. 3.

in allgemeiner Hinsicht ausmacht und wie hoch die Viktimisierungsrate zu ihren Lasten ist, noch nicht zwingend notwendig. Die Altersgruppeneinteilung der jeweiligen Statistiken und Studien wird entsprechend miterwähnt, so dass skizzenhaft klar sein wird, welche Altersgruppen erfasst werden.

Zunächst werden ältere Menschen im Allgemeinen dargestellt. Dies umfasst eine generelle Charakterisierung hinsichtlich ihres Anteils in der Bevölkerung, ihrer finanziellen sowie gesundheitlichen Situation und ihrer grundsätzlichen Lebensweise. Die hier gewonnenen Daten werden immer wieder relevant in Bezug auf eine strafrechtlich bedeutsame Viktimisierung älterer Menschen. Diese Viktimsierung wird in einem zweiten Schritt näher beleuchtet, wobei für die Datengewinnung primär die PKS, aber auch nationale sowie internationale Studien herangezogen wurden. Ältere Menschen werden quantitativ von Gewaltdelikten grundsätzlich weniger betroffen als jüngere Menschen, allerdings bestehen gerade hinsichtlich der Tötungsdelikte Besonderheiten, die näher darzustellen sind. Die Misshandlung von Schutzbefohlenen aber auch die Eigentums- und Vermögensdelikte sind ebenfalls zu betrachten, da sich insbesondere bei Letzteren im Bereich des Handtaschenraubes nennenswerte Ausnahmen von dem Grundsatz, dass ältere Menschen eher wenig mit Gewaltdelikten in Berührung kommen, ergeben. Auch die Sexualdelikte verdienen es eingehender untersucht zu werden, da sich hier die Frage nach einem zwar kleinen, aber dennoch vorhandenen Dunkelfeld auftut. Im Anschluss werden die Statistiken und Studien kritisch auf Schwachpunkte hinterfragt und Gründe zusammengetragen, die erklären können, weshalb die Viktimisierungsquote älterer Menschen - von gewissen Besonderheiten und Ausnahmen abgesehen - niedriger ausfällt als bei jüngeren Menschen.

Nachdem geklärt ist, ob und wie ältere Menschen in quantitativer Hinsicht von Kriminalität betroffen sind, richtet sich der Fokus auf die qualitative Betroffenheit. Da ältere Menschen ebenso Opfer von Gewaltdelikten werden wie von Eigentums- und Vermögensdelikten, wird untersucht, inwiefern sie in physischer und in monetärer Hinsicht unter den Folgen einer an ihnen verübten Straftat leiden. Daneben sind auch psychische Folgen denkbar, wobei fraglich ist, ob ältere Menschen altersbedingt besondere Coping-Kompetenzen aufweisen und mit psychischen Belastungen besonders gut umgehen können. Kritisch hinterfragt wird auch das in der Literatur lange Zeit diskutierte sog. Viktimisierungs-Furcht-Paradoxon, wonach ältere Menschen in puncto Kriminalität „Gefangene ihrer Furcht" seien und hierunter besonders litten.

Anschließend wird ein Überblick darüber gegeben, welche Maßnahmen zum Schutz älterer Menschen bereits ergriffen oder vorgeschlagen wurden. Dies beinhaltet sowohl präventive Maßnahmen als auch Maßnahmen als Reaktion auf eine tatsächlich erfolgte Opferwerdung.

Auf die empirischen Erkenntnisse des zweiten Teils wird im dritten, vierten sowie fünften Teil dieser Arbeit immer wieder zurückgegriffen werden.

Im **dritten Teil** der Untersuchung wird die Frage geklärt, ob der Gesetzgeber die in quantitativer und qualitativer Hinsicht teilweise besonders betroffene Gruppe älterer Menschen überhaupt unter einen stärkeren strafrechtlichen Schutz stellen darf. Hierfür werden sowohl die verfassungsrechtlichen als auch die europarechtlichen Vorgaben geprüft sowie die Vereinbarkeit mit den strafrechtlichen Legitimationsgrundsätzen untersucht.

Nachdem der Rechtsrahmen geklärt wurde, ist nun in einem **vierten Teil** zu fragen, ob aus normativer Hinsicht Bedarf besteht, ältere Menschen besonders zu schützen. Im Rahmen einer systematischen Betrachtungsweise sind daher die zu berücksichtigenden Kriterien herauszuarbeiten (Gebrechlichkeit, Hilflosigkeit, Gutgläubigkeit, Nachlassen geistiger Kräfte, Überforderung mit technischen Neuheiten, Vereinsamung, stärkere Belastung nach Straftaten, langsamere Regeneration etc.). Des Weiteren ist zu klären, ob eine generell-abstrakte Kategorisierung der Gruppe „ältere Menschen" geboten ist und wie mit atypischen Fällen, etwa wenn ein älterer Mensch überdurchschnittlich fit ist, zu verfahren ist und was die Nachteile einer Nichtberücksichtigung wären. Abschließend bleibt die Frage, ob aus normativer Sicht überhaupt Handlungsbedarf besteht oder ob aufgrund einer Berücksichtigung der besonderen Folgen des Alters in den bestehenden Regelungen nicht bereits ein ausreichender Schutz gegeben ist.

Anschließend wird im **fünften Teil** erörtert, wie genau ältere Menschen sinnvollerweise besonders durch das Strafrecht geschützt werden könnten. Es werden bereits bestehende Vorschläge in der Forschungsliteratur aufgeführt und kurz diskutiert, bevor ein eigener Versuch unternommen wird, eine allgemein anwendbare Regelung herauszuarbeiten. Der eigene Vorschlag wird im Strafzumessungsrecht verortet sein; unter Berücksichtigung der Grundlagen der Strafzumessung wird eine konkrete Leitlinie entwickelt werden, an der man sich bei der Findung der Strafhöhe orientieren könnte.

Im **sechsten Teil** werden die Ergebnisse der empirischen sowie der normativen Untersuchung abschließend in Thesen zusammengefasst.

2. Teil: Empirisch kriminologischer-Forschungsstand

Ohne hier bereits eine konkrete Altersgrenze ziehen zu wollen, ist vorab zu klären, um wen es sich bei der Gruppe „ältere Menschen" grundsätzlich handelt und was sie charakterisiert. Auf eine genaue Grenzziehung wird in diesem 2. Teil der Arbeit noch verzichtet, da den Statistiken und Studien, die in diesem Abschnitt herangezogen werden, kein einheitlicher Altersmaßstab zugrunde gelegt wird, so dass manche von ihnen nicht angeführt werden könnten, wenn eine exakte Grenzziehung bereits jetzt erfolgen würde. Die Altersgrenzen der jeweiligen Studien bzw. Statistiken werden in der folgenden Darstellung an entsprechender Stelle immer miterwähnt. Abgesehen davon, dass eine exakte Grenzziehung sich als schwierig und auch gar nicht als angebracht erweist (siehe *5. Teil: B. II. 1.*), ist sie für die grundlegende Darstellung dieser Altersgruppe und ihrer Besonderheiten auch nicht von entscheidendem Gewicht. Grundsätzlich werden in den folgenden Studien und Statistiken jedoch Menschen, die mindestens das 60. Lebensjahr erreicht haben, als alt angesehen.

A. Ältere Menschen im Allgemeinen

Im folgenden Abschnitt erfolgt eine Zusammenfassung der wesentlichen Daten zu älteren Menschen im Allgemeinen.

I. Anteil in der Bevölkerung

Insbesondere die im Jahr 2016 vom Statistischen Bundesamt herausgegebene Broschüre „Ältere Menschen in Deutschland und in der EU" gewährt einige Einblicke in die aktuelle demographische Struktur Deutschlands. Aufgrund niedriger Geburtenraten und gleichzeitig steigender Lebenserwartung[26] vollzieht sich in Deutschland ein sog. **demographischer Wandel**, der bewirkt, dass in Deutschland momentan mehr als jeder vierte Bürger bereits über 60 Jahre alt ist.[27] Aufgrund der höheren Lebenserwar-

26 StBA (2016), Ältere Menschen, S. 15.
27 Ebd., S. 10.

tung von Frauen (Frauen: 83,1; Männer: 78,1)[28] beträgt ihr Anteil an den über 60-Jährigen dabei 56 %.[29] Diese Entwicklung wird sich wohl auch zukünftig nicht ändern, so dass die deutsche Bevölkerung immer mehr „altern" wird,[30] d.h. sowohl die absoluten Zahlen als auch ihr Anteil in der Bevölkerung nehmen stetig zu.[31] Die gesamte EU unterliegt diesem – wenn auch von Mitgliedstaat zu Mitgliedsaat unterschiedlich stark ausgeprägten – deographischen Wandel, im Vergleich zu anderen EU Staaten ist Deutschland aber fast Spitzenreiter: Am 01.01.2015 waren in Italien 21,7 % der Bevölkerung über 65 Jahre alt, dicht gefolgt von Deutschland mit 21,0 %.[32] Ein besonders extremes Beispiel für eine fortschreitende Vergreisung der Gesellschaft ist Japan, denn dort ist der Bevölkerungsanteil der über 65-Jährigen im Jahr 2018 mit 27,66 % so groß wie nie und über doppelt so hoch wie der Anteil der unter 15-Jährigen gewesen.[33]

Dies heißt: Der Anteil älterer Menschen in der deutschen Bevölkerung nimmt immer weiter zu, so dass auch eventuelle Probleme in Zusammenhang mit Kriminalität zu Lasten älterer Menschen immer bedeutsamer werden.[34]

II. Erwerbstätigkeit und Finanzen

Die Erwerbstätigenquote älterer Menschen in Deutschland sollte durch das Nationale Reformprogramm erhöht werden, dessen Zielvorstellung es war unter den 55- bis 64-Jährigen bis zum Jahr 2020 eine Erwerbstä-

28 Ebd., S. 44.
29 Ebd., S. 10.
30 Ebd., S. 14, S. 44.
31 Kunz, S. 2.
32 StBA (2016), Ältere Menschen, S. 18 f.
33 Wagner, S. 21; daher lassen sich am Beispiel Japans kommende Probleme, auch in Zusammenhang mit Kriminalität, bereits beispielhaft darstellen. So sind Morde an alten und pflegebdürftigen Menschen derart verbreitet, dass hierfür ein eigener Begriff existiert („Kaigo Satsujin" – „Pflegemord"), Wagner, S. 38. Auch werden jüngere Gefängnisinsassen in der Altenpflege unterrichtet, um die immer älter werdenden Mitgefangenen, von denen ca. ein Zehntel über 65 Jahre alt ist, versorgen zu können, Wagner, S. 40 f. Kriminalität zu Lasten Älterer wird bei Wagner nicht thematisiert, so dass diesbezüglich kein Ausblick gegeben werden kann.
34 Vgl. Kreuzer, ZBewHi 2010, S. 88; Stellungnahme Europäischer Wirtschafts- und Sozialauschusses, SOC/279, S. 3.

tigenquote von 60 % zu erreichen.[35] Diese Vorgabe wurde bereits 2011 erreicht und die Erwerbstätigenquote hatte 2014 mit 66 % ihren zumindest vorläufigen Zenit erreicht, wofür unter anderem die härteren gesetzlichen Voraussetzungen für eine Frühverrentung, das immer höher werdende Bildungsniveau[36] und der steigende Frauenanteil als Erklärung dienen.[37] Bemerkenswert ist dabei auch, dass die Teilzeitquote unter älteren Menschen unwesentlich von der der Jüngeren abweicht, sie sich also hinsichtlich der Arbeitsbelastung grundsätzlich nicht zurücknehmen und Deutschland in der EU den stärksten Anstieg hinsichtlich der Erwerbstätigenquote der 55- bis 64-Jährigen nachweisen kann.[38] Statistisch gesehen scheiden dennoch viele Menschen vor dem gesetzlichen Ruhestand aus dem Erwerbsleben aus; im Jahr 2013 lag der Durchschnitt bei knapp 62 Jahren.[39]

Ab 65 Jahren verändert sich die Statistik: Im Jahr 2014 waren nur 6 % der über 65-Jährigen noch erwerbstätig, womit Deutschland sich im europäischen Mittelfeld bewegt. Hiervon waren 72 % in Teilzeit tätig.[40] Hauptquelle des Lebensunterhaltes ist im Jahr 2014 für 88 % der über 65-Jährigen vielmehr die (betragsmäßig hinter dem ursprünglichen Gehalt zurückbleibende) Rente bzw. Pension.[41] Die Armutsgefährdungsquote der über 65-Jährigen liegt mit 16,3 % gleichwohl etwas unter der der 18- bis 64-Jährigen (17,2 %).[42] Auch unter materiellen Entbehrungen haben sie im Vergleich weniger zu leiden, allerdings haben 36 % der über 65-Jährigen Probleme damit, unerwartete größere Ausgaben aus ihren eigenen finanziellen Ressourcen zu bewältigen.[43] Für den Fall, dass der Lebensunterhalt nicht oder nicht ausreichend aus eigenem Einkommen oder Vermögen

---

35 Nationales Reformprogramm Deutschland 2011, hg. v. BMWi, Berlin 2011, S. 21; StBA (2016), Ältere Menschen, S. 22, eine ausführliche Veröffentlichung, in der Daten aus unterschiedlichen Quellen zusammengestellt und mit Zahlen aus anderen europäischen Ländern verglichen wurden.

36 StBA (2016), Ältere Menschen, S. 22.

37 Ebd., S. 23.

38 Ebd., S. 26.

39 Ebd., S. 24.

40 StBA (2016), Ältere Menschen, S. 28 f.; vgl. auch https://www.destatis.de/DE/Themen/Querschnitt/Demografischer-Wandel/Aeltere-Menschen/armutsgefaehrdung.html (05.09.2020) für das Jahr 2018.

41 StBA (2016), Ältere Menschen, S. 32; vgl. auch https://www.destatis.de/DE/Themen/Querschnitt/Demografischer-Wandel/Aeltere-Menschen/armutsgefaehrdung.html (05.09.2020) für das Jahr 2018.

42 StBA (2016), Ältere Menschen, S. 38; vgl auch https://www.destatis.de/DE/Themen/Querschnitt/Demografischer-Wandel/Aeltere-Menschen/armutsgefaehrdung.html (05.09.2020) für das Jahr 2018.

43 StBA (2016), Ältere Menschen, S. 39.

bestritten werden kann, stellt § 41 SGB XII eine Grundsicherung im Alter sicher. Die Zahl der Leistungsempfänger steigt, Ende 2014 erhielten 512.000 Menschen Grundsicherung im Alter.[44] Zwar herrscht unter älteren Menschen wohl eine nicht näher zu beziffernde *„verdeckte Armut"*, allerdings scheint unter älteren Menschen die Quote derer, die aus Scham oder sonstigen Gründen ihnen zustehende Sozialhilfe nicht in Anspruch nehmen, nicht besonders hoch zu sein.[45]

Zum Teil wird befürchtet, dass sich das Problem von Altersarmut aufgrund des demographischen Wandels zukünftig mehr und mehr verschärfen könnte und das Rentensystem daran angepasst werden müsse.[46] Eine Aussage darüber, ob ältere Menschen einem besonderen Armutsrisiko unterliegen, lässt sich laut Bundesregierung jedenfalls pauschal nicht treffen, da zu viele individuelle Faktoren hierauf Einfluss nehmen.[47] Daher benennt die Bundesregierung in ihrer Stellungnahme zum „Siebten Altenbericht" zwar Armut im Alter im jeweiligen Einzelfall als *„besondere soziale Notlage"*, allerdings sieht sie bewusst von einer Prognose zur künftigen Entwicklung von Altersarmut in Deutschland ab.[48] Auch wenn das Phänomen Altersarmut existiert, verfügen derzeit ältere Menschen, die nicht mehr erwerbstätig sind, oftmals noch über *„beträchtliche Vermögenswerte"*.[49] Dies wohl auch, weil ältere Menschen, gerade wenn sie hochbetagt sind, im Gegenzug zu ihrem geringeren Einkommen auch weniger Ausgaben für Konsumgüter tätigen.[50] Rechnet man die geringeren Ausgaben mit dem limitierteren Einkommen gegen, so verbleibt es oftmals dennoch bei einem höheren *„Sparquotienten"* als bei jüngeren Menschen.[51]

Dennoch neigen manche älteren Menschen dazu sich aus subjektiver Sicht als bedürftig wahrzunehmen, da mit dem Renteneintritt oftmals Pläne wie vermehrtes Reisen und eine ausschweifendere Freizeitgestaltung verwirklicht werden sollen.[52] Während also die finanziellen Ressourcen regelmäßig geringer werden, besteht häufig der Wunsch, den bisherigen Lebensstandard zu halten und daneben diverse Träume umzusetzen.[53]

---

44 Zum Thema Grundsicherung s. ebd., S. 42.
45 Vierter Altenbericht, S. 86, l. Sp.
46 StBA (2016), Ältere Menschen, S. 41; Acker, S. 50.
47 BT-Drucks. 18/10210, S. X.
48 Ebd., S. X.
49 Görgen u.a., Sicherheitspotenziale im höheren Lebensalter, S. 64.
50 Studer, S. 38.
51 Ebd., S. 38.
52 So zumindest Lachmund, S. 100.
53 Vgl. ebd., S. 100 f.; ähnlich Keßler, S. 213.

Die oftmals vorhandenen Vermögenswerte könnten ältere Menschen also zum einen als Opfer für Eigentums- und Vermögensdelikte besonders attraktiv erscheinen lassen, zum anderen könnten sie aber aufgrund des geringen Einkommens im Alter unter den Konsequenzen einer finanziellen Viktimisierung grundsätzlich mehr leiden als jüngere, noch erwerbstätige Opfer.[54] Hierauf wird an den entsprechenden Stellen der vorliegenden Arbeit noch eingegangen werden.

III. Körper und Geist

In der Medizin spricht man bei Menschen zwischen 50. und 65 Jahren von der sog. Rückbildungsphase und ab 65 Jahren vom sog. Senium.[55] Der gesundheitliche Zustand älterer Menschen ist gekennzeichnet durch eine Zunahme von Krankheiten (sog. Morbidität), sowie Mehrfacherkrankungen (sog. Multimorbidität) und chronischer Krankheitsverläufe.[56] Knapp die Hälfte der Patienten in Krankenhäusern sind Menschen über 65 Jahren, in den häufigsten Fällen wegen Kreislauferkrankungen.[57] Grundsätzlich nicht ganz einfach ist die Unterscheidung zwischen regulärem Altern i.S.v. altersphysiologischen Prozessen und Krankheit i.S.v. pathologischen Zuständen.[58] Mit dem Alter automatisch einhergehend, kommt es auch bei grundsätzlich gesunden Menschen zu gewissen körperlichen **Abbauprozessen**, die zu einer größeren physischen Schwäche bzw. geringeren körperlichen Stärke führen und zwar unterschiedlich schnell und stark ablaufen, jedoch jeden Menschen treffen.[59] Generell kann man sagen: Die Sinne (Sehen, Hören, Fühlen/Tasten, Riechen/Schmecken), der Körper (Beweglichkeit, Kraft, Fingerfertigkeit) sowie der Geist (Informationsverarbeitung, Gedächtnis, Reaktion, Koordination) lassen immer mehr in ihrer Leistungsfähigkeit nach,[60] was sich unter anderem auch in den hohen

54 So Fattah/Sacco, S. 9.
55 Keßler, S. 6; vgl. auch Obertacke/Nast-Kolb, Unfallchirurg 2000, S. 230.
56 Für viele Erlemeier/Sperling, Suizidalität im Alter, S. 10.
57 StBA (2016), Ältere Menschen, S. 54.; Obertacke/Nast-Kolb, Unfallchirurg 2000, S. 229.
58 Wurm, Angewandte Gerontologie, S. 79; vgl. auch Zeyfang/Denkinger/Hagg-Grün, S. 7; Keßler, S. 139.
59 Vgl. Tesch-Römer/Wurm, GBE-Beitrag 2009, S. 8; BT-Drs. 12/5897, S. 44, l. Sp.
60 Tesch-Römer/Wurm, GBE-Beitrag 2009, S. 10, l. Sp., S. 12, l. Sp.; Saß/Wurm/Ziese, GBE-Beitrag 2009, S. 32; Studer, S. 36 f; Sechster Altenbericht, S. 286.

Beteiligungszahlen älterer Menschen an Verkehrsunfällen zeigt.[61] Chronischer Schmerz, Atemnot, Bewegungseinschränkungen bzw. Lähmungen, Inkontinenz, Minderung bzw. Verlust der Sehschärfe, Minderung bzw. Verlust des Gehörs sowie Sturz bzw. Sturzangst stellen die Kernbeeinträchtigungen älterer Menschen dar.[62] Daneben treten diverse Krankheiten auf, die nicht notwendigerweise auf den altersbedingten Abbauerscheinungen an sich beruhen, sondern eventuell bereits seit jungen Jahren bestanden haben und erst mit den Jahren und somit im Alter zu hierauf beruhenden Krankheiten führen (z.B. Diabetes, die im Laufe der Zeit ein Nierenversagen veranlasst).[63] Denkbar sind auch Krankheiten, die eine so lange Latenzzeit haben, dass sie erst im Alter auftreten oder auch diverse Umweltfaktoren, die sich erst nach und nach negativ bemerkbar machen (z.B. ständige Lärmbelästigung, die irgendwann in Taubheit mündet; jahrelanges Rauchen, das zu Krebs führt).[64] Oft werden ältere Menschen auch als gebrechlich bezeichnet, für das Phänomen der sog. Frailty bzw. Gebrechlichkeit besteht allerdings keine allgemein anerkannte Definition.[65] Im Wesentlichen dürfte es sich hierbei um einen mit dem Alter einhergehenden Abbau der körperlichen und kognitiven Funktionen und um einen Anstieg der Vulnerabilität gegenüber Erkrankungen und ihren Folgen handeln.[66] Da Altern, Erkrankungen, geringere körperliche Aktivität usw. in eine in Gebrechlichkeit mündende Abwärtsspirale führen können, ist es wichtig, Störungen des Organismus durch Prävention von Erkrankungen, Prävention von Funktionsverlusten und Rehabilitation nach Erkrankungen zu verhindern.[67]

Insgesamt sind ältere Menschen **körperlich verletzlicher,** weshalb Verletzungen oft schwerer ausfallen als bei jüngeren Menschen, so ist etwa das

---

61 Dankwarth, Kriminalistik 1992, S. 257; Obertacke/Nast-Kolb, Unfallchirurg 2000, S. 232; vgl. StBA (2018), Verkehr, S. 47, wonach im Jahr 2018 der Anteil der Hauptverursacher in den Altersgruppen 50plus anstieg, wobei der Anteil der über 75-Jährigen besonders hoch war. Drei Viertel (75,6 %) der Pkw-Fahrer dieser Altersgruppe trugen die Hauptschuld an dem Unfall, an dem sie beteiligt waren.

62 Wenn das Altwerden zur Last wird, S. 12; s. eingehender zu dieser Thematik Marcea, Das späte Alter und seine häufigsten Erkrankungen, S. 1 ff.; Obertacke/Nast-Kolb, Unfallchirurg 2000, S. 230 ff.

63 Wurm, Angewandte Gerontologie, S. 79; vgl. auch Tesch-Römer/Wurm, GBE-Beitrag 2009, S. 12 r. Sp.

64 Wurm, Angewandte Gerontologie, S. 79; vgl. auch Tesch-Römer/Wurm, GBE-Beitrag 2009, S. 11 r. Sp.

65 Zeyfang/Denkinger/Hagg-Grün, S. 16.

66 Ebd., S. 16; vgl. auch Willkomm, S. 25 f.; Hager/Krause, S. 87.

67 So etwa Hager/Krause, S. 89; vgl. auch BT-Drs. 12/5879, S. 135.

Risiko des tödlichen Ausgangs bei einem Verkehrsunfall im Vergleich zu jüngeren Menschen deutlich höher.[68] Aber auch Krankheitsverläufe und Genesungen sind bei älteren Menschen oft langwieriger und problematischer.[69] So hat ein jüngerer Mensch, der einen Knochenbruch erleidet, bei einer grundsätzlich komplikationslosen Heilung meist eine kürzere Genesungsphase als ein älterer Mensch mit einer vergleichbaren Verletzung.[70]

Gerade **Stürze** und daraus resultierende Knochenbrüche stellen für ältere Menschen ein Problem dar. Die Hauptursache für **Frakturen** bei älteren Menschen sind Stürze bei Alltagsaktivitäten aus dem Stehen, Gehen oder Sitzen in Kombination mit einer bestehenden Osteoporose, der häufigsten generalisierten Skeletterkrankung, die zu einem Anstieg der Knochenfragilität und Frakturneigung führt und meistens die Ursache für eine Einbuße an Selbstständigkeit im Alter darstellt.[71] Die meisten Osteoporosepatienten sind Frauen (85 %).[72] Brüchigere Knochen in Verbindung mit einer herabgesetzten Fähigkeit sich bei Stürzen adäquat abfangen zu können, führen daher oftmals zu Frakturen.[73] Bei alterstraumatologischen Patienten erscheint die ursächliche Verletzung daher oftmals banal, denn bereits eine einfache Drehung oder ein Sturz aus niedriger Höhe können zu alterstypischen Frakturen führen.[74] Bei älteren Patienten, die bereits eine Fraktur hatten, besteht zudem eine erhöhte Wahrscheinlichkeit für weitere Frakturen.[75]

Eine der häufigsten Frakturen unter geriatrischen Patienten ist die Schenkelhalsfraktur, die im 1. Jahr mit einer Sterblichkeitsrate von 24,2 – 26 % der betroffenen Patienten einhergeht.[76] Allgemein werden hüftnahe Frakturen mit der höchsten Sterblichkeit verknüpft.[77] Aber nicht nur

---

68 StBA (2016), Ältere Menschen, S. 91; Obertacke/Nast-Kolb, Unfallchirurg 2000, S. 232; Dankwarth, Kriminalistik 1992, S. 257; Witthohn/Meenen/Jungbluth, ZfGG 1996, S. 207 f.

69 Saß/Wurm/Ziese, GBE-Beitrag 2009, S. 32, r. Sp., S. 39, r. Sp.; vgl. auch Obertacke/Nast-Kolb, Unfallchirurg 2000, S. 231; Lucke/Krause/Lüttje, Internist 2000, S. 563.

70 Vgl. Obertacke/Nast-Kolb, Unfallchirurg 2000, S. 231; Greve, IRoV 1998, S. 294.

71 Willkomm, S. 296.

72 Ebd., S. 296; s. zu diesem Thema auch Petersen, Der Allgemeinarzt 2011, S. 12 ff.

73 Fiß/Meinke, Pharmazeutische Zeitung 2012, S. 17.

74 Willkomm, S. 302; Hager/Krause, S. 63.

75 Hager/Krause, S. 63.

76 Wilkomm, S. 317; vgl. auch Obertacke/Nast-Kolb, Unfallchirurg 2000, S. 231; Greve, IRoV 1998, S. 294.

77 Obertacke/Nast-Kolb, Unfallchirurg 2000, S. 232; Lucke/Krause/Lüttje, Internist 2000, S. 564.

die mit diesen Frakturen einhergehende Bettlägerigkeit, sondern generell unfallbedingte Bettlägerigkeit und Prädispositionen wie eine Erkrankung des Herz-Kreislaufsystems sind äußerst kritisch, da sie sehr häufig zu **Pneumonien** und Lungenarterithrombembolien führen.[78] Die Pneumonie ist die am häufigsten tödlich verlaufende Infektionskrankheit der westlichen Welt, von der insbesondere ältere Menschen betroffen sind.[79] So kommt es bei stationär aufgenommenen älteren Patienten häufiger als bei jüngeren Patienten aufgrund von Immobilität und eingeschränkter Atemtätigkeit bei Bettlägerigkeit zu erworbenen Pneumonien,[80] wobei neben einem Alter von über 60 Jahren zum Beispiel eine schwere Grunderkrankung oder eine vorangegangene Operation als Risikofaktoren gelten.[81] Die Mortalität älterer Menschen bei Pneumonien ist relativ hoch (30 %; bei jüngeren Erwachsenen 10 %).[82]

Doch auch, wenn ein Sturz nicht zum denkbar drastischsten Ergebnis, dem Tod des Patienten führt, sind weitreichende Folgen für ältere Menschen sehr häufig, da Knochenbrüche in einem Alter ab 65 Jahren oft zu einer dauerhaft verminderten Mobilität und Jahre später vorhandenen funktionellen Gesundheitsbeeinträchtigungen führen.[83] Sie sind der vorherrschende Auslöser für Behinderungen, Immobilität aus Angst vor einem weiteren Sturz, eine Einweisung ins Pflegeheim bis hin zum Tod.[84] Gerade die Angst vor neuen Stürzen („Fear of Falling“ oder Post-Fall-Syndrom) führt häufig dazu, dass ältere Menschen ihre körperlichen Aktivitäten einschränken, ihre Wohnung nicht mehr verlassen möchten und hierdurch soziale Kontakte abnehmen, das Erledigen von Einkäufen und Sauberhalten der Wohnung erschwert wird usw.[85] In Deutschland entstehen daher immer mehr alterstraumatologische Zentren, in denen Unfallchirurgen und Geriater durch interdisziplinäre Kooperation versuchen funktionell bessere Behandlungsergebnisse zu erzielen.[86] Bei älteren Menschen

78 Willkomm, S. 173; Zeyfang/Denkinger/Hagg-Grün, S. 178.

79 Willkomm, S. 173; Zeyfang/Denkinger/Hagg-Grün, S. 178; Nagaratnam/Nagaratnam/Cheuk, S. 78; Dankwarth, Kriminalistik 1992, S. 258 f.

80 Zeyfang/Denkinger/Hagg-Grün, S. 176.

81 Willkomm, S. 175; vgl. auch Hager/Krause, S. 77 f; Nagartnam/Nagaratnam/Cheuk, S. 78.

82 Füsgen, S. 154; vgl. auch Zeyfang/Denkinger/Hagg-Grün, S. 178; Nagartnam/Nagaratnam/Cheuk, S. 78.

83 Fiß/Meinke, Pharmazeutische Zeitung 2012, S. 17.

84 Zeyfang/Denkinger/Hagg-Grün, S. 48

85 Ebd., S. 48; vgl. auch Hager/Krause, S. 57; Fiß/Meinke, Pharmazeutische Zeitung 2012, S. 17.

86 Hager/Krause, S. 68.

wird allgemein rasch operiert und auf diesem Wege versucht, schnell eine belastungsstabile Situation zu erreichen.[87] Problematischerweise können bei diesen Operationen Komplikationen auftreten und im Vergleich zu jüngeren Menschen ist dies auch relativ häufig der Fall; bei den über 80-Jährigen beträgt die Komplikationsrate sogar beachtliche 51 %.[88]

Neuropathologisch kommt es im Alter zu folgenden Veränderungen: Ungefähr ab dem 60. Lebensjahr baut die Hirnmasse beständig ab, so dass ein Mensch mit Erreichen des 90. Lebensjahres im Durchschnitt 100 g Hirnmasse und 50 % der Neuronen in der Hirnrinde verloren hat (sog. physiologische Alterung).[89] Die sog. Atrophie des Gehirns mit Größenverlust führt zu einer entsprechend vermehrten Vulnerabilität bei Kopfverletzungen.[90] **Psychopathologisch** kommt es ebenfalls zu Veränderungen, indem die kognitiven Fähigkeiten immer eingeschränkter werden; d.h., die generelle Gedächtnisleistung sowie das Erinnerungsvermögen bauen ab, es kommt zu Konzentrationsschwierigkeiten, das Affektverhalten und der Antrieb verändern sich, die Sinneswahrnehmungen werden langsamer und das Orientierungsvermögen verschlechtert sich.[91] Insbesondere bei Informationsverarbeitungsprozessen kommt es zu einer Verlangsamung, so dass ältere Menschen deutlich schlechter als junge Menschen darin sind, unter Zeitdruck zu agieren (durchschnittlich 1,5- bis 2-mal so langsam) und auch hinsichtlich der Abstraktionsfähigkeit (räumliche Orientierung, schnelles Erfassen von Zusammenhägen) kommt es zu einem deutlichen Abbau.[92] Hierbei handelt es sich um die *sog. fluide Intelligenz*, die daneben auch Fähigkeiten wie Kombinationsvermögen und Umstellungsfähigkeit erfasst.[93] Auch wenn diese beständig immer weiter abnimmt, handelt es sich sowohl hinsichtlich des Umfanges als auch der Geschwindigkeit um eine individuelle und unterschiedlich stark ausgeprägte Erscheinung.[94] Die *sog. kristalline Intelligenz*, die etwa Allgemein- und Erfahrungswissen, Wort-

---

87 Petersen, Der Allgemeinarzt 2011, S. 12.

88 Petersen, Der Allgemeinarzt 2011, S. 12; vgl. auch Zeyfang/Denkinger/Hagg-Grün, S. 48; Obertacke/Nast-Kolb, Unfallchirurg 2000, S. 236 f.; Lucke/Krause/Lüttje, Internist 2000, S. 564 und 567.

89 Dankwarth/Püschel, ZfGG 1991, S. 269.

90 Obertacke/Nast-Kolb, Unfallchirurg 2000, S. 230.

91 Dankwarth/Püschel, ZfGG 1991, S. 269; vgl. auch Füsgen, S. 8 f.

92 Gertz in: Kunz/Gertz, S. 170; vgl. auch Zeyfang/Denkinger/Hagg-Grün, S. 7; Erlemeier/Sperling, Suizidalität im Alter, S. 12; BT-Drs. 12/5879, S. 120, r. Sp.

93 Lachmund, S. 29; vgl. BT-Drs. 12/5879, S. 120, r. Sp.

94 Ebd., S. 29; Acker, S. 43 f.; Füsgen, S. 8; Dankwarth/Püschel, ZfGG 1991, S. 269.

schatz und Sprachverständnis erfasst, wird hingegen als *„relativ altersstabil"* eingestuft.[95]

Eine hiermit im Zusammenhang stehende, im Alter relativ weit verbreitete und sehr relevante Erkrankung ist die sog. **Demenz.**[96] Bei dieser handelt es sich nach den international anerkannten Kriterien des ICD-10 (Code: F00 – F03) um ein Syndrom als Folge einer chronischen oder fortschreitenden Krankheit des Gehirns mit Störung vieler höherer kortikaler Funktionen, einschließlich Gedächtnis, Denken, Orientierung, Auffassung, Rechnen, Lernfähigkeit, Sprache, Sprechen und Urteilsvermögen im Sinne der Fähigkeit zur Entscheidung ohne eine qualitative Störung des Bewusstseins.[97] In der Regel beginnt eine Demenz mit kognitiven Störungen, die weiter reichen als dies dem üblichen Abbauprozess entsprechen würde.[98]

Es gibt unterschiedliche Formen von Demenz, ca. zwei Drittel werden als Alzheimer eingestuft.[99] In Deutschland sind Ende 2018 schätzungsweise mehr als 1,5 Millionen ältere Menschen, d.h. Menschen über 65 Jahre, an Demenz erkrankt, wobei die Häufigkeit mit dem Alter zunächst ansteigt und sich die Krankheitsfälle in einem Fünfjahresabstand ca. verdoppeln.[100] Zwei Drittel der Erkrankten sind über 80 Jahre alt; der Frauenanteil beträgt 70 %.[101]

Ob auch die **Depression** eine im Alter weit verbreitete psychische Störung ist, ist strittig. Epidemiologische Studien lassen eher auf einen mit dem Alter einhergehenden Rückgang der Zahl der von Depressionen betroffenen Personen schließen.[102] Indessen wird allerdings von Fachleuten eingewandt, dass bei älteren Menschen depressive Symptome (z.B. Einschlafstörungen, geringe Lebensfreude) vorschnell als zum Alterungsprozess gehörig abgetan und nicht als behandlungsbedürftig anerkannt

---

95 Lachmund, S. 29; Erlemeier/Sperling, Suizidalität im Alter, S. 12; Acker, S. 44.

96 Gertz in: Kunz/Gertz, S. 171; Zeyfang/Denkinger/Hagg-Grün, S. 110; vgl. BT-Drs. 12/5879, S. 121, l. Sp.

97 Internationale Klassifikation psychischer Störungen –ICD-10, S. 73 ff.; auf die einzelnen Symptome ausführlich eingehend Gertz in: Kunz/Gertz, S. 171 ff.; Zeyfang/Denkinger/Hagg-Grün, S. 110.

98 Acker, S. 44; vgl. Oswald/Gatterer/Fleischmann, S. 68.

99 Informationsblatt 1 der Deutschen Alzheimergesellschaft, 2018, S. 2.

100 Ebd., S. 2.

101 Ebd., S. 2 sowie Tabelle auf S. 1; vgl. auch Zeyfang/Denkinger/Hagg-Grün, S. 110.

102 Siehe z.B. Studien in Saß/Wurm/Ziese, GBE-Beitrag 2009, S. 52; Robert-Koch-Institut, Depressive Erkrankungen, S. 23 r. Sp.; Wurm, Angewandte Gerontologie, S. 80.

würden; zudem komme es im Alter zunehmend zu untypischen Depressionen, denn gerade die Beschreibung der Symptome (insbesondere körperliche Beschwerden, Gedächtnisschwierigkeiten, innere Unruhe usw.) weiche von der für jüngeren Menschen ab.[103] Experten gehen daher dennoch davon aus, dass unter älteren Menschen 8-10 % an einer mittelschweren oder schweren Depression leiden bzw. dass die Quote in Heimen sogar 15-20 % beträgt.[104] Der Anteil leichter oder unterschwelliger Depressionen soll bei Heimbewohnern mit ca. 50 % noch höher liegen.[105]

Biologische und psychische Abbauprozesse stehen miteinander in **Zusammenhang.**[106] Tests zeigen, dass Bluthochdruck zu niedrigeren Ergebnissen bei Intelligenztests führt, die Lungenfunktion sich auf die *sog. fluide Intelligenz* auswirkt, eine eingeschränkte Sehfähigkeit zu schlechteren Resultaten bei kognitiven Tests führt usw.[107] Diese sog. Multimorbidität, d.h. das gleichzeitige Auftreten mehrerer, in der Regel chronischer Krankheiten, die sich wechselseitig beeinflussen und zu Funktionsverlusten führen, gilt als typisches Charakteristikum eines geriatrischen Patienten.[108] Doch auch andere Komponenten haben Einfluss auf psychische und physische Abbauprozesse, so etwa finanzielle Ressourcen, der eigene Lebenswandel, die soziale Einbettung, Schulbildung, sozialer Status, beruflicher Werdegang sind ebenso je nach Einzelfall förderlich oder hemmend für Abbauprozesse.[109] Trotzdem können ein physischer und ein psychischer Abbau stark voneinander abweichen, d.h., eine Person kann trotz eines starken körperlichen Abbaus geistig noch relativ fit sein und umgekehrt kann eine unter starker Demenz leidende Person im Übrigen noch sehr rüstig sein.[110]

Die insgesamt erhöhte Anfälligkeit älterer Menschen für Krankheiten hat zur Folge, dass das Thema Gesundheit in ihrem Leben eine große Rolle spielt. In der Altersgruppe der 55- bis 64-Jährigen rangiert der The-

103 Wurm, Angewandte Gerontologie, S. 80; Robert-Koch-Institut, Depressive Erkrankungen, S. 23 r. Sp.; vgl. Oswald/Gatterer/Fleischmann, S. 72.

104 Robert-Koch-Institut, Depressive Erkrankungen, S. 23 r. Sp.; Wurm, Angewandte Gerontologie, S. 80; vgl. auch Erlemeier/Sperling, Suizidalität im Alter, S. 12 f.

105 Robert-Koch-Institut, Depressive Erkrankungen, S. 23 r. Sp.; Wurm, Angewandte Gerontologie, S. 80; vgl. auch Erlemeier/Sperling, Suizidalität im Alter, S. 12 f.

106 Acker, S. 44.

107 Ebd., S. 44.

108 Zeyfang/Denkinger/Hagg-Grün, S. 8; Erlemeier/Sperling, Suizidalität im Alter, S. 10.

109 Lachmund, S. 29; Acker, S. 44 f.

110 Lachmund, S. 30.

menbereich „Gesundheit“ nach „Sicherheit der Familie, Sorge um die Angehörigen“, „geistige Leistungsfähigkeit“ und „harmonische Partnerschaft“ noch auf Platz 4, auch in der Altersgruppe der 65- bis 74-Jährigen wird der Themenbereich „Sicherheit der Familie, Sorge um Angehörige“ nach wie vor als der wichtigste angesehen, danach kommt jedoch bereits „Gesundheit“ und in der Altersgruppe der 75- bis 84-Jährigen ist „Gesundheit“ sodann auf Rang eins vorgerückt und dominiert das tägliche Denken und Handeln.[111]

Dennoch, rund drei Viertel der Menschen in Deutschland über 65 würden sich selbst als im Wesentlichen körperlich fit bezeichnen (sog. subjektive Gesundheit[112]), auch wenn diese Einschätzung mit zunehmenden Alter immer weiter sinkt[113] und fraglich ist, inwiefern sich diese positive Einstellung mit der zuvor genannten Experten-Einschätzung einer hohen Depressionsrate in Einklang bringen lässt.[114] Auch die Bundesregierung stellt fest, dass ältere Menschen im Vergleich zu früher im Schnitt in Hinblick auf Gesundheit und Vitalität besser aufgestellt sind.[115] Gleichwohl steigt die Häufigkeit von Krankheiten und somit der funktionellen Einschränkungen mit dem Alter an.[116] Die sog. funktionale Gesundheit erfasst, inwiefern *„Menschen gesundheitlich in der Lage sind, Alltagsanforderungen zu erfüllen und am gesellschaftlichen Leben teilzunehmen“*.[117] In der Gruppe der über 80-Jährigen scheint sich die große Mehrheit (80 %) diesbezüglich beeinträchtigt zu fühlen.[118] Der Anteil der Pflegebedürftigen in Deutschland steigt, wobei Ende 2013 hiervon 83 % über 65 Jahre und 55% über 80 Jahre alt waren. Ab einem Alter von 75 Jahren erhöht sich das Risiko ein Pflegefall zu sein stark: In der Altersgruppe 75 bis 79 Jahre ist jeder Zehnte pflegebedürftig, in der Altersgruppe 80 bis 85 Jahre ca. jeder Fünfte und in der Altersgruppe ab 90 Jahre sind rund zwei Drittel ein Pflegefall (50 % hiervon in einer Pflegeeinrichtung).[119]

111 Zum Ganzen s. Wurm/Lampert/Menning, GBE-Beitrag 2009, S. 82.

112 Wurm, Angewandte Gerontologie, S. 81; BT-Drs. 12/5897, S. 45, l. Sp.; zu Erklärungsansätzen für dieses Phänomen siehe Gertz in: Kunz/Gertz, S. 170.

113 StBA, Ältere Menschen in Deutschland und der EU, 2016, S. 48ff.

114 Robert Koch-Institut, Depressive Erkrankungen, S. 23; vgl. auch Wurm, Angewandte Gerontologie, S. 80.

115 BT-Drucks. 17/3815, S. V.

116 Saß/Wurm/Ziese, GBE-Beitrag 2009, S. 32, l. Sp.

117 Wurm, Angewandte Gerontologie, S. 80.

118 Ebd., S. 80; vgl. auch Erlemeier/Sperling, Suizidalität im Alter, S. 11.

119 StBA (2016), Ältere Menschen, S. 8, S. 58.

An den entsprechenden Stellen der vorliegenden Arbeit wird noch darauf eingegangen werden, ob die mit dem Alter zunehmenden körperlichen und geistigen Abbauerscheinungen ältere Menschen zu besonders geeigneten Opfern für jegliche Gewaltdelikte oder Delikte mit Täuschungscharakter wie Betrug oder Trickdiebstahl machen.

IV. Lebensumstände

96 % der über 65-jährigen Menschen leben nicht in einem Alten- oder Pflegeheim, sondern nach wie vor in einem **eigenen Haushalt**, bei dem es sich in 80 % der Fälle um einen reinen Seniorenhaushalt handelt.[120] Aufgrund von Verwitwung steigt der Anteil der Alleinlebenden mit zunehmendem Alter an, so lebten etwa im Jahr 2014 von den 60- bis 64-Jährigen 19 % der Männer und 24 % der Frauen, ab 85 Jahren 34 % der Männer und 74 % der Frauen allein.[121] Die große Mehrheit älterer pflegebedürftiger Menschen ist dementsprechend nicht in einem betreuten Wohnen oder einer stationären Einrichtung untergebracht, sondern wird in der Privatwohnung von Angehörigen (insbesondere Ehepartnern und (Schwieger-)Kindern) – zum Teil unter Einbezug ambulanter Pflegekräfte – oder von ambulanten Pflegekräften versorgt.[122] Im Jahr 2015 wurden 2,08 Millionen der insgesamt 2,9 Millionen pflegebedürftigen Menschen zu Hause versorgt (73 %), wobei knapp die Hälfte von ihnen (1,38 Millionen) ausschließlich von Angehörigen gepflegt wurde.[123]

Ältere Menschen sind sehr häufig **freiwillig engagiert:** Im Jahr 2014 waren es 45 % von den 50- bis 59-Jährigen bzw. 60- bis 69-Jährigen; ab 70 Jahren sank der Anteil auf 31 %.[124] Im Vergleich zu jüngeren Gruppen wenden sie wöchentlich auch mehr Zeit hierfür auf und bringen sich insbesondere in sozialen Bereichen ein (Nachbarschaftshilfe, Kultur und Musik usw.).[125] Dies ist insofern positiv zu bewerten, als dass es das

---

120 Ebd., S. 62.

121 Ebd., S. 62.

122 Görgen, Mythos Familiensolidarität, S. 188 f.; ähnlich Klie, Gewalt gegen alte Menschen, S. 129; Görgen, Nahraumgewalt, S. 20; Hirsch, Prävention statt Gewalt, S. 37.

123 StBA (2017), Pflegestatistik 2015, Deutschlandergebnisse, S. 5; die Zahl scheint jedoch abzunehmen, denn im Jahr 2001 waren es noch 97 %, Görgen, Forum Kriminalprävention 2005, S. 14.

124 StBA (2017), Pflegestatistik 2015, Deutschlandergebnisse, S. 88.

125 Ebd., S. 89.; Hauptbericht des Freiwilligensurveys 2009, S. 20.

Zusammenleben und die soziale Integration stärkt,[126] da mit dem Alter zugleich das Empfinden von Einsamkeit ansteigt. Ein Drittel der über 60-Jährigen gibt an manchmal oder öfter ein Gefühl von Einsamkeit zu verspüren, unter den Jüngeren hingegen machte nur ein Fünftel diese Angabe.[127] Gemeint sind hiermit nicht nur quantitative, sondern insbesondere auch qualitative Verluste von sozialen Austauschbeziehungen.[128] Unabhängig vom Geschlecht steigt mit dem Alter grundsätzlich auch das Maß an sozialer Isolation an, wobei ein schlechter Gesundheitszustand diesen Effekt noch verstärkt.[129]

Ältere Menschen, insbesondere Männer, unterliegen aufgrund der mit dem Alter einhergehenden Belastungen einem erhöhten **Suizidrisiko**, so dass von den ca. 10.000 Menschen, die in Deutschland pro Jahr Selbstmord begehen, (bei einem Gesamtbevölkerungsanteil von ca. 28 %) mehr als 40 % über 60 Jahre alt sind.[130] Nach depressiv Erkrankten und Alkohol-/Suchtmittelabhängigen gelten Alte und Vereinsamte somit als besonders gefährdete Risikogruppe.[131] Da die deutliche Zunahme der Suizidgefährdung für ältere Männer und Frauen erstmals in Ungarn beobachetet wurde, wird sie auch als sog. ungarisches Muster bezeichnet, obgleich es sich um ein weltweites Phänomen handelt.[132] Suizidalität ist die extremste Coping-Maßnahme, die ein älterer Mensch ergreifen kann, deren Prozess bei *Keßler* in folgendem Stufenmodell dargestellt wird: Stufe 1: schwer zu ertragender Alterungsprozess, Stufe 2: aktuell übliche Lebensbelastungen, Stufe 3: Selbstwertkrise im Alter, Stufe 4: Komplikationen durch Depressionen/Suchtverhalten, Stufe 5: suizidale Krise, Stufe 6: suizidale Handlung.[133] Eine Alterskrise kann verschiedene Ursachen haben (z.B. Verlustsituationen, Multimorbidität, soziale Desintegration, altersbedingte

---

126 So auch Hauptbericht des Freiwilligensurveys 2009, S. 5, S. 21.

127 Vierter Altenbericht, S. 131.

128 Schaller/Erlemeier, Epidemiologie, S. 13 f.

129 Studer, S. 40; vgl. auch Erlemeier/Sperling, Suizidalität im Alter, S. 14 f.; Willkomm, S. 425.

130 Wenn das Altwerden zur Last wird, S. 3; Schuster, Pharmazeutische Zeitung 2012, S. 46; Schaller/Erlemeier, Epidemiologie, S. 22.

131 Marcea, Das späte Alter und seine häufigsten Erkrankungen, S. 396; Wagner, Rechtsmedizin 1991, S. 36; vgl. auch Schaller/Erlemeier, Epidemiologie, S. 22; Keßler, S. 338 f.

132 Schaller/Erlemeier, Suizidalität im Alter, S. 22.

133 Keßler, S. 340.

Veränderungen im privaten Bereich[134]) und wird meist auf einer Kumulation von persönlichkeitsinternen und externen Gegebenheiten beruhen.[135] Da Ältere besonders vulnerabel sind, endet ein Suizidversuch meist tödlich.[136] Außerdem wählen sowohl Männer als auch Frauen meist die „harte Methode“ des Erhängens.[137]

Auf die Frage, ob sich die Tatsache, dass sehr viele ältere Menschen und insbesondere ältere Frauen allein in einem eigenen Haushalt wohnen und oftmals sozial isoliert sind, dahingehend auswirkt, dass sie besonders oft viktimisiert werden, wird an den entsprechenden Stellen dieser Arbeit noch eingegangen.

V. Gerontologische Altersmodelle

Die Gerontologie bezeichnet die Wissenschaft vom Alter und dem Altern und kann als interdisziplinär bezeichnet werden.[138] Alter zu definieren fällt schwer und es existieren unterschiedliche gerontologische Modelle, die den Versuch unternehmen, das biologische Altern und die Rolle des Altseins zu analysieren.[139] Um den Rahmen der Arbeit nicht zu sprengen, sollen nur die wohl gängigsten Modelle bzw. Theorien in ihren Grundzügen vorgestellt werden.

Nach den **sog. Defizit-Modellen** steht Alter für Abbauprozesse in körperlicher und in geistiger Hinsicht.[140] Gegen dieses wird eingewandt, dass es diskriminierenden Charakter habe, Alter mit negativen biologischen Prozessen in Verbindung zu setzen.[141] Überzeugender erscheint jedoch der Kritikpunkt, dass im Alter nicht *ausschließlich* negative Prozesse im Gange sind, da zum Beispiel die zuvor bereits erläuterte sog. *kristalline Intelligenz* im Wesentlichen unverändert bestehen bleibt und älteren Menschen auch positive Attribute wie der Zuwachs von Weisheit (*„Altersweisheit“*) zuge-

---

134 Siehe die Übersicht bei Keßler, S. 349; ebenso ausführlich bei bei Erlemeier/Sperling, Suizidalität im Alter, S. 14; Wenn das Altwerden zur Last wird, S. 8 ff.

135 Keßler, S. 341; vgl. Wenn das Altwerden zur Last wird, S. 8 ff.

136 Willkomm, S. 424.

137 Schaller/Erlemeier, Epidemiologie, S. 23.

138 Roth, Kriminelles Verhalten, S. 61; vgl. Oswald/Gatterer/Fleischmann, S. 2.

139 So Acker, S. 42; Oswald/Gatterer/Fleischmann, S. 14.

140 Ebd., S. 43; Lachmund, S. 28; Erlemeier/Sperling, Suizidalität im Alter, S. 4; Oswald/Gatterer/Fleischmann, S. 15.

141 Vgl. Lachmund, S. 28; Erlemeier/Sperling, Suizidalität im Alter, S. 4.

schrieben werden.[142] Da Abbauprozesse von sehr vielen Faktoren abhängen, ist es außerdem nicht möglich, allein anhand dieser eine allgemein gültige Aussage darüber zu treffen, ab wann jemand als alt gilt.[143] Fraglich ist auch, ob dabei der physische oder der psychische Abbau von größerem Gewicht für die Beurteilung sein soll, da diese Prozesse nicht zwangsläufig Hand in Hand gehen und stark divergieren können.[144]

Sog. qualitative Verlaufsmodelle setzen nicht auf biologische Abbauprozesse, sondern auf soziale Gegebenheiten.[145] Hiermit ist gemeint, dass mit dem Älterwerden gewisse Veränderungen einhergehen, von deren Bewältigung es abhängt, ob ein älterer Mensch zufrieden ist oder nicht.[146] Nach dem empirisch belegten sog. *altersnormierten Lebenslaufmodell* durchläuft der Mensch verschiedene Lebensphasen, die mit bestimmten, ihnen eigenen Aufgaben und Erwartungen verbunden werden, und in die sich das Individuum aufgrund gesellschaftlichen Drucks auch fügt.[147] Hieran wird kritisiert, dass dieser hauptsächlich bei der Jugend gegebene Anpassungsdruck unter älteren Menschen abnehme und Altersbilder bzw. Stereotypen sich verändern, so dass hieraus kein für die gesamte Gesellschaft zutreffender, allgemeingültiger Schluss gezogen werden könne.[148]

Die **Theorien des erfolgreichen Alterns** stellen grundsätzlich auf die Lebenszufriedenheit der einzelnen Person ab, allerdings finden sich hierzu mehrere Untertheorien:[149]

Nach der **sog. Aktivitätstheorie** tritt Lebenszufriedenheit bei hoher sozialer Eingebundenheit ein,[150] d.h., das Gefühl des Gebrauchtwerdens aufgrund qualitativer sozialer Aktivitäten und Kontakte ist maßgeblich.[151] Der Wegfall des Erwerbslebens kann aufgefangen werden, indem neue Aufgaben gesucht werden (Hobbys, ehrenamtliches Engagement usw.).[152]

Gegen die Aktivitätstheorie wird eingewendet, dass es durchaus Geschehnisse im Alter geben könne, die sich nicht ohne weiteres ausgleichen

---

142 Lachmund, S. 29; Oswald/Gatterer/Fleischmann, S. 15 f.; vgl. BT-Drs. 12/5879, S. 46, l. Sp.

143 Lachmund, S. 30; vgl. Matolycz, S. 14.

144 Lachmund, S. 30.

145 Acker, S. 45; vgl. Oswald/Gatterer/Fleischmann, S. 14.

146 Acker, S. 45; vgl. Oswald/Gatterer/Fleischmann, S. 14.

147 Acker, S. 45.

148 Ebd., S. 46; vgl. Oswald/Gatterer/Fleischmann, S. 17.

149 Oswald/Gatterer/Fleischmann, S. 18; siehe zu weiteren Theorien z.B. Roth, Kriminelles Verhalten, S. 65 ff.

150 Acker, S. 46; Matolycz, S. 15; Oswald/Gatterer/Fleischmann, S. 19.

151 Roth, Kriminelles Verhalten, S. 63; Matolycz, S. 15.

152 Roth, Kriminelles Verhalten, S. 63; vgl. Matolycz, S. 15.

lassen, etwa der Tod des Partners.[153] Auch die Orientierung am Eintritt in das Rentenleben wird bemängelt, da nicht jeder die Verrentung als etwas Negatives empfinde und ein *„Rollenverlust und -wandel in einer Dienstleistungsgesellschaft laufend“*[154] geschehe. Des Weiteren werde von der Theorie nicht genug Rücksicht auf die Interessen und Fähigkeiten des Einzelnen Rücksicht genommen.[155]

Die **sog. Disengagement-Theorie** hingegen verfolgt den komplett konträren Ansatz, dass Lebenszufriedenheit im Alter bei niedriger sozialer Teilhabe eintritt.[156] Begründet wird dies damit, dass ältere Menschen diversen Belastungen ausgesetzt werden und mit diesen besser zurechtkämen, wenn sie sich von sozialen Verpflichtungen und sozialen Aktivitäten mehr und mehr befreien und dadurch Raum erhalten, sich auf sich selbst und die Bewältigung von diesen Belastungen konzentrieren zu können.[157] Der Wegfall des Drucks der heutigen Leistungsgesellschaft werde dabei nicht als soziale Isolation empfunden und von der Gesellschaft begrüßt, da dieser Rückzug und die Konzentration auf sich selbst das Funktionieren der Gesellschaft fördere.[158]

Auch gegen diese Theorie wird kritisch eingewandt, dass sie zu generalisierend sei und individuelle Persönlichkeitsstrukturen unberücksichtigt lasse, insbesondere wende jeder Mensch andere Konfliktverarbeitunsgmaßnahmen an. Es wird zudem bezweifelt, dass nach einem ersten Loslösen von sozialer Teilhabe nicht doch irgendwann wieder der Wunsch nach sozialer Interaktion und Aktivität aufkomme.[159]

Zwischen diesen beiden Theorien steht die **sog. Kontinuitätstheorie**, die auf innere Kontinuität von Einstellungen und Ideen und äußere Kontinuität von sozialer Umwelt und sozialen Beziehungen als Grundlage für Lebenszufriedenheit abstellt.[160] Je älter ein Mensch wird, desto mehr hat er nach dieser Theorie das Bedürfnis nach Kontinuität und hält unabhängig

---

153 Oswald/Gatterer/Fleischmann, S. 20; Roth, Kriminelles Verhalten, S. 64; Matolycz, S. 15.

154 Roth, Kriminelles Verhalten, S. 64.

155 Ebd., S. 64; vgl. Oswald/Gatterer/Fleischmann, S. 20.

156 Acker, S. 46; Roth, Kriminelles Verhalten, S. 66; Oswald/Gatterer/Fleischmann, S. 19; Matolycz, S. 14.

157 Roth, Kriminelles Verhalten, S. 66; vgl. Matolycz, S. 14; Oswald/Gatterer/Fleischmann, S. 19.

158 Roth, Kriminelles Verhalten, S. 66; vgl. Oswald/Gatterer/Fleischmann, S. 19.

159 Zu diesen Gegenargumenten s. Roth, Kriminelles Verhalten, S. 66; kritisch auch Matolycz, S. 15.

160 Acker, S. 47; vgl. Roth, Kriminelles Verhalten, S. 64; Oswald/Gatterer/Fleischmann, S. 20.

von den sich verändernden Gesamtumständen an den ihm bekannten inneren und äußeren Strukturen fest.[161] Fraglich ist, wie es sich mit der Kontinuität von sozialen Kontakten verhält. Heutzutage stellt der Austritt aus dem Erwerbsleben keine Existenzbedrohung mehr dar, so dass eine Unterstützung durch die eigenen Angehörigen nicht mehr zwingend notwendig ist für ein erfolgreiches Altern.[162] Dennoch dürfte es von Einfluss sein, dass das berufliche Umfeld wegfällt und hierfür eine Kompensation notwendig wird.[163] Wie häufig Personen ab 60 Jahren mit ihren Kindern Kontakt haben variiert, insgesamt besteht aber wohl ein Trend zum Rückgang der Kontakthäufigkeit.[164] Für ältere Menschen scheint dabei jedoch die Qualität des sozialen Kontaktes Vorrang vor der Quantität zu haben, da das Altern auch bei einem Rückgang des Kontakts als erfolgreich wahrgenommen wird.[165] Gegen die Kontinuitätstheorie wird eingewendet, dass sie nicht berücksichtige, dass nicht jeder Mensch den Wunsch nach Kontinuität verspüre bzw. dieser bei einer belastenden Lebenssituation vielleicht sogar gerade nicht erwünscht sei.[166] Außerdem könne nicht davon ausgegangen werden, dass Menschen im Alter starrsinnig an ihren Einstellungen und Lebensbedingungen festhalten ohne für Veränderungen offen zu sein.[167]

Daneben existieren auch – empirisch widerlegte - **sog. Wachstumstheorien**, gemäß derer mit dem Alter Reife und Weisheit einhergehen.[168]

Die **sog. kognitiven Theorien** wiederum gehen davon aus, dass eine positive subjektive Einschätzung der eigenen Umstände einen positiven Einfluss auf den eigenen psychischen Zustand habe.[169]

Sog. kulturanthropologische Theorien verfolgen hingegen den Ansatz, dass nicht nur die Gene, sondern auch die in einer Gesellschaft jeweils vorherrschenden Altersbilder von Einfluss auf das Altern seien.[170] So gäbe es heutzutage mit der Lebensphase der persönlichen Erfüllung

---

161 Oswald/Gatterer/Fleischmann, S. 20; Roth, Kriminelles Verhalten, S. 64.

162 Acker, S. 47.

163 Eindeutige empirische Belege hierfür bestehen allerdings nicht, ebd., S. 47.

164 Ebd., S. 48.

165 Ebd., S. 51; vgl. auch Erlemeier/Sperling, Suizidalität im Alter, S. 13.

166 Roth, Kriminelles Verhalten, S. 65.

167 Ebd., S. 65; zur groben Veranschaulichung der Schwerpunkte dieser Theorien siehe die Abbildung bei Acker, S. 54.

168 Roth, Kriminelles Verhalten, S. 51.

169 Ebd., S. 52; Oswald/Gatterer/Fleischmann, S. 22 f.; Matolycz, S. 19.

170 Zu den kulturanthropologischen Theorien s. Acker, S. 52 f.; vgl. Roth, Kriminelles Verhalten, S. 72.

einen neuen Abschnitt, der der Phase des Verdienens und Sparens und der Phase der Abhängigkeit aufgrund Altersschwäche und schließlich dem Tod zwischengeschalten sei.[171]

Das **sog. Kompetenzmodell des Alterns** stellt sodann die positiven Seiten Alterns (Kompetenzen, Potenziale, Entwicklungschancen) in den Mittelpunkt und vernachlässigt dabei, die biologischen Aspekte.[172]

Letztlich kann keines dieser Modelle als frei von Defiziten und als *das eine, das wahre* Modell bezeichnet werden, allerdings kann man aus ihrer Gesamtschau die Erkenntnis ziehen, dass sowohl biologische als auch soziale und gesellschaftliche Komponenten von Einfluss auf das Altern des Individuums sind und es sich hierbei um einen uneinheitlichen, da individuellen Prozess handelt.[173] *Roth* fasst zutreffend zusammend, dass sicherlich das/die in einer Gesellschaft vorherrschende/n Altersbild/er Einfluss auf die Einschätzung der eigenen Person habe.[174] Mit dem Austritt aus dem Erwerbsleben gehe in sozialer Hinsicht automatisch eine Veränderung einher, auf die es in irgendeiner Form zu reagieren gelte und die als Belastung, Befreiung oder beides zugleich empfunden werden kann. Biologische Abbauprozesse und krisenbesetzte Lebenssituationen würden mehr und mehr zunehmen. Dies bedeute, dass sich das Altern des Individuums in spezifischer Weise als mehrdimensionaler und dynamischer Prozess durch sein gesamtes Leben hindurch zieht und sich aufgrund diverser Einflüsse auf unterschiedlichen Ebenen (kalendarisch, biologisch, psychologisch, sozial, gefühlt) abspielt. Eine allgemeingültige Aussage über den Beginn von Alterungsprozessen, was genau diese kennzeichnet und wie seitens des alternden Menschen darauf reagiert wird, könne jedoch nicht getroffen werden.

B. Ältere Menschen als Opfer von Viktimisierungen

In diesem Abschnitt sollen nun ältere Menschen in Bezug auf Opferwerdung kriminellen Verhaltens beschrieben werden. Zunächst wird dargestellt werden, inwiefern diese überhaupt viktimisiert werden, ob es Beson-

---

171 Acker, S. 52 f.; vgl. Roth, Kriminelles Verhalten, S. 72.

172 Erlemeier/Sperling, Suizidalität im Alter, S. 4; vgl. Oswald/Gatterer/Fleischmann, S. 21 f.; Matolycz, S. 17.

173 So zutreffend Acker, S. 53; Roth, Kriminelles Verhalten, S. 69; vgl. Oswald/Gatterer/Fleischmann, S. 23.

174 Roth, Kriminelles Verhalten, S. 80, dort auch zum nachfolgenden Text.

derheiten in der Polizeiarbeit mit älteren Menschen gibt und inwiefern ältere Menschen von den Folgen einer Viktimisierung betroffen sind. Anschließend folgt ein Überblick über Präventionsmaßnahmen zugunsten älterer Menschen.

I. Begriffsdefinition Viktimisierung

Es ist zu klären, inwiefern ältere Menschen Opfer einer Viktimisierung werden. Zum Teil wird hier zwischen einer strukturellen Viktimisierung, einer institutionellen Viktimisierung und einer individuellen Viktimisierung unterschieden.[175]

Eine **strukturelle Viktimisierung** soll dabei das Verhalten einer *„jugendzentrierten“*[176] Gesellschaft wie der unseren beschreiben, das zu negativen Konsequenzen für ältere Menschen führt, worunter das jähe Ausscheiden aus dem Erwerbsleben und das Verdrängen dieser anstehenden Veränderung durch die Älteren selbst, das Verneinen des Fortbestehens von sexuellen Bedürfnissen älterer Menschen, der Unwillen der Wissenschaft, altersbezogene Problemfelder genauer zu erforschen usw. fallen.[177] Eine **institutionelle Viktimisierung** geschehe dadurch, dass unsere Gesellschaft möglichst wenig mit den unliebsamen Themen Alter, Krankheit und Tod konfrontiert werden möchte, wobei es durch dieses „Augenverschließen“ und die veränderte Familienstruktur immer wieder notwendig sei ältere Menschen in spezielle Institutionen „abzuschieben“.[178] Die **individuelle Viktimisierung** soll sodann die Opferwerdung der Gruppe älterer Menschen im kriminellen Sinne erfassen.[179]

Im nächsten Abschnitt wird nun zunächst auf die „strukturelle“ und „institutionelle Viktimisierung“ bei gleichzeitiger Klärung der Frage des gesellschaftlichen Status älterer Menschen näher eingegangen. Im Anschluss wird sodann die strafrechtlich relevante Viktimisierung näher beleuchtet.

---

175 Siehe hierzu Baurmann, ZfG 1981, S. 247 f.
176 Baurmann, ZfG 1981, S. 247.
177 Ebd., S. 248.
178 Ebd., S. 248.
179 Ebd., S. 248.

II. Ältere Menschen als Opfer der Gesellschaft

In gesellschaftlicher Hinsicht ist die Wahrnehmung der Gruppe der älteren Menschen je nach Kulturkreis und Gesellschaftsstruktur recht unterschiedlich.

1. Konzept der Großfamilie vs. Kernfamilie

Einerseits gibt es Gesellschaften, in denen die Großfamilie (sog. *„extended family“*) die prägende Familienstruktur ist, zum anderen gibt es Gesellschaften, insbesondere die westlichen Industriestaaten, in denen die Kernfamilie, bestehend aus Vater, Mutter und Kind/-ern (sog. *„nuclear family“*), vorherrschend ist.[180] Durch das gemeinschaftliche Zusammenleben in den Großfamilien sind ältere Menschen weiterhin gut in die Gesellschaft integriert und werden idealerweise als wichtiger Bestandteil angesehen, auf dessen Lebenserfahrung, Wissen und Ratschläge gerne zurückgriffen wird, während in den Kernfamilien das Altern mit einem bestimmten Statusverlust einher geht.[181] Ältere Menschen werden zwar auch in der westlichen Welt prinzipiell nicht ohne Respekt und Würde behandelt, dennoch ist eine gewisse Angst vor dem Altern weit verbreitet und das Alter wird nicht mehr so stark mit Weisheit und Erfahrung in Zusammenhang erbracht.[182] Hier liegt der Fokus stärker darauf, dass mit dem Alter in vielerlei Hinsicht (so wie oben dargestellt) ein Verlust einhergehen kann - sei es finanzieller, gesundheitlicher oder sozialer Natur – und Ältere daher nicht mehr (so gut) in der Lage sind, hinsichtlich Arbeit, Aktivität und Produktion einen Mehrwert zu leisten.[183] Durch das immer weiter voranschreitende Altern der Gesellschaft und damit verbundenen Herausforderungen wie der Rentenproblematik, wird diese ohnehin schon vorhandene Wahrnehmung ganz besonders befeuert.[184] Es kann also zu einem Interessenkampf kommen, in dem die jüngeren Menschen Angst haben, dass ihnen soziale

180 Für Viele Fattah/Sacco, S. 7.

181 Ebd., S. 7; vgl. auch Wilms, Alter – ein Risiko?, S. 189; Sechster Altenbericht, S. 97 f.

182 Ebd., S. 7; vgl. auch Wilms, Alter - ein Risiko?, S. 190.

183 Fattah/Sacco, S. 10, gemäß derer die westliche Welt generell dazu neigt, Menschen, die hierzu nichts beitragen (können), einen geringeren Status zuzuschreiben, wovon nicht nur die Gruppe der älteren Menschen, sondern etwa auch Arbeitslose oder körperlich oder geistig behinderte Menschen betroffen sind.

184 Vgl. Wilms, Alter – ein Risiko?, S. 187.

Positionen und Güter streitig gemacht werden.[185] Auch wenn sich dies in der Regel nicht auf innerfamiliäre Beziehungen auswirkt,[186] soll die generell negative Attitüde der westlichen Welt bei älteren Menschen oft den Eindruck kein wichtiger Bestandteil der Leistungsgesellschaft, sondern eine Last zu sein und somit ein Gefühl von Hilflosigkeit bis hin zu Kontrollverlust bewirken.[187] Menschen, die sich verletzlicher und wehrloser fühlen sowie unsicher, ängstlich und misstrauisch sind, ziehen sich oftmals zurück und Rückzug und Isolation führen ihrerseits dazu, dass ältere Menschen einsamer werden und mehr auf sich allein gestellt sind;[188] ein sich selbstverstärkender Teufelskreis, der zu Stress, Depressionen, Alkoholismus, Suizid und allerlei anderen negativen Konsequenzen führen kann.[189] Auch die Herausforderungen der modernen technisierten Welt führen oftmals zu einer Überforderung und damit einhergehend einer Verunsicherung älterer Menschen bei der Teilnahme am alltäglichen Leben.[190] Selbstverständlich kann dies nicht verallgemeinert werden und die individuelle Reaktion hängt letztlich stark von der jeweiligen persönlichen Veranlagung ab, d.h., nicht jeder ältere Mensch in Gesellschaften mit Kernfamilien als vorherrschendem Familienmodell, wird diese Gefühle überhaupt hegen und auch die Menschen, die so empfinden, ziehen sich nicht zwangsläufig zurück, sondern wenden sich unter Umständen sozialen Projekten bzw. Freiwilligenarbeit zu, suchen Halt in der kirchlichen Gemeinde oder Ähnlichem.[191]

Das Image der älteren Menschen in der westlichen Gesellschaft wird nach *Fattah/Sacco* zudem maßgeblich von den Medien und ihrer *„rhetoric of crisis“*[192] beeinflusst. Die Darstellung in den Medien sei so gestaltet, dass der Eindruck erweckt werde, ältere Menschen seien generell beliebte Opfer für Straftaten, sei es für Diebstahl, Raub, Betrug, häusliche Gewalt oder Gewalt in Pflegeeinrichtungen.[193] Die Berichterstattung lege dabei auch nahe, dass die Opferwerdungsrate älterer Menschen stetig steige und dies besonders dramatisch sei, da ältere Menschen unter den Vikti-

---

185 Vierter Altenbericht, S. 351, r. Sp.; vgl. auch Wilms, Alter – ein Risiko?, S. 187.
186 Vierter Altenbericht, S. 351, r. Sp.; vgl. auch Wilms, Alter – ein Risiko?, S. 187.
187 Fattah/Sacco, S. 10.
188 Ebd., S. 7.
189 Ebd., S. 10.
190 Wilms, Alter – ein Risiko?, S. 190.
191 Fattah/Sacco, S. 10.
192 Ebd., S. 149.
193 Ebd., S. 149 f.

misierungsfolgen besonders leiden würden.[194] Da die Medien gerne reißerisch agieren, fände auch vornehmlich eine Berichterstattung hinsichtlich schwerwiegender Delikte statt, was den Anschein erwecke, dass ältere Menschen entsprechend ernsthaft viktimisiert werden.[195] Da die Medienwirkungsforschung es als wissenschaftlich gesichert ansieht, dass die Medien auf Meinungen, Haltungen und Handlungen Einfluss haben,[196] ist dies eine durchaus plausible These. Auch Migration beeinflusst Altersbilder, da Altersbilder aus dem jeweiligen Kulturkreis der Migranten miteinwandern.[197]

2. Situation in Deutschland

Auch in Deutschland als Industriestaat ist die Kernfamilie die weit überwiegende Familienstruktur und ein gewisser Jugendkult nicht von der Hand zu weisen. *Baurmann* geht sogar so weit von *„Jugendfetischismus"* zu sprechen, da „jung" automatisch mit positiven Eigenschaften (Dynamik, Lebhaftigkeit, Modernität etc.) und „alt" mit negativen Eigenschaften (Krankheit, Senilität, Versagen usw.) verknüpft werde.[198] Neben der Konfrontation mit derartigen negativen Stereotypen wird älteren Menschen zudem die Wahrnehmung diverser Rechte allein aufgrund ihres Alters erschwert oder unmöglich gemacht (z.B. Altersgrenzen bei Erwerbstätigkeiten, Probleme bei der Erlangung eines Kredits oder einer Versicherung).[199] Teilweise wird der Fokus von staatlicher Seite auch explizit von den älteren Menschen weg und zu den jüngeren Menschen hin gelenkt. Denn obwohl ältere Menschen durchaus von Gewaltkriminalität betroffen sind,[200] schreibt das Bundesministerium des Innern bzw. der Justiz im Ersten Periodischen Sicherheitsbericht (2001): *„In der öffentlichen Meinung wird Gewaltkriminalität vor allem mit jungen Menschen und werden die Opfer von Gewalt vor allem mit Älteren in Verbindung gebracht. Hierbei wird übersehen, dass die Opfer von Gewalt junger Menschen überwiegend Gleichaltrige sind und auch junge Menschen sehr häufig Opfer von Gewalt Erwachsener werden. Unter Berücksichtigung auch der familiären Gewalt sind junge Menschen sogar*

194 Ebd., S. 150.
195 Ebd., S. 150; Alter – ein Risiko?, S. 181, S. 193.
196 Sechster Altenbericht, S. 264.
197 BT-Drucks. 17/3815, S. V.
198 Baurmann, ZfG 1981, S. 247.
199 Drescher, S. 60 f.
200 Siehe hierzu genauer im *2. Teil*.

weitaus häufiger Gewaltopfer als Gewalttäter. Nicht so sehr als Täter, sondern vor allem als Opfer verdienen deshalb junge Menschen die Aufmerksamkeit und den Schutz der Gesellschaft".[201] Dass ältere Menschen zum Teil aber gerade besonders von Gewaltkriminalität betroffen sind, bleibt explizit unberücksichtigt und wird im Vergleich offenbar als nicht (so) wichtig eingestuft. Andererseits ist das BMFSFJ bemüht, dem entgegenzuwirken und in der Bevölkerung ein positiveres Bild zu verbreiten. Im Jahr 2016 hat es eine Broschüre mit dem Titel „Ältere Menschen in Deutschland und der EU" veröffentlicht,[202] die gemäß dem Vorwort unter anderem dazu dienen sollte, das Bild der Öffentlichkeit positiv zu beeinflussen, indem zum Beispiel vermittelt wird, dass die weit überwiegende Mehrheit der über 85-Jährigen noch in einem eigenen Haushalt lebt, d.h. noch eigenständig und nicht (ausschließlich) hilfsbedürftig ist. Dies sei wichtig für das „*gegenseitige Verständnis und damit für den Zusammenhalt der Generationen und für den Zusammenhalt in der Gesellschaft insgesamt*".[203] Zudem gibt es diverse Forschungsprojekte, die sich (auch) auf ältere Menschen (als Kriminalitätsopfer) konzentrieren und vom BMFSFJ gefördert werden. So etwa die sieben „Berichte zur Lage der älteren Generation in der Bundesrepublik Deutschland" (sog. Altenberichte), die KFN Opferbefragung von 1992, das Aktionsprogramm „Sicher leben im Alter", die Studie „Sicherer Hafen oder gefahrvolle Zone? – Kriminalitäts- und Gewalterfahrungen im Leben alter Menschen" usw. Des Weiteren setzt sich die durch das BMFSFJ geförderte Informationsschrift „Wenn das Altwerden zur Last wird – Suizidprävention im Alter" des Nationalen Suizidpräventionsprogramms für Deutschland mit der Frage des erhöhten Suizidrisikos im Alter auseinander. Hiernach wird „*bei alten Menschen (...) als Folge eines oft negativen Altersbildes eine Suizidhandlung eher gebilligt als bei jungen Menschen*" und verharmlosende Begriffe wie „Freitod" und „Bilanzsuizid" „*werden besonders bei alten Menschen angewendet, weil sich viele das hohe Alter als persönliche und gesellschaftliche Last vorstellen.*"[204] Die Informationsschrift kritisiert, dass dies in der Folge dazu führt, dass Präventionsbemühungen sich auf die jüngere, „lohnendere" Zielgruppe fokussieren.[205] Auch hierin zeigt sich eine eher abwertende Haltung gegenüber dem Alter sowohl seitens der Gesellschaft als auch der älteren Menschen selbst. Dass Letztere

201 Erster Periodischer Sicherheitsbericht, S. 7.
202 StBA (2016), Ältere Menschen, S. 1 ff.
203 StBA (2016), Ältere Menschen, S. 4.
204 Wenn das Altwerden zur Last wird, S. 3.
205 Ebd., S. 4.

ihrerseits nicht davon frei zu sein scheinen, ihr fortschreitendes Alter als etwas eher Negatives anzusehen, zeigt auch der „Sechste Altenbericht“, der auf eine Studie (Karstadt-Quelle Versicherungen und TNS Emnid 2006) Bezug nimmt, in der sich eine gewisse Abwehr der Befragten zeigt, als „alt“ eingestuft zu werden: In dieser bezeichneten sich über 60-Jährigen in ihrer großen Mehrheit (80 %) als „jung geblieben“ und der Begriff „Senior“ wurde als eher kritisch eingeordnet (die Gruppe der 56- bis 65-Jährigen sah sich als „45 plus“ und „im mittleren Alter“, die Mehrheit der 66- bis 70-Jährigen bevorzugte es, nicht als „Senior“, sondern vielmehr als „Jungsenior“ bezeichnet zu werden (68 %) und ab dem 70. Lebensjahr wurde die Bezeichnung „Senior“ dann von 75 % akzeptiert).[206] In diesem Zusammenhang interessant ist eine Studie von *Studer* zu Kriminalitätsfurcht und Viktimisierung im Alter, in der er sich auch der Erforschung der Altersdiskrimierung in Österreich annahm, indem er in seinen Katalog strafrechtlich nicht relevante Fragen aufnahm. So etwa, ob der Proband sich innerhalb des letzten Jahres aufgrund seines Alters unterschätzt gefühlt habe (17 %), ob ihm gegenüber innerhalb des letzten Jahres aufgrund seines Alters abschätzige Bemerkungen gemacht worden seien (11 %) oder ob man innerhalb des letzten Jahres mit ihm wie mit einem Kind gesprochen hätte (4 %).[207] Auch wenn die Zahlen nicht besonders hoch ausfallen, so sind sie absolut gesehen und auf die Gesamtheit der in Österreich lebenden älteren Menschen bezogen nicht völlig vernachlässigenswert und weisen auf ein gewisses *„kulturelles Problem der Verhältnisse der Generationen zueinander“* hin.[208]

Das BMFSFJ ist zudem der Ansicht, dass die Medien sensationslüstern berichten und den Eindruck erwecken oder verstärken, dass ältere Menschen nicht sicher seien, obwohl dies gerade nicht der Realität entspräche.[209] Die gewählten Begrifflichkeiten sind oftmals sehr negativ belastet („Vergreisung“, „Rentenlast“, „Krieg der Generationen“), was durchaus die Gefahr in sich berge, dass die positiven Aspekte, die mit dem Alter verbunden werden können, von einer negativen Sichtweise überlagert werden.[210] Allerdings trifft dies wohl nur auf einschlägige Berichterstattungen zu und ist keine allgemeingültige Aussage, da in der Werbung und in

206 Sechster Altenbericht, S. 285; ähnlich auch die Ergebnisse einer US-amerikanischen Studie, Baurmann, ZfG 1981, S. 245.

207 Studer, S. 189, S. 234.

208 Ebd., S. 234.

209 Rate mal, wer dran ist, S. 6.

210 Vierter Altenbericht, S. 351, l. Sp.; BT-Drs. 12/5897, S. 42, r. Sp.; vgl. auch Alter – ein Risiko?, S. 155, 163 f., 187; Hirsch, Prävention statt Gewalt, S. 40.

Spielfilmen kein negatives Altersbild vermittelt wird.[211] Dieses ist in diesen Bereichen vielfach sogar eher positiv[212] und ältere Menschen werden als junggeblieben, agil und noch in jeglicher Hinsicht im Leben stehend dargestellt.[213] Allerdings muss auch dies insofern relativiert werden, als dass diese positive Darstellung hauptsächlich ältere Männer und weniger ältere Frauen betrifft.[214]

Es gilt zudem, dass über ältere Menschen in den Printmedien sehr häufig in den negativ belasteten Themenbereichen „Straftaten", „Unfälle" und „Probleme" berichtet wird, und zwar auch hier vornehmlich über ältere Damen („Seniorin", „Rentnerin", „ältere Frau").[215] Auch wenn dies sicherlich damit zusammenhängen wird, dass der Bevölkerungsanteil älterer Frauen wesentlich höher ist, kann man sagen, dass insbesondere ältere Frauen in den diversen Medien tendenziell als schwache und hilfsbedürftige Mitmenschen dargestellt werden.

Ob diese Art der Berichterstattung in den Medien tatsächlich die Wirklichkeit widerspiegelt und insofern angemessen ist, ist fraglich. Jedenfalls dürfte eine solche Darstellung die grundsätzliche Wahrnehmung der älteren Menschen als eher schwache Mitglieder der Gesellschaft in der Tat intensivieren.[216] Allerdings scheint sich im Vergleich zu den 1990er Jahren eine Entwicklung dahingehend abzuzeichnen, dass über ältere Menschen zunehmend weniger im Zusammenhang mit negativen Attributen, Ereignissen und Entwicklungen berichtet wird.[217] Für einen differenzierten und verantwortungsvollen Umgang mit den Altersbildern in den Medien sprach sich daher bereits auch die Bundesregierung aus.[218]

In eine ähnliche Richtung geht der Vorschlag der Sechsten Altenberichtkommission, zum Beispiel in der Politik mehr darauf zu achten, das Alter als einen Lebensabschnitt darzustellen, in dessen Mittelpunkt nicht nur Fürsorge- und Hilfsbedürftigkeit älterer Menschen stehen, sondern ein Bild zu vermitteln, das eher *„der Vielfalt des Alters"* entspricht.[219] Ein erster Schritt wäre hierfür unter anderem die Vermeidung des Wortes

---

211 Eine neue Kultur des Alterns, S. 15; Sechster Altenbericht, S. 266 ff.

212 Sechster Altenbericht, S. 266 f.

213 Ebd., S. 267, S. 273

214 Ebd., S. 269.

215 Ebd., S. 271.

216 Zur Frage, ob die Medien überhaupt Einfluss nehmen können, siehe etwa Eisenberg/Kölbel, § 24 Rn. 50 ff. (Einfluss der Medien auf Strafbedürfnisse).

217 Vgl. Sechster Altenbericht, S. 291.

218 BT-Drucks. 17/3815, S. V, S. IX.

219 Sechster Altenbericht, S. 516.

„Senioren/innen", so wie in dem Namen des Bundesministeriums für Familie, Senioren, Frauen und Jugend selbst; stattdessen wird die neutralere Bezeichnung „*Generationenministerium*" vorgeschlagen.[220] Für Verkehrsunfallstatistiken wird vorgeschlagen den Begriff „Senioren" auch durch den weniger diskriminierend klingenden Begriff „Generation 65 plus" auszutauschen.[221] In dem vorhergehenden Fünften Altenbericht des Bundesministeriums wurden Wege gesucht, um ältere Menschen in ihrem Selbstbild positiv zu beeinflussen und ihren Erfahrungsschatz für die nachfolgenden Generationen fruchtbar zu machen und somit zugleich ihr Ansehen in der Gesellschaft positiv zu beeinflussen.[222]

Zusammenfassend kann man sagen, dass ältere Menschen in Deutschland, respektiert, aber - auch aufgrund des demographischen Wandels - zugleich als eine gewisse Last empfunden werden. Es handelt sich folglich um ein ambivalentes Verhältnis.[223] Ob man das Verhalten der deutschen Gesellschaft als strukturelle oder institutionelle „Viktimisierung" bezeichnen sollte,[224] ist nach vorliegender Ansicht fraglich, da dieser Ausdruck eine äußerst negative Färbung hat, die den Gegebenheiten in Deutschland nicht ganz gerecht wird.

III. Ältere Menschen als Opfer von Straftaten

Auch wenn in der Vergangenheit die Annahme vorherrschend war, dass ältere Menschen aufgrund von bestimmten altersbedingten Eigenschaften besonders leichte Opfer darstellen und daher auch besonders häufig Opfer von Straftaten werden,[225] ist dies gemäß Statistiken und Opferbefragungen (sowohl in Deutschland als auch in anderen Ländern) tatsächlich nicht der Fall.[226] Sie werden grundsätzlich nicht überdurchschnittlich oft vikti-

---

220 Ebd., S. 516; Eine neue Kultur des Alterns, S. 24.

221 Mönnighoff, Empirische Polizeiforschung 2010, S. 186.

222 Vgl. auch Alter – ein Risiko?, S. 40 f.

223 Zu einer ähnlichen Einschätzung kommen auch Fattah/Sacco, S. 10 hinsichtlich der westlichen Welt.

224 So Baurmann, ZfG 1981, S. 247 f.

225 Vgl. Greve/Hosser/Wetzels, S. 18 m.w.N.; Greve, IRoV 1998, S. 277 m.w.N.

226 Vgl. etwa Vierter Altenbericht, S. 327, l. Sp.; Studer, S. 12 f., S. 175, S. 178, S. 233; Fattah, KFN-FB, Nr. 10, S. 16; Greve/Wetzels, KFN-FB, Nr. 34; Greve, KFN-FB, Nr. 65, S. 1; Görgen, KFN-FB, Nr. 93, S. 8, S. 10, S. 110 mit Verweis auf US-amerikanische und britische Daten, S. 130; Baier, KFN-FB, Nr. 127, S. 101; Görgen/Herbst/Rabold, SHgZ, S. 138; für die USA.: Nuus, Kriminalistik 1983, S. 228.

misiert, insbesondere nicht hinsichtlich Gewaltdelikten[227], und sind per se nicht besonders prädestiniert dafür, Opfer einer Straftat im öffentlichen Raum zu werden, so dass sie zum Teil auch als *„häusliche Opfer"* betitelt werden.[228] Sieht man sich in den grundsätzlich selteneren Fällen der Gewaltdelikte die Motive an, so werden ältere Menschen meist Opfer von Gewalt aus räuberischen Beweggründen oder aus Geltungsbedürfnis.[229] Insofern ist es nicht überraschend, dass Ausnahmen von der geringen Viktimisierungsrate für die Delikte des Handtaschenraubes, Raubmords, der fahrlässigen Tötung i.S.v. § 222 StGB und der Misshandlung von Schutzbefohlenen i.S.v. § 225 StGB bestehen.[230]

Diese grundsätzlich niedrige Viktimisierungsrate und ihre Ausnahmen soll im Folgenden detaillierter dargestellt werden.

1. Grundsätzlich geringe Gefährdung einer Viktimisierung

a) Gewalt(delikte) zu Lasten älterer Menschen

aa) Allgemeines

Lange Zeit wurden ältere Menschen überhaupt nicht als Opfer von Gewalt wahrgenommen und der Fokus der Forschung lag primär auf entsprechend viktimisierten Kindern und Frauen.[231] In den 1970er Jahren wurden zumindest im Ausland auch die älteren Menschen nach und nach als Gewaltopfer bemerkt.[232] Bis sich die deutsche Forschung der Thematik annahm, verging jedoch noch einmal geraume Zeit und bis heute sind ältere Menschen keine besonders gut erforschte Opfergruppe.[233] Erklärungsansätze für diese verzögerte Wahrnehmung könnten sein, dass die Famili-

---

227 Vierter Altenbericht, S. 327, l. Sp.; Görgen, KFN-FB, Nr. 93, S. 76, S. 99, S. 101, S. 114, S. 116; Görgen, SHgZ, S. 72; Baier, KFN-FB, Nr. 127, S. 101; Kreuzer, ZBewHi 1/2010, S. 88; dies gilt auch international, vgl. Alter- ein Risiko?, S. 56; S. 5; Fattah/Sacco, S. 169; Stellungnahme Europäischer Wirtschafts- und Sozialausschuss, SOC/279, S. 3; bzgl. Körperverletzung: Studer, S. 226.

228 Fattah, KFN-FB, Nr. 10, S. 14; Görgen, KFN-FB, Nr. 93, S. 110.

229 Fattah, KFN-FB, Nr. 10, S. 14; zu den übrigen denkbaren Motiven s. ebd. S. 9 ff.

230 Vgl. nur Görgen, Mythos Familiensolidarität, S. 183; Görgen/Greve, Gewalt, S. 147.

231 Dieck, ZfG 1987, S. 306; Görgen, 25 Jahre Gewaltprävention – Rückblick, S. 1.

232 Vgl. Übersicht bei Dieck, ZfG 1987, S. 306; Görgen, 25 Jahre Gewaltprävention – Rückblick, S. 1 f.

233 Vgl. Dieck, ZfG 1987, S. 305.

enforschung sich ausschließlich an der Eltern-Kind-Beziehung orientierte und dabei nicht die Großeltern-Eltern-Beziehung miteinbezog oder dass Gewalt gegenüber den eigenen Eltern noch verpönter und tabuisierter sein könnte als die gegenüber Ehepartnern und Kindern.[234] Denkbar wäre auch, dass ältere Menschen keine ausreichende Lobby besitzen und statistisch gesehen auf den ersten Blick eine solche auch nicht benötigen.[235] Mit der Einführung der Pflegeversicherung in den 1990er Jahren wurde das Problemfeld dann aber erstmals in Deutschland wahrgenommen, wobei sich der Fokus damals wie heute hauptsächlich auf pflegebedürftige ältere Menschen richtet(e).[236] Insgesamt fand eine gewisse Sensibilisierung für den Themenkomplex „Gewalt und ältere Menschen“ statt, so wurde etwa im Jahr 1997 das *International Network for the Prevention of Elder Abuse* (INEPA) gegründet.[237] Im Rahmen dieser Arbeitsgruppe wurde eingeführt, dass seit 2006 immer am 15.06. der “*Welttag der Ächtung der Gewalt gegen ältere Menschen*“ stattfindet, dem auch in Deutschland in Form von Fachtagungen, Pressemitteilungen usw. Beachtung geschenkt wird.[238]

bb) Begriffsbestimmung

Vorab ist zu klären, was unter Gewalt gegen ältere Menschen bzw. Gewalt im Alter überhaupt zu verstehen ist. Abgesehen von den klassischen Delikten im öffentlichen Raum, werden ältere Menschen ebenfalls Opfer von Gewaltdelikten im Nahbereich.[239] Hinsichtlich der Nahraumdelikte wird oftmals nicht ausreichend zwischen pflegebedürftigen und nicht pflegebedürftigen älteren Menschen differenziert und es liegt eine sehr starke Fokussierung auf Gewalt zu Lasten pflegebedürftiger älterer Menschen.[240] Dies ist insofern kritisch, als die Mehrheit der Gruppe älterer Menschen nicht auf Pflege angewiesen ist und der Großteil älterer Menschen erst ab einem Alter von ca. 90 Jahren pflegebedürftig wird.[241] Aufgrund von

---

234 Ebd., S. 305.

235 Görgen, 25 Jahre Gewaltprävention – Rückblick, S. 2.

236 Ebd., S. 2 f., 12; Drescher, S. 56; die Forschung auch hinsichtlich älterer Patienten nach wie vor als lückenhaft bezeichnend Hirsch, MMW 2019, S. 41.

237 Zeike, Entwicklung der Gewaltprävention, S. 2, Fn. 2.

238 Ebd., S. 2, Fn. 2.

239 Siehe hierzu ausführlich *2. Teil: B III 1 b* und *c*.

240 Görgen, Mythos Familiensolidarität, S. 181; Görgen, Nahraumgewalt, S. 11, S. 23.

241 Siehe hierzu *2. Teil: A IV*.

strukturellen Unterschieden hinsichtlich des Gefährdungspotenzials (Lebenswandel, Handlungsmöglichkeiten, soziale Kontakte usw.) und der Komplexität der Erscheinungsformen ist es daher angebracht, zwischen Gewalt an älteren Menschen allgemein und Gewalt an pflegebedürftigen älteren Menschen zu unterscheiden.[242] Im Folgenden wird daher nun zunächst auf ältere Menschen im Allgemeinen als Opfer klassischer Gewaltdelikte sowie als Opfer häuslicher Gewalt eingegangen werden. Im Anschluss wird dann der Forschungsstand betreffend Gewalt zu Lasten pflegebedürftiger älterer Menschen erörtert werden.[243] Die Unterscheidung erfolgt anhand folgender Begriffsdefinitionen:

aaa) Klassische Gewaltdelikte

Das StGB enthält keinen Abschnitt „Gewaltdelikte", diese sind vielmehr durch das gesamte Strafgesetzbuch verstreut. Nach dem juristischen Gewaltbegriff ist Gewalt gegen eine Person jeder körperlich wirkende Zwang, der zumindest mittelbar auf eine Person einwirkt und nach der Vorstellung des Täters bestimmt (subjektive Komponente) und geeignet (objektive Komponente) ist, einen erwarteten oder geleisteten Widerstand zu überwinden oder unmöglich zu machen.[244] Allerdings wäre es zu kurz gegriffen, nur jene Delikte als Gewaltdelikte einzustufen, die das Tatbestandsmerkmal „Gewalt gegen eine Person" im Gesetz verankert haben (wie zum Beispiel die §§ 249 ff. StGB), da hierduch Delikte wie Mord gem. § 211 StGB oder Körperverletzung gem. §§ 223 ff. StGB sinnwidrig ausscheiden würden. Sinnvoller ist es daher, sich an der PKS zu orientieren, die Gewaltdelikte gesammelt unter der Schlüsselzahl 892000 zusammenfasst. Diese Summenschlüssel umfasst die folgenden Delikte: Mord, Totschlag, Tötung auf Verlangen, Vergewaltigung, schwere sexuelle Nötigung, Raubdelikte, Körperverletzung mit Todesfolge, gefährliche/schwere Körperverletzung, erpresserischer Menschenraub, Geiselnahme sowie Angriff auf den See- und Luftverkehr.[245] Der im Folgenden verwendete Überbegriff „klassische Gewaltdelikte" bezeichnet eben jene Delikte.

---

242 Görgen, Mythos Familiensolidarität, S. 181; Görgen, Nahraumgewalt, S. 11, S. 23.

243 Vgl. zu dieser Aufteilung auch Drescher, S. 63.

244 Siehe z.B. BGH NStZ 2003, 89; BGHSt 23, 126 = NJW 1970, 61; Sander in MüKo StGB, § 253 Rn. 8; Toepel in: NK-StGB, § 240 Rn. 35.

245 Vgl. auch Görgen, SHgZ, S. 69; s. auch PKS 2018, Fachliche Broschüren, Übersicht Summenschlüssel, S. 3.

bbb) Gewalt im sozialen Nahraum

Mit dem Begriff „Nahraum“ kann der Lebensraum (Wohnung, Altenheim usw.) einer Person aber auch ihre sozialen und interpersonalen Beziehungen beschrieben werden.[246] Unter Gewaltdelikten im Nahraum versteht man im Wesentlichen jedoch Delikte, deren Täter dem Opfer nahestehen, so etwa (Ehe-)Partner, Angehörige, Freunde etc.[247]

Des Weiteren ist es relevant, inwiefern der Begriff „Gewalt“ in diesem Kontext verwendet wird. Zu Lasten älterer nicht pflegebedürftiger Menschen kann auf die klassischen Gewaltdelikte verwiesen werden.

In Bezug auf ältere pflegebedürftige Menschen ist der Gewaltbegriff hingegen mit Vorsicht zu betrachten, da keine einheitliche Meinung darüber besteht, was hierunter zu verstehen ist.[248] Zum einen könnte der Begriff eng gefasst werden und sich auf die klassischen Straftatbestände konzentrieren.[249] Problematisch an diesem grundsätzlich eher engen Verständnis ist, dass der Begriff manchmal zu kurz greifen könnte, z.B. beim Behandeln wie ein Kind, ruppigem Ton und grobem Anfassen.[250] Der Gewaltbegriff könnte daher auch weiter gefasst werden, um auch solch fragwürdiges Vorgehen bei der Pflege zu erfassen.[251] Die Vertreter eines weiten bzw. entmaterialisierten Gewaltbegriffs[252] stellen darauf ab, dass alle Handlungen bzw. Unterlassungen, die unnötig in die menschlichen Grundbedürfnisse (Überleben, Wohlbefinden, Identität, Entwicklungsmöglichkeiten, Freiheit) eingreifen, erfasst werden sollten.[253] Dabei kann man nach *Galtung* zwischen personeller bzw. direkter Gewalt, struktureller bzw. indirekter Gewalt und kultureller Gewalt differenzieren (Gewaltdreieck).[254] Die personelle bzw. direkte Gewalt soll dabei physische und psychische Gewalt, finanzielle Ausnutzung,

---

246 Görgen, Nahraumgewalt, S. 11.

247 Für viele ebd., S. 11.

248 Siehe hierzu den relativ ausführlichen Überblick bei Hirsch, BuGBl 2016, S. 105f oder Brendebach, Gewalt im Alter, S. 17 ff.

249 Ahlf, ZfG 1994, S. 291.

250 Ahlf, ZfG 1994, S. 291.

251 Ahlf, ZfG 1994, S. 291; für einen nicht näher von ihnen definierten „erweiterten Gewaltbegriff“ plädieren Niederfranke/Greve, ZfGG 1996, S. 174.

252 Zu diesem Begriff s. Drescher, S. 52.

253 Ahlf, ZfG 1994, S. 291; Kreuzer, ZBewHi 2010, S. 94; Hirsch, Prävention statt Gewalt, S. 36; Brendebach, Gewalt im Alter, S. 18.

254 Galtung, S. 17 und S. 18; Hirsch, Sexualisierte Gewalt, S. 71; zur strukturellen Gewalt Drescher, S. 52 f.; zur strukturellen und personalen Gewalt eingehend Roth, Strukturelle und personale Gewalt, S. 9 ff.

Willenseinschränkungen und passive bzw. aktive Vernachlässigungen erfassen.[255] Der Unterbegriff strukturelle bzw. indirekte Gewalt hingegen ist schwer greifbar, lässt sich nicht auf eine bestimmte Person als Gewalttäter zurückführen[256] und beschreibt z.B. die Nichteinhaltung existierender rechtlicher Normen oder das Unterlassen von notwendigen Maßnahmen trotz einer ethischen Verpflichtung.[257] Denkbar wäre auch strukturelle Gewalt als soziale Ungerechtigkeit zu bezeichnen.[258] Als besonders schwerwiegendes Beispiel werden totale Institutionen, in denen Menschen keinerlei Entscheidungsrecht haben, genannt.[259] In diesen herrsche ein *„abgeschlossenes, formell geregeltes Leben (...)"* und unter anderem eine *"Asymmetrie der Macht"* zwischen *„Bewohner_innen/Patient_innen – Pflegepersonal"*.[260] Konkret in Bezug auf Pflege werden strukturelle Gegebenheiten, wie das Ausführen von Anordnungen ohne diese zu hinterfragen, fehlende Privatsphäre in Pflegeheimen, mangelhafte Qualifikation von Personal usw. genannt.[261] Kulturelle Gewalt wiederum soll Wertekodizes und gesellschaftlich verankerte Vorurteile erfassen, die die beiden zuvor genannten Gewalterscheinungen unterstützen und eine Verringerung zumindest behindern.[262] Als Beispiele hierfür werden Ageism, Akzeptanz von Gewalt, Ungleichheit psychisch und physisch Kranker etc. genannt.[263] In der Regel komme es zu einer Kumulation dieser drei Gewaltformen,[264] weshalb Präventionsmaßnahmen auch auf allen drei Ebenen angreifen sollten.[265] Zum Teil wird auch zwischen körperlicher Gewalt, psychischer Gewalt, sozialer Gewalt, rechtlicher Gewalt und kultureller Gewalt differenziert, wobei es sich dabei letztlich um dieselbe Differenzierung wie bei *Galtung* handelt.[266] Gerade an der strukturellen

---

255 Drescher, S. 53; Hirsch, MMW 2019, S. 40.
256 Galtung, S. 18.
257 Drescher, S. 53; Hirsch, MMW 2019, S. 40.
258 Roth, Strukturelle und personale Gewalt, S. 17.
259 Drescher, S. 53; vgl. zur strukturellen Gewalt auch Hirsch, Definition und Formen von Gewalt, S. 6 mit weiteren Beispielen auf S. 8.
260 Hirsch, Sexualisierte Gewalt, S. 77.
261 Hirsch, Sexualisierte Gewalt, S. 72.
262 Galtung, S. 18; Hirsch, Sexualisierte Gewalt, S. 71; Drescher, S. 53.
263 Hirsch, Definition und Formen von Gewalt, S. 6.
264 Vgl. Galtung, S. 18; Hirsch, Sexualisierte Gewalt, S. 77; ähnlich Roth, Strukturelle und personale Gewalt, S. 17.
265 Vgl. Hirsch, Ursachen von Gewalt, S. 25, S. 27.
266 Vgl. Kreuzer, ZBewHi 2010, S. 94.

Gewalt wird kritisiert, dass diese viel zu weit gefasst und *„inflationär“* gebraucht werde und letztlich eine *„'catch-all'-Kategorie“* darstelle.[267]

Görgen beanstandet, dass im Gewaltdiskurs im Allgemeinen eine weite Fassung verwendet wird, die *“körperliche und seelische Misshandlung, Freiheitsbeschränkung sowie pflegerische Vernachlässigung, oft auch psychosoziale Formen der Vernachlässigung, zum Teil auch Eigentums- und Vermögensdelikte ein*“-bezieht.[268] Dies entspräche inhaltlich zwar der ausländischen „elder abuse“-Begrifflichkeit, wobei „abuse“ im Deutschen bewusst nicht mit „Missbrauch“ übersetzt wurde, da dies zu sehr rein an Sexualdelikte erinnern würde.[269] Allerdings sei die Übersetzung mit „Gewalt“ ebenfalls nicht ganz treffend, da die Verwendung des Begriffs „Gewalt“ in vorliegendem Kontext weit über den allgemeinen Sprachgebrauch hinausgehe.[270] Von anderer Seite wird außerdem kritisiert, dass diese Begrifflichkeiten bereits einen vorwurfsvollen und anschuldigenden Unterton beinhalten, der aber gerade bei einer Pflege innerhalb der Familie nicht immer gerechtfertigt sei und mögliche Überforderung sowie Unwissen der Pflegeperson und bestehende Konflikte zwischen den Beteiligten zu sehr ausblende.[271] Außerdem scheine diese Begrifflichkeit Präventionszwecken zuwiderzulaufen, so habe er etwa im Rahmen des Modellprojekts der Stadt Hannover eher abschreckend auf ältere Menschen und ihre Inanspruchnahme des „Krisen- und Beratungstelefon für Gewalt im Alter“ gewirkt.[272] Für die Verwendung des Begriffs Gewalt wird allerdings angeführt, dass er verdeutlicht, *„dass Gewalt letztendlich immer ein Bruch eines geltendes Rechts ist“*.[273]

Kreuzer plädiert daher dafür, den Begriff je nach Kontext anders zu verwenden: Einen engen Gewaltbegriff für Diskussionen über Straftatbestände und Rechtsprechung und – entsprechend der englischen Bezeichnung als *„abuse and neglect of the elderly“*[274] - einen weiteren und weniger skandalisierenden Begriff i.S.v. Vernachlässigung und Misshandlung für Sozialarbeit, Pflegeberufe und Kriminologie.[275] Auch *Hirsch* geht davon

267 Drescher, S. 53.

268 Görgen, Nahraumgewalt, S. 12.

269 Ebd., S. 12.

270 Ebd., S. 12.

271 Klie, Gewalt gegen alte Menschen, S. 129; Kreuzer, ZBewHi 2010, S. 94.

272 Görgen/Nägele, ZfGG 2005, S. 6; Kreuzer, ZBewHi 2010, S. 93.

273 Hirsch, Definition und Formen von Gewalt, S. 6; Hirsch, MMW 2019, S. 41.

274 Vgl. hierzu z.B. WHO, World Report on Violence and Health, S. 126 f.; Dieck, ZfG 1987, S. 311.

275 Kreuzer, ZBewHi 2010, S. 94; ähnlich Görgen, Kriminologische Spuren in Hessen, S. 145 f.

aus, dass es unmöglich sein dürfte, eine einzige Definition für alle Berufszweige (Richter, Staatsanwälte, Polizisten, Politiker, Ärzte, Psychologen, Seelsorger, Soziologen) zu schaffen und stellt sogar die Frage in den Raum, ob dies überhaupt sinnvoll sei.[276] Allgemein wird trotz einer tendenziell weiten Verwendung des Gewaltbegriffs[277] vor einer zu großen Skandalisierung des Themas gewarnt,[278] so dass die von *Kreuzer* vorgeschlagene Differenzierung durchaus eine sinnvolle Vorgehensweise zu sein scheint.[279]

b) Klassische Gewaltdelikte

Dass ältere Menschen eher selten Opfer von den klassischen strafrechtlichen Gewaltdelikten werden, ergibt sich sowohl aus Hellfelddaten (Zahl der amtlich wahrgenommenen und registrierten Straftaten[280]) als auch aus Dunkelfelddaten (all jene Delikte, die zwar tatsächlich begangen, jedoch nicht amtlich wahrgenommen und registriert wurden).[281]

aa) Gewaltdelikte insgesamt

aaa) Hellfeld

In der PKS wird erst seit dem Jahr 2013 für bestimmte Delikte gesondert zwischen Alter und Geschlecht der Opfer differenziert. Zudem wurde für die Jahre ab 2000 nachträglich ein Datensatz erstellt und veröffentlicht, der bei den von der PKS erfassten Gewaltdelikten[282] in Tab. 91 erstmals eine solche Aufschlüsselung beinhaltete. Anhand der Daten der Tab. 91 der **Jahre 2000-2018**[283] sowie der Bevölkerungsdaten des statistischen Bun-

---

276 Hirsch, Definition und Formen von Gewalt, S. 6.

277 Vgl. Görgen, 25 Jahre Gewaltprävention – Rückblick, S. 12; Görgen/Greve, Gewalt, S. 145.

278 Vgl. z.B. Wetzels/Greve, ZfGG 1996, S. 199; Kreuzer, ZBewHi 2010, S. 93.

279 Jedenfalls sollte aber zumindest immer offengelegt werden, welcher Gewaltbegriff jeweils verwendet wurde, so zutreffend Görgen, Kriminologische Spuren in Hessen, S. 145.

280 Für viele Eisenberg/Kölbel, § 16 Rn. 1.

281 Zum Begriff des Dunkelfeldes bzw. der Dunkelziffer und ihrer Ursachen s. eingehend Eisenberg/Kölbel, § 16 Rn. 1 ff.; Scheib, S. 5 ff.

282 Gewalt i.S.d. PKS Schlüsselzahl 8920.

283 PKS 2018, Tab. 91: Opfer nach Alter und Geschlecht für die Jahre ab 2000 zur Schlüsselzahl 892000.

desamtes[284] lassen sich die Opfergefährdungszahlen (Anzahl der Opfer pro 100.000 Einwohner des entsprechenden Bevölkerungsanteils)[285] für die jeweiligen Altersgruppen errechnen. Im Folgenden sind diese für die Jahre 2000 bis 2018 mit Fokus auf die Bevölkerung über 60 Jahre und die jeweilige Geschlechterverteilung dargestellt:

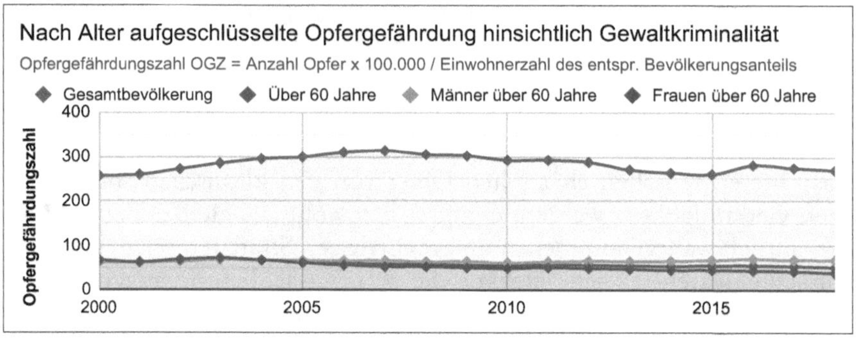

Abb. 1: Nach Alter aufgeschlüsselte Opfergefährdung hinsichtlich Gewaltdelikte

Die Gefährdung von Menschen über 60 Jahren, Opfer von Gewaltdelikten zu werden, liegt weit unter dem der Gesamtbevölkerung, und sank seit dem Jahr 2003 sogar noch weiter.[286] Im Detail stieg sie für ältere Männer in dem Zeitraum zwar leicht an, nahm jedoch zugleich für Frauen der Altersgruppe kontinuierlich stärker ab. Trotz einer relativ ausgewogenen Geschlechterverteilung der Viktimisierungsquote, sticht in jüngeren Jahren das Auseinanderdriften von älteren Männern und Frauen ins Auge (s. Abb. 1). Die Betrachtung der absoluten Deliktzahlen ergibt, dass diese - nachdem im Jahr 2015 und 2016 kurzzeitig ein leichter Anstieg zu verzeichnen war – ebenso wie die Opfergefährdungszahlen rückläufig sind. Prozentual gesehen blieb der Opferanteil sowie die Gefährdung älterer Menschen im Vergleich zu jüngeren Menschen jedoch im Wesentlichen gleich auf deutlich niedrigerem Niveau. Betrachtet man die Versuchstaten

284 Daten aus: StBA, Bevölkerung.

285 Formel zur Berechnung der Opfergefährdungszahl gemäß PKS 2018, Ergänzende Informationen - Richtlinien, S. 9.

286 Vgl. bereits Görgen, SHgZ, S. 71 f., dessen Analyse der PKS der Jahre 1994-2005 ergab, dass das Risiko älterer Menschen, Opfer eines Gewaltdeliktes zu werden, mit steigendem Alter immer weiter sinkt und so hoch wie das von Kindern ist.

und die Vollendungstaten gesondert, so ergibt sich, dass nur die wenigsten Taten im Versuchsstadium stecken blieben.[287]

Ebenfalls anhand Tab. 91 der PKS und der Bevölkerungsdaten des statistischen Bundesamtes lässt sich seit dem Jahr 2013 noch zusätzlich innerhalb der Altersgruppe älterer Menschen differenzieren. Es zeigt sich, dass die Gefährdung hinsichtlich von Gewaltdelikten grundsätzlich mit zunehmendem Alter sinkt, aber erst für Frauen und Männer ab 75 Jahren ein einheitliches Niveau erreicht (s. Abb. 2 und Abb. 3).

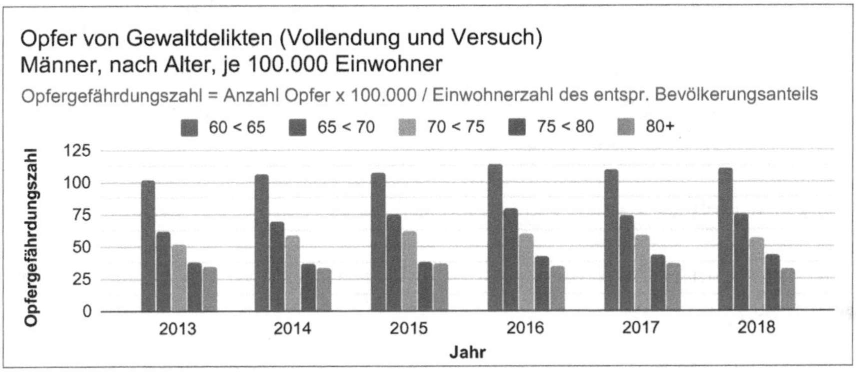

Abb. 2: Opfer von Gewaltdelikten (Vollendung und Versuch): Männer, nach Alter, je 100.000 Einwohner[288]

287 PKS 2018, Tab. 91: Opfer nach Alter und Geschlecht für die Jahre ab 2000 zur Schlüsselzahl 892000.

288 Daten aus PKS 2013 bzw. 2014 bzw. 2015 bzw. 2016 bzw. 2017 bzw. 2018, Tab. 91: Opfer ab 60 Jahren nach Alter und Geschlecht zur Schlüsselzahl 89200 (Hinweis: Erst ab dem Jahr 2013 wurde eine derartige Aufschlüsselung innerhalb der Altersgruppe 60+ vorgenommen); Bevölkerungsdaten aus StBA, Bevölkerung.

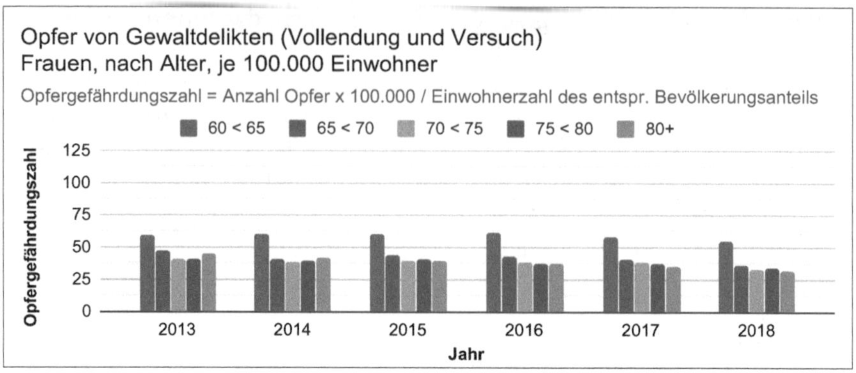

Abb. 3: Opfer von Gewaltdelikten (Vollendung und Versuch): Frauen, nach Alter, je 100.000 Einwohner[289]

bbb) Dunkelfeld

Hiermit stimmen im Wesentlichen auch die Ergebnisse der Dunkelfeldforschung überein.

(1) Nationale Studien

Im **Frühjahr 1992** führte das Kriminologische Forschungsinstitut Niedersachsen e. V. im Auftrag des BMFSFJ die bis dato größte bundesweite altersvergleichende Dunkelfeldstudie in Form einer Opferbefragung durch. Dabei wurden 15.771 Personen befragt, von denen 6.774 Personen über 60 Jahre alt waren.[290] Diese Erhebung kam ebenfalls zu dem Ergebnis, dass ältere Menschen ab 60 Jahren deutlich seltener von Gewaltdelikten i.S.v. „Kontaktdelikten mit Bedrohung/Gewalt" betroffen wurden als jüngere Menschen: 24 % der unter 20-Jährigen sowie 21- bis 29-Jährigen Opfer wurden innerhalb des erfragten Fünfjahreszeitraums Opfer eines Gewaltdelikts, aber nur 7,2 % der über 60-Jährigen und 6,3 % der über 79-Jährigen.[291]

Eine Befragung des **Landeskriminalamtes Niedersachsens aus dem Jahr 2013**, an der 18.940 Personen über 16 Jahre teilnahmen, bestätigt

289 Ebd.
290 Wetzels u.a., KFN-FB, Nr. 16, S. 5.
291 Görgen, KFN-FB, Nr. 93, S. 110.

insbesondere in Bezug auf Körperverletzungsdelikte mit zunehmenden Alter einen Rückgang der Viktimisierungsgefahr.[292] Im Jahr 2012 wurden nämlich nur 0,6 % der 65- bis 79-Jährigen bzw. 0,8 % der über 80-Jährigen entsprechend viktimisiert, in der Altersgruppe der unter 21-Jährigen bzw. 21- bis 34-Jährigen hingegen 7,5 % bzw. 5,3 %.[293]

Eine ebenfalls niedersächsische **Repräsentativbefragung durch *Beier* im Jahr 2014** nennt die Körperverletzung als Beispiel für eine niedrigere Viktimisierungsrate älterer Menschen, da in der Altersgruppe der 16- bis 20-Jährigen 10,8 % der Befragten Angaben zu mindestens einer Viktimisierung machten, in der Altersgruppe ab 61 Jahre nur noch 0,2 bis 0,3 %.[294]

(2) Internationale Studien

Ebenfalls kongruent hierzu sind **ausländische Studien.**[295] So wird mehrfach auf die Ergebnisse des amerikanischen National Crime Victimization Survey[296] der Jahre 1992-1997 verwiesen, wonach Männer in allen Altersgruppen stärker von Gewalt betroffen waren als Frauen und die Gewalterfahrungen mit zunehmenden Alter rapide abnahmen.[297] So wurden Frauen ab 65 Jahren nur 1/10 so oft zum Opfer von Gewalt wie Frauen zwischen 25 und 49 Jahren; Männer ab 65 Jahren wurden 1/7 so oft zu einem Gewaltopfer wie Männer zwischen 25 und 49 Jahren.[298] Eine Analyse der Daten des British Crime Surveys aus dem Jahr 2003 kam ebenfalls zu einer geringeren Viktimisierungsquote älterer Menschen durch Gewaltdelikte, insbesondere von älteren Frauen.[299]

---

292 LKA Niedersachsen 2013, S. 48.

293 Ebd., S. 48; s. auch Görgen/Nägele, Prävention 2015, S. 62; Görgen, 25 Jahre Gewaltprävention – Rückblick, S. 2.

294 Baier, KFN-FB, Nr. 127, S. 101.

295 Görgen/Nägele, Prävention 2015, S. 62.

296 Seit 1973 führt das Bureau of Justice Statistics in den USA Opferwerdungsbefragungen durch, den sog. National Crime Victimization Survey, Görgen, KFN-FB, Nr. 93, S. 11.

297 Görgen, Mythos Familiensolidarität, S. 183 f.; Pfeiffer/Görgen/Höynck, Gewalt gegen alte Menschen, S. 33 f.

298 Görgen, Mythos Familiensolidarität, S. 183 f.; Pfeiffer/Görgen/Höynck, Gewalt gegen alte Menschen, S. 33 f.

299 Görgen, KFN-FB, Nr. 93, S. 114.

bb) Körperverletzungsdelikte und Delikte gegen die persönliche Freiheit

Eine detailliertere Analyse der Daten der **PKS nur der Jahre 1995-2003** kam zu dem Ergebnis, dass Rohheitsdelikte und Straftaten gegen die persönliche Freiheit zu Lasten älterer Menschen nicht übermäßig oft in das Vollendungsstadium gelangten und schwerwiegende Körperverletzungen im Vergleich zu jüngeren Altersgruppen sogar eher selten vollendet werden.[300] In Bezug auf Körperverletzungsdelikte i.S.v. §§ 223-227, 229 und 231 StGB[301], waren Jugendliche und Heranwachsende 16- bis 20-fach gefährdeter als Männer ab 60 Jahren und - nicht ganz so extrem, aber dennoch - deutlich gefährdeter als Frauen ab 60 Jahren.[302] Innerhalb der Gruppe älterer Menschen war das Viktimisierungsrisiko älterer Männer ungefähr doppelt so hoch wie das der älteren Frauen.[303] Ähnliche Verhältnisse zeigen sich bei der Betrachtung aktuellerer Daten der **PKS der Jahre 2000-2018:** Die Opfergefährdungszahlen (Anzahl der Opfer pro 100.000 Einwohner des entsprechenden Bevölkerungsanteils) hinsichtlich eben jener Delikte liegen im Allgemeinen für Frauen und Männer ab 60 deutlich unter denen der Kinder, Jugendlichen und Heranwachsenden, sowie der Erwachsenen (s. Abb. 4).

Ebenso ergeben die neueren Daten für das relative Risiko von 60-jährigen Menschen, also dem Verhältnis der Opfergefährdung einer Altersgruppe zu der der über 60-Jährigen, das gleiche Bild. Im Detail zeigt sich dabei, dass Kinder zwei- bis vierfach, Jugendliche und Heranwachsende zwölf- bis 21-fach und Erwachsene fünf- bis siebenfach gefährdeter sind als über 60-Jährige (s. Abb 5).

300 Ebd., S. 76.
301 Schlüsselzahl 220000 der PKS.
302 Görgen, KFN-FB, Nr. 93, S. 59.
303 Ebd., S. 61.

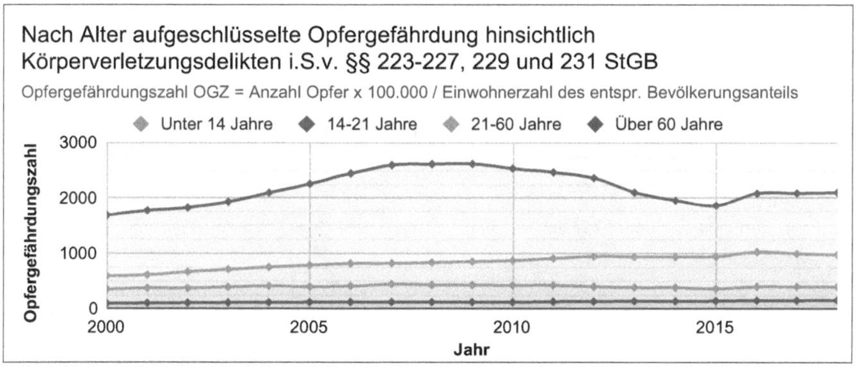

Abb. 4: Nach Alter aufgeschlüsselte Opfergefährdung hinsichtlich Körperverletzungsdelikten i.S.v. §§ 223 – 227, 229 und 231 StGB[304]

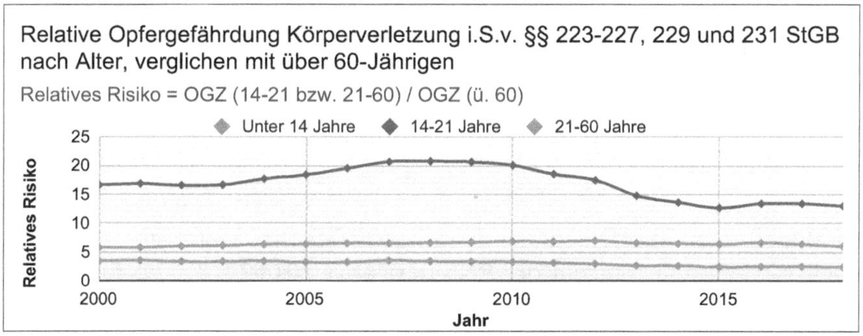

Abb. 5: Relative Opfergefährdung Körperverletzung i.S.v. §§ 223 – 227, 229 und 231 StGB nach Alter, verglichen mit über 60-Jährigen[305]

Die Betrachtung der aktuellen Daten zum Viktimisierungsrisiko von Frauen gegenüber dem von Männern zeigt, dass Männer durch alle Altersgruppen hinweg mindestens eineinhalb Mal so gefährdet sind. Lediglich eine relative Abnahme der besonders ausgeprägten Gefährdung bei Körperverletzungsdelikten von Männern in der Altersgruppe der Jugendlichen und

304 Daten aus PKS 2018, Tab 91: Opfer nach Alter und Geschlecht für die Jahre ab 2000; StBA, Bevölkerung; Berechnung der Opfergefährdungszahl nach PKS 2018, Ergänzende Informationen - Richtlinien, S. 9.

305 Daten aus PKS 2018, Tab 91: Opfer nach Alter und Geschlecht für die Jahre ab 2000; StBA, Bevölkerung; Berechnung der Opfergefährdungszahl nach PKS 2018, Ergänzende Informationen - Richtlinien, S. 9.

Heranwachsenden ist in den frühen 2000er Jahren zu beobachten (s. Abb. 6).

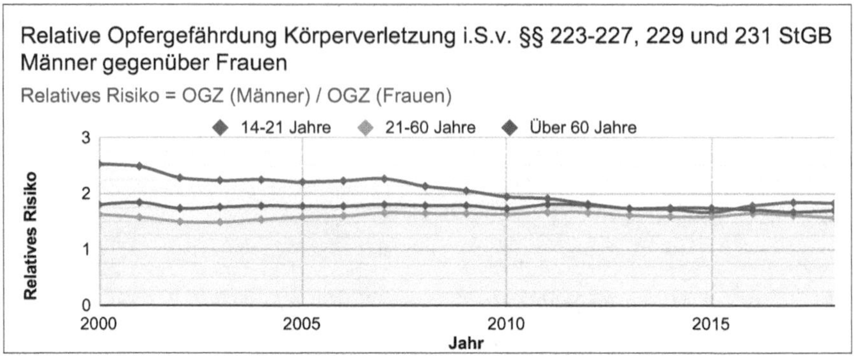

Abb. 6: Relative Opfergefährdung Körperverletzung i.S.v. §§ 223 – 227, 229 und 231 StGB, Männer gegenüber Frauen[306]

cc) Mord und Totschlag

aaa) Datenlage

Analysiert man die Daten der jeweiligen Tab. 91: Opfer ab 60 Jahren nach Alter und Geschlecht der **PKS der Jahre 2013-2018**[307] zu Mord und Totschlag (Schlüsselzahl 892500)[308], ergibt sich, dass der Anteil der über 60-jährigen Opfer mit ca. 13 – 16% insgesamt gesehen nicht sehr hoch ist. Die Geschlechterverteilung zeigt, dass Männer von 60 bis 75 stärker betroffen sind, sich dieses Verhältnis allerdings ab 70 oder 75 Jahren ausgleicht bis umkehrt (vgl. Abb. 7 und 8).[309]

306 Daten aus PKS 2018, Tab 91: Opfer nach Alter und Geschlecht für die Jahre ab 2000; StBA, Bevölkerung; Berechnung der Opfergefährdungszahl nach PKS 2018, Ergänzende Informationen - Richtlinien, S. 9.

307 Daten aus: PKS 2013 bzw. 2014 bzw. 2015 bzw. 2016 bzw. 2017 bzw. 2018, Tab. 91: Opfer ab 60 Jahren nach Alter und Geschlecht zur Schlüsselzahl 892500;

308 Hinweis 1: Die Schlüsselzahl 892500 zu Mord und Totschlag wird erst seit dem Jahr 2012 veröffentlicht.
Hinweis 2: Ab dem Jahr 2016 erfasst diese Schlüsselzahl zudem noch Tötung auf Verlangen gem. § 216 StGB.

309 Eine Auswertung der Daten der PKS der Jahre 1993-2006 zu den registrierten Morddelikten durch *Görgen* kam hinsichtlich der Geschlechterverteilung zu dem Ergebnis, dass ältere Männer zwar häufiger Opfer eines Mordes werden

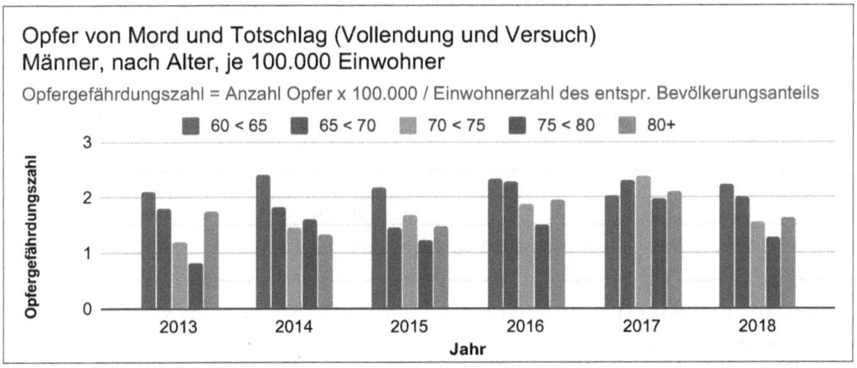

Abb. 7: Opfer von Mord und Totschlag (Vollendung und Versuch): Männer, nach Alter, je 100.000 Einwohner[310]

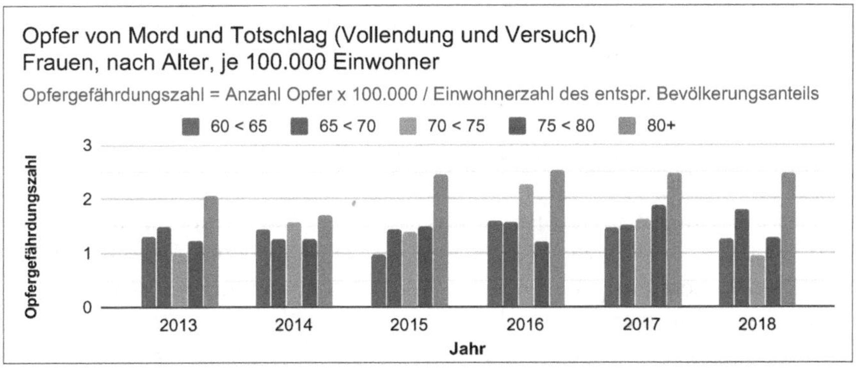

Abb. 8: Opfer von Mord und Totschlag (Vollendung und Versuch): Frauen, nach Alter, je 100.000 Einwohner[311]

Nach Studien, deren Daten auf den amerikanischen Supplemental Homicide Reports beruhen, steigt das Viktimisierungsrisiko hinsichtlich einer

als ältere Frauen, dieser Geschlechterunterschied aber unregelmäßiger und geringer ausfällt als bei jüngeren Menschen, Görgen, SHgZ, S. 74.

310 Daten aus: PKS 2013 bzw. 2014 bzw. 2015 bzw. 2016 bzw. 2017 bzw. 2018, Tab. 91: Opfer ab 60 Jahren nach Alter und Geschlecht zur Schlüsselzahl 892500; Daten aus: StBA, Bevölkerung.

311 Daten aus: PKS 2013 bzw. 2014 bzw. 2015 bzw. 2016 bzw. 2017 bzw. 2018, Tab. 91: Opfer ab 60 Jahren nach Alter und Geschlecht zur Schlüsselzahl 892500; Daten aus: StBA, Bevölkerung.

Tötung im hohen Alter, d.h. ab ca. 75 - 80 Jahren, im Vergleich zu jüngeren Altersgruppen wieder an,[312] aus der PKS der letzten Jahre ergibt sich dies jedoch lediglich in geringem Maße für Frauen über 80 Jahre. Zudem kam eine Analyse von Daten, die die WHO für das Jahr 1975 zur Verfügung stellte, zu dem Ergebnis, dass ältere Menschen in Abweichung zu den übrigen untersuchten Ländern (unter anderem Deutschland) in immerhin sechs Ländern (Singapur, Israel, Ägypten, Costa Rica, Bulgarien, Belgien) von allen Altersgruppen das höchste Opferwerdungsrisiko aufwiesen; eine Erklärung für diese Ausnahme wurde nicht gefunden.[313]

Zusammenfassend kann man sagen, dass ältere Menschen gemäß der PKS konstant deutlich weniger von Gewaltdelikten betroffen sind als jüngere Menschen. Gerade in Bezug auf Körperverletzungsdelikte und Delikte gegen die persönliche Freiheit liegt das Risiko älterer Menschen sogar unter dem von Kindern. Die meisten Taten gelangen ins Stadium der Vollendung.

Betrachtet man die gesamte Altersgruppe der über 60-Jährigen, so sind Männer bis 75 Jahre in der Regel gefährdeter als Frauen.

bbb) Tatumstände von Tötungsdelikten an älteren Menschen

Es existieren nur wenige Studien, die sich mit Altentötungen und deren Tatumständen wie **Tatort, Täter, Opfer, Täter-Opferbeziehung** und **Tötungsweise** beschäftigen. Die im Wesentlichen zu übereinstimmenden Ergebnissen kommenden Studien von *Dankwarth/Püschel* (1970 - 990),[314] *Schäfer* (1976 - 1985),[315] *Heinemann/Püschel* (1983 - 1993),[316] sowie *Schmidt/Müller/Dettmeyer/Madea* (1989 - 1998)[317] und *Bode-Jänisch/Havermann/Germerott/Fieguth* (1999 - 2008)[318] sind bereits relativ alt. Die an älteren Menschen[319] verübten Tötungsdelikte wiesen die Gemeinsamkeit auf, dass der

312 Görgen, KFN-FB, Nr. 93, S. 47, S. 118; Pfeiffer/Görgen/Höynck, Gewalt gegen alte Menschen, S. 33; Görgen/Greve, Gewalt, S. 148.

313 Lester, Int J Psych 1986, S. 48

314 Dankwarth/Püschel, ZfGG 1991, S. 266 ff.; Görgen, KFN-FB, Nr. 93, S. 15.

315 Ebd., S. 69 ff.

316 Heinemann/Püschel, ZfG 1994, S. 306 f.

317 Schmidt u.a., Rechtsmedizin 2000, S. 176 ff.

318 Bode-Jänisch u.a., Archiv für Kriminologie 2010, S. 176 ff.

319 Hinweis: Abgesehen von *Heinemann/Püschel*, die die Grenze bei 65 Jahren zogen, stuften die genannten Forscher Menschen ab 60 Jahren als alt ein.

Tatort in der Regel die Wohnung bzw. der Nahraum[320] des überwiegend weiblichen[321] und tendenziell alleinlebenden Opfers war.[322] In den von *Schmidt u.a.* analysierten Fällen litt jedes der Opfer unter einer bzw. mehreren Vorerkrankungen, insbesondere Arteriosklerose und ischämische Herzerkrankung.[323] Die Täter waren in allen Studien überwiegend männlich[324] und es bestand fast immer eine Täter-Opfer-Beziehung.[325] In der Untersuchung von *Dankwarth/Püschel* waren 40,7 % der Täter psychisch auffällig (insbesondere drogen- bzw. alkoholabhängig) und knapp die Hälfte arbeitslos.[326] Auch bei *Heinemann/Püschel* standen 36 % der ermittelten Täter unter (zum Teil erheblichem) Alkoholeinfluss.[327] *Dankwarth/Püschel* wiederum betonen, dass es auffällig sei, dass 20 % der Täter bereits selbst über 60 Jahre alt waren.[328] Für Ersttäter in diesem Alter stellen sie die These auf, dass die Tat auf einem Störungs- bzw. Abbauprozess des Täters beruhen könnte, da in den untersuchten Fällen 50 % der Täter psychisch auffällig waren.[329] Ob dies auf einer physiologischen oder pathologischen Hirnalterung beruhte, war jedoch nicht festzustellen.[330] In den von *Schäfer* untersuchten Fällen hingegen waren nur 10 % der Täter über 60 Jahre

---

320 Dankwarth/Püschel, ZfGG 1991, S. 267; Schäfer, Archiv für Kriminologie 1989, S. 69; Heinemann/Püschel, ZfG 1994, S. 307; Schmidt u.a., Rechtsmedizin 2000, S. 178; Bode-Jänisch u.a., Archiv für Kriminologie 2010, S. 178.

321 Dankwarth/Püschel, ZfGG 1991, S. 266; Heinemann/Püschel, ZfG 1994, S. 307; Bode-Jänisch u.a., Archiv für Kriminologie 2010, S. 177; bei Schäfer, Archiv für Kriminologie 1989, S. 67 waren die Opfer überwiegend männlich; bei Schmidt u.a., Rechtsmedizin 2000, S. 177 waren die Opfer zwischen 60 und 69 mehrheitlich Männer, ab 70 Jahren fast immer Frauen.

322 Heinemann/Püschel, ZfG 1994, S. 307; bei Schmidt u.a., Rechtsmedizin 2000, S. 177 lebten von den 17 weiblichen Opfern 11 allein, von den 13 männlichen Opfern hingegen nur 4.

323 Schmidt u.a., Rechtsmedizin 2000, S. 178.

324 Dankwarth/Püschel, ZfGG 1991, S. 267; Schäfer, Archiv für Kriminologie 1989, S. 70; Heinemann/Püschel, ZfG 1994, S. 308; Schmidt u.a., Rechtsmedizin 2000, S. 178.

325 Dankwarth/Püschel, ZfGG 1991, S. 268; Schäfer, Archiv für Kriminologie 1989, S. 71; Heinemann/Püschel, ZfG 1994, S. 308; ähnlich bei Schmidt u.a., Rechtsmedizin 2000, S. 182.

326 Dankwarth/Püschel, ZfGG 1991, S. 268.

327 Heinemann/Püschel, ZfG 1994, S. 309.

328 Dankwarth/Püschel, ZfGG 1991, S. 269.

329 Ebd., S. 270.

330 Ebd., S. 270.

alt.[331] Auch in den von *Schmidt u.a.* analysierten Fällen waren nur 15 % der Täter ihrerseits älter als 60 Jahre.[332]

Die Tatzeiten variierten,[333] es bestand allenfalls eine Tendenz zu den Abendstunden.[334] Das überwiegende Tatmittel war stumpfe oder scharfe Gewalt bzw. Strangulation.[335] Den hohen Anteil der Strangulationen erklären *Heinemann/Püschel* damit, dass der Täter in der Wohnung eines alleinlebenden Opfers keiner großen Entdeckungsgefahr unterliegt und somit diese zwar langwierigere, im Gegenzug aber spurenarme Tötungsart wählen kann.[336] Zum Abwehrverhalten der Opfer wurde nur in der Untersuchung von *Schmidt u.a.* eine Aussage getroffen; dort zogen sich lediglich 12 der 30 Opfer Abwehrverletzungen zu,[337] woraus man die Schlussfolgerung ziehen könnte, dass sich nur wenige Opfer zur Wehr setzten und dies wiederum auf der Multimorbidität der Opfer beruhen könnte.[338]

Die Erlangung eines finanziellen Vorteils war ein so dominantes Tatmotiv,[339] dass für Tötungen von älteren Menschen, die von dem Motiv getragen sind sich zu bereichern und von der *„Ausnutzung altersspezifischer Merkmale“* (nämlich *„altersbedingte Kraft- Wehr- und Hilflosigkeit“*, *„psychologische Faktoren wie Ängstlichkeit sowie Lebensstilmerkmale (wie ein sozial isolierter Lebensstil)“*[340]) geprägt sind, von *Schäfer* sogar die Verwendung eines eigenen Fachbegriffes vorgeschlagen wurde, nämlich der der *„Greisentötung“* oder des *„Gerontozids“*.[341] Letzterer hat sich mittlerweile relativ

---

331 vgl. ebd., S. 70; Dankwarth/Püschel, ZfGG 1991, S. 269.
332 Schmidt u.a., Rechtsmedizin 2000, S. 178.
333 Heinemann/Püschel, ZfG 1994, S. 308; Schmidt u.a., Rechtsmedizin 2000, S. 178.
334 Dankwarth/Püschel, ZfGG 1991, S. 267; Schäfer, Archiv für Kriminologie 1989, S. 72;
335 Dankwarth/Püschel, ZfGG 1991, S. 266; Schäfer, Archiv für Kriminologie 1989, S. 70; Heinemann/Püschel, ZfG 1994, S. 309; Schmidt u.a., Rechtsmedizin 2000, S. 178; ähnlich bei Bode-Jänisch u.a., Archiv für Kriminologie 2010, S. 179.
336 Heinemann/Püschel, ZfG 1994, S. 310.
337 Schmidt u.a., Rechtsmedizin 2000, S. 178.
338 Ebd., S. 180.
339 Dankwarth/Püschel, ZfGG 1991, S. 268; Schäfer, Archiv für Kriminologie 1989, S. 68; Heinemann/Püschel, ZfG 1994, S. 309; Schmidt u.a., Rechtsmedizin 2000, S. 178.
340 Görgen, KFN-FB, Nr. 93, S. 16.
341 Schäfer, Archiv für Kriminologie 1989, S. 74.

etabliert.[342] Bei *Schmidt u.a.* wurde in 17 % der Fälle auch die gewaltförmige Eskalation eines schwelenden familiären Konflikts genannt.[343]

Ein wenig aktueller ist die Studie von *Lang*,[344] die ein etwas detaillierteres Bild zeichnet. *Lang* untersuchte Tötungsdelikte an älteren Menschen über 60 Jahre in Berlin im Zeitraum **2000 - 2010**. Die Durchsicht von 23.414 Obduktionsprotokollen des Instituts für Rechtsmedizin der Charité, der Freien Universität und der Humboldt-Universität zu Berlin ergab, dass der Anteil dieser Altersgruppe unter den insgesamt 480 Tötungsopfern mit 93 Opfern lediglich 19,4 % betrug. In 73,1 % der Fälle war eine Akteneinsicht möglich.[345] Männer und Frauen waren gleichermaßen betroffen[346] und im Durchschnitt 72,4 Jahre alt.[347] Die **Tatmotive** waren vielfältig und verdichteten sich bei Opfern ab 75 Jahren auf Krankheit des Opfers, sexuelle Motivation und Bereicherungsabsichten.[348] Der Familienstand war von entscheidenden Einfluss auf die Tatmotive: Von den gemeinschaftlich lebenden Opfern wurden 37,1 % aufgrund von Krankheit des Opfers und 17,1 % aufgrund von Krankheit des Täters getötet; 47,1 % der aus Bereicherungsabsicht getöteten Opfer waren alleinstehend.[349] Letztere waren in 65 % der Fälle in einem guten gesundheitlichen Zustand.[350] Männliche Opfer wurden primär durch stumpfe (22,7 %) oder scharfe (40,9 %) **Gewalt** getötet, Frauen primär erstickt (34,8 %).[351] Bei 67,7 % der Opfer fanden sich **Abwehrverletzungen**, während 4,3 % nur mögliche Spuren und 28 % keinerlei entsprechenden Verletzungen aufwiesen.[352] Ein Peak bezüglich einer **Tatzeit** zeigte sich nicht, allenfalls eine Tendenz zu den Abendstunden.[353] **Tatort** war in der Regel (82,8 %) der soziale Nahraum (insbesondere die Opferwohnung, inklusive Heim) und in 78,7% der Fälle bestand eine **Täter-Opfer-Beziehung** (59,3 % familiäre, 25,4 %

---

342 Görgen, KFN-FB, Nr. 93, S. 16; Dankwarth/Püschel, ZfGG 1991, S. 270; Dankwarth, Kriminalistik 1992, S. 260; Vorderwülbecke, S. 9; Heinemann/Püschel, ZfG 1994, S. 311.

343 Schmidt u.a., Rechtsmedizin 2000, S. 179; vgl. auch Bode-Jänisch u.a., Archiv für Kriminologie 2010, S. 183.

344 Lang, S. 1 ff.

345 Zu diesen grundlegenden Informationen der Studie s. Lang, S. 3.

346 Lang, S. 3.

347 Ebd., S. 20.

348 Ebd., S. 21.

349 Ebd., S. 25.

350 Ebd., S. 27.

351 Ebd., S. 23.

352 Ebd., S. 29.

353 Ebd., S. 46.

freundschaftliche und 11,9 % örtliche Beziehungen) und nur 21,3 % der Täter waren Fremde.[354] Die fremden Täter handelten meist aus Bereicherungsabsicht (76,5 %).[355] Die **Täter** handelten fast immer alleine (90,9 %) und waren weit überwiegend männlich (83,6 %); die weiblichen Täter (16,4%) waren mit einem Mittelwert von 63 Jahren etwas älter als die männlichen mit einem Mittelwert von 50 Jahren.[356] Je älter der Täter desto eher war die Krankheit des Opfers das Tatmotiv.[357] 52,7 % der Täter wiesen keine tatbeeinflussenden Krankheiten auf, 40 % waren psychisch und 7,3 % physisch krank. 29,1 % begingen nach dem Homizid Selbstmord (sog. erweiterter Suizid).[358] Es ist bemerkenswert, dass 45,5 % der Täter ihrerseits bereits älter, d.h. über 60 Jahre alt, waren. Unter den männlichen Alterstätern[359] handelte es sich meist um den Ehe- oder Lebenspartner des Opfers, der das Opfer aufgrund von Krankheit tötete und in 70 % bzw. 75 % der Fälle anschließend Selbstmord beging.[360]

Ebenfalls erwähnenswert ist die recht neue Studie von *Vorderwülbecke*, der die Akten sämtlicher Obduktionen untersuchte, die zwischen **2005 und 2016** im Institut für Rechtsmedizin der Charité in Berlin vorgenommen wurden.[361] In 242 Fällen ergab die Obduktion eindeutig das Vorliegen eines Homizids, wobei die Opfer in 39 Fällen (17 %) über 60 Jahre alt waren.[362] Anders als bei jüngeren Opfern war bei den Älteren nicht scharfe Gewalt, sondern Erstickung die häufigste Todesursache, gefolgt von stumpfer und scharfer Gewalt sowie Sturzfolgen.[363] Die Täter waren mehrheitlich männlich (84 %), agierten alleine (97 %) und kannten das Opfer (87 %).[364] Die Opfer ihrerseits waren sowohl männlich als auch weiblich, allerdings überwog der Frauenanteil ab einem Alter von unge-

354 Ebd., S. 31.
355 Ebd., S. 32.
356 Ebd., S. 36
357 Ebd., S. 37.
358 Ebd., S. 40 ff.; mit 16,4 % den Anteil von erweiterten Suizidhandlungen ist deren Anteil an den Tötungsdelikten bei älteren Menschen auch in der Untersuchung von *Bode-Jänisch u.a.* relativ hoch, Bode-Jänisch u.a., Archiv für Kriminologie 2010, S. 183.
359 Zu den wenigen Alterstäterinnen ließ sich keine vergleichbar eindeutige Aussage treffen, vgl. ebd., S. 70.
360 Ebd., S. 69 f.; zur Zunahme von sog. Doppelsuiziden oder Mitnahmesuiziden im Alter s. auch Schaller/Erlemeier, Epidemiologie, S. 23.
361 Vorderwülbecke, S. 17 ff.
362 Ebd., S. 33.
363 Ebd., S. 35.
364 Ebd., S. 35.

fähr Mitte 70.[365] In den überwiegenden Fällen ging den Taten ein Streit voraus (61,3 %), im Übrigen waren die Taten geplant (19 %) oder ein Raub endete tödlich (16 %).[366]

In zehn Fällen (32 %) lag Bereicherungsabsicht vor. In sechs davon erfolgte die Tötung im Wohnraum des alleinlebenden Opfers, zu dem sich der Täter unter einem Vorwand Zugang verschafft hatte.[367] Die Täter waren männlich, jünger als 40 Jahre und handelten spontan aus Geldnot heraus. Dabei agierten sie spurenarm und töteten mit bloßen Händen oder einem zufällig greifbaren Werkzeug.[368]

Zu den grundlegenden Ergebnissen der Studien siehe auch die folgende Abbildung (Abb. 9):

	Tatort	**Tatzeit**	**Tatmotiv**	**Täter-Opfer-Beziehung**	**Täter**	**Opfer**	**Tatmittel**
Dankwarth/ Püschel	Wohnung des Opfers	18:00 – 24:00 Uhr	finanzieller Vorteil	(+)	männlich, 20 % über 60 J.	25 m / 30 w	stumpfe/scharfe Gewalt, Strangulation
Schäfer	Wohnung des Opfers	variierend (Tendenz: Abend)	finanzieller Vorteil	unklar	männlich, 10 % über 60 J.	17 m / 18 w	stumpfe Gewalt, Angriff gegen den Hals
Heinemann/ Püschel	Wohnung des Opfers; alleinlebend	variierend	finanzieller Vorteil	(+)	männlich	33 m / 72 w	stumpfe/scharfe Gewalt, Gewaltanwendung gegen Hals
Schmidt u.a.	Wohnung des Opfers; alleinlebend	variierend	finanzieller Vorteil	(+)	männlich, 15 % über 60 J.	13 m / 17 w (60-69 J. m, ab 70 J. w)	stumpfe Gewalt, Strangulation
Bode-Jänisch u.a.	Wohnung des Opfers	k.A.	k.A.	meist (+)	k.A.	22m / 33w	stumpfe/scharfe Gewalt; Gewalt gegen den Hals bzw. Ersticken

365 Ebd., S. 36.
366 Ebd., S. 36.
367 Ebd., S. 37.
368 Ebd., S. 47.

	Tatort	Tatzeit	Tatmotiv	Täter-Opfer-Beziehung	Täter	Opfer	Tatmittel
Lang	Nahraum, wenn Bereicherungsabsicht vorlag alleinlebend	variierend (Tendenz: Abend)	finanzieller Vorteil; Krankheit des Opfers oder Täters (erweiterter Suizid)	(+)	meist männlich, 45 % älter	93 Opfer, m/w ca. gleich	stumpfe/scharfe Gewalt, Strangulation
Vorderwülbecke	k. A.	k.A.	Streit (61%); finanzieller Vorteil (32 %)	meist (+)	meist männlich	18m / 21w	Ersticken, stumpfe/scharfe Gewalt, Sturzfolgen

Abb. 9: Grundlegende Ergebnisse der Studien zu den Tatumständen von Tötungsdelikten an älteren Menschen[369]

Görgen führt sodann noch amerikanische Studien an,[370] die diese Ergebnisse im Wesentlichen ebenfalls bestätigen. Zusätzlich bemerkenswert erscheint insofern eine Studie von *Weaver/Martin/Petee* aus dem Jahr **2004**, die untersuchte, ob ein Zusammenhang zwischen der Häufigkeit von Tötungsdelikten an Älteren und konservativ-protestantischen Orientierungen besteht.[371] Die Autoren stellten die Hypothese auf, dass letztere Weltanschauung zu einem besonderen Respekt vor älteren Menschen erziehen würde und in der Konsequenz für Senioren zu einem geringeren Risiko, Opfer eines Tötungsdelikt zu werden, führen müsse.[372] Diese These wurde jedoch nicht bestätigt, im Gegenteil fiel das Viktimisierungsrisiko älterer Menschen in den Südstaaten der USA und anderen konservativ-protestantisch geprägten Gebieten der USA sogar besonders hoch aus.[373] Eine Erklärung für diesen der Hypothese völlig gegenläufigen Befund wurde nicht gegeben.

369 Erstellt anhand der Daten der Studien von Dankwarth/Püschel, ZfGG 1991, S. 266 ff; Schäfer, Archiv für Kriminologie 1989, S. 66 ff.; Heinemann/Püschel, ZfG 1994, S. 306 ff.; Schmidt u.a., Rechtsmedizin 2000, S. 176 ff.; Bode-Jänisch u.a., Archiv für Kriminologie 2010, S. 176 ff.; Lang, S. 1 ff.; Vorderwülbecke, S. 1 ff.

370 S. hierzu Görgen, KFN-FB, Nr. 93, S. 16 ff.

371 Weaver/Martin/Petee, Sociological Inquiry 2004, S. 14.

372 Ebd., S. 4.

373 Ebd., S. 14; s. auch Görgen, KFN-FB, Nr. 93, S. 18.

c) Gewalt im sozialen Nahraum

Wie bereits erwähnt, geht man davon aus, dass es sich bei älteren Menschen eher um „häusliche Opfer" handelt.[374] Eine Erklärung für den Rückgang der absoluten Zahlen könnte sein, dass der Kreis nahestehender Personen mit dem Alter immer kleiner wird und dementsprechend auch immer weniger bis gar keine Tatbegehungsmöglichkeiten bestehen könnten.[375] Aus der PKS ergibt sich jedoch nicht, ob die registrierten Gewaltdelikte im öffentlichen Raum oder im sozialen Nahraum begangen wurden. Mangels entsprechender Aufschlüsselung liefert sie folglich auch keine brauchbaren Daten, inwiefern ältere Menschen von Nahraumgewalt betroffen werden. Zwar wird seit dem Jahr 2013 vom BKA eine „Tabelle 92 – Opfer-Tatverdächtigen-Beziehung"[376] erstellt, diese beinhaltet aber keine Angaben zum Alter der Opfer. Insofern ist daher ausschließlich auf die Informationen aus entsprechend ausgerichteten Forschungsprojekten zurückzugreifen,[377] obgleich die Vergleichbarkeit der Studien teilweise als problematisch angesehen wird, da sie sich in den Stichproben und Erhebungsmethoden regelmäßig gravierend unterscheiden (z.B. Konzentration auf die gesamte Gruppe älterer Menschen vs. Konzentration lediglich auf pflegebedürftige Menschen).[378]

Im Folgenden soll zunächst auf die Nahraumgewalterfahrungen älterer, nicht pflegebedürftiger Menschen eingegangen werden. Im Anschluss folgt eine knappe Untersuchung von Gewalt zu Lasten pflegebedürftiger älterer Menschen.

aa) zu Lasten nicht pflegebedürftiger älterer Menschen

In Bezug auf Gewalt im sozialen Nahraum an älteren, nicht pflegebedürftigen Menschen ist die Datenlage eher dünn und es ist schwer abzusehen, wie groß das Dunkelfeld in diesem Bereich ist. Gerade hochaltrige Personen sind aufgrund von körperlichen und geistigen Abbauerscheinun-

---

374 Fattah, KFN-FB, Nr. 10, S. 14; Görgen, KFN-FB, Nr. 93, S. 110; Görgen, Mythos Familiensolidarität, S. 185.

375 Görgen, Mythos Familiensolidarität, S. 185.

376 Siehe die unter www.bka.de abrufbare, bis zum Jahr 2000 rückwirkend erstellte Tabelle: BKA (Hg.), PKS 2018, Zeitreihen Übersicht Opfertabellen, Tab. 92, Opfer Tatverdächtigen Beziehung - Straftaten insgesamt ab 2000.

377 Vgl. Görgen/Greve, Gewalt, S. 149.

378 Wetzels/Greve, ZfGG 1996, S. 193.

gen im Rahmen von Opferbefragungen schwer erreichbar, schwer befragbar und in ihrer *„Anzeigefähigkeit"* beschränkt.[379] Hinzukommt, dass Nahraumgewalt wohl nur selten angezeigt wird und die Gewaltanwendung für Dritte (sogar für Ärzte[380]) oftmals nur schwer zu erkennen ist, so dass von einem sog. *„doppelten Dunkelfeld"* ausgegangen werden kann.[381]

Die folgenden Studien konzentrierten sich nicht oder nicht ausschließlich auf Gewalt gegen pflegebedürftige Personen, wobei nur auf die aussagekräftigeren bzw. zumindest etwas aktuelleren Studien bezüglich Nahraumgewalt zu Lasten älterer Menschen näher eingegangen wird.[382] Sofern in älteren Forschungsprojekten eine Aussage zur Geschlechterverteilung getroffen wurde, waren die Täter mehrheitlich männlich,[383] die Opfer hingegen mehrheitlich weiblich.[384] Hinsichtlich der Gewaltform lag psychische Gewalt häufiger vor als physische Gewalt,[385] welche ihrerseits in eher in schwächeren Ausgestaltungen (wie Schubsen, Stoßen oder hartem

379 Görgen/Nägele, Prävention 2015, S. 62; so auch Görgen u.a., Kriminalistik 2010, S. 647.

380 Witthohn/Meenen/Jungbluth, ZfGG 1996, S. 207.

381 Wetzels/Greve, ZfGG 1996, S. 193; Zeeh, MMW 2016, S. 65; Brendebach, Gewalt im Alter, S. 7 f.; Hirsch/Brendebach, ZfGG 1999, S. 451; Greve/Niederfranke, ZKP 1998, S. 132; vgl. auch Görgen/Greve, Gewalt, S. 146.

382 Im Übrigen sei aber kurz auf diverse ältere Studien verwiesen, siehe etwa die wohl erste deutsche Studie zur Frage der Nahraumgewalt gegen ältere Menschen von Schreiber, S. 27 ff.; die Ergebnisse der bundesweiten KFN-Opferbefragung aus dem Jahr 1992 zu innerfamiliäre Gewalt bei Görgen/Nägele, ZfGG 2005, S. 8 und Kuhlmann/Nägele, Sozialer Fortschritt 2008, S. 187; die Untersuchungsergebnisse der Bonner „Handeln statt Misshandeln"-Studie aus den Jahren 1997-1999 bei Brendebach, Gewalt im Alter, S. 74 und Hirsch/Brendebach, ZfGG 1999, S. 451 f.; die Auswertung der überwiegend telefonischen und zum Teil persönlichen Beratung eines Sorgentelefons („Krisen- und Beratungstelefon im Alter") der Jahre 1998 bis 2001 bei Görgen/Nägele, ZfGG 2005, S. 5 ff. sowie Kuhlmann/Nägele, Sozialer Fortschritt 2008, S. 187 f. als auch Brendebach, Gewalt im Alter, S. 12; die vom BMFSFJ geförderte deutschlandweiten Studie zu „Gewalt gegen Frauen in Deutschland" in den Jahren 2002 bis 2004 bei Schröttle/Ansorge (Langfassung), S. 110; die bundesweite Bevölkerungsbefragung durch *Görgen/Herbst/Rabold* im Frühjahr 2005 bei Görgen/Herbst/Rabold, SHgZ, S. 158, S. 162 ff. und Hirsch, BuGBl 2016, S. 108.

383 Schreiber, S. 36; Görgen/Nägele, ZfGG 2005, S. 8; Kuhlmann/Nägele, Sozialer Fortschritt 2008, S. 187.

384 Görgen/Nägele, ZfGG 2005, S. 8; Kuhlmann/Nägele, Sozialer Fortschritt 2008, S. 187.

385 Görgen/Nägele, ZfGG 2005, S. 7; Brendebach, Gewalt im Alter, S. 74; Hirsch/Brendebach, ZfGG 1999, S. 451 f.

Anpacken) und weniger als schwere Gewalt (wie Treten, Würgen oder Waffeneinsatz) auftrat.[386]

aaa) Studie in sieben europäischen Ländern aus den Jahren 2008 bis 2010

Eine in sieben EU-Ländern (Deutschland, Griechenland, Italien, Litauen, Portugal, Spanien, Schweden) zwischen 2008 und 2010 durchgeführte Studie fokussierte sich auf eine Datenerhebung bezüglich Menschen zwischen 60 und 84 Jahren, die nicht von kognitiven Einschränkungen betroffen waren und in einem Privathaushalt lebten.[387] Im Ergebnis gaben die 648 deutschen Probanden folgende Gewalterfahrungen an: 27,1 % psychische Gewalt, 3,6 % finanzielle Gewalt, 3,3 % physische Gewalt, 0,9 % sexuelle Gewalt und 0,4 % Gewalt mit Verletzungen.[388] Abgesehen von sexueller Gewalt und Gewalt mit Verletzungen waren Männer prozentual häufiger betroffen als Frauen.[389] Im Ländervergleich war Deutschland in Bezug auf psychische Gewalt knapp hinter Schweden ein relativ deutlicher Spitzenreiter und belegte in Bezug auf physische nach Schweden, Litauen und Griechenland Platz vier.[390] Diese relativ hohe Gefährdung könnte mehrere Ursachen haben: Vorstellbar wäre, dass Deutsche offener darin sind, entsprechende Erlebnisse zu offenbaren oder diese Erlebnisse schneller in die vorliegenden Kategorien einordneten als andere Nationalitäten oder dass ältere Deutsche vergleichsweise unsicher auftreten und dadurch eher in die Opferrolle geraten.[391] Letztlich wäre es aber auch denkbar, dass die Gewaltbereitschaft gegenüber älteren Menschen in Deutschland höher ist als in anderen europäischen Ländern.[392] In allen Ländern waren die Täter psychischer Gewalt (34,8 %), physischer Gewalt (33,7 %) und Gewalt mit Verletzungen (44,8 %) meistens die (Ehe-)Partner der Opfer.[393] Sexuelle Gewalt wurde eher von Nachbarn/Bekannten/Freunden (30,3 %)

386 Kuhlmann/Nägele, Sozialer Fortschritt 2008, S. 187; Görgen/Herbst/Rabold, SHgZ, S. 160.
387 Lindert u.a., S. 32.
388 Ebd., S. 42.
389 Ebd., S. 42.
390 Ebd., S. 42; s. auch Hirsch, BuGBl 2016, S. 108.
391 Lindert u.a., S. 82.
392 Ebd., S. 82.
393 Ebd., S. 14.

und finanzielle Gewalt von anderen, insbesondere betreuenden Personen, verübt.[394]

bbb) „Intimate Partner Violence against older Women in Europe"-Studie

Da insbesondere Frauen Opfer von häuslicher Gewalt werden, hatte das internationale und von der Europäischen Kommission im Rahmen des Daphne-III-Programms unterstütze Forschungsprojekt „Intimate Partner Violence against older Women in Europe" (IPVoW) zum Ziel, Informationen zu Gewalterfahrungen älterer Frauen - speziell in ihren Partnerschaften - und zum Umgang von Hilfseinrichtungen mit solchen Fällen zu gewinnen.[395] An dem zweijährigen Projekt (2009 bis 2010) waren sechs europäische Länder (Deutschland, Österreich, Portugal, Polen, United Kingdom, Ungarn) beteiligt.[396] Für den deutschen Länderbericht wurden vorhandene Studien, Daten und Statistiken ausgewertet, Institutionen (Frauenhäuser, Interventionsstellen, Kombinationen, Frauenberatungsstellen, Polizei) schriftlich-postalisch befragt sowie Interviews mit Einrichtungen und Opfern geführt.[397]

Auch in den Fällen der Partnergewalt im Alter waren alle Gewaltformen vertreten, die meist kumuliert und nicht einzeln auftraten, wobei neben physischer Gewalt und sexueller Gewalt insbesondere psychische Gewalt verübt wurde.[398] In Bezug auf sexuelle Gewalt waren die Opfer in der Regel sehr verschlossen und generell herrschte bei den Opfern Verunsicherung, wie die berichteten Geschehnisse betitelt werden sollten.[399] Meist wurde die Gewalt einseitig verübt (92 %) und dauerte bereits länger als ein Jahr an (90 %).[400] Überwiegend hielt sie schon vor dem 60. Lebensjahr Einzug in die Beziehung (85 %) und dauerte im Alter an, allerdings trat in manchen Beziehungen die Gewalt auch erst im Alter auf oder es wurde (sehr selten) im Alter eine neue, gewaltgeprägte Beziehung einge-

394 Ebd., S. 14, S. 52.
395 Nägele u.a., IPVoW Länderbericht Deutschland, S. 12.
396 Ebd.; Nägele, Antigewaltwoche 2011, S. 21.
397 Nägele u.a., IPVoW Länderbericht Deutschland, S. 22 f.; Nägele, Antigewaltwoche 2011, S. 22.
398 IPVoW Länderbericht Deutschland, S. 284; Nägele, Antigewaltwoche 2011, S. 26 f.
399 Vgl. z.B. Nägele u.a., IPVoW Länderbericht Deutschland, S. 51, S. 236.
400 Nägele u.a., IPVoW Länderbericht Deutschland, S. 284; Nägele, Antigewaltwoche 2011, S. 26 f.

gangen.[401] Es stellte sich heraus, dass eine Zunahme oder ein Entstehen von Gewalt im Alter oft damit zusammenhängt, dass der Mann ins Rentenleben eintritt, da es hierdurch regelmäßig zu einer Kontrollzunahme gegenüber der Frau bei gleichzeitigem Freiheitsverlust der Frau sowie Aggression und Frustration des Mannes wegen eines gefühlten Statusverlustes kommt.[402] Ebenfalls ein Faktor ist das Auftreten von psychischen Erkrankungen (Demenz etc.) sowie körperlichen Abbauerscheinungen oder gar Pflegebedürftigkeit, sei es beim Opfer (anstatt im Haushalt o.Ä. zu „funktionieren", ist es nun auf Hilfe angewiesen) oder beim Täter (Frustration und Ärger über die neue Abhängigkeit vom Opfer).[403] Zu beachten ist, dass die aktuell ältere Generation sich von den zukünftigen älteren Generationen zum Teil unterscheiden wird, denn viele von ihnen sind noch zu Kriegs-/Nachkriegszeiten aufgewachsen, wurden früh mit Gewalt, Flucht und Verzicht konfrontiert und wuchsen zu einer Zeit auf, in der die Ehe deutlich strenger als heute als eine lebenslange und nicht aufzulösende Verbindung angesehen wurde, über die auch bei Gewalterfahrungen nichts an Dritte berichtet wird.[404] Vielfach wurde bereits als Kind Gewalt selbst erfahren oder gegenüber der Mutter beobachtet und als gebräuchlich wahrgenommen.[405] Auch wenn Frauen über 60 Jahren Kenntnis von Hilfsangeboten haben (52-58 %), nehmen sie diese sehr selten in Anspruch (2-5 %), da die Angebote *„für sie nicht verfügbar gewesen"* seien.[406] Ältere Frauen scheuen sich besonders vor einer Trennung, was oft gerade mit

401 Nägele u.a., IPVoW Länderbericht Deutschland, S. 284 f.

402 Ebd., S. 251.

403 Ausführlich zu den gewaltauslösenden-/fördernden Faktoren siehe Nägele u.a., IPVoW Länderbericht Deutschland, S. 251, S. 196 ff.; Nägele, Antigewaltwoche 2011, S. 28 f.; vgl. auch die Studie von Schäfer, nach der sich die Täter in 41,5 % der Fälle vom Opfer durch Beleidigungen, Verdächtigungen, Anschuldigungen oder Unsauberkeit (Einkoten/Einnässen) provoziert fühlten, Schreiber S. 141.

404 Zu diesen Generationenunterschieden s. Nägele u.a., IPVoW Länderbericht Deutschland, S. 234 ff., S. 287; Nägele, Antigewaltwoche 2011, S. 30 f.; vgl. auch Görgen, Mythos Familiensolidarität, S. 186 f.; Pfeiffer/Görgen/Höynck, Gewalt gegen alte Menschen, S. 38; Schröder, Ältere Frauen und Gewalterfahrungen, S. 78.

405 Nägele u.a., IPVoW Länderbericht Deutschland, S. 234 ff., S. 287; Nägele, Antigewaltwoche 2011, S. 30 f.

406 Nägele u.a., IPVoW Länderbericht Deutschland, S. 41; Nägele, Antigewaltwoche 2011, S. 30 f;
vgl. auch Görgen/Nägele, Prävention 2015, S. 62 f. und Nägele, Antigewaltwoche 2011, S. 24, wonach in Interventionsstellen für häusliche Gewalt nur ca. 3-4 % und in Frauenhäusern nur ca. 1-2 % der Schützlinge über 60 Jahre alt sind; auch Arlt, Antigewaltwoche 2011, S. 14 f. verweist darauf, dass gemäß

dem Alter zusammenhängt, z.B. weil sie sich dem Partner gegenüber besonders verpflichtet fühlen, sehr an ihrem Lebensraum hängen, nicht gut über ihre Rechte und Möglichkeiten informiert sind, sozial isoliert sind, gerade angesichts der verkürzten verbleibenden Lebenszeit keinen Raum für einen Neuanfang sehen usw.[407] Sofern ein Neubeginn durchgesetzt wird, verlassen ältere Frauen meist die gemeinsame Wohnung und bedienen sich diesbezüglich nicht des Gewaltschutzgesetzes.[408]

Als Fazit wurde festgestellt, dass bei der Partnergewalt gegen ältere Frauen bestimmte Besonderheiten bestehen. Sie benötigen eine besonders eingehende Beratung und Unterstützung, stellen besonders selten einen Strafantrag und sagen im Vergleich auch besonders wenig aus.[409] Während die Polizei sich trotzdem als unter Umständen hilfreiche Instanz darstellt[410], scheiden sich die Geister diesbezüglich bei medizinischen Institutionen[411]. Frauenberatungsstellen sind niedrigschwellig und gut geeignet.[412] Frauenhäuser an sich ebenfalls, aber nur solange sie zahlenmäßig nicht überfordert werden, da es oft Probleme hinsichtlich eines behindertengerechten Zuganges usw. gibt.[413]

ccc) Mind the Gap!-Studie

Ebenfalls im Rahmen des Daphne-III-Programms der Europäischen Kommission wurde im Anschluss an das IPVoW-Projekt noch das Projekt „Mind the Gap! Verbesserte Interventionen bei Partnergewalt gegen ältere Frauen“ (2011-2013) ins Leben gerufen.[414] Dazu wurden in Deutschland

---

einer Evaluation im Raum Hamburg aus dem Jahr 2009 und 2010 der Anteil Älterer in Beratungsgesprächen bei ca. 5 % liegt.

407 Nägele u.a., IPVoW Länderbericht Deutschland, S. 254 f., Nägele, Antigewaltwoche 2011, S. 32 f. gem. Schröder, Ältere Frauen und Gewalterfahrungen, S. 78 fehlt es außerdem gerade in dieser Generation oft – in Ermangelung eigener Berufstätigkeit zugunsten der Haushaltsführung und Kinderbetreuung – an einer eigenen Rente bzw. Pension, so dass eine gewisse finanzielle Abhängigkeit von einem gewalttätigen Ehemann gegeben ist.

408 Nägele u.a., IPVoW Länderbericht Deutschland, S. 291; Nägele, Antigewaltwoche 2011, S. 32 f.

409 Nägele u.a., IPVoW Länderbericht Deutschland, S. 291.

410 Ebd., S. 290.

411 Ebd., S. 291.

412 Ebd., S. 292.

413 Ebd., S. 292; vgl. auch Nägele, Antigewaltwoche 2011, S. 34 f.

414 Taefi u.a., Mind the Gap!, S. 4.

(sowie erneut auch in Großbritannien, Österreich, Polen und Ungarn) staatsanwaltliche Verfahrensakten analysiert.[415] Es wurden 94 Akten der neun hessischen Staatsanwaltschaften bei den Landgerichten, der Anwaltschaft Frankfurt am Main und der Staatsanwaltschaft Gera aus den Jahren 2008 bis 2010 ausgewertet, wobei diese Akten den Kriterien „häusliche Gewalt, weibliches Opfer zum letzten bekannten Tatzeitpunkt über 60 Jahre, Tatverdächtige/r = Ehepartner, (Lebens-)Partner, Ex-Partner" entsprachen und 82 Tatverdächtigen-Opfer-Paaren zugeordnet werden konnten.[416] Die Studie beschränkte sich auf weibliche Opfer, weil eine Geschlechtertrennung als wichtiger Aspekt betrachtet wurde, dem in den übrigen Studien zugunsten von generell altersspezifischen Faktoren nicht genug Beachtung geschenkt worden sei.[417] Insbesondere in der Generation der älterer Frauen des Untersuchungszeitpunkts gelte - gerade im Privatleben – *„Geschlecht (...) als Platzanweiser"*.[418]

51,6 % der Opfer waren zwischen 65 und 74 Jahre alt, 31,2 % zwischen 57 und 64 Jahren und 17,2 % über 75 Jahre, d.h. sie waren im Schnitt knapp 68 Jahre alt und gehörten eher zu den jüngeren älteren Menschen; das älteste Opfer war im Alter von 83 Jahren.[419] Dieser Rückgang wird damit begründet, dass mit zunehmenden Alter weniger Partnerschaften existieren sowie Gewaltprävalenzraten sinken würden.[420] Die Tatverdächtigen waren ausschließlich männlich und im Schnitt 68,05 Jahre alt.[421] In fast der Hälfte der Fälle bestand auf Tatverdächtigen- oder Opferseite ein Migrationshintergrund (45,7 %).[422] In 79,8 % der Fälle handelte es sich im Tatzeitpunkt um zusammenlebende Partner (Durchschnittsdauer der Partnerschaften 36 Jahre), in 6,4 % um zusammenlebende Ex-Partner und in 9,6 % um getrennt lebende Ex-Partner.[423]

415 Ebd., S. 4.
416 Ebd., S. 6 ff.
417 Kotlenga/Nägele, Mind the Gap!, S. 10.
418 Ebd., S. 10; auch wenn Männer insgesamt deutlich weniger betroffen seien als Frauen, bestehe auch diesbezüglich ein gesonderter Forschungsbedarf, da ihr Risiko, Opfer von Nahraumgewalt zu werden mit dem Alter anzusteigen scheint. So war der Anteil der über 60-jährigen männlichen Opfer in Hessen in den Jahren 2006 bis 2008 (ca. 20 %) doppelt so hoch wie der jüngerer Männer (ca. 12 %), ebd., S. 10.
419 Taefi u.a., Mind the Gap, S. 8.
420 Ebd., S. 72.
421 Ebd., S. 9.
422 Ebd., S. 9.
423 Ebd., S. 9.

Auf beiden Seiten fanden sich schwerwiegende/chronische Krankheiten sowie körperliche Behinderungen, wobei sich diese eher im Rahmen hielten und eher die Täter als die Opfer betraf (Tatverdächtige: 20 % bzw. 12,8 %; Opfer: 13,8 % bzw. 3,2 %) und in den wenigsten Fällen (ca. 14 %) bestand eine Pflegebeziehung.[424] In 30,9 % der Fälle war der Täter, in 8,5 % der Fälle das Opfer alkoholisiert.[425]

Die registrierten Fälle waren hauptsächlich physische Gewalt (86 %) und emotionale, verbale oder psychische Gewalt (ca. 43 %; in sechs Fällen wurden sogar Todesdrohungen ausgesprochen), hingegen wurden sexuelle Belästigung bzw. sexuelle Gewalt, finanzielle Ausbeutung oder Stalking nur selten aufgeführt.[426] Hinsichtlich der Gewaltfolgen fiel auf, dass diese in der Regel nicht sehr schwer waren[427] und den Opfern seitens der Polizei wohl seltener als jüngeren Opfern einschlägiges Informationsmaterial an die Hand gegeben wurde.[428] Auch die Datenweitergabe an andere Institutionen (z.B. Weißer Ring, Frauenhäuser) wurde mit 6,4 % als gering eingestuft.[429]

Nur in der Hälfte der Fälle schaltete das Opfer selbst die Polizei ein, im Übrigen wurden Familienangehörige bzw. Nachbarn (jeweils 12,8 %) und seltener Freunde/Bekannte (2,1 %), Pflegepersonal/Ärzte (3,2 %) oder Passanten/sonstige Zeugen (9,6 %) tätig.[430] Hierzu passend war auch das Ergebnis, dass die meisten Opfer sehr ambivalent darin waren, ob sie eine Strafverfolgung des Tatverdächtigen wünschten oder nicht; nur knapp 10 % der Opfer waren in der Ermittlungsphase voll und nur 15 % teilweise unterstützend.[431]

Anhand der Akten einer der hessischen Staatsanwaltschaften wurde zudem noch eine Vergleichsauswertung mit jüngeren Opferkohorten (20-25 Jahre und 40-45 Jahre) durchgeführt.[432] Es lagen 17 Akten zu den über

---

424 Ebd., S. 11.
425 Ebd., S. 11.
426 Ebd., S. 14.
427 Eingehender hierzu ebd., S. 14 f.
428 Vgl. ebd., S. 76.
429 Ebd., S. 77.
430 Ebd., S. 16; vgl. auch Schreiber, S. 158 f., in dessen Studie ebenfalls nur in 30,2 % der Fälle das Opfer selbst Anzeige erstattete, im Übrigen wurden insbesondere Nachbarn (20,8 %) und Verwandte (14,0 %) tätig.
431 Ebd., S. 21.
432 Ebd., S. 31 ff.

60-Jährigen und jeweils 20 Akten zu den beiden jüngeren Altersgruppen vor.[433]

Die Analyse ergab, dass sowohl die Tatverdächtigen- als auch die Opfermerkmale in allen Altersgruppen relativ ähnlich waren, allerdings war der Migrationsanteil unter den über 60-Jährigen deutlich geringer. In allen Altersgruppen wurde vornehmlich physische Gewalt verübt (20-25 Jahre sowie 40-45 Jahre jeweils 90 %; über 60 Jahre: 100 %), jedoch nahm mit dem Alter emotionale, verbale oder psychische Gewalt immer mehr zu (20-25 Jahre: 25 %; 40-45 Jahre: 45 %; über 60 Jahre: 71 %). Außerdem veränderte sich die Art der physischen Gewaltausübung mit steigendem Alter, da in den jüngeren Kohorten mit 75 % bzw. 80 % hauptsächlich Schläge verübt wurden, während bei den über 60-Jährigen dies nur noch in 47 % der Fälle verzeichnet wurde und eher Festhalten und Stoßen verbreitet war. Es wurde vermutet, dass zweierlei Gründe haben könnte: Zum einen lässt die körperliche Kraft der Tatverdächtigen mit dem Alter nach, zum anderen könnten Festhalten und Stoßen aufgrund gestiegener Vulnerabilität und geringerer Verteidigungsmöglichkeiten in Bezug auf ältere Frauen auf diese selbst und auf Außenstehende bedrohlicher und daher anzeigewürdiger wirken als in Bezug auf jüngere Frauen.[434]

Die Gewaltfolgen fielen dementsprechend wenig überraschend in der Gruppe der über 60-Jährigen deutlich geringer aus, insbesondere im Vergleich zu den 20- bis 25-Jährigen (25 % mindestens mittelschwere Verletzungen).[435] Schon eher erstaunlich war jedoch das Ergebnis, dass mit steigendem Alter der Opfer sowohl ihre Anzeigebereitschaft (20-25 Jahre: 50 %; 40-45 Jahre: 65 %; über 60 Jahre: 71 %) als auch die Bereitschaft, das Ermittlungsverfahren zu unterstützen, mit anstieg.[436] Dies ist ausgesprochen relevant, denn nur in den Fällen, in denen eine Unterstützung seitens der Opfer vorlag kam es auch zu einer Verurteilung (20-25 Jahre: 0 %; 40-45 Jahre: 25 %; über 60 Jahre: 12 %).[437]

Ebenfalls im Rahmen dieses Forschungsprojektes wurden zusätzlich noch 53 Akten von Interventionsstellen gegen häusliche Gewalt in Thüringen analysiert.[438] Die Akten wurden anhand derselben Kriterien wie die staatsanwaltlichen Verfahrensakten ausgewählt (vgl. oben), wobei sich vier

---

433 Ebd., S. 31.
434 Zum Ganzen ebd., S. 32.
435 Ebd., S. 33.
436 Ebd., S. 33.
437 Ebd., S. 34; allerdings sinkt diese Bereitschaft ab 75 Jahren wieder ab, ebd. S. 74.
438 Ebd. S. 35 ff.

der Fälle überschnitten.[439] Als wesentliches weiteres Ergebnis ergab sich, dass der Kontakt zur Beratungsstelle in 52,85 % der Fälle über die Polizei hergestellt wurde und insbesondere telefonische Beratungsangebote angenommen wurden.[440]

Als wesentliche Erkenntnis der Studie wurde festgehalten, dass die Polizei oftmals die erste Anlaufstelle älterer Opfer darstellte, zugleich aber häufig keine strafrechtliche Verfolgung gewünscht war.[441]

ddd) Studie des LKA Niedersachens

Eine Befragung des LKA Niedersachsens aus dem Jahr 2013 mit 18.940 Probanden ab 16 Jahren nahm sich in einem eigenen Modul auch der Problematik der Nahraumgewalt in Partnerschaften an.[442] Im Jahr 2012 waren danach 19,6 % der 16- bis 29-Jährigen, 9,3 % der 30- bis 44-Jährigen, 7,0 % der 45- bis 49-Jährigen und 4,4 % der über 60-Jährigen betroffen,[443] d.h., die Nahraumgewalt wurde mit zunehmenden Alter immer weniger. Auch nach diesem Survey wurde primär psychische und weniger physische Gewalt verübt.[444] Ebenso wurde körperliche Gewalt mit zunehmenden Alter immer weniger und sank von 10,2 % bei den 16- bis 19-Jährigen auf 1,1 % bei den über 60-Jährigen ab.[445]

eee) Fazit

Als Fazit lässt sich festhalten, dass ältere Menschen auch im sozialen Nahraum weniger von Gewalt betroffen zu sein scheinen als jüngere Menschen. Die Abnahme der Gewalterfahrungen könnte damit zu erklären sein, dass sich mit steigendem Alter und einhergehender steigender Isolation auch im Nahraum weniger Tatgelegenheiten bieten könnten. Hinzu kommen könnte das Bestehen eines gewissen Dunkelfeldes, das sich darin begründen könnte, dass gerade ältere Frauen bereits langjährig

---

439 Ebd. S. 35.
440 Vgl. ebd., S. 35.
441 Ebd., S. 79.
442 LKA Niedersachsen 2013, S. 37 f.
443 LKA Niedersachsen, Bericht 2012, S. 9.
444 Ebd., S. 9.
445 Ebd., S. 9; zu den Ergebnissen s. auch Görgen/Nägele, Prävention 2015, S. 62; Görgen, 25 Jahre Gewaltprävention – Rückblick, S. 3.

Gewalt durch ihre Ehemänner erfahren haben und diese aus diversen Gründen noch nie angezeigt haben (Scham, Angst vor den Konsequenzen, Privatheit, Annahme, dies sei in einer Ehe „normal" usw.). Gerade in Bezug auf sexuelle Gewalt (siehe hierzu genauer unten im Abschnitt zu den Sexualdelikten) ist bekannt, dass (Ehe-)Partner über lange Zeiträume hinweg Gewalt dazu einsetzen, ihre (Ehe-)Partnerinnen systematisch zu unterdrücken, zu demütigen und zu kontrollieren. So gesehen ist es nicht verwunderlich, wenn dieser sog. „*intimate terrorism*"[446] auch im höheren Alter nicht plötzlich endet, sondern vielmehr fortbesteht, auch wenn das Ausmaß der Gewalt im Alter von 60 Jahren grundsätzlich geringer wird und die Ausübung physischer Gewalt immer mehr der psychischen Gewalt weicht. In den meisten Fällen ist die Beziehung bereits in jüngeren Jahren gewaltbelastet gewesen und die Gewalt wird bis ins Alter verübt, in manchen Fällen setzt die Gewalt allerdings erst im Alter ein. Gründe für den Fortbestand oder das Aufkommen von Gewalt können einschneidende Ereignisse wie die Verrentung des Mannes, persönlichkeitsverändernde Krankheiten wie Demenz oder körperliche Abbauerscheinungen sein.

Unterstützt wird das hinsichtlich Nahraumgewalt ohnehin schon bestehende Dunkelfeld in Bezug auf ältere Menschen dadurch, dass neben allgemein bestehender Zurückhaltung der Anzeige von Nahraumgewalt mit dem Alter noch weitere Hemmnisse hinzukommen. So etwa die Furcht davor, aus körperlichen oder monetären Gründen alleine nicht mehr selbstständig leben zu können, zu vereinsamen oder die mit dem Alter einhergehende sinkende Flexibilität, sich an neue Gegebenheiten anzupassen. In der aktuellen älteren Generation herrscht zudem oftmals noch die Vorstellung vor, es gehöre zu den Aufgaben einer Ehefrau, ihrem Mann gefügig zu sein und interne Gewalt zugunsten einer positiven Außendarstellung der Familie privat zu halten. Oft kommt gerade in dieser Generation eine finanzielle Abhängigkeit von einem gewalttätigen Ehemann hinzu.

Die Polizei stellt für die Opfer eine wichtige Anlaufstelle dar, allerdings werden andere Hilfsangebote selten wahrgenommen, unter anderem auch, weil die Opfer nicht über deren Existenz Bescheid wissen. Da die Bevölkerung aber immer weiter altert, wird auch die Nahraumgewalt im Alter zahlenmäßig zunehmen. Da sich in der Gesellschaft das Geschlechterbild und die Rollenverteilung immer mehr verändert haben und noch verändern, könnte dies auch von Einfluss auf die kommenden älteren Generationen sein. Unter Umständen sind diese eher gewillt, sich gegen partnerschaftli-

446 Zu diesem Begriff s. z.B. Görgen u.a., KFN-FB, Nr. 95, S. 136.

che Gewalt zur Wehr zu setzen als Frauen, die noch in einer gänzlich anderen Zeit aufgewachsen sind. Betrachtet man allerdings die Anzeigezahlen jüngerer Frauen und die Tatsache, dass die Mind the Gap!-Studie sogar ein höheres Anzeigeverhalten der älteren Frauen ergab, bleibt es fraglich, ob die Aufklärung über die Gleichwertigkeit der Frau etc. von derartigem Einfluss sein wird.

bb) zu Lasten pflegebedürftiger älterer Menschen

Die Diskussion über „Gewalt gegen ältere Menschen" erfasst hauptsächlich pflegebedürftige ältere Menschen.[447] Auch wenn der Fokus der vorliegenden Arbeit nicht auf Misshandlung und Vernachlässigung von pflegebedürftigen älteren Menschen liegen soll, sondern mehr auf den klassischen strafrechtlichen Delikten an grundsätzlich selbstständig lebenden älteren Menschen, soll dieser Bereich angesichts seiner Wichtigkeit zumindest auch kurz angesprochen werden. Auf die oben bereits erfolgte Erörterung zur Problematik des Gewaltbegriffs sei verwiesen.

Im Rahmen von Pflegebeziehungen, sei es privater oder professioneller Natur, kommt es immer wieder zu Viktimisierungen pflegebedürftiger älterer Menschen, wobei es wohl zu kurz greift als Erklärung allein auf eine Überbelastung der pflegenden Personen abzustellen.[448] Vielmehr müssen *„multiple Faktoren"* miteinbezogen werden,[449] so etwa langjährige Konflikte oder Abhängigkeiten[450] und vorallem eine Demenz der Pflegeperson.[451] Dementsprechend könnte in Bezug auf die Täter eine Einteilung in folgende Täter-Typen vorgenommen werden[452]:

---

447 Zu genauen Zahlen hinsichtlich der Pflegebedürftigkeit siehe *2. Teil: A IV.*

448 Kreuzer, Senioren als Kriminalitätsopfer, S. 5: Überlastung aufgrund von mangelnder Körperkraft, mangelndem Wissen und Erfahrungsschatz zum Umgang mit einer pflegebedürftigen Person.

449 Görgen, SHgZ, S. 513; Görgen/Herbst/Rabold, KFN-FB, Nr. 98, S. 125 f.; Görgen, Forum Kriminalprävention 2005, S. 15; siehe auch das Schaubild bei Hirsch, Sexualisierte Gewalt, S. 75.

450 Kreuzer, Senioren als Kriminalitätsopfer, S. 5.

451 Görgen, Forum Kriminalprävention 2005, S. 15.

452 So gesehen bei Ramsey-Klawsnik, Generations 2000, S. 17 ff.; Görgen, SHgZ, S. 54.

1) Der Täter hat an sich keine schlechten Absichten, legt aber aufgrund von Belastung oder Überforderung aggressives Verhalten an den Tag (sog. *„overwhelmed offender“*).[453]
2) Der Täter ist selbst z.B. kognitiv nicht in der Lage, den Pflegebedürftigen ausreichend zu versorgen (sog. *„impaired offender“*).[454]
3) Der Täter verfolgt keine guten, sondern ausschließlich selbstbezogene Absichten und behandelt das Opfer schlecht, sobald er sein Ziel erreicht hat, z.B. einen finanziellen Vorteil (sog. *„narcissistic offender“*).[455]
4) Der Täter übt gerne Macht aus und kontrolliert sein Opfer durch Beschuldigungen und Angriffe (sog. *„domineering or bullying offender“*).[456]
5) Der Täter genießt es regelrecht, andere auf verschiedenste Arten zu quälen und seine Opfer zu kontrollieren (sog. *„sadistic offender“*).[457]

Problematisch ist, dass die Datengewinnung zu Gewalt im häuslichen und stationären Pflegebereich äußerst schwierig ist, da die Hellfelddaten eher gering ausfallen und die Dunkelfeldforschung hier schnell an ihre Grenzen stößt.[458] Für die Forschung handelt es sich um eine sog. *„hard-to-reach population“*[459] und teilweise werden pflegebedürftige ältere Menschen sogar als *„potenziell unsichtbare(n) Opfer“*[460] und die diesbezügliche Forschungslage als *„beunruhigend defizitär“*[461] bezeichnet. Bisher wurden weniger verlässliche Prävalenz- und Inzidenzdaten erhoben, als vielmehr Informationen über *„Erscheinungsformen*[462]*, Risikofaktoren*[463] *und Interventionen*[464]*“* erworben.[465] Da dies jedoch die für die Entwicklung von Präventions- und Interventionsmethoden relevanten Informationen sind, erscheint es letztlich dann doch nicht allzu beunruhigend zu sein, dass es an repräsentativen Fallzahlen mangelt.[466] Zu bedenken ist, dass die Studien

453 Ramsey-Klawsnik, Generations, S. 18.
454 Ebd., S. 18.
455 Ebd., S. 19.
456 Ebd., S. 19.
457 Ebd., S. 20.
458 Görgen, SHgZ, S. 513; ähnlich Görgen/Herbst/Rabold, KFN-FB, Nr. 98, S. 125; Ahlf, ZfG 1994, S. 295; Wetzels/Greve, ZfGG 1996, S. 199.
459 Görgen, SHgZ, S. 515.
460 Görgen/Nägele, Prävention 2015, S. 63.
461 Görgen/Greve, Gewalt, S. 152.
462 S. hierzu Hinweis auf einige Studien bei Görgen, SHgZ, S. 53.
463 Siehe hierzu z.B. die zitierten Studien bei Görgen, SHgZ, S. 52f.; WHO, World Report on Violence and Health, S. 130 ff.
464 Siehe hierzu z.B. Görgen, Forum Kriminalprävention 2005, S. 15.
465 Görgen, SHgZ, S. 50 f.
466 Gögen/Greve, Gewalt, S. 153.

aufgrund der Schwierigkeit einheitlich definierte Begrifflichkeiten zu finden, relativ schwer vergleichbar sind.[467] Eine Vergleichbarkeit der Studien ist – wie bereits bei der Nahraumgewalt an nicht pflegebedürftigen älteren Menschen erwähnt wurde – zudem auch deswegen problematisch, da sie sich in den Stichproben und Erhebungsmethoden gravierend unterscheiden (z.B. Konzentration auf die gesamte Gruppe älterer Menschen vs. Konzentration lediglich auf pflegebedürftige Menschen).[468] Die vorhandenen Daten sollten daher nur mit Vorsicht und Zurückhaltung einander gegenübergestellt und gedeutet werden.[469]

Im Folgenden soll nun unterschieden werden zwischen Gewalt in einer familiären Pflegebeziehung und Gewalt in einer stationären Einrichtung wie einem Pflegeheim oder Krankenhaus. Hintergrund ist, dass es sich hierbei um unterschiedliche Pflegeformen, in unterschiedlichen Settings mit unterschiedlichen Beziehungen zwischen der zu pflegenden und der pflegenden Person handelt.[470]

aaa) in Privathaushalten

In Privathaushalten spielt sich der sog. „*domestic elder abuse*“ ab, der neben Gewalt durch Intimpartner auch Gewalt durch pflegende Angehörige und professionelle Pflegekräfte erfasst.[471] Eine populäre These ist, dass mit einer steigenden Belastung und Frustration der Pflegeperson auch die Wahrscheinlichkeit einer Misshandlung der pflegebedürftigen Person ansteigt.[472] Grund sei, dass Situationen, die als unumgänglich und ungerecht empfunden werden aufgrund des Machtgefälles zwischen den beteiligten Personen relativ leicht zum Aggressionsabbau ausgenutzt werden können.[473] Eine andere, alternativ oder kumulativ denkbare These ist, dass Pflegepersonen, die gewisse psychische Auffälligkeiten aufweisen und oftmals von der zu pflegenden Person in irgendeiner Form abhängig sind,

467 Kranich, Aggression im Alter, S. 52; Wetzels/Greve, ZfGG 1996, S. 193; ähnlich Görgen, Kriminologische Spuren in Hessen, S. 142 f.
468 Wetzels/Greve, ZfGG 1996, S. 193.
469 Lindert u.a., S. 29.
470 Vgl. auch Görgen/Greve, Gewalt gegen alte Menschen, S. 67.
471 Görgen, Nahraumgewalt, S. 24.
472 Görgen/Greve, Gewalt, S. 154.
473 Ebd., S. 154.

völlig losgelöst von einer pflegerischen Belastung, Aggressionen an der schwächeren Person auslassen.[474]

Die zu diesem Themenkomplex existierenden Daten stammen hauptsächlich aus nicht repräsentativen Befragungen von Gepflegten, Pflegern, Experten wie professionellen Pflegekräften usw.[475] Im Folgenden seien ein paar Studien exemplarisch näher ausgeführt:

Die Auswertung eines Gewaltfragebogen aus dem **Jahr 2004**, den 888 Probanden ausgefüllt hatten, ergab, dass eine demenzielle Erkrankung einen besonderen Risikofaktor für eine Gewalterfahrung durch pflegende Angehörige darstellt. Die Teilnehmer waren im Durchschnitt 60 Jahre alt und bei 44 % handelte es sich um den Ehepartner des Erkrankten, bei 43 % um die Kinder und bei 13 % um sonstige Angehörige. 68 % von ihnen hatten in den vorangegangen zwei Wochen einmal oder öfter mindestens eine der angegebenen Gewaltformen verübt. Mit Abstand am häufigsten wurden die Angehörigen gegenüber der demenzkranken Person laut.[476]

Im Rahmen einer bundesweiten Bevölkerungsbefragung von *Görgen/Herbst/Rabold* aus dem **Jahr 2005** wurden ebenfalls ein paar Daten zu Nahraumgewalt an 241 über 60-jährigen, pflegebedürftigen Personen erhoben. 15% der (zum Teil nur vorübergehend) Pflegebedürftigen gaben an, dass die Pflegeperson problematisches Verhalten an den Tag gelegt hatte, insbesondere in Form von Missachtung von Autonomie und Würde (13 %) und pflegerischer Vernachlässigung (6 %). Da die Befragten allesamt kognitiv und körperlich in der Lage waren die Fragebögen auszufüllen, gehen *Görgen/Herbst/Rabold* davon aus, dass eine Verallgemeinerung ihrer Ergebnisse für alle auf Hilfe angewiesenen, älteren Personen problematisch sein könnte.[477]

Das Kriminologische Forschungsinstitut Niedersachsen führte im **Jahr 2005** außerdem eine schriftliche Befragungsstudie durch, an der 503 in Hannover tätige ambulante Pflegekräfte teilnahmen.[478] 39,7 % der Pflegekräfte räumten ein, dass auch sie selbst innerhalb desselben Zeitraums gegenüber den Pflegepersonen fragwürdiges Verhalten an den Tag gelegt

474 Ebd., S. 154.

475 Görgen, SHgZ, S. 51; ähnlich Hirsch, MMW 2019, S. 41; für einen internationalen Überblick bis 2002 s. z.B. Sowarka/Schwichtenberg-Hilmert/Thürkow, DZA-Diskussionspapier Nr. 36, S. 7 ff.

476 Zum Ganzen Thoma/Zank/Schacke, ZfGG 2004, S. 350.

477 Zum Ganzen Görgen/Herbst/Rabold, SHgZ, S. 166.

478 Görgen/Herbst/Rabold, KFN-FB, Nr. 98, S. 58; Görgen/Rabold/Herbst, KFN-Materialien für die Praxis, Nr. 4, S. 1 f.

hatten.[479] Dieses war mannigfaltig und reichte vom absichtlichen Ignorieren von Wünschen (mit 16 % am häufigsten) bis hin zu grobem Anfassen (8 %) und Schubsen bzw. Stoßen (0,2 %).[480] Keiner der Befragten gab an eine zu pflegende Person verprügelt, geohrfeigt, gewürgt, getreten, mit der Faust geschlagen oder sexuell belästigt zu haben[481] und nach *Görgen/Herbst/Rabold* ist – ohne konkrete Begründung für diese Annahme - davon auszugehen, dass derartiges Verhalten tatsächlich nur selten vorkommt.[482] 67,5 % der befragten Pflegekräfte wurden innerhalb der vorangegangen zwölf Monate ihrerseits von den Pflegepersonen attackiert, wobei verbale (60,8 %) und körperliche Angriffe (36,1 %) überwogen; 16,5 % wurden sexuell belästigt.[483]

67 % der Befragten beobachteten in den vergangenen 12 Monaten zudem problematisches Verhalten Dritter gegenüber einer pflegebedürftigen Person (54,8 % verbale Aggression; 47,5 % pflegerische Vernachlässigung; 29,3 % physische Vernachlässigung; 14,6 % finanzielle Schädigung; 14,5 % mechanische bzw. 14,1 % medikamentöse Freiheitsbeschränkung; 3 % sexuelle Belästigung).[484] *Rabold/Görgen* ziehen aus diesen Ergebnissen den Schluss, dass ambulanten Pflegekräften eine wichtige Rolle als Zeugen und potentiellen Schutzpersonen zukommt.[485]

Ergänzend wurden auch 254 pflegende Angehörige befragt, deren Durchschnittsalter bei 62,92 Jahren lag. Im Durchschnitt erstreckte sich die Pflege bereits über einen Zeitraum von sechs Jahren auf im Schnitt 85,1 Jahre alte weibliche und 75,2 Jahre alte männliche Pflegebedürftige, von denen die Hälfte als demenzkrank galt.[486] 47,6 % der Angehörigen gaben an, in den vorangegangenen zwölf Monaten psychische Misshandlungen vorgenommen zu haben, 19,4 % physische Misshandlungen (insbesondere grobes Anfassen); häufig wurden die Angehörigen selbst Opfer verbaler oder körperlicher Angriffe durch die zu pflegende Person.[487] Im

---

479 Görgen/Herbst/Rabold, KFN-FB, Nr. 98, S. 64; Görgen/Rabold/Herbst, KFN-Materialien für die Praxis, Nr. 4, S. 6.

480 Görgen/Herbst/Rabold, KFN-FB, Nr. 98, S. 66.

481 Ebd., S. 65; Görgen/Rabold/Herbst, KFN-Materialien für die Praxis, Nr. 4, S. 7.

482 Görgen/Rabold/Herbst, KFN-Materialien für die Praxis, Nr. 4, S. 7.

483 Görgen/Herbst/Rabold, KFN-FB, Nr. 98, S. 61; Görgen/Rabold/Herbst, KFN-Materialien für die Praxis, Nr. 4, S. 4 f.

484 Görgen/Herbst/Rabold, KFN-FB, Nr. 98, S. 68 f.; Görgen/Rabold/Herbst, KFN-Materialien für die Praxis, Nr. 4, S. 8 f.

485 Rabold/Görgen, SHgZ, S. 194.

486 Görgen/Bauer/Schröder, SHgZ, S. 198.

487 Ebd., S. 207; siehe auch Görgen, Polizei & Wissenschaft 2012, S. 52.

Vergleich zu den ambulanten Pflegekräften waren pflegende Angehörige eher geneigt verbale Aggressionen und physische Gewalt auszuüben, während die ambulanten Pflegekräfte die Pflegepersonen eher in pflegerischer Hinsicht vernachlässigten und diese in ihrer Freiheit einschränkten, obwohl dies nicht zur Abwendung einer Gefährdung notwendig gewesen wäre.[488]

Man kann also festhalten, dass neben körperlicher Gewalt unter anderem Demütigungen, ein aggressiver Ton, das Überschreiten von Schamgrenzen oder das Behandeln wie ein Kind mögliche Erscheinungsformen sind.[489] Als Risikofaktoren haben sich dabei ein Zusammenleben von pflegender und gepflegter Person (Tatgelegenheiten, Konfliktsituationen ohne Ausweichmöglichkeit usw.), die Art der Beziehung vor Eintritt der Pflegebedürftigkeit (z.B. konfliktbeladen und gewalttätig) sowie bestimmte Eigenschaften des Gepflegten (Aggressivität, Demenz, soziale Isolation), als auch des Pflegenden (psychische Störungen, Suchtmittelerkrankungen, soziale Isolation, kognitive Beeinträchtigungen) herauskristallisiert.[490] Ob der jeweiligen Pflegegrad als ein Risikofaktor einzuordnen ist, ist unklar.[491] Insgesamt sind die Erscheinungsformen der Gewalt und ihrer Ursachen vielfältig[492] und unabhängig davon, wie dünn die Datenlage ist, scheinen häusliche Gewalt und Gewalt in Pflegebeziehungen miteinander verbundene Problembereiche zu sein.[493] Insbesondere Beziehungen, die schon immer konfliktbeladen und von einem Machtgefälle geprägt waren, können durch die Pflegesituation noch weiter verstärkt werden oder eine neue Prägung bekommen.[494] Im Gegensatz zu Gewaltdelikten im öffentlichen Raum sind die Täter oftmals zugleich auch Opfer, da sie ihrerseits Gewalt seitens der zu pflegenden Person erfahren oder unter den Strapazen der Pflegesituation leiden.[495] Grundsätzlich wird Präventionsmaßnahmen aber eine hohe Erfolgschance zugerechnet, da Angehörige meist aus

---

488 Görgen, Polizei & Wissenschaft 2012, S. 51.

489 Kreuzer, Senioren als Kriminalitätsopfer, S. 5; Kreuzer, ZBewHi 2010, S. 91; Zeeh, MMW 2016, S. 65.

490 Görgen, SHgZ, S. 52 f.; ähnlich auch Görgen, Mythos Familiensolidarität, S. 190; Hirsch, Prävention statt Gewalt, S. 40; zu sozialer Isolation s. z.B. Görgen/Herbst/Rabold, KFN-FB, Nr. 98, S. 110.

491 Görgen, SHgZ, S. 53 unter Verwendung des veralteten Begriffs der Pflegestufe.

492 Görgen, Mythos Familiensolidarität, S. 193, der auf den S. 193 ff. zugleich einige Präventionsvorschläge unterbreitet.

493 Görgen, SHgZ, S. 15.

494 Ebd., S. 15.

495 Greve/Görgen, Angewandte Gerontologie, S. 612.

Überforderung gewalttätig werden und man daher davon ausgehen kann, dass sie grundsätzlich empfänglich für entsprechende Hilfs- und Unterstützungsangebote sind.[496]

bbb) in stationären Einrichtungen

Ähnliche Probleme ergeben sich auch im Bereich von stationärer Pflege durch professionelle Pflegekräfte. Diese sind gerade aufgrund eines Pflegekräftemangels bzw. struktueller Defizite in der Heimorganisation ebenfalls oft überfordert und werden seitens der Institutionen häufig nicht richtig überwacht.[497] Auch eine gegenseitige negativ geprägte Kommunikation und Interaktion zwischen Pflegeperson und Gepflegten, die sich immer weiter aufschaukelt, sowie das Zusammenspiel von Macht und Ohnmacht der Beteiligten können zu Gewalt führen.[498] Die Datenlage zu Gewalt in stationären Einrichtungen stellt sich als besonders problematisch dar. So moniert *Drescher* ausdrücklich, dass Pflegewalt nicht in der PKS erfasst werde und in Deutschland (anders als z.B. in England im Rahmen des seit 1982 existierenden British Crime Surveys) auch keine statistikergänzende, regelmäßigen Dunkelfelstudien durchgeführt würden und führt dies auf einen nach wie vor extrem stark ausgeprägten *„Korpsgeist“* in den Einrichtungen sowie *„Familienloyalität im häuslichen Pflegebereich“* zurück.[499] Die an sich repräsentative KFN Studie von 1992 bringt in Bezug auf Gewalt in stationären Einrichtungen keine wesentlichen Erkenntnisse, da gerade der pflegebedürftige Personenkreis der über 75-Jährigen von der Befragung ausgenommen war und in der Studie auch hauptsächlich die Partner des Opfers und nicht Pflegepersonen Gewalt ausübten.[500] Eine erste spezielle Studie aus den Jahren 1998-1999 lieferte das Kriminologische Institut der Universität Gießen, in der 251 qualitative Interviews in stationären Altenpflegeeinrichtungen und eine schriftliche Befragung von 251 Heimmitarbeitern durchgeführt wurden; zudem fanden 188 Heimbegehungen statt und 35 einschlägige Akten von Strafverfolgungsbehörden wurden analysiert.[501] Auch wenn die grundsätzliche Situation als positiv eingeordnet

496 Ebd., S. 612.

497 Kreuzer, Senioren als Kriminalitätsopfer, S. 6; Kreuzer, ZBewHi 2010, S. 91; ähnlich Ahlf, ZfG 1994, S. 296.

498 Kuhlmann/Nägele, Sozialer Fortschritt 2008, S. 189.

499 Drescher, S. 148.

500 Vgl. auch Drescher, S. 92.

501 Drescher, S. 87; Görgen/Greve, Gewalt gegen alte Menschen, S. 67 f.

wurde, gaben ca. 78 % der Heimmitarbeiter an innerhalb des letzten Jahres mindestens einmal selbst gewalttätig geworden zu sein (insbesondere durch Anschreien, Vernachlässigung o.Ä.) und 66 % berichteten derartiges Verhalten bei Kollegen beobachtet zu haben; ca. 58 % wurden zudem selbst von zu pflegenden Personen attackiert.[502] Auch *Hirsch* bemängelt die dürftige Datenlage[503] zu dieser Thematik ausdrücklich und fasst die (übrigen) bestehenden Daten wie folgt zusammen: Schätzungsweise beträgt die Gewaltprävalenz gegen ältere Menschen in stationären Einrichtungen 11-24 %, aber auch von psychischen sowie physischen Gewalttätigkeiten der Pflegebedürftigen gegen das Pflegepersonal wird berichtet (im Jahr 2011 gaben 96 % der Mitarbeiter aus dem Pflege- und Betreuungssektor derartige Tätlichkeiten an). Freiheitsentziehende Maßnahmen ohne Rechtsgrundlage scheinen weit verbreitet sein.[504] Neben Pflegekräften treten regelmäßig auch Mitbewohner als Täter in Erscheinung.[505]

ccc) in Krankenhäusern

Nicht nur in Altenheimen, sondern auch in allgemeinen Krankenhäusern kann es zu Vernachlässigung und Misshandlung älterer Menschen kommen, denn die Mitarbeiter der Krankenhäuser sind nicht speziell geriatrisch ausgebildet und der Umgang mit älteren, z.B. dementen Patienten führt oftmals zu einer Überforderung des Personals.[506]

ddd) Folgen von Gewalt in der Pflege

Folgen von Gewalt können insbesondere für ältere Menschen sehr schwerwiegend sein und werden bei *Hirsch* dergestalt zusammengefasst:

---

502 Drescher, S. 87 f; vgl. hierzu auch Görgen/Greve, Gewalt gegen alte Menschen, S. 68 ff.; Görgen/Greve, Gewalt, S. 154 ff.

503 Für einen tatsächlich dürftigen internationalen Überblick bis 2002 s. z.B. Sowarka/Schwichtenberg-Hilmert/Thürkow, DZA-Diskussionspapier Nr. 36, S. 26 ff.

504 Hirsch, BuGBl 2016, S. 108 f.; angedeutet auch bei Hirsch, MMW 2019, S. 41; ebenso kritisch zur geringen, schwer vergleichbaren Datenlage Kranich, Aggression im Alter, S. 52; Kuhlmann/Nägele, Sozialer Fortschritt 2008, S. 189.

505 Görgen/Nägele, Prävention 2015, S. 63.

506 Kreuzer, Senioren als Kriminalitätsopfer, S. 6; Kreuzer, ZBewHi 2010, S. 92.

- *„Länger andauernde Gefühle der Erniedrigung, Beschämung, Missachtung und Hoffnungslosigkeit bis hin zur Selbstaufgabe,*
- *Zunehmende Isolation, Vereinsamung und Angst vor Dritten,*
- *Pathologische Trauerreaktion und reaktive Depression,*
- *Hilflosigkeit, Abhängigkeit und Lähmung von Aktivitäten,*
- *Vermehrung und Chronifizierung von Ängsten,*
- *Länger andauernde körperliche und psychische Beeinträchtigung nach massiver körperlicher Gewaltanwendung,*
- *Auftreten von psychosomatischen Erkrankungen,*
- *Verlust von Vertrauen in Angehörige oder Professionelle, wenn diese die Täter sind,*
- *Destruktive Umgangsweisen mit sich selbst bis hin zum Suizidversuch,*
- *Abgleiten in die Armut nach finanzieller Ausbeute* (sic).“[507]

Besonders problematisch für die jetzige Generation älterer Menschen ist, dass diese vielfach die Kriegs- und Nachkriegszeit miterlebt haben und posttraumatische Belastungsstörungen regelmäßig erst mit dem Alter in Erscheinung treten.[508] Gerade Gewalterfahrungen vermögen bei diesen Menschen eine Retraumatisierung oder eine Traumareaktivierung hervorzurufen.[509]

eee) Serientötungen

Zur schlimmsten Gewaltform, einer Tötung, kommt es immer wieder in Form von Serientötungen, insbesondere von Krankenhauspatienten, aber auch von Heimbewohnern und - eher selten - von sich in ambulanter Pflege[510] befindenden Menschen.[511] Man vermutet hier ein großes oder gar das größte existierende Dunkelfeld in punkto Tötungsdelikte, da oft erst bei vermehrtem Auftreten von Unstimmigkeiten überhaupt Ermittlungen aufgenommen werden.[512] In den Jahren 1970 bis 2006 wurden internatio-

---

507 Hirsch, Sexualisierte Gewalt, S. 80 f.; Hirsch, BuGBl 2016, S. 109 f.

508 Hirsch, BuGBl 2016, S. 110; Hirsch, Sexualisierte Gewalt, S. 81.

509 Hirsch, Sexualisierte Gewalt, S. 81; Hirsch, BuGBl 2016, S. 110.

510 Siehe hierzu z.B. Käferstein u.a., S. 205 ff. mit der Besprechung von sieben Tötungsdelikten einer ambulante Altenpflegerin an ihr zugeteilten Pflegepersonen.

511 Kreuzer, Senioren als Kriminalitätsopfer, S. 6; Maisch, ZfGG 1996, S. 202; Maisch, Lebensverkürzung, S. 219.

512 Kreuzer, Senioren als Kriminalitätsopfer, S. 7; Maisch, ZfGG 1996, S. 202; Maisch, Lebensverkürzung, S. 219.

nal 43 im Gesundheitssektor arbeitende Personen als Täter einer Serientötung an Patienten verurteilt, wobei in 2079 Todesfällen ein einschlägiger Verdacht bestand, beweisbar waren aber nur 305 Fälle.[513] Im deutschsprachigen Raum wurden von 1976 bis 2017 elf Serientötungen, neun davon in Deutschland, bekannt.[514] Den bekannt gewordenen Taten ist gemein, dass sie längere bis sehr lange Zeit unentdeckt blieben; im Fall des Krankenpflegers Niels Högel waren es z.B. neun Jahre (1999-2008)[515] und im Fall eines amerikanischen Krankenpflegers sogar 16 Jahre (1988-2003)[516].

Analysen von diversen Serientötungen ergeben, dass diese sich in mehreren Aspekten von den üblichen Tötungsdelikten unterscheiden: Es handelte sich um eine so große Anzahl an Tötungen über längere Zeiträume hinweg, dass die Täter zum Teil nicht mehr verlässlich rekonstruieren können, wann sie die erste Tötung begingen und welche Patienten ihnen zum Opfer fielen.[517] Die Tötung erfolgte meist[518] durch die Verabreichung von Arzneimitteln oder auch Giften wie Arsen.[519]

Den getöteten Patienten war gemeinsam, dass sie älter (auf Intensivstationen ca. Mitte 70, auf normalen Krankenhausstationen und Heimen ca. über 80 Jahre[520]), multimorbid, oftmals schwer erkrankt (Krebs, Hirnschlag, postoperative Komplikationen nach Herzinfarkt usw.) oder gar komatös waren.[521] Manche, aber nicht alle von ihnen waren pflegeintensiv.[522] In all diesen Fällen wird daher ein Tabu verletzt, *„das selbst zu Kriegszeiten Gültigkeit beansprucht“*[523], nämlich die Unantastbarkeit eines geschützten Rückzugortes für Menschen, die aufgrund von Krankheit besonders hilflos und schwach sind.[524] Hinzu kommt, dass gerade diese

---

513 Beine, Ärzteblatt 2007, S. A 2329.; siehe eine nicht abschließende, weltweite Auflistung bei Beine, Krankentötungen, S. 341 ff.

514 Beine, Teil 1 - Heilberufe 2017, S. 40 mit einer Auflistung aktueller Fälle in Deutschland.

515 Doelfs, kma 2015, S. 8.

516 Beine, Ärzteblatt 2007, S. A 2328.

517 Maisch, ZfGG 1996, S. 203.

518 Im Jahr 1990 tötete ein Pfleger in einem Gütersloher Krankenhaus 16 Patienten durch Luftinjektionen; vgl. Bajanowski/DuChesne/Brinkmann, Lebensverkürzung, S. 195 ff.

519 Maisch, ZfGG 1996, S. 203.

520 Beine, Fortschritte der Neurologie und Psychiatrie 1999, S. 495.

521 Maisch, ZfGG 1996, S. 203; Maisch, Lebensverkürzung, S. 221; vgl. auch Beine, Fortschritte der Neurologie und Psychiatrie 1999, S. 495 ff.

522 Beine, Krankentötungen, S. 350.

523 Maisch, ZfGG 1996, S. 202.

524 Ebd., ZfG 1996, S. 202; Maisch, Lebensverkürzung, S. 218.

Personen die Tötungen verübten, deren Beruf es gewesen wäre, das Opfer zu pflegen.[525] Die Täter in den analysierten Fällen waren mehrheitlich männlich, stammten aus der pflegerischen Berufsgruppe, nahmen im Kollegenkreis eher eine Außenseiterstellung ein und legten einen noch harscheren und abgebrühteren Umgangston an den Tag, als er aus Gründen der emotionalen Abgrenzung bzw. Selbstschutzes ohnehin schon auf Intensivstationen gebräuchlich ist.[526] Da etwas mehr Frauen als Männer in pflegerischen Berufen tätig sind, ist der männliche Anteil unter den Tätern also erstaunlich hoch.[527] Die meisten Täter waren überdurchschnittlich unsicher, versuchten dies aber durch eine vorgeschobene Fröhlichkeit zu überspielen. [528] Besondere psychische Störungen oder eine Schuldunfähigkeit wurden in den bekannten forensischen Gutachten in der Regel nicht testiert.[529] Mit der ersten Tat scheint bei Tätern eine gewisse Hemmschwelle überwunden zu werden, da das Töten dann nicht nur bereitwilliger geschah, sondern fast zur Gewohnheit wurde.[530]

Das Ausmaß der Arbeitsbelastung und das Klima am Arbeitsplatz variierten in den untersuchten Fällen so stark, dass hieraus keine Rückschlüsse für die Tatmotivation gezogen werden können.[531] Als Tatmotiv allein (so wie von den Tätern meist angegeben) auf Mitleid oder auf eine Arbeitserleichterung oder auf das Ausleben von Gewalt abzustellen scheint zu kurz zu greifen, vielmehr ist eine Kumulation von diversen Gründen naheliegend.[532] *Beine* geht sogar so weit, dass er eine Tötung aus Empathie generell für ausgeschlossen hält, da der Täter letztlich nie das Leid der Patienten, sondern ausschließlich sein eigenes lindern wolle.[533] Die zuvor genannte Selbstunsicherheit der Täter könnte sie dazu veranlasst haben, einen Beruf wie den Pflegeberuf zu ergreifen, um sich durch die Wahl eines schweren Berufs Ansehen und Bestätigung ihrer Umwelt zu sichern.[534]

525 Beine, Int. J. Law Psychiatry 2003, S. 373; vgl. Beine, Krankentötungen, S. 374; Maisch, ZfGG 1996, S. 201.

526 Beine, Fortschritte der Neurologie und Psychiatrie 1999, S. 495 f.; Beine, Int. J. Law Psychiatry 2003, S. 376 ff.; Beine, Ärzteblatt 2007, S. A 2330.

527 Beine, Krankentötungen, S. 354.

528 Beine, Ärzteblatt 2007, S. A 2328; Beine, Teil 1 – Heilberufe 2017, S. 41.

529 Beine, Teil 1 – Heilberufe 2017, S. 41; Beine, Ärzteblatt 2007, S. A 2328.

530 Beine, Ärzteblatt 2007, S. A 2328; Beine, Teil 1 – Heilberufe 2017, S. 41.

531 Beine, Krankentötungen, S. 366; Beine, Fortschritte der Neurologie und Psychiatrie, S. 496; Beine, Int. J. Law Psychiatry 2003, S. 378.

532 Maisch, ZfGG 1996, S. 205; Maisch, Lebensverkürzung, S. 224; Beine, Fortschritte der Neurologie und Psychiatrie 1999, S. 496.

533 Beine, Ärzteblatt 2007, S. A 2332.

534 Ebd., S. A 2330.

Wenn diese Erwartung nicht (ausreichend) erfüllt wird und stattdessen eine Konfrontation mit einem harten Berufsalltag voll Krankheit, Tod und Stress stattfindet, kann sich ein eigenes, meist unausgesprochenes Leid der späteren Täter entwickeln, das sich unter Umständen irgendwann mit dem – tatsächlichen oder nur vermuteten – Leiden der Patienten vermischt.[535] Dieses Phänomen bezeichnet man als *„identifikatorischen Grenzverlust"*, bei dem aufgrund eigener privater/beruflicher Belastung *„im Sinne einer ‚projektiven Identifikation' eigenes Leiden, eigenes Mißempfinden auf Patienten"* übertragen wird.[536] Die Tötung eines Patienten könne das Ohnmachtsgefühl des Täters kurzzeitig verschwinden lassen und ihm dafür - ebenfalls nur für den Moment - ein Gefühl von Kontrolle zurückgeben.[537] Allerdings komme zukünftig nun zu den bereits bestehenden Konflikten des Täters ein Gewissenskonflikt hinzu, so dass der Täter erneut nach Erleichterung sucht und entsprechend obigem Prinzip sodann zu einer weiteren Tat angetrieben wird.[538] Indem der Täter das Patientenleid lindert, lindert er also zugleich sein eigenes. In diesem Zusammenhang überhaupt noch von Mitleid in Form von Mitgefühl, Anteilnahme und Beistand zu sprechen,[539] fällt in der Tat schwer. Gegen das Mitleidsmotiv spricht außerdem, dass die Opfer oftmals sogar geäußert hatten, dass sie keinen Todeswunsch hätten, einen natürlich Lauf der Dinge möchten und viele auch versuchten sich der Tötungshandlung zu erwehren.[540]

Unabhängig davon, ob eine Patiententötung aus Mitleid denkbar ist oder nicht, kann man im Wesentlichen zwischen zwei Tätertypen unterscheiden: Den Tätern, die angeben aus Mitleid gehandelt zu haben, und den Tätern, die versucht haben sich zu profilieren und als Retter in den Vordergrund zu drängen.[541] In Deutschland ist aus dieser zweiten Tätergruppe nur ein Fall bekannt, der des Krankenpflegers Niels Högel.[542] Dieser arbeitete von 1999 bis Ende 2002 im Klinikum Oldenburg und von Dezember 2002 bis Juli 2005 im Klinikum Delmenhorst und tötete

535 Ebd., S. A 2330; vgl. auch Beine, Teil 1 – Heilberufe 2017, S. 42.
536 Beine, Fortschritte der Neurologie und Psychiatrie 1999, S. 498; vgl. Beine, Int. J. Law Psychiatry 2003, S. 382; Beine, Teil 1 – Heilberufe 2017, S. 42.
537 Beine, Teil 1 – Heilberufe 2017, S. 42.
538 Ebd., S. 42.
539 So auch Beine, Ärzteblatt 2007, S. A 2332.
540 Vgl. Beine, Krankentötungen, S. 375.
541 Beine, Teil 1 – Heilberufe 2017, S. 41.
542 Ebd., S. 41.

dort eine nicht feststehende Anzahl[543] Patienten, indem er ihnen bewusst und ohne medizinischen Anlass ein Medikament spritzte, das eine Notfallreanimierung erforderlich machte.[544] Durch eine Rettung wollte er sich die Anerkennung und den Respekt seiner Kollegen sichern, jedoch gelang eine solche eben nicht immer und der Patient verstarb.[545]

fff) Zusammenfassung

Die Datenlage zu Gewalt in der Pflege, sei es in Privathaushalten oder stationär, ist eher dünn und mangels einer einheitlichen Definition des Begriffs Gewalt und unterschiedlicher Erhebungsmethoden ist die Vergleichbarkeit von einschlägigen Studien nur bedingt gegeben. Außerdem sind Opferbefragungen nur sehr eingeschränkt möglich, da gerade pflegebedürftige Personen oftmals wegen sozialer Isolation nicht erreichbar oder aber nicht in der Lage sind, entsprechende Auskünfte zu erteilen. Dennoch kann man wohl sagen, dass häusliche Gewalt und Gewalt in Pflegebeziehungen miteinander verbundene Problembereiche zu sein scheinen, da gerade konfliktbeladene Beziehungen auch (oder gerade) bei Eintreten von Pflegebedürftigkeit gewaltbelastet bleiben. Insgesamt sind die Erscheinungsformen der Gewalt (z.B. körperliche Gewalt, Demütigungen, aggressiver Tonfall, Überschreiten von Schamgrenzen, Behandeln wie ein Kind) und ihre Ursachen vielfältig (z.B. Konfliktsituationen ohne Ausweichmög-

---

543 Im Jahr 2015 wurde er bereits wegen Mordes in zwei Fällen, wegen versuchten Mordes in Tateinheit mit gefährlicher Körperverletzung in zwei Fällen sowie wegen gefährlicher Körperverletzung in einem weiteren Fall zu einer lebenslangen Gesamtfreiheitsstrafe verurteilt, https://landgericht-oldenburg.niedersachsen.de/startseite/aktuelles/presseinformationen/verfahren-gegen-niels-hoegel---informationen-zu-den-anklagevorwuerfen-und-zum-verfahren-170233.html (05.09.2020); er wurde nachfolgend in 100 weiteren Fällen angeklagt und im Strafverfahren 5 Ks 1/18 am 6. Juni 2019 im (noch nicht veröffentlichten) Urteil der Schwurgerichtskammer des LG Oldenburg wegen Mordes in 85 Fällen schuldig und in 15 Fällen freigesprochen. Unter Einbeziehung von Strafen aus den vorigen Urteilen hat die Schwurgerichtskammer eine lebenslange Freiheitsstrafe verhängt und die besondere Schwere der Schuld festgestellt. Das Urteil ist nicht rechtskräftig, da Revision wurde, https://landgericht-oldenburg.niedersachsen.de/startseite/aktuelles/strafverfahren_gegen_niels_hogel_hinweise_fur_zuschauer/strafverfahren-gegen-niels-hoegel-hinweise-fuer-zuschauer-169004.html (05.09.2020).

544 Für viele Beine, Teil 1 – Heilberufe 2017, S. 40.

545 Ebd., S. 40.

lichkeit, Demenz, soziale Isolation). Pflegepersonen werden ihrerseits regelmäßig Opfer von Gewalt seitens der zu pflegenden Person.

In Bezug auf Gewalt in stationären Pflegeeinrichtungen ist die Datenlage ebenfalls als dürftig und schwer vergleichbar einzuschätzen, grundsätzlich stellen sich hier aber ähnliche Probleme. Insbesondere aufgrund von immer wieder bekanntwerdenden Tötungsserien in stationären Einrichtungen und Krankenhäusern ist davon auszugehen, dass selbst von dieser schwersten Form von Gewalt zu Lasten pflegebedürftiger älterer Menschen Gebrauch gemacht wird.

d) Mögliche Gründe für grundsätzlich niedrige Viktimisierungsrate

Das Risiko, Opfer einer Straftat zu werden, kann variieren. Hinsichtlich des unterschiedlich ausgeprägten Risikos junger und älterere Menschen, gibt es unterschiedliche Erklärungsansätze.

aa) Geringere Attraktivität als Opfer

Fattah nennt die These, dass es sich bei älteren Menschen allgemein um eine weniger attraktive Zielgruppe handeln würde. Dies wird damit begründet, dass ältere Menschen hinsichtlich der Sexualdelikte aufgrund ihrer geringeren physischen Attraktivität und hinsichtlich der Vermögensdelikte aufgrund ihrer schlechteren wirtschaftlichen Verhältnisse eher selten als Opfer ausgewählt werden.[546] Bei Sexualdelikten mag dies als Argument bereits nicht in vollem Umfang zu durchzuschlagen,[547] jedenfalls aber überzeugt es nicht bei den Vermögensdelikten. Selbst wenn ältere Menschen finanziell schwächer aufgestellt sein sollten, bewahrt gerade diese Altersgruppe aufgrund fehlender Mobilität usw. oft größere Mengen Bargeld in der Wohnung auf und stellt dadurch im Gegenteil sogar eine besonders attraktive Opfergruppe dar.[548] Da die Eigentums- und Vermögensdelikte vielmehr eine Ausnahme vom grundsätzlich geringen Viktimisierungsrisiko älterer Menschen darstellen (siehe *2. Teil: B III 2 d*), steht somit allein die Datenlage im Widerspruch zu *Fattah's* These.

546 Fattah, KFN-FB, Nr. 10, S. 19.
547 S. zur Frage des Dunkelfelds bei Sexualdelikten an älteren Menschen, *2. Teil: B III 2 e cc*.
548 Vgl. etwa Rate mal, wer dran ist, S. 13.

Ebenfalls zu mangelnder Attraktivität soll es führen, dass ältere Menschen *„durch kulturelle Normen und Tabus geschützt"* werden, die *„moralische Hemmungen"* bei den Tätern hervorriefen.[549] Die kriminologisch anerkannten Neutralisierungs- und Desensibilisierungstechniken der Täter würden in einem solchen Fall nicht mehr gut genug funktionieren, um die Taten ausreichend vor ihnen selbst zu rechtfertigen, so dass sie oftmals auf deren Begehung verzichten würden.[550] Es erscheint durchaus plausibel, dass diese Techniken das Gewissen der Täter weniger beruhigen bzw. ganz zum Schweigen zu bringen vermögen und somit in manchen Fällen eine Viktimisierung verhindert wird. Allerdings scheint dieses Argument im Rahmen der Vermögensdelikte, von denen ältere Menschen durchaus häufig betroffen sind, nicht unbedingt zu greifen, wenn es sich um Vorgehensweisen wie z.B. den Enkeltrick handelt. In diesen Fällen werden gezielt ältere Menschen als Opfer herausgesucht, ihr Alter schützt sie also nicht vor einer Viktimisierung, sondern prädestiniert sie sogar dafür. Oftmals handelt es sich um Banden oder Organisationen, die Kinder schon früh in die Operationen einschalten, so dass diese derartige Hemmungen gar nicht erst aufbauen und Neutralisationstechniken nach wie vor wirksam sein können.[551]

Als dritten Grund für eine geringere Attraktivität älterer Menschen als Opfer stellt *Fattah* ohne jegliche statistische Grundlage die pauschale Behauptung auf, dass es eine *„allgemein bekannte Tatsache"* sei, dass die Strafverfolgung und die Strafen selbst mit größerer Härte erfolgen würden, wenn die Opfer einer besonders wehrlosen Gruppe angehören.[552] Insofern würden zumindest die Täter, die des Öfteren mit dem Gesetz in Konflikt geraten und sich daher mit dem Sanktionensystem bzw. Strafmaß/-höhe auskennen, bereits abgeschreckt werden.[553]

549 Fattah, KFN-FB, Nr. 10, S. 19

550 Ebd., S. 20.

551 Siehe hierzu genauer *2. Teil: B III 2 bb.*

552 Fattah, KFN-FB, Nr. 10, S. 20.

553 Ebd., S. 20.

bb) Schwer zu erreichende Opfergruppe

Eine andere These stellt auf das Lebensstil-Konzept[554] oder den *„Routine-Activity"*-Ansatz[555] ab. Danach sind ältere Menschen keine exponierte Gruppe und bewegen sich selten in gefährlichen Situationen und Umgebungen, wodurch sie weniger Gefahren ausgesetzt sind.[556] Dies deswegen, weil Tagesrhythmus und die Routineaktivitäten sich im Alter meist verändern: Mit Renteneintritt wird der Tagesablauf grundsätzlich unstrukturierter und flexibler, der tägliche soziale Kontakt, der durch den Arbeitsalltag automatisch gegeben war, entfällt und zudem leben mehr und mehr Menschen alleine, ziehen sich zurück oder sind auf die Hilfe der Familie angewiesen.[557] Dabei sollte aber nach vorliegender Ansicht nicht außer Acht gelassen werden, dass sich dies von Mensch zu Mensch sehr unterscheiden kann; der eine strukturiert sich seinen Tageslauf auch ohne feste Arbeitauf eine bestimmte Art und Weise, der andere ist trotz Todes des Ehepartners nicht einsam, sondern sozial gut integriert usw. Denkbar wäre demnach auch, dass mit dem steigenden Alter gerade eine gewisse Routine eingehalten wird, was z.B. Aufsteh- und Essenszeiten angeht, um dem Leben weiterhin eine bestimmte Struktur zu geben. Dies kann Tätern durch entsprechende Beobachtung oder Ausfragen des Opfers gerade dabei behilflich sein, günstige Tatgelegenheiten zu entdecken.[558] *Studer* konnte anhand seiner Studie ebenfalls keine Aussage dazu treffen, ob es mit dem Eintritt ins „Rentnerleben" zugleich zu einem merklichen Abfall des generellen Viktimisierungsrisikos kommt oder ob es sich um einen schleichenden Prozess handelt.[559] Nichtdestotrotz ist der Aussage zuzustimmen, dass bestimmte Arten eines Lebensstils das Viktimisierungsrisiko erhöhen oder verringern können und ältere Menschen dem natürlichen Lauf der Dinge nach im Zweifel zurückgezogener leben als die meisten jüngere Menschen.

---

554 Vgl. grundsätzlich hierzu für viele Bock, § 20 Rn. 915 ff.

555 Vgl. grundsätzlich zu diesem Ansatz für viele Eisenberg/Kölbel § 60 Rn. 4, sowie zu seinen kriminologischen Grenzen Rn. 7 ff.; Göppinger, § 11 Rn. 9 ff.

556 Siehe z.B. Greve, KFN-FB, Nr. 65, S. 19; Fattah/Sacco, S. 156; ähnlich: Görgen, KFN-FB, Nr. 93, S. 119; Studer, S. 119 f.; Görgen/Mild/Fritsch, SHgZ, S. 120; Görgen, SHgZ, S. 514; Wetzels u.a.; KFN-FB, Nr. 21, S. 9; Drescher, S. 30 f.; Fattah, FS Schneider, S. 425.

557 Fattah/Sacco, S. 156.

558 So auch die Überlegungen bei Studer, S. 219 f.

559 Ebd., S. 231.

Allein dadurch, dass ältere Menschen in der Regel sehr viel Zeit in ihren Wohnungen verbringen, sind sie als Opfer schwerer zu erreichen. [560] Darunter fällt aber nicht nur, dass sie sich – insbesondere des abends und nachts – sehr viel zu Hause aufhalten, sondern auch, dass sie oft an bestimmten sozialen Aktivitäten, die ein Viktimisierungsrisiko in sich bergen, nicht mehr teilnehmen (z.B. mit erhöhtem Alkoholkonsum verbundene Gaststättenbesuche).[561] Auch ihr soziales Umfeld ist sehr relevant, da die Wahrscheinlichkeit, viktimisiert zu werden größer ist, wenn man (sei es beruflich oder privat) viel Kontakt zu potentiellen Tätern hat. Der berufliche Aspekt fällt bei älteren Menschen in der Regel jedoch bereits weg und Straftaten in Zusammenhang mit dem Beruf scheiden somit aus; auch in privater Hinsicht haben die Täter vorwiegend sozialen Kontakt zu den Menschen ihrer eigenen Altersgruppe, weshalb ältere Menschen mangels Gelegenheit seltener zu den Opfern junger Männer zählen als deren Altersgenossen.[562]

Fattah führt des Weiteren recht überzeugend aus, dass es ausreichend belegt sei, dass ein Zusammenhang zwischen der Teilnahme an kriminellem Geschehen und der eigenen Opferwerdung bestehe.[563] Dadurch, dass man sich in einem bestimmten kriminellen Milieu bewegt, steigt das Risiko selbst Opfer einer kriminellen Handlung zu werden, sei es, weil man näheren Kontakt zu Straftätern hat oder weil man sich bei Dunkelheit in abgeschiedenen oder kriminellen Gegenden aufhält.[564] Je geringer die sozialen Kontakte, desto unwahrscheinlicher ist es demnach auch, dass ein älterer Mensch einen Grund hat sich in einem entsprechendem kriminellen Milieu zu bewegen, sei es bewusst oder unbewusst im Rahmen von nächtlichen Aktivitäten.

Andererseits gilt dieser Vorteil einer zurückgezogenen Lebensweise wohl nur für sog. Kontaktdelikte und durch eine mehr oder minder ausgeprägte Isolation fehlt es ganz oder teilweise an sog. *guardians*, die einen

---

560 Fattah, KFN-FB, Nr. 10, S. 20; Baier, KFN-FB, Nr. 127, S. 101f.; ähnlich Studer, S. 42, S. 220.t

561 Fattah, KFN-FB, Nr. 10, S. 21.

562 Zum Ganzen Fattah, KFN-FB, Nr. 10, S. 21 ohne speziell den *„Lifestyle-* und *„Routine-Activity“*-Ansatz zu nennen; Studer, S. 42 spricht allgemein vom *„defensivem Sozialverhalten“*; Görgen, SHgZ, S. 75 bezeichnet es als *„Fall altersbezogener „differential exposure“*; vgl. auch Görgen/Herbst/Rabold, KFN-FB, Nr. 98, S. 125, vgl. grundsätzlich zum Einfluss dieser Faktoren Eisenberg/Kölbel, § 60 Rn. 4 ff.

563 Fattah, KFN-FB, Nr. 10, S. 22.

564 Ebd., S. 22; ähnlich Studer, S. 220; Kreuzer, Senioren als Kriminalitätsopfer, S. 4.

gewissen Schutz vor Viktimisierungen bieten können.[565] Hinsichtlich des Delikts des versuchten Mordes, bei dem es sich um ein solches Kontaktdelikt handelt, wird zudem die (ungeklärte) Frage aufgeworfen, ob der geringe statistische Anteil wirklich an einer geringeren Exposition oder vielmehr an einer zurückhaltenden Ermittlung der Polizei im häuslichen Bereich liegt.[566] Dieses Argument kann man nicht nur in Bezug auf versuchte Tötungen anwenden, sondern auch dahingehend verallgemeinern, dass aufgrund der zurückgezogenen Lebensweise kein echter Rückgang mangels Exposition, sondern lediglich eine Verlagerung des Opferwerdungsrisikos in den besser abgeschirmten häuslichen Bereich stattfinden könnte.[567]

Gegen die Theorie ließe sich weiterhin anführen, dass ältere Menschen gemäß mancher Forscher finanziell schwächer aufgestellt und daher gezwungen seien, in ärmere Stadtviertel mit einer höheren Kriminalitätsrate zu ziehen.[568] Gleichzeitig seien sie aber auch weniger mobil und verliessen diesen Radius eher selten, so dass sog. innerstädtische Alten-Ghettos entstünden (*„inner-city „geriatric ghettos“*“), in denen sie exponiert seien, Opfer einer Straftat zu werden.[569] Diese These stimmt zwar mit der zuvor geäußerten und an sich überzeugenden Aussage überein, dass durch das Bewegen in kriminellen Milieus das eigene Opferwerdungsrisiko ansteigt, die von *Fattah/Sacco* zitierten Forscher scheinen sich aber auf US-amerikanische Verhältnisse zu beziehen. Ob in Deutschland derartige Stadtviertel existieren, ist zum einen fraglich, zum anderen steht eine solche Annahme auch in Widerspruch zu den allgemeinen statistischen Ergebnissen, nach denen ältere Menschen in Deutschland grundsätzlich gerade weniger gefährdet sind, Opfer einer Straftat zu werden. Außerdem ist ungewiss, ob die ursprünglich hohe Kriminalitätsrate eines Gebietes mit seinem Wandel zu einem solchen „Alten-Ghetto“ nicht wieder sinken würde, wenn man davon ausgeht, dass die kriminelle Belastung eines Stadtviertels mit seinen Bewohnern in Zusammenhang steht und die älteren Menschen die jüngeren, d.h. die für die hohe Kriminalitätsrate verantwortlichen Personen, mehr und mehr verdrängen.

Eine weitere mögliche These wäre, dass ältere Menschen aus Furcht vor einer Viktimisierung entsprechende Schutzmaßnahmen ergreifen bzw.

---

565 Studer, S. 220; ähnlich Ahlf, ZfG 1994, S. 293.

566 Görgen, SHgZ, S. 75.

567 Wetzels u.a., KFN-FB, Nr. 21, S. 9; Wetzels/Greve, ZfGG 1996, S. 192.

568 Fattah/Sacco, S. 157.

569 Ebd., S. 157.

ein derart effizientes Meideverhalten an den Tag legen, dass sie als Opfergruppe schwerer greifbar sind.[570] Dabei erscheint es einleuchtend zu sein, dass ein Meideverhalten zu einer entsprechend geringeren Viktimisierung führt,[571] ogleich dieses Verhalten nicht unbedingt auf einer besonders großen oder gar irrationalen Furcht älterer Menschen vor einer Viktimisierung beruhen muss.[572]

Problematisch an diesem Erklärungsansatz ist allerdings Folgendes: Geht ein Meideverhalten so weit, dass es in einer sehr stark ausgeprägten sozialen Isolation mündet, dürfte es seinerseits auch wieder das Viktimisierungsrisiko erhöhen, denn eine sozial isolierte Person wird tendenziell schlechter über aktuell gängige Vorgehensweisen von Straftätern in ihrere unmittelbaren Nachbarschaft informiert sein sowie diese schlechter erkennen und abwehren können. Die Anzeigebereitschaft dürfte in einem solchen Fall mangels Unterstützung von außen ebenfalls eher geringer ausfallen, was zur Folge haben könnte, dass ein Täter gerade von der geringen Aufklärungsgefahr zur Tat motiviert wird.[573] Aber auch während der Tat besteht bei sozial isolierten Personen eine geringere Entdeckungsgefahr durch Dritte, was ebenfalls tatmotivierend wirken könnte.[574] In diesem Zusammenhang ist auch erwähnenswert, dass teilweise bereits die den älteren Menschen aufgezwungene soziale Isolation selbst (und deren Verstärkung durch Viktimisierungserfahrungen) als Viktimisierung Älterer betrachtet und diese – wie oben bereits angesprochen – als sog. *strukturelle bzw. institutionelle Viktimisierung* bezeichnet wird.[575]

---

570 Kreuzer, Senioren als Kriminalitätsopfer, S. 4; Görgen, SHgZ, S. 512.

571 Greve, KFN-FB, Nr. 65, S. 19 f.; Görgen, SHgZ, S. 512; Kreuzer, Senioren als Kriminalitätsopfer, S. 4.

572 Görgen, SHgZ, S. 512; auf das sogenannte Viktimisierungs-Furcht-Paradoxon, d.h. die Aussage, dass ältere Menschen eine irrationale Angst vor Viktimisierung aufweisen würden, obwohl sie statistisch gesehen nicht besonders gefährdet sind, und weshalb dieses Paradoxon als überholt gilt, wird unter *2. Teil: B IV 2 b* genauer eingegangen.

573 S. zu dieser Problematik Ahlf, ZfG 1994, S. 293; ausführlich auch *2. Teil: B III b bb*.

574 Heinemann/Püschel, ZfG 1994, S. 310.

575 Vgl. Baurmann, ZfG 1981, S. 247 f.; Heinemann/Püschel, ZfG 1994, S. 311.

2. Ausnahmen und Besonderheiten

Eine geringe(re) Viktimisierungsrate älterer Menschen ist nicht ausnahmslos in allen Bereichen gegeben. So stellen zum Beispiel fahrlässige Tötung sowie Mord im Rahmen eines Raubdeliktes, Misshandlung von Schutzbefohlenen oder der Handtaschenraub Ausnahmen von diesem Grundsatz der geringeren Viktimisierungsrate Älterer dar.[576] Aber auch in Bezug auf Eigentums- und Vermögensdelikte kommt es zu Besonderheiten.[577] Im Folgenden werden daher Tötungsdelikte gem. §§ 211 ff. StGB, Misshandlung von Schutzbefohlenen gem. § 225 StGB, Handtaschenraub gem. § 249 StGB und Eigentums- und Vermögensdelikte detailierter dargestellt.

a) Tötungsdelikte

Hinsichtlich der Tötungsdelikte kommt es zu erwähnenswerten Abweichungen von den allgemeinen Daten der PKS. Grundsätzlich sind ältere Menschen zwar auch in Bezug auf diese weniger gefährdet als jüngere Menschen (insbesondere als Männer zwischen 21 und 60 Jahren),[578] allerdings bleiben Tötungsdelikte an älteren Menschen nur selten im Versuchsstadium stecken,[579] es besteht der Verdacht eines nicht unbeachtlichen Dunkelfeldes[580] und sie sind sie häufig Opfer eines Raubmords[581] oder einer fahrlässigen Tötung.[582] Insofern lohnt sich diesbezüglich ein näherer Blick auf die Tötungsdelikte.

---

576 Görgen, KFN-FB, Nr. 93, S. 54, S. 76, S. 117, S. 130; Görgen, SHgZ, S. 72, S. 90; Görgen/Herbst/Rabold, SHgZ, S. 138; Studer, S. 178.

577 Siehe z.B. Görgen, KF-FB Nr. 93, S. 103

578 Siehe z.B. Görgen, SHgZ, S. 74.

579 Sicher leben im Alter, S. 22; Görgen, SHgZ, S. 91; Görgen, KFN-FB, Nr. 93, S. 30, S. 47.

580 Sicher leben im Alter, S. 22; vgl. auch Görgen, KFN-FB, Nr. 93, S. 16; Görgen/Nägele/Kotlenga, SHgZ, S. 579; Pedal u.a., ZfGG 1996, S. 183.

581 Görgen, KFN-FB, Nr. 93, S. 30; Görgen/Nägele/Kotlenga, SHgZ, S. 579.

582 Görgen, KFN-FB, Nr. 93, S. 47; Görgen/Nägele/Kotlenga, SHgZ, S. 579.

aa) Geringer Versuchsanteil

Dass Tötungsdelikte zu Lasten älterer Menschen meist vollendet werden,[583] ergibt sich anhand folgender Datenlage.

aaa) Datenlage

Analysiert man die Daten der jeweiligen Tab. 91 der **PKS der Jahre 2013 bis 2018**[584] zu Mord und Totschlag (Schlüsselzahl 892500)[585], so sieht man, dass zu Lasten älterer Menschen weitaus mehr Tötungsdelikte (ca. 50 %) ins Vollendungsstadium gelangen als zu Lasten unter 60-Jähriger (ca. 20 %; vgl Abb. 10a). Betrachtet man bei den vollendeten Taten die Geschlechterverteilung, stellt man fest, dass über die Hälfte der tatsächlich getöteten Opfer weiblich ist. Unter Zuhilfenahme der Bevölkerungsdaten[586] zeigen die Opfergefährdungszahlen (vollendete Taten pro 100.000 Einwohner der jeweiligen Bevölkerungsgruppe), dass Frauen über 60 Jahre deutlich gefährdeter sind als Männer über 60 Jahre (Gefährdung, Opfer eines vollendeten Tötungsdeliktes zu werden 2013: 1,26-fach; 2014: 1,26-fach; 2015: 1,31-fach; 2016: 1,07-fach; 2017: 1,00-fach; 2018: 1,25-fach; vgl. Abb. 10b). Bei einer differenzierten Betrachtung innerhalb der Gruppe der über 60-Jährigen zeigt sich, dass die Gefahr Opfer eines vollendeten Tötungsdeliktes zu werden innerhalb der Gruppe der über 60-Jährigen relativ gleich verteilt ist, allerdings steigt die Gefährdung in der Altersgruppe 80+ deutlich an und ist ab diesem Alter eindeutig am größten (vgl. Abb. 11). Unter den jüngeren älteren Menschen ist zunächst die Gefährdung von Männern, Opfer zu werden etwas größer. Mit zunehmendem Alter verschiebt sich dies jedoch tendenziell zu Ungunsten der Frauen und ab dem 80. Lebensjahr ist die Gefährdung von Frauen in jedem der untersuchten Jahre deutlich höher (Gefährdung, Opfer eines vollendeten Tötungsdeliktes zu werden 2013: 1,1-fach; 2014: 1,9-fach; 2015: 2,4-fach; 2016: 1,3-fach; 2017: 1,4-fach; 2018: 1,8-fach von Frauen gegenüber Männern über 80 Jahren; vgl. Abb. 12).

---

583 Görgen/Greve, Gewalt, S. 148.

584 Hinweis: Die Schlüsselzahl 892500 zu Mord und Totschlag wird erst seit 2012 veröffentlicht.

585 Hinweis: Ab dem Jahr 2016 erfasst diese Schlüsselzahl zudem noch Tötung auf Verlangen gem. § 216 StGB.

586 Bevölkerungsdaten aus StBA, Bevölkerung.

	Mord und Totschlag – Vollendung u. Versuch					
	Unter 60-Jährige			Über 60-Jährige		
	Versuch	Vollendung		Versuch	Vollendung	
			in %			in %
2013	1.801	422	19,0%	164	163	49,8%
2014	1.807	459	20,3%	190	165	46,5%
2015	1.710	387	18,5%	158	202	56,1%
2016	1.996	625	23,8%	187	251	57,3%
2017	1.975	459	18,9%	182	272	59,9%
2018	2.184	512	19,0%	211	187	47,0%

Abb. 10a: Grundlegende Ergebnisse der Studien zu den Tatumständen von Tötungsdelikten an älteren Menschen[587]

	Mord und Totschlag – Vollendung Über 60-Jährige, nach Geschlecht				
	Anzahl		Opfergefährdungszahl		
	m	w	m	w	w/m
2013	63	100	0,65	0,82	1,26
2014	64	101	0,65	0,82	1,26
2015	77	125	0,77	1,00	1,31
2016	108	143	1,06	1,13	1,07
2017	122	150	1,18	1,18	1,00
2018	74	113	0,70	0,88	1,25

Abb. 10b: Mord und Totschlag – Vollendung: Über 60-Jährige, nach Geschlecht, 2013 – 2018[588]

587 Daten aus: PKS 2013 bzw. 2014 bzw. 2015 bzw. 2016 bzw. 2017 bzw. 2018, Tab. 91: Opfer ab 60 Jahren nach Alter und Geschlecht zur Schlüsselzahl 892500 (Hinweis: Im Jahr 2012 wurde diese Differenzierung in der PKS noch nicht vorgenommen); Bevölkerungsdaten aus StBA, Bevölkerung.

588 Daten aus: PKS 2013 bzw. 2014 bzw. 2015 bzw. 2016 bzw. 2017 bzw. 2018, Tab. 91: Opfer ab 60 Jahren nach Alter und Geschlecht zur Schlüsselzahl 892500 (Hinweis: Im Jahr 2012 wurde diese Differenzierung in der PKS noch nicht vorgenommen) ;Bevölkerungsdaten aus StBA, Bevölkerung.

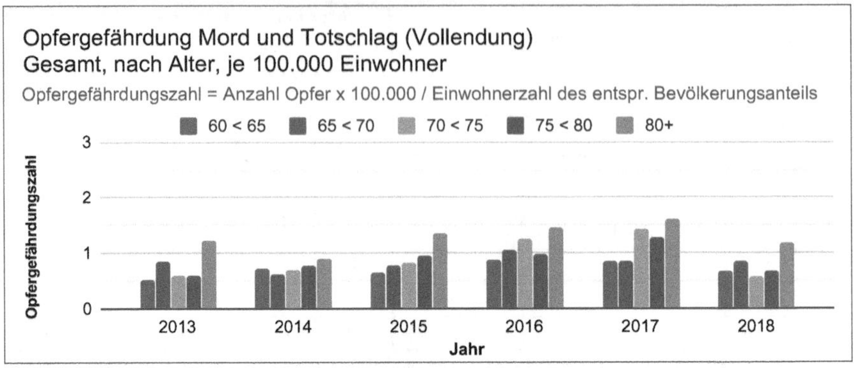

Abb. 11: Opfergefährdung Mord und Totschlag (Vollendung): Gesamt, nach Alter, je 100.000 Einwohner[589]

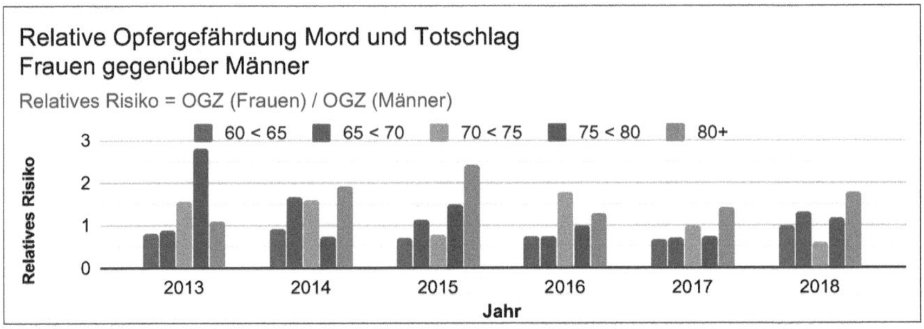

Abb. 12: Relative Opfergefährdung Mord und Totschlag: Frauen gegenüber Männer[590]

bbb) Erklärungsansätze

Görgen geht davon aus, dass mehrere Faktoren in Kombination eine Rolle dafür spielen, dass der Versuchsanteil bei Tötungsdelikten (mit und ohne

589 Daten aus: PKS 2013 bzw. 2014 bzw. 2015 bzw. 2016 bzw. 2017 bzw. 2018, Tab. 91: Opfer ab 60 Jahren nach Alter und Geschlecht zur Schlüsselzahl 892500; Hinweis: Im Jahr 2012 wurde diese Differenzierung in der PKS noch nicht vorgenommen. Bevölkerungsdaten aus StBA, Bevölkerung.

590 Daten aus: PKS 2013 bzw. 2014 bzw. 2015 bzw. 2016 bzw. 2017 bzw. 2018, Tab. 91: Opfer ab 60 Jahren nach Alter und Geschlecht zur Schlüsselzahl 892500 Hinweis: Im Jahr 2012 wurde diese Differenzierung in der PKS noch nicht vorgenommen. Bevölkerungsdaten aus StBA, Bevölkerung.

Zusammenhang mit einem Raub) an älteren Menschen gemäß PKS so gering ist. Zunächst einmal stellt er die geringere Fähigkeit, sich gegen körperliche Angriffe zur Wehr zu setzen und somit die besseren Chancen für den Täter, die Tat zu vollenden, heraus. Hinzu komme, dass ältere Menschen sich oftmals schlechter erholen und an den Folgen eine Tat eher sterben. Ein weiterer Grund könnte sein, dass die Tötungen sich im sozialen Nahraum abspielen und das Anzeigeverhalten bei Tötungsversuchen dadurch sehr zurückhaltend ausfällt und diese im Dunkelfeld verbleiben. Des Weiteren sind - anders als bei anderen Altersgruppen - sog. „Konflikttaten" weniger verbreitet und die Taten könnten daher präziser geplant und ausgeführt werden, was wiederum dazu führe, dass sie eher in einer vollendeten Tötung münden. *Görgen* stützt diese Annahme vornehmlich darauf, dass ein Raubmord das beste Beispiel für eine Tötung sei, bei der planvoll und mit einem bestimmten Ziel vorgegangen werde.[591]

Zudem würden sich ältere Menschen weniger in einem Umfeld aufhalten, in dem es typischerweise zu versuchten Tötungsdelikten komme, wie z.B. Gaststätten oder einem kriminellen Milieu.[592] Als letzten Punkt nennt *Görgen*, dass es denkbar sei, dass Tötungen an älteren Menschen häufiger in Großstädten geschehen und in diesen *„spezialisierte Ermittlungseinheiten mit einem entsprechend zurückhaltenderen Registrierungsverhalten bestehen"* könnten, so dass diverse Versuchsdelikte vielleicht gar nicht erst erfasst werden.[593] Für eine Verifizierung dieser Thesen schlägt er die Analyse von Justizakten vor.[594]

bb) Verdacht des Bestehens eines Dunkelfeldes bei Tötungsdelikten

Es wäre dennoch denkbar, dass bei versuchten Tötungsdelikten im Nahraum eine gewisse Dunkelziffer besteht. Zudem bleibt fraglich, ob nicht - trotz der hohen Vollendungsquote - auch ein beträchtlicher Teil vollendeter Tötungen im Dunkelfeld verbleibt.[595] Es besteht der Verdacht, dass

---

591 Zum Ganzen Görgen, KFN-FB, Nr. 93, S. 47; vgl. auch Görgen, SHgZ, S. 75, S. 80.

592 Görgen, KFN-FB, Nr. 93, S. 48; Görgen, SHgZ, S. 75, S. 80; Görgen/Greve, Gewalt, S. 148.

593 Görgen, KFN-FB, Nr. 93, S. 48; Görgen, SHgZ, S. 80.

594 Görgen, KFN-FB, Nr. 93, S. 31; Görgen, SHgZ, S. 76.

595 Sicher leben im Alter, S. 22.

Tötungsdelikte an älteren Menschen besser verdeckt werden können oder erst gar nicht als solche wahrgenommen werden.[596]

Eine Auswertung von diversen Forschungen und Untersuchungen zur Höhe des Dunkelfeldes bei Tötungsdelikten kam zu dem Ergebnis, dass in Deutschland im Schnitt wohl ca. 10.000 Tötungsdelikte (davon ca. 4.600 vorsätzliche Tötungsdelikte) pro Jahr nicht entdeckt werden.[597] Das Zustandekommen dieser Zahlen wird insbesondere allerlei Schwächen im System der Leichenschau zugeschrieben.[598] In Bezug auf den Anteil älterer Menschen wird geschätzt, dass mindestens 1.200 Todesfälle irrtümlich auf eine natürliche Todesursache zurückgeführt werden und ca. weitere 100 Tötungsdelikte hinsichtlich der Todesursache als ungeklärt gelten.[599] Rechtsmedizinische Studien und Fälle von relativ lange unentdeckten Serientötungen[600] bzw. zufällig ans Tageslicht kommende Einzeltötungen[601] geben Anlass dazu, ein derart großes Dunkelfeld zu vermuten. Bei einer Person, bei der ohnehin mit einem baldigen Tod gerechnet wird oder dieser zumindest nicht vollkommen überraschend ist, scheint es nicht verwunderlich zu sein, wenn gar nicht erst der Gedanke aufkommt, dass eine Fremdeinwirkung vorliegen könnte und entsprechende Spuren (vorschnell) als zu einem Krankheitsbild oder Alterungsprozess gehörig abgetan und somit nicht weiter verfolgt würden.[602] Sehr häufig sind bei den erwähnten Tötungsserien äußerlich sogar keinerlei Spuren der gewählten Tötungsart zu erkennen, so dass bei einer Leichenschau meist auch kein Anlass für das Aufkeimen eines Verdachtes besteht („*Wo sich nichts zeigt, läßt sich auch nichts erkennen*").[603] Dies gilt insbesondere, wenn auch seitens der Pflege kein entsprechender Hinweis auf merkwürdige Umstände o.Ä.

---

596 Sicher leben im Alter, S. 22; vgl. auch Görgen, KFN-FB, Nr. 93, S. 16; Görgen/Nägele/Kotlenga, SHgZ, S. 579; Pedal u.a., ZfGG 1996, S. 183; Bode-Jänisch u.a., Archiv für Kriminologie 2010, S. 184.

597 Scheib, S. 36, S. 284.

598 Ebd., S. 36, S. 284; kritisch auch Vorderwülbecke, S. 42.

599 Görgen, Polizei & Wissenschaft 2012, S. 54.

600 Siehe zu Serientötungen eingehender in *2. Teil: B III 1 c bb eee*.

601 Vgl. z.B. Maisch, ZfGG 1996, S. 201ff.; Maisch, Lebensverkürzung, S. 217 ff.; Beine, Fortschritte der Neurologie und Psychiatrie 1999, S. 493 ff.; Schäfer, Archiv für Kriminologie 1989, S. 67 f.

602 Zu diesen Befürchtungen Görgen, KFN-FB, Nr. 93, S. 49, S. 120; Görgen, SHgZ, S. 75; Görgen/Nägele/Kotlenga, SHgZ, S. 579; Kreuzer, Senioren als Kriminalitätsopfer, S. 7; Heinemann/Püschel, ZfG 1994, S. 310; vgl. auch Göppinger, § 28 Rn. 54.

603 Maisch, Patiententötung, S. 190; vgl. auch Bode-Jänisch u.a., Archiv für Kriminologie 2010, S. 184.

an den die Leichenschau durchführenden Arzt gegeben wurde. [604] *Maisch* bezeichnet dies in Kumulation mit der Voreingenommenheit seitens Pflegepersonals und Leichenschauen durchführenden Ärzten, „dass alles mit rechten Dingen zugehe", als *„soziale(n), insbesondere gruppendynamische(n) Aufdeckungsbarriere(n)"*.[605]

Eine Obduktion allein vermag dieses Problem jedoch nicht zu beheben. Zunächst einmal werden im internationalen Vergleich in Deutschland wohl ohnehin nur relativ wenige Obduktionen durchgeführt, die mit steigendem Alter zudem immer weniger werden.[606] Doch auch in den Fällen, in denen eine Obduktion erfolgt, kann es gerade bei älteren Menschen zu Unsicherheiten hinsichtlich der eindeutigen Feststellung der Todesursache kommen und die Untersuchungsergebnisse können vor Gericht allenfalls als Indizien, nicht jedoch als handfeste Beweise dienen.[607] So führen die meisten einschlägigen Vergiftungen zu keinen sichtbaren organischen Veränderungen[608] und Vergiftungen sind nur sehr schwer nachzuweisen, da manche Gifte nach Einbringung in den Körper ihre chemische Eigenschaft verändern.[609] Außerdem nehmen älteren Menschen oft diverse Medikamente ein, die nicht selten zu einer Vergiftung führen, insbesondere *„wenn die altersbedingte, zum Teil extreme Verlängerung der Halbwertszeiten dieser Pharmaka nicht beachtet wurde(n)"* und es zu Kumulationen kommt.[610] Ob eine eingetretene Vergiftung letztlich tödlich war oder gar vorsätzlich herbeigeführt wurde, ist dabei schwer bzw. gar nicht zu bestimmen.[611] Generell besonders schwierig scheint auch der rechtsmedizinische Nachweis einer (absichtlich herbeigeführten) tödlichen Luftembolie zu sein.[612] Ebenfalls schwierig zu bestimmen ist, inwiefern die mechanische Fixierung eines stationären Patienten todesursächlich gewesen sein kann, da

---

604 Ebd., S. 190; ähnlich Beine, Krankentötungen, S. 368 f.

605 Maisch, Patiententötung, S. 194; ähnlich Scheib, S. 93 f., S. 197.

606 Görgen, KFN-FB, Nr. 93, S. 20, S. 48; Görgen, Viktimisierung von Senioren, S. 135; Görgen/Nägele/Kotlenga, SHgZ, S. 579; ähnlich Kreuzer, Senioren als Kriminalitätsopfer, S. 7; Heinemann/Püschel, ZfG 1994, S. 311; Lang, S. 11 f.; Schäfer, Archiv für Kriminologie 1989, S. 75.

607 Vgl. Wagner, Rechtsmedizin 1991, S. 36.

608 Maisch, Patiententötung, S. 191; insbesondere Kaliumchlorid, Insulin, Luft und Wasser, Maisch, Patiententötung, S. 93.

609 Vgl. eingehender Scheib, S. 173 ff.

610 Wagner, Rechtsmedizin 1991, S. 36.

611 Wagner, Rechtsmedizin 1991, S. 36; Maisch, Patiententötung, S. 190; vgl. auch Scheib, S. 174, S. 197.

612 Bajanowski/DuChesne/Brinkmann, Lebensverkürzung, Lebensverkürzung, S. 196; Maisch, Patiententötung, S. 193.

eine massive Thorax-Kompression oder Strangulation oft nicht eindeutig festgestellt und ein natürlicher Tod aufgrund von Multimorbidität nicht zweifelsfrei ausgeschlossen werden kann.[613] Besondere Bedeutung kommt daher der Situation zu, in der ein Patient aufgefunden wird.[614] Altersbedingte krankhafte Organveränderungen[615] bzw. Multimorbidität erschweren somit ohnehin schon die eindeutige Feststellung einer bestimmten Todesursache und erst recht die einer extern verursachten Todesursache.[616] Auch Liegegeschwüre können tödliche Auswirkungen haben, bleiben aber oft unerkannt.[617] Diese chemisch-toxikologischen Nachweisprobleme bezeichnet *Maisch* als *„'absolute' wissenschaftliche Nachweisgrenzen"*.[618]

Als weiteres Problem kommt hinzu: Je mehr Zeit zwischen Tod und Obduktion verstrichen ist, desto unsicherer wird auch das Obduktionsergebnis.[619] Wird eine Leiche also erst dann obduziert, wenn sie bereits im Erdreich vergraben und anschließend wieder exhumiert wurde, fällt der Nachweis der Verabreichung einer tödlichen Substanz bzw. einer tödlichen Dosis besonders schwer (*„'relative' wissenschaftliche Nachweisgrenzen"*).[620] Insbesondere Schlaf- und Beruhigungsmittel und Morphine sind in der Regel nicht mehr in ausreichender Menge nachweisbar.[621]

Zum Teil wird auch kritisiert, dass die mit den Obduktionen betrauten Ärzte nicht unabhängig und fachkundig genug[622] seien bzw. gar nachlässig[623] oder zu oberflächlich[624] agieren würden. Darüber hinaus wird als Problem genannt, dass die Ärzte sich oftmals als Hilfsorgane der Polizei missbraucht fühlen und folglich vorschnell einen natürlichen Tod bescheinigen würden.[625] Hinzu kämen regelmäßig auch rein praktische Mängel (schlechtes Licht, fehlende Hilfspersonen usw.).[626]

---

613 Pedal u.a., ZfGG 1996, S. 183.
614 Ebd., S. 183.
615 Käferstein u.a., S. 215 f.
616 Oehmichen, Serientötung, S. 235.
617 Walter, Ältere und pflegebedürftige Menschen als Opfer, S. 84.
618 Maisch, Patiententötung, S. 195.
619 Oehmichen, Serientötung, S. 235.
620 Maisch, Patiententötung, S. 195; ähnlich auch Scheib, S. 246.
621 Maisch, S. 194.
622 Kreuzer, Senioren als Kriminalitätsopfer, S. 7; Kreuzer, ZBewHi 2010, S. 93; ähnlich Scheib, S. 95 (*„Einflussnahme Dritter"*) und S. 91 (*„Inkompetenz"*).
623 Lang, S. 12; Scheib, S. 92; ähnlich Beine, Krankentötungen, S. 368.
624 Beine, Ärzteblatt 2007, S. A 2330; Beine, Fortschritte der Neurologie und Psychiatrie 1999, S. 496; eingehender hierzu Scheib, S. 92 f., 95 f.
625 Scheib, S. 94 f.
626 Ebd., S. 96.

Gerade bei Serientötungen in Heimen[627] ist der Tod eines Bewohners daher an sich relativ unverdächtig und könnte einen Täter allein deswegen zu einer Tötung verleiten.[628] Auch das Verabreichen von tödlichen bzw. überdosierten Medikamenten gestaltet sich durch die alltägliche Medikamentenvergabe einfach, zumal die Opfer oft schwach und wehrlos und auch leicht lenkbar sind.[629] Unter Umständen liegt sogar das Einverständnis des Betroffenen, der selbst einen Todeswunsch hegt, vor.[630] Mangelnde Aufsicht und eine eventuelle *„Kumpanei von Bediensteten und Einrichtungen"*[631] können das Publikwerden von entsprechenden Taten erschweren.[632] Selbst beim Auftreten von Verdachtsmomenten neigen die Kollegen von Tätern wohl dazu aufgrund der Ungeheuerlichkeiten der Taten ihre eigenen Wahrnehmungen anzuzweifeln, und die Angst, einen Kollegen unter Umständen zu Unrecht „anzuschwärzen", überwiegt.[633] Von den Kollegen wurden die Täter daher zwar oft mit Spitznamen belegt („Todesengel" „Vollstrecker", „Hexe" o.ä.), aber nicht bei Vorgesetzten angezeigt. [634] Dennoch gemeldete Fälle wurden - ebenfalls aus einem generellen Unglauben heraus oder aus Angst um die eigene Reputation bzw. die der Klink[635] - von Vorgesetzten wiederholt und vorschnell *„als absurd, unsinnig, denunziatorisch"* abgetan.[636] Sie ergriffen selten Maßnahmen und unterstellten den angeblichen Denunzianten vielmehr unlautere Beweggründe, wie etwa den Posten des angeschwärzten Kollegen erhaschen zu wollen, abgeblitzt zu sein und sich nun rächen zu wollen o.Ä., und bedrohten sie zum Teil sogar mit Verleumdungsklagen.[637] Dies verschaffte

627 Siehe zu dieser Thematik eingehend in *2. Teil: B III 1 c bb eee.*

628 Kreuzer, Senioren als Kriminalitätsopfer, S. 7; Kreuzer, ZBewHi 2010, S. 92.

629 Kreuzer, Senioren als Kriminalitätsopfer, S. 7; Kreuzer, ZBewHi 2010, S. 92.

630 Kreuzer, Senioren als Kriminalitätsopfer, S. 7; Kreuzer, ZBewHi 2010, S. 93.

631 Kreuzer, ZBewHi 2010, S. 93; Kreuzer, Senioren als Kriminalitätsopfer, S. 7.

632 Kreuzer, Senioren als Kriminalitätsopfer, S. 7; Kreuzer, ZBewHi 2010, S. 93; ähnlich Ahlf, ZfG 1994, S. 295; Maisch, ZfGG 1996, S. 204; Maisch, Lebensverkürzung, S. 223; zu strukturellen Gefährdungsmöglichkeiten in Kliniken und Pflegeheimen s. auch Hirsch, BuGBl 2016, S. 106 f.

633 Beine, Ärzteblatt 2007, S. A 2330; Doelfs, kma 2015, S. 8.

634 Beine, Fortschritte der Neurologie und Psychiatrie 1999, S. 497; Beine, Int. J. Law Psychiatry 2003, S. 379 f.

635 Zum enormen Imageschaden des Klinikum Delmenhorst im Fall Niels Högel siehe Beine/Turcynski, Tatort Kh, S. 58.

636 Maisch, ZfGG 1996, S. 204; Maisch, Lebensverkürzung, S. 223; vgl. auch Beine, Fortschritte der Neurologie und Psychiatrie 1999, S. 497 f.; Beine, Teil 2 - Heilberufe 2017, S. 39.

637 Beine, Fortschritte der Neurologie und Psychiatrie 1999, S. 497; Beine, Int. J. Law Psychiatry 2003, S. 379 f.

den Tätern letztlich Zeit, um noch weitere Tötungen begehen zu können,[638] und da sie oft davon ausgingen, den Kollegen sei ihr kriminelles Tun bewusst, hielten sie deren Schweigen für Akzeptanz.[639] Es ist natürlich denkbar, dass im Kollegenkreis nicht immer nur Unglaube, sondern auch eine solche stillschweigende Akzeptanz und Einordnung der Taten als eine im Grunde unterstützenswerte aktive Sterbehilfe vorliegen könnte.[640] Durch eine repräsentative deutschlandweite Befragung von Mitarbeitern der Gesundheitsberufe (niedergelassene und an Krankkenhäusern tätige Ärzte, Pflegepersonal in Krankenhäusern und Altenhilfeeinrichtungen) im Frühjahr 1994 wurden Ergebnisse erlangt, die es erlaubten, die bis dahin bekannt gewordenen Serientötungen in Zusammenhang mit der allgemeinen Einstellung des Gesundheitssektors zur aktiven Sterbehilfe zu betrachten.[641] Von den 7.795 Teilnehmern[642] gaben 59,22 % an, dass sie es als unter Umständen gerechtfertigt betrachten, dass das Leben eines leidenden bzw. sterbenden Menschen durch aktive Sterbehilfe beendet wird, auch wenn nur 17,72 % diese Aufgabe selbst übernehmen würden.[643] Diese Zurückhaltung, selbst tätig werden zu wollen, und die Tatsache, dass 91,09 % der Anhänger der aktiven Sterbehilfe eine ausdrückliche Zustimmung des Betroffenen als zwingende Voraussetzung ansehen[644], zeigt einen deutlichen Unterschied zwischen den Befürwortern der aktiven Sterbehilfe und den verurteilten Tätern, die sich ungefragt zum Herren dieser Entscheidung aufschwangen. Mitarbeiter/innen des Pflegebereichs waren der aktiven Sterbehilfe gegenüber mit über 60 % an Befürwortern insgesamt aufgeschlossener als Ärzte/innen mit ca. 49 %[645], was angesichts dessen, dass die Täter bekannt gewordener Taten ausschließlich aus dem Pflegebereich stammten, nicht überrascht. Frauen befürworteten die aktive Sterbehilfe grundsätzlich eher (60 %) als die Männer (54,6 %), im Gegenzug wären aber mehr Männer (ca. 22 %) als Frauen (ca. 15 %) bereit, selbst aktiv zu werden.[646] Unter Umständen erklärt die grundsätzliche

---

638 Vgl. Beine, Krankentötungen S. 373 f.; Beine, Fortschritte der Neurologie und Psychiatrie 1999, S. 497; Beine, Int. J. Law Psychiatry 2003, S. 379 f.

639 Beine, Teil 1 – Heilberufe 2017, S. 42; Beine, Krankentötungen, S. 376.

640 Beine, Sehen Hören Schweigen, S. 15.

641 Beine, Sehen Hören Schweigen, S. 15 (zu internationalen Studien siehe eine Auflistung, S. 262 ff.; zur Studie selbst S. 266 ff.).

642 Ebd., S. 273.

643 Ebd., S. 275.

644 Ebd., S. 275.

645 Ebd., S. 297.

646 Ebd., S. 298.

positive Einstellung des Gesundheitssektors zur aktiven Sterbehilfe somit in Einzelfällen, weshalb der ein oder andere Kollege eines Täters trotz des Auftretens von Verdachtsmomenten sehr zurückhaltend agierte und die Taten eventuell auch sehenden Auges geschehen ließ, meist wird aber sowohl bei den Kollegen als auch den Vorgesetzten eine Kumulation von Gründen vorliegen.[647]

Die Kliniken versuchen durchaus auf die Vorfälle zu reagieren. Im Klinikum Oldenburg, in dem der Pfleger Niels Högel von 1999 bis 2008 sein Unwesen trieb, wurde zum Beispiel nach publik werden der Taten im April 2015 ein Whistle-Blowing-System eingeführt, das Mitarbeitern die Möglichkeit bietet, einen einschlägigen Verdacht anonym zu melden.[648] Man erhoffte sich, dass dadurch die offensichtlich bestehende Hemmung, einen Kollegen zu melden, abgebaut werden könne.[649] Die gemeldeten Vorfälle werden einem hierarchisch unabhängigen Mitglied der Klinikgeschäftsführung zur Überprüfung zugeleitet.[650] Des Weiteren sollen Schulungen mit einschlägig fachkundigen Psychologen stattfinden und insbesondere die Stationsleitungen für Verdachtsmomente sensibilisiert werden.[651]

Insgesamt scheint ein gewisses Dunkelfeld also darauf zu beruhen, dass zum einen bereits gar nicht in Erwägung gezogen wird, dass anstelle eines natürlichen Todesfalls ein Tötungsdelikt vorliegen könnte, und zum anderen aufgrund der eventuell durch Krankheit vorbelasteten Konstitutionen der Opfer oftmals der Nachweis einer Fremdeinwirkung sehr schwierig ist. Hieran ist problematisch ist, dass eine Dunkelfeldforschung durch Opferbefragungen in Bezug auf vollendete Tötungen und fahrlässige Tötungen aufgrund des Taterfolgs Tod automatisch von vornherein ausgeschlossen ist.

cc) Fahrlässige Tötung

Betrachtet man die Opfertabelle 91 der PKS im Hinblick auf fahrlässige Tötungen i.S.v. § 222 StGB nicht i.V.m. einem Verkehrsunfall (Schlüsselzahl 030000) für die **Jahre 2000 bis 2018** unter Zuhilfenahme der Bevölke-

647 Vgl. ebd., S. 16.
648 Tenzer, kma 2015, S. 9.
649 Ebd., S. 8.
650 Ebd., S. 9.
651 Ebd., S. 9.

rungsdaten des statistischen Bundesamtes[652] ergibt sich im Wesentlichen folgendes Bild: Menschen über 60 Jahre unterliegen durchweg einem deutlich höherem Viktimisierungsrisiko bezüglich fahrlässiger Tötung als unter 60-Jährige. Hierbei sticht heraus, dass Frauen zwischen 21 und 60 Jahren besonders wenig gefährdet sind und der Unterschied zwischen beiden Geschlechtern bei den über 60-Jährigen nahezu verschwindet (vgl. Abb. 13).

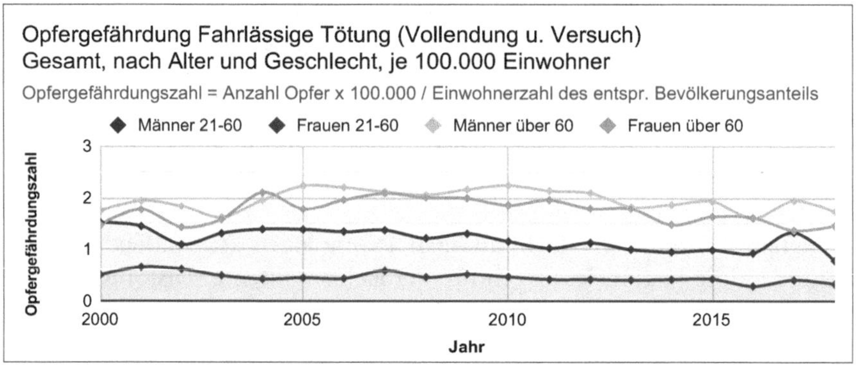

Abb. 13: Opfergefährdung Fahrlässige Tötung (Vollendung und Versuch): Gesamt, nach Alter und Geschlecht, je 100.000 Einwohner[653]

Zur Verdeutlichung dieser Verhältnisse zeigt Abb. 14 das relative Viktimisierungsrisiko von Frauen gegenüber dem von Männern jeweils für die Altersgruppen 21 bis 60 Jahre und über 60 Jahre: Innerhalb der 21- bis 60-Jährigen sind Frauen weniger als halb so gefährdet als Männer, bei über 60-Jährigen ist die Gefährdung von Frauen im Vergleich zu Männern ca. 1, d.h. fast gleich. Eine Analyse der PKS-Daten im Zeitraum von **1993 bis 2006** durch *Görgen* kam im Wesentlichen zu den gleichen Ergebnissen.[654]

652 Bevölkerungsdaten aus StBA, Bevölkerung.

653 Daten aus PKS 2018, Tab. 91: Opfer nach Alter und Geschlecht für die Jahre ab 2000 zur Schlüsselzahl 030000; Bevölkerungsdaten aus StBA, Bevölkerung.

654 Görgen, SHgZ, S. 81. f.

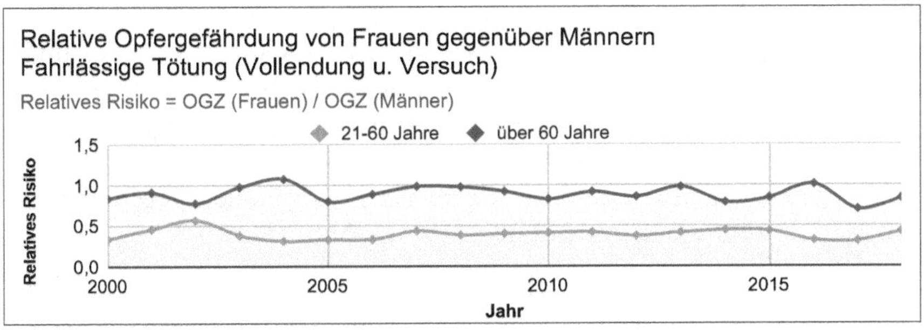

Abb. 14: Relative Opfergefährdung von Frauen gegenüber Männern: Fahrlässige Tötung (Vollendung u. Versuch)[655]

Innerhalb der Altersgruppe der über 60-Jährigen zeigt sich wiederum, dass die Gefahr Opfer einer fahrlässigen Tötung zu werden mit dem Alter weiter stetig ansteigt und über 80-Jährige diesbezüglich außerordentlich gefährdet sind (vgl. Abb. 15).

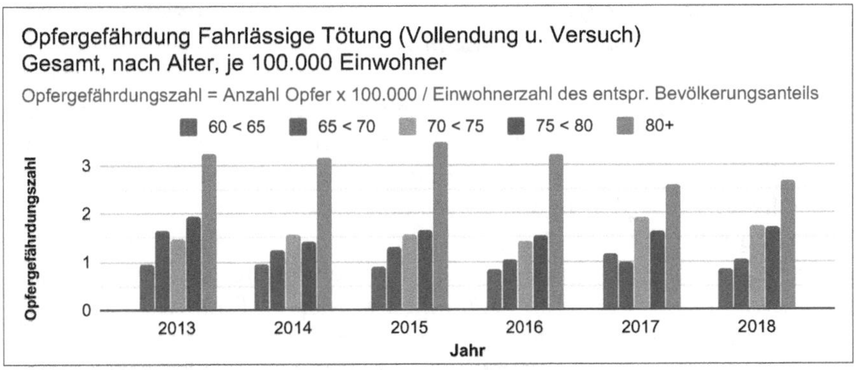

Abb. 15: Opfergefährdung Fahrlässige Tötung (Vollendung und Versuch): Gesamt, nach Alter, je 100.000 Einwohner[656]

655 Daten aus PKS 2018, Tab. 91: Opfer nach Alter und Geschlecht für die Jahre ab 2000 zur Schlüsselzahl 030000; Bevölkerungsdaten aus StBA, Bevölkerung.

656 Daten aus PKS 2013 bzw. 2014 bzw. 2015 bzw. 2016 bzw. 2017 bzw. 2018 , Tab. 91: Opfer ab 60 Jahren nach Alter und Geschlecht zur Schlüsselzahl 030000 (Hinweis: Eine derartige Aufschlüsselung wird in der PKS erst seit dem Jahr 2013 vorgenommen); Bevölkerungsdaten aus StBA, Bevölkerung.

Hinsichtlich der Geschlechterverteilung setzt sich das oben beschriebene Bild fort: Errechnet man die relative Gefährdung von Frauen gegenüber der von Männern, sieht man, dass Frauen tendenziell bis zum 65. Lebensjahr deutlich weniger und bis zum 80. Lebensjahr etwas weniger gefährdet sind als Männer. Ab dem 80. Lebensjahr kehrt sich das Verhältnis jedoch im Schnitt leicht um (1,12-fache Gefährdung von Frauen gegenüber der von Männern für die Jahre 2013 bis 2018, vgl. Abb. 16).

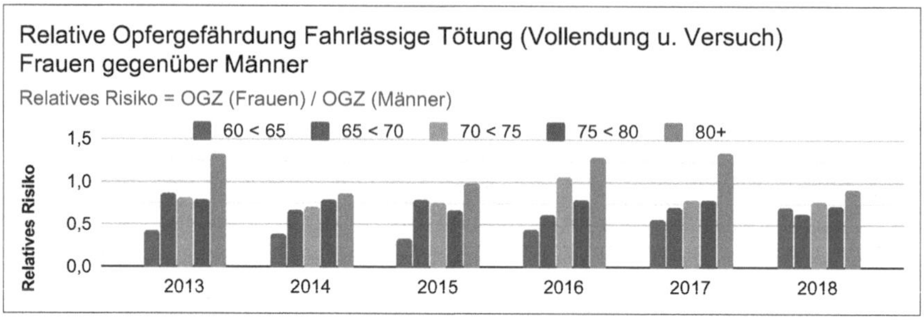

Abb. 16: Relative Opfergefährdung Fahrlässige Tötung (Vollendung und Versuch): Frauen gegenüber Männer[657]

Bei einem genaueren Blick auf Beispielsfälle zeigt sich, dass es sich bei den fahrlässigen Tötungen an älteren Menschen i.S.v. § 222 StGB meist um Fälle handelte, in denen es zu einer unzureichenden medizinischen bzw. pflegerischen Versorgung von kranken, pflege- oder hilfsbedürftigen Menschen mit tödlichem Ausgang kam.[658] Unter Umständen ist dies aber darin begründet, dass insbesondere in diesen Kontexten entsprechende polizeiliche Ermittlungen aufgenommen werden.[659] Empirische Daten zu dieser These liegen bisher allerdings nicht vor.[660]

Eine denkbare Erklärung für das erhöhte Risiko älterer Menschen könnte ihre besondere gesundheitliche Situation sein. Es ist naheliegend, dass

657 Daten aus PKS 2013 bzw. 2014 bzw. 2015 bzw. 2016 bzw. 2017 bzw. 2018, Tab. 91: Opfer ab 60 Jahren nach Alter und Geschlecht zur Schlüsselzahl zur Schlüsselzahl 030000 (Hinweis: Eine derartige Aufschlüsselung wird in der PKS erst seit dem Jahr 2013 vorgenommen); Bevölkerungsdaten aus StBA, Bevölkerung.

658 Görgen, KFN-FB, Nr. 93, S. 43 ff.; Görgen, SHgZ, S. 82, der dies dort aber selbst einschränkend als *„nicht repräsentative Fallsichtung"* bezeichnet.

659 Pfeiffer/Görgen/Höynck, Gewalt gegen alte Menschen, S. 33; anders der Eindruck, den das Beispiel bei Bundschuh, Kriminalistik 2010, S. 652 ff. vermittelt.

660 Görgen/Greve, Gewalt, S. 147 f.

ihre hohe körperliche Vulnerabilität leichter zu Verletzungen führt, die sich tödlich auswirken (vgl. *2. Teil: A III*).[661]

dd) Raubmord

aaa) Inländische Daten

Menschen über 60 Jahre sind laut *Görgen* von allen Altersgruppen am meisten gefährdet Opfer eines vollendeten Raubmordes zu werden.[662] In der PKS sind Raubmorde unter der Schlüsselzahl 011000 erfasst und beinhalten Morde, die in Zusammenhang mit Raubdelikten begangen werden, d.h. Morde i.S.v. § 211 StGB „aus Habgier" gem. § 211 Abs. 2, 1. Gruppe, 3. Variante oder „mit Verdeckungsabsicht" in Bezug auf ein Raubdelikt gem. § 211 Abs. 2, 3. Gruppe, 2. Alternative StGB. Obgleich die Schlüsselzahl diese Delikte an sich nicht erfasst, ist es möglich, dass seitens der Polizei hierunter zudem Fälle eines Raubes mit Todesfolge gem. § 251 StGB gefasst werden.[663]

Die Analyse der Daten der Opfertabelle 91 der PKS im Hinblick auf Raubmord (Vollendung und Versuch) für die **Jahre 2000 bis 2018**[664] unter Zuhilfenahme der Bevölkerungsdaten des statistischen Bundesamtes[665] zeigt, dass es im Allgemeinen keinen nennenswerten Unterschied bei der Opfergefährdung (Anzahl Delikte pro 100.000 Einwohner) von Erwachsenen unter 60 Jahren und über 60 Jahren gibt (vgl. Abb. 17).

661 Vgl. zu diesem Arument bei Raubmorden auch Sessar, S. 317; Görgen, KFN-FB, Nr. 93, S. 19.

662 Görgen, SHgZ, S. 77. f.

663 Vgl. Görgen, KFN-FB, Nr. 93, S. 26.

664 PKS 2018, Tab. 91: Opfer nach Alter und Geschlecht für die Jahre ab 2000 zur Schlüsselzahl 011000.

665 Bevölkerungsdaten aus StBA, Bevölkerung.

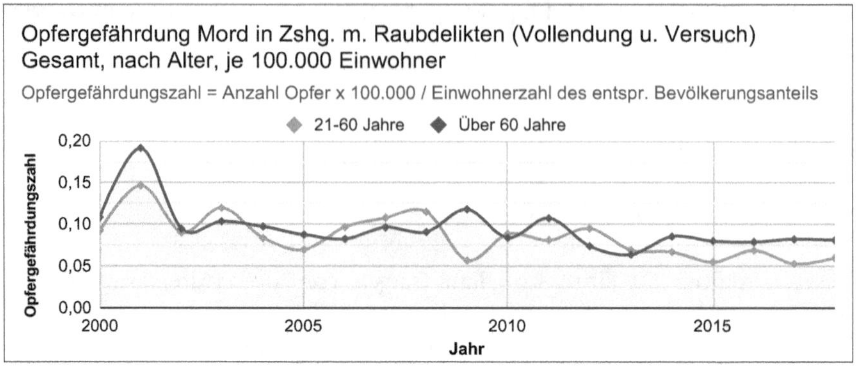

Abb. 17: Opfergefährdung Mord in Zusammenhang mit Raubdelikten (Vollendung und Versuch): Gesamt, nach Alter, je 100.000 Einwohner[666]

Betrachtet man diesbezüglich den geschlechtsspezifischen Unterschied innerhalb der Gruppe der über 60-Jährigen, so findet sich in den meisten Jahren bei Männern ein geringfügig höheres Risiko (vgl. Abb. 18).

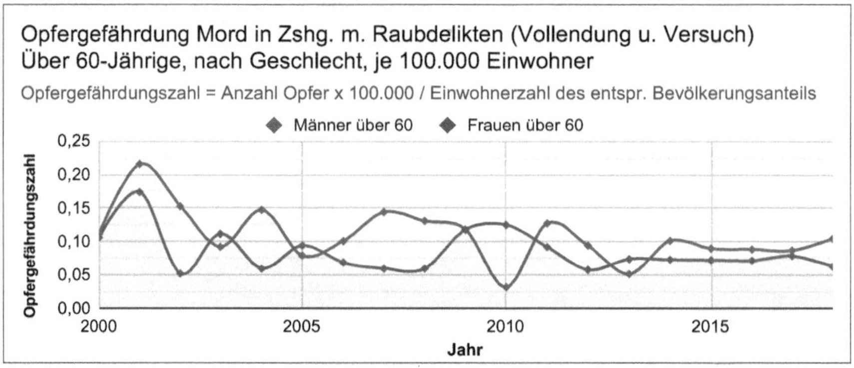

Abb. 18: Opfergefährdung Mord in Zusammenhang mit Raubdelikten (Vollendung und Versuch): Über 60-Jährige, nach Geschlecht, je 100.000 Einwohner[667]

666 Daten aus PKS 2018, Tab. 91: Opfer nach Alter und Geschlecht für die Jahre ab 2000 zur Schlüsselzahl 011000; Bevölkerungsdaten aus StBA, Bevölkerung.

667 Daten aus PKS 2018, Tab. 91: Opfer nach Alter und Geschlecht für die Jahre ab 2000 zur Schlüsselzahl 011000; Bevölkerungsdaten aus StBA, Bevölkerung.

Eine genauere Untersuchung der Datenlage unter Zuhilfenahme der gesonderten Opfertabellen für Versuch und Vollendung[668] zeigt, dass der Anteil vollendeter Raubmorde bei Menschen über 60 Jahren deutlich höher ist als bei Erwachsenen zwischen 21 – 59 Jahren (vgl. Abb. 19).

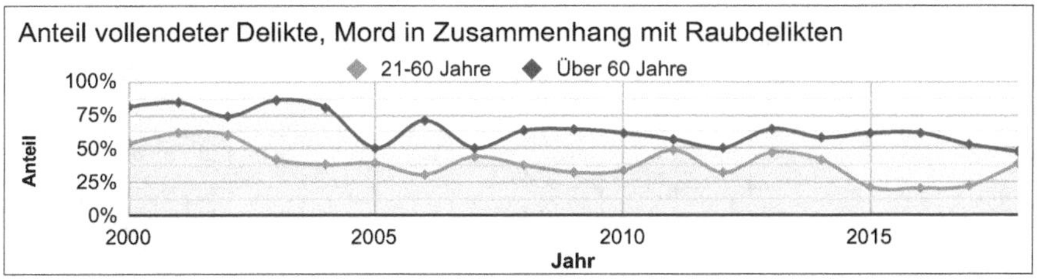

Abb. 19: Anteil vollendeter Delikte, Mord in Zusammenhang mit Raubdelikten[669]

Diese Ergebnisse decken sich qualitativ mit der Analyse der Daten der PKS des Zeitraumes 1993 - 2006 durch *Görgen*[670], wenngleich die Gesamtgefährdung bezüglich dieses Deliktes seit den frühen 2000er Jahren leicht abgenommen hat (vgl. Abb. 17). Somit bleibt ein Raubmord an einem älteren Menschen im Allgemeinen nur selten im Versuchsstadium stecken. Auch gemäß einer älteren Studie von *Sessar* zu allen 1970 und 1971 polizeilich registrierten nicht-fahrlässigen vollendeten Tötungen in Baden-Württemberg, sind über 60-Jährige im Hinblick auf Raubtaten von vollendeten Raubmorden überproportional betroffen.[671] Eine mögliche Erklärung hierfür könnte sein, dass die Wahrscheinlichkeit, dass ein älteres Opfer an seinen Verletzungen oder hierauf beruhenden Komplikationen verstirbt größer ist[672] und der Täter sich unter Umständen mit Bedacht ein hinfälliges Opfer ausgesucht hat.[673]

---

668 Daten aus PKS 2018, Tab. 91: Opfer nach Alter und Geschlecht für die Jahre ab 2000 Versuche zur Schlüsselzahl 011000; PKS 2018, Tab. 91: Opfer nach Alter und Geschlecht für die Jahre ab 2000 vollendet zur Schlüsselzahl 011000.

669 Daten aus PKS 2018, Tab. 91: Opfer nach Alter und Geschlecht für die Jahre ab 2000 zur Schlüsselzahl 011000; PKS 2018, Tab. 91: Opfer nach Alter und Geschlecht für die Jahre ab 2000 vollendet zur Schlüsselzahl 011000.

670 Görgen, SHgZ, S. 79.

671 Sessar, S. 317; vgl. auch Görgen, KFN-FB, Nr. 93, S. 15.

672 Sessar, S. 317.

673 Görgen, KFN-FB, Nr. 93, S. 19.

Die Daten der PKS wurden ab dem Jahr 2013 auch innerhalb der Gruppe der über 60-Jährigen noch genauer aufgeschlüsselt, so dass sich hieraus für die **Jahre 2013 bis 2018** zudem noch folgende Übersicht zu „Mord in Zusammenhang mit Raubdelikten, vollendet und versucht“ (Schlüsselzahl 011000) ergibt:

	Mord in Zusammenhang mit Raubdelikten insgesamt (Vollendung u. Versuch)										
	Taten insgesamt	**60 < 65**		**65 < 70**		**70 < 75**		**75 < 80**		**80+**	
		m	**w**	**m**	**w**	**m**	**w**	**m**	**w**	**m**	**w**
2013	14	3	1	1	1	0	0	0	1	1	6
2014	19	1	2	3	2	0	0	2	1	4	4
2015	18	4	0	0	1	3	4	0	2	2	2
2016	18	3	1	2	1	1	1	1	0	2	6
2017	19	2	0	3	5	1	1	3	2	0	2
2018	9	1	0	0	0	1	1	1	1	2	2

Abb. 20: Mord in Zusammenhang mit Raubdelikten insgesamt (Vollendung und Versuch), 2013 – 2018[674]

Diese Zahlen lassen nur schwer eine verallgemeinerungsfähige Aussage zu, jedoch scheint das Risiko, Opfer eines Raubmordes zu werden, für Personen über 80 Jahre besonders hoch zu sein. Zudem erweckt es den Eindruck als wären Männer zwischen 60 und 80 Jahren etwas häufiger betroffen als Frauen, während ab dem 80. Lebensjahr unter den Opfern mehr Frauen zu verzeichnen sind. Eine Betrachtung der Durchschnittswerte mehrerer Jahre vereinfacht die Interpretation der dünnen Datenlage aufgrund der geringen absoluten Fallzahlen ein wenig: Errechnet man also die durchschnittlichen Opfergefährdungszahlen für die Jahre 2013 bis 2018 unter Zuhilfenahme der Bevölkerungsdaten des statistischen Bundesamtes[675], zeigt sich zum einen, dass eine deutliche Diskrepanz zwischen der Gefährdung männlicher und weiblicher 60- bis 65-Jähriger besteht. Zum andern sieht man, dass die Gefährdung bei beiden Geschlechtern in den Altersjahren ab 80 deutlich zunimmt (vgl. Abb. 21).

674 Daten aus PKS 2013 bzw. 2014 bzw. 2015 bzw. 2016 bzw. 2017 bzw. 2018, Tab. 91: Opfer ab 60 Jahren nach Alter und Geschlecht zur Schlüsselzahl 011000 (Hinweis: Eine derartige Aufschlüsselung in der PKS wird erst seit 2013 vorgenommen).

675 Bevölkerungsdaten aus StBA, Bevölkerung.

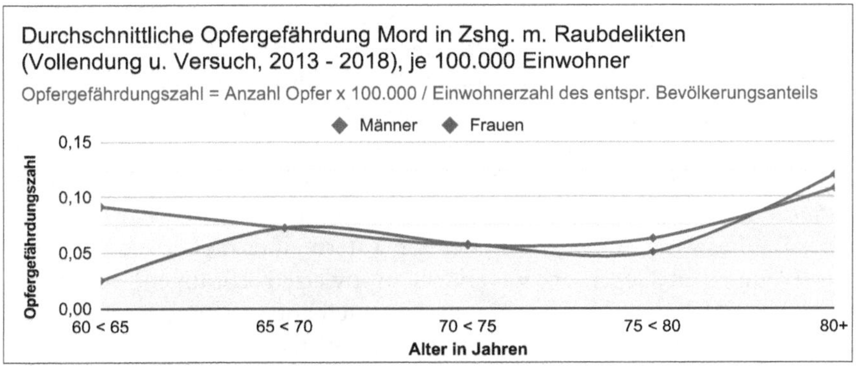

Abb. 21: Durchschnittliche Opfergefährdung Mord in Zusammenhang mit Raubdelikten (Vollendung und Versuch, 2013 – 2018), je 100.000 Einwohner[676]

bbb) Ausländische Daten

Der Blick ins Ausland vermittelt ein ähnliches Bild. Eine von *Fattah* in **Österreich** durchgeführte Studie über Raubmorde Anfang der 1960er Jahre kam ebenfalls zu dem Ergebnis, dass verhältnismäßig viele Opfer alt waren und zudem allein lebten.[677] Bei den Tätern handelte es sich um junge Männer mit einem niedrigen Bildungsniveau und ohne Berufsausbildung, die auf diesem Weg schnelles Geld machen wollten.[678]

Eine **kanadische** Studie von *Kennedy/Silverman* aus dem Jahr 1990 lieferte als Fazit, dass Menschen über 65 Jahre bei Diebstahl- und Raubdelikten im Vergleich zu jüngeren Menschen mit doppelt so hoher Wahrscheinlichkeit getötet werden (41,1 %).[679] In 4 % der Fälle ging der Tötung ein Sexualdelikt voraus; hinsichtlich der Täter-Opfer-Beziehung lieferte sie generell das Ergebnis, dass über 65-Jährige im Vergleich die geringste Wahrscheinlichkeit aufwiesen durch eine ihnen bekannte Person getötet zu werden und mit 45 % doppelt so oft durch einen Fremden getötet wurden

676 Daten aus PKS 2013 bzw. 2014 bzw. 2015 bzw. 2016 bzw. 2017 bzw. 2018, Tab. 91: Opfer ab 60 Jahren nach Alter und Geschlecht zur Schlüsselzahl 011000 (Hinweis: Eine derartige Aufschlüsselung in der PKS wird erst seit 2013 vorgenommen); Bevölkerungsdaten aus StBA, Bevölkerung.

677 Fattah, KFN-FB, Nr. 10, S. 12.

678 Ebd., S. 12.

679 Kennedy/Silverman, The Sociological Quaterly 1990, S. 313

wie jüngere Menschen.[680] Eine weitere **kanadische** Studie von *Trevethan*, die Daten von 1981 – 1990 auswertete, kam zu ähnlichen Ergebnissen.[681] Insbesondere die Delikte Raub und Diebstahl führten bei über 60-Jährigen mit 40 % deutlich häufiger zu Tötungen als bei jüngeren Menschen mit 17 %.[682] Tötungen aus persönlichen Motiven wie Wut und Rache waren bei älteren Menschen (38 %) seltener als bei jüngeren Menschen (71 %).[683] *Fattah* erklärt diese Ergebnisse damit, dass ältere Menschen häufig Opfer eines Raubes werden. Da es sich bei den Tätern einer räuberisch motivierten Tötung (im Gegensatz zu anders motivierten Tötungen) meist um Fremde handelt, werden ältere Menschen auch entsprechend häufig durch die Hand eines Fremden getötet, was sich statistisch entsprechend niederschlägt.[684] 77 % der Tötungen fanden in der Wohnung des Opfers statt; bei jüngeren Altersgruppen war dies nur bei 48 % der Tötungen der Fall.[685] Dies ist damit zu erklären, dass ältere Menschen generell mehr Zeit zu Hause verbringen als jüngere Menschen.[686] Hinsichtlich der Tötungsart kam die kanadische Studie zu dem Ergebnis, dass ältere Opfer in 34% der Fälle durch Schläge und 19 % der Fälle durch eine Waffe getötet wurden; bei den jüngeren Opfern verhielt es sich exakt umgekehrt.[687]

ccc) Mögliche Gründe für diese Ausnahme

Eine mögliche Erklärung für den geringen Versuchsanteil könnte sein, dass die Wahrscheinlichkeit größer ist, dass ein älteres Opfer sich eine tödliche Verletzung zuführt[688] bzw. an auf der Verletzung beruhenden Komplikationen verstirbt[689] und der Täter sich unter Umständen mit Bedacht ein hinfälliges Opfer ausgesucht hat.[690]

680 Kennedy/Silverman, The Sociological Quaterly 1990, S. 313; s. auch Fattah, KFN-FB, Nr. 10, S. 12 f.
681 Trevethan, Juristat 1992, S. 8 ff.; Fattah, KFN-FB, Nr. 10, S. 13.
682 Trevethan, Juristat 1992, S. 2; Fattah, KFN-FB, Nr. 10, S. 13.
683 Trevethan, Juristat 1992, S. 9; Fattah, KFN-FB, Nr. 10, S. 13.
684 Fattah, KFN-FB, Nr. 10, S. 13.
685 Trevethan, Juristat 1992, S. 12.
686 Trevethan, Juristat 1992, S. 11, S. 13; Fattah, KFN-FB, Nr. 10, S. 14.
687 Trevethan, Juristat 1992, S. 11; Fattah, KFN-FB, Nr. 10, S. 16.
688 Görgen, KFN-FB, Nr. 93, S. 19.
689 Sessar, S. 317.
690 Görgen, KFN-FB, Nr. 93, S. 19.

b) Misshandlung von Schutzbefohlenen

Die Analyse der Opfertabellen 91 der PKS 2018 für den Zeitraum **2000 bis 2018** zeigt, dass ältere Erwachsene deutlich stärker gefährdet sind Opfer eines Deliktes nach § 225 StGB (Misshandlung Schutzbefohlener, Schlüsselzahl 223000) zu werden als jüngere (vgl. Abb. 22). Das Viktimisierungsrisiko von Frauen ab 60 Jahren ist beispielsweise erheblich höher als das von Männern und Frauen der Altersgruppe 21 - 59 Jahre, sowie von Männern der gleichen Altersgruppe. Dabei fällt besonders auf, dass sich ihr Risiko hierbei seit 2000 sogar verdoppelte. Auch bei den Männern über 60 Jahren zeigt sich eine starke Zunahme der Opfergefährdungszahl über den analysierten Zeitraum auf mehr als das Doppelte (vgl. Abb. 22). Das Risiko für Männer sowie für Frauen im Alter zwischen 21 - 60 Jahren verzeichnete dagegen über selbigen Zeitraum keinen Zuwachs, sondern blieb auf konstantem Niveau. *Görgen* kam in seiner Analyse der Daten der PKS aus den Jahren 1993 bis 2006 zu ähnlichen Ergebnissen.[691]

Die rapide Zunahme könnte darauf zurückzuführen sein, dass aufgrund einer durch öffentliche Diskussionen verursachten Sensibilisierung seitdem vermehrt Delikte zur Anzeige gebracht werden.[692] Die hohe Gefährdung von älteren Frauen bezüglich dieses Deliktes könnte sich nach *Görgen* dadurch erklären, dass es sich um *„eine Art Statusdelikt"*[693] handle, bei welchem nur die spezielle Gruppe der Pflegebedürftigen viktimisiert werden könne; innerhalb dieser sei der Frauenanteil besonders hoch und wirke sich daher überproportional in den Opfergefährdungszahlen aus.[694] Die Täter seien meist Mitarbeiter von stationären Seniorenheimen sowie Angehörige bzw. semi-/professionelle Pflegekräfte bzw. Mitbewohner von pflegebedürftigen Menschen.[695]

691 Görgen, SHgZ, S. 86 f.
692 Görgen, SHgZ, S. 87; vgl. auch Görgen, KFN-FB, Nr. 93, S. 72.
693 Görgen, KFN-FB, Nr. 93, S. 71.
694 Görgen, SHgZ, S. 87; Görgen, KFN-FB, Nr. 93, S. 71 f..
695 Görgen, SHgZ, S. 90; vgl. auch Görgen, KFN-FB, Nr. 93, S. 71.

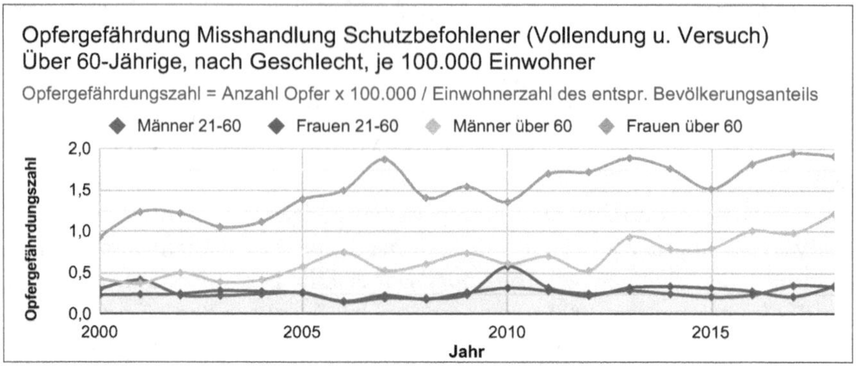

Abb. 22: Opfergefährdung Misshandlung Schutzbefohlener (Vollendung und Versuch): Über 60-Jährige, nach Geschlecht, je 100.000 Einwohner[696]

Die gesonderten Opfertabellen 91 der PKS für Opfer ab 60 Jahren nach Alter und Geschlecht zur Schlüsselzahl 223000 zeigen außerdem, dass innerhalb der Gruppe der über 60-Jährigen das Risiko einer Viktimisierung zunächst nur leicht mit zunehmendem Alter ansteigt und ab Erreichen des 80. Lebensjahres mit großem Abstand am größten wird (vgl. Abb. 23).

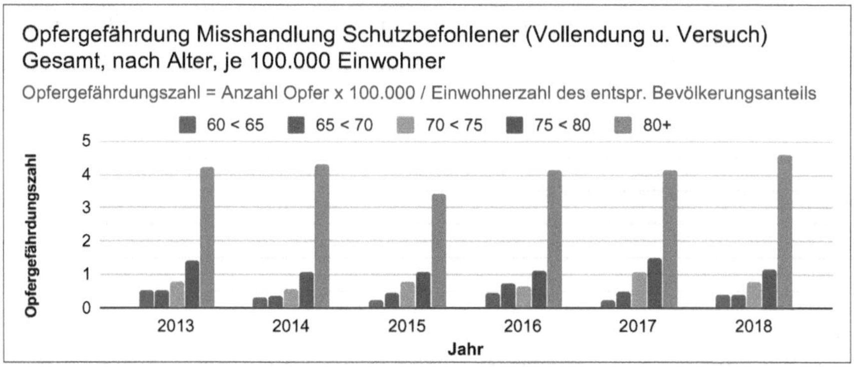

Abb. 23: Opfergefährdung Misshandlung Schutzbefohlener (Vollendung und Versuch): Gesamt, nach Alter, je 100.000 Einwohner[697]

696 Daten aus PKS 2018, Tab. 91: Opfer nach Alter und Geschlecht für die Jahre ab 2000 zur Schlüsselzahl 223000; Bevölkerungsdaten aus StBA, Bevölkerung.

697 Daten aus PKS 2013 bzw. 2014 bzw. 2015 bzw. 2016 bzw. 2017 bzw. 2018, Tab. 91: Opfer ab 60 Jahren nach Alter und Geschlecht zur Schlüsselzahl 223000

Eine Dunkelfeldforschung durch Opferbefragungen dürfte sich als sehr schwierig oder unmöglich gestalten, da die Opfer dieses Delikts durch die Interviewer nicht erreichbar sein dürften.[698] Zum einen, weil die Opfer, wenn sie z.B. pflegebedürftig oder dement sind, schwer oder gar nicht erreichbar sind und zum anderen die Befragung selbst schwer oder unmöglich sein könnte.[699]

c) Handtaschenraub

Ältere Menschen, insbesondere ältere Frauen werden bevorzugt Opfer eines Handtaschenraubes. Die PKS spricht diesem Delikt eine derartige Wichtigkeit zu, dass es den Handtaschenraub unter der Schlüsselzahl 216000 als eigenständige Kategorie führt. Allerdings kennt das deutsche Strafgesetzbuch kein entsprechendes eigenständiges Delikt; der Begriff des Handtaschenraubes erfasst daher sowohl den einfachen Raub i.S.v. § 249 StGB als auch den schweren Raub i.S.v. § 250 StGB.[700]

aa) Hellfeld

Die Daten der Opfertabellen 91 der PKS 2018 für den Zeitraum **2000 bis 2018** zur Schlüsselzahl 216000 (Handtaschenraub)[701] zusammen mit den Bevölkerungsdaten des statistischen Bundesamtes[702] zeigen, dass Frauen ab einem Alter von 60 Jahren am meisten gefährdet sind Opfer eines Handtaschenraubes zu werden (vgl. Abb. 24).

(Hinweis: Eine derartige Aufschlüsselung wird in der PKS erst seit dem Jahr 2013 vorgenommen); Bevölkerungsdaten aus StBA, Bevölkerung.

698 Görgen/Herbst/Rabold, SHgZ, S. 139.

699 Görgen, KFN-FB, Nr. 93, S. 130.

700 Ebd., S. 130.

701 PKS 2018, Tab. 91: Opfer nach Alter und Geschlecht für die Jahre ab 2000 zur Schlüsselzahl 216000.

702 StBA, Bevölkerung.

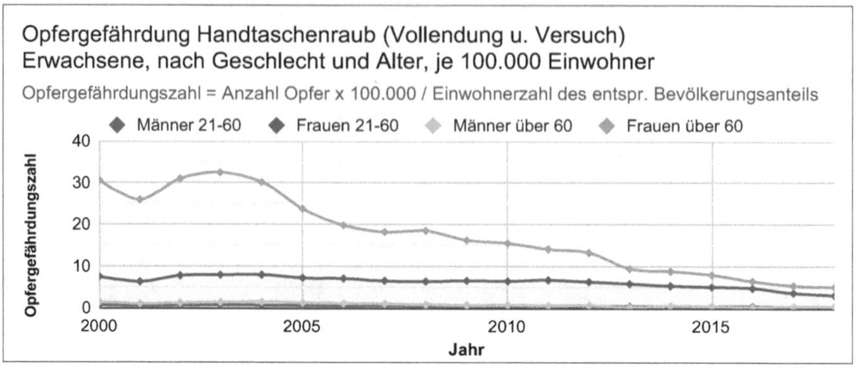

Abb. 24: Opfergefährdung Handtaschenraub (Vollendung und Versuch): Erwachsene, nach Geschlecht und Alter, je 100.000 Einwohner[703]

Vergleicht man die Opferwerdung älterer Frauen mit der älterer Männer wird offensichtlich, wie viel stärker die Viktimisierungsgefahr für ältere Frauen ist: das Risiko von Frauen über 60 Jahren ist im Vergleich zu dem von Männern über 60 Jahren 11- bis 24-fach erhöht (vgl. Abb. 24 und 25). *Görgen* kommt in seiner Analyse der Daten der PKS des Zeitraumes 1993 - 2006 zu analogen Ergebnissen.[704]

703 Daten aus PKS 2018, Tab. 91: Opfer nach Alter und Geschlecht für die Jahre ab 2000 zur Schlüsselzahl 216000; Bevölkerungsdaten aus StBA, Bevölkerung.

704 Görgen, SHgZ, S. 89.

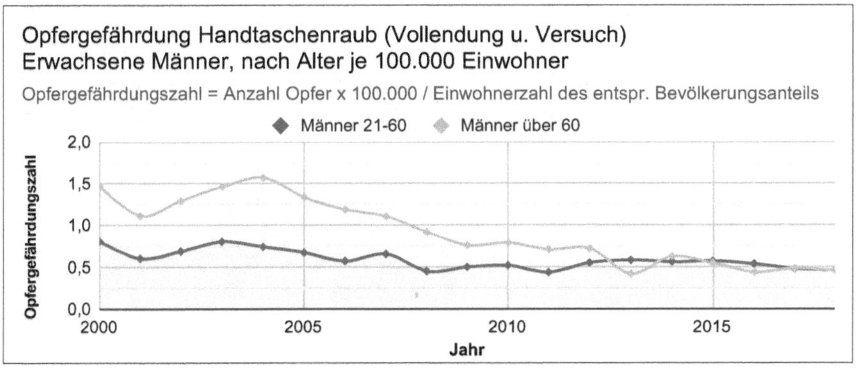

Abb. 25: Opfergefährdung Handtaschenraub (Vollendung und Versuch): Erwachsene Männer, nach Alter, je 100.000 Einwohner[705]

Die Abbildungen 24 und 25 verdeutlichen außerdem, wie sehr die Opfergefährdung für ältere Männer sowie für ältere Frauen im Zeitraum von 2000 bis 2018 abgenommen hat. Allerdings lässt sich den Daten allein nicht der Grund hierfür entnehmen. Zudem ist bemerkenswert, dass, wenn ältere Frauen Opfer eines Raubes werden, es sich früher zumeist[706] und heute immerhin noch sehr häufig um einen Handtaschenraub handelt (vgl. Abb. 26).

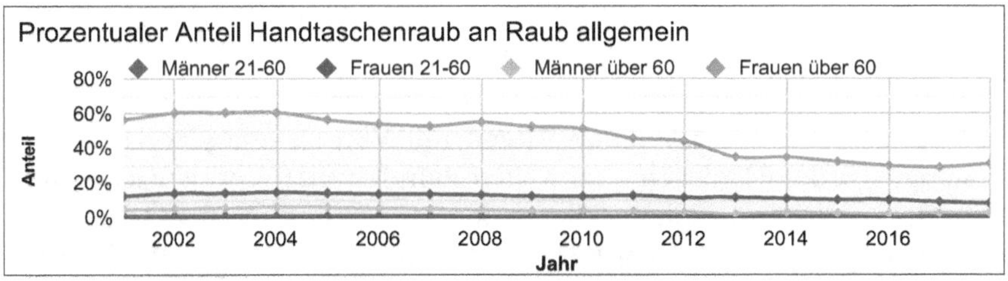

Abb. 26: Prozentualer Anteil Handtaschenraub an Raub allgemein[707]

Die Vollendungsquoten liegen bei diesem Delikt im Durchschnitt der Jahre 2000 bis 2018 konstant hoch (21 - 60-Jährige: 78%; über 60-Jähri-

705 Daten aus PKS 2018, Tab. 91: Opfer nach Alter und Geschlecht für die Jahre ab 2000 zur Schlüsselzahl 216000; Bevölkerungsdaten aus StBA, Bevölkerung.

706 Görgen, SHgZ, S. 89.

707 Daten aus PKS 2018, Tab. 91: Opfer nach Alter und Geschlecht für die Jahre ab 2000 zur Schlüsselzahl 210000, sowie zu Schlüsselzahl 216000.

ge: 82%)[708]. Die detaillierte Betrachtung innerhalb der Gruppe der über 60-Jährigen zeigt, dass das Viktimisierungsrisiko mit zunehmendem Alter deutlich ansteigt, wenngleich auch dieser Effekt mit dem Rückgang der gesamten Opfergefährdung in den letzten Jahren schwindet (vgl. Abb. 27).

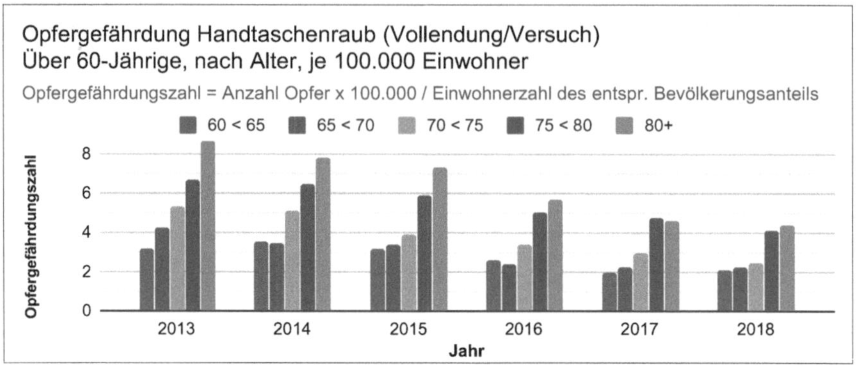

Abb. 27: Opfergefährdung Handtaschenraub (Vollendung und Versuch): Über 60-Jährige, nach Alter, je 100.000 Einwohner[709]

bb) Dunkelfeldforschung und ausländische Studien

Auch ausländische Studien und Viktimisierungserhebungen[710] sowie deutsche Dunkelfeldforschungen im Sinne von Opferbefragungen bekräftigen diese Ergebnisse im Wesentlichen. Bereits die KFN Opferbefragung von **1992** kam zu dem Ergebnis, dass der Handtaschenraub eine Ausnahme von der geringen Konfrontation Älterer mit Viktimsierungen darstellt.[711] Bestätigt wurde dies durch eine weitere bundesweite repräsentative Dunkelfeldstudie in Form einer „Viktimisierungsbefragung" bzw. „Opferwerdungsbefragung" durch *Görgen/Herbst/Rabold* aus dem Jahr **2005**.[712] Dabei wurden insgesamt 3.030 Personen der Altersgruppe 40 bis 85 Jahre be-

708 Daten aus PKS 2018, Tab. 91: Opfer nach Alter und Geschlecht für die Jahre ab 2000 zur Schlüsselzahl 216000; Bevölkerungsdaten aus StBA, Bevölkerung.

709 Daten aus PKS 2013 bzw. 2014 bzw. 2015 bzw. 2016 bzw. 2017 bzw. 2018, Tab. 91: Opfer ab 60 Jahren nach Alter und Geschlecht zur Schlüsselzahl zur Schlüsselzahl 223000 (Hinweis: Erst seit dem Jahr 2013 wird eine derartige Aufschlüsselung in der PKS vorgenommen).

710 Görgen, SHgZ, S. 90.

711 Görgen, KFN-FB, Nr. 93. S. 110.

712 Zum Begriff vgl. Görgen/Herbst/Rabold, SHgZ, S. 123.

fragt.[713] Allgemein wurden die befragten Personen zwischen 60 und 85 Jahren weniger häufig viktimisiert als die übrigen befragten Personen im Alter von 40 bis 59 Jahren.[714] Dies galt jedoch nicht für den Handtaschenraub, da Frauen ab 60 Jahren häufiger betroffen waren als Frauen im Alter von 40-59 Jahren (bei einer 12-Monats-Prävalenz 1,1 % im Vergleich zu 0,6 % im Jahr 2004).[715]

Zu den typischen Erscheinungsformen eines Handtaschenraubes schreibt *Görgen*: Bei den Tätern handelt es sich in der Regel um Kinder und Jugendliche sowie männliche Heranwachsende, die dem Opfer unvermittelt die Handtasche entreißen. [716] Die Opfer sind in der Regel allein unterwegs, weiblich und über 60 Jahre, die Tatorte sind meistens öffentliche Plätze in Großstädten wie z.B. ein Park. [717]

cc) Mögliche Gründe für diese Ausnahme

Der Lebensstil einer Person kann tatförderlich sein und dient als Erklärung für das Phänomen des Handtaschenraubes an älteren Damen, denen Handtaschen oftmals dazu dienen, Wertgegenstände zu befördern, so dass des Öfteren größere Barbeträge in diesen enthalten sind.[718] Hintergrund dessen könnte sein, dass für ältere Menschen der Weg zur Bank bzw. dem nächsten Bankautomaten oftmals beschwerlich ist, so dass sie seltener, zum Ausgleich jedoch größere Geldbeträge abheben.[719] Neben dem Lebensstil spielen aber auch hier Eigenschaften des Opfers bei dessen Auswahl durch den Täter eine Rolle, so etwa, dass es weniger Widerstand gegen Gewalt zu leisten vermag als ein jüngerer Mensch,[720] und dass gerade ältere Damen als schwach eingeschätzt werden.[721]

---

713 Görgen/Herbst/Rabold, SHgZ, S. 139, S. 172; Görgen u.a., Sicherheitspotenziale im höheren Lebensalter, S. 69.

714 Görgen u.a., Sicherheitspotenziale im höheren Lebensalter, S. 69; Görgen/Herbst/Rabold, SHgZ, S. 139, S. 172.

715 Görgen/Herbst/Rabold, SHgZ, S. 139, S. 172; Görgen u.a., Sicherheitspotenziale im höheren Lebensalter, S. 69.

716 Görgen, SHgZ, S. 88.

717 Ebd., S. 88.

718 Görgen, KFN-FB, Nr. 93, S. 76; Görgen, SHgZ, S. 89; zum Lebensstilkonzept siehe Göppinger, § 11 Rn. 9; Bock, § 20 Rn. 914.

719 Vgl. auch das Beispiel bei Görgen, KFN-FB, Nr. 93, S. 54.

720 Görgen, KFN-FB, Nr. 93, S. 76; Görgen, SHgZ, S. 90.

721 Ahlf, ZfG 1994, S. 292; Baurmann, ZfG 1981, S. 250.

d) Sonstige Eigentums- und Vermögensdelikte

Ältere Menschen werden besonders häufig von Tätern als Opfer von Eigentums- und Vermögensdelikten herausgesucht, so etwa von Trickdiebstahl.[722] Bemerkenswert erscheint, dass die Tatsache, dass ein Haus von einer/m alleinstehenden Rentner/in bewohnt wird, so relevant ist, dass sie manchmal unter Tätern weitervermittelt wird.[723] So wurde auf Mallorca hierfür nebst anderer *„Gaunerzinken“* auch eine eigene Rune entwickelt, die man auf Häuserwänden hinterlassen kann, um andere Täter auf dort wohnhafte alleinstehende ältere Menschen hinzuweisen.[724]

aa) Studien

Die PKS stellt für diesen Deliktbereich bislang noch keine genaueren Angaben über ältere Opfer zur Verfügung stellt, da sie lediglich in Bezug auf Gewalt- und Raubdelikte Opferdaten liefert. Eine bereits angedachte Reformierung der PKS ist bisher noch nicht umgesetzt worden,[725] so dass lediglich auf (vereinzelte deutsche) Studien zurückgegriffen werden kann.

aaa) Nationale Studien

(1) Trickdiebstähle

Eine Projektgruppe unter der Leitung von *Görgen* (2009) erhob Daten anhand der Aktenanalyse von 303 polizeilichen Akten der Polizei der Freien Hansestadt Bremen aus den Jahren 2003 bis 2005 zu täuschungsbasierten Eigentums- und Vermögensdelikten zu Lasten älterer Menschen, Daten aus einem polizeilichen Vorgangsverwaltungssystem sowie acht leitfadenorientierten Interviews mit älteren weiblichen Opfern. 47,5 % der Delikte entfielen auf Betrug, 37,6 % auf Trickdiebstahl, 13,9 % auf Unterschlagung

722 Görgen u.a., Sicherheitspotenziale im höheren Lebensalter, S. 64; Sicher leben im Alter, S. 19; Vierter Altenbericht, S. 327, l. Sp.; nach Studer, S. 204 suchen Trickdiebe sich fast nur ältere Menschen als Opfer aus.

723 Schwind, Kriminologie, § 19 Rn. 16, Übersicht 39.

724 Ebd., § 19 Rn. 16, Übersicht 39.

725 Vgl. Görgen u.a., Sicherheitspotenziale im höheren Lebensalter, S. 66.

und 2,0 % auf Untreue.[726] Sie kamen zu dem Ergebnis, dass Menschen ab 60 Jahren besonders häufig Opfer von **Trickdiebstählen** wurden und innerhalb dieser Gruppe vor allem Menschen ab dem 80. Lebensjahr und alleinlebende Frauen gefährdet waren.[727]

(2) Diebstahl und Betrug

Ebenfalls im Rahmen dieses Projekts wurde als Dunkelfeldstudie eine „Viktimisierungsbefragung“ bzw. „Opferwerdungsbefragung“[728] mit 3.030 Probanden von *Görgen, Herbst und Rabold* durchgeführt.[729] Allgemein wurden die befragten Personen zwischen 60 und 85 Jahren weniger häufig viktimisiert als die übrigen befragten Personen im Alter von 40 bis 59 Jahren,[730] dies galt jedoch nicht für den **Handtaschenraub.**[731] Eine weitere Ausnahme war der **Betrug,** zumindest in Bezug auf ältere Frauen: Bei einer 12-Monats-Prävalenz wurden Frauen ab 60 Jahren mit 1,3 % häufiger Opfer als Frauen zwischen 40 und 59 Jahren mit 1,1 %. Bei Männern war beim Vergleich zwischen diesen Altersgruppen hingegen ein Rückgang von 2,7 % auf 0,9 % zu verzeichnen.[732]

Görgen u.a. verweisen zudem auf eine unveröffentlichte Masterarbeit von *Libionka* aus dem Jahr 2011, in der Daten des Polizeipräsidiums Unterfranken analysiert wurden.[733] Das Untersuchungsergebnis besagt für das Jahr 2010 ebenfalls, dass Menschen ab 60 Jahren besonders häufig Opfer von **Diebstahls- und Betrugsdelikten** wurden (Diebstahl: Opferbelastung

---

726 Görgen u.a., Kriminalitäts- und Gewalterfahrungen im Leben älterer Menschen, S. 12.

727 Görgen u.a., SHgZ, S. 12; Görgen u.a., Kriminalistik 2010, S. 645; siehe auch Abb. 2 bei Görgen u.a., Kriminalitäts- und Gewalterfahrungen im Leben älterer Menschen, S. 13.

728 Zum Begriff vgl. Görgen/Herbst/Rabold, SHgZ, S. 123, die hierunter verstehen, dass „erst durch die Befragung festgestellt wird, ob, in welchem Maße und in welcher Weise Menschen Opfer von Kriminalität und Gewalt wurde“.

729 Görgen/Herbst/Rabold, SHgZ, S. 172; Görgen u.a., Sicherheitspotenziale im höheren Lebensalter, S. 69.

730 Görgen/Herbst/Rabold, SHgZ, S. 172; Görgen u.a., Sicherheitspotenziale im höheren Lebensalter, S. 69.

731 Görgen/Herbst/Rabold, SHgZ, S. 172; Görgen u.a., Sicherheitspotenziale im höheren Lebensalter, S. 69.

732 Görgen/Herbst/Rabold, SHgZ, S. 139; Görgen u.a., Sicherheitspotenziale im höheren Lebensalter, S. 69.

733 Görgen u.a., Sicherheitspotenziale im höheren Lebensalter, S. 69.

von 1.767,6 Betroffenen pro 100.000 Einwohner, innerhalb der Altersgruppe 60 plus 2.952,4; Betrug: Opferbelastung von 1.448,3 Betroffenen pro 100.000 Einwohner, innerhalb der Altersgruppe 60 plus 2667,8).[734]

Hinsichtlich **Betrug** gibt es jedoch auch gegenteilige Untersuchungsergebnisse: Eine Dunkelfeldstudie des Landeskriminalamtes Niedersachsen aus dem Jahr 2013 ergab hinsichtlich Betrug (sowohl mit Internetnutzung als auch ohne), dass im Jahr 2014 die befragten Personen zwischen 65 und 79 Jahren (0,9 bzw. 2,4 %) und ab 80 Jahren (0,1 bzw. 1,3 %) weniger häufig betroffen als die jüngeren Vergleichsgruppen (2,3-3,3 % bzw. 2,1-4,0 %).[735]

(3) Raub und Diebstahl in Wohnungen

Bei einer Analyse der Daten der PKS der Jahre 1993 - 2003 gelangte *Görgen* zu der Erkenntnis, dass ältere Damen bezüglich Raubüberfällen in Wohnungen einem ebenso großes Opferwerdungsrisiko unterliegen wie Frauen zwischen 21 und 59 Jahren und stufte alleinlebende Frauen ab 60 diesbezüglich als besonders vulnerabel ein.[736] Eine niedersächsische Repräsentativbefragung von *Baier* aus dem Jahr 2014 kam zu dem Ergebnis, dass ältere Menschen *„vergleichbar häufig wie jüngere Befragte"* angaben, Opfer eines **Wohnungseinbruchdiebstahls** (oder KFZ-Diebstahls) geworden zu sein, so dass diesbezüglich nicht von einer niedrigen Gefährdung gesprochen werden könne.[737] Auch eine Befragung zu Sicherheit und Kriminalität in Niedersachsen lieferte das Ergebnis, dass der **Wohnungseinbruchsdiebstahl** eine Ausnahme von der geringen Viktimisierungsgefahr Älterer darstellt, wobei in der Studie zugleich der Verdacht aufgestellt wird, dies könnte daran liegen, dass Diebesbanden in den Wohnungen älterer Menschen viele Wertgegenstände bzw. Geld bei vergleichsweise geringer Gefahr vermuten.[738]

---

734 Ebd., S. 69.

735 LKA Niedersachsen 2015, S. 30; Görgen u.a., Sicherheitspotenziale im höheren Lebensalter, S. 69 mit ähnlichen Zahlen aus einem Survey des LKA Niedersachsen aus dem Jahr 2013.

736 Görgen, KFN-FB, Nr. 93, S. 76.

737 Baier, KFN-FB, Nr. 127, S. 101.

738 LKA Niedersachsen 2015, S. 28 f., 65; Görgen u.a., Sicherheitspotenziale im höheren Lebensalter, S. 69 mit ähnlichen Ergebnissen zu einem Survey des LKA Niedersachsen aus dem Jahr 2013.

(4) Tatumstände täuschungsbasierter Delikte

Görgen, Mild und Fritsch nahmen anhand von Daten aus dem Zeitraum zwischen Mai und Oktober 2006, die ihnen vom Landeskriminalamt Bremen bereitgestellt wurden, eine Aktenanalyse vor.[739] Es handelte sich um Kriminal- und Handakten sowie um Einträge aus dem Vorgangsverwaltungssystem der Polizei Bremen zu 303 Fällen mit 306 registrierten täuschungsbasierten Eigentums- und Vermögensdelikten an Menschen über 60 Jahren.[740] Hinsichtlich der Tatumstände kamen sie zu folgenden wesentlichen Ergebnissen: **Tatort** war mit 48,2 % in knapp der Hälfte der Fälle die Wohnung des Opfers, 24,4 % der Taten wurden telefonisch initiiert.[741] Die materiellen **Schadenshöhen** waren in 209 Fällen bekannt und bewegten sich in einem Bereich von 15 Euro bis hin zu 1,7 Millionen Euro.[742] Beim Diebstahl (85 Fälle) ergab sich im Schnitt ein Schaden von 944 Euro, beim Betrug (78 Fälle; der Betrug über 1,7 Millionen wurde nicht miteinberechnet) von 15.094 €, bei den Unterschlagungen (unbekannte Anzahl an Fällen) von 13.741 Euro und bei der Untreue (unbekannte Anzahl an Fällen) von 46.847 Euro.[743] Die durchschnittliche Schadenshöhe ist demnach relativ hoch.

Die meisten **Opfer** wurden in der Altersgruppe 80 bis 84 Jahre verzeichnet (21,3 %) und in der Mehrheit Frauen (66 %), die **Täter** waren im Durchschnitt 34,8 Jahre alt und in 77,9 % der Fälle bestand zuvor keine Täter-Opfer-Beziehung.[744] Letzteres überrascht nicht angesichts der Tatsache, dass die Täter von Betrugsstraftaten regelmässig aus dem Ausland agieren, z.B. über türkische Call-Center.[745] Die Täter wählen ihre Opfer wohl gezielt aus.[746]

Somit lässt sich festhalten, dass nationalen Studien/Statistiken zufolge ältere Menschen im Bereich der Eigentums- und Vermögensdelikte in Bezug auf bestimmte Delikte - wie Handtaschenraub, (Trick-)Diebstahl und Wohnungseinbruch - besonders gefährdet sind. Für Betrug lässt sich eine solch eindeutige Aussage nicht treffen.[747]

---

739 Görgen/Mild/Fritsch, SHgZ, S. 94 ff.
740 Ebd., S. 96.
741 Ebd., S. 97.
742 Ebd., S. 97.
743 Ebd., S. 97.
744 Ebd., S. 98.
745 BT-Drucks. 19/1132 S. 1.
746 Zu dieser gezielten Auswahl s. genauer Görgen/Mild/Fritsch, SHgZ, S. 120 ff.
747 Vgl. auch Görgen u.a., Sicherheitspotenziale im höheren Lebensalter, S. 71.

bbb) Internationale Studien

International hat sich die Forschung bereits intensiver mit dieser Thematik befasst und den Begriff *„financial elder abuse“* geprägt, wobei sich die meisten Studien auf Eigentums- und Vermögensdelikte im sozialen Nahraum, die durch Vertrauenspersonen oder Familienmitglieder begangen werden, konzentrieren.[748]

Görgen u.a. verweisen auf diverse internationale Studien zum Thema *„financial elder abuse“*[749] und fassen die Daten wie folgt zusammen: Die Studien beziehen sich insbesondere auf Delikte *„in privaten oder professionellen Vertrauensbeziehungen“*, die 12-Monats-Prävalenzraten variierten zwischen 1 und 5 % und finanzieller Missbrauch trat häufiger auf als sonstiger Missbrauch.[750] Ein paar ausländischen Studien haben sich in diesem Zusammenhang auch mit den Risikofaktoren älterer Menschen auseinandergesetzt und sind zu dem Schluss gekommen, dass *„soziale Isolation und geringe soziale Unterstützung einerseits, gesundheitliche, kognitive und funktionale Einschränkung andererseits“* eine wesentliche Rolle spielen.[751] Insbesondere liefern manche Studien Hinweise, darauf dass mit dem Alter die Fähigkeit Täuschungen und schlechte Absichten als solche zu durchschauen abzunehmen scheint.[752] *Görgen u.a.* nennen hierfür verschiedene internationale Studien aus unterschiedlichen Disziplinen.[753]

In Bezug auf die **USA** führen *Fattah/Sacco* aus, dass amerikanische Surveys zu dem Ergebnis kommen, dass ältere Menschen im Falle einer Viktimisierung am ehesten Opfer von Eigentums- und Vermögensdelikten werden (*„objects of economic predation“*), wobei dreiviertel der Taten unter Tags geschehen.[754] Generell werden Menschen eher auf öffentlichen Plätzen Opfer einer Straftat, anders verhält es sich jedoch bei den älteren Menschen, die im Vergleich zu jüngeren Menschen grundsätzlich eher innerhalb eines öffentlich zugänglichen Gebäudes oder in oder in der

---

748 Görgen u.a., Sicherheitspotenziale im höheren Lebensalter, S. 67 mit knappen Zusammenfassungen von internationalen Studien.

749 Vgl. im Einzelnen Görgen u.a., Sicherheitspotenziale im höheren Lebensalter, S. 69 ff.

750 Ebd., S. 72.

751 Ebd., S. 83

752 Ebd., S. 83.

753 Ebd., S. 80 ff., wo sie zugleich darauf, verweisen dass hier im Einzelnen noch weiterer Forschungsbedarf bestehe.

754 Fattah/Sacco, S. 172.

Nähe ihres Zuhauses viktimisiert werden.[755] Dass ältere Menschen in den Surveys häufiger berichteten, dass der Täter ein Fremder war, wird damit erklärt, dass dies typisch für die Art der Delikte sei, denen Ältere zum Opfer fallen („*crimes like personal theft and robbery*").[756] Meistens handelte es sich bei den Tätern um Männer, die vorwiegend als Einzeltäter agierten und allenfalls zu zweit auftraten, sehr selten jedoch als Gruppe.[757] Die Opferwerdung geschah in der Regel während das Opfer alleine war, bei Tageslicht und nur ein einziges Mal.[758] Zu einem Waffengebrauch kam es im Vergleich zu jüngeren Opfern grundsätzlich eher selten, selbst wenn es sich um einen Raub handelte, und auch körperliche Gewalt wurde vergleichsweise wenig angewendet, wobei die älteren Menschen dazu tendierten sich nicht gegen die Straftat zur Wehr zu setzen, insbesondere wenn es sich um schwerere Delikte handelte.[759] Insgesamt wurden Delikte gegen ältere Menschen häufiger beendet, speziell wenn es sich um einen fremden Täter, mehrere Täter und eine Tat bei Tageslicht handelte.[760] Gemäß weiterer amerikanischer Wissenschaftler sollen ältere Menschen in Kontrast zu ihrer grundsätzlich geringen Viktimisierungsquote hinsichtlich folgender Delikte besonders gefährdet sein: Diebstahl, Raub, Betrug, Handtaschenraub, Betrug (ganz besonders Medikamentenbetrug i.S.v. „*Quacksalberei*") und Anlagebetrug.[761]

Der **British Crime Survey** lieferte 2001 Daten dahingehend, dass die Täter sich bei Einbruchdiebstählen im Bereich der Altersgruppe ab 60 Jahren mehr als doppelt so häufig durch einen Trick - wie das Vortäuschen einer unwahren Identität – Zugang zur Wohnung verschafften (6 % vs. 14 %).[762] Eine im Jahr 2000 extra eingerichtete „*Distraction Burglary Task Force*" lieferte im Folgejahr die Informationen, dass die Mehrheit der Opfer im Jahr 2001 weiblich war (77 %) und alleine lebte (74 %).[763] Absolut gesehen scheinen ältere Menschen gemäß einer von *Görgen* zitierten Analyse von Daten des British Crime Survey aus dem Jahr 2003 jedoch weniger häufig von Einbruchdiebstählen betroffen zu sein als jüngere Menschen.[764]

755 Ebd., S. 172.
756 Ebd., S. 173.
757 Ebd., S. 173.
758 Ebd., S. 173.
759 Ebd., S. 173 f.
760 Ebd., S. 174.
761 Baurmann, ZfG 1981, S. 250.
762 Görgen/Mild/Fritsch, SHgZ, S. 93.
763 Ebd., S. 93.
764 Görgen, KFN-FB, Nr. 93, S. 114.

Danach sank die 12-Monats-Prävalenz für vollendete Einbruchdiebstähle mit dem Alter immer weiter, nämlich von 5,7 % (jünger als 25 Jahre) bis auf 1,1 % (65 bis 74 Jahre) bzw. 1,4 % (ab 75 Jahre) ab.[765]

Eine **österreichische** Studie von *Studer* aus dem Jahr 2012, in der über 60-jährige Probanden befragt wurden, kam hingegen zu dem Ergebnis, *„dass ältere Befragte signifikant weniger häufig Opfer von Einbruchdiebstahl (...) wurden"* und falls doch vermehrt Frauen betroffen waren, dafür aber seltener als Männer durch den sog. Enkeltrick viktimisiert wurden.[766]

Zusammenfassend kann man sagen: Auch gemäß internationalen Studien sind ältere Menschen daher grundsätzlich gefährdet, Opfer eines Eigentums- und Vermögensdelikts zu werden. Die Opfer sind nach diesen Studien überwiegend weiblich und alleinlebend. Tatort ist in der Regel die Wohnung und bei den Tätern handelt es sich in der Regel um fremde Männer. Als Risikofaktoren älterer Menschen lassen sich soziale Isolation, geringe soziale Unterstützung sowie gesundheitliche, kognitive und funktionale Einschränkungen benennen. Die Fähigkeit, Täuschungen als solche zu erkennen, baut mit dem Alter wohl erheblich ab.

ccc) Vermutung eines hohen Dunkelfeldes

Da es sich oft um „perfekte Delikte" handelt, wird angenommen, dass die Opfer diese oft gar nicht bemerken, und wenn doch, eine Anzeige (etwa aus Scham) unterbleibt.[767] Teilweise wird insbesondere eine hohe Dunkelziffer, was die tatsächlichen Zahlen hinsichtlich einer Viktimisierung beim Betrug angeht, vermutet.[768] Dies wird damit begründet, dass zum einen die Taten oft „perfekte Verbrechen" sind und von ihren Opfern gar nicht als solche wahrgenommen werden, d.h., es kommt weder zu einer Anzeige der Tat noch wird sie im Rahmen einer Opferbefragung zu Tage treten.[769] Des Weiteren könnte die Scham einem Betrüger aufgesessen zu sein nicht nur der Anzeige bei der Polizei[770], sondern auch ihre Erwäh-

765 Ebd., S. 114.
766 Studer, S. 226.
767 Vgl. Kreuzer/Hürlimann, S. 46.
768 Fattah/Sacco, S. 175 m.w.N.
769 Ebd., S. 175.
770 Vgl. zu Problemen der PKS und ihrer Abhängigkeit vom Anzeigeverhalten Schwind, Kriminologie, § 20 Rn. 2 f.; zum Ergebnis einer generell eher niedrigen Anzeigenquote bei Betrugsdelikten s. z.B. die Repräsentativbefragung von Baier, KFN-FB, Nr. 127, S. 102.

nung gegenüber einem Interviewer im Wege stehen.[771] Hinzu kommt, dass viele Geschäftspraktiken sich in einem Graubereich der Legalität bewegen, die meisten Opferbefragungen sich jedoch auf die klassischen strafrechtlichen Delikte beschränken.[772] Daraus lässt sich nach *Fattah/Sacco* insgesamt schließen, dass die Daten zum Thema Betrug an älteren Menschen beschränkter sind als im Vergleich zu anderen Delikten.[773] Auch *Studer* geht aus oben genannten Gründen von einer hohen Dunkelziffer beim Betrug in Form des Enkeltricks aus.[774] Diese Argumente lassen sich nicht nur in Bezug auf Betrug hören, sondern ergeben, was das Wegsehen und die Scham angeht, auch hinsichtlich anderer Vermögensdelikte, wie etwa Trickdiebstähle, Sinn. Auch bei *Görgen u.a.* wird darauf hingewiesen, dass in der Literatur in Bezug auf *„financial elder abuse"* (d.h. Vermögensdelikte) weitgehend von einer hohen Dunkelziffer – sogar bis hin zu 99 % - ausgegangen wird.[775]

bb) Typische Vorgehensweisen bei Eigentums- und Vermögensdelikten gegen ältere Menschen

Bei den Betrugs-/Untreuedelikten und den Diebstählen bzw. Trickdiebstählen gibt es selbstverständlich unterschiedliche Erscheinungsformen. Jedoch haben sich ein paar gängige Methoden entwickelt, von denen im Folgenden ein paar der relevantesten kurz erläutert werden.

aaa) Enkeltrick

Eine beliebte Vorgehensweise ist der (als Betrug i.S.v. § 263 StGB einzustufende) sog. Enkeltrick, bei dem Einsamkeit und Hilfsbereitschaft älterer Menschen ausgenutzt werden. Bei diesem Trick suchen die Täter im Telefonbuch nach Namen, die altmodisch klingen und dementsprechend eher zu einem älteren Menschen gehören. Da die Täter in der Regel keine Hintergrundinformationen zu den Opfern besitzen, versuchen sie es zu vermeiden sich namentlich zu melden, und beginnen das Gespräch

771 Fattah/Sacco, S. 175.
772 Vgl. ebd., S. 175.
773 Ebd., S. 175.
774 Studer, S. 233, der zugleich vor einer Überbewertung des Enkeltricks warnt.
775 Görgen u.a., Sicherheitspotenziale im höheren Lebensalter, S. 83.

mit Aussagen wie „Rate mal, wer dran ist!“ in der Hoffnung, dass die angerufene Person sodann den Namen einer bekannten Person (etwa des Enkels) nennt und deren Identität im Telefongespräch angenommen werden kann. In diesem wird dann aus irgendeinem Grund um Geld gefragt, entweder aus einem angeblichen Notfall heraus oder um ein besonders günstiges Geschäft abschließen zu können. Dem Ganzen wird, wenn nötig, mit Hilfe der Drohung sich ansonsten zukünftig nicht mehr zu melden, Nachdruck verliehen. Insgesamt wird viel Druck aufgebaut, indem auch vorgegeben wird, dass die Zeit drängen würde und man das Geld so schnell wie möglich benötige, damit der Angerufene keine Zeit hat, um z.B. durch Nachfrage bei anderen Verwandten die Geschichte zu verifizieren. Sofern die ältere Person kein Bargeld in Höhe der geforderten Summe zu Hause aufbewahrt, wird sie zur Bank geschickt, um das Geld dort abzuheben. Die persönliche Abholung des Geldes erfolgt dann durch einen weiteren Täter, da der vermeintliche Enkel angeblich verhindert ist.[776]

Aus der Schweiz ist bekannt, dass in vereinzelten Fällen, bei denen der Enkeltrick nicht wie geplant funktionierte, sogar ein zweiter Anlauf gestartet wurde, d.h., die Täter kontaktierten das Opfer des gescheiterten Versuchs erneut via Telefon, gaben sich als Polizeibeamte aus und suggeriertem dem Opfer, dass es bei einer erneuten Kontaktaufnahme der Täter zum Schein auf deren Anliegen eingehen solle, damit die Polizei diese aufgrund dieser Mithilfe sodann inflagranti erwischen und überführen könne.[777]

Das Vorgehen erfolgt grundsätzlich arbeitsteilig, d.h. einer der Täter gibt sich am Telefon als Verwandter aus, einer bzw. mehrere Täter übernehmen die Geldabholung und ein weiterer Täter, der sog. *„Logistiker“*, koordiniert den gesamten Ablauf.[778] Bei den Tätern handelt es sich in der Regel um in Banden organisierte Professionelle, die sich teilweise sogar als *„Mitarbeiter“* der Organisationen und den Enkeltrick als ihren *„Beruf“* bezeichnen.[779] Der Enkeltrick kann somit der Organisierten Kriminalität bzw. Bandenkriminalität zugeordnet werden[780] und wird vom Landeskriminalamt Baden-Württemberg auch ausdrücklich als „Organisierte

776 Zum Ganzen Rate mal, wer dran ist, S. 17 f.; Görgen, KFN-FB, Nr. 93, S. 103.
777 Schett, Kriminalistik 2011, S. 335.
778 Görgen u.a., Sicherheitspotenziale im höheren Lebensalter, S. 305.
779 Ebd., S. 306.
780 Ebd., S. 300, S. 306; vgl. Ludwig, Der Kriminalist 2009, S. 6; Schett, Kriminalistik 2011, S. 338.

Wirtschaftskriminalität" eingestuft.[781] Der Sitz der Bande ist meistens im Ausland angesiedelt, da dies die Strafverfolgung erschwert.[782] Hauptsächlich stammen diese wohl aus Polen[783] und der Türkei.[784] Generell scheint die Verfolgung dieser Taten schwierig zu sein, da die Täter sich aufgrund des arbeitsteiligen Vorgehens nicht am selben Ort aufhalten und auch den Aktionsraum selbst sowie die Handynummern häufig wechseln.[785] Die Verwendung etwa von polnischen Prepaidkarten bietet zudem den Vorteil, dass keine namentliche Registrierung des Karteninhabers erfolgt.[786] Sofern Prepaidkarten aus Länder mit Registrierungspflicht verwendet werden, wurden bei deren Erwerb fiktive oder falsche Personenangaben gemacht.[787] Die vor Ort agierenden Täter legen täglich bis zu 100 km zurück und befinden sich daher innerhalb kürzester Zeit in einem neuen Zuständigkeitsgebiet der Polizei und Staatsanwaltschaften,[788] so dass zum einen wertvolles Wissen und zum anderen auch Zeit verloren geht, da sich jeder Sachbearbeiter neu einarbeiten muss.[789] Letztlich wird kritisiert, dass bei den Polizeibehörden und Staatsanwaltschaften häufig keine spezialisierten Ermittlungsgruppen existieren, so dass die Ermittlungen zu schleppend vorangehen.[790]

Der Enkeltrick trat in Deutschland das erste Mal im Jahr 1999 in Hamburg auf und wurde nach und nach auch bundesweit verübt.[791] Er ist nicht nur in Deutschland eine beliebte Vorgehensweise, sondern ist auch international verbreitet, z.B. in Tschechien, Polen, Österreich, der Schweiz, den deutschsprachigen Teilen der Benelux-Staaten oder (vorübergehend) auch in den USA.[792] Die einschlägigen Banden erwecken den Eindruck, dass sie

781 Görgen u.a., Sicherheitspotenziale im höheren Lebensalter, S. 66; Ludwig, Der Kriminalist 2009, S. 7.

782 Görgen u.a., Sicherheitspotenziale im höheren Lebensalter, S. 305.

783 Ludwig, Der Kriminalist 2006, S. 56; Schett, Kriminalistik 2011, S. 336.

784 BT-Drucks. 19/863, S. 1; BT-Drucks. 19/1132, S. 1; Landtag NRW, Vorlage 17/2140 am 04.06.19, abrufbar unter https://www.landtag.nrw.de/Dokumentenservice/portal/WWW/dokumentenarchiv/Dokument/MMV17-2140.pdf (05.09.2020).

785 Görgen u.a., Sicherheitspotenziale im höheren Lebensalter, S. 306 f.; ähnlich Ludwig, Der Kriminalist 2006, S. 56.

786 Ludwig, Der Kriminalist 2006, S. 58; Schett, Kriminalistik 2011, S. 335.

787 Ludwig, Der Kriminalist 2006, S. 59.

788 Ebd., S. 56.

789 Ebd., S. 57.

790 Görgen u.a., Sicherheitspotenziale im höheren Lebensalter, S. 308 f.; ähnlich Ludwig, Der Kriminalist 2009, S. 9.

791 Schett, Kriminalistik 2011, S. 334 f.

792 Ludwig, Der Kriminalist 2009, S. 5; Ludwig, Der Kriminalist 2006, S. 55.

sich nicht auf ein Land beschränken, sondern meist länderübergreifend agieren.[793] Aus der Schweiz ist bekannt, dass die Kantonspolizei Bern sich bereit erklärte als zentrale Sammelstelle für Informationen zu Enkeltrick-Fällen aus der ganzen Schweiz zu fungieren. In der schweizerischen Bundesapplikation JANUS wurde zu diesem Zwecke ein gesonderter Bereich zur Speicherung dieser Daten geschaffen.[794] Dies hat den Vorteil, dass jeder Kanton detailliert über die Enkeltrick-Fälle der anderen Kantone unterrichtet ist (auch bezüglich modus operandi usw.) und daraus Erkenntnisse bezüglich der Enkeltrick-Fälle im eigenen Kanton ziehen kann.[795]

Mangels einer entsprechenden Erfassung in der deutschen PKS sind keine genauen Zahlen zu diesem Deliktstypus bekannt[796], allerdings wird bei *Schett* – ohne detaillierte Quellenangabe - für die Jahre 2003 - 2005 eine Schadenssumme von ca. 7,4 Millionen Euro genannt.[797] So sollen im Jahr 2003 bundesweit 658 Taten (551 versucht, 107 vollendet), im Jahr 2004 965 Taten (722 versucht, 243 vollendet) und im Jahr 2005 1.742 Taten (1.444 versucht, 298 vollendet) registriert worden sein.[798] Im internationalen Vergleich waren die erbeuteten Beträge in Deutschland im Jahr 2009 mit ca. 11.000 Euro im Durchschnitt deutlich geringer als in Österreich mit ca. 33.000 Euro.[799] Besonders häufig werden wohl Menschen ab 80 Jahren Opfer des Enkeltricks.[800]

bbb) Schockanruf

Eine sehr verwandte Vorgehensweise wird bei den sogenannten Schockanrufen[801] gewählt. Hier gibt der Anrufende nicht zwingend vor die nahestehende Person selbst zu sein, sondern als Rechtsanwalt, Polizist usw. für diese anzurufen. Es wird ein Unfallszenario oder ein anderer, sich

793 Ludwig, Der Kriminalist 2006, S. 55; Schett, Kriminalistik 2011, S. 337.

794 Zu diesem Vorgehen der Schweizer s. Schett, Kriminalistik 2011, S. 334.

795 Ebd., S. 340.

796 Vgl. auch Ludwig, Der Kriminalist 2006, S. 55; selbiges gilt auch für die folgenden Betrugsmaschen, vgl. BT-Drucks. 19/1132, S. 1.

797 Schett, Kriminalistik 2011, S. 335.

798 Ebd., S. 335.

799 Ludwig, Der Kriminalist 2009, S. 6.

800 Greve/Görgen, Angewandte Gerontologie, S. 611.

801 Auch bekannt als „russischer Schockanruf", da oftmals aus Russland bzw. Gebieten der ehemaligen Sowjetunion stammende Menschen angerufen werden, Rate mal, wer dran ist, S. 19.

oftmals im Ausland abspielender Notfall, dargestellt und die Behauptung aufgestellt, die nahestehende Person brauche dringend sofortige finanzielle Unterstützung; sei es für eine zwingende ärztliche Behandlung oder eine Schmerzensgeldzahlung zur Abwendung einer Strafverfolgung, die in einer Gefängnisstrafe münden könnte.[802]

Diese Anrufe richten sich anders als der Enkeltrick nicht vornehmlich an ältere Menschen, sondern an russische Einwanderer aller Altersklassen, so dass sich der angebliche Notfall dementsprechend meistens in Russland abspielt, da die Täter darauf spekulieren, dass die Migranten wenig Vertrauen in die (osteuropäischen) Justiz- und Polizeisysteme haben und gerade ältere Menschen aufgrund einschlägiger Erfahrungen in der ehemaligen Sowjetunion entsprechend geprägt sind.[803] Die deutsche Polizei wird bei der Verfolgung dieser Taten vor das Problem gestellt, dass seitens der Opfer auch ihr gegenüber Misstrauen oder Angst herrscht.[804]

ccc) Inobhutnahme von Geld durch falsche Amtsträger

Die bereits erwähnten Täter der organisierten Betrugsstraftaten aus Call-Centern in der Türkei bedienen sich wohl nicht nur Tricks wie des Enkeltricks, sondern entwickelten weitere telefonisch initiierte Betrugsmaschen.[805] So ist ein sich ebenfalls immer weiter verbreitetes Betrugsmuster, dass Anrufer sich gezielt bei älteren Menschen als Polizisten, Staatsanwälte oder Richter ausgeben und versuchen mit falschen Informationen von diesen Geld zu erlangen. So etwa, dass Diebesbanden in der Nachbarschaft des Angerufenen Einbrüche verüben würden und dieser daher sein in der Wohnung befindliches Geld bzw. Wertgegenstände vor der Haustür ablegen oder bereithalten soll, damit ein Polizist diese abholen und in Sicherheit bringen könne. Die Täter gehen auch hier arbeitsteilig vor. Die Callcentern sind technisch sogar in der Lage existierende Rufnummern auf dem Display des Telefons des Angerufenen erscheinen zu lassen, so etwa die besonders glaubwürdig wirkende Notrufnummer 110. Bei den Abholern handelt es sich meist um deutsche Staatsbürger.[806] Da die PKS

802 Zum Ganzen Rate mal, wer dran ist, S. 19.
803 Görgen u.a., Sicherheitspotenziale im höheren Lebensalter, S. 310.
804 Ebd., S. 311.
805 BT-Drucks. 19/1132, S. 1.
806 Zum Ganzen Rate mal, wer dran ist, S. 20 f.; BT-Drucks 19/1132, S. 1 f.; Landtag NRW, Vorlage 17/2140 am 04.06.2019, S. 2 f., URL: https://www.landtag.nrw.de

Telefonbetrug unter der Schlüsselzahl 5000 (Betrug) erfasst, ist es nicht möglich anhand der PKS genau Fallzahlen zu ermitteln.[807] Eine Aktenanalyse des LKA Nordrhein-Westfalen ergab jedoch, dass die absoluten Schadenssummen mit gut sieben Millionen Euro im Jahr 2017 (bei 258 vollendete Taten), fast 8 Millionen Euro im Jahr 2018 (bei 289 vollendete Taten) und 3.296.045,50 Euro im ersten Quartal 2019 (bei 91 vollendete Taten) hoch sind.[808] Einem Medienbericht zufolge belief sich gem. LKA München die Schadenssumme in Bayern im Jahr 2017 auf ca. elf Millionen Euro; die Dunkelziffer dürfte wegen aus Scham oder Angst unterlassener Anzeigen groß sein. Das BKA vermute, dass bundesweit ein dreistelliger Millionenbetrag erbeutet werde. Das LKA Nordrhein-Westfalen gebe an, dass 75 % der Opfer weiblich und häufig ca. 80 Jahre alt seien.[809]

ddd) Angeblich notwendige Handwerkerleistungen

Beim Handwerkertrick klingeln der oder die Täter klingeln unangekündigt an der Haustür und geben sich als Handwerker aus. Dabei weisen sie auf angeblich dringend fällige Handwerkerarbeiten hin, die vornehmlich am Dach oder in der Einfahrt anfallen. Gerne untermalen sie die Notwendigkeit damit, dass ansonsten eine für die Bewohner mit einem Bußgeld verbundene Meldung bei der Gemeinde zwingend notwendig sei. Die Handwerkerarbeiten führen sie sodann nicht sachgerecht und mangelhaft aus, verlangen einen horrenden Preis für diese und bestehen meist auf Barzahlung. In ganz extremen Fällen kehren die Täter nach einer gewissen Zeit sogar zurück und verlangen weitere Zahlungen, bei einer Weigerung wird mit einer Anzeige der zuvor ausgeführten Schwarzarbeiten gedroht.[810] Alternativ taucht ein angeblicher Mitarbeiter des Finanzamtes bei dem Opfer auf und weist auf die Schwarzzahlung sowie seine Bereitschaft die Sache gegen eine Barzahlung auf sich beruhen zu

---

/Dokumentenservice/portal/WWW/dokumentenarchiv/Dokument/MMV17-2140.pdf (05.09.2020).

807 BT-Drucks. 19/1132, S. 1 f.

808 Landtag NRW, Vorlage 17/2140 am 04.06.2019, S. 4, URL: https://www.landtag.nrw.de/Dokumentenservice/portal/WWW/dokumentenarchiv/Dokument/MMV17-2140.pdf (05.09.20).

809 Dieser Medienbericht ist abrufbar unter http://www.spiegel.de/panorama/justiz/telefonbetrug-wie-die-callcenter-mafia-millionen-euro-erbeutet-a-1221993.html (05.09.2020).

810 Zum Ganzen Rate mal, wer dran ist, S. 28.

lassen, hin.[811] Auch bei diesem Trick gehen die Täter professionell und serienmäßig vor[812] und teilweise besteht der Verdacht, dass die Täter mit den Adressen der Opfer handeln und diese an andere Tätergruppen (auch für andere Tricks) weitergeben.[813]

eee) Teppich- und Lederjackentrick

Im Zuge des Teppich- und Lederjackentricks wird den Opfern wird ein besonders lukratives Geschäft unterbreitet, indem angeblich qualitativ sehr hochwertige Waren wie Lederjacken oder Teppiche zu einem extrem günstigen Preis angeboten werden. Hierbei kann es sich um einen Kauf oder um eine Sicherheit für ein kurzfristiges Darlehen (z.B. für eine Auslösung von Jacken oder Teppichen beim Zoll) handeln. Oft behaupten die Täter dabei, eine nahestehende Person des Opfers zu kennen, wie etwa gemeinsam zur Schule gegangen zu sein, oder aber (teilweise zu Recht) bereits früher Geschäfte mit dem Opfer abgeschlossen zu haben. Die Waren sind in Wirklichkeit geringwertig, gewährte Darlehen werden nie zurückgezahlt.[814]

Auch hier gehen die Täter professionell vor und verüben die Taten serienmäßig.[815] Beim Teppichtrick gelangen die Täter oft über Kundenregister von türkischen oder insolventen deutschen Teppichhändlern an die Adressen der Opfer.[816] Die Opfer durchschauen den Trick wohl regelmäßig, sehen aber aufgrund des bedrohlichen und aufdringlichen Verhaltes der Täter, keine anderen Möglichkeit sich dieser wieder zu entledigen, als auf das vorgeschlagene Geschäft einzugehen.[817] Bei Erfolg existiert eine relativ große Wiederholungsgefahr.[818]

---

811 Görgen u.a., Sicherheitspotenziale im höheren Lebensalter, S. 312.
812 Ebd., S. 311.
813 Ebd., S. 312.
814 Zum Ganzen Görgen, KFN-FB, Nr. 93, S. 103; Rate mal, wer dran ist, S. 22 f; Görgen u.a., Sicherheitspotenziale im höheren Lebensalter, S. 312 ff.
815 Görgen u.a., Sicherheitspotenziale im höheren Lebensalter, S. 313.
816 Ebd., S. 313.
817 Ebd., S. 314.
818 Ebd., S. 314.

fff) Verschiedene Formen von Trickdiebstählen

Die Trickdiebstähle beruhen grundsätzlich darauf, dass die ältere Person überraschend in eine Lage gebracht wird, in der die Täter ihr nahekommen, um sie dann so abzulenken oder so zu durcheinanderzubringen, dass der Diebstahl zunächst unentdeckt bleibt.[819] Dabei wird meist arbeitsteilig vorgegangen, d.h., ein Täter stiftet die Verwirrung und ein Täter nutzt diese für die Begehung einer Straftat aus.[820]

(1) Geldwechseltrick

Das Opfer wird auf der Straße angehalten und gebeten, Geld zu wechseln. Während es das Geld heraussucht, bietet der Täter seine vermeintliche Hilfe an und entwendet dabei sehr geübt und daher unbemerkt Geldscheine.[821]

(2) Verschiedene Arten von Trickdiebstählen in der Wohnung

Das Deliktfeld „Trickdiebstähle in Wohnungen“ ist sehr komplex. Hierbei sind der Phantasie keine Grenzen gesetzt, allerdings lassen sich insbesondere zwei Arten der Zugangsverschaffung herauskristallisieren:

Zum einen wird oft vorgegeben, dass die (in der Regel) unangekündigt klingelnden Personen in einer amtlichen oder beruflichen Mission unterwegs sind (Stadtwerke, Kaminkehrer, Kriminalpolizei usw.).[822] Wird ihnen aufgrund ihrer vertrauenserweckenden Tätigkeiten Einlass gewährt, lenkt der eine Täter das/die Opfer ab, während der andere Täter die Zeit nutzt, um die Räume nach Wertsachen und Geld zu durchsuchen.[823] Handelt der Täter alleine, so nutzt er z.B. die Zeit eines angeblichen Toilettenbesuchs zum Durchsuchen der Wohnung.[824] Der Verlust wird oft erst bemerkt, wenn der/die Täter die Wohnung bereits wieder verlassen haben.[825]

---

819 Rate mal, wer dran ist, S. 21
820 Ebd., S. 21; Görgen, KFN-FB, Nr. 93, S. 102.
821 Zum Ganzen Rate mal, wer dran ist, S. 21 f; Görgen, KFN-FB, Nr. 93, S. 103.
822 Rate mal, wer dran ist, S. 24.
823 Ebd., S. 24.
824 Ebd., S. 24.
825 Ebd., S. 25.

Eine andere Methode ist, dass Täter an der Wohnungstüre vorgeben Hilfe zu benötigen: Sie bitten um einen Schluck Wasser wegen Schwindelgefühlen, Zettel und Stift, um einem Nachbarn eine wichtige Nachricht hinterlassen zu können, die Toilette benutzen zu dürfen oder Ähnliches.[826]

Im Norddeutschen Raum verbreitete sich im Jahr 2015 die sog. Deponier-Masche. Bei diesem Trick verschafft sich der Täter Zugang zur Wohnung, indem er sich als ein Verwandter oder eine andere nahestehende Person ausgibt. Ähnlich wie beim Enkeltrick holt er durch Fragen wie „Erkennst du mich nicht?“ ausreichend Informationen ein, um sich eine entsprechende Legende zulegen zu können. Er verbreitet große Hektik und somit Stress bei der Zielperson, während er darum bittet, einen größeren Geldbetrag oder Wertsachen kurzzeitig bei ihr unterbringen zu dürfen. Hierfür schlägt er sogleich auch den Ort vor, den das Opfer selbst zur Aufbewahrung seiner Wertsachen wie Schmuck oder Geld verwendet. Nachdem er das Geld o.Ä. dort untergebracht hat, entscheidet er sich an der Tür „spontan“ um und erachtet es als besser, dieses doch bei der Bank verwahren zu lassen. Er kehrt an den Ort des Versteckes zurück und verlässt sodann die Wohnung mitsamt den - an sich versteckten - Wertgegenständen des Opfers.[827]

Die Täter täuschen entweder ein Verwandtschaftsverhältnis, eine berufliche Berechtigung oder einen Notfall vor und schaffen dadurch die Grundlage für die Tat (sog. *crimes of specialized access*).[828] Eine Gemeinsamkeit besteht darin, dass die Täter den Zugang zur Wohnung rasch erlangen, dort nur kurz verweilen und die Opfer häufig erst mit einer zeitlichen Verzögerung bemerken, dass ihnen etwas aus der Wohnung abhandengekommen ist.[829]

Das Vorgehen ist oftmals sehr professionell, die Täter agieren arbeitsteilig und gehören einer Gruppierung an, so dass auch hier von Banden- oder organisierter Kriminalität gesprochen werden kann.[830] Einer Studie von *Görgen u.a.* zufolge ist der weibliche Anteil unter den Tätern (insbesondere bei der Herstellung des Kontakts zu den Opfern) sehr hoch und es handelt sich bei den Tätern um Mitglieder von kriminellen Familien-

---

826 Ebd., S. 25.; Görgen, KFN-FB, Nr. 93, S. 102.

827 Vgl. zu dieser Deponier-Masche https://www.shz.de/regionales/schleswig-holstein/panorama/neue-masche-betrueger-bringen-senioren-geld-id11158056.html (05.09.2020); https://www.abendblatt.de/incoming/article206330533/Polizei-warnt-Betrueger-bestehlen-Hamburger-mit-Deponiermasche.html (05.09.2020).

828 Görgen, SHgZ, S. 121.

829 Görgen u.a., Sicherheitspotenziale im höheren Lebensalter, S. 319.

830 Ebd., S. 322 ff.

clans.[831] Mangels Schulbildung bleibt den Tätern oft keine andere Option als sich an den kriminellen Machenschaften ihrer Familie, in die sie von Kindesbeinen an eingebunden wurden, zu beteiligen und hierdurch ihren Lebensunterhalt zu bestreiten.[832]

ggg) Ausnutzen einer Vertrauensposition

Diese Delikte können ebenfalls als *„crimes of specialized access"* bezeichnet werden, da die Täter aus privaten oder rechtlichen Gründen über einen privilegierten und zur Deliktsbegehung ausgenutzten Zugang zu den Opfern verfügen.[833] Zu denken ist bei dieser Fallgruppe etwa an das missbräuchliche Ausnutzen des Zugangs zu einer Wohnung oder des Zimmers einer Pflegeeinrichtung zum Zwecke der Entwendung von Wertgegenständen oder den Missbrauch von Kontovollmachten durch Verwandte oder rechtliche Betreuer, die die ihnen eingeräumten Befugnisse dazu benutzen, sich selbst zu bereichern.[834] Nicht nur Vollmachten werden missbräuchlich verwendet, sondern auch für den Einkauf oder Abhebungen anvertraute EC-Karten, Kontodaten sowie für Wertanlagen oder Pflege- und Heimkosten anvertraute Gelder.[835] Ebenso fällt das Aufbauen von Druck und Einwirkungen auf bestimmte Testamentseinsetzungen unter die Kategorie Ausnutzen einer Vertrauensposition.[836] Aufgrund des privilegierten Opferzugangs besteht zu 90 % ein Abhängigkeitsverhältnis zwischen Täter und Opfer[837] und bei der Planung der Tat bestehen erhebliche Unterschiede.[838] Berufsbetreuer werden in der Regel erst nach einer gewissen Zeit und in finanziellen Notsituationen zu Tätern, dafür gehen sie aber professionell und zielgerichtet vor.[839] Bei Angehörigen ist oft ein gewisses

831 Ebd., S. 323.
832 Ebd., S. 323 f.
833 Ebd., S. 351.
834 Rate mal, wer dran ist, S. 26; vgl. auch Zeeh, MMW 2016, S. 65; diesbezüglich besteht noch Forschungsbedarf, vgl. Görgen u.a., Sicherheitspotenziale im höheren Lebensalter, S. 356 ff., die auf ein paar ausländische Studien verweisen sowie eine Schwachstellenanalyse der Nichtregierungsorganisation Transparency International Deutschland, wonach Kontrolldefizite im Bereich rechtlicher Betreuung bestehen.
835 Görgen u.a., Sicherheitspotenziale im höheren Lebensalter, S. 347.
836 Ebd., S. 347.
837 Ebd., S. 381.
838 Ebd., S. 383.
839 Ebd., S. 384.

„Anspruchsdenken“ das leitende Tatmotiv.[840] Als problematisch erscheint neben dem finanziellen Verlust insbesondere auch der Vertrauensbruch.[841] Außerdem besteht bei diesen Konstellationen die Schwierigkeit, dass es von außen manchmal schwer zu beurteilen ist, ob wirklich eine Straftat vorliegt oder ob das Opfer quasi Zug um Zug gegen sozialen Kontakt und Hilfe aus freien Stücken die Zahlungen tätigt.[842]

hhh) Sog. Kaffeefahrten

Bei einer sog. Kaffeefahrt wird das Ziel verfolgt, ältere Menschen in eine Situation zu bringen, in der sie bereit sind, Waren zu völlig überteuerten Preisen abzunehmen.[843] Es handelt sich hierbei um Verkaufsveranstaltungen, bei denen damit geworben wird einen kostenlosen oder zumindest ausgesprochen günstigen Ausflug in eine schöne Umgebung zu unternehmen und oft wird ein Geschenk oder ein Gewinn in Aussicht gestellt.[844] Tatsächlich werden die Teilnehmer an einen relativ entlegenen Ort gebracht, wo ihnen Waren (oder Dienstleistungen) zu teuer angeboten werden.[845] Es wird eine vertrauliche Atmosphäre geschaffen, in der die Teilnehmer geschickt unter Druck gesetzt werden, dass sie als Gegenleistung für die preisgünstige Fahrt etwas erwerben sollten, oder es wird ihnen wird eingeredet, dass sie die Ware aus gesundheitlichen Gründen unbedingt erwerben müssen.[846] Diese Fahrten driften nicht zwingend, aber regelmäßig in den kriminellen Bereich ab, so etwa, wenn damit gedroht wird, dass die Rückreise erst dann angetreten werden wird, wenn durch den Verkauf der

---

840 Ebd., S. 342.

841 Ebd., S. 345.

842 Ebd., S. 348; in Bezug auf Delikte, die durch Täter aus dem näheren sozialen Umfeld älterer Menschen begangen werden, bestehen noch erhebliche Forschungsdefizite. Gründe hierfür sind, dass die Taten entweder unentdeckt bleiben, innerfamiliäre Taten anderen Wertungen unterliegen können, die Opfer Angst vor dem Verlust sozialer Kontakte oder Rachemaßnahmen haben könnten und Opferbefragungen mit bereits dementen älteren Menschen wenig erfolgsversprechend sind, ebd., S. 66, S. 241 f.

843 Rate mal, wer dran ist, S. 37.

844 Ebd., S. 36; vgl. auch Görgen u.a., Sicherheitspotenziale im höheren Lebensalter, S. 338.

845 Görgen u.a., Sicherheitspotenziale im höheren Lebensalter, S. 339; Rate mal, wer dran ist, S. 37.

846 Rate mal, wer dran ist, S. 37; vgl. auch Görgen u.a., Sicherheitspotenziale im höheren Lebensalter, S. 339.

Waren ein gewisser Mindestumsatz erreicht worden ist.[847] Die Drucksituation auf einen kaufunwilligen Teilnehmer kann damit sehr groß werden, wenn unter Umständen sogar die Mitreisenden darauf hinwirken, dass der „Verweigerer" ein Produkt kauft.[848]

Gemäß einer Studie von *Görgen u.a.* handelt es sich bei den Teilnehmern von Kaffeefahrten in der Regel um ältere Menschen, die auf diese Weise versuchen ihrer Einsamkeit kurzzeitig zu entfliehen und etwas in einer Gruppe zu erleben.[849]

iii) Fragwürdige Geschäftspraktiken

Neben den sog. Kaffeefahrten gibt es noch weitere Geschäftspraktiken, die nicht immer eindeutig dem strafrechtlich relevanten Bereich zuzuordnen sind.[850] Hierunter fallen z.B. das Unterschieben von Abonnement-Verträgen, internetbasierte Täuschungen mit vorgeblicher Zahlungsverpflichtung, falsche Gewinnbenachrichtigungen und der Versand nicht bestellter Postsendungen per Nachnahme.[851]

Die Täter arbeiten bewusst in einem zivil- und strafrechtlichen Graubereich und richten sich an einen großen Adressatenkreis via E-Mail, Post, Internet oder Telefon.[852] Eine der gängigen Vorgehensweisen besteht darin, dass das Opfer angeblich etwas gewonnen hat, den Gewinn aber erst dann erhalten kann, wenn es vorab einen Geldbetrag überwiesen hat (z.B. für Notarkosten); der „Gewinn" wird dennoch nie ausgezahlt oder übergeben.[853] Eine andere gängige Strategie ist die Behauptung, das Opfer habe mit dem Täter einen Vertrag geschlossen oder eine Leistung in Anspruch genommen, was eine Zahlungspflicht des Opfers zur Folge habe.[854] Eine Abbuchung vom Konto des Opfers erfolgt ohne Einzugsermächtigung

---

847 Görgen u.a., Sicherheitspotenziale im höheren Lebensalter, S. 339; Rate mal, wer dran ist, S. 38.

848 Görgen u.a., Sicherheitspotenziale im höheren Lebensalter, S. 340.

849 Ebd., S. 340.

850 Auch wenn es sich um einen Graubereich handelt, werden weiterhin die Bezeichnungen „Täter" und „Opfer" verwendet.

851 Görgen u.a., Sicherheitspotenziale im höheren Lebensalter, S. 330; s. auch die beispielhafte Auflistung bei Görgen/Nägele/Kotlenga, SHgZ, S. 534 f.; Rate mal, wer dran ist, S. 27 ff.

852 Görgen u.a., Sicherheitspotenziale im höheren Lebensalter, S. 330.

853 Ebd., S. 330.

854 Ebd., S. 330.

oder es wird massiv mit Mahnverfahren und der Einschaltung von Inkassounternehmen gedroht.[855] Die Beträge sind im Einzelnen zwar oft nicht sehr hoch (20-100 Euro), da die Täter den Gewinn vielmehr aus der Masse der Opfer ziehen, in Einzelfällen kann es aber bei wiederholten Schädigungen auch zu hohen Schadenssummen kommen, wie etwa im Beispiel von *Görgen u.a.*, in dem ein älteres, demenzkrankes Opfer im Laufe der Zeit seine gesamten Lebensersparnisse verlor.[856]

Gemäß den Verbraucherzentralen ist in vielen Fällen die Grenze zu strafrechtlich relevanten Verhalten noch nicht eindeutig überschritten; es können jedoch häufig zivilrechtliche Schritte eingeleitet werden (z.B. bei Fernabsatzverträgen die Ausübung des Widerrufrechts nach § 312b BGB).[857]

jjj) Zusammenfassung

Zusammenfassend kann man sagen, dass es sehr unterschiedliche Vorgehensweisen bei den Eigentums- und Vermögensdelikten zu Lasten älterer Menschen gibt. Daher soll es sich bei obiger Auflistung um keine abschließende und vollständige Aufzählung handeln, selbstverständlich sind allerlei Varianten denkbar, die beständig fortentwickelt werden. Es handelt es sich vielmehr um Beispiele typischer „Maschen", die sich als so effektiv erwiesen haben, dass Täter(-gruppen) sie immer wieder anwenden.

Die Täter-Opfer-Beziehungen sind mal von Fremdheit beherrscht, in anderen Fällen handelt es sich wiederum um nahestehende Vertrauenspersonen. Manche Fälle sind geprägt von Professionalität und Geplantheit des Vorgehens zum Erwerb des Lebensunterhaltes, während andere Fälle eher Gelegenheitstaten darstellen oder aus Notlagen heraus begangen werden. Manchmal handelt es sich nur um Vermögensdelikte, manchmal sind diese mit noch anderen Missbräuchen gerade im pflegerischen Bereich verknüpft. Wiederum andere Taten befinden sich in einem Graubereich zur Legalität oder sind nicht immer eindeutig unter einen Straftatbestand subsumierbar.[858]

---

855 Ebd., S. 331.
856 Ebd., S. 332.
857 Ebd., S. 336.
858 Vgl. auch Görgen u.a., Sicherheitspotenziale im höheren Lebensalter, S. 78 f.

cc) Mögliche Gründe für diese Ausnahme

Ältere Menschen weisen in ihrer Mehrheit besondere Eigenschaften auf, die auf tatgeneigte Täter hinsichtlich bestimmter Delikte besonders motivierend wirken könnten. Das BMFSFJ hat in seiner Broschüre „Rate mal, wer dran ist!“ in diesem Sinne verschiedene Aspekte aufgelistet, die Täter dazu bewegen, einen älteren Menschen als besonders attraktives Opfer eines Eigentums- und Vermögensdelikts einzustufen.[859]

aaa) Vorhandene Vermögenswerte

Zum einen versprechen die Täter sich, dass eine nicht unbeträchtliche Zahl von älteren Menschen im Laufe ihres Lebens nicht unerhebliche Ersparnisse angehäuft und noch dazu größere Beträge in Bargeld oder andere Wertgegenstände im Haus aufbewahrt.[860] Angesichts teilweise hoher Verluste werden sie in dieser Vermutung auch regelmäßig bestätigt.[861]

bbb) Wohn- und Lebenssituation

Da ältere Menschen viel Zeit zu Hause verbringen, sind sie besonders von Delikten betroffen, bei denen die Täter ihre Opfer zu Hause aufsuchen.[862] Hinzu kommt, dass sie oftmals in einem Ein-Personen-Haushalt leben, was die Tatausführung erleichtert und die Entdeckungsgefahr verringert.[863] Nach dem *Routine-Activity*-Ansatz, der aus einem Kriminalitätsdreieck besteht (ein grundsätzlich zur Tat bereiter Täter trifft auf ein attraktives und geeignetes Opfer und dieses ist nicht hinreichend geschützt)[864], kann sich diese häufig gegebene soziale Isolation älterer Menschen durch fehlende Beschützer auswirken.[865]

---

859 Rate mal, wer dran ist, S. 13 f.

860 Ebd., S. 13; Görgen/Mild/Fritsch, SHgZ, S. 120.

861 Vgl. z.B. Görgen u.a., Sicherheitspotenziale im höheren Lebensalter, S. 316.

862 Rate mal, wer dran ist, S. 13.

863 Ebd., S. 14; vgl. Görgen/Mild/Fritsch, SHgZ, S. 120.

864 Görgen u.a., Sicherheitspotenziale im höheren Lebensalter, S. 446; vgl. auch Bock, § 20 Rn. 915.

865 Görgen u.a., Sicherheitspotenziale im höheren Lebensalter, S. 447.

ccc) Altersgruppenspezifische Persönlichkeitsmerkmale

Menschen älterer Generationen neigen besonders dazu gegenüber Dritten höflich auftreten zu wollen und versagen ungern ihre Hilfsbereitschaft, was die Tatausführung ebenfalls oft erleichtert.[866] Dies gilt inbesondere, wenn es sich – wie etwa beim Enkeltrick oder Schockanruf - bei jenen Dritten um vermeintliche Verwandtschaft in einer Notsituation handelt.[867] Das grundsätzliche Funktionieren der „Maschen" zu Lasten Älterer könnte angesichts mancher Forscher weiterhin damit erklärt werden, dass ältere Menschen regelmäßig von *„Mildtätigkeit, Religiosität oder Ehrgefühl"* geleitet werden.[868] Gerade bei den falschen Hilfeersuchen bauen die Täter außerdem darauf, dass neben Höflichkeit, guten Manieren und Pflichtbewusstsein auch ein *„Statuswechsel - vom üblicherweise Nehmenden zum Gebenden, vom Schwachen zum Starken -"* das Opfer dazu verleitet, auf den Trick hereinzufallen.[869] Hinsichtlich fragwürdiger Geschäftspraktiken äußern Verbraucherzentralen ferner die Vermutung, dass ältere Menschen offiziell erscheinenden Schreiben eher unbesehen Glauben schenken, sie *„im Vertrauen auf eine gewisse „Kaufmannsehre" aufgewachsen sind"*.[870] In eine ähnliche Richtung geht die Erklärung, dass Drohungen mit Mahn- und Inkassoverfahren auf ältere Menschen einen höheren Druck auszuüben scheinen als auf jüngere Menschen, so dass erstere um des lieben Friedens willen - und aus Überforderung - oft auch dann zahlen, wenn sie durchaus wissen, dass die an sie gerichtete Zahlungsaufforderung einer Rechtsgrundlage entbehrt.[871] Zum Teil wird weiterhin darauf abgestellt, dass ältere Menschen in der Situation einer Viktimisierung besonders erschrocken und hilflos reagieren würden.[872] Der Gedanke, dass ältere Menschen Dritten gegenüber weniger misstrauisch seien,[873] überzeugt hingegen nicht als Erklärung.

866 Rate mal, wer dran ist, S. 14.
867 Schett, Kriminalistik 2011, S. 336.
868 Kawelovski, S. 201; Studer, S. 205.
869 Görgen u.a., Sicherheitspotenziale im höheren Lebensalter, S. 322.
870 Ebd. S. 334.
871 Ebd., S. 335 f.
872 Nuus, Kriminalistik 1983, S. 228.
873 Görgen u.a., Sicherheitspotenziale im höheren Lebensalter, S. 336.

ddd) Körperliche und kognitive Schwächen

Ältere Menschen haben verminderte Sinneswahrnehmung, wie ein beeinträchtigtes Gehör oder Sehvermögen, aber auch andere körperliche Einschränkungen, wie Demenz, Probleme beim Gehen o.Ä., die sie unter Umständen zu leichten bzw. leichteren Opfern machen, nicht nur im Rahmen von Gewaltdelikten.[874]

Gerade eine Täuschung bzw. das „Austricksen" von kognitiv bereits beeinträchtigten Menschen ist leichter als bei Menschen, deren Auffassungsvermögen ungetrübt ist,[875] zumal die Täter darin geübt sind, Taktiken anzuwenden, die ältere Menschen verwirren, so etwa besonders schnell und undeutlich zu sprechen.[876] Insbesondere bei den Trickdiebstählen wird davon ausgegangen, dass die Täter mit Älteren eingeschränkte kognitive und perzeptuelle Fähigkeiten sowie eine verlangsamte Reaktionsfähigkeit verbinden,[877] wobei diese Eigenschaften nicht nur ältere Menschen betreffen, die sich bereits im Stadium der Demenz befinden, da beispielsweise auf den Enkeltrick teilweise auch jene hereinfallen, die (z.B. in den Medien) bereits von Vorkommnissen dieser Art gehört haben und gerade nicht als dement einzustufen sind.[878] Dies wird damit begründet, dass die Mutlitaskingfähigkeit mit immer weiter steigendem Alter weniger wird, d.h. ältere Menschen können sich in Stresssituationen nur auf die vorliegende Situation konzentrieren und bis zur Beendigung des Ablaufs keine Verknüpfung zu ihrem Wissen über das Phänomen Enkeltrick herstellen.[879] Dies würde auch erklären, weshalb die Opfer meistens älter als 80 Jahre sind.[880]

Aber auch wenn das Opfer geistig fit ist, können körperliche Abbauerscheinungen einem Trickdiebstahl zuträglich sein (schlechter hören: Opfer hört Täter nicht dabei, wie er in der Wohnung Schubladen und Schränke öffnet; langsamer laufen: Täter haben mehr Zeit in der Wohnung etc.). Ebenso könnte es sich im Zusammenhang mit dem Delikt des Betruges tatförderlich auswirken, dass ältere Menschen oftmals schlechter sehen und ihnen daher leichter etwas „untergejubelt" werden kann. Sei

874 Eingehender zu diesen Abbauerscheinungen siehe oben in *2. Teil: A III*.
875 Kawelovksi, S. 50; Studer, S. 204.
876 Görgen u.a., Sicherheitspotenziale im höheren Lebensalter, S. 335.
877 Görgen, KFN-FB, Nr. 93, S. 104, der zudem physische Schwäche nennt.
878 Ludwig, Der Kriminalist 2009, S. 4
879 Ebd., S. 4; ähnlich Schett, Kriminalistik 2011, S. 336; gl. auch Erlemeier/Sperling, Suizidalität im Alter, S. 12.
880 Ludwig, Der Kriminalist 2009, S. 4; ähnlich Schett, Kriminalistik 2011, S. 336; vgl. auch Erlemeier/Sperling, Suizidalität im Alter, S. 12.

es eine wertlose Lederjacke oder die Unterschrift unter einem Dokument, das etwas anderes besagt als das, was tatsächlich besprochen wurde oder zusätzliche Klauseln enthält usw. Dadurch, dass ältere Menschen häufig physisch schwächer sind, haben sie zudem regelmäßig eingeschränktere Fluchtmöglichkeiten und verminderte Abwehrmöglichkeiten gegen eine körperliche Einwirkung zu ihren Lasten. Sollten Opfer bereits während der Tatausführung eine Täuschung durchschauen, ist es nicht unwahrscheinlich, dass diese aus Angst sich aufgrund körperlicher Unterlegenheit ohnehin nicht wehren zu können, die Tat geschehen lassen.[881] Auch im Rahmen eines Raubes zum Beispiel kann schlechte Mobilität ein Weglaufen des Opfers verhindern bzw. ein Entkommen des Täters mit der Beute fördern sowie generelle körperliche Schwäche des Opfers eine Wegnahme der Sache durch den Täter mangels (nennenswerten) Widerstandes erleichtern bzw. seine Drohung noch einschüchternder wirken lassen. Bei einem Wohnungseinbruch etwa ist die Gefahr für einen Täter im Falle des Überraschtwerdens durch einen älteren Hausbewohner eine geringere Gefahr, da dieser im Zweifel leichter zu überwältigen ist als ein jüngerer Mensch. In diesem Sinne verweist *Görgen* beispielhaft auf einen Fall vor dem LG Berlin aus dem Jahr 2004, in dem das Gericht zu der Erkenntnis kam, *„dass der Täter seine Opfer“* (82 und 91 Jahre alt) *„zielgerichtet ausgesucht hatte; er sei davon ausgegangen, dass sie über viel Geld verfügten, hohe Bargeldbeträge in der Wohnung lagerten und leicht zu überwältigen seien.“* [882]

eee) Ängste bezüglich der Lebenssituation

Ein weiterer Anknüpfungspunkt sind bestimmte Waren und Dienstleistungen, die sie in der Hoffnung anbieten, dass ältere Menschen in ihrem Streben nach einem langen und gesunden Leben besonders darauf anspringen.[883] Weiterhin spekulieren die Täter z.B. bei den Handwerkertricks zum einen darauf, dass ältere Menschen besonders besorgt um den Erhalt ihres Zuhauses sind, aber eben auch mit dem Verfall des Eigenheims einhergehende Gesundheitsrisiken (z.B. Sturzgefahr bei Schlaglöchern in der Einfahrt) unbedingt vermeiden möchten.[884]

---

881 So im Beispiel bei Görgen u.a., Sicherheitspotenziale im höheren Lebensalter, S. 321.

882 Görgen, KFN-FB, Nr. 93, S. 27.

883 Rate mal, wer dran ist, S. 13.

884 Görgen u.a., Sicherheitspotenziale im höheren Lebensalter, S. 311.

fff) Nachtatverhalten

Die Täter spekulieren weiterhin darauf, dass ältere Menschen aus diversen Gründen die Tat nicht zur Anzeige bringen (Scham, Angst als verwirrt zu gelten, Unwissen).[885] Sollte es doch zu einer Anzeige kommen, gehen die Täter davon aus, dass dies aufgrund einer wenig brauchbarere Zeugenaussagen des älteren Menschen folgenlos bleiben wird (Erinnerungsprobleme, schlechte Sinneswahrnehmung des Geschehens usw.).[886] Gerade unter Betreuung stehenden Personen sind wegen der Krankheit oder Behinderung besonders vulnerabel und aus diesem Grund ist auch ihre Anzeige- und Aussagefähigkeit verringert bzw. aufgehoben.[887] Hinsichtlich der sog. Kaffeefahrten ist es fraglich, ob die durch das Zivilrecht bereitgestellten Maßnahmen einen ausreichenden Schutz darstellen, da viele ältere Menschen sich dieser Instrumente einerseits nicht bewusst sind und diese andererseits aus Scham nicht in Anspruch nehmen.[888] Hinzu kommt, dass je nach Einzelfall eine Nötigung i.S.v. § 240 StGB, eine Freiheitsberaubung i.S.v. § 239 StGB oder ein Betrug i.S.v. § 263 StGB einschlägig sein könnten, die für das Strafverfahren notwendigen Zeugenaussagen jedoch mangels ausreichendem Erinnerungsvermögen oftmals nicht brauchbar sind.[889]

ggg) Fazit

Betrachtet man all diese Faktoren, so wäre das perfekte Opfer eines Eigentums- und Vermögensdelikts eine alleinlebende hochaltrige Frau mit beachtenswertem Barvermögen, die in Bezug auf körperliche Stärke und Schnelligkeit und hinsichtlich ihrer kognitiven Fähigkeiten eine komplexe und mehrdeutige Sachlage rasch zu analysieren und dementsprechend zu

885 Rate mal, wer dran ist, S. 14; Görgen u.a., Sicherheitspotenziale im höheren Lebensalter, S. 316.

886 Rate mal, wer dran ist, S. 14; vgl. hierzu auch Görgen/Mild/Fritsch, SHgZ, S. 120.

887 Görgen u.a., Sicherheitspotenziale im höheren Lebensalter, S. 381.

888 Alter – ein Risiko?, S. 178, S. 181; problematisch ist es auch, dass die Veranstalter oftmals nicht mehr ermittelt werden können, da die angegebenen Postfachadressen oder ausländischen Firmensitze regelmäßig nicht (mehr) korrekt sind, Schwind, Weißer Ring 2007, S. 15.

889 Ebd., S. 15.

reagieren, gehandicapt ist.[890] Im Rahmen von Opferselektionsprozessen kann versucht werden anhand dieser Kriterien ein mehr oder weniger ideales Opfer zu finden, wobei der Taterfolg auch davon abhängen wird, inwieweit es dem Täter glückt dies in die Realität umzusetzen. Wie bereits erörtert wurde, sehen sich die Täter angesichts unterschiedlicher Lebensstile regelmäßig mit einem Zugangsproblem zu einem älteren Opferkreis konfrontiert, auch wenn dies ein bewältigbares Hindernis darstellt.[891] Einerseits ist es möglich Orte wie die Fußgängerzone, bestimmte Plätze etc. zu Zeiten aufzusuchen, zu denen sich vermehrt ältere Menschen dort aufzuhalten pflegen, andererseits könnten Täter aber auch in ihrer unmittelbaren räumlichen und persönlichen Umgebung gezielt nach älteren Opfern Ausschau halten (Nachbarn, Verwandte usw.) oder sich, unter dem Vorwand sich beruflich oder freiwillig in der Altenhilfe engagieren zu wollen, Zugang zu entsprechenden Einrichtungen verschaffen.[892] Oftmals täuschen die Täter eine persönliche Beziehung vor, so etwa beim sog. Enkeltrick, oder sie nutzen generell die Hilfsbereitschaft ihres Opfers durch Vortäuschen einer wie auch immer gearteten Notlage aus.[893]

Als Ergebnis lässt sich festhalten, dass Täter in älteren Menschen besonders tatförderliche Eigenschaften vorfinden und von diesen motiviert werden können, bestimmte Taten zu begehen. Eine besondere Wehr- und Hilflosigkeit des älteren Tatopfers kann unterschiedliche Ursachen haben, etwa Überforderung, Einsamkeit, besondere Gutgläubigkeit oder körperliche und geistige Defizite.

e) Sexualdelikte

Im Folgenden soll nun noch darauf eingegangen werden wie es sich mit älteren Menschen als Opfer von Sexualdelikten verhält. Legt man die Annahme zugrunde, dass ältere Menschen aufgrund geringer gewordener Attraktivität von den Tätern nicht mehr als „lohnenswerte“ Opfer eines Sexualdeliktes betrachtet werden und Sexualität im höheren Alter ohnehin keine Rolle mehr spielt,[894] mag es auf den ersten Blick überzeugend sein,

---

890 So die Auflistung der Charaktereigenschaften des Opfers bei Görgen/Mild/Fritsch, SHgZ, S. 121.

891 Vgl. Görgen/Mild/Fritsch, SHgZ, S. 120.

892 Ebd., S. 121.

893 Rate mal, wer dran ist, S. 15; vgl. auch Görgen/Mild/Fritsch, SHgZ, S. 121.

894 Vgl. auch Görgen, KFN-FB, Nr. 93, S. 77; Görgen/Nägele, KFN-FB, Nr. 89, S. 7, S. 12.

wenn ältere Menschen im Bereich der Sexualdelikte (vergleichsweise) sehr selten viktimisiert werden. Ein Aspekt, der dabei allerdings unterschätzt werden könnte ist, dass auch ältere Menschen Dispositionen aufweisen könnten, die gerade sie als Opfer interessant erscheinen lassen könnten.[895]

aa) Datenlage

Gemäß Hellfeld kommt es im Bereich der Sexualdelikte tatsächlich nur zu einer geringen Viktimisierung älterer Menschen. Sieht man sich exemplarisch die PKS Zahlen aus dem **Jahr 2018** an, so werden Menschen über 60 Jahre im Bereich der Sexualdelikte durchaus viktimisiert, im Vergleich jedoch eher selten. Der Bereich *„Vergewaltigung und sexuelle Nötigung §§ 177 Abs. 2, 3 und 4, 178 StGB“* zum Beispiel weist im Jahr 2018 insgesamt 9.324 Taten auf, davon insgesamt 5.355 Taten in der Altersgruppe 21 bis unter 60 Jahre und insgesamt nur noch 158 Taten in der Altersgruppe 60 Jahre und älter.[896] Unter Zuhilfenahme der Bevölkerungsdaten des statistischen Bundesamtes[897] lassen sich wiederum die Opfergefährdungszahlen zu diesen Delikten ermitteln, die ein entsprechendes Bild für die Jahre 2000 bis 2018 zeichnen (vgl. Abb. 29). Zudem wird hierbei ersichtlich, dass Frauen über 60 Jahre ähnlich gefährdet sind wie erwachsene Männer unter 60 Jahre (Durchschnittliche Opfergefährdungszahl von 2000 bis 2018: Männer zwischen 21 - 60 Jahren 0,8; Frauen über 60 Jahren: 1,0).[898]

895 Eingehend hierzu Görgen/Nägele, KFN-FB, Nr. 89 und Görgen u.a., KFN-FB, Nr. 95

896 Daten aus PKS 2018, Tab. 91: Opfer nach Alter und Geschlecht für die Jahre ab 2000 zur Schlüsselzahl 111000.

897 StBA, Bevölkerung.

898 Daten aus PKS 2018, Tab. 91: Opfer nach Alter und Geschlecht für die Jahre ab 2000 zur Schlüsselzahl 111000; Bevölkerungsdaten aus StBA, Bevölkerung.

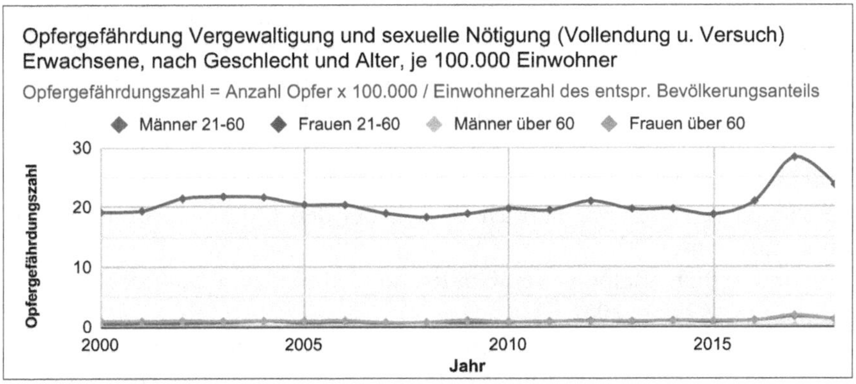

Abb. 28: Opfergefährdung Vergewaltigung und sexuelle Nötigung (Vollendung und Versuch): Erwachsene, nach Geschlecht und Alter, je 100.000 Einwohner[899]

Im Bereich „*Sexueller Missbrauch von Schutzbefohlenen pp., unter Ausnutzung einer Amtsstellung oder eines Vertrauensverhältnisses §§ 174, 174a-c StGB*" weichen die durchschnittlichen Opfergefährdungszahlen der Jahre 2000 bis 2018 mit 0,32 (21 bis unter 60 Jahre) zu 0,08 (60 Jahre und älter) Fällen in diesen beiden Altersgruppen ebenfalls voneinander ab, wenngleich der Unterschied hier geringer ist, und die jährlichen Zahlen etwas größeren Schwankungen unterliegen.[900]

Desgleichen ist auch bei den „*Exhibitionistische(n) Handlungen und Erregung öffentlichen Ärgernisses §§ 183, 183a StGB*" die Viktimisierung älterer Menschen geringer; hier kam es insgesamt zu 10.113 registrierten Fällen, 6.986 hiervon gegenüber 21- bis unter 60-Jährigen (Opfergefährdungszahl 14,3) und 909 gegenüber über 60-Jährigen (Opfergefährdungszahl 3,7) .[901] Ältere Frauen sind dabei ebenso wie die jüngeren Frauen durchgehend mehr betroffen als die Männer (Durchschnitte der Opfergefährdungszahlen von 2000 bis 2018: Männer 21 - 60 Jahre: 4,0; Frauen 21-60 Jahre: 24,9; Männer über 60 Jahre: 1,1; Frauen über 60 Jahre: 5,7).[902]

899 PKS 2018, Tab. 91: Opfer nach Alter und Geschlecht für die Jahre ab 2000 zur Schlüsselzahl 111000; Bevölkerungsdaten aus StBA, Bevölkerung.

900 PKS 2018, Tab. 91: Opfer nach Alter und Geschlecht für die Jahre ab 2000 zur Schlüsselzahl 113000; Bevölkerungsdaten aus StBA, Bevölkerung.

901 PKS 2018, Tab. 91: Opfer nach Alter und Geschlecht für die Jahre ab 2000 zur Schlüsselzahl 132000; Bevölkerungsdaten aus StBA, Bevölkerung.

902 PKS 2018, Tab. 91: Opfer nach Alter und Geschlecht für die Jahre ab 2000 zur Schlüsselzahl 132000; Bevölkerungsdaten aus StBA, Bevölkerung.

Für Mord in Zusammenhang mit Sexualdelikten ergibt sich folgendes Bild: Zu diesem Delikt liegen in all den Jahren - mit einem Spektrum von insgesamt 7 bis 31 Fällen in allen Altersgruppen - pro Jahr nur sehr geringe Fallzahlen vor; der Anteil der über 60-Jährigen schwankt, fällt aber an sich - erwartungsgemäß - nie besonders hoch aus (durchschnittliche Opfergefährdungszahl für 2000-2018: 0,008).[903] Sofern diese Altersgruppe überhaupt betroffen ist, handelt es sich bei den Opfern in den meisten Fällen um Frauen.[904]

Grundsätzlich analog waren bereits die Hellfelddaten nach der PKS aus den Jahren **1995 bis 2002.**[905]

Nicht nur die PKS Daten zeichnen das Bild eines sehr geringen Risikos, auch die Jahresberichte der Bonner Initiative „Handeln statt Misshandeln" aus den Jahren **1998 bis 2000** zeigten, dass bei deren Notrufnummer für „Gewalt im Alter" nicht ein einziger Anruf aufgrund sexueller Delikte erfolgte.[906] Ebenso ergab die bereits bei den Gewaltdelikten erwähnte EU-Studie aus den Jahren **2008 bis 2010** von *Lindert u.a.* für Deutschland, dass von den 520 befragten älteren Menschen zwischen 60 und 84 Jahren nur 0,9 % Opfer sexueller Gewalt wurden, wobei es sich ausschließlich um Frauen handelte. Nach Griechenland (1,5 %) und Portugal (1,3 %) belegte Deutschland damit im Ländervergleich den dritten Platz.[907] In allen Ländern wurden Freunde/Bekannte/Nachbarn am häufigsten als Täter sexueller Gewalt benannt (30,3 %).[908]

Konkret in Bezug auf pflegebedürftige ältere Menschen wurde im Rahmen einer schriftlichen Befragung von 205 Heimleitern im Jahr **1990** die Information erlangt, dass sexuelle Gewalt grundsätzlich auch in Heimen vorkommt. Die Heimleiter gaben an, dass sexuelle Belästigung von anderen Heimbewohnern am häufigsten vorkam (21 %) und eher selten von Pflegekräften (6 %).[909] Letztere wurden zum Teil ihrerseits durch

903 Daten aus PKS 2018, Tab. 91: Opfer nach Alter und Geschlecht für die Jahre ab 2000 zur Schlüsselzahl 012000; Bevölkerungsdaten aus StBA, Bevölkerung.

904 Daten aus PKS 2018, Tab. 91: Opfer nach Alter und Geschlecht für die Jahre ab 2000 zur Schlüsselzahl 012000.

905 Görgen/Nägele, KFN-FB, Nr. 89, S. 15; *beachte:* Görgen, KFN-FB, Nr. 93, S. 78 und Görgen u.a., KFN-FB, Nr. 95, S. 13 verweisen auf die nur beschränkte Vergleichbarkeit der einschlägigen PKS-Daten aufgrund der Reformierung des Sexualstrafrechts 1997 und 1998.

906 Görgen/Nägele, KFN-FB, Nr. 89, S. 17.

907 Lindert u.a., S. 42.

908 Ebd., S. 52.

909 Zu dieser Befragung s. Hirsch, Sexualisierte Gewalt, S. 74.

Bewohner sexuell belästigt (24 %).[910] Internationale Studien speziell zu Opfererfahrungen durch sexualisierte Gewalt in stationären Langzeitpflegeeinrichtungen, die sich hauptsächlich an der Aktenlage orientierten und Heimmitarbeiter und Heimleitung miteinbezogen, trugen ähnliche Ergebnissen zusammen.[911] Allein anhand dieser Studien lässt sich noch nicht darauf schließen, dass pflege- und hilfebedürftige Menschen eine besonders gefährdete Gruppe darstellen.[912]

bb) Tatmerkmale

Im Wesentlichen existieren zwei größere, mittlerweile schon etwas ältere deutsche Studien zu Sexualdelikten an älteren Menschen. Den Grundstein legten *Görgen/Nägele* mit KFN-FB Nr. 89 (2003)[913] und motiviert durch die - national und international - extrem dünne Datenlage trugen *Görgen u.a.* im Jahr 2005 sodann mit KFN-FB Nr. 95 (2005)[914] zur weiteren Erforschung dieses Themenbereichs wesentlich bei.[915] Anhand ihrer Ergebnisse lassen sich folgende Aussagen über Sexualdelikte an älteren Menschen treffen:

- Die **Opfer** sind (im Gegensatz zu den Tätern) in der Regel weiblich; unter ihnen befinden sich auch hilfs- und pflegebedürftige Menschen.[916] Ältere, insbesondere pflegebedürftige Frauen sind „perfekte"

---

910 Ebd., S. 74; eine etwas neuere schriftliche Befragung von 80 Pflegekräften aus dem Jahr 2000 ergab ebenfalls eine teilweise vorhandene sexuelle Belästigung der Pflegekräfte durch Bewohner (11 %), ebd., S. 74.

911 Görgen/Nägele, KFN-FB, Nr. 89, S. 34.

912 Ebd., S. 56.

913 Sie zogen die Daten anhand von 60 inländischen und ausländischen Medienberichten und 15 Berichten von Internetseiten von NGOs, Anwälten und staatlichen Institutionen heran, Görgen/Nägele, KFN-FB, Nr. 89, S. 12 ff.

914 Siehe die Zusammenfassung der wesentlichen Ergebnisse in KFN-Materialien für die Praxis, Nr. 1.

915 Sie analysierten Daten aus der PKS von 1993 bis 2003, Einzelfalldaten der LKA Niedersachsen und Baden-Württemberg zwischen 2000 bzw. 2001 und 2003, 122 Verfahrensakten von niedersächsischen Staatsanwaltschaften zwischen 2000 und 2003, schriftlichen Befragungen von 76 Institutionen außerhalb von Polizei und Justiz wie z.B. Frauenhäusern, 21 Befragungen von Praktikern und Experten und 273 in- und ausländischen Medienberichten zwischen April 2000 und Juni 2004, Görgen u.a., KFN-FB, Nr. 95, S. 7 ff.

916 Görgen/Nägele, KFN-FB, Nr. 89, S. 56, eingehender hierzu noch S. 59 f.; Görgen u.a., KFN-FB, Nr. 95, S. 139; Forschungsbedarf sehen *Görgen/Nägele* auch

Opfer im Sinne des *routine activities*- Ansatzes aufgrund einer *„Kumulation von Machtlosigkeit“*[917]: Viele alte Frauen leben allein; demenziell beeinträchtigte Opfer können nur schwer aussagen; ältere Damen sind noch mit der Vorstellung aufgewachsen, es gehöre zu ihren Pflichten, in einer Ehe sexuell gefügig zu sein; aufgrund von Voreingenommenheit in der Gesellschaft werden Sexualdelikte an älteren Menschen eventuell ausgeblendet.[918]

- Die **Täter** sind meist Fremde, wobei in diesen Fällen wiederholt zugleich Eigentumsdelikte begangen wurden.[919] Häufig hatten fremde Täter einen geringen sozialen Status, waren psychisch krank, abhängig von Suchtmitteln und Nachbarn der Opfer. Allerdings werden auch Angehörige, Ehepartner/Lebensgefährten, Pflegekräfte oder (meistens demenzkranke oder anderweitig psychisch erkrankte) Mitbewohner in stationären Einrichtungen als Täter verzeichnet.[920] Täter waren oftmals alkoholisiert.[921]
- **Tatort** ist selten der öffentliche Raum, sondern meist die Wohnung des Opfers oder eine stationäre Einrichtung; im letzteren Fall ist das Gewaltmaß eher als gering einzustufen.[922] Sofern eine besondere Schwere des Sexualdelikts vorliegt, kommen drei (miteinander beliebig kombinierbare) Erklärungen in Betracht, nämlich eine besonders brutale Vorgehensweise der Täter, eine besondere physische Vulnerabilität der Opfer oder aber die Tendenz, dass nur solche Delikte in das Hellfeld gelangen.[923]
- Als **Motiv** dienen nicht nur sexuelle Triebe, sondern insbesondere auch das Ausleben von Macht und Aggressionen.[924]

Vereinzelt lassen sich aus Studien zu Tötungsdelikten weitere Informationen zu den Motiven von Tötungen in Zusammenhang mit Sexualdelikten herausfiltern. In der aktuellsten Studie von *Vorderwülbecke* (2018) wurde

---

hinsichtlich sexuellem Missbrauchs älterer Strafgefangener durch Mithäftlinge und familiärer Pflegepersonen durch die von ihnen Gepflegten, Görgen/Nägele, KFN-FB, Nr. 89, S. 61 f.

917 Görgen u.a., KFN-FB, Nr. 95, S. 139.

918 Görgenu.a., KFN-FB, Nr. 95, S. 139, S. 158; ähnlich Görgen/Nägele, ZfGG 2006, S. 388; ebenfalls ähnlich Görgen/Greve, Gewalt, S. 159 f.

919 Görgen/Nägele, KFN-FB, Nr. 89, S. 56.

920 Ebd., S. 57 f.

921 Görgen u.a., KFN-FB, Nr. 95, S. 139.

922 Görgen/Nägele, KFN-FB, Nr. 89, S. 57.

923 Ebd., S. 62.

924 Ebd., S. 57; Görgen, KFN-FB, Nr. 93, S. 78, S. 121.

keine einzige Tötung zu Lasten einer älteren Frau aus sexuellen Motiven heraus begangen; auch zu Lasten eines älteren Mannes bestand nur einmal ein entsprechender Verdacht, einmal war es erwiesen.[925] In der Untersuchung von *Schäfer* (1989) zu Tötungsdelikten an älteren Menschen wurde von 35 Tötungen ebenfalls nur eine einzige aus einem rein sexuellen Motiv verübt (Versuch einer Vergewaltigung und anschließende Tötung), während in drei weitere Tötungsfällen zur Erlangung eines finanziellen Vorteils *„von Strichjungen die Situation ausgenutzt (wurde, d. Verf.), daß die homosexuell interessierten Opfer sich mit ihnen in ihre Wohnung bzw. an einem einsamen Ort begeben hatten“*.[926] In den von *Heinemann/Püschel* (1994) analysierten Fällen standen immerhin, aber dennoch nur 8 % der 105 analysierten Fälle in Zusammenhang mit einer Triebbefriedigung des Täters, wobei die Taten sich fast ausschließlich gegen Frauen richteten.[927] *Lang* (2010) kam in ihrer Studie hingegen zu dem Ergebnis, dass mit steigendem Alter des Opfers immer öfter eine sexuelle Motivation des Täters gegeben war (60 bis 64 Jahre: 4,5 %, 70 bis 74 Jahre: 5 % und 75 bis 79 Jahre: 20 %).[928] Von den ausschließlich männlichen Opfern im Alter zwischen 62 bis 79 Jahren[929] waren 50 % homosexuell und hatten dem Täter zunächst sexuelle Handlungen gegen seinen Willen abverlangt, in deren Folge sie getötet wurden.[930]

cc) Dunkeldfeld

Es existieren nahezu keine Dunkelfelddaten und die Gründe hierfür - wie eingeschränkte kognitive Fähigkeiten oder sehr große Isolation – könnten sich ebenso auf das Opferwerdungsrisiko als auch das Verbleiben der Daten im Dunkelfeld auswirken.[931]

So war es den von *Görgen* untersuchten sexuellen Viktimisierungen älterer Menschen gemein, dass *„die Hilflosigkeit und Widerstandsfähigkeit*

925 Vorderwülbecke, S. 45.

926 Schäfer, Archiv für Kriminologie 1989, S. 68.

927 Heinemann/Püschel, ZfG 1994, S. 311; die an zwei Männern verübten Tötungsdelikte standen *„in direktem Zusammenhang mit ihrem Verkehr im Homosexuellenmilieu“*, ebd., S. 309.

928 Lang, S. 21.

929 Ebd., S. 64.

930 Ebd., S. 65 unter Verweis auf weitere ausländische „Studien zu Homiziden im homosexuellen Milieu“.

931 Görgen u.a., KFN-FB, Nr. 95, S. 138.

der Opfer ausgenutzt wurde und dass vermutlich geringe Veränderungen am Tatgeschehen genügt hätten, um einen Verbleib des Delikts im Dunkelfeld zu bewirken“.[932] Die Attraktivität der Opfer lag demnach darin begründet, dass eine sehr geringe Entdeckungsgefahr bestand (z.B. bei einem Altenpfleger, der sich an einer älteren demenzkranken Dame verging).[933] Bedenkt man, dass Sexualdelikte auch nicht allein dem Ausleben eines sexuellen Triebes dienen können, sondern auch „*dem Ausüben von Macht und Ausleben aggressiver Impulse*“ und zudem auch eine „*interindividuelle Heterogenität sexueller Vorlieben*“ besteht, die nicht unbedingt den allgemeinen Vorlieben des jeweiligen Kulturkreis entspricht,[934] erscheint dies durchaus plausibel.

Hinzu kommt, dass Tatentdeckung und Anzeigebereitschaft sowie die Bereitschaft/Fähigkeit, im Rahmen von (Opfer-)Befragungen über diese zu sprechen, eher gering sein könnten.[935] Es besteht die Vermutung, dass die laut PKS extrem geringe Belastung an einer fehlenden Anzeige oder Verschweigen des Opfers im Rahmen von Opferbefragungen (Nichterkennen der Tat seitens des Opfers, Unkenntnis des Opfers bezüglich seiner Rechte und dessen Geltendmachung, Unvermögen des Opfers zur Anzeige oder Berichterstattung) liegen könnte.[936] Es gibt Hinweise darauf, dass älteren Frauen noch mehr als jüngeren Frauen eine gewisse Mitschuld zugewiesen wird und dies „*negative Selbststigmatisierungen*“ und fehlende Anzeigen zur Folge hat.[937] Außerdem weisen ältere Frauen eine besonders große Scham auf, über sexuelle Gewalt zu sprechen, und erkennen bei Nahraumdelikten[938] ihre Opferwerdung oftmals auch nicht, da viele von ihnen noch in dem Glauben aufgewachsen sind, es gehöre zu ihren Pflichten als Ehefrau sexuell gefügig zu sein und einige von ihnen bereits zu Kriegs- bzw. Nachkriegszeiten (sexuelle) Gewalt erfahren haben und dem-

932 Görgen, KF-FB, Nr. 93, S. 94

933 Ebd., S. 94.

934 Görgen/Nägele, KFN-FB, Nr. 89, S. 7; Görgen, KFN-FB, Nr. 93, S. 78; zu Erklärungen von Sexualkriminalität siehe allgemein auch Göppinger, § 29 Rn. 16 ff.

935 Görgen, KFN-FB, Nr. 93, S. 82.

936 Ebd., S. 93.

937 Görgen/Nägele, KFN-FB, Nr. 89, S. 64; ebenso Görgen u.a., KFN-FB, Nr. 95, S. 144.

938 Die Delikte, mit denen Institutionen wie z.B. Opferhilfeeinrichtungen konfrontiert wurden, waren in der Regel Nahraumdelikte, bei denen in Ehen und Partnerschaften auf unterschiedlichste Weise und über einen langen Zeitraum hinweg Gewalt unter anderem in Form von sexueller Gewalt, ausgeübt wird, um den Partner zu unterdrücken, auszubeuten und zu kontrollieren (sog. „intimate terrorism“), Görgen u.a., KFN-FB, Nr. 95, S. 138, 136 f.; Görgen/Nägele, ZfGG 2006, S. 382, 386 ff..

entsprechend gehemmt sind über derartige Geschehen zu sprechen.[939] Wie bereits bei der allgemeinen Nahraumgewalt dargestellt, ist insbesondere in der aktuellen älteren Generation die Annahme vorherrschend, dass das Private zum Schutz der Familie privat zu halten ist, auch wenn es Selbstaufgabe bedeutet.[940] Zudem stellt die Angst, ohne den (Ehe-)Partner im Alltag nicht mehr zurechtzukommen, gerade im Alter ein besonderes Hindernis für eine Offenlegung von Gewalt, inklusive sexueller Gewalt, dar.[941] Erschwerend kommt hinzu, dass Opferhilfeeinrichtungen nicht auf ältere Sexualopfer ausgerichtet sind und generell eine gewisse Tabuisierung[942] dieses Themas in der Gesellschaft verbreitet ist. Aufgrund dessen scheinen insbesondere - aber nicht nur im pflegerischen Bereich – „ein blindes Auge“ bzw. bewusstes Ignorieren von sexueller Gewalt an älteren Menschen weit verbreitet zu sein, so dass diese hinsichtlich des Bekanntwerdens entsprechender Taten keine Hilfe darstellen.[943] Diese tatsächlich herrschende oder seitens des Opfers womöglich nur vermutete Ungläubigkeit Dritter bezüglich einer stattgefundenen Viktimisierung können ein älteres Opfer ebenfalls davon abhalten Anzeige zu erstatten.[944] Denkbar sind aber, abgesehen vom Ignorieren der Taten, auch Bagatellisierungen des Geschehenen durch Dritte.[945] Besonders extrem ist das Beispiel bei *Görgen/Nägele*, wonach ein Arzt für Allgemeinmedizin sich dahingehend äußerte, dass er keinen Schaden für das von seinem eigenen Sohn vergewaltigte Opfer erkennen könne, da das Opfer ohnehin sehr alt und verwirrt sei.[946]

Verstärkend kommt hinzu, dass in der ausländischen Elder-Abuse-Forschung[947] (aber auch bei der KFN Opferbefragung im Jahr 1992[948]) im Rahmen von Befragungen zur häuslicher Gewalt und Gewalt in Partner-

939 Görgen/Nägele, ZfGG 2006, S. 387; Kotlenga/Nägele, Mind the Gap!, S. 27; Schröder, Ältere Frauen und Gewalterfahrungen, S. 78; vgl. auch Görgen u.a., KFN-FB, Nr. 95, S. 142.

940 Görgen/Nägele, ZfGG 2006, S. 387; Kotlenga/Nägele, Mind the Gap!, S. 27; Schröder, Ältere Frauen und Gewalterfahrungen, S. 78; vgl. auch Görgen u.a., KFN-FB, Nr. 95, S. 142.

941 Görgen/Nägele, ZfGG 2006, S. 387; Schröder, Ältere Frauen und Gewalterfahrungen, S. 78.

942 Siehe z.B. Görgen/Nägele, ZfGG 2005, S. 9; Zeeh, MMW 2016, S. 65.

943 Görgen/Nägele, KFN-FB, Nr. 89, S. 58; ähnlich Görgen, KFN-FB, Nr. 93, S. 121.

944 Görgen/Nägele, KFN-FB, Nr. 89, S. 64; Görgen/Nägele, ZfGG 2006, S. 387.

945 Görgen/Nägele, KFN-FB, Nr. 89, S. 65.

946 Ebd., S. 65

947 Näher zu diesem Begriff siehe z.B. WHO, World Report on Violence and Health, S. 126 f.

948 Görgen, KFN-FB, Nr. 93 , S. 109.

schaften, lange Zeit die sog. *Conflict Tactics Scales* verwendet wurden, die bis zu einer Aktualisierung im Jahr 1995 Sexualdelikte nicht erfassten.[949] Man könne daher zumindest bei älteren Studien von einem gewissen *„Lenkungseffekt“* dahingehend ausgehen, dass bei der Erforschung von Nahraumdelikten die Sexualdelikte zugunsten anderer Delikte ganz oder zum Teil aus dem Fokus gerieten.[950]

Problematisch scheint zudem zu sein, dass im Rahmen von ärztlichen Untersuchungen nicht immer eindeutig festgestellt werden kann, ob an einem älteren Menschen sexuelle Gewalt verübt wurde.[951] Zum einen ziehen ältere Menschen sich aufgrund altersbedingter Abbauerscheinungen und Vulnerabilitäten (z.B. besondere hormonbedingte Trockenheit der Schleimhäute) teilweise sehr leicht Verletzungen zu, zum anderen könnten diese oftmals auch im Rahmen einer pflegerischen Maßnahme oder eines medizinischen Eingriffs aufgetreten sein.[952]

dd) Ergebnis

Im Ergebnis lässt sich feststellen, dass das Hellfeld eine geringe Viktimisierung älterer Menschen im Rahmen von Sexualdelikten aufweist, was zu einer Tabuisierung des Themas und dem Vorurteil, die Taten beruhen alleine auf sexuellen Motiven, passt. Es kann zu Recht geargwöhnt werden, ob die Sexualdelikte wirklich eine völlig vernachlässigenswerte Deliktsgruppe darstellen und nicht vielmehr ein im Vergleich zum Hellfeld relativ beträchtliches Dunkelfeld besteht, das schwer zu erforschen ist.

f) Multivikimisierung

Gemäß einer österreichischen Studie von *Studer* besteht für ältere Menschen ein erhöhtes Risiko mehrfach durch verschiedene Delikte viktimisiert zu werden.[953] Insbesondere die Opfer der Delikte Entreissdiebstahl und Körperverletzung wurden ebenfalls Opfer eines Raubes.[954] Eine Er-

949 Görgen/Nägele, KFN-FB, Nr. 89, S. 63.
950 Ebd., S. 63.
951 Lang, S. 75; vgl. auch Bode-Jänisch u.a., Archiv für Kriminologie 2010, S. 183.
952 Ebd., S. 75; vgl. auch Bode-Jänisch u.a., Archiv für Kriminologie 2010, S. 183.
953 Studer, S. 226.
954 Ebd., S. 211.

klärung hierfür könnte sein, dass ein Täter ein Opfer als „gutes" Opfer erkannt hat und erneut tätig wird oder aber dass ein Opfer gewisse Merkmale aufweisen, die es auch für andere Täter als Opfer prädestinieren.[955] Zwar klingt dies durchaus plausibel, aus den Daten der PKS lässt sich ein solcher Rückschluss für Deutschland mangels entsprechender Angaben nicht ziehen. Auch in deutschen Studien ließ sich eine solche Feststellung nicht finden.

g) Zwischenergebnis

Viktimisierung über 60-Jähriger		
	Quantitative Betroffenheit	**Qualitative Betroffenheit**
Gewaltdelikte	Mit 5-6 % grundsätzlich eher gering	Grundsätzlich hohe Vollendungsraten
	• *Nahraumgewalt zu Lasten nicht pflegebedürftiger Personen:* absolut gesehen geringe Betroffenheit, aber mit steigendem Alter Verlagerung von Gewalt in den Nahraum, (P) Dunkelfeld	
	• *Tötungsdelikte:* grds. geringe Belastung; Ausnahmen → Raubmord (überproportional oft) → Fahrlässige Tötung (ca. 50 %)	
	• *Misshandlung Schutzbefohlener:* → im Vergleich mit allen Altersgruppen geringe Belastung (ca. 6 %) → im Vergleich mit 21- bis 59-Jährigen jedoch doppelt so hohe Gefährdung	
Eigentumsdelikte	Häufige Betroffenheit bezüglich • Handtaschenraub (ca. 42 %) • Trickdiebstahl/-betrug (z.B. Enkeltrick) • Wohnungseinbruch	Gerade bei Enkeltrick regelmäßig hohe Schadenssummen
Sexualdelikte	Geringe Betroffenheit, aber eventuell relativ großes Dunkelfeld	

Abb. 29: Übersicht über quantitative und qualitative Viktimisierungen älterer Menschen

955 Ebd., S. 211.

3. Kritik an Statistiken und Studien

Statistiken und Studien können hinsichtlich ihrer tatsächlichen Aussagekraft angezweifelt werden. Gerade hinsichtlich der PKS,[956] aber auch hinsichtlich Viktimisierungssurveys[957] werden allgemeine Kritikpunkte vorgebracht, im Folgenden sollen aber im Wesentlichen die für die Viktimisierung älterer Menschen relevanten Bedenken genannt werden.

a) Unzureichende Datenaufschlüsselung in der PKS

Lange Zeit wurde kritisiert, dass die PKS nicht genug opferbezogene Daten zur Verfügung stellte und daher keine zufriedenstellenden Rückschlüsse auf die Tatgegebenheiten möglich waren.[958] *Görgen* verlangte aus diesem Grund explizit, dass im Hinblick auf die PKS differenzierter vorgegangen werden müsse und forderte *"stärker differenzierte Opferdaten (...), die Erfassung von Opferdaten auch für Teilbereiche der Eigentums- und Vermögensdelikte, die Möglichkeit im Hinblick auf Opfer erhobene Daten (Alter, Geschlecht, Nationalität, Beziehung zum Tatverdächtigen etc.) miteinander sowie mit Tat- und Tatverdächtigenmerkmalen zu verknüpfen."*[959] Eine derart genaue Datenerhebung ist sinnvoll, um genauere Erkenntnisse über die typischen Deliktsmuster und Tatkonstellationen zu gewinnen.[960]

Die Kritik der mangelnden Aufschlüsselung, insbesondere aber die Aussage mangelnder Informationen zum Alter der Opfer ist mittlerweile überholt. Seit dem Jahr 2013 wird in einer gesondert erstellten „Tabelle 91 – Opfer nach Alter und Geschlecht" durchaus auch nach dem Alter differenziert, allerdings nur für bestimmte Deliktgruppen (Mord und Totschlag; Straftaten gegen die sexuelle Selbstbestimmung unter Gewaltanwendung oder Ausnutzen eines Abhängigkeitsverhältnisses, Raubdelikte, Körperverletzung, Straftaten gegen die persönliche Freiheit).[961] Altersbezogene Opferdaten bezüglich Teilbereichen der Eigentums- und Vermögensdelikte

---

956 Vgl. z.B. Görgen, KFN-FB, Nr. 93, S. 4 f., S. 122, S. 131.

957 Vgl. z.B. Eisenber/Kölbel, § 16 Rn. 15.

958 Görgen, KFN-FB, Nr. 93, S. 132.

959 Görgen, KFN-FB, Nr. 93, S. 132; ähnlich auch Fattah/Sacco, S. 160 f. für US-amerikanische Statistiken, inklusive einer Auflistung weiterer allgemeiner Schwächen US-amerikanischer Statistiken.

960 Vgl. Görgen, KFN-FB, Nr. 93, S. 132 f.

961 Vgl. Görgen/Herbst/Rabold, SHgZ, S. 167; siehe die jeweilige „Tab. 91 – Opfer nach Alter und Geschlecht" ab dem Jahr 2013; für die Jahre 2000-2013 wurde

fehlen nach wie vor, da lediglich solche, die Gewalt oder Drohung voraussetzen, aufgeführt werden.[962] Dennoch geht man aufgrund der vorhandenen Daten davon aus, dass ältere Menschen insbesondere Opfer von Eigentums- und Vermögensdelikten werden.[963]

Görgen kritisierte zudem, dass in der PKS eine *„unbefriedigend*“e Altersgruppeneinteilung vorgenommen werde, indem nur die Gruppe „60 Jahre und älter“ gebildet werde, anstatt genauer zwischen älteren und hochaltrigen Menschen, zwischen drittem und viertem Lebensalter zu differenzieren.[964] Dieser Kritikpunkt ist mittlerweile ebenfalls überholt, da die PKS seit der PKS 2013 in der „Tabelle 91 – Opfer ab 60 Jahren nach Alter und Geschlecht“ zusätzlich auch eine Unterscheidung zwischen „60 < 70“, „70 < 80“, „80 und älter“ vornimmt.[965]

Auch den übrigen Forderungen wurde zwischenzeitlich genüge getan, da seit 2013 nicht nur Tabellen wie „Tabelle 91 – Opfer nach Alter und Geschlecht“, sondern auch Tabellen wie „Tabelle 92 – Opfer-Tatverdächtigen-Beziehung“ oder „Tabelle 911 – Opfer nach Staatsangehörigkeit“ erstellt und veröffentlich werden.[966]

Konkret im Hinblick auf die Erfassung von Tötungsdelikten stellte *Görgen* die These auf, dass es problematisch sein könnte, dass die PKS nicht zwischen den Delikten Totschlag und Tötung auf Verlangen unterscheidet, und es somit gerade in Bezug auf *„ältere, schwerkranke und pflegebedürftige Menschen“* zu Verzerrungen kommen könnte.[967] Er nennt zudem auch die aktive Sterbehilfe sowie Grenzfälle von Beihilfe zum Suizid und aktiver Tötung, die als Totschlag von der PKS erfasst werden, obgleich es sich

---

außerdem rückwirkend noch eine Exel-Übersicht erstellt, „Tab. 91 – Opfer nach Alter und Geschlecht insgesamt ab 2000“.

962 Siehe z.B. PKS 2018 - Standard Übersicht Opfertabellen Tab. 91 ff. (https://www.bka.de/DE/AktuelleInformationen/StatistikenLagebilder/PolizeilicheKriminalstatistik/PKS2018/Standardtabellen/standardtabellenOpfer.html?nn=108686, 05.09.2020).

963 Vgl. PKS 2015, S. 29; Görgen, KFN-FB, Nr. 93, S. 4 nennt in Fußnote 6 als Erklärung, dass bei den fehlenden Delikten nicht immer nur *„personale Opfer“* betroffen sind und dies die entsprechende Datenerhebung zu sehr erschweren würde; ebenfalls in Görgen, SHgZ, S. 67, Fn. 35.

964 Görgen, KFN-FB, Nr. 93, S. 4, 10, ähnlich auch auf S. 19, S. 117; Görgen, SHgZ, S. 68.

965 Vgl. z.B. PKS 2015, S. 29.

966 Siehe z.B. https://www.bka.de/DE/AktuelleInformationen/StatistikenLagebilder/PolizeilicheKriminalstatistik/PKS2018/Standardtabellen/standardtabellenOpfer.html?nn=108686_(05.09.2020).

967 Görgen, KFN-FB, Nr. 93, S. 32.

hierbei nicht um klassische Tötungen handelt.[968] Letztlich kommt er nach einem Blick auf die baden-württembergische PKS, die eine derartige Differenzierung vornimmt, aber zu dem Schluss, dass dieser Differenzierung keine besondere Relevanz zukommt und sie somit tatsächlich unberücksichtigt bleiben kann.[969]

b) Beinflussbarkeit der PKS-Daten von Verhalten der Polizei und Opfer

Ein generelles Problem der Statistiken von Strafverfolgungsbehörden wie der PKS ist, dass nur die offiziell bekannt gewordenen Delikte erfasst werden. Neben dem Hellfeld ist jedoch auch eine schwer greifbare **Dunkelziffer** gegeben, deren Größe von Faktoren, wie zum einem dem Registrierungsverhalten der Behörden und zum anderen der Anzeigebereitschaft[970] der Opfer, abhängig ist.[971] Wie bereits erwähnt wird bei älteren Menschen auch von einem sog. *„doppelten Dunkelfeld"* gesprochen, das auf deren oftmals zurückgezogener Lebensweise beruhen könnte.[972] Hinsichtlich älterer Menschen wird die Dunkelziffer zum Teil als so hoch angesehen, dass sogar bezweifelt wird, dass diese tatsächlich ein geringeres Viktimisierungsrisiko aufweisen.[973] Allgemein und in Bezug auf Gewaltdelikte lassen sich aber zudem noch folgende Überlegungen zu Registrierungsverhalten und Anzeigebereitschaft älterer Menschen anstellen:

aa) Registrierungsverhalten der Polizei

Speziell an der PKS wird grundsätzlich bemängelt, dass sie eine Verdachtsstatistik sei und nicht auf tatsächlichen Verurteilungen beruhe.[974] Problematisch hieran ist wohl, dass seitens der Polizei die Tendenz besteht, dass Delikte zum einen als zu schwer eingestuft werden (*„Umdefinition"*) und

968 Ebd., S. 32.
969 Ebd., S. 32.
970 90 % aller in der PKS erfassten Delikte gelangen aufgrund einer Anzeige zu einer behördlichen Kenntnisnahme, Erster Periodischer Sicherheitsbericht, S. 6.
971 Vgl. etwa Wetzels u.a., KFN-FB, Nr. 21, S. 6; Eisenberg/Kölbel, § 16 Rn. 2.
972 Wetzels u.a., KFN-FB, Nr. 21, S. 10; Drescher, S. 9.
973 Vgl. Studer, S. 155.
974 KFN-FB, Nr. 93, S. 5; Neubacher, S. 56; vgl. Bock, § 19, Rn. 830.

zum anderen vorschnell Versuchsdelikte angenommen werden.[975] Fraglich ist, ob letztere Kritik auch in Bezug auf ältere Menschen so vorgebracht werden kann, denn wie oben festgestellt, bleiben zumindest Tötungsdelikte an älteren Menschen statistisch gesehen nur selten im Versuchsstadium stecken. Daher liegt zumindest bei diesen Delikten die Annahme einer vorschnellen Einordung einer Tat als Versuchsdelikt nicht unbedingt nahe. Auch *Görgen* führt an, dass die Polizei bei nicht mit dem Tod endenden Gewaltdelikten gegen ältere Menschen im Nahraum dazu tendieren könnte, diese nicht als versuchten Mord zu registrieren, so dass sie gerade nicht vorschnell als Versuchsdelikt in die Statistik eingehen.[976] Sei es, weil die Polizei in Fällen von Nahraumdelikten zurückhaltender agiert oder sei es, dass derartige Versuchsstraftaten verhältnismäßig oft schon gar nicht als solche erkannt und wahrgenommen werden.[977] Diese These steht nun auf einen ersten Blick ein wenig in Widerspruch mit der Aussage, dass seitens der Polizei eine Tendenz zur vorschnellen Annahme von Versuchsdelikten bestehe und die Statistik eine zu hohe Zahl an Versuchsdelikten ausweisen würde. *Görgen* entkräftet seine Annahme jedoch zu Recht selbst, indem er feststellt, dass Zurückhaltung und fehlende Wahrnehmung der Taten bei vollendeten Delikten ebenso der Fall seien und dies nicht geeignet wäre zu erklären, wieso die Taten seltener im Versuchsstadium stecken bleiben.[978] Er stellt sodann die in seinen Augen überzeugendere These auf, dass die Dunkelziffer bei Delikten im sozialen Bereich generell und in Bezug auf alle Altersgruppierungen aufgrund niedriger Anzeigebereitschaft höher sei; da die Tötungsdelikte gegen ältere Menschen nun aber zumeist im Nahraum geschehen, könnte dies erklären, weshalb die Delikte, statistisch gesehen, selten im Versuchsstadium stecken bleiben: Sie werden schlicht weniger angezeigt.[979] Aus *Görgens* knappen Ausführungen erschließt sich allerdings nicht, weshalb insbesondere Versuchsdelikte im Dunkelfeld verbleiben sollen, denn eine Dunkelziffer besteht für Vollendungsdelikte ebenso wie für Versuchsdelikte. *Görgen* geht jedoch grundsätzlich davon aus, dass im sozialen Nahraum Anzeigen bei der Polizei seitens der Opfer unwahrscheinlicher sind und im Zweifel ausbleiben,[980] so dass gerade bei Versuchsdelikten auch davon ausgegangen werden könne, dass diese be-

975 Ebd., S. 5; vgl. zur Falscherfassung auch Neubacher, S. 56; vgl. Bock, § 19, Rn. 827.
976 Görgen, KFN-FB, Nr. 93, S. 31; vgl. auch Görgen, SHgZ, S. 75.
977 Vgl. Görgen, KFN-FB, Nr. 93, S. 31.
978 Ebd., S. 31.
979 Ebd., S. 31 und S. 47.
980 Görgen, KFN-FB, Nr. 93, S. 47.

sonders selten zur Anzeige kommen. Gerade bei Tötungsdelikten kommt es bei einer Vollendung denklogisch seitens der Opfer nicht zu einer Anzeige, bei einem Versuch unterlassen die Opfer aufgrund der persönlichen Nähe usw. eventuell oftmals eine Anzeige und nur wenig Versuchsdelikte kommen zu einer behördlichen Kenntnisnahme. Geht man außerdem davon aus, dass der Unterschied darin liegt, dass für Außenstehende Versuchsdelikte an älteren Menschen per se noch schwieriger als Delikte zu erkennen sind (da sie noch weniger Aufmerksamkeit erregen als die Vollendungsdelikte), ist seine These der besonders hohen Dunkelziffer in Bezug auf versuchte Tötungen durchaus nicht abwegig, jedenfalls ist sie aber noch nicht mit Zahlen belegt worden. Hinsichtlich Nahraumdelikten an älteren Menschen überzeugt die Kritik einer zu hohen statistischen Versuchsquote aufgrund eines vorschnellen Registrierungsverhaltens seitens der Polizei daher jedenfalls nicht. Im Gegenteil könnte der statistische Versuchsanteil sogar eher zu gering ausfallen.

In eine ähnliche Richtung geht die Kritik von *Fattah/Sacco*, die bei amerikanischen Statistiken das Problem sehen, dass diese einfach nur widerspiegeln könnten, in welchen Bereichen die Polizei besondere Präsenz zeigt, und dies nicht unbedingt dem wirklichen Kriminalitätsaufkommen entsprechen müsse.[981] Dieser Kritikpunkt ließe sich ebenfalls auf die deutsche PKS übertragen: So könnte bei (sexuellen) Gewaltdelikten im Nahraum und insbesondere bei älteren Menschen als Beteilgten durchaus ein eher zurückhaltendes polizeiliches Ermittlungsverhalten vorliegen, das sich statistisch niederschlägt.

bb) Anzeigebereitschaft der Opfer

Wie bereits erwähnt wird das Dunkeldfeld zudem maßgeblich von der Anzeigebereitschaft der Opfer beeinflusst.[982] So verbleiben z.B. Schutzgelderpressungen und Eigentumsdelikte, bei denen das Opfer keinen Versicherungsanspruch geltend machen kann, mangels Anzeige eher im Dunkelfeld.[983] Dabei ist nicht davon auszugehen, dass das Anzeigeverhalten durch

981 Fattah/Sacco, S. 161; vgl. auch Neubacher, S. 59.
982 Grundsätzlich zum Einfluss des Anzeigeverhalten Eisenberg/Kölbel, § 26 Rn. 4 f.
983 Vgl. Pfeiffer/Brettfteld/Delzer, KFN-FB, Nr. 56, S. 1 f.; Erster Periodischer Sicherheitsbericht, S. 6; Neubacher, S. 41.

alle Altersgruppen hindurch durchweg identisch ist,[984] hinsichtlich des Anzeigeverhaltens älterer Menschen scheiden sich jedoch die Geister.

Teilweise wird vertreten, dass Jugendliche und ältere Personen aus diversen Gründen ein **geringeres Anzeigeverhalten** an den Tag legen würden, als der Rest der Bevölkerung.[985] Ein erstes Problem kann sich unter Umständen bereits bei der Wahrnehmung der Viktimisierung als solcher stellen.[986] So kann das Unterbleiben einer Anzeige die schlichte Folge davon sein, dass das Opfer das Geschehen nicht als deliktisches Verhalten einstuft,[987] bzw. schon aufgrund von körperlichen Einschränkungen hierzu nicht in der Lage ist, wie z.B. kognitiv aufgrund von Demenz[988] oder wegen Blindheit[989] usw. Aber auch (z.B. demenz- oder schlaganfallbedingte) Probleme bei der Verständigung und somit der Darstellung des Tatablaufs können einen Hinderungsgrund bedeuten.[990]

Wird die Tat als solche erkannt, könnte ein weiteres Problem die faktische Möglichkeit einer Anzeige sein, denn man vermutet, dass ältere Menschen regelmäßig den mit einer Anzeige verbunden bürokratischen Aufwand fürchten[991] oder nicht mobil genug sind, um eine offizielle Stelle aufzusuchen.[992]

Unter Umständen möchte das Opfer die Tat aber auch gar nicht kommunizieren, da es diverse, damit einhergehende negative Konsequenzen vermeiden möchte. Ein solcher Aspekt könnte eine besondere Furcht vor Racheakten des Täters sein.[993] Ebenso denkbar sind Scham[994] oder die

---

984 Wetzels u.a., KFN-FB, Nr. 21, S. 6.

985 Görgen, KFN-FB, Nr. 93, S. 119; Görgen/Greve, Alter – ein Risiko?, S. 57; Görgen u.a., Sicherheitspotenziale im höheren Lebensalter, S. 454.

986 Görgen u.a., Sicherheitspotenziale im höheren Lebensalter, S. 454.

987 In Bezug auf *„financial elder abuse"*: Görgen u.a., Sicherheitspotenziale im höheren Lebensalter, S. 83; Fattah/Sacco, S. 164; in Bezug auf Sexualdelikte: Görgen u.a., KFN-FB, Nr. 95, S. 143; altersübergreifend: Eisenberg/Kölbel, § 26 Rn. 5.

988 Görgen, KFN-FB, Nr. 93, S. 119; Görgen u.a., Sicherheitspotenziale im höheren Lebensalter, S. 454; Görgen/Herbst/Rabold, SHgZ, S. 174; Görgen/Greve, Gewalt gegen alte Menschen, S. 57.

989 Görgen, KFN-FB, Nr. 93, S. 119.

990 Görgen, KFN-FB, Nr. 93, S. 119; Görgen/Greve, Alter – ein Risiko?, S. 57.

991 Schwind, Kriminologie, § 20 Rn. 9e; Fattah/Sacco, S. 200; ähnlich Görgen u.a., Sicherheitspotenziale im höheren Lebensalter, S. 83.

992 Görgen u.a., Sicherheitspotenziale im höheren Lebensalter, S. 454; vgl. auch Kreuzer/Hürlimann, S. 44.

993 vgl. Fattah/Sacco, S. 200; Görgen u.a., Sicherheitspotenziale im höheren Lebensalter, S. 83; Hreuzer/Hürlimann, S. 44; zu den Schuldgefühlen siehe Fattah/Sacco, S. 163 f.

994 Fattah/Sacco, S. 163; Studer, S. 218.

Angst vor einem Verlust von Selbstständigkeit.[995] Nicht nur, aber gerade bei Nahraumdelikten können Schamgefühle, Schuldgefühle, das Gefühl mitverantwortlich zu sein oder auch Angst vor Nebenfolgen, wie Verlust sozialer Kontakte und deren Unterstützung im alltäglichen Leben, unter Umständen verhindern, dass Anzeige gestellt wird.[996] Insbesondere die Befürchtung ohne die Hilfe seines Peinigers in ein Altenheim ziehen zu müssen, könnte von einem älteren Menschen als so schwerwiegenden Eingriff angesehen werden, dass er Delikte zu seinen Lasten still erduldet.[997] Gerade Gewaltdelikte im sozialen Nahraum und hinsichtlich Pflegebedürftiger verbleiben damit oft im Dunkelfeld.[998]

Problematisch ist zudem, dass selbst bei Bekanntwerden einer Tat die Aussagen des älteren Opfers nicht immer verständlich bzw. verlässlich sind. So können sich aus stark ausgeprägten körperlichen und kognitiven Handicaps Probleme hinsichtlich der Aussagekraft und Verwertbarkeit getätigter Aussagen ergeben.[999] Höheres Alter allein scheint hierauf allerdings noch keinen nennenswerten Einfluss zu haben, denn auch wenn ca. ab dem 70. Lebensjahr die Erinnerungsfähigkeit abbaut, so sind die Unterschiede zu jüngeren Menschen, hinsichtlich der Wiedergabe von bekannten Abläufen grundsätzlich marginal.[1000] Schwierigkeiten bereitet es älteren Menschen im Allgemeinen offenbar erst dann, wenn die wiederzugebenden Abläufe unbekannt waren, schnell geschehen sind und viele Reize gleichzeitig auf sie eingewirkt haben.[1001]

Je sozialer isoliert eine Person ist, desto unwahrscheinlicher ist es, dass die Tat durch einen Dritten entdeckt und zur Anzeige gebracht

---

995 Görgen u.a., Sicherheitspotenziale im höheren Lebensalter, S. 83, S. 85; Görgen, KFN-FB, Nr. 93, S. 120.

996 Görgen, KFN-FB, Nr. 93, S. 120 f.; Görgen u.a., Sicherheitspotenziale im höheren Lebensalter, S. 83; Görgen/Greve, Gewalt gegen alte Menschen, S. 58; generell für Nahraumdelikte Wetzels u.a., KFN-FB, Nr. 21, S. 6; vgl. auch Fattah/Sacco, S. 163.

997 Görgen, KFN-FB, Nr. 93, S. 121; Görgen/Greve, Gewalt gegen alte Menschen, S. 58.

998 Görgen/Greve, Gewalt gegen alte Menschen, S. 58; Pfeiffer/Görgen/Höynck, Gewalt gegen alte Menschen, S. 36; so auch Fattah/Sacco, S. 164; außerdem erschwert bzw. vereitelt sie die Erfassung eines Deliktes durch eine Opferbefragung, Görgen, KFN-FB, Nr. 93, S. 122; Görgen/Greve, Gewalt gegen alte Menschen, S. 58.

999 Görgen, KFN-FB, Nr. 93, S. 120.

1000 Ebd., S. 120, Fn. 126.

1001 Ebd., S. 120, Fn. 126.

wird.[1002] Hinzu kommt, dass Außenstehende (wie zum Beispiel Ärzte, Mitarbeiter von Sozialbehörden, Pflegekräfte) bei Tatentdeckung und -anzeige nur bedingt hilfreich sind, da sie die Viktimisierung oft nicht als solche wahrnehmen können und sie bzw. ihre Folgen unzutreffend als zum Krankheitsbild der älteren Person zugehörig einstufen.[1003] Gerade im Hinblick auf Tötungen scheint es nach rechtsmedizinischen Studien sehr wahrscheinlich zu sein, dass Tötungen von älteren Menschen erst einmal nicht oder nie als solche qualifiziert werden.[1004] Dies gilt jedoch nicht nur für Tötungen, Vernachlässigungen etc., sondern auch Fälle finanzieller Ausbeutung usw. können von Außenstehenden oftmals nicht als solche erkannt werden bzw. wenn doch, kann nicht ausgeschlossen werden, dass Außenstehende „*Informations- und Kompetenzdefizite*" sowie „*motivationale Hemmungen*" haben und daher nicht einschreiten.[1005] Soziale Isolation fördert unter Umständen also nicht nur das Viktimisierungsrisiko, sie senkt auch das Entdeckungsrisiko sowie das Anzeigerisiko.[1006]

So gesehen stellen sich auf jeder Stufe andere Probleme, die nicht mit dem Alter an sich in Zusammenhang stehen, sondern mit im Alter zunehmenden Abbauerscheinungen in körperlicher Hinsicht sowie einem sich ausdünnenden sozialen Netzwerk. Dies trifft insbesondere auf hochaltrige und pflegebedürftige Menschen zu, die zusätzlich auch in Opferbefragungen nur schwer zu erreichen sind.[1007]

Interessanterweise stellen *Fattah/Sacco* jedoch die Behauptung auf, dass die These der geringen Anzeigebereitschaft älterer Menschen nicht wahr sei und ältere Menschen umgekehrt sogar eine **hohe Anzeigebereitschaft** aufweisen würden.[1008] Zur Untermauerung Ihrer Ansicht verweisen sie auf entsprechende Daten des National Crime Victimization Survey und Canadian Victimization Survey.[1009] Auch die Daten des British Crime Survey sollen dafür sprechen, dass die Anzeigebereitschaft mit dem Alter hinsichtlich Gewaltdelikten und Delikten gegen die Person steigen soll, für

1002 Altersübergreifend hierzu Eisenberg/Kölbel, § 26 Rn. 5.
1003 Görgen, KFN-FB, Nr. 93, S. 121.
1004 Ebd., S. 121; ausführlicher s. *2. Teil: B III 2 a bb.*
1005 Ebd., S. 121.
1006 Ebd., S. 120; Görgen/Greve, Gewalt gegen alte Menschen, S. 58.
1007 So Görgen, KFN-FB, Nr. 93, S. 119 f.; Görgen/Herbst/Rabold, SHgZ, S. 174.
1008 Fattah/Sacco, S. 200.
1009 Ebd., S. 200; s. zu dieser These auch Görgen/Greve, Gewalt gegen alte Menschen, S. 57; Wilms, Alter – ein Risiko?, S. 193; Wetzels/Greve, ZfGG 1996, S. 192.

Nahraumdelikte soll dies jedoch nicht eindeutig feststellbar sein.[1010] *Fattah/Sacco* begründen dieses Ergebnis damit, dass ältere Menschen generell ein gesteigertes Vertrauen in polizeiliche Arbeit hätten[1011] und basierend hierauf auch bei Eigenbetroffenheit in der Hoffnung, dass die sie betreffende Straftat aufgeklärt wird, auf die Institution Polizei zurückgreifen.[1012] Zudem zitieren sie amerikanische Forscher, nach denen es ebenfalls ein vom Alter unabhängiges Phänomen darstelle, dass mit der Schwere des Delikts grundsätzlich auch die Anzeigebereitschaft steige.[1013] Die von den Opfern in allen Altersklassen durchgeführte Kosten-Nutzen-Abwägung falle zumindest bei schweren Delikten somit tendenziell zugunsten einer Anzeige aus.[1014] Dass die Schwere der Tat für die Anzeige/Nichtanzeige ausschlaggebend ist, konnte in Bezug auf ältere Menschen in der Studie von *Studer* allerdings nicht umfassend bestätigt werden, da z.B. der Enkeltrick mit einer Anzeigequote von 19 % eher selten angezeigt wurde, auch wenn bei diesem in der Regel gerade keine geringen Beträge erbeutet werden.[1015] Insgesamt konnte die Anzeigerate aber nicht als niedrig bezeichnet werden, da bei neun der dreizehn erfassten Delikte eine Anzeigerate zwischen 45,1 und 76,8 % gegeben war[1016] und schwerere Delikte, wie z.B. vollendete Delikte, tendenziell auch eher angezeigt wurden.[1017]

Seitens der Polizei wird bestätigt, dass ältere Menschen regelmäßig (auch hinsichtlich nicht zwingend in ihren Zuständigkeitsbereich fallender Probleme) ihre Hilfe anfordern.[1018] Eine ähnliche Erkenntnis zieht man aus Opferbefragungen, deren Inhalte mit denen der Statistiken identisch sind, und somit die These einer durchaus bestehenden Anzeigebereitschaft stützen.[1019] Wieso diese Viktimisierungssurveys jedoch nicht unkritisch sind, siehe sogleich.

1010 Görgen, KFN-FB, Nr. 93, S. 114.

1011 Fattah/Sacco, S. 201; siehe auch Studer, S. 218; Ahlf, ZfG 1994, S. 293; Stephan, Stuttgart Victimization Survey, S. 43.

1012 Fatta/Sacco, S. 201.

1013 Ebd., S. 201.

1014 Ebd., S. 201.

1015 Studer, S. 217.

1016 Ebd., S. 217.

1017 Ebd., S. 227.

1018 Baurmann, ZfG 1981, S. 253.

1019 Görgen/Greve, Gewalt gegen alte Menschen, S. 57, S. 60; Wilms, Alter – ein Risiko?, S. 193; Greve, KFN-FB, Nr. 65, S. 4.; für Gewaltdelikte/Delikte gegen die Person: Görgen, KFN-FB, Nr. 93, S. 114 unter Hinweis auf den British Crime Survey; Görgen, KFN-FB, Nr. 93, S. 122.

c) Erreichbarkeit und Kommunikationsmöglichkeiten im Rahmen von Viktimisierungssurveys

Einige Forscher kritisieren[1020] recht überzeugend, dass die Surveys unter Umständen gerade diese Menschen nicht erreichen können, die mangels Anzeigebereitschaft/-fähigkeit ins Dunkelfeld fallen, so etwa pflegebedürftige oder sehr abgeschieden lebende ältere Menschen.[1021] Sie erscheinen mangels Tatentdeckung bzw. Anzeige im Zweifel weder in den polizeilichen Statistiken noch können sie in den Surveys befragt und die gegen sie begangene Tat bzw. Taten dadurch noch aufgedeckt werden.[1022] Da sie schwer oder gar nicht erreichbar sind oder sie sich (aufgrund kognitiver Einschränkungen, Schwerhörigkeit usw.) nicht ausreichend mitteilen können, fallen sie daher durch alle Raster.[1023] Im Gegensatz zu z.B. Jugendlichen werden sie des Weiteren eher nicht von den relativ leicht zu erfragenden Bagatelldelikten betroffen, so dass die Delikte auch in den durchgeführten Befragungen unentdeckt bleiben könnten.[1024] Hinzu kommt, dass manche Delikte, wie z.B. Tötungen, durch Opferbefragungen per se nicht erforscht werden können.[1025] Sollten Ältere tatsächlich durch alle Raster fallen, so wäre das Ergebnis der Opferbefragungen weitestgehend mit dem der Statistiken identisch, selbst wenn dies nicht dem real existierenden Viktimisierungsniveau entspricht.[1026] Dadurch, dass die Viktimisierungsraten gegenüber älteren Menschen eher geringer sind, wird zudem auch die Wahrscheinlichkeit geringer, eben jene zahlenmäßig eher wenigen Opfer in einer Opferbefragung als Proband befragen zu können, da die Stichprobenmenge dafür sehr groß sein müsste.[1027] Zur Aufhellung des Dunkelfeldes ist neben den Opferbefragungen (kumulativ) auch möglich die Täter

1020 Zu allgemeinen Kritikpunkten an Opferbefragungen siehe z.B. Eisenberg/Kölbel, § 16 Rn. 15; Wetzels u.a., KFN-FB, Nr. 21, S. 6 ff.; Drescher, S. 27; Görgen, Kriminologie u. Forensische Psychatrie, S. 248.

1021 Görgen, KFN-FB, Nr. 93, S. 122, S. 131.

1022 Ebd. S. 122, 131.

1023 Ebd., S. 122, S. 131; vgl. auch Studer, S. 181; vgl. Görgen, SHgZ, S. 68, S. 512; Eisenberg/Kölbel, § 16 Rn. 15; vgl. Görgen u.a., Sicherheitspotenziale im höheren Lebensalter, S. 453 f.

1024 Görgen, KFN-FB, Nr. 93, S. 131.

1025 Studer, S. 180.

1026 Görgen, KFN-FB, Nr. 93, S. 122, 131; so auch Görgen/Greve, Gewalt gegen alte Menschen, S. 61; Studer, S. 230.

1027 Görgen, KFN-FB, Nr. 93, S. 131; ähnlich Studer, S. 180, S. 230, der zudem den Mehrwert größerer und somit noch kostenintensiverer Stichproben als fraglich ansieht.

selbst zu ihrer Tat zu befragen.[1028] Dies trägt jedoch nicht wesentlich dazu bei, weitere Informationen über das Opfer herauszufinden. Zudem besteht das Risiko, dass es sich um nicht repräsentative Aussagen handelt, die möglicherweise auch noch die Einschätzung der Situation seitens des Täters mit der empirischen Realität vermischen.[1029] Im Hinblick auf schwer erreichbare Hochaltrige und Pflegebedürftige dürften Täterbefragungen trotz dieser Makel dennoch sinnvoll sein, da auf diesem Wege zumindest ein paar Informationen gesammelt werden könnten, die in Kumulation mit Befragungen von Dritten, wie z.B. Pflegekräften, Aufschluss über Tatmodalitäten geben könnten.[1030]

d) Fazit

Sowohl bei den Opferbefragungen als auch bei der Erhebung von Statistiken stellen sich also aufgrund von mit dem Alter einhergehenden kognitiven, körperlichen oder sozial bedingten Einschränkungen der Opfer Zugangsprobleme, allerdings muss ein Opfer deshalb nicht zwingend durch alle Raster fallen und unentdeckt bleiben. Es ist z.B. denkbar, dass eine Tat an einem nicht befragungsfähigen Opfer durch eine außenstehende Person entdeckt und zur Anzeige gebracht wird. Die Einschränkungen des Opfers müssen sich also nicht unbedingt auf das Bekanntwerden der Tat auswirken. Wie zuvor bereits erörtert, stellen sich jedoch gewisse Probleme hinsichtlich der Entdeckung und des Tätigwerdens Dritter, so dass die Wahrscheinlichkeit hoch sein dürfte, dass die Zugangsprobleme sich statistisch niederschlagen.

Es bestehen daher Bedenken, dass es ein nicht unbedeutendes Dunkelfeld geben könnte. Dieses beruht nicht per se darauf, dass es sich um ältere Menschen handelt, sondern darauf, dass gewisse Faktoren, die sich auf die Wahrnehmung der Tat, das Offiziellmachen der Tat und die Beschreibung des Tatgeschehens usw. negativ auswirken, in der Altersgruppe der älteren Menschen häufiger gegeben sind als bei jüngeren. Jedenfalls in Bezug auf Pflegebedürftige und Hochaltrige bzw. gesundheitlich, kognitiv oder kommunikativ beeinträchtigte oder sehr isoliert lebende ältere Menschen dürf-

1028 Dies wird befürwortet von Görgen, SHgZ, S. 512.

1029 So Fattah/Sacco, S. 164; kritisch zu Täterbefragungen auch Eisenberg/Kölbel, § 16 Rn. 14.

1030 Vgl. Görgen, SHgZ, S. 512.

te dies zutreffend sein.[1031] Die im Dunkelfeld verbleibenden Delikte könnten dabei besonders schwerwiegend sein und an besonders schwachen Menschen verübt werden. Die These, dass das potentielle Dunkelfeld trotz aller Hinweise auf seine Existenz nicht bzw. kaum gegeben sein könnte, weil ein gesellschaftlicher Wertekodex es verhindern könnte, dass ein Täter sich an besonders schwachen Opfern vergreift, Pflegebedürftige durch das zurückgezogene Leben potentiellen Tätern weniger ausgeliefert werden oder ihre Vermögensangelegenheiten z.B. von Betreuern übernommen werden,[1032] überzeugt nicht. Zum einen ist fraglich, ob ein solcher Kodex generell und insbesondere im kriminellen Milieu wirklich existiert, zum anderen hat sich in Surveys bereits gezeigt, dass Isolation durchaus auch Tatgelegenheiten bieten kann und private oder berufliche Betreuer ebenfalls als Täter für Vermögensdelikte in Frage kommen. Zusammenfassend kann man wohl sagen, dass sich keine pauschale Aussage darüber treffen lässt, ob das Dunkelfeld groß oder klein ist, da dies zumindest je nach Delikttyp bzw. der Frage, ob es sich um ein Delikt im Nahraum handelt oder nicht, variieren dürfte.

Da dem Forschungsfeld ältere Menschen als Opfer von Kriminalität bisher keine besonders große Aufmerksamkeit geschenkt wird, gibt es keine dauerhaft durchgeführten Opferbefragungen und Trends können weitestgehend nur anhand von Hellfelddaten ermittelt werden.

4. Ältere Menschen und Polizeiarbeit

In der täglichen Polizeiarbeit scheinen sich Besonderheiten im Kontakt mit Menschen über 65 Jahren zu ergeben. Der Versuch, empirische Daten zu erlangen wurde Ende Juni 2009 erstmalig unternommen. Dabei wurden in einer nicht repräsentativen schriftlichen Befragung von Mitarbeitern der Polizeistationen Gießen Süd und Nord, Leitstelle und Kriminaldauerdienst 36 Fragebögen ausgefüllt. Die Befragung ergab, dass ungefähr 15 - 20 % der Personen, mit denen polizeilicher Kontakt bestand, über 65 Jahre alt waren, was auch ihrem Bevölkerungsanteil entsprach. Auffällig war, dass insbesondere Senioren einen großen Bedarf dafür haben sich an eine Instanz wenden zu können, die sie über alltägliche Geschehnisse informiert. Hierunter fallen nicht nur polizeilich relevante Fragestellungen,

1031 So z.B. auch Görgen, KFN-FB, Nr. 93, S. 122; Görgen u.a., Sicherheitspotenziale im höheren Lebensalter, S. 454.

1032 Görgen, KFN-FB, Nr. 93, S. 124.

sondern auch Hilfeersuchen bei Technikfragen, Orientierungsprobleme oder Informationen über medizinische Hilfsmöglichkeiten. Die Mehrheit der Befragten gab an, dass im Umgang mit älteren Menschen vermehrt Verständigungsschwierigkeiten aufgrund von Schwerhörigkeit o.Ä., Uneinsichtigkeit, Intoleranz oder Ungeduld auftreten würden, und daher ein besonderes Maß an Ruhe und Geduld seitens des Polizeibeamten von Nöten sei, für das es aber oftmals an den dafür notwendigen Zeitressourcen fehle. Das Bild war insgesamt Zwiegespalten, einerseits wurde der Umgang mit Senioren als mühsam und langwierig beschrieben, andererseits wurde aber auch festgestellt, dass ältere Menschen eher mal Dankbarkeit zeigen würden und in diesen Fällen oft mehr der Mensch im Mittelpunkt stünde.[1033]

5. Ergebnis

Die Gefährdung durch Kriminalität ist im Alter grundsätzlich geringer als bei jüngeren Menschen, insbesondere im öffentlichen Raum. Als Erklärung hierfür kann der veränderte Lebensstil älterer Menschen herangezogen werden, der dafür sorgt, dass diese mit potentiellen Tätern weniger in Kontakt kommen und sich daher weniger Tatgelegenheiten in Bezug auf sie ergeben. Denkbar ist auch ein erhöhtes Vermeideverhalten älterer Menschen. Dennoch gilt diese niedrige Betroffenheit hinsichtlich Viktimisierungen nicht für alle Deliktsbereiche, da ältere Menschen in bestimmten Deliktsbereichen von den Tätern sogar gezielt als Opfer herausgesucht werden. Zu nennen sind hier der Handtaschenraub oder Delikte wie der sog. Enkeltrick, aber auch Raubmord, fahrlässige Tötung und Misshandlung Schutzbefohlener gehen sehr häufig zu Lasten älterer Menschen. Diese Ausnahmebereiche sind nicht auf den öffentlichen Raum begrenzt, sondern schließen ihr häusliches Umfeld ein. Hinzu kommt, dass diverse, nicht völlig vernachlässigenswerte Dunkelfelder vermutet werden, so etwa bei Nahraumdelikten und den Sexualdelikten. Problematisch bei der Erforschung dieser Dunkelfelder ist allerdings, dass gerade eine besonders vulnerable Gruppen der älteren Menschen, nämlich jene die unter Einschränkungen der kognitiven und körperlichen Funktionen leiden oder sozial sehr isoliert leben, von Opferbefragungen nicht erreicht werden können. Eine Problematik an Opferbefragungen ist, dass die Viktimisie-

1033 Zum Ganzen Meyer zu Bexten/Schneider, Empirische Polizeiforschung 2010, S. 101.

rungsrate älterer Menschen grundsätzlich geringer ausfällt als die jüngerer Menschen und somit auch im Rahmen von Befragungen die statistische Wahrscheinlichkeit sinkt, dass eine Viktimisierung aufgedeckt wird.

Gerade hinsichtlich hochaltriger bzw. pflegebedürftiger Menschen ist die Datenlage eher dünn. Es ist davon auszugehen, dass gerade hier ein Dunkelfeld herrscht, da diese Gruppe besonders vulnerabel und zugleich in ihrer Anzeigefähigkeit beschränkt ist und auch Opferbefragungen hier an ihre Grenzen stoßen. Auch wenn diesbezüglich keine repräsentativen Daten existieren, erscheinen etwaige Präventions- und Interaktionsmaßnahmen im Bereich der Pflege gleichwohl erfolgversprechend, wenn man davon ausgeht, dass diese Delikte auf einer Überlastung der Pflegeperson und schwierigen familiären Beziehungen und weniger auf einer kriminellen Energie des Täters beruht.

Hinsichtlich der Täter-Opfer-Konstellation herrscht in der kriminologischen Forschung Einigkeit darüber, dass Täter und Opfer in den meisten Viktimisierungskontexten *„einander in ihren demographischen Profilen recht ähnlich sind"*.[1034] Gerade bei Tatkonstellationen mit Opfern in hohem Alter bestehen hiervon allerdings Abweichungen, insbesondere bei Eigentums- und Vermögensdelikten, die in Zusammenhang mit Täuschungen stehen. In diesen Fällen werden wie gesehen auch von jüngeren Tätern gezielt ältere Menschen als Opfer herausgesucht, da die Täter davon ausgehen, dass diese bestimmte altersbedingte Merkmale aufweisen, die eine erfolgreiche Tatbegehung begünstigen können.

Als Erklärung für die grundsätzlich niedrige Viktimisierungsrate älterer Menschen werden unterschiedliche Erklärungsansätze herangezogen. Die These, dass ältere Menschen keine attraktiven Opfer darstellen würden, ist nach vorliegneder Ansicht allerdings nicht überzeugend, da diese teilweise (z.B. beim Enkeltrick) gerade bevorzugt als Opfer ausgewählt werden und nicht ersichtlich ist, dass bei der strafrechtlichen Verfolgung härtere und dadurch auf potentielle Täter besonders abschreckende Sanktionen verhängt werden würden. Die im Rahmen der These, dass es sich um eine schwer zu erreichende Opfergruppe handele, vorgebrachten Argumente hingegen klingen plausibel, solange es sich um Kontaktdelikte handelt. In Bezug auf Nahraumdelikte könne eine zurückgezogene Lebensweise zwar Tatgelegenheiten mangels entsprechenden Kontakts zu Dritten verringern, andererseits kann das Fehlen sog. *guardians* und geringerer Tatentdeckungswahrscheinlichkeit tatmotivierend wirken. Man könnte diesbezüglich sogar so weit gehen, dass man annimmt, dass das Viktimisierungs-

1034 Görgen u.a., Sicher leben im Alter, S. 5.

risiko tatsächlich gar nicht zurückgeht, sondern nur in den häuslichen Bereich verlagert und nicht bekannt wird.

In der Polizeiarbeit zeigen sich in Zusammenhang mit älteren Menschen gewisse Schwierigkeiten bei der Kommunikation und oftmals wird die Polizei von ihnen als Anlaufstelle für Probleme genutzt, die nicht in den Aufgabenkreis der Polizei fallen.

IV. Folgen einer Straftat für ältere Menschen

Es stellt sich die Frage, ob sich bei älteren Menschen in Bezug auf die Folgen von Viktimisierungen, hinsichtlich derer man grob zwischen den psychischen, physischen und sonstigen Belastungen differenzieren kann,[1035] Besonderheiten ergeben.

1. Begriffsbestimmung: Folgen einer Tat

Hinsichtlich der Bestimmung der Folgen, unter denen das Opfer einer Straftat leidet, existiert keine Formel o.ä., denn sie können sowohl akut und offensichtlich sein, wie etwa eine Schnittwunde nach einer Körperverletzung, als auch subtil und langfristig, wie etwa ein chronisch werdendes Gesundheitsproblem, als auch mittelbar, wie das Unterlassen von Spaziergängen bei Dunkelheit.[1036]

Sinnvoll erscheint es jedenfalls, zwischen den Kosten der Viktimisierung einerseits und den Reaktionen auf die Viktimisierung andererseits zu differenzieren.[1037] Zwar könnte man sich auf den Standpunkt stellen, dass eine bestimmte Reaktion zugleich Kosten sind, allerdings ist dies nur solange überzeugend, wie die Reaktion die Lebensqualität in negativer Hinsicht beeinflussende Konsequenzen birgt, jedoch erscheint nicht passend, sie hierunter zu fassen, wenn die Reaktion für das Opfer etwas Positives nach

---

1035 Ähnlich Kreuzer, Senioren als Kriminalitätsopfer, S. 4; Kreuzer, Bewährungshilfe 2010, S. 89, der pauschal behauptet, ältere Menschen würden physisch, psychisch und sozial stärker unter den Folgen von Gewalt leiden; sowie bei Kreuzer/Hürlimann, S. 45.

1036 Fattah/Sacco, S. 155; vgl. Neubacher, S. 134; Görgen, Kriminologie u. Forensische Psychatrie, S. 253.

1037 Vgl. Fattah/Sacco, S. 198, da Reaktionen auch Positives nach sich ziehen können und daher nicht immer als Kosten bezeichnet werden können.

sich zieht, das die negativen Kosten vielleicht sogar in irgendeiner Form aufwiegt.[1038]

a) Viktimisierungskosten

Es besteht keine Einigkeit darüber, was unter den Begriff Viktimisierungskosten gefasst werden kann.[1039] Da es aufgrund der Vielschichtigkeiten von Viktimisierungen beinahe unmöglich ist, eine alles umfassende Definition dafür zu finden, wird der Blick teilweise nur auf die offensichtlichsten und unmittelbarsten Kosten gerichtet,[1040] z.B. unmittelbare finanzielle Einbußen oder Knochenbrüche.[1041] Denkbar sind aber auch indirekte Kosten, z.B. Kriminalitätsfurcht.[1042]

b) Reaktionsmöglichkeiten

In Abgrenzung zu den Kosten einer Viktimisierung kann grundsätzlich auch zwischen verschiedenen Reaktionsmöglichkeiten auf diese Viktimisierung unterschieden werden.[1043] Eine typische Reaktion ist ein von nun an an den Tag gelegtes Vermeidungsverhalten *(„avoidance“)*.[1044] Dabei versucht das Opfer potentiell gefährlichen Situation von vornherein aus dem Weg zu gehen, indem es nachts nicht mehr das Haus verlässt, in bestimmten Gegenden lieber ein Taxi nimmt anstatt zu laufen oder unter Umständen sogar zu so radikalen Mitteln wie einen Wohnortwechsel greift.[1045] Eine ebenfalls weit verbreitete Reaktion ist, dass das Opfer seine Wohnung besser gegen Angriffe von außen schützt (*„home protection“*), sei es durch das Anbringen neuer Schlösser, weiterer Lichter oder einer Alarmanlage.[1046] Ein weiterer Weg ist Selbstverteidigung (*„self-protection“*), d.h., das Opfer trägt einen Gegenstand bei sich, mit dem es sich notfalls verteidigen könnte (Waffe, Pfefferspray o.Ä.), belegt einen Selbstverteidi-

1038 Ebd., S. 198.
1039 Ebd., S. 186 f. mit einem anschaulichen Beispiel.
1040 Ebd., S. 188.
1041 Ebd., S. 188 und S. 189.
1042 Fattah/Sacco, S. 206.
1043 Siehe die Auflistung bei Fattah/Sacco, S. 198.
1044 Ebd., S. 198; vgl. Görgen, Kriminologie u. Forensische Psychatrie, S. 254.
1045 Fattah/Sacco, S. 198.
1046 Ebd., S. 198; Görgen, Kriminologie u. Forensische Psychatrie, S. 254.

gungskurs oder erlernt einen Kampfsport, wobei es auch darin geschult wird mehr auf seine Umgebung achtet und sensibler auf mögliche bevorstehende Gefahrensituationen reagieren zu können.[1047] Denkbar ist auch, dass das Opfer einen erhöhten Redebedarf hinsichtlich des Erlebten aufweist („*communicative behaviour*“) und/oder die Hilfe bestimmter Institutionen in Anspruch nimmt („*collective participation*“), seien es Opferschutzorganisationen (wie etwa Weisser Ring - Gemeinnütziger Verein zur Unterstützung von Kriminalitätsopfern und zur Verhütung von Straftaten e.V.; Handeln statt Misshandeln Bonner Initiative gegen Gewalt im Alter e.V.) oder die Polizei, die polizeiliche Beratungsstellen, diverse Broschüren und auch Seminare anbietet.[1048]

Die Reaktionen müssen nicht immer zwingend negativ für das Opfer sein.[1049] Ältere Menschen, die in sozialer Isolation gelebt haben, und Opfer einer Straftat wurden, könnten anschließend zum Beispiel weniger isoliert sein, da Freunde und Verwandtschaft durch die Tat dazu animiert wurden, sich wieder mehr mit dieser Person zu befassen.[1050] Eventuell wendet die Person sich auch an eine Opferorganisation der Person, wodurch die soziale Isolation (zumindest zeitweise) aufgebrochen wird.[1051] Denkbar ist auch, dass das Opfer altersgemäße Selbstverteidigungsfertigkeiten erlernt und dadurch zu neuem und größerem Selbstvertrauen findet.[1052] Möglich ist auch, dass die Unbekannte „Kriminalität“ im Anschluss an eine tatsächlich erfolgte und nicht so gravierende Viktimisierung ein wenig von ihrem Schrecken verliert und das Opfer im Anschluss an eine Viktimisierung weniger ängstlich ist.[1053] So gesehen erscheint es tatsächlich nicht stimmig, die Reaktionen auf die Viktimisierung allesamt mit den Kosten der Viktimisierung zusammen zu fassen. *Fattah* kritisiert, dass generell, aber insbesondere in Bezug auf ältere Menschen, in der Wissenschaft die Neigung bestehe, die positiven Aspekte auszublenden und sich ausschließlich auf

---

1047 Fattah/Sacco, S. 198.

1048 Ebd., S. 198; vgl. Görgen, Kriminologie u. Forensische Psychatrie, S. 258; vgl. www.polizei-beratung.de (01.11.2019); Ratgeber „Sicher zu Hause – Ratgeber für Seniorinnen und Senioren“, Programm Polizeiliche Kriminalprävention der Länder und des Bundes (Hg.); Ratgeber „Sicher leben – Ratgeber für Ältere und Junggebliebene, Programm Polizeiliche Kriminalprävention der Länder und des Bundes (Hg.).

1049 Fattah/Sacco, S. 199.

1050 Ebd., S. 199; vgl. auch Fattah, KFN-FB,. Nr. 10, S. 27.

1051 Fattah/Sacco, S. 199; vgl. auch Fattah, KFN-FB,. Nr. 10, S. 27.

1052 Fattah/Sacco, S. 199; vgl. auch Fattah, KFN-FB, Nr. 10, S. 27.

1053 Fattah, KFN-FB, Nr. 10, S. 26 f.

die negativen Konsequenzen der Tat zu konzentrieren.[1054] Im Endefekkt scheint es aber tendenziell zutreffend zu sein, dass das Opfer sich eher zurück zieht und gerade noch mehr isoliert wird,[1055] so dass in den meisten Fällen Kosten und Reaktion also durchaus zusammenfallen. Neben den negatien Konsequenzen explizit auch auf einen möglichen „Gewinn“ des Opfers abzustellen birgt außerdem die Gefahr einer Relativierung der Viktimisierung in sich, so dass die Wissenschaft den eventuell positiven Gesichtspunkten zu Recht weniger Aufmerksamkeit zukommen lässt.

Auch die Reaktionen des sozialen Umfelds auf die Tat können relevant sein. Dritte können mit Zuhören und Ratschlägen helfen,[1056] aber auch bei praktischen Dingen (Abholen aus dem Krankenhaus, Unterstützung bei der Anzeige, finanzielle Unterstützung).[1057] Auch wenn es selbstverständlich auf den Individualfall ankommt, scheinen ältere Menschen von einem sozialen Netzwerk besonders zu gewinnen,[1058] andererseits kann diese soziale Unterstützung aufgrund von Isolierung bei älteren Menschen oft geringer ausfallen.[1059] Mit fortschreitendem Alter dünnt sich das soziale Netzwerk hinsichtlich Gleichaltriger durch Todesfälle oder schwere Krankheiten zunehmend aus, wodurch Verluste entstehen, die schwer oder auch gar nicht ausgeglichen werden können.[1060] Der Pool potentieller Unterstützer wird zusätzlich noch dadurch verkleinert, dass bei älteren Menschen hinsichtlich der Hilfeleistungshandlung oftmals quantitative und qualitative Besonderheiten bestehen.[1061] Jedoch ist zu bedenken, dass ein soziales Netzwerk nicht ausschließlich Vorteile mit sich bringt und sich auch negativ auswirken kann, wenn die Unterstützung dazu führt, dass die ältere Person zwar in der konkreten Notsituation das alltägliche Leben besser bewältigen kann, langfristig gesehen aber ihre Selbstständigkeit einbüßt und in soziale Abhängigkeit gerät.[1062] Zudem führen mehr soziale Kontakte auch vermehrt zum Risiko einer sog. Sekundärviktimi-

---

1054 Ebd., S. 26.
1055 Fattah/Sacco, S. 199.
1056 Studer, S. 220 f.; Fattah/Sacco, S. 202; Vgl. Fattah, KFN-FB, Nr. 10, S. 27.
1057 Studer, S. 221; Greve, KFN-FB, Nr. 65, S. 22; Fattah/Sacco, S. 202.
1058 Greve/Niederfranke, ZKP 1998, S. 132.
1059 Fattah/Sacco, S. 202; Greve, KFN-FB, Nr. 65, S. 22.
1060 Greve, KFN-FB, Nr. 65, S. 23 f.
1061 Greve/Niederfranke, ZKP 1998, S. 132.
1062 Greve, KFN-FB, Nr. 65, S. 23; Greve/Niederfranke, ZKP 1998, S. 132.

sierung durch Schuldzuweisungen oder durch andere unangemessene, unsensible und grobe Reaktionen.[1063]

Es kommt folglich auf den Einzelfall an, grundsätzlich kann man aber festellen, dass ein, funktionierendes soziales Umfeld einen positiven Einfluss auf das Opfer einer Straftat hat und dieses Umfeld mit zunehmendem Altem immer weiter abnimmt.

2. Psychische Folgen

Zunächst erscheint es sinnvoll, die psychischen Folgen einer Viktimisierung näher zu betrachten.

a) Stärkere psychische Folgen

aa) Grundsätzliches

Die Erfahrung Opfer einer Straftat zu werden, ist für die jeweilige Person ein Ereignis, das mit negativen psychischen Konsequenzen verbunden sein kann. Gerade im Rahmen von Wohnungseinbruchsdiebstählen ist bekannt, dass deren Opfer extrem darunter leiden, dass in ihre Privatsphäre eingedrungen wurde und das vermeintlich sichere Zuhause offenbar nicht so sicher ist wie bislang angenommen.[1064] Dies ist auch der Grund, dass der Wohnungseinbruchdiebstahl als eigene Qualifikation in das Strafgesetzbuch aufgenommen wurde und somit einen höheren Strafrahmen als bei einem regulären Diebstahl vorsieht. In der Gesetzesbegründung heißt es ausdrücklich: „*Es handelt sich um eine Straftat, die tief in die Intimsphäre der Opfer eindringt und zu ernsten psychischen Störungen - z. B. langwierigen Angstzuständen - führen kann. Nicht selten sind Wohnungseinbrüche mit Gewalttätigkeiten gegen Menschen und Verwüstungen der Einrichtungsgegenstände verbunden*".[1065] Maßgeblich sind also der tiefe Eingriff in die Intimsphäre und die Folgeerscheinungen der Tat. Auch im Rahmen von Sexualdelikten

1063 Greve, KFN-FB, Nr. 65, S. 23 f.; Greve/Niederfranke, ZKP 1998, S. 132; eingehender hierzu Greve/Hosser/Wetzels, S. 89 ff.

1064 BT-Drucks, 13/8587 S. 43 r. Sp.; Bosch in: Schönke/Schröder StGB, § 244 Rn. 30; vgl. auch Hellmann, KFN-FB, Nr. 122, S. 33 mit dem Hinweis auf diverse Studien und eigenen entsprechenden Ergebnissen auf S. 85; ähnlich Wetzels u.a., KFN-FB, Nr. 16, S. 10; Behn/Feltes, Kriminalistik 2013, S. 463 ff.

1065 BT-Drucks. 13/8587, S. 43, r. Sp.; Krüger/Ströhlein, JA 2018, S. 403.

liegt es auf der Hand, dass neben den körperlichen Verletzungen auch eine enorme psychische Belastung eine Folge der Tat sein kann, die oft ein Leben lang anhalten kann.[1066] Allgemein gesprochen, kann eine Viktimisierung also auch im Nachgang zu psychologischem Stress führen, der es eventuell zu verhindern vermag, dass das Opfer die Tat jemals „verarbeitet".[1067] Einen gewissen Einfluss hierauf hat auch die Tatsache, wie das Umfeld und die Strafverfolgungsbehörden mit der Tat und dem Opfer umgehen, da es hier sogar zu einer sog. Sekundärviktimisierung kommen, die diesen ohnehin schon vorhandenen psychischen Stress noch weiter verstärkt, etwa wenn das Opfer sich nicht ernstgenommen fühlt.[1068] Auch wenn diese psychischen Folgen manchmal schwer greifbar sind, können sie nicht ausgeblendet werden und sind als „psychische Kosten" zu berücksichtigen.[1069] Sofern eine Bewältigung nicht erfolgreich war, insbesondere wenn die Opfererfahrung *„als Bedrohung der eigenen personalen Identität erlebt wird"*, zeigt sich dies in Form von Kriminalitätsfurcht.[1070]

Die Einordnung des Geschehens seitens des Opfers ist relevant für die psychischen Folgen der Tat.[1071] Hinsichtlich der Frage, wie ältere Menschen Viktimisierungen einordnen bzw. ob ältere Menschen vielleicht grundsätzlich weniger gut dazu in der Lage sind, mit den negativen Folgen einer Straftat umzugehen, scheiden sich die Geister. Es wird vertreten, dass ältere Menschen im Fall einer Viktimisierung von stärkeren bzw. nachhaltigeren psychischen Folgen betroffen seien, als jüngere Opfer.[1072] So wird angeführt, dass ältere Menschen stärker als jüngere Menschen unter Kriminalitätsfurcht und Opfererfahrungen leiden würden (sog. *„Konsequenzargument"*), wegen der kürzeren noch verbleibenden Lebensdauer die Folgen einer Gewaltanwendung schwerer kompensieren könnten (sog. *„Perspektivenagrument"*) und adaptive Bewältigungsmechanismen schlechter funktionieren würden (sog. *„Resilienzargument"*).[1073] Manche Wissenschaftler sehen es allerdings als erwiesen an, dass gerade ältere Menschen

---

1066 Vgl. z.B. Renzikowski in: MüKo StGB, § 176 Rn. 10.

1067 Fattah/Sacco, S. 189; vgl. auch Bock, § 20 Rn. 924.

1068 Streng in: Kindhäuser/Neumann/Paeffgen, StGB, § 46 Rn. 77; Behn/Feltes, Kriminalistik 2013, S. 454; Neubacher, S. 134.

1069 Fattah/Sacco, S. 189; vgl. Neubacher, 135.

1070 Greve/Hosser/Wetzels, S. 84; vgl. Neubacher, S. 140.

1071 Fattah/Sacco, S. 203.

1072 Vgl. Wetzels/Greve, ZfGG 1996, S. 192; Kreuzer/Hürlimann, S. 45; Greve/Hosser/Wetzels, S. 70.

1073 Zu diesen drei Argumenten siehe Schmidt u.a., Rechtsmedizin 2000, S. 180; Niederfranke/Greve, ZfGG 1996, S. 170 f.

grundsätzlich besser dazu in der Lage wären, mit Schicksalsschlägen oder schwierigen Lebenssituationen umzugehen und sich an geänderte Gegebenheiten anzupassen, nicht nur in Bezug auf Kriminalität und die Folgen einer Viktimisierung.[1074]

bb) Assimilative und akkomodative Bewältigungsmechanismen

Generell gibt es verschiedene Ansätze dafür, wie Menschen mit Krisensituationen umgehen. Gemäß einer anerkannten entwicklungspsychologischen Perspektive, dem Zwei-Prozess-Modell der Entwicklungsregulation,[1075] gibt es zum einen sog. assimilative Bewältigungsmechanismen, die hauptsächlich darauf fußen die belastende Situation zu beenden, und zum anderen sog. akkomodative Bewältigungsmechanismen, die darauf abstellen sich möglichst gut an die (vermeintlich) nicht abänderbare Situation anzupassen.[1076] Die assimilative Strategien dienen dazu bestehende Ziele weiterhin aktiv zu verfolgen und unter Heranziehung der vorhandenen Ressourcen problemlösungsorientiert zu handeln (*„hartnäckige Zielverfolgung“*), während akkomodative Strategien auf die Loslösung von nicht erreichbaren Zielen hin zu neuen Zielen abzielen (*„flexible(n) Zielanpassung“*).[1077] Zudem gibt es noch von der Akkomodation schwer abgrenzbare sog. Immunisierungstendenzen, zu denen defensive Bewältigungsreaktionen zählen.[1078] Da für eine aktive Beeinflussung des Zustandes bestimmte kognitive und behaviorale Handlungsressourcen notwendig sind, diese mit dem Alter jedoch immer weiter zurückgehen, wird der Rückgriff auf assimilative Strategien für ältere Menschen immer schwieriger.[1079] Die Probleme mit denen sie sich vielfach konfrontiert sehen, entziehen sich nämlich häufig von vornherein einer aktiven Beeinflussung, so etwa das

1074 Greve, Bedrohung durch Gewalt, S. 136; Greve, KFN-FB, Nr. 65, S. 2, S. 24.

1075 Wilmers/Greve, Opfer von Straftaten, S. 264; Herbst, S. 49; Kruse/Wahl, ZfGG 1999, S. 280.

1076 Leipold/Greve, Angewandte Gerontologie, S. 90; Kruse/Wahl, ZfGG 1999, S. 280; Herbst, S. 49.

1077 Thiele, ZMP 1999, S. 161; Herbst, S. 49 f.; siehe eingehender hierzu Brandstädter/Greve, Ztschr. f. Entwicklungspsychologie 1992, S. 281 ff.

1078 Herbst, S. 52; Brandstädter/Greve, Ztschr. f. Entwicklungspsychologie 1992, S. 288 f.

1079 Leipold/Greve, Angewandte Gerontologie, S. 91; Greve/Wentura/Zisterer, ZMP 1999, S. 172.

Versterben des Partners.[1080] Auch in gesundheitlicher Hinsicht sind ältere Menschen regelmäßig schwächer als jüngere Menschen, die körperliche Fähigkeit, Widerstand zu leisten, nimmt ab und die Gefahr körperlich verletzt zu werden steigt.[1081] Aufgrund der geringeren noch in Aussicht stehenden Lebenszeit sehen ältere Menschen ihre Verletzungen im Rahmen von gewaltförmigen Viktimisierungen schneller als *„irreversibel"* an, was ebenfalls dazu führt, dass sie (empirisch nachweisbar) mehr und mehr akkomodative bzw. adaptive Copingstrategien verwenden.[1082]

Diese akkomodative Herangehensweise an Krisenbewältigung scheint bei sehr vielen älteren Menschen im Allgemeinen relativ gut zu funktionieren, da das erwachsene Selbst auch angesichts mit dem Alter einhergehender Krisen (biologische Abbauprozesse, Verlust naher Angehöriger o.Ä.) bei den meisten Menschen ziemlich stabil bleibt.[1083] Akkomodative Bewältigungsstrategien sollten dabei nicht vorschnell als Zeichen von Hilflosigkeit, Resignation, Verleugnung oder Verdrängung abgewertet werden, sondern als wichtige Vorgehensweisen um im Alter Depressionen und Identitätsdefiziten vorzubauen.[1084] Sie sind der Grund dafür, dass es älteren Menschen gelingt, trotz anwachsender Einbußen und Einschränkungen grundsätzlich zufrieden zu sein, und erklären somit dieses *„Wohlbefindensparadox"*[1085] bzw. *„Zufriedenheitsparadox"*.[1086] In der sozialen Gerontologie hat sich zur Erklärung für Anpassungsprozesse ältererer Menschen das sog. Modell der selektiven Wahrnehmung mit Kompensation etabliert, das im Wesentlichen den akkomodativen Strategien entspricht.[1087]

An sich wäre nun die Schlussfolgerung naheliegend, dass diese akkomodativen Bewältigungsmechanismen auch im Fall einer Viktimisierung einer älteren Person erfolgreich eingreifen. Dies scheint aber zu kurz gedacht zu sein, da das Erleben von Kriminalität wohl nicht per se mit den

---

1080 Greve/Hosser/Wetzels, S. 16; vgl. Kruse/Wahl, ZfGG 1999, S. 281.

1081 Siehe hierzu ausführlich *2. Teil: A III.*

1082 Görgen/Nägele, KFN-FB, Nr. 89, S. 64.; Herbst, S. 161; Greve, Ztschr. f. Entwicklungspsychologie 2000, S. 130; Kruse/Wahl, ZfGG 1999, S. 281.

1083 Vgl. etwa Greve/Wentura/Zisterer, ZMP 1999, S. S. 167 f., S. 172; Leipold/Greve, Angewandte Gerontologie, S. 91; Kruse/Wahl, ZfGG 1999, S. 286; Thiele, ZMP 1999, S. 164.

1084 Brandstädter/Greve, Ztschr. f. Entwicklungspsychologie 1992, S. 286, S. 288.

1085 Zum Begriff: Greve, Ztschr. f. Entwicklungspsychologie 2000, S. 123 f., S. 129; eingehen hierzu Herbst, S. 160 ff.

1086 Erlemeier/Sperling, Suizidalität im Alter, S. 7.

1087 Ebd., S. 8.

üblichen Krisen im Leben eines Menschen gleichgesetzt werden kann. Dies liegt möglicherweise darin begründet, dass bei einer kriminellen Viktimisierung der Täter sein Opfer bewusst ausgewählt hat und dieses sich in der Folge besonders mit der Frage „*Warum ich*?“ konfrontiert sieht.[1088] Es wird vertreten, dass ältere Menschen als Opfer von Straftaten langfristig besonders betroffen sind, indem sie z.B. im Anschluss an eine Straftat besonders große Angst haben, ihr Zuhause zu verlassen („*Konsequenzargument*“).[1089] In diesem Sinne kam auch eine Studie von *Wilmers/Greve* zu dem Ergebnis, dass Akkomodation keinesfalls den Einfluss einer Viktimisierungserfahrung auf die Furchthäufigkeit abmildern konnte.[1090] Die Ergebnisse deuteten darauf hin, dass Assimilation und Akkomodation grundsätzlich gleich wirken, da unabhängig davon, welche Bewältigungsressource von den Befragten bemüht wurde, die Personen mit Opfererfahrungen höhere Furchtraten aufwiesen als die Nicht-Opfer.[1091] Dies erscheint dann nicht überraschend, wenn man davon ausgeht, dass auch ohne Viktimisierung und allein aufgrund der üblichen körperlichen Abbauprozesse älterer Menschen „*das vorweggenommene Erkennen einer drohenden aber noch nicht erfolgten Einschränkung in der Aktivität bereits eine Quelle für Angst, vermindertes Selbstwertgefühl und Hilflosigkeit*“[1092] ist, die es abzumildern gilt. Kommt eine tatsächliche Viktimisierung hinzu funktioniert die Akkomodation eventuell nicht mehr oder nicht mehr so gut wie bei anderen Krisensituationen. *Fattah* meint sogar, dass „*die Beeinträchtigung persönlichen Sicherheitsgefühls, die Erkenntnis individueller Verwundbarkeit sowie das Wissen darum, dass sich solche Ereignisse immer wiederholen können (...) wahrscheinlich die traumatischsten Aspekte krimineller Opfererfahrung älterer Menschen*“ sind.[1093] Dies kann dadurch erschwert werden, dass ältere Menschen manchmal über kein ausreichendes soziales Umfeld verfügen und daher nicht hinreichend soziale Unterstützung erhalten, um das Trauma der Viktimisierung zu verarbeiten.[1094] Damit verknüpft ist -

---

1088 Greve/Niederfranke, ZKP 1998, S. 133; Wilmers/Greve, Opfer von Straftaten, S. 264.

1089 Greve/Hosser/Wetzels, S. 68, S. 70; Schmidt u.a., Rechtsmedizin 2000, S. 180; kritisch zu den empirischen Belegen solcher Aussagen Fattah, KFN-FB, Nr. 10, S. 26.

1090 Wilmers/Greve, Opfer von Straftaten, S. 277.

1091 Ebd., S. 275.

1092 Wenn das Altwerden zur Last wird, S. 13.

1093 Fattah, KFN-FB, Nr. 10, S. 27 f.

1094 Vgl. Fattah/Sacco, S. 186.

zumindest nach Ansicht mancher Forscher[1095] - oft auch die Unsicherheit eine strafrechtliche Verfolgung anzuregen, etwa durch Anzeige bei der Polizei, das Aufsuchen eines Rechtsanwaltes o.ä.[1096] In eine ähnliche Richtung geht auch die Aussage von *Fattah/Sacco*, dass ältere Menschen dazu neigen, sich selbst vorzuwerfen, in die Opferposition geraten zu sein.[1097] Zu bedenken ist weiterhin, dass bei älteren Menschen eine Verlagerung der Viktimisierungen vom öffentlichen Raum in den Nahraum stattfindet und sich dies hinsichtlich der psychischen Auswirkung der Tat qualitativ bemerkbar machen könnte.[1098]

Dennoch gibt es aber auch empirische Erkenntnisse dahingehend, dass die Anwendung akkomodativer Strategien bei erlebten Viktimisierungen zu einer geringeren Kriminalitätsfurcht der (älteren) Opfer führt,[1099] und zwar auch dann, wenn nur Kontaktdelikte mit Bedrohung und Gewalt für die Analyse herangezogen werden.[1100]

Studer kommt in seiner Untersuchung wiederum zu dem Ergebnis, dass mangels ausreichender Zahlen gerade keine Aussage darüber möglich sei, ob die subjektive Belastung im Alter höher einzustufen ist.[1101] Es ließe sich lediglich feststellen, dass Frauen im Durchschnitt mehr belastet sind als Männer und je einsamer ein Proband war, desto größer war ebenfalls seine subjektive Belastung.[1102] Im Endefekt attestiert er älteren Menschen zumindest, dass sie nicht *„stärker unten diesen Delikten litten als jüngere"*.[1103]

Letztlich lässt sich keine eindeutige Aussage darüber treffen wie die Mehrheit der älteren Menschen mit dem Erleben von Kriminalität umzugehen vermag. Die von *Fattah* vorgebrachte Kritik, die These, ältere Menschen hätten mehr unter den Folgen einer Straftat zu leiden, würde von Forschern oftmals vorschnell aufgestellt und sei nicht durch entsprechende empirische Erkenntnisse ausreichend abgesichert, ist auch heute noch aktuell. Zwar geht auch er davon aus, dass es im Rahmen einer Opferwerdung zu *„verheerenden Auswirkungen psychischer (...) Art auf einen älteren*

1095 Siehe 2. *Teil: B III 3 b bb.*
1096 Vgl. ebd., S. 185 f.; vgl. Rate mal, wer dran ist, S. 14.
1097 Fattah/Sacco, S. 186.
1098 Greve/Niederfranke, ZKP 1998, S. 133; Greve/Hosser/Wetzels, S. 70.
1099 Greve/Hosser/Wetzels, S. 86 m.w.N., ohne jedoch vertiefend auf diese Thematik einzugehen.
1100 Ebd., S. 87 f.
1101 Studer, S. 222.
1102 Ebd., S. 222.
1103 Ebd., S. 137.

Menschen" kommen kann,[1104] allerdings ist empirisch ungeklärt, ob ältere Menschen aufgrund ihres fortgeschrittenen Alters schwächere Bewältigungsmechanismen aufweisen, oder ob mit dem Alter eventuell einhergehende Eigenschaften, wie große Lebenserfahrung, realistische Lebenseinschätzung, Weisheit oder Widerstandskraft, gerade zu einer leichteren Verarbeitung der Folgen der Viktimisierung beitragen.[1105] Vertiefte Studien dazu, inwiefern ihnen das Eingreifen akkomodativer Bewältigungsstrategien im Rahmen der Bewältigung von aktuellen Viktimisierungserfahrungen tatsächlich hilft, fehlen bislang.[1106]

b) Besonders große Kriminalitätsfurcht

Ein weiterer zu beachtender Aspekt ist, dass älteren Menschen nachgesagt wird, sie hätten im Vergleich zu jüngeren Menschen - nicht nur nach einer tatsächlich erfolgten Viktimisierung, sondern generell - eine gesteigerte Furcht vor Kriminalität.[1107] So berichtet zum Beispiel *Greve*, dass in einem von ihm abgehaltenen Workshop zum Thema „Alte Menschen im öffentlichen Raum" der Direktor des Landeskriminalamtes NRW und ein Kriminalhauptkommissar am Polizeipräsidium Düsseldorf die Erfahrung gemacht hätten, dass gerade ältere Menschen sich von der offenen Drogenszene am Düsseldorfer Hauptbahnhof bedroht fühlten.[1108] Dies sei insofern nicht ganz nachvollziehbar, als dass von der Drogenszene per se keine gesteigerte Gefahr für ältere Menschen, sondern allenfalls für die Menschen, die sich in dieser Szene bewegen, ausgeht.[1109]

In diesem Zusammenhang ist zunächst einmal zu klären, was genau sich hinter dem Begriff Kriminalitätsfurcht verbirgt und ob hinsichtlich älterer Menschen ein sog. Viktimisierungs-Furcht-Paradoxon tatsächlich vorliegt bzw. inwiefern sie davon belastet werden.

1104 Fattah, KFN-FB, Nr. 10, S. 28.

1105 Ebd., S. 26.

1106 In diesem Zusammenhang wurde die - auch heute noch berechtigte - Forderung nach einer eigenen, die besonderen psychologischen Aspekte im Alter einbeziehenden Gerontoviktimologie zur Erforschung eben jener Fragen laut, Görgen/Nägele, KFN-FB, Nr. 89, S. 63; Greve/Niederfranke, ZKP 1998, S. 134.

1107 Für viele Herbst, S. 13.

1108 Greve, Bedrohung durch Gewalt, S. 180.

1109 Ebd., S. 180.

aa) Der Begriff Kriminalitätsfurcht

Kriminalitätsfurcht ist das subjektive Sicherheitsgefühl einer Person und spiegelt wider, inwiefern sich diese Person bedroht fühlt.[1110] Die Literatur unterscheidet grundsätzlich zwischen den Begriffen Furcht, die sich auf ein konkretes Vorkommnis bezieht, und Angst, die dies nicht tut; da die Differenzierung oftmals nicht ganz eindeutig ist, werden die Begriffe aber weitestgehend gleichbedeutend gebraucht.[1111] Auch in Bezug auf ältere Menschen wurde zum Teil die Verwendung des Begriffs Kriminalitätsangst als zutreffender eingeordnet, da diese im Allgemeinen eher von *„sehr diffus(en)"* Ängsten ergriffen seien,[1112] diese Ansicht hat sich jedoch ebenfalls nicht durchgesetzt.

Grundsätzlich lässt sich sagen, dass Kriminalitätsfurcht in allen Altersgruppen davon beeinflusst wird, wie viel Vertrauen in die Polizeiarbeit gesetzt wird, d.h. je größer das Vertrauen, desto geringer ist die Furcht.[1113] Auch die Massenmedien nehmen Einfluss auf die Kriminalitätsfurcht der Bevölkerung: Je reißerischer und skandalisierender die Berichterstattung, desto größer ist die Furcht der Konsumenten.[1114] Des Weiteren sind Frauen grundsätzlich bedeutend furchtsamer als Männer und legen auch vermehrt ein Vermeidungsverhalten an den Tag.[1115] Weiterhin ist die Wohnumgebung von Einfluss auf die Kriminalitätsfurcht; in Großstädten ist die Furcht größer als auf dem Land, was wohl damit zusammenhängt, dass in der Stadt mehr potentielle Bedrohungen und Belastungen herrschen.[1116]

Teilweise wird Kriminalitätsfurcht als etwas grundsätzlich Irrationales bezeichnet, da sie immer mit den Blick auf die Realität verzerrenden Emotionen verbunden sei und generell mehr Furcht herrsche als es zu tatsächlichen Viktimisierungen komme.[1117] Dagegen wird eingewendet, dass eine solche Diskrepanz für ein Abwehrverhalten immer notwendig

---

1110 Schwind, Kriminologie, § 20 Rn. 12; sehr ausführlich und differenzierend hierzu Studer, S. 90 ff.

1111 So Schwind, Kriminologie, § 20 Rn. 12 f.; Reuband, Kriminalitätsfurcht, S. 233; vgl. auch Greve/Hosser/Wetzels, S. 58;

1112 Ahlf, ZfG 1994, S. 294; vgl. auch Kreuzer/Hürlimann, S. 89.

1113 Ahlf, ZfG 1994, S. 294 m.w.N.

1114 Ahlf, ZfG 1994, S. 294; vgl. auch Kreuzer/Hürlimann, S. 90; Neubacher, S. 141.

1115 Ahlf, ZfG 1994, S. 294; vgl. auch Reuband, Kriminalitätsfurcht, S. 235; Neubacher, S. 139.

1116 Ahlf, ZfG 1994, S. 294; vgl. auch Reuband, Kriminalitätsfurcht, S. 239 ff.

1117 Reuband, Kriminalitätsfurcht, S. 233.

sei und Emotionen insbesondere nicht zwangsläufig zu einem nicht mehr rationalen Verhalten führen.[1118]

bb) Das Viktimisierungs-Furcht-Paradoxon

In Bezug auf ältere Menschen fällt häufig der Begriff „Viktimisierungs-Furcht-Paradoxon", der Ende der Siebziger Jahre Eingang in die kriminologische Diskussion gefunden hat.[1119]

aaa) Der Begriff „Viktimisierungs-Furcht-Paradoxon"

Lange Zeit wurde das sog. Viktimisierungs-Furcht-Paradoxon in Bezug auf ältere Menschen[1120] als gesichertes Phänomen angesehen.[1121] Hinter dieser Bezeichnung verbirgt sich die Annahme, dass ältere Menschen zwar insgesamt seltener Opfer von kriminellen Handlungen werden, aber dennoch eine erhöhte Furcht vor Kriminalität aufweisen.[1122] Vielfach wurde hieraus geschlossen, dass die Angst der älteren Menschen deshalb irrational und übersteigert sei und nicht die Kriminalität an sich, sondern vielmehr die Furcht vor dieser das eigentliche Problem älterer Menschen sei.[1123] Im Zuge dessen wurden sie sogar als *„prisoners of fear"* bezeichnet,[1124] die sich in ihren Wohnungen wie in *„fortresses of fear"* verstecken[1125] oder *„sich selbst eine Art permanenten ‚Hausarrest' auferlegen"*.[1126] Auch im Vierten Altenbericht des BMFSFJ aus dem Jahr 2002 wird die Furcht älterer Menschen angesichts der Statistiken als nicht gerechtfertigt bezeichnet.[1127] Es wird le-

1118 Ebd., S. 233.

1119 Vgl. z.B. Niederfranke/Greve, ZfGG 1996, S. 172.

1120 Dieser Begriff wird allgemein für Personengruppen, die trotz (scheinbar) verhältnismäßig geringer Opferbelastung eine erhöhte Furcht aufweisen, verwendet, vgl. Eisenberg/Kölbel, § 24 Rn. 44.

1121 Vgl. etwa Kreuzer/Hürlimann, S. 43; Görgen/Greve, Gewalt gegen alte Menschen, S. 61; Greve/Wetzels, KFN-FB, Nr. 34, S. 4.

1122 Vgl. etwa Herbst, S. 13; Greve, IRoV 1998, S. 278.

1123 Vgl. Herbst, S. 25; Alter – ein Risiko?, S. 61; Fattah/Sacco, S. 218; Greve/Wetzels, KFN-FB, Nr. 34, S. 4; Studer, S. 87 m.w.N.; Ahlf, ZfG 1994, S. 293.

1124 Fattah/Sacco, S. 213, S. 226; vgl. Greve, KFN-FB, Nr. 65, S. 1; Greve/Hosser/Wetzels, S. 19.

1125 Fattah/Sacco, S. 150.

1126 Ahlf, ZfG 1994, S. 292.

1127 Vierter Altenbericht, S. 134.

diglich darauf abgestellt, dass die Furcht der älteren Menschen gleichwohl ernst zu nehmen sei, da sie die Lebensqualität gravierend beeinflussen könne.[1128] Auch wenn die Lebenszufriedenheit älterer Menschen grundsätzlich verhältnismäßig hoch sei, werde das subjektive Wohlbefinden von der Kriminalitätsfurcht negativ beeinflusst; es gelte also, diese Furcht zu verringern.[1129]

bbb) Kritik am Viktimisierungs-Furcht-Paradoxon

Das Paradox selbst wurde jedoch bereits mehrfach in Frage gestellt[1130] und es ist durchaus zweifelhaft, ob es gerechtfertigt ist, die Furcht älterer Menschen als unangebracht und hysterisch zu bezeichnen. Auf den ersten Blick mag ihre Furcht angesichts obiger Ergebnisse zu den grundsätzlich niedrigen Vitkimiiserungsraten vielleicht wirklich etwas irrational erscheinen, es lassen sich allerdings einige Kritikpunkte zusammen tragen, die das (vermeintliche) Paradoxon in einem anderen Licht erscheinen lassen.

(1) Die Furcht ist nicht größer

Zunächst einmal kann bereits in Frage gestellt werden, ob die Ergebnisse von Studien überhaupt belegen, dass ältere Menschen eine höhere Kriminalitätsfurcht aufweisen. [1131] Die Studienergebnisse hierzu sind durchaus sehr unterschiedlich: Ein paar internationale Untersuchungen kamen zu dem Ergebnis, dass ältere Menschen gerade weniger furchtsam sind[1132] oder aber, dass keinerlei Zusammenhang zwischen Alter und Kriminalitätsfurcht besteht.[1133] Gemäß der relativ aktuellen österreichischen Untersuchung von *Studer* nimmt die Kriminalitätsfurcht mit dem Alter zwar nicht ab,[1134] ältere Menschen weisen aber auch keine größere Kriminalitätsfurcht auf als jüngere Menschen und der Autor spricht sich deshalb ex-

---

1128 Ebd., S. 134.
1129 Ebd., S. 134.
1130 So etwa bei Studer, S. 231; Herbst, S. 27; Kreuzer/Hürlimann, S. 44; Reuband, Kriminalitätsfurcht, S. 233.
1131 Vgl. z.B. Kreuzer/Hürlimann, S. 43.
1132 Greve/Wetzels, KFN-FB, Nr. 34, S. 11 mit entsprechenden Verweisen; Herbst, S. 25 m.w.N.
1133 Herbst, S. 25 m.w.N.
1134 Studer, S. 232.

plizit gegen „*das stereotype Bild des sich irrational fürchtenden Alten*“ aus.[1135] Die meisten Studien gelangen allerdings zu dem Ergebnis einer höheren Kriminalitätsfurcht älterer Menschen.[1136] Auch die KFN-Studie von 1992 kam auf einen ersten Blick zu einem derartig signifikanten Befund, bei genauerer Betrachtung aber lediglich dann, wenn die Gruppe der besonders furchtlosen jüngeren Menschen von unter 20 Jahren mit der Gruppe der über 70- bzw. 80-Jährigen verglichen wurde.[1137] Weitere, differenziertere Studien ergeben, dass die Furcht älterer Menschen unterschiedlich ausfällt, je nachdem nach welchen Delikten gefragt wird.[1138] So schätzen sie ihr Risiko eher als gering und lediglich im Bereich der Eigentumsdelikte als erhöht ein und haben insofern realistische Vorstellungen von ihrer Kriminalitätsbelastung.[1139] Danach spiegele sich auch in ihrem Verhalten keine gesteigerte Furcht wider, auch wenn sie sich im Gegensatz zu jüngeren Menschen oftmals vorsichtiger verhalten.[1140]

Es wird vermutet[1141] bzw. mittlerweile durch Studien[1142] auch bestätigt, dass die unterschiedlichen Untersuchungsergebnisse zum einen darauf beruhen, dass die Furcht in den diversen Studien unterschiedlich erfragt wurde und zum anderen nicht ausreichend zwischen affektiver, kognitiver und expressiver Komponenten der Furcht differenziert und somit das Ergebnis verzerrt bzw. überschätzt wurde. Dies deswegen, weil lediglich die dritte Komponente in Form von besonderem Vorsichtsverhalten bei älteren Menschen höher ausfällt.[1143] Auf diese Komponenten und die mit ihnen verbundenen Probleme wird im Folgenden näher eingegangen werden.

1135 Ebd., S. 231.

1136 Siehe z.B. Herbst, S. 25 m.w.N.

1137 Vgl. Greve/Wetzels, KFN-FB, Nr. 34, S. 10 f., S. 14.

1138 Vgl. Herbst, S. 25; Görgen/Herbst/Rabold, KFN-FB, Nr. 98, S. 29 ff.

1139 Vgl. Görgen u.a., SHgZ, S. 13, S. 512.

1140 Görgen u.a., SHgZ, S. 13, S. 512; Görgen, Viktimisierung von Senioren, S. 128.

1141 Greve/Hosser/Wetzels, S. 38.

1142 Herbst, S. 26 m.w.N., S. 157; Dreißigacker, KFN-FB, Nr. 129, S. 13 ff.; Bilsky u.a., KFN-FB, Nr. 15, S. 7; Görgen/Mild/Fritsch, SHgZ, S. 153; Görgen, SHgZ, S. 512; Greve, Ztschr. f. Entwicklungspsychologie 2000, S. 127; LKA Niedersachsen 2017, S. 20 ff.; Studer, S. 164.

1143 Siehe die eindeutigen Studienergebnisse z.B. bei Herbst, S. 26 m.w.N., S. 157; Dreißigacker, KFN-FB, Nr. 129, S. 13 ff.; Bilsky u.a., KFN-FB, Nr. 15, S. 7; Görgen/Mild/Fritsch, SHgZ, S. 153; Görgen, SHgZ, S. 512; Greve, Ztschr. f. Entwicklungspsychologie 2000, S. 127; LKA Niedersachsen 2017, S. 20 ff.; Studer, S. 164.

(a) kognitive, affektive und expressive Furcht

Es ist als unstreitig anzusehen, dass entsprechend der sozialpsychologischen Einstellungsforschung bezüglich der Kriminalitätsfurcht drei Komponenten berücksichtigt werden müssen: **Die affektive, die kognitive und die expressive Komponente.**[1144] Die *kognitive* (verstandsbezogene) Komponente beschreibt hier die innere Einstellung dazu, ob Kriminalität als bedrohlich eingeschätzt wird.[1145] Zur Erforschung der Risikoeinschätzung werden in Opferbefragungen Fragen gestellt wie „Für wie wahrscheinlich halten Sie es innerhalb der nächsten 12 Monate Opfer eines Überfalls zu werden?".[1146] Die *affektive* (gefühlsbezogene) Komponente richtet sich an Gefühle und emotionale Bewertungen.[1147] Zu ihrer Erforschung werden direktere Fragen gestellt, zum Beispiel: „Wie sehr haben Sie selbst Angst davor, Opfer eines Überfalls zu werden?", „Wie sicher fühlen Sie sich oder würden Sie sich fühlen, wenn Sie allein in Ihrer Nachbarschaft zu Fuß unterwegs sind?" (sog. Standardfrage)[1148] oder „Gibt es einen Ort in dieser Gegend hier, an dem Sie sich unwohl fühlen würden, wenn Sie dort nachts alleine zu Fuß unterwegs wären?".[1149] Grundsätzlich ist damit die emotionale Einschätzung des eigenen Risikos gemeint.[1150] Die *expressive* oder auch *konative*[1151] (verhaltensbezogene) Komponente ist das Furchtverhalten, d.h., die Furcht vor der Kriminalität führt zu irgendeiner Reaktion, um eine potentielle Viktimisierung zu verhindern (*„actions do speak louder than words"*).[1152] Dies ist deswegen relevant, weil die Behauptung, sich stark zu fürchten, an Glaubwürdigkeit verliert, wenn sie keinerlei Niederschlag im Verhalten dieser Person findet; vice versa gilt das selbe.[1153] Man könnte auch so weit gehen zu sagen, dass Furcht als Disposition immer ein sichtbares Verhalten nach sich ziehen muss, da es

1144 Alter – ein Risiko?, S. 62; Fattah/Sacco, S. 208 ff.; Studer, S. 99; Greve, KFN-FB, Nr. 65, S. 11 ff.; Ahlf, ZfG 1994, S. 293, der diese als die *„drei persönlichen Komponenten der Kriminalitätsfurcht"* bezeichnet.

1145 Herbst, S. 23; Reuband, Kriminalitätsfurcht, S. 238; vgl. auch Fattah/Sacco, S. 208.

1146 Reuband, Kriminalitätsfurcht, S. 238; vgl. auch Fattah/Sacco, S. 208.

1147 Studer, S. 99; Herbst, S. 22; Fattah/Sacco, S. 208.

1148 Studer, S. 94 f.

1149 Reuband, Kriminalitätsfurcht, S. 238; Fattah/Sacco, S. 209.

1150 Studer, S. 101 f.

1151 So die Bezeichnung bei Studer, S. 99; Reuband, Empirische Polizeiforschung, S. 156.

1152 Fattah/Sacco, S. 210; Studer, S. 102.

1153 Görgen/Greve, Gewalt gegen alte Menschen, S. 62; Herbst, S. 24.

sich andernfalls nur um eine Sorge oder Irritation handelt.[1154] Denkbar sind die verschiedensten Reaktionen, so etwa die Installation einer Alarmanlage, das Meiden bestimmter Situationen, das Belegen von Selbstverteidigungskursen usw.[1155]

Reuband bemängelt ganz allgemein, dass in der Literatur regelmäßig nicht ausreichend berücksichtigt werde, dass die affektiven, kognitiven und expressiven Komponenten ihrerseits jeweils in eine personale, also auf die eigene Person bezogene und eine soziale, also auf die Gefährdung der Gesellschaft bezogene Komponente unterteilt werden können.[1156] Die Unterteilung sei demnach nicht differenziert genug.[1157] Eine solche Differenzierung ist in der Tat insofern nicht unwichtig, als dass die personale und die soziale Kriminalitätsfurcht nicht notwendig übereinstimmen müssen, da man z.B. die Gesellschaft, aber nicht sich selbst als gefährdet ansehen könnte.[1158]

Insgesamt handelt es sich bei den drei Komponenten empirisch nachweisbar um unterschiedliche Aspekte von Furcht, die keinesfalls kongruent sein müssen.[1159] In welchem **Verhältnis** sie zueinanderstehen, ist strittig.

Manche Forscher ziehen die kognitiven Erkenntnisse einer Person weniger als Indikator für das Fehlen oder Vorhandensein von Kriminalitätsfurcht sehen, sondern vielmehr als Grund oder Erklärung heran.[1160] Dies begründen sie damit, dass Menschen, die sich mit derselben Gefahr konfrontiert sehen, *„may express quite different feelings about these dangers"*.[1161] Überzeugender ist es jedoch mit der wohl h.M. die kognitive Risikobewertung nicht als kausal für Kriminalitätsfurcht, sondern vielmehr als konstitutiven Bestandteil von Furcht zu sehen.[1162] Dass die subjektive Risikoeinschätzung nicht als furchtauslösender Faktor angesehen werden kann, wird damit begründet, dass die Einschätzung einer Situation eben

---

1154 Greve, Ztschr. f. Entwicklungspsychologie 2000, S. 125.

1155 Vgl. Fattah/Sacco, S. 210.

1156 Reuband, Empirische Polizeiforschung, S. 156; Reuband, Kriminalitätsfurcht, S. 237.

1157 Reuband, Empirische Polizeiforschung, S. 156; Reuband, Kriminalitätsfurcht, S. 237.

1158 Bilsky u.a., KFN-FB, Nr. 15, S. 5; eingehender hierzu Zweiter Periodischer Sicherheitsbericht, S. 491 ff.

1159 Zweiter Periodischer Sicherheitsbericht, S. 505.

1160 Fattah/Sacco, S. 208; vgl. auch Zweiter periodischer Sicherheitsbericht, S. 506.

1161 Fattah/Sacco, S. 208; vgl. auch Zweiter periodischer Sicherheitsbericht, S. 506.

1162 Zweiter periodischer Sicherheitsbericht, S. 506; Greve, IRoV 1998, S. 289; Herbst, S. 23.

nicht automatisch auch zu Furcht führen muss und im Gegenzug Kriminalitätsfurcht auch ohne jegliche vorhergehende Reflektion der Situation auftreten kann.[1163] *Herbst* nennt hierfür das Beispiel, dass ein Mann, der für sich kein Risiko einer Vergewaltigung sieht, auch keine entsprechende Furcht empfinden wird, umgekehrt aber ungewiss ist, ob jemand, der keine Furcht hat, seine Situation tatsächlich auch als nicht risikobehaftet bewertet.[1164] Es wird daher davor gewarnt, nicht ausreichend zwischen diesen Komponenten zu differenzieren und zu stark auf die kognitive Risikoeinschätzung abzustellen, da diese zwar eine maßgebliche Grundlage für das Vorhandensein von Furcht sei, aber eben nicht die einzige Determinante.[1165] Zu beachten ist, dass die erfragten Einschätzungen nicht unbedingt mit einer Kriminalitätsfurcht Hand in Hand gehen müssen. Vielmehr kann es sich genauso wahrscheinlich um objektive Feststellungen handeln, die den Probanden nicht weiter tangieren, denn bloß weil er der Ansicht ist, dass die Kriminalität in den letzten Jahren ganz allgemein angestiegen ist, muss er sich nicht bedroht fühlen.[1166] Ob eine Risikoeinschätzung zu affektiver Furcht führt, hängt zudem auch davon ab, ob eine Person erfolgreich sog. Coping Maßnahmen ergreift.[1167]

Auch hinsichtlich der expressiven bzw. verhaltensbezogenen Komponente ist es problematisch, dass das Verhalten einer Person nicht immer kongruent zu ihrer Furcht sein muss, da nicht jedes Verhalten zwingend auf das Vorhandensein von Furcht oder dessen Fehlen schließen lassen muss, so legt zum Beispiel das Anschaffen einer Alarmanlage Furcht vor einem Einbruch nahe, aber nicht jeder, der Furcht vor einem Einbruch hat, schafft sich zwingend eine Alarmanlage an.[1168] Nicht jeder der Furcht hat, hat auch die Möglichkeiten, sich entsprechend zu verhalten,[1169] so könnte es im Beispiel der Alarmanlage z.B. an entsprechenden finanziellen Mitteln fehlen, und es ist zudem nicht ausgeschlossen, dass das Verhalten (zumindest teilweise) auf anderen psychosozialen Prozessen beruht, die nicht in Zusammenhang mit Kriminalität stehen.[1170] Denkbar wäre, dass eine ältere Person lediglich deswegen eine Frage, ob sie nachts aus Angst

1163 Greve, IRoV 1998, S. 289; Herbst, S. 23.
1164 Herbst, S. 23.
1165 Reuband, Kriminalitätsfurcht, S. 235.
1166 Herbst, S. 23.
1167 Reuband, Kriminalitätsfurcht, S. 235.
1168 Greve, Alter - ein Risiko?, S. 137; ähnlich Studer, S. 103; Greve/Hosser/Wetzels, S. 47 f.
1169 Reuband, Kriminalitätsfurcht, S. 235.
1170 Greve, IRoV 1998, S. 292; Reuband, Kriminalitätsfurcht, S. 235.

vor Kriminalität nicht aus dem Haus geht, bejaht, weil sie dies aus anderen Gründen bei Dunkelheit nicht mehr tun würde.[1171] Zur Untermauerung dieser Problematik verweisen *Fattah/Sacco* beispielhaft auf eine Studie von *Ginsberg* (1984-1985), in der jüdische Bewohner aus kriminalitätsbelasteten Vierteln aus London und Boston zu ihrer Kriminalitätsfurcht befragt wurden und sich beide Gruppen zwar hinsichtlich ihrer Furcht gleich äußerten, sich allerdings in ihrem Verhalten unterschieden, da die Londoner Gruppe sich durch ihre geäußerte Furcht nicht in ihrem täglichen Leben beeinflussen ließ, die Bostoner Gruppe hingegen schon.[1172] *Fattah/Sacco* nennen noch eine zweite Studie von *Lawton und Yaffe* (1980), in der diese die Bewohner eines Altersheims befragten und feststellten, dass sich die Bewohner, die am meisten Furcht geäußert hatten, am wenigsten in ihrem Verhalten einschränken.[1173] Problematisch erscheint es auch, dass man sich bei der verhaltensbezogenen Komponente auf das verlassen muss, das die Befragten über ihr Verhalten mitteilen, es jedoch ungewiss bleibt, ob sie sich dann auch tatsächlich entsprechend verhalten.[1174] Auch insofern erscheint es sinnvoller, die expressive Komponente nur als einen Aspekt von Furcht und nicht als Grund für Furcht einzuordnen.

An den Formulierungen der in den Surveys zur Erforschung dieser Komponenten gestellten Fragen bzw. an den aus ihnen gezogenen Schlussfolgerungen wird **Kritik** geübt. Hinsichtlich der affektiven Furcht wird vielfach die Methode ihrer Ermittlung im Rahmen von Opferbefragungen beanstandet. So wird hinsichtlich der Fragestellung gerügt, dass sie mangels einer expliziten Frage nach der Kriminalitätsfurcht in der Regel sehr allgemein gehalten sei.[1175] Gerade bei der sog. Standardfrage („*Wie sicher fühlen Sie sich oder würden Sie sich fühlen, wenn Sie hier in dieser Gegend nachts draußen alleine sind?*“)[1176] werde nicht ersichtlich, wovor die befragte Person sich eigentlich fürchtet.[1177] Denkbar ist immerhin nicht nur

---

1171 Reuband, Empirische Polizeiforschung, S. 157, Fn. 14; Reuband, Kriminalitätsfurcht, S. 235, Fn. 1.

1172 Ginsberg, Fear of Crime Against the Elderly in Boston and London, in: International Journal of Aging and Human Development 1984-1985, S. 275 ff.; Fattah/Sacco, S. 210.

1173 Ebd., S. 210; Lawton/Yaffe, Victimization and Fear of Crime in Elderly Public Housing Tenants, in: Journal of gerontology 1980, Bd. 35, S. 777.

1174 Ebd., S. 210.

1175 Greve, KFN-FB, Nr. 65, S. 6; vgl. auch Greve, KFN-FB, Nr. 65, S. 6.

1176 Eingehender zur Standardfrage siehe Studer, S. 95; Greve, IRoV 1998, S. 281.

1177 Greve, KFN-FB, Nr. 65, S. 6; vgl. auch Greve, KFN-FB, Nr. 65, S. 6.

die Furcht vor Kriminalität, sondern auch die vor freilaufenden Hunden, schlecht gepflasterten Gehwegen, unübersichtlichen Straßenkreuzungen, die zu brenzligen Situationen führen können usw.[1178] Und selbst wenn man von Furcht vor Kriminalität ausgeht, so ist dies laut *Fattah/Sacco* immer noch zu indifferent, da der eine Befragte seine Furcht etwa auf ein Sexualdelikt bezieht, während der andere sich eventuell vor einem Raub fürchtet.[1179] Letzteres ist auf den ersten Blick vielleicht kein überzeugender Kritikpunkt, da Kriminalitätsfurcht ebenfalls ein sehr weit gefasster Begriff ist und eben nicht danach unterscheidet, vor welcher Kriminalität genau man sich fürchtet. Insofern erschließt sich nicht auf Anhieb, inwiefern dieses „Problem" ausschlaggebend für das Ergebnis wäre. Allerdings ist eine genauere Differenzierung deswegen sinnvoll, weil sich in Bezug auf ältere Menschen gezeigt hat, dass zum Beispiel in einer Untersuchung des LKA Bayern die über 75-Jährigen die höchste affektive Furcht aufwiesen, allerdings gaben eben jene Personen konkret in Bezug auf die erfragten Delikte (Körperverletzung, Wohnungseinbruch, Raub und sexuelle Belästigung) mit Ausnahme der Körperverletzungsdelikten am häufigsten an, „gar nicht beunruhigt" zu sein.[1180] Demnach hing die affektive Furcht der älteren Probanden wohl konkret mit diesen Körperverletzungsdelikten zusammen.

Zudem sei auch der Begriff „Nachbarschaft" sehr weit gefasst bzw. unklar, welchen Radius die befragte Person hierfür ansetzt und es werde nicht danach gefragt, wie unsicher man sich fühlt, wenn man „alleine" unterwegs ist, da die Antworten unter Umständen völlig anders ausfallen würden, wenn man in besagter Gegend in Gesellschaft unterwegs wäre.[1181] Darüber hinaus erfasst die Standardfrage nicht die Angst vor Kriminalität in geschlossenen Gebäuden, wie etwa der eigenen Wohnung, obwohl es sich gerade bei Wohnungseinbruchsdiebstahl um ein gefürchtetes und wichtiges Delikt handeln würde.[1182] Wird die Standardfrage abgeändert, so verändert sich Studien zufolge wohl auch das Ergebnis einer Befragung.[1183] Zu guter Letzt wird der Standardfrage vorgeworfen, dass es sich

1178 Fattah/Sacco, S. 209; ähnlich Greve/Hosser/Wetzels, S. 32; Greve, IRoV 1998, S. 282.

1179 Fattah/Sacco, S. 209.

1180 LKA Bayern 2016, S. 33.

1181 Fattah/Sacco, S. 209.

1182 Greve, KFN-FB, Nr. 65, S. 6.

1183 So Greve, KFN-FB, Nr. 65, S. 6 ohne nähere Erläuterung unter Verweis auf US-amerikanische Studien; ähnlich Greve/Hosser/Wetzels, S. 33; Greve, IRoV 1998, S. 282.

bei ihr um ein aus methodischer Sicht wenig reliabeles Single-Item handele.[1184]

Allerdings bestehen zur Standardfrage bislang keine wirklichen Alternativen und zum Teil wird sie dahingehend verteidigt, dass sie nur dann zu einer Annahme übertriebener Kriminalitätsfurcht verleite, wenn der Proband sich – wie es bei älteren Menschen häufig der Fall ist - als besonders vulnerabel einschätzt, daher zu Vorsichtsmaßnahmen greift und damit Viktimisierungsrisiko und –rate senkt.[1185] Vorsicht dürfe daher nicht leichtfertig mit Furcht gleichgesetzt werden.[1186] Des Weiteren wird angeführt, dass es sich trotz methodischer Mängel um ein brauchbares Instrument handele, da die Probanden den Standardindikator in der Regel durchaus als kriminalitätsbezogen wahrnehmen, die Korrelationen mit anderen Kriminalitätsfurchtindikatoren gegeben sei, die Test-Retest-Reliablität hoch und auch über längere Zeiträume hinweg eine sehr hohe Stabilität erkennbar sei.[1187] Dennoch sollte dabei nicht aus den Augen verloren werden auch die anderen Furchtkomponenten ausreichend zu berücksichtigen, um nicht zu einer Überschätzung des Furchtlevels zu kommen.[1188]

Zusammenfassend lässt sich sagen, dass sich Kriminalitätsfurcht aus der kognitiven, affektiven und expressiven Furcht zusammensetzt und diese differenziert betrachtet werden müssen, um wirklich Aufschluss über das Phänomen Kriminalitätsfurcht älterer Menschen zu erlangen. Studien zeigen, dass lediglich die expressive bzw. konative Komponente bei älteren Menschen höher ausfällt, sprich ihr Meideverhalten besonders ausgeprägt ist. Die affektive und die kognitive Furcht hingegen sind nicht erhöht.

(b) Maßgebender Einfluss anderer Variablen als Alter

Ein weiterer Kritikpunkt ist, dass abgesehen vom Alter auch noch andere Variablen einen Einfluss darauf haben können, ob jemand Kriminalitätsfurcht aufweist oder nicht, und diese daher bei jedem Menschen unterschiedlich ausgeprägt sei.[1189] Große Relevanz kommt zum Beispiel dem

---

1184 So z.B. Wilmers/Greve, Opfer von Straftaten, S. 270; Greve, KFN-FB, Nr. 65, S. 6.
1185 Niederfranke/Greve, ZfGG 1996, S. 172.
1186 Ebd., S. 172.
1187 Reuband, Kriminalitätsfurcht, S. 238.
1188 Ebd., S. 239; Zweiter Periodischer Sicherheitsbericht, S. 504.
1189 Fattah/Sacco, S. 214.

Geschlecht eines Probanden zu, da als gesichert gilt, dass mehr Frauen Kriminalitätsfurcht haben als Männer.[1190] Da der Anteil der Frauen unter den älteren Menschen stetig steigt, könnte dies auch dazu führen, dass in der Gruppe der älteren Menschen höhere Kriminalitätsfurcht herrscht.[1191] *Fattah/Sacco* verweisen sogar darauf, dass Studien zufolge der Einfluss des Geschlechts größer sei als der des Alters, wobei die Variable Alter unabhängig von der Variable Geschlecht sei.[1192] Aber nicht nur das Geschlecht ist eine denkbare einflussnehmende Variable. *Fattah/Sacco* nehmen anhand dieser weiteren Variablen zunächst eine (nicht zwingende) Unterteilung in verschiedene Kategorien vor, nämlich „Sozialer-Status-Variablen", „Kontextvariablen", „experimentelle Variablen" sowie „wahrnehmende Variablen" vor.[1193] Der Einfluss derartiger Variablen zieht sich zwar durch alle Generationen hindurch, sein Einfluss auf ältere Menschen scheint aber besonders groß zu sein.[1194]

Unter dem Stichpunkt „sozialer-Status-Variable" („*Social Status Variables*") erfassen sie zunächst die Faktoren Geschlecht[1195] und Minderheitenstatus.[1196] Wie bereits erwähnt, soll es als statistische Realität gelten, dass Frauen grundsätzlich eine größere Furcht aufweisen als Männer, wobei dieses Ergebnis nicht nur darauf geschoben werden könne, dass Frauen eher gewillt sind als Männer eine solche Furcht als vermeintliche Schwäche zuzugeben.[1197] Ein entscheidender, empirisch nachgewiesener Faktor ist, dass Frauen sich gerade in Bezug auf Sexualdelikte als gefährdet ansehen.[1198] Allerdings wird diese Kluft zwischen Männern und Frauen mit zunehmenden Alter wohl immer kleiner, da die Furcht älterer Männer vor Kriminalität empirisch nachweisbar höher ist als die jüngerer Män-

---

1190 Studer, S. 154, 156; Eisenberg/Kölbel, § 24 Rn. 44; Fattah/Sacco, S. 214; für näherer Erklärungen hierzu s. Studer, S. 156 f.

1191 Fattah, KFN-FB, Nr. 10, S. 24; zur Relevanz des Geschlechts s. auch Greve/Wetzels, KFN-FB, Nr. 34, S. 11; Ahlf, ZfG 1994, S. 294.

1192 Fattah/Sacco, S. 213.

1193 Ebd., S. 215 ff.

1194 Ebd., S. 225, die dies auf die besondere Vulnerabilität älterer Menschen zurückführen.

1195 Vgl. auch Greve/Wetzels, KFN-FB, Nr. 34, S. 11; Eisenberg/Kölbel, § 24, Rn. 44.

1196 Fattah/Sacco, S. 214; vgl. Eisenberg/Kölbel, § 24, Rn. 44.

1197 Fattah/Sacco, S. 214; vgl. Baier u.a., KFN-FB, Nr. 117, S. 73; a.A. Zweiter Periodischer Sicherheitsbericht, S. 507.

1198 Greve/Wetzels, KFN-FB, Nr. 34, S. 12; Studer, S. 232 f.; Baier u.a., KFN-FB, Nr. 117, S. 74.

ner; bei Frauen hingegen fällt der größte Faktor für ihre Angst vor Kriminalität (nämlich der vor einem Sexualdelikt) mit zunehmenden Alter immer weniger ins Gewicht.[1199] In der Folge nähern sich die Furchtlevel von Männern und Frauen immer mehr aneinander an, auch wenn ältere Männer insgesamt etwas weniger Angst vor Kriminalität haben als ältere Frauen.[1200] Mangels eines gravierenden Geschlechterunterschieds wird dieser Aspekt in der Erforschung des Viktimisierungs-Furcht-Paradoxons demnach grundsätzlich unberücksichtigt gelassen.[1201]

Der Status als Minderheit ist insofern relevant, als dass ärmere und weniger gut ausgebildete Menschen sowie Angehörige ethnischer Minderheiten sich altersübergreifend als gefährdeter einschätzen.[1202]

Unter die „Kontextvariable" („*Contextual Variables*") werden Urbanismus, die Wohngegend und die Wohnart bzw. Wohnform gefasst.[1203]

Stadtbewohner sollen eine höhere Kriminalitätsfurcht haben als Landbewohner[1204] und dies soll – empirisch belegt - insbesondere für ältere Menschen gelten.[1205] Die Begründungen für dieses Phänomen sind vielfältig. Ein Erklärungsansatz ist, dass die Kriminalitätsrate in den Städten grundsätzlich höher sei als auf dem Land und eine erhöhte Kriminalitätsfurcht nur eine konsequente Folge davon.[1206] Ein anderer Ansatzpunkt ist, dass die Menschen in Städten mehr mit Fremden in Kontakt kämen als auf dem Land, wo sich nahezu jeder kennt, und diese Fremden in den Städten oftmals auch aus einem fremden Kulturkreis stammen, was dazu führe, dass die Menschen in den Städten, insbesondere die älteren, eher verunsichert werden könnten als auf dem Land.[1207] Weshalb diese Verunsicherung zu einer Furcht speziell vor Kriminalität führen soll, wird allerdings nicht beantwortet. Eine nochmals andere Erklärung fußt darauf, dass Landbewohner ihre Umgebung in Bezug auf Kriminalität als

1199 Greve/Wetzels, KFN-FB, Nr. 34, S. 12 m.w.N.; vgl. Fattah/Sacco, S. 214.
1200 Ebd., S. 12 m.w.N.; Fattah/Sacco, S. 214.
1201 Vgl. zum Beispiel Greve, IRoV 1998, S. 284; Reuband, Empirische Polizeiforschung, S. 164.
1202 Fattah/Sacco, S. 215 m.w.N.; vgl. Eisenberg/Kölbel, § 22, Rn. 44; vgl. Baier u.a., KFN-FB, Nr. 117, S. 77 ff.
1203 Fattah/Sacco, S. 215.
1204 Eisenberg/Kölbel, § 22, Rn. 44 Fn. 121 f.; Fattah/Sacco, S. 215; Studer, S. 155, der diese Unterschiede für Österreich jedoch nicht bestätigt.
1205 Fattah/Sacco, S. 216 m.w.N.
1206 Ebd., S. 216.
1207 Ebd., S. 216.

geschützter ansehen würden, weil sie ihre Gesellschaft als ein schützendes Umfeld betrachten („*protective environment*"), das – insbesondere bei Vorliegen von finanzieller oder körerplicher Vulnerabilität - ein Gefühl von Geborgenheit vermittle.[1208] *Fattah/Sacco* kritisieren diese Erklärung aber mit berechtigten Argumenten und bringen zum einen vor, dass die Art der Opferbefragungen eventuell verzerrend wirken könnte, da zum Beispiel die Standardfrage in einer ländlichen Gegend völlig unsachgemäß sein könne, wenn der Proband derart abseits wohne, dass er ohnehin niemals zu Fuß unterwegs wäre, da es sich um einen stundenlangen Fußmarsch auf einsamen Landstraßen handeln würde.[1209] Außerdem werde völlig außer Acht gelassen, dass der Proband - anders als zum Zeitpunkt der Befragung - in seiner Kindheit vielleicht gerade nicht in der Stadt bzw. auf dem Land gewohnt habe und ihn dies so entscheidend geprägt habe, dass es seine Antwort heute noch beeinflussen könne.[1210]

Auch hinsichtlich der Menschen, die in der Stadt leben, lassen sich Unterschiede wahrnehmen, und zwar abhängig davon, in welchem Stadtteil diese wohnen.[1211] Es erscheint nachvollziehbar, dass in Stadtteilen mit einer höheren Kriminalitätsrate auch eine höhere Furcht herrscht, wobei wohl noch andere Faktoren als die tatsächliche Kriminalität einen entscheidenden Einfluss haben können und auch in an sich weniger belasteten Nachbarschaften zu Furcht führen können.[1212] Grund dafür sind Zeichen einer fehlenden Zivilisation oder Verrohung der Gesellschaft („*signs of incivilities*"), wie etwa Abrissgebäude, ungepflegte Vorgärten und Häuser, verlassene Plätze, verlassene Autos, Graffiti, herumlungernde Jugendliche, öffentliches Trinken, Betteln und Ähnliches.[1213] Gerade ältere Menschen scheinen an diesen Erscheinungen Anstoß zu nehmen, wobei generell zwischen den Generationen gewisse Unterschiede bestehen, da jüngere Menschen sich eher vor Angriffen von Betrunkenen fürchten, während die älteren Menschen gerade lärmende und ausgelassene Jugend-

---

1208 Ebd., S. 216

1209 Vgl. ebd., S. 216.

1210 Ebd., S. 216, unter Hinweis auf eine kanadische Studie, nach der ältere Menschen, die auf dem Land groß geworden sind und erst später in die Stadt gezogen sind, sich tendenziell eher ängstigten als jene Menschen, die bereits seit jeher in der Stadt lebten

1211 Ebd., S. 217.

1212 Ebd., S. 217.

1213 Vgl. Fattah/Sacco, 217 m.w.N.; Studer, S. 144 f., S. 166.; kritisch hierzu Eisenberg/Kölbel, § 23 Rn. 47, da auch ein umgekehrter Zusammenhang bestehen könnte (Furcht führt zu mehr Aufmerksamkeit für derartige *incivilities*).

liche als Bedrohung empfinden.[1214] Anstoß wird allerdings weniger direkt an den sog. signs of incivilities selbst genommen, sondern daran, was sie verkörpern, wie die *„Unfähigkeit der Verantwortlichen, die Öffentliche Sicherheit und Ordnung aufrecht zu erhalten“* und *„die Veränderung sozialer Standards und Werte“*.[1215] Eine Studie von *Studer* bestätigt diese *„Social-Disorder*-Perspektive“ in Bezug auf ältere Menschen.[1216]

Letztlich hat offenbar auch die Wohnform beziehungsweise das konkrete Wohnumfeld Einfluss auf das Sicherheitsgefühl älterer Menschen: Bei älteren Menschen, die zum Beispiel in betreuten Wohnen oder einem Seniorenheim untergebracht sind, also mit im Wesentlichen Gleichaltrigen zusammen leben, scheint Furcht weniger stark ausgeprägt zu sein und sie schätzen ihre Umgebung als weniger risikobehaftet ein.[1217] Jugendliche, die nur von Jugendlichen umgeben sind, weisen im Gegensatz hierzu keine Veränderung in ihrer Furcht auf.[1218]

Ebenfalls relevant sind die „experimentellen Variablen“ (*„Experimental Variables“*), wozu Viktimisierung, soziale Unterstützung und Integration sowie der Zugang zu Informationen über Kriminalität zählen.[1219]

Der Faktor Viktimisierung mag sicherlich auf die Personen, die viktimisiert wurden, von Einfluss sein, allerdings ist fraglich, welches Ausmaß dies in Bezug auf die breite Masse der Bevölkerung haben kann, da die Meisten wohl keiner schwerwiegenden Kriminalität ausgesetzt wurden und daher nicht von diesen Erfahrungen beeinflusst werden können.[1220]

Relevanter erscheint das Vorhandensein von sozialer Unterstützung und Integration in die Gesellschaft, womit nicht nur die Familie gemeint ist, sondern generell ein soziales Netzwerk, in das der ältere Mensch eingebettet ist und das ihn in einer Krisensituation auffangen kann, da hierdurch das Vertrauen gestärkt wird, im Falle einer Viktimisierung mit dieser zurechtzukommen; dies wiederum verringert – empirisch erwiesen - die Furcht vor einer solchen.[1221] Doch ein soziales Netzwerk hat nicht unbe-

---

1214 Fattah/Sacco, S. 217, S. 225; vgl. auch Greve/Hosser/Wetzels, S. 89.

1215 Studer, S. 145; vgl. Reuband, Kriminalitätsfurcht, S. 243; Zweiter Periodischer Sicherheitsbericht, S. 516.

1216 Studer, S. 150, S. 171, S. 232.

1217 Fattah/Sacco, S. 218.

1218 Ebd., S. 218 m.w.N.;

1219 Eingehend hierzu Ebd., S. 218 ff.

1220 Studer S. 127.

1221 Fattah/Sacco, S. 220 f.; Greve, IRoV 1998, S. 296 f. m.w.N.; vgl. Eisenberg/Kölbel, § 24, Rn. 44.

dingt nur einen positiven Einfluss auf Kriminalitätsfurcht. Sie sind auch Informationsquellen über lokale Kriminalität in Form von Gerüchten und Klatschgeschichten, welche die Kriminalitätsfurcht besonders beeinflussen können, da sie Kriminalität unmittelbarer und näher erscheinen lassen. Ältere Menschen, aus deren persönlichen Bekanntenkreis jemand viktimisiert wurde, neigen im Vergleich zu jüngeren Menschen eher dazu mit einer gesteigerten Kriminalitätsfurcht zu reagieren.[1222]

Überzeugend klingt auch die Annahme, dass es sich auf die Kriminalitätsfurcht auswirkt, inwiefern jemand Informationen über Kriminalität ausgesetzt wird. Insbesondere die Massenmedien wirken sich empirisch nachweisbar auf die Wahrnehmung des Einzelnen aus,[1223] denn Kriminalität findet in der Berichterstattung große Beachtung[1224] und gerade ältere Menschen investieren aufgrund fehlender Mobilität viel Zeit in die Beschäftigung mit den Massenmedien.[1225] Da die Wenigsten selbst in indirektem oder direkten Kontakt mit Kriminalität geraten, verlassen sie sich dabei auf die oftmals verzerrte Darstellung[1226] in den Medien[1227] bzw. können sie sich jedenfalls nicht ohne Zugrundelegung von Medieninformationen eine Meinung bilden.[1228] *Fattah/Sacco* bringen einige Gegenargumente, die allerdings nicht vollends überzeugend sind. So stellen sie ohne weitere Nachweise die Behauptung auf, dass zwar einige Studien zu dem Ergebnis kämen, dass ein direkter Zusammenhang zwischen Kontakt mit den Massenmedien und Kriminalitätsfurcht bestünde, es aber mehr Studien gäbe, die gerade nicht zu diesem Ergebnis kämen.[1229] Überzeugender ist das Argument, dass selbst bei einem Nachweis über eine Korrelation der Kausalzusammenhang zweifelhaft bleibe, denn es wäre möglich, dass die Menschen, die eine erhöhte Kriminalitätsfurcht aufweisen, eben wegen

---

1222 Zu diesen beiden negativen Aspekten Fattah/Sacco, S. 222, S. 225; Greve, IRoV 1998, S. 297; zum grundsätzlichen Einfluss von Opfererfahrungen anderer, Schwind, Kriminologie, § 20 Rn. 16.

1223 Vgl. Schwind, Kriminologie, § 20 Rn. 16; zur angstverstärkenden Wirkung der Medien vgl. auch Studer, S. 128 f.; Zweiter Periodischer Sicherheitsbericht, S. 492; Baier u.a., KFN-FB, Nr. 117, S. 125; Hinweis auf gegenteilige Studien bei Fattah/Sacco, S. 221.

1224 Und bietet die Hauptgrundlage für Informationen der Bevölkerung über Kriminalität, Studer S. 127 f.

1225 Eingehend hierzu Sechster Altenbericht, S. 274 ff., der die Mediennutzung im Alter detailliert darlegt.

1226 Eingehender hierzu siehe Eisenberg/Kölbel, § 24, Rn. 53 ff.

1227 Fattah/Sacco, S. 222; Studer S. 127 f.

1228 Eisenberg/Kölbel, § 24, Rn. 51.

1229 Fattah/Sacco, S. 222.

jener auch besonders häufig zu Hause bleiben und daher besonders viel Gelegenheit haben, sich mit den Massenmedien zu beschäftigen.[1230] Auch kritisieren sie, dass die Menschen nicht als so kurzsichtig und unreflektiert gesehen werden sollten, dass sie ihre Meinung ausschließlich darauf aufbauen, was ihnen von den Massenmedien vorgesetzt wird.[1231] Dieses Gegenargument ist nur bedingt plausibel, denn zum einen muss der Einfluss der Medien nicht „ausschließlich" sein, es ist ausreichend, wenn er „auch" vorhanden ist. Außerdem scheint es zutreffend sein, dass viele Menschen sehr wohl (unreflektiert) glauben, was ihnen von den Medien vermittelt wird, unter Umständen auch, weil es an anderen Quellen fehlt. So werden beispielsweise die wenigsten Menschen die PKS heranziehen, um nachzulesen oder zu kontrollieren, wie es tatsächlich um die Kriminalität steht. Ein gewisser Einfluss wird nicht von der Hand zu weisen sein, insbesondere erscheint es einleuchtend, dass das Weltbild älterer Menschen, denen es an sozialen Kontakten mangelt und die wenig das Haus verlassen, maßgeblich von den Darstellungen in den Medien geprägt wird. Letztlich meinen aber auch *Fattah/Sacco*, dass den Medien zumindest ein subtiler Einfluss zukommt.[1232]

Ebenfalls dieser Gruppe könnte man das Vorhandensein von Polizeipräsenz zuordnen, wobei fraglich ist, inwiefern diese Einfluss auf das Furchtempfinden ausübt, d.h. ob bei hoher Polizeipräsenz auch ein größeres subjektives Sicherheitsgefühl herrscht oder ob dies nicht sogar angstfördernd wirkt.[1233] Zudem ist mangels entsprechender Erforschung ungewiss, wie das Empfinden älterer Menschen diesbezüglich ist.

Zu guter Letzt gibt es noch die Gruppe der „wahrnehmenden Variablen" („*Perceptual Variables*"), hierunter fallen etwa Überzeugungen hinsichtlich Kriminalität, seelisch bedingtes Unwohlsein und physische Leistungsfähigkeit.[1234] Hier kann man die kognitiven Faktoren heranziehen, wie der generelle Glaube, risikobehaftet für eine Opferwerdung zu sein, die Schwere einer eventuellen Viktimisierung oder die eigene Vulnerabilität.[1235] Aber

---

1230 Ebd., S. 222; ebenfalls kritisch zur Kausalitätsfrage Eisenberg/Kölbel, § 24, Rn. 52.

1231 Fattah/Sacco, S. 222.

1232 Ebd., S. 222.

1233 Reuband, Kriminalitätsfurcht, S. 242; unterschiedlich sind auch die Studienergebnisse gem. Zweiter Periodischer Sicherheitsbericht, S. 510 ff.

1234 Fattah/Sacco, S. 223.

1235 Ebd., S. 223; vgl. Eisenberg/Kölbel, § 24, Rn. 45 ff.; siehe hierzu eingehender bei der Vulnerabilitätsthese *2. Teil: B IV 2 b bb bbb (2) (b)*.

auch die Wahrnehmung hinsichtlich der Effizienz von sozialer Kontrolle und Vertrauen in die lokale Polizeiarbeit haben einen gewissen Einfluss.[1236] *Fattah/Sacco* nennen unter dem einschränkenden Hinweis darauf, dass es problematisch sei, derartige Zusammenhänge theoretisch zu interpretieren, auch Zusammenhänge mit einer generellen Lebenseinstellung, die sich in Groll über soziale Veränderung, Pessimismus hinsichtlich der Zukunft, Mangel an zwischenmenschlichem Vertrauen oder Unzufriedenheit mit dem nachbarschaftlichen Zusammenhalt zeigen kann.[1237] Gerade die Anomie, also der *„Zustand mangelhafter gesellschafterlicher Integration innerhalb eines sozialen Gebildes verbunden mit Einsamkeit, Hilflosigkeit u.Ä.“*[1238], scheint Einfluss auf die Kriminalitätsfurcht älterer Menschen zu haben, wobei unklar ist, was dies konkret bedeutet. Denkbar wäre zum einen, dass sie in Hinblick auf die mit einer Viktimisierung verbundenen Belastungen verletzlicher sind oder aber, dass ihrerseits eine Projektion allgemeiner und nicht näher bestimmbarer Ängste auf die erfragte „Kriminalität“ stattfindet.[1239]

Zusammenfassend lässt sich sagen, dass neben dem Alter auch noch andere Variablen von Einfluss sind, ob ein älterer Mensch kognitive, affektive oder expressive Furchtelemente an den Tag legt.

(c) Weitere Kritikpunkte

An den Opferbefragungen zu Kriminalitätsfurcht werden zudem diverse Kritikpunkte vorgebracht.

(aa) Dunkelziffer

Denkbar wäre, dass es zu Ergebnisverzerrungen kommt, weil die durchgeführten Befragungen der Opfer nicht darauf ausgerichtet sind, ältere und vulnerable Menschen zu befragen.[1240] Dieses Argument klingt durchaus

---

1236 Fattah/Sacco, S. 223.

1237 Ebd., S. 223.

1238 Duden, Band 5, Fremdwörterbuch, 9., akt. Aufl., Mannheim 2006, s. v. „Anomie“.

1239 Reuband, Empirische Polizeiforschung, S. 177; Reuband, Kriminalitätsfurcht, S. 242.

1240 So etwa Kreuzer/Hürlimann, S. 44.

überzeugend und wurde ähnlich bereits als generelle Kritik an Opferbefragungen vorgebracht,[1241] letztlich wird dies allein aber wohl nicht dazu führen, dass die Untersuchungsergebnisse ein völlig anderes Bild zeichnen als es der Realität entspricht.[1242]

(bb) Kohorteneffekte

Denkbar sind auch Kohorteneffekte dahingehend, dass die befragten Generationen insbesondere in Bezug auf Gewalt unterschiedliche historische Erfahrungen gemacht haben, die sie beeinflussen könnten.[1243] Auch das Frauenbild oder andere Rollenbilder, die sich im Laufe der Zeit verändert haben, könnten einen nicht zu vernachlässigenden Einfluss auf das Furchtlevel unterschiedlicher Generationen haben, so dass ein abweichender Furchtgrad nicht nur als altersbedingt abgetan werden sollte.[1244] Angesichts der - zumindest zum Teil - vergleichsweise geringen Zahlen befragter älterer Menschen ist zudem fraglich, inwiefern die Ergebnisse ausreichend repräsentativ sind.[1245]

(cc) Furcht als etwas schwer Greifbares

Ein weiteres Problem der Opferbefragungen ist, dass Kriminalitätsfurcht schwer greifbar ist und zum Zeitpunkt der Befragung keine akute Bedrohungslage herrscht bzw. die Befragung ein rein abstraktes Szenario umfasst.[1246] Dies könnte durchaus einen Einfluss darauf haben, wie die Probanden die Fragen beantworten, denn ihre Antworten spiegeln keine echte emotionale Reaktion wider, sondern nehmen vorweg bzw. vermuten wie sie sich wohl fühlen würden.[1247] Außerdem findet die Opferbefragung zu einem bestimmten Zeitpunkt statt und stellt somit nur eine Momentaufnahme dar, obwohl es einleuchtend oder zumindest nicht ausgeschlossen erscheint, dass auch das Empfinden von Furcht sich ebenso verändern kann wie unsere allgemeine Stimmung und daher in gewisser Weise auch

1241 Siehe hierzu *2. Teil: B III 4 b*
1242 Kreuzer/Hürlimann, S. 45.
1243 Greve/Hosser/Wetzels, S. 54.
1244 Ebd., S. 54; Reuband, Empirische Polizeiforschung, S. 177.
1245 Greve/Hosser/Wetzels, S. 55.
1246 Fattah/Sacco, S. 207; ähnlich Studer, S. 101.
1247 Fattah/Sacco, S. 207; ähnlich Studer, S. 101.

von der Tagesform abhängig ist.[1248] Furcht vor Kriminalität mag nicht unbedingt denselben Schwankungen unterliegen wie die allgemeine Laune eines Menschen, allerdings ist fraglich, ob sie wirklich etwas „Statisches" ist, da es zum Beispiel denkbar wäre, dass man in einem unmittelbarem zeitlichem Zusammenhang mit der Befragung eine Fernsehreportage gesehen hat, die die Furcht im Vergleich zu sonst geschürt hat.[1249] Weiterhin kann kritisiert werden, dass davon ausgegangen wird, dass das Gegenteil von Furcht Furchtlosigkeit sei und dabei unberücksichtigt bleibt, dass es sich auch um Leichtfertigkeit handeln könnte.[1250]

(2) Erklärungsansätze für höhere expressive Furcht bzw. Meideverhalten

In einem weiteren Schritt ist der Frage nachzugehen, warum die expressive bzw. konative Kriminalitätsfurcht älterer Menschen höher ausfällt, d.h., warum sie ein größeres Meideverhalten an den Tag legen als jüngere Menschen, und ob die vorhandene Furcht wirklich als irrational angesehen werden kann. Hierfür haben sich in der Literatur letztlich folgende Ansätze herauskristallisiert:

(a) Viktimisierungshypothese: Mehr Angst, weil öfter viktimisiert

Eine Erklärung für die Furcht älterer Menschen könnte die sog. *Viktimisierungshypothese* sein.[1251] Diese besagt, dass Menschen, die in der Vergangenheit bereits (mehrfach) viktimisiert wurden, eine höhere Kriminalitätsfurcht aufweisen.[1252] An dieser These wird die Kritik geübt, dass es keinen bemerkenswerten Unterschied ausmache, ob jemand bereits Opfererfahrungen gesammelt habe oder nicht und dass Opfererfahrungen im Gegenteil sogar die Viktimisierungsfurcht senken könnten.[1253] Dies erscheint insofern einleuchtend, als dass eine bereits viktimisierte Person

---

1248 Fattah/Sacco, S. 211.
1249 Ebd., S. 211.
1250 Ebd., S. 211 f.
1251 Siehe etwa Greve, IRoV 1998, S. 280; Greve/Hosser/Wetzels, S. 26.
1252 Siehe z.B. das entsprechende Ergebnis der Untersuchung von Baier u.a., KFN-FB, Nr. 117, S. 95; Eisenberg/Kölbel, § 24, Rn. 44.
1253 Vgl. Ahlf, ZfG 1994, S. 294; Göppinger, § 11 Rn. 15; vgl. Hermann/Dölling, Opfer von Straftaten, S. 242 ff., der zudem kritisiert, dass die zuhrundeliegenden Studien messfehlerhaft seien, S. 258.

es für unwahrscheinlich halten könnte, erneut Opfer zu werden, und sich mit dem Gedanken beruhigen könnte, dass es nun bereits wisse, wie es mit einer entsprechenden Gefahrensituation umzugehen habe, oder aber eine potentielle Viktimisierung kein Neuland mehr sei und somit etwas von ihrem Schrecken verliere. Andererseits ist aber auch ein gegenteiliger Effekt denkbar, nämlich dass eine schlechte Verarbeitung einer Opfererfahrung die Furcht vor einer Wiederholung geradezu fördert.[1254]

Einer Studie von *Reuband* zufolge wurden ältere Menschen allerdings (zumindest nach ihrem seiner Meinung nach ausschlaggebenden subjektiven Empfinden) weder innerhalb der der Studie vorangegangenen zwölf Monate noch im Laufe ihres gesamten Lebens häufiger viktimisiert als jüngere Menschen, so dass ihre gesteigerte Furcht von vornherein nicht auf einer höheren Anzahl von Viktimisierungen beruhen könne.[1255] Dieses Ergebnis steht wiederum im Widerspruch zu den Ergebnissen der KFN Studie von 1992, wonach ältere Menschen aufs Leben gesehen sehr wohl häufiger betroffen waren als jüngere Menschen.[1256]

Letztlich herrscht in der Forschung wohl Einigkeit darüber, dass zumindest emotional stark belastende Delikte wie Wohnungseinbrüche und Sexualdelikte, aber eben auch tatsächlich erfolgte Mehrfachviktimisierungen Furcht grundsätzlich eher fördern.[1257] Auch der konkret auf ältere Menschen bezogenen Studie von *Studer* zufolge wiesen die Probanden, *wenn* sie bereits vielfältig direkt viktimisiert wurden, tatsächlich eine höhere Furcht auf als jene, die bisher entweder gar nicht oder nur sehr einseitig viktimisiert wurden.[1258] In solchen Fällen erscheint Verbrechensfurcht auf keinen Fall irrational, selbst wenn das Viktimisierungsrisiko mit dem Alter nun auch gesunken sein mag. Gerade wenn man bedenkt, dass es mit steigendem Alter auch wahrscheinlicher ist, schon einmal viktimisiert worden zu sein, könnten diese im Laufe eines Lebens gesammelten schlechten Erfahrungen eine zu beachtende Komponente darstellen,[1259] zumindest

---

1254 Vgl. Greve/Hosser/Wetzels, S. 28; vgl. auch Zweiter Periodischer Sicherheitsbericht, S. 514.

1255 Reuband, Empirische Polizeiforschung, S. 175.

1256 Greve/Hosser/Wetzels, S. 26; Greve, IRoV 1998, S. 280.

1257 Vgl. Ahlf, ZfG 1994, S. 294; so bezüglich Viktimisierungserfahrungen auch Reuband, Empirische Polizeiforschung, S. 167; Hermann/Dölling, Opfer von Straftaten, S. 258; zum Konzept der Opferkarriere siehe Göppinger, § 11 Rn. 12 ff.

1258 Studer, S. 166, S. 170, S. 232; vgl. auch Greve/Wetzels, KFN-FB, Nr. 34, S. 13.

1259 Vgl. auch Greve, KFN-FB, Nr. 65, S. 4; Niederfranke/Greve, ZfGG 1996, S. 172.

wenn man auf die affektive (nicht jedoch die kognitive) Komponente abstellt.[1260]

(b) Vulnerabilitätshypothese: Mehr Angst, weil vulnerabel

Es wird weiterhin vertreten, dass die Furcht älterer Menschen darauf beruht, dass sie sich als sehr vulnerabel ansehen („*Vulnerabilitätsthese*").[1261] Ältere Menschen leiden, wie oben dargestellt, unter gewissen körperlichen Abbauerscheinungen, die bei jedem Menschen früher oder später eintreten. Dadurch ist man im Fall eines körperlichen Angriffs weniger gut in der Lage, sich zu Wehr zu setzen, und fühlt sich unter Umständen dem Täter gegenüber dementsprechend wehrloser und ausgelieferter als ein jüngerer Mensch, was sich angststeigernd auswirken könnte.[1262] Ein weiterer Aspekt könnte sein, dass ältere Menschen Angst haben mit den Folgen einer möglichen Viktimisierung nicht zurecht zu kommen, und dies zu Kriminalitätsfurcht führt, sei es wegen schlechterer Heilungschancen bei einer Körperverletzung, fehlenden finanziellen Ressourcen zum Ausgleich eines Vermögensdelikts oder einem dezimierten sozialen Netz, das einen auffangen könnte.[1263] So nennt *Baurmann* das Beispiel des Handtaschenraubes im Rahmen eines Lebensmitteleinkaufs, bei dem fünfzig Euro und sämtliche Papiere abhandenkommen; im Allgemeinen erscheint dies kein besonders tragischer Vorfall zu sein, für eine ältere Person unter Umständen hingegen schon, wenn diese sich in ihrem Lebensraum nun nicht mehr aufgehoben fühlt, in Bezug auf die Pension einen relativ großem Geldverlust erlitten hat und/oder aus diversen altersbezogenen Gründen damit überfordert ist, sich in einem Behördengang neue Ausweispapiere zu besorgen.[1264] Wenn ältere Menschen also die Folgen einer Opferwerdung sachlich und vernünftig bewerten, kann es durchaus angemessen sein, dass sie Angst vor einer Viktimisierung haben, die zu

1260 Zweiter Periodischer Sicherheitsbericht, S. 508, ohne Zitierung der angeblich entsprechenden empirischen Nachweise.

1261 Vgl. z.B. Herbst, S. 29 m.w.N.; Greve/Hosser/Wetzels, S. 75; Studer, S. 143, S. 232.

1262 Fattah, KFN-FB, Nr. 10, S. 24; Wetzels/Greve, KFN-FB, Nr. 34, S. 13; Greve, KFN-FB, Nr. 65, S. 21; ähnlich Ahlf, ZfG 1994, S. 294 f.; Neubacher, S. 141.

1263 Vgl. Fattah, KFN-FB, Nr. 10, S. 25f.; Studer, S. 137, dessen Ergebnisse dies jedenfalls in Bezug auf Gesundheit bestätigen, S. 166, S. 171, S. 232; bzgl. sozialem Netzwerk vgl. Greve, KFN-FB, Nr. 65, S. 23.

1264 Baurmann, ZfG 1981, S. 250.

diesen für sie unter Umständen sehr nachteiligen und gravierenden Folgen führen kann.[1265] Danach ist nicht das Alter an sich der Grund, sondern die Vulnerabilität einer Person. Alter und Vulnerabilität korrelieren nur, so dass an sich auch jüngere Menschen, die sich als vulnerabel einschätzen, mehr Furcht aufweisen müssten. Studien zufolge ist dies tatsächlich auch der Fall, sprich der Zusammenhang zwischen antizipierter Folge eines Gewaltverbrechens und Kriminalitätsfurcht ist altersunabhängig.[1266] Dagegen wird der Vorwurf der Tautologie vorgebracht, sofern für die Begründung dieser These vorschnell die Merkmale Alter und Geschlecht als Indikatoren für das Vorhandensein von Vulnerabilität herangezogen werden, da vielmehr auf die subjektive Abwehrfähigkeit und Bewältigung von körperlicher Gewalt abgestellt werden müsse.[1267] Eine entsprechende Untersuchung von *Reuband* zog diese Indikatoren heran, kam allerdings nicht zu einem eindeutigen Ergebnis, das die Vulnerabilitätsthese stützen würde, weshalb er vermutet, dass andere Einflussgrößen, etwa mit dem Alter klischeehaft verbundene Dispositionen wie Rückzug und Hilfsbedürftigkeit, ausschlaggebend seien.[1268] Andere Studien hingegen kamen zu dem eindeutigen Ergebnis, dass der Anstieg dieser expressiven Komponente zumindest teilweise auf (insbesondere subjektiv wahrgenommenen) gesundheitlichen und funktionellen Beeinträchtigungen beruht.[1269]

(c) Meideverhalten-/Lebensstilargument: Seltener Opfer, weil mehr Furcht

Angesichts der gerade genannten Argumente könnte eine schlichte Kosten-Nutzen-Abwägung seitens älterer Menschen dazu führen, dass die eventuell hohen Kosten im Falle einer Viktimisierung den gegenüberzu-

---

1265 Fattah/Sacco, S. 220; Kreuzer/Hürlimann, S. 43; Brockhorst, Alter - ein Risiko?, S. 36; Görge/Greven, Alter – ein Risiko?, S. 63; Greve, KFN-FB, Nr. 65, S. 21; ähnlich Greve/Wetzels, KFN-FB, Nr. 34, S. 13.

1266 Greve/Hosser/Wetzels, S. 76 m.w.N.; Greve, Ztschr. f. Entwicklungspsychologie 2000, S. 128.

1267 Reuband, Empirische Polizeiforschung, S. 167; kritisch bzgl. der Datenlage auch Herbst, S. 33.

1268 Reuband, Emprirische Polizeiforschung, S. 175.

1269 Studer, S. 143, S. 232; Herbst, S. 159 wobei sich ihre Untersuchung auf physische Einschränkungen beschränkte; Greve/Hosser/Wetzels, S. 81 f.; Greve, IRoV 1998, S. 295, allerdings mit dem Hinweis „*the interaction effect is not statistically significant*".

stellenden Gewinn in Form von Teilnahme an gewissen Dingen des öffentlichen Leben ausgleichen, so dass letztlich der Vorsichtsmaßnahme der Vorzug gegeben wird.[1270] Insofern unterscheiden sie sich von jüngeren Menschen, denen die Teilnahme am öffentlichen Leben als ein sehr großer Gewinn erscheint, so dass sie bei einer gleich großen Furcht deswegen eventuell eher geneigt sind, Risiken in Kauf zu nehmen, denen ältere Menschen bereits eine Absage erteilen.[1271] *Fattah/Sacco* verweisen zur Untermauerung dieser Aussage auf eine Studie von *Warr* (1984) in Seattle, die zu dem Ergebnis kam, dass ältere Menschen hinsichtlich eines Schadensrisikos empfindsamer reagieren als dies bei jüngeren Menschen der Fall ist.[1272] Es erscheint dabei durchaus einleuchtend, dass aufgrund besonderer Vorsicht das Risiko Opfer einer Straftat zu werden sinkt und dementsprechend auch die Viktimisierungsrate sinkt.[1273] Auch übertriebene Furcht kann dazu führen, dass sie ein Präventionsverhalten an den Tag legen, in dessen Folge sie weniger oft Opfer von Kriminalität werden als jüngere Menschen.[1274] Selbst große Furcht bei statistisch niedrigem Risiko erscheint indes nicht paradox, wenn man bedenkt, dass ein vorsichtiges Verhalten dazu führen kann, dass ältere Menschen gar nicht erst in gefährliche Situationen geraten.[1275] Der Aspekt, dass vermeidendes Verhalten zu einer sinkenden Viktimisierungsrate führen kann, wird in der Forschung oftmals vernachlässigt und derartigem Verhalten nur als Folge einer Viktimisierung Beachtung geschenkt.[1276] Dabei scheint es in sämtlichen Lebensbelangen eine logische Konsequenz zu sein, dass Meideverhalten ein bestimmtes Risiko reduziert. So wird zum Beispiel eine Person, die Angst vor einem Flugzeugabsturz hat und daher nicht fliegt, auch nicht bei einem Flugzeugabsturz ums Leben kommen.[1277] Zwar wird bei älteren Personen nicht allein ihre Furcht zu den grundsätzlich niedri-

1270 Greve, Alter – ein Risko?, S. 138; vgl. Neubacher, S. 141.

1271 Ebd., S. 138; ähnlich Greve, IRoV 1998, S. 293; Kaiser/Kinzig in: Kaiser/Schöch/Kinzig, S. 58, Rn. 40; Rate mal, wer dran ist, S. 8.

1272 Fattah/Sacco, S. 220.

1273 Görgen/Greve, Alter - ein Risiko?, S. 63; Niederfranke/Greve, ZfGG 1996, S. 172; Fattah, FS Schneider, S. 423.

1274 Fattah/Sacco, S. 219, S. 225; Fattah, KFN-FB, Nr. 10, S. 23; Kreuzer/Hürlimann, S. 43.

1275 Görgen/Greve, Alter - ein Risiko?, S. 63; Greve/Hosser/Wetzels, S. 74 („*Vorsichts-Argument*“).

1276 Greve, KFN-FB, Nr. 65, S. 14; Fattah, FS Schneider, S. 423.

1277 So das einleuchtende Beispiel bei Fattah, FS Schneider, S. 423.

gen Viktimisierungsraten führen, aber sie wird zumindest einen nicht zu vernachlässigenden Anteil daran haben.[1278]

In eine ähnliche Richtung geht die Erklärung, dass der Lebensstil älterer Menschen sich von dem Jüngerer unterscheidet[1279], sprich ihre generelle Lebensweise und nicht etwa (nur) Kriminalitätsfurcht dafür verantwortlich ist, dass sie sozial zurückgezogener leben. Daher ist Vorsicht geboten aus dem Verhalten vorschnell Schlüsse zu ziehen.[1280] Es existieren Studien, nach denen ein außerhäuslicher freizeitorientierter Lebensstil Einfluss auf Viktimisierungen hat, so dass es nicht fernliegend erscheint, dass Personen mit einem solchen Lebensstil ein anderes Furchtlevel aufweisen als Personen mit einem innerhäuslichen Lebensstil.[1281]

Da gemäß Studien nur die expressive Furchtkomponente bei älteren Menschen erhöht ist, ihr Verhalten aber vielfältige Ursachen haben kann, sollte man hieraus allein nicht Schlüsse bezüglich ihrer Kriminalitätsfurcht ziehen. Das Meideverhalten älterer Menschen kann daher dazu führen, dass ihr statistisches Risiko niedriger ist, jedoch muss dieses vermeidende Verhalten nicht zwingend nur mit Furcht vor Kriminalität zusammenhängen.[1282]

(d) Mehr Angst, weil zum Teil besonders gefährdet

Wie oben dargestellt, sind ältere Menschen nur in der Gesamtschau weniger gefährdet, hinsichtlich bestimmter Delikte (wie zum Beispiel beim Handtaschenraub) sind sie indes äußerst beliebte Opfer. Die Furcht älterer Menschen könnte also durchaus genau in diesen Delikten ihren Ursprung haben und es vermag nicht zu überzeugen, ihre Furcht dann noch als Hysterie abzutun.[1283] Man kann an den Opferbefragungen zudem beanstanden, dass sie von der Art der Fragen zu sehr auf Straßenkriminalität gerichtet sind und gerade sog. white collar crimes, wie Betrug und Untreue, zu stiefmütterlich behandelt werden.[1284] Hinzu kommt, dass wie oben festgestellt, eine Verlagerung der Opferwerdung in den Nahraum

---

1278 Ebd., S. 424.

1279 Siehe hierzu bereits oben im *2. Teil: B III* 4 b.

1280 Greve, IRoV 1998, S. 280, S. 293; Greve/Hosser/Wetzels, S. 72; Greve, Ztschr. f. Entwicklungspsychologie 2000, S. 129.

1281 Hermann/Dölling, Opfer von Straftaten, S. 253.

1282 Wilmers/Greve, Opfer von Straftaten, S. 271.

1283 Fattah/Sacco, S. 219, S. 225.

1284 Ebd., S. 210.

stattfindet.[1285] Ob sich letzteres auf Kriminalitätsfurcht auswirkt, ist zwar ungewiss, da diese von den Befragten nicht als Kriminalität im engeren Sinne begriffen werden könnte,[1286] dennoch ist die pauschale Aussage, dass ältere Menschen weniger oft viktimisiert werden und ihre Kriminalitätsfurcht daher von Hause aus irrational sei, in Anbetracht dessen keineswegs überzeugend oder gar zwingend.

(3) Keine besondere Belastung älterer Menschen durch Furcht

Unabhängig davon, ob die vorhandene Kriminalitätsfurcht älterer Menschen nun paradox ist oder nicht, scheint die Erkenntnis, dass die Kriminalitätsfrucht in ihrer Relevanz hinter anderen Problemen im Alter zurück steht, wie etwa Gesundheitsfragen und dem Erhalt der Selbstständigkeit, gesichert zu sein.[1287] Insgesamt wird das allgemeine Wohlbefinden älterer Menschen durch Kriminalitätsfurcht nicht wesentlich beeinträchtigt, was ebenfalls als paradox bezeichnet werden könnte.[1288] Als Erklärung kann man erneut darauf abstellen, dass laut Entwicklungspsychologie ältere Menschen in großem Maße fähig sind schwierige Lebenssituationen ohne schwerwiegende Beeinträchtigungen zu überstehen und sich an geänderte Gegebenheiten anzupassen.[1289] Die erfolgreiche Anwendung akkomodativer Strategien[1290] könnte daher erklären, weshalb das allgemeine Wohlbefinden trotz Vorhandensein einer gewissen Kriminalitätsfurcht nicht beeinträchtigt wird.[1291]

Nicht zu vernachlässigen ist zudem der Aspekt, dass Furcht nicht nur negative Konsequenzen nach sich zieht, sondern sich auch positiv auswirken kann, beispielsweise dass isoliert lebende Nachbarn sich in Nachbar-

---

1285 Greve, IRoV 1998, S. 297 f.; Greve/Hosser/Wetzels, S. 29 f.

1286 Greve, Ztschr. f. Entwicklungspsychologie 2000, S. 131.

1287 Vierter Altenbericht, S. 327, l. Sp.; Greve/Wetzels, KFN-FB, Nr. 34, S. 13; Greve, KFN FB, Nr. 65, S. 9 f.; Studer, S. 43; Kreuzer, Bewährungshilfe 2010, S. 88; Ahlf, ZfG 1994, S. 294.

1288 Brockhorst, Alter - ein Risiko?, S. 36; Greve, Bedrohung durch Gewalt, S. 136; Greve, KFN-FB, Nr. 65, S. 2; a.A. ohne nähere Erläuterung in Greve/Wetzels, KFN-FB, Nr. 34, S. 13; Greve/Hosser/Wetzels, S. 70.

1289 Greve, Bedrohung durch Gewalt, S. 136; Greve, KFN-FB, Nr. 65, S. 2, S. 24; dies soll sogar auch bei einer tatsächlich erfolgten Viktimisierung der Fall sein, Studer, S. 137.

1290 Siehe hierzu bereits oben im *2. Teil: B IV 2 a bb.*

1291 So die Befunde bei Herbst, S. 169; *Greve* fordert daher, diese komplexen psychischen Vorgänge näher zu erforschen, Greve, Alter - ein Risiko?, S. 138.

schaftswachen zusammenfinden und damit unter Umständen eine soziale Isolationen aufbrechen oder eine einsame alte Dame sich einen Hund anschafft.[1292]

(4) Fazit

Als Fazit lässt sich festhalten, dass Kriminalitätsfurcht älterer Menschen angesichts des statistisch niedrigen Risikos nicht kurzerhand als paradox abgewertet werden kann. Ihre Furcht weist Besonderheiten auf, es handelt sich aber nicht um ein „Altersproblem“ dahingehend, dass ältere Menschen besonders furchtsam seien. Zwar legen sie ein besonders vorsichtiges Verhalten an den Tag (und reduzieren dadurch ihr Viktimisierungsrisiko), dieses kann aber nicht ausschließlich mit der Furcht vor einer Viktimisierung erklärt werden und sollte nicht überbewertet werden. Angesichts der erhöhten Vulnerabilität im Alter erscheint es durchaus angemessen und rational zu sein, sich umsichtiger zu verhalten. Ältere Menschen als Gefangene ihrer Furcht oder ähnliches zu bezeichnen ist angesichts dieser Erkenntnisse keineswegs angebracht. Zudem scheinen sie auch nicht gesteigert unter der vorhandenen Kriminalitätsfurcht zu leiden und in ihrem allgemeinen Wohlbefinden beeinträchtigt zu sein.

Letztlich ist aber trotz einer Widerlegung des Viktimisierungs-Furcht-Paradoxons fraglich, wie ältere Menschen mit Viktimisierungen und Furcht vor Viktimisierungen umgehen. Von Einfluss sind, wie gesehen, auch Faktoren wie das soziale Umfeld, die generelle emotionale Verfassung bzw. das subjektive Wohlbefinden, persönliche Ressourcen bzw. Bewältigungsstrategien etc. Zu diesem Geflecht an Faktoren gibt es nach wie vor keine ausreichenden Daten.[1293] Angesichts der vorhandenen Daten lassen sich keine Rückschlüsse dahingehend ziehen, dass ältere Menschen so sehr unter Kriminalitätsfurcht leiden, dass sie dementsprechend psychisch besonders belastet wären. Dennoch sollten nicht die Augen davor verschlossen werden, dass das von älteren Menschen an den Tag gelegte (und durchaus vernünftige) Meideverhalten kein gutzuheißender Zustand ist, da es viele ältere Menschen in ihrem Bewegungsspielraum einschränkt[1294] und die Meidung des öffentlichen Raumes den Verlust

1292 Fattah, FS Schneider, S. 416.
1293 Hierzu bereits Niederfranke/Greve, ZfGG 1996, S. 172.
1294 So auch Greve/Niederfranke, ZKP, S. 133; Herbst, S. 170 f.

eines „*wichtigen Ort sozialer Teilhabe*“ bedeutet.[1295] Hinzu kommt, dass dieses vermeidende Verhalten zu einer immer größer werdenden Isolation und „*lerntheoretisch, zunehmend zu problematische(m) Sozialverhalten*“ führt.[1296] Es wird ein selbstverstärkender Prozess in Gang gesetzt, bei dem potentielle Täter die enorme Verunsicherung wahrnehmen und bei der Opferauswahl miteinbeziehen können.[1297]

3. Physische Folgen

Da ältere Menschen - wie oben unter 2. *Teil: A III* näher ausgeführt wurde - grundsätzlich körperliche Abbauerscheinungen zeigen, können Gewaltdelikte für sie ein besonderes Risiko in sich bergen. Zum einen ist hier an ein rascheres Eintreten von Verletzungen zu denken, zum anderen an besonders lange Phasen der Genesung oder auch an körperliche Langzeitschäden.[1298]

Insbesondere unterliegen ältere Menschen einem im Vergleich zu jüngeren Menschen größeren Risiko in der Folge von Traumata einer tödlichen Komplikation zu erliegen.[1299] In einer Studie von *Heinemann/Püschel* zu Tötungsdelikten an älteren Menschen wurde auf dieses Risiko etwas näher eingegangen: In acht Fällen, in denen es (unter anderem) zu einem Oberschenkelhalsbruch gekommen war, kam es zu medizinischen Spätkomplikationen und zwei ältere Frauen verstarben im Rahmen ausgedehnter Rippenserienfrakturen an Fettembolien.[1300] In zwei weiteren Fällen kam es unmittelbar aufgrund von Schlagaderverkalkungen in den Koronarien bzw. der Hirnschlagader zu Komplikationen.[1301] Letztlich verstarben fünf der insgesamt von ihrer Studie erfassten 105 Opfer an den Komplikationen der Folgen eines alltäglichen Deliktes wie Handtaschenraub.[1302] Auch die aktuellste Studie zu Tötungen älterer Menschen von *Vorderwülbecke* führt zum sog. Gerontozid aus, dass vier der insgesamt zehn Opfer im Rahmen

---

1295 Kreuzer, Senioren als Kriminalitätsopfer, S. 4.
1296 Baurmann, ZfG 1981, S. 251.
1297 Ebd., S. 251; siehe auch 2. *Teil: B III 5.*
1298 Vgl. auch Fattah/Sacco, S. 185 f; Fattah, KFN-FB, Nr. 10, S. 25; Greve, KFN FB, Nr. 65, S. 20; WHO, World Report on Violence and Health, S. 132.
1299 Siehe hierzu 2. *Teil: A III.*
1300 Heinemann/Püschel, ZfG 1994, S. 309.
1301 Ebd., S. 309.
1302 Ebd., S. 310.

eines Handtaschenraubes stürzten und letztlich verstarben.[1303] Drei der Opfer (83, 84 bzw. 91 Jahre alt) starben zeitnah an den Folgen (eines bereits während der unfallbedingten Operation, zwei weitere an einer Pneumonie), ein weiteres Opfer verstarb vierzehn Jahre nach dem an ihm verübten Raubüberfalll im Alter von 84 Jahren an den Folgen des damals erlittenen Schädelhirntraumas.[1304]

Lang kommt in ihrer Studie zu Tötungsdelikten zu dem Ergebnis, dass die meisten Opfer sich zwar in einem guten Gesundheitszustand befunden hätten, dennoch *„aber die Tatfolgen aufgrund geringer körperlicher Ressourcen und Immobilität schwer überwinden"* konnten und körperliche Gewalt gerade an älteren Menschen einen tödlichen Ausgang haben kann.[1305] Ebenso zieht *Sessar* aus seiner Studie zu nicht-fahrlässigen vollendeten Tötungsdelikten den Schluss, dass ältere Menschen deswegen überproportional häufig von vollendeten Raubmorden betroffen seien, weil sie *„durch den Angriff altersbedingt häufiger umkommen"*, während jüngere Menschen gemäß der untersuchten Akten eine mit gleicher Heftigkeit ausgeführte Gewaltanwendung ohne tödlichen Ausgang überstanden hätten.[1306] Als Beispiel nennt er einen Fall, in dem das Opfer nicht an den Schlägen selbst, sondern an einer in der Folge hervorgerufenen Lungenentzündung mit Zerebralsklerose verstirbt.[1307]

Nach dem dem National Crime Survey bzw. Canadian Survey werden ältere Menschen in den USA bzw. Kanada zwar seltener in ihrer körperlichen Integrität angegriffen, aber wenn dies geschieht, ist die Wahrscheinlichkeit einer Verletzung der körperlichen Unversehrtheit, insbesondere für männliche ältere Personen, sehr hoch.[1308] Gemäß einer weiteren kanadischen Studie von *Trevethan* (1992) werden ältere Opfer von „tätlichen Angriffen" mit 54 % zwar grundsätzlich etwas weniger oft verletzt als jüngere mit 63 %, allerdings werden ältere Raubopfer (44 %) im Vergleich zu jüngeren Opfern (23 %) sogar mit einer doppelt so hohen Wahrscheinlichkeit in irgendeiner Form in ihrer körperlichen Unversehrtheit verletzt.[1309]

Allerdings besagen die Ergebnisse des amerikanischen Crime Survey auch, dass die Verletzungen weniger auf Verletzungen durch Messer oder auf gebrochenen Knochen beruhen, als vielmehr auf harmloseren Verlet-

1303 Vorderwülbecke, S. 37.
1304 Ebd., S. 37.
1305 Lang, S. 78.
1306 Sessar, S. 317.
1307 Ebd., S. 317.
1308 So Fattah/Sacco, S. 194.
1309 Trevethan, Juristat 1992, S. 8; Fattah, KFN-FB, Nr. 10, S. 15.

zungen, wie etwa blauen Flecken, Kratzern, Schnitten und einem blauen Auge.[1310] Derartige Verletzungen treten danach wohl ganz besonders bei Raubüberfällen auf, wobei dabei beachtenswert ist, dass die Verletzungen von jungen Opfern von Raubüberfällen sehr ähnlich ausfallen, selbst wenn man berücksichtigt, dass eine Attacke in ihrer Ausübung gegen ältere Menschen oft anders abläuft als gegen jüngere Menschen. [1311] So ergab die kanadische Studie von *Trevethan* (1992), dass die Täter gegenüber älteren Menschen „nur" in 2/3 der Fälle und gegenüber jüngeren Menschen in 3/4 der Fälle körperliche Kraft aufwendeten und bei Angriffen auf ältere Opfer häufiger mit Waffen ausgestattet waren (33 % versus 22 %).[1312] *Fattah/Sacco* stellen richtigerweise heraus, dass die Daten des National Crime Survey und Canadian Survey nicht zwingend einen Rückschluss darauf zulassen, dass ältere Menschen nicht besonders vulnerabel seien.[1313] Denn selbst wenn ältere Menschen weniger häufig Opfer eines körperlichen Angriffs werden, so bedeutet dies noch lange nicht, dass sie nicht dennoch mehr darunter leiden, wenn es denn geschieht: Zum einen werden von diesen Daten nämlich nur die unmittelbaren Folgen der Verletzung erfasst, nicht jedoch wird miteinbezogen, ob es Unterschiede in der Genesung(sdauer) von älteren und jüngeren Menschen hinsichtlich vergleichbarer Verletzungen gibt.[1314] Erfasst wird außerdem nicht, ob vielleicht chronische oder deutlich subtilere Gesundheitsprobleme durch die Straftat verursacht bzw. verstärkt werden oder dass ein älterer Mensch bei einer bestimmten Verletzung bereits die Möglichkeit einbüßt, sich eigenständig zu versorgen, während ein jüngerer Mensch dies noch bewerkstelligen könnte.[1315] Gerade derartige Einbußen der Selbstständigkeit sind sicherlich mit einem gewissen emotionalen Stress verbunden und vielleicht auch mit der Angst, dauerhaft nicht mehr alleine zurechtzukommen und im extremsten Fall sogar in ein Seniorenheim umziehen zu müssen.[1316] Da derartige Befürchtungen ohnehin schon eine gegebene Belastung und das vorrangige Motiv für suizidale Gedanken bzw. Taten älterer Menschen sind,[1317] erscheint

1310 Fattah/Sacco, S. 194.
1311 Ebd., S. 194.
1312 Trevethan, Juristat 1992, S. 8; Fattah, KFN-FB, Nr. 10, S. 15 f.
1313 Fattah/Sacco, S. 194.
1314 Ebd., S. 194.
1315 Ebd., S. 194 mit Verweis auf eine entsprechende Studie; ähnlich Greve, KFN-FB, Nr. 65, S. 20; Fiß/Meinke, Pharmazeutische Zeitung 2012, S. 17.
1316 Vgl. auch Greve, KFN-FB, Nr. 65, S. 21; Greve, IRoV 1998, S. 294.
1317 Wenn das Altwerden zur Last wird, S. 14; Wagner, Rechtsmedizin 1991, S. 36; vgl. auch *2. Teil: A IV.*

es nicht verwunderlich, wenn diese durch Viktimisierung noch verstärkt werden. Außerdem wäre es denkbar, dass sich auch psychischer Stress, der auf der Tatsache beruht, dass man viktimisiert wurde, solche Ausmaße annehmen könnte, dass er sich körperlich niederschlägt.

Zu bedenken ist nach *Fattah/Sacco* weiterhin, dass in den Statistiken nur bestimmte Delikte auftauchen, während andere, insbesondere für ältere Menschen relevante Delilte, unberücksichtigt bleiben.[1318] So sollen diese wohl auch besonders oft Opfer von Betrug auf medizinischer Ebene in Form von Quacksalberei werden, was die älteren Menschen dann davon abhält auf Ärzte der traditionellen Schulmedizin zurückzugreifen, auch wenn diese erfolgsversprechender wäre.[1319] Daten, die diese These untermauern, existieren für Deutschland jedoch nicht. In Überschneidung mit dem nächsten Punkt dieser Arbeit, bringen *Fattah/Sacco* noch das Argument, dass die durch eine körperliche Verletzung hervorgerufene finanzielle Einbuße im Vergleich zu einem jüngeren Opfer in der Regel einen höheren prozentualen Anteil des monatlichen Einkommens ausmacht.[1320] Letzteres Argument ist allerdings angesichts des deutschen Krankenversicherungssystems eher mäßig überzeugend.

Zusammenfassend kann man durchaus sagen, dass Ältere grundsätzlich besonders gefährdet sind, in der Folge einer Viktimisierung unter schwerwiegenden körperlichen Beeinträchtigungen zu leiden. Sei es, weil ihr Körper anfälliger dafür ist, überhaupt verletzt zu werden, die Genesung langwieriger und oftmals nicht vollständig möglich ist oder weil eine gefährliche Abwärtsspirale in Gang gesetzt wird, an deren Ende Seniorenheim oder gar Tod stehen. Allerdings gibt es nur wenige Daten, die Aufschluss darüber geben, wie oft genau oder mit welcher Wahrscheinlichkeit ältere Menschen im Vergleich zu Jüngeren schwerere körperliche Schäden davontragen, wie häufig die Genesung problematischer ist, wie oft bestehende Gesundheitsprobleme verstärkt werden, wie oft es zu tödlichen Ausgängen kommt usw.

1318 Fattah/Sacco, S. 194.
1319 Ebd., S. 195.
1320 Ebd., S. 195.

4. Monetäre Folgen

Angesichts der Tatsache, dass ältere Menschen bevorzugt zu Opfern von Vermögensdelikten werden,[1321] ist es wichtig, diesen Punkt näher zu beleuchten. Manche Forscher bezeichnen es bezüglich der Viktimisierung älterer Menschen als typisch, dass diese finanziell schwächer aufgestellt seien,[1322] weshalb sie im Rahmen von Eigentums- und Vermögensdelikten besonders schwer betroffen sein könnten.[1323]

Je nach Delikt wirkt es sich in der Folge aus in welcher finanziellen Situation sich das Opfer befindet.[1324] Finanzielle Probleme haben also weniger mit dem Delikt an sich zu tun, als vielmehr mit der generellen finanziellen Situation des Opfers: Je besser situierter es ist, desto weniger leidet es unter dem direkten Verlust.[1325] Er kann sich allerdings auch indirekt auswirken, denn hat ein Opfer noch ausreichende Reserven, so hat es z.B. die Möglichkeit, ab Einbruch der Dunkelheit fortan anstelle eines öffentlichen Verkehrsmittels ein Taxi zu nehmen.[1326] Fehlt es an den entsprechenden finanziellen Mitteln, wird das Opfer hingegen unter Umständen das Haus nicht mehr für soziale Aktivitäten, sondern nur noch das Nötigste, wie den Einkauf von Lebensmitteln, verlassen.

In Bezug auf in Deutschland lebende Kriminalitätsopfer lässt sich mangels entsprechender Datenerhebung keine ausreichend fundierte Aussage treffen, auch wenn es teilweise als problematisch angesehen wird, dass ältere Opfer ein geringeres Einkommen (Rente etc.) haben und somit einen Verlust oftmals schlechter auffangen könnten.[1327] Dem ist höchstwahrscheinlich zuzustimmen, um aber weiterreichende Schlüsse ziehen zu können, ist die Datenlage zu dünn. Wie oben unter *2. Teil: 2 A II* bereits erörtert, sehen sich ältere Menschen mit dem Eintritt ins Renten-/Pensionsalter mit geringeren zur Verfügung stehenden Geldmitteln konfrontiert und immerhin 36 % haben Probleme damit, unerwartete größere Ausgaben zu bewältigen. Auf der anderen Seite haben ältere Menschen oftmals aufgrund ihres Lebensstils geringere Ausgaben und es

---

1321 Siehe ausführlich zur finanziellen Situation älterer Menschen 2. *Teil: 2 A II.*

1322 Fattah, KFN-FB, Nr. 10, S. 25; Fattah/Sacco, S. 185.

1323 Fattah/Sacco, S. 185.

1324 S. zur finanziellen Situation älterer Menschen *2. Teil: A II.*

1325 Fattah/Sacco, S. 203.

1326 Ebd., S. 204.

1327 Greve/Hosser/Wetzels, S. 17; Herbst, S. 30; Fattah, KFN-FB, Nr. 10, S. 26; vgl. auch WHO, World Report on Violence and Health, S. 132; Fattah/Sacco, S. 203.

verbleibt daher bei einem vergleichsweise hohen Sparquotienten. Hieraus eine verallgemeinerungsfähige Aussage zu ziehen, ist insgesamt jedoch sehr schwierig, da es immer auf den Einzelfall ankommen wird. Es ist dabei weniger relevant wie groß genau die Vermögenswerte sind, die das jeweilige Opfer im Laufe seines Lebens angesammelt hat und wie hoch der erlittene Vermögensschaden ist, sondern vielmehr, ob durch die Tat die gesamten finanziellen Mittel des Opfers aufgezehrt wurden und ob es fortan Probleme haben wird, den Vermögensverlust anhand der im Vergleich zum vorherigen Einkommen geringeren Rente/Pension jemals wieder auszugleichen oder nicht. Aus diesem Grund sehen *Fattah/Sacco* nicht das Delikt per se als das Problem an, sondern die *„economically subordinate position that they* (die Älteren) *occupy in society*".[1328]

5. Fazit

Qualitative Betroffenheit älterer Menschen von Straftaten		
Psychisch	**Physisch**	**Monetär**
• Keine eindeutige Aussage möglich • Keine paradox große Kriminalitätsfurcht; aber • (**P**) einschränkendes Meideverhalten	• Besonders große Verletzungsgefahr • Gesteigerte Gefahr sich schwer zu verletzen • Schwierigere Genesung und längere Genesungszeiten • Höheres Risiko ungünstiger Langzeitfolgen • Ingangsetzen einer Abwärtsspirale • Kaum konkrete Zahlen	• (**P**) Geringeres Einkommen (Rente, Pension) und daher u.U. besondere Schwierigkeiten, finanzielle Verluste auszugleichen • keine konkreten Zahlen

Abb. 30: Übersicht über die qualitative Betroffenheit älterer Menschen von Straftaten in psychischer, physischer und monetärer Hinsicht

1328 Ebd., S. 203.

V. Überblick über bestehende Maßnahmen zum Schutz älterer Menschen vor Kriminalität

Wie gesehen sind ältere Menschen grundsätzlich schutzbedürftig. Inwiefern bereits spezielle Maßnahmen zum Schutz älterer Menschen ergriffen werden und ob diese sich als erfolgreich erwiesen haben, darauf soll im folgenden Abschnitt näher eingegangen werden.

1. Präventionsmaßnahmen

Zunächst einmal sind Präventionsmaßnahmen zur Verhinderung von Viktimisierung und von Kriminalität denkbar. Eine trennscharfe Unterscheidung zwischen diesen beiden Kategorien wird aufgrund fließender Übergänge aber nicht immer möglich sein.

a) Maßnahmen zur Verhinderung einer Viktimisierung

Unter Maßnahmen zur Verhinderung einer Viktimisierung fallen all jene Maßnahmen, die das Individuum unternimmt, um sich selbst vor Kriminalität zu schützen, d.h., Strategien, die in diese Kategorie einzuordnen sind, zielen auf eine Veränderung der persönlichen Gewohnheiten und Handlungen des Einzelnen ab.[1329] Bei einer Ausrichtung an die gesamte Bevölkerung und eine Verbesserung der gesellschaftlichen Rahmenbedingungen sind sie der sog. Primärprävention zuzuordnen,[1330] bei einer Ausrichtung speziell an eine bestimmte Risikogruppe, hier ältere ältere Menschen bzw. zu deren Schutz berufenen Menschen, der sog. Sekundärprävention.[1331]

1329 Fattah/Sacco, S. 253.

1330 Eingehend zur Primärprävention Eisenberg/Kölbel, § 41, Rn. 1 ff.; Bock, § 19 Rn. 883.

1331 Eingehend zur Sekundärprävention Eisenberg/Kölbel, § 42, Rn. 1 ff.; Bock, § 19 Rn. 883.

aa) An ältere Menschen adressierte Aufklärungsmaßnahmen

Verbreitete Maßnahmen in dieser Kategorie sind polizeiliche Aufklärungsseminare und öffentliche Informationskampagnen, in denen den Adressaten Tipps gegeben werden, wie man sein Zuhause besser gegen Diebstähle absichern kann, welche Selbstverteidigungsstrategien man anwenden könnte, welche Vorsichtsmaßnahmen man trefen könnte, wenn man in seiner Nachbarschaft zu Fuß unterwegs ist usw.[1332] Im Rahmen dieser Informationsarbeit werden auch ganz konkrete Tipps zu bestimmten Delikten gegeben. Dabei geht es etwa um Hinweise, wie hinsichtlich eines Handtaschenraubes präventiv zu denken ist, d.h. sich bereits vorab zu überlegen, ob wirklich die Notwendigkeit besteht, überhaupt eine Handtasche mitzunehmen bzw. den Tragegurt der Handtasche jedenfalls so umzulegen, dass im Falle eines Entreissversuches ein Sturz unwahrscheinlich ist sowie Bargeld nicht in größeren Mengen öffentlich sichtbar zu machen.[1333] Der Gedanke hinter dieser Ausklärungsarbeit ist, dass ältere Menschen in Anlehnung an den *routine-activity*-Ansatz als Ziel für die potentiellen Täter weniger geeignet werden.[1334]

Ein konkretes Beispiel für derartige Aufklärungsarbeit ist die Broschüre „Rate mal, wer dran ist?“ des BMFSFJ, die sich unter anderem dem sog. Enkel- und dem Handwerkertrick widmet.[1335] So wird unter anderem die typische Vorgehensweise der Täter beschrieben und es werden Vorschläge unterbreitet, wie man sich grundsätzlich schützen[1336] und im Ernstfall reagieren[1337] könnte. Zudem wird versucht, den Lesern der Broschüre ihr Schamgefühl zu nehmen, falls sie bereits Opfer geworden sind, und sie zu motivieren, Anzeige zu erstatten.[1338] Auch Tipps für Dritte[1339] und Informationen dazu, wie man sich noch weitergehend informieren kann,[1340] sind enthalten. Auch auf der Website des Weissen Rings werden Präventionstipps für den Enkeltrick und anderes betrügerisches Verhalten am Tele-

1332 Fattah/Sacco, S. 253.
1333 Ebd., S. 254 mit weiteren Beispielen; für den Verzicht auf Handtaschen plädierend Vorderwülbecke, S. 50.
1334 Görgen/Nägele/Kotlenga, SHgZ, S. 525; ausfühlich zum routine activity approach z.B. Bock, § 20, Rn. 915 ff.
1335 Rate mal, wer dran ist, S. 17 f., S. 27 f.
1336 Ebd., S. 43 ff.
1337 Ebd., S. 39 ff.
1338 Ebd., S. 56 f.
1339 Ebd., S. 59 f.
1340 Ebd., S. 61 ff.

fon gegeben.[1341] Außerdem werden dort Tipps aufgelistet, wie man sich in der Drucksituation von Kaffeefahrten und anderen Situationen aggressiven Verkaufgebahrens verhalten kann und welche Möglichkeiten einem anschließend offenstehen (z.B. Ausübung eines Widerrufs).[1342] Zudem werden Vorschläge für den Umgang mit einem (verdächtigen) Gewinn gegeben.[1343] Derartige Broschüren und Informationsblätter werden nicht nur online, sondern auch als Druckausgabe bei Polizeiinspektionsstellen zur Verfügung gestellt.[1344]

Ein weiteres Beispiel ist, dass im Rahmen des vom BMFSFJ geförderten Projekts „Sicherheitspotenziale im höheren Alter" ein Manual für Dozentinnen und Dozenten in der Erwachsenenausbildung entwickelt wurde, in dem detailliert dargelegt wird, wie Seminare im Sinne eines Sicherheits- und Selbstbehauptungstrainings für Seniorinnen und Senioren sinnvoll organisiert und aufgebaut werden können.[1345] Nach diesem Manual ist besonderes Augenmerk darauf zu richten, dass ältere Menschen aufgrund von Informationen und entsprechendem Training, z.B. in Form von Rollenspielen für Situationen des Trickdiebstahls, Handtaschenraubes usw., besonders gewappnet sind.[1346] Außerdem ist es präventiv wirksam, das Selbstbewusstsein älterer Menschen zu stärken und durch entsprechendes Auftreten das Viktimisierungsrisiko zu verringern.[1347]

Teilweise sind die Maßnahmen auf ein breiteres Publikum ausgerichtet (Medienberichte, Informationsbroschüren, -veranstaltungen und Schulungen), aber es finden sich auch individuelle Beratungen durch Polizei oder, wie z.B. in Bayern, Hessen, Rheinland-Pfalz und Niedersachen, zusätzlich durch eigens ausgebildete Ehrenamtliche - sog. Sicherheitsberater für Senioren.[1348] Im Rahmen dieser gezielten Aufklärung älterer Menschen wird darauf hingewiesen, dass die Vorgehensweise der Täter Wandlungen unterliegen kann und neue Strategien entworfen werden.[1349] Dabei werden

1341 https://weisser-ring.de/praevention/tipps/enkeltrick (05.09.2020)

1342 https://weisser-ring.de/praevention/tipps/kaffeefahrt (05.09.2020)

1343 https://weisser-ring.de/praevention/tipps/gewinnversprechen (05.09.2020)

1344 Z.B. https://www.polizei-beratung.de/medienangebot/thema/betrug/ (05.09.2020); so auch in der Schweiz, vgl. Schett, Kriminalistik 2011, S. 340.

1345 Erdwien, Älter werden - aber sicher!, S. 1 ff.

1346 Ebd., S. 11 ff.

1347 Alter – ein Risiko, S. 37.

1348 Görgen/Nägele/Kotlenga, SHgZ, S. 530 f.; Beispiele aus den USA nennend: Baurmann, ZfG 1981, S. 254; die persönliche Beratung bevorzugend: Heinemann/Püschel, ZfG 1994, S. 311.

1349 Görgen/Nägele/Kotlenga, SHgZ, S. 532.

auch Medien wie das Internet und diesbezügliche Entwicklungen im Auge behalten.[1350] So ist z.B. in den USA sog. telemarketing fraud ein verbreitetes Phänomen, dem dadurch begegnet wurde, dass ehrenamtliche Mitarbeiter des *„National Telemarketing Victim Call Center (NTVCC)"* bzw. mittlerweile *„Telemarketing Victim Call Center"* anhand von Opferlisten bereits überführter Täter die Geschädigten selbst oder potentielle Geschädigte anriefen und konkret Aufklärungsarbeit leisteten.[1351]

bb) Guardianship

Ein weiterer Ansatzpunkt sind sog. *guardians*.[1352] Das deutsche Betreuungsrecht (§§ 1896 f. BGB) geht in diese Richtung, allerdings ist es nur bedingt geeignet, Viktimisierungen älterer Menschen zu verhindern, da es verlangt, dass die Voraussetzungen für eine Betreuung vorliegen und die zu schützende Person nicht mehr in der Lage ist, ihre rechtlichen Angelegenheiten alleine zu erledigen.[1353] Dies betrifft aber zum einen nur einen Teil der älteren Menschen, zum anderen ist das Betreuungsrecht nicht darauf ausgerichtet die Betroffenen auch vor Gewaltdelikten zu schützen; sofern in §§ 1906 ff. BGB (Vorbehalt vormundschaftsgerichtlicher Zustimmung zu freiheitsbeschränkenden Maßnahmen) doch derartiger Schutz vor Gewalt gesehen wird, sind von diesem Schutzbereich lediglich Betreute erfasst, die in einer Einrichtung leben.[1354]

Eine weitere Maßnahme im Rahmen von *guardianship* ist, dass Bankmitarbeiter/innen, insbesondere jenen im Filialbetrieb mit direkten Kundenkontakt, die aktuell gängigen kriminellen Vorgehensweisen erläutert und kritische Situationen in Rollenspielen trainiert werden.[1355] Eine anschließende Befragung der Teilnehmer entsprechender Schulungen ergab, dass diese als positiv eingeschätzt wurden.[1356] Das Konzept beruht als Ausfluß des *Routine-Activity*-Ansatzes auf der Überlegung, dass sog. *guardians* Viktimisierungen verhindern können und dementsprechend auch gezielt zu

1350 Ebd., S. 532.
1351 Görgen/Nägele/Kotlenga, SHgZ, S. 532 f.
1352 Zum Begriff siehe etwa Studer, S. 236; Görgen/Nägele/Kotlenga, SHgZ, S. 524.
1353 Görgen/Nägele/Kotlenga, SHgZ, S. 524.
1354 Ebd., S. 524.
1355 Sicher leben im Alter, S. 20.
1356 Ebd., S. 21; eingehend hierzu Görgen u.a., Sicherheitspotenziale im höheren Lebensalter, S. 230 ff.

Präventionszwecken eingesetzt werden können.[1357] Mit steigendem Alter und gleichzeitig steigender Vulnerabilität und Eingeschränktheit aufgrund von Abbauerscheinungen, ergibt es mehr und mehr Sinn, auf solche *guardians* zu bauen.[1358] Da nicht jeder ältere Mensch über ein ausreichendes soziales Netz verfügt, ist es zweckmäßig auch dritte Personen, wie etwa Bankmitarbeiter, im Rahmen von Schulungen im Bereich der Vermögensdelikte entsprechend auszubilden und älteren Menschen unterstützend zur Seite zu stellen.[1359] *Görgen u.a.* haben sich in einem vom BMFSFJ geförderten Projekt namens „Sicherheitspotenziale im höheren Lebensalter" in den Jahren 2012 – 2014 dieser Problematik gewidmet.[1360] Ziel dieses Projektes war es sicherheitsbezogenes Handeln im Alter zu stärken und Maßnahmen zur Prävention betrügerischer Vermögensdelikte an älteren Menschen zu entwickeln, so dass ein Trainingsplan für Bankmitarbeiter entworfen und in Form von Seminaren auch getestet wurde.[1361] Dabei fand eine Sensibilisierung der Mitarbeiter für die Problematik der Vermögensdelikte zu Lasten älterer Menschen erfolgreich statt und auch wenn keine konkreten Strategien erarbeitet werden konnten, gehen *Görgen u.a.* davon aus, dass in den Sparkassen, die Teil des Projekts waren, ein längerfristiges Umdenken und eine Sensibilisierung für das Problem stattfand.[1362]

In den USA wurden in verschiedenen Bundesstaaten Programme unter dem Namen *„Community Sentinels for Elder Abuse Prevention"* ins Leben gerufen, in denen Mitarbeiter unterschiedlichster Institutionen (Banken, Ärzte, Post, Bewährungshelfer usw.) an Schulungen zu *„Community Sentinels"* teilnahmen.[1363] In der Folge kam es vermehrt zur Anzeige von sog. *elder abuse* und die sog. *Adult Protective Services* wurden häufiger tätig,[1364] so dass auch von einem gewissen Erfolg dieser Schulungen gesprochen werden kann. Um die in der Praxis etwas schwierige Zusammenarbeit der verschiedenen Institutionen zu erleichtern, werden in Großbritannien spezielle Koordinatoren eingesetzt.[1365]

1357 Görgen u.a., Sicherheitspotenziale im höheren Lebensalter, S. 446; vgl. auch Bock, § 20 Rn. 915.

1358 Görgen/Nägele/Kotlenga, SHgZ, S. 531.

1359 Ebd., S. 531; Görgen u.a., Sicherheitspotenziale im höheren Lebensalter, S. 448; befürwortend auch Kreuzer, Senioren als Kriminalitätsopfer, S. 11.

1360 Görgen u.a., Sicherheitspotenziale im höheren Lebensalter, S. 432.

1361 Ebd., S. 432.

1362 Ebd., S. 432.

1363 Görgen/Nägele/Kotlenga, SHgZ, S. 525.

1364 Ebd., S. 525.

1365 Görgen u.a., Sicherheitspotenziale im höheren Lebensalter, S. 449 f.

Des Weiteren existieren in den USA Programme, die älteren Menschen auf Abruf eine Begleitperson zur Seite stellen, wenn diese im öffentlichen Raum unterwegs sind (Fußgängerbegleitung, Minibusse), und reduzieren hierdurch das Risiko einer Viktimisierung Einzelner.[1366]

cc) Kritik

Auf den ersten Blick erscheinen Vorsichtsmaßnahmen älterer Menschen zwar durchaus erfolgsversprechend zu sein, allerdings sind damit **auch negative Konsequenzen** verbunden:

Zunächst einmal mag es stimmen, dass der Einzelne, der sich an gewisse Vorsichtsmaßnahmen hält, sein persönliches Viktimisierungsrisiko minimiert, jedoch wird das Viktimisierungsrisiko nicht generell aufgehoben, da ein Täter nicht von seinem Vorhaben ablassen, sondern dazu übergehen wird, sich eine andere Person, die er als schwach einschätzt, als Opfer herauszusuchen.[1367] Weiterhin ist es möglich, dass derartige Maßnahmen auf das unter Umständen ohnehin schon vorhandene Gefühl der Angst und der Isolation unter den älteren Menschen verstärkend wirken können, da sie maßgeblich darauf abzielen, insgesamt etwas misstrauischer zu sein und Fremden nicht zu vertrauen sowie zu bestimmten Zeiten an bestimmten Orten nicht (allein) unterwegs zu sein.[1368] Dieser Effekt kann noch weiter verstärkt werden, da durch die Seminare der Diskurs mit anderen Menschen gefördert wird und Studien zufolge dies in Zusammenhang mit einem erhöhten Furcht-Level steht.[1369] Dies auch deswegen, weil Aufklärung über Gefahren immer auch ein gewisses Risiko in sich birgt, dass zuvor nicht oder nicht so stark vorhandene Ängste geschürt werden, sei es weil die Zielpersonen sich erstmals bewusst werden, was für Risiken existieren oder sei es, dass an vergangene Viktimisierungen erinnert wird.[1370] Zwar haben nicht alle Maßnahmen, die der Verhinderung einer Viktimisierung einzelner Personen dienen sollen, erhöhte Furcht zu Folge, denn Selbstverteidigungskurse für Frauen zum Beispiel bewirken empirisch belegt ein gesteigertes Selbstvertrauen der Teilnehmerinnen, allerdings ist

1366 Baurmann, ZfG 1981, S. 254 ohne dies mit Zahlen genauer zu belegen.
1367 Ebd., S. 255.
1368 Ebd., S. 255
1369 Ebd., S. 255.
1370 Görgen u.a., Sicherheitspotenziale im höheren Lebensalter, S. 456.

diese Folge eher eine Ausnahme in der Kategorie der Verhinderung der Viktimisierung Einzelner.[1371]

Ein nicht zu vernachlässigendes Problem, vor das Präventionsmaßnahmen generell gestellt werden, ist, dass sie die Zielgruppen auch erreichen müssen.[1372] Im Hinblick auf ältere Menschen ist dieses Problem aber ganz besonders gegeben, da insbesondere die Pflegebedürftigen und Demenzkranken als sog. „*hard-to-reach population*“ eingestuft werden.[1373] Problematisch ist also, dass zwar ältere Menschen im Dritten Lebensalter durch Information und Aufklärung zu den Vorgehensweisen der Täter zu weniger geeigneten Zielen eben jener Tätern werden können, allerdings gestaltet sich dieses Maßnahmen im Vierten Lebensalter bzw. bei Menschen, die bereits unter einer Demenz o.Ä. leiden, als schwierig oder unmöglich.[1374] Somit kann nur ein Teil der älteren Bevölkerung auf diese Weise geschützt werden.[1375]

Als problematisch an dieser Aufklärungsarbeit wird weiterhin gesehen, dass die älteren Menschen (oder ihnen nahestehende Personen) selbst aktiv werden müssen, um an diese Medien heranzukommen und das Wissen alleine oft nicht ausreichend ist, da man in der konkreten Situation unter Umständen nicht wahrnimmt, was gerade passiert oder im Ernstfall dennoch überfordert ist.[1376] Allerdings finden diese Broschüren durchaus einen hohen Absatz und bei der Bevölkerung ist ein Interesse an entsprechender Aufklärung vorhanden.[1377]

Daneben sehen *Görgen u.a.*, bezugnehmend auf ihre Studie, das Problem, dass auch die grundsätzlich durch Präventionsmaßnahmen erreichbaren älteren Menschen zum Teil „leicht übersehen“ werden oder nicht über die ausreichende Motivation verfügen.[1378] So hatten viele Probanden mangels aktuellen Bedarfs und aufgrund der Einschätzung, sie seien hinreichend aufgeklärt, kein Interesse an der Teilnahme an einem Sicherheitstraining und letztlich konnten hauptsächlich Personen mit hohem Bildungsniveau und intakten Sozialleben hierfür gewonnen werden; Per-

---

1371 Fattah/Sacco, S. 256.
1372 Görgen u.a., Sicherheitspotenziale im höheren Lebensalter, S. 454.
1373 Ebd., S. 454.
1374 Görgen/Nägele/Kotlenga, SHgZ, S. 525.
1375 Ebd., S. 525.
1376 Sicher leben im Alter, S. 19.
1377 Ebd., S. 20.
1378 Görgen u.a., Sicherheitspotenziale im höheren Lebensalter, S. 455.

sonen mit Migrationshintergrund waren nur sehr schwer für die Studie zu gewinnen und Kontaktversuche über Dritte verliefen meist im Sande.[1379]

b) Maßnahmen zur Verhinderung von Kriminalität im Allgemeinen

Strategien zur Verhinderung von Kriminalität an sich haben nicht direkt zum Ziel, die Viktimisierung Einzelner zu verhindern, sondern die Gesellschaft allgemein vor Kriminalität zu schützen, so dass sich die Verbrechensverhütung auf der Gemeinschaftsebene abspielt, d.h. auf die Gesellschaft anstelle des Einzelnen konzentriert.[1380] Allgemeiner Grundsatz kriminalpräventiver Strategien ist es zu versuchen, Kriminalität und Kriminalitätsfurcht zu reduzieren, indem sie das Gemeinschaftsgefühl in der Gesellschaft stärken[1381], und sie sind daher grundsätzlich der Primärprävention[1382] zuzuordnen.

aa) Gemeinschaftliche Verbrechensprogramme

Gemeinschaftliche Verbrechensprogramme zielen darauf ab das allgemeine Sicherheitsgefühl zu verbessern, indem nachbarschaftliche Beziehungen und ein Zusammengehörigkeitsgefühl gefördert werden.[1383]

Maßnahmen in diesem Sinne sind, dass die Bewohner einer bestimmten Gegend von einer Organisation dazu angehalten werden, an gemeinschaftlichen Verbrechensbekämpfungsprogrammen teilzunehmen und hierdurch ein stärkeres Gemeinschaftsgefühl zu gewinnen und die Interaktion zwischen den Nachbarn zu fördern.[1384] Dieses Gemeinschaftsgefühl führt zu einer erhöhten informellen sozialen Kontrolle.[1385] Nachbarschaftswachen, die eher in den USA vertreten sind,[1386] oder Programme zur Installierung von Alarmanlagen, die von der Wohnung eines älteren Menschen zu den Nachbarn ihres/seines Vertrauens führen[1387] sind ein

1379 Ebd., S. 455.
1380 Fattah/Sacco, S. 253.
1381 Ebd., S. 256.
1382 Eingehend zur Primärprävention Eisenberg/Kölbel, § 41, Rn. 1 ff.
1383 Vgl. Görgen/Nägele/Kotlenga, SHgZ, S. 537.
1384 Fattah/Sacco, S. 256.
1385 Vgl. Baurmann, ZfG 1981, S. 254.
1386 Fattah/Sacco, S. 256; Baurmann, ZfG 1981, S. 254.
1387 Baurmann, ZfG 1981, S. 254.

solches Instrument. Gerade ältere Menschen sind eine Bereicherung für solche Nachbarschaftsprogramme, da sie in diesen besonders aktiv und dadurch besonders wertvolle Mitglieder sind: Sie sind in der Regel weniger mobil, verbringen häufig notgedrungen viel Zeit zu Hause und können die Geschehnisse in der Nachbarschaft gut verfolgen, bewohnen regelmäßig schon lange ihr Haus bzw. Wohnung und haben daher ein Gespür dafür, was für Bedürfnisse in der Nachbarschaft herrschen und was ungewöhnliche und verdächtige Vorkommnisse sein könnten und haben zudem aufgrund von Rente/Pensionierung oftmals die notwendigen zeitlichen Ressourcen, sich in das Programm einzubringen.[1388] Nicht nur die Nachbarschaft profitiert davon, auch den älteren Menschen verhilft die Integration in eine soziale Gruppe dazu, weniger isoliert bzw. einsam zu sein und die aktive Teilnahme vermittelt ihnen in positiver Weise den Eindruck, das Geschehen unter Kontrolle zu haben und beeinflussen zu können.[1389]

Außerdem vermittelt es ein Gefühl des „Gebrauchtwerdens“ und weiterhin ein wertvolles Mitglied der Gemeinschaft zu sein. In diesem Sinne versucht zum Beispiel das Modellprojekt ‚Selbstorganisation älterer Menschen‘ des BMFSFJ ältere Menschen darin zu fördern, an sozialen Projekten teilzunehmen und dadurch sozial integriert zu sein.[1390]

Doch auch hier sind **negative Aspekte** vorhanden, da diese Programme Studien zufolge nicht so effektiv sind wie man erwarten könnte, insbesondere weil ältere Menschen sich oft nicht bewusst sind, dass es solche Programme überhaupt gibt und selbst wenn, scheint die unter den Älteren herrschende Kriminalitätsfurcht – wie stark auch immer diese ausgeprägt sein mag - sie nicht zu motivieren, an diesen Programmen teilzunehmen.[1391] Zudem werden sie gerade in solchen Gegenden ins Leben gerufen, in denen sie am wenigsten nötig sind, etwa weil bereits ein hohes Level an sozialer Integration der Bewohner vorhanden ist und die Gegend kriminell nicht besonders belastet ist, so dass sie nicht die gesamte Gemeinschaft erreichen.[1392]

1388 Ebd., S. 257.

1389 Ebd., S. 257; kritisch zur Präventionswirkung solcher neighbourhood watches Neubacher, S. 148.

1390 BMFSFJ, Selbstorganisation älterer Menschen.

1391 Fattah/Sacco, S. 257.

1392 Ebd. S. 257.

bb) Veränderung der tatsächlichen Umgebung

Eine andere Maßnahme im Rahmen präventiver Verbrechensbekämpfung ist eine Veränderung der tatsächlichen Umgebung, deren Ziel es ist, ein Umfeld zu schaffen, in dem die Menschen sich sicherer fühlen und auch sicherer sind („*Crime Prevention Through Environmental Design = CPTED*"), beispielsweise durch städtebauliche Maßnahmen wie das Aufstellen von mehr Straßenlaternen oder dem Abbau von Hecken und andere Barrieren, die bewirken, dass Straßen, Parks oder Spielplätze nicht gut einsehbar sind.[1393]

Allerdings sind diese Modifizierungen mit hohen Kosten verbunden und bedürfen der Zusammenarbeit von Verbrechensbekämpfungs-Experten, Architekten und anderen Projektträgern, und es ist fraglich, ob sie von den Bewohnern tatsächlich genutzt werden.[1394] Dieser Kritikpunkt vermag bei obigem Beispiel insofern zu überzeugen, als dass öffentliche Straßen und Plätze einer aktiven Nutzung der Bewohner bedürfen, da eine größeren Anzahl von Straßenlaternen und bessere Einsehbarkeit für diejenigen Menschen, die (nachts) das Haus per se nicht verlassen, keinen Mehrwert bringen.

2. Abmilderung der Folgen einer Viktimisierung

Abgesehen von präventiven Maßnahmen, werden auch Strategien zur Abmilderung der Folgen einer Viktimisierung ergriffen, um die physischen, ökonomischen und psychologischen Schäden, die im Rahmen einer Viktimisierung auftreten können, abzufedern.[1395]

a) Opferhilfe

In dieser Kategorie ist Opferhilfe, für die es verschiedene Ansatzpunkte gibt, ein wichtiger Aspekt. Manche Institutionen nehmen sich der Opfer direkt nach der Viktimisierung an und leisten sofortige Betreuung, so etwa Frauenhäuser oder Hotlines für Vergewaltigungsopfer.[1396] Andere Institu-

1393 Ebd., S. 257.
1394 Ebd., S. 258.
1395 Ebd., S. 253.
1396 Ebd., S. 259; vgl. Görgen, Kriminologie u. Forensische Psychatrie, S. 257.

tionen dienen dazu, das Opfer und die Zeugen darin zu unterstützen auf effektive Art und Weise an der Strafrechtspflege teilzunehmen, indem sie dafür sorgen, dass ihre Rechte gewahrt werden.[1397] In den USA gibt es als Unterstützung für Opfer und Zeugen zum Beispiel sogar die Bereitstellung von Transporthilfen oder Babysittern.[1398] Bekannte deutsche Hilfsorganisationen für Kriminalitätsopfer sind der bundesweit agierende „Arbeitskreis der Opferhilfen in Deutschland e.V. (ado)“[1399] oder der ebenfalls bundesweit organisierte „WEISSE RING – Gemeinnütziger Verein zur Unterstützung von Kriminalitätsopfern und zur Verhütung von Straftaten e.V.“, der Opfer telefonisch, persönlich oder online auf vielfältige Weise unterstützt.[1400] Der „Weisse Ring“ bietet je nach Einzelfall seelischen Beistand und übernimmt eine persönliche Betreuung von Opfern, begleitet diese bei Behördengängen wie Polizei, Staatsanwaltschaft oder Gericht und bietet auch finanzielle Unterstützung in Fällen von tatbedingten Notlagen an etc.[1401] Diese Angebote gelten per se für alle Altersklassen, auf der Webseite des Weissen Rings sind aber unter anderem auch zwei beispielhafte Fallgeschichten mit älteren Personen als Opfer genannt. Zu einem Handtaschenraub an einer Rentnerin heißt es dort *„Die Polizei nimmt eine Anzeige gegen Unbekannt auf, kann ansonsten aber nicht helfen. Frau T. wendet sich an den WEISSEN RING. Ein ehrenamtlicher Mitarbeiter hört ihr zu, spricht ihr Mut zu, unterstützt beim Ausfüllen des Antrags der Versicherung. Als sich herausstellt, dass der Versicherungsschutz Handtaschenraub nicht abdeckt und Frau T. nicht weiß, wie sie nun die Miete für den Monat bezahlen soll, hilft der WEISSE RING durch eine finanzielle Zuwendung. Aber die Rentnerin hat auch noch mit anderen Folgen der Tat zu kämpfen. „Die Angst ist immer da“, sagt sie selbst. Abends traut sie sich nicht mehr aus der Wohnung, und selbst dort fühlt sie sich nicht immer sicher. Um ihr zu helfen, mit der Angst umzugehen, erleichtert der WEISSE RING Frau T. deshalb noch den Zugang zu psychologischer Beratung durch einen Hilfescheck für eine psychotraumatologische Erstberatung“*.[1402] In einem anderen Fall, einem Trickdiebstahls an einer 74-jährigen Dame, konnte der Weisse Ring die Versicherung des Opfers dazu bewegen, aus reiner Kulanz ein Viertel des Vermögensschadens

---

1397 Ebd., S. 259; vgl. auch Görgen, Kriminologie u. Forensische Psychatrie, S. 255.

1398 Baurmann, ZfG 1981, S. 254; siehe für mögliche Arten der Opferhilfe bzw. Programme in den USA ausführlicher bei Fattah/Sacco, S. 259.

1399 https://www.opferhilfen.de/ (05.09.2020).

1400 https://weisser-ring.de/ (05.09.2020).

1401 https://asta.fh-aachen.org/asta-informiert/der-weisse-ring-unterstutzung-fur-kriminalitatsopfer (27.03.2019).

1402 https://weisser-ring.de/hilfe/hilfe-vor-ort (05.09.2020).

zu tragen, obwohl diese gemäß ihrer Versicherungsbedingungen hierzu nicht verpflichtet gewesen wäre. Damit wurde der Schaden für das Opfer verringert und es fühlte sich ernst genommen.[1403]

Hilfsangebote konkret für ältere Menschen ins Leben zu rufen wurde ebenfalls bereits in Angriff genommen. Zwischen 1998 und 2001 wurde durch das BMFSFJ ein wissenschaftliches Begleitprojekt („Gewalt gegen Ältere im persönlichen Nahraum") in Hannover gefördert, das auch ein „Krisen- und Beratungstelefon im Alter" umfasste.[1404] Ein wichtiges Ergebnis des Projekts war, dass die Bezeichnung „Gewalt" eine eher abschreckende Wirkung auf Hilfesuchende hat und daher ein neutralerer und weniger stigmatisierender Begriff gewählt werden sollte.[1405] Vom BMFSFJ wurde das Projekt als erfolgreich und als Angebot mit großem Anklang eingestuft,[1406] nach vorliegender Ansicht ist es aber fraglich, ob man obige Ergebnisse wirklich als großen Anklang bezeichnen kann.

Hierbei handelte es sich nicht um das einzige Projekt. In Hamburg wurden von August 2009 bis Juni 2011 im Rahmen des vom BMFSFJ geförderten Projekts „Sicher leben im Alter (SiliA)"[1407] wurden unter Einbezug verschiedener Institutionen verschiedene Ansätze bemüht, um eine „*Verbesserung der Sichtbarkeit und Akzeptanz der Hilfsangebote sowie Anpassung an die speziellen Bedürfnisse von älteren Frauen sowie verbesserte Inanspruchnahme der Hilfsangebote*" zu erreichen.[1408] Eine Evaluation erfolgte durch Statistiken der einbezogenen Institutionen (Amnesty for Women, Biff, autonome Frauenhäuser, Opferhilfe Hamburg, Verikom, pro-aktiv), ferner durch schriftliche Befragungen von Institutionen, mündliche Interviews und Gruppendiskussionen der beteiligten Träger und mittels Datenerhebungen in zwei Vergleichsregionen.[1409] Insgesamt stellte es sich als recht schwierig heraus, sowohl ältere Personen als auch Fachkräfte dazu zu motivieren, entsprechende Beratungs-/Informationsveranstaltungsangebote anzunehmen, und es ließ sich trotz entsprechender Bemühungen keine Zunahme in der Annahme entsprechender Angebote verzeichnen.[1410] Bemühungen, eine Vernetzung von Institutionen aus verschiedenen Sekto-

---

1403 https://weisser-ring.de/hilfe/hilfe-vor-ort (05.09.2020).
1404 Görgen/Nägele, ZfGG 2005, S. 7.
1405 Ebd., S. 6.
1406 Vgl. Brockhorst, Ältere Menschen, S. 36.
1407 Im Einzelnen siehe hierzu Görgen u.a., Sicher leben im Alter, S. 4 ff.
1408 Arlt, Antigewaltwoche 2011, S. 10.
1409 Ebd., S. 10 ff.
1410 Ebd., S. 18.

ren (Medizin, Pflege, Beratung usw.) zu schaffen, verliefen nicht so erfolgreich wie erhofft.[1411]

Auch an amerikanischen Opferhilfeprogrammen wird kritisiert, dass sie den in sie gesetzten Erwartungen nicht gerecht würden.[1412] So sollen gerade Programme, die unter öffentlicher Aufsicht laufen, darunter leiden, dass sie nicht über ausreichend finanzielle Mittel und motivierte Mitarbeiter verfügen. Gerade jene Programme, die finanzielle Verluste auffangen sollen, seien mit langen Wartezeiten verbunden und kompensierten die Vermögenseinbußen auch nicht in voller Höhe. In Bezug auf ältere Menschen als Opfer wird angeführt, dass ihre Bedürfnisse besonders schlecht erfüllt würden, da diese statistisch gesehen eher Opfer von Vermögensstraftaten als Opfer von Straftaten gegen die körperliche Unversehrtheit werden, viele amerikanische Programme wohl aber das Vorliegen der Voraussetzungen für eine Kompensation finanzieller Verluste bei reinen Vermögensstraftaten verneinen. Grundsätzlich scheint es so zu sein, dass die Effizienz stark vom jeweiligen Programm abhängt. Insbesondere staatliche Programme sollen oft eher symbolischen Charakter haben und politischer Natur sein, ihre Wirkung hingegen sei aufgrund beschränkter finanzieller und personeller Mittel eher dürftig.

b) Angstreduktion

Der Fokus kann anstatt auf Kriminalitätsreduktion auch auf Angstreduktion ausgerichtet werden.[1413] Eine Maßnahme im Rahmen präventiver Verbrechensbekämpfung ist die bereits erwähnte Veränderung der tatsächlichen Umgebung, deren Ziel es ist, ein Umfeld zu schaffen, in dem die Menschen sich sicherer fühlen und auch sicherer sind („*Crime Prevention Through Environmental Design = CPTED*").[1414] Dieses Instrument kann auch zu einer Bekämpfung von Kriminalitätsfurcht eingesetzt werden, da es das Gefühl von Kontrolle hinsichtlich der unmittelbaren Umgebung vermitteln kann, denn angeblich fühlen gerade ältere Menschen sich sicherer, wenn eine gewisse territoriale Abgrenzung durch Zäune oder „Betreten verboten"-Schilder eingehalten wird.[1415]

1411 Ebd., S. 18.
1412 Fattah/Sacco, S. 260, dort auch zum folgenden Text.
1413 So gesehen bei ebd., S. 261.
1414 Ebd., S. 262.
1415 Ebd., S. 262.

Da sog. signs of incivilities ältere Menschen negativ beeinflussen, kann ein konkretes Vorgehen gegen diese - etwa durch städtebauliche Maßnahmen – dazu beitragen, dass ältere Menschen weniger Furcht vor Kriminalität haben.[1416]

Es lässt sich eine allgemeine Kritik gegen die Angstreduktion vorbringen, wobei hierfür erneut auf die Argumente zurückgegriffen werden kann, die auch bei der Kriminalitätsbekämpfung in diesem Zusammenhang gebracht wurden: Es kann zu einem gegenteiligen Effekt kommen, da durch diese Omnipräsenz der Verbrechensbekämpfung vermittelt wird, dass es sich um ein besonderes Problem handele und dem Einzelnen seine eigene Vulnerabilität permanent vor Augen geführt wird.[1417] Ein weiterer negativer Aspekt ist, dass unklar ist, worin genau das Ziel dieser Maßnahmen liegt, da eine vollständige Bekämpfung der Kriminalitätsfurcht bis diese bei null angelangt ist, nur bei irrationaler Furcht ohne jegliche Grundlage Sinn ergibt.[1418] Besteht aber - wie hier - eine gewisse Gefahr der Opferwerdung, so ist auch eine Portion Furcht angebracht, da sie eventuell ein umsichtigeres Verhalten und das Ausbleiben einer Viktimisierung bei dem potentiellen Opfer bewirkt.[1419] Eine vollständige Aufhebung der Furcht dürfte aber ohnehin nicht möglich sein.[1420]

3. Einflussnahme auf Reaktionen der Strafrechtspflege und ihrer Hilfsorgane

Die Strategie auf die Reaktionen der Strafrechtspflege Einfluss zu nehmen, hat das Ziel, diese für die Belange der älteren Menschen zu sensibilisieren und dadurch zu motivieren, ihre Belange mehr miteinzubeziehen und effektiv mit diesen umzugehen.[1421] Hierunter fällt auch eine Aufklärung von Strafverfolgungsbehörden und Politik dahingehend, dass die Hellfelddaten ein nicht vollkommen richtiges Bild der Viktimisierungsgefährdung älterer Menschen zeichnen.[1422] Bei dieser Betrachtungsweise schwingt ein gewisser Vorwurf mit, dass dies bislang eben nicht ausreichend der Fall sei. Ein Ansatz ist die Sensibilisierung hinsichtlich des Erkennens von De-

1416 Studer, S. 236; ähnlich Görgen/Nägele/Kotlenga, SHgZ, S. 537.
1417 Fattah/Sacco, S. 262.
1418 Ebd., S. 623.
1419 Ebd., S. 263.
1420 Studer, S. 237.
1421 Fattah/Sacco, S. 253.
1422 Studer, S. 236.

likten an älteren Menschen. In diesem Sinne hat das BMFSFJ Materialien und Konzepte erarbeitet, die dazu beitragen sollen, dass Tötungsdelikte an älteren Menschen eher als solche erkannt werden. Zum einen hat es die insbesondere an Ärzte/innen gerichtete Handreichung „Sicher leben im Alter – Prävention und Aufklärung von Tötungsdelikten an alten und pflegebedürftigen Menschen“ herausgebracht, die Informationen über das staatliche Todesermittlungsverfahren und dessen Voraussetzungen sowie Hinweise, worauf bei der Leichenschau älterer Menschen geachtet werden sollte, enthält.[1423]

Man kann festhalten, dass es fraglich ist, ob eine generelle Sensibilisierung der Organe der Rechtspflege und ihrer Hilfsorgane für die Belange und Besonderheiten älterer Menschen wirklich notwendig ist. Entsprechende Schulungen für Gerichtsmediziner erscheinen jedoch eine sinnvolle Maßnahme zur Reduzierung von Dunkeldfeldern zu sein.

4. Ergebnis

Grundsätzlich werden diverse Maßnahmen zum Schutz älterer Mensch ergriffen. In der Gesamtschau sind alle diese Maßnahmen aber mit Nachteilen verbunden. So erreichen die Maßnahmen zur Verhinderung von Viktimisierung nicht alle älteren Menschen, insbesondere nicht die besonders vulnerablen. Zudem besteht die Gefahr, dass unnötig Furcht geschaffen oder geschürt wird. Die Maßnahmen zur Verhinderung von Kriminalität sind hinsichtlich ihrer Effizienz fraglich, dafür aber aufwand- und kostenintensiv. Die Abmilderung der Folgen im Rahmen von Opferhilfe für ältere Menschen ist ein sehr guter Ansatz, allerdings sind die Möglichkeiten dieser Institutionen begrenzt und sie sind oftmals auf die Kooperation und den „good will“ anderer Institutionen, wie Versicherungen, angewiesen. Hinsichtlich der Maßnahmen zur Angstreduktion ist unklar, welchen Effekt Furcht auf die Viktimisierungsraten hat und ob ein Furchtabbau nicht sogar kontraproduktiv ist.

1423 Sicher leben im Alter, S. 23; für konkrete Vorschläge, wie Ärzte besser auf Nahraumgewalt aufmerksam werden können s. Witthohn/Meenen/Jungbluth, ZfGG 1996, S. 206 ff.

C. Gesamtergebnis

Ältere Menschen haben in der deutschen Gesellschaft einerseits ein positives Ansehen und werden mit Attributen wie Weisheit und Erfahrung assoziiert, andererseits handelt es sich um eine Leistungsgesellschaft, in der sie auch als eine gewisse Last empfunden werden, sobald sie keinen entsprechenden Arbeitsbeitrag mehr zu leisten vermögen. Aufgrund des demographischen Wandels verstärkt sich dieser Konflikt, allerdings bemüht sich die Bundesregierung durch diverse Kampagnen, das Bild vom Alter von negativen Belastungen zu befreien, und die Darstellung in den Medien ist teilweise durchaus auch positiv. Es wäre somit nicht korrekt, wenn man behaupten würde, dass das Alter nur mit negativen Aspekten verbunden wird. Daher scheint es auch etwas überzogen zu sein, sogar so weit zu gehen, von einer strukturellen oder institutionellen „Viktimisierung“ älterer Menschen zu sprechen. Ebenso wenig kann man generalisierend davon ausgehen, dass das Alter an sich bei allen Menschen gleichermaßen und gleich schnell zu pathologischen Veränderungen führt. Es hat vielmehr seine eigene Dynamik. Über kurz oder lang kommt es im Alter allerdings – wenn auch in unterschiedlichem Ausmaß - bei jedem Menschen zu körperlichen und kognitiven Abbauerscheinungen, die z.B. dazu führen, dass ein älterer Mensch aufgrund neuropathologischer Veränderungen anfälliger für täuschungsbasierte Eigentums- und Vermögensdelikte wird. Aus eben diesem Grund werden sie auch bevorzugt als Opfer dieser Delikte herausgesucht. Hierbei handelt es sich nicht um die einzige mit dem Alter in Zusammenhang stehende Disposition, die zu einer Ausnahme von der nur im Grundsatz richtigen Aussage, ältere Menschen seien als Kriminalitätsopfer nicht besonders häufig betroffen, führt. Auch fehlende Kraft, sich körperlich zur Wehr zu setzen, eine verschlechterte Sinneswahrnehmung, soziale Isolation etc. können tatfördernd sein. Daher bleiben zum Beispiel Tötungsdelikte aufgrund einer verschlechterten körperlichen Verfassung der älteren Opfer im Vergleich zu jüngeren nur selten im Versuchsstadium stecken. Darüber hinaus wird zu Recht vermutet, dass gerade in Bezug auf hochaltrige und pflegebedürftige Menschen hinsichtlich verschiedener Deliktbereiche ein nicht zu vernachlässigendes Dunkelfeld bestehen könnte, da diese Taten weniger zur Anzeige gebracht werden könnten und die Opfer zugleich im Rahmen von Opferbefragungen nur schwer oder gar nicht erreichbar sind. Auch wenn die Viktimisierungsquote älterer Menschen auf einen ersten Blick also nicht dramatisch wirkt, werden sie durchaus ebenfalls viktimisiert und das teilweise in spezieller Art und Weise. Ältere Menschen weisen dennoch keine gesteigert große Kriminalitätsfurcht auf. Die Annahme, dass sie „Gefangene ihrer Furcht" seien, ist aufgrund der Widerlegung des (lange Zeit als zutreffend erachteten) sog. Viktimisierungs-Furcht-Paradoxons nicht richtig. Allerdings legen ältere Menschen ein besonderes Meideverhalten an den Tag, das aufgrund ihrer besonderen Vulnerabilität jedoch als angemessen einzustufen ist. Problematisch ist hieran allerdings, dass derartiges Verhalten negative soziale Konsequenzen nach sich ziehen und zu einem Rückzug und Isolation führen kann. Ob ältere Menschen hinsichtlich tatsächlich erfolgter Viktimisierungen gut funktionierende Bewältigungsmechanismen an den Tag legen oder ob dies gerade nicht der Fall ist, ist nicht abschließend erforscht. Tendenziell dürfte aber eher von einer eher schlechten Bewältigung und einer hohen psychischen Belastung auszugehen sein. Die körperlichen Folgen eines Gewaltdelikts sind für ältere Menschen regelmäßig besonders weitreichend. Zum einen verletzen sie sich besonders leicht, zum anderen haben sie ein besonderes Risiko bezüglich Komplikationen bei der Genesung; im schlimmsten Fall endet eine an sich eher harmlose Verletzung sogar tödlich. Je nachdem wie erfolgreich der Genesungsprozess verläuft, droht älteren Menschen (zumindest vorübergehend) auch der Verlust von Selbstständigkeit (Pflegekraft; Seniorenheim o.Ä.). Bei Vermögensdelikten kommt es auf die konkrete finanzielle Situation der Opfer an, da diese aber in der Regel nicht mehr erwerbstätig sind, ist das Risiko, dass der Vermögensverlust nicht ohne Weiteres ausgeglichen werden kann, grundsätzlich besonders groß. In der Polizeiarbeit mit älteren Menschen zeigen sich im Vergleich zu jüngeren Menschen Abweichungen vom normalen Arbeitsablauf, wie etwa spezielle Verständigungsschwierigkeiten bei der Kommunikation.

Es werden bereits diverse Präventionsmaßnahmen zum Schutz älterer Menschen umgesetzt. Allerdings sind diese ihrerseits auch mit negativen Konsequenzen verbunden. Zudem ist es etwas kritisch, dass es sowohl in Deutschland als auch im Ausland bisher keine verlässlichen Daten zur Effektivität bisher eingesetzter Gewaltpräventionsmaßnahmen gibt.[1424]

1424 Görgen, 25 Jahre Gewaltprävention – Rückblick, S. 14; Görgen, 25 Jahre Gewaltprävention – Rahmenbedingungen, S. 5; Hirsch, Forum Ausbildung 2013, S. 29; dementsprechend wird berechtigterweise gefordert, dass die Forschung sich dieser Evaluationen annimmt und hierfür Fördermittel zur Verfügung gestellt werden, Görgen, 25 Jahre Gewaltprävention – Rahmenbedingungen, S. 2.

Zusammenfassend kann man sagen:

Ältere Menschen bieten oftmals tatförderliche Opfereigenschaften, wie fehlende körperliche (Abwehr-)Kraft, kognitive Störungen, soziale Isolation usw. Daher sind sie in bestimmten Deliktsbereichen, zu denen insbesondere täuschungsbasierte Delikte zählen, prädestiniert dafür Opfer zu werden und in quanitativer Hinsicht besonders betroffen. Sofern sie Opfer eines Gewaltdelikts werden, ist die Vollendungsrate bei Tötungsdelikten auffallend hoch; insgesamt unterliegen sie in körperlicher Hinsicht einem besonders großen Risiko besonders hart und langfristig von den Folgen der Tat betroffen zu sein. Es werden bereits spezielle Präventionsmaßnahmen und Maßnahmen zur Abmilderung der Folgen für viktimisierte ältere Menschen ergriffen, ihr bisheriger Erfolg hält sich jedoch in Grenzen bzw. ist ungewiss. Daher wird über eine sog. Geronto-Viktimologie als eine eigene wissenschaftlichen Teildisziplin der Gerontologie nachgedacht.[1425]

1425 So Kreuzer/Hürlimann, S. 22.

3. Teil: Rechtlicher Rahmen für einen besonderen strafrechtlichen Schutz älterer Menschen

Bevor erwogen werden kann, wie ältere Menschen durch das Strafrecht besonders geschützt werden könnten, ist zu klären, ob der rechtliche Rahmen dafür grundsätzlich gegeben wäre. Dabei sind in einem ersten Schritt der verfassungsrechtliche sowie der europarechtliche Rahmen abzustecken und sodann ist in einem zweiten Schritt näher auf strafrechtliche Legitimationsgrundsätze einzugehen.

A. Europa- und verfassungsrechtlicher Rahmen für den Erlass von Regelungen zum (strafrechtlichen) Schutz älterer Menschen

I. Verfassungsrechtlicher Rechtsrahmen

In verfassungsrechtlicher Hinsicht stellt sich die Frage, ob es gegen den in Art. 3 Abs. 1 GG statuierten allgemeinen Gleichbehandlungsgrundsatz verstoßen würde, wenn ältere Menschen strafrechtlich unter einen stärkeren Schutz gestellt werden würden als jüngere Menschen. Außerdem ist es fraglich, ob eine aus Art. 2 Abs. 2 GG fließende Schutzpflicht nicht sogar verlangt, dass der strafrechtlicher Schutz von älteren Menschen stärker auszuprägen ist.

1. Art. 3 Abs. 1 GG

An sich ist der Gesetzgeber bei der Frage, ob er ein bestimmtes Rechtsgut strafrechtlich schützen will und welche Art und welches Maß der Strafe er gegebenenfalls dafür auswählt, ungebunden.[1426] Dennoch sind sowohl Legislative, Judikative als auch Exekutive verpflichtet, Art. 3 GG nicht zu verletzen.[1427] Art. 3 Abs. 1 GG enthält den allgemeinen Gleichbe-

---

1426 Rüfner in: Bonner Kommentar GG, Art. 3 Rn. 523.

1427 F. Wollenschläger in: v. Mangoldt/Klein/Starck GG, Art. 3 Rn. 59; Jarass in: Jarass/Pieroth GG, Art. 3 Rn. 3; Kischel in: BeckOK GG, Art. 3 Rn. 9; Roxin, § 2 Rn. 13.

handlungsgrundsatz, während in Art. 3 Abs. 2 S. 1 und Art. 3 Abs. 3 S. 1 GG spezielle Gleichheitssätze geregelt sind, die einem Rückgriff auf Art. 3 Abs. 1 GG vorgehen.[1428] Art. 3 Abs. 3 S. 1 GG nennt zwar ausdrücklich diverse Diskriminierungsvebote, Alter wird jedoch nicht eigens aufgeführt. Auch Art. 3 Abs. 2 S. 1 GG ist hier nicht einschlägig, da er auf die Gleichbehandlung von Frauen abzielt. Vorliegend wird daher auf den allgemeinen Gleichheitssatz gem. Art. 3 Abs. 1 GG abgestellt.

Adressat des persönlichen Schutzbereichs von Art. 3 Abs. 1 GG wiederum sind grundsätzlich alle natürlichen Personen.[1429] Der sachliche Schutzbereich von Art. 3 Abs. 1 GG ist dann verletzt, wenn in nachteiliger Weise wesentlich Gleiches ungleich oder wesentlich Ungleiches gleich behandelt wird,[1430] ohne dass hierfür ein sachlicher Grund gegeben ist.[1431]

a) Ungleichbehandlung von Vergleichsgruppen

Zunächst müssen also Vergleichsgruppen gebildet werden und eine Ungleichbehandlung dieser grundsätzlich gleichen Gruppen festgestellt werden.[1432] Der gemeinsame Oberbegriff der Vergleichsgruppen wäre vorliegend „Opfer von Kriminalität“, wobei innerhalb dieser Gruppe zwischen den älteren und den jüngeren Opfern differenziert wird. Diese beiden Opfergruppen werden ungleich behandelt, wenn die Gruppe der älteren Opfer durch das Strafrecht stärker geschützt wird. Speziell für den Fall der Berücksichtigung des jüngeren Alters eines Tatopfers bei der Strafzumessung wurde dies bereits obergerichtlich festgestellt:[1433] Auch wenn sich das staatliche Handeln in diesem Fall an sich nur gegen den Täter richtet, so liege unabhängig davon, welcher Straftheorie man folgt, eine Ungleichbehandlung älterer und jüngerer Menschen vor. Nach der (nicht mehr

---

1428 Für viele Kischel in: BeckOK GG, Art. 3 Rn. 1 f.

1429 F. Wollenschläger in: v. Mangoldt/Klein/Starck GG, Art. 3 Rn. 64; Rüfner in: Bonner Kommentar GG, Art. 3 Rn. 133; Kischel in: BeckOK GG, Art. 3 Rn. 6.

1430 F. Wollenschläger in: v. Mangoldt/Klein/Starck GG, Art. 3 Rn. 66; Jarass in: Jarass/Pieroth GG, Art. 3 Rn. 10 ff.; Nußberger in: Sachs, Art. 3 Rn. 83 f.

1431 Jarass in: Jarass/Pieroth GG, Art. 3 Rn. 18 f.; vgl. Kischel in: BeckOK GG, Art. 3 Rn. 14; diese Aussage trifft das BVErfG in: BVErfGE NJW 1956, 99 explizit auch bezüglich Differenzierungen in Straftatbeständen und Strafandrohungen.

1432 Vgl. zur Vergleichsgruppenbildung F. Wollenschläger in: v. Mangoldt/Klein/Starck GG, Art. 3 Rn. 79 f.

1433 BayObLG NJW 1974, 250, 251 unter Berufung auf BVErfGE 4, 352 ff. = NJW1956, 99, dort auch zum folgenden Text.

vertretenen) Schuldvergeltungstheorie strahle eine derartige Beurteilung des Täters in Form einer Bewertung zugleich auch auf das Opfer aus. Aber auch bei Zugrundelegung präventiver Zecke der Strafe, komme man zu dem Ergebnis, dass eine über eine bloße Bewertung hinausgehende Auswirkung auf die Gruppe der älteren Menschen gegeben sei, da bei einer strafschärfenden Wirkung eines jungen Lebensalters der Schutz ihres Lebens durch das Strafrecht beeinträchtigt werde. Eine unterschiedliche Bewertung von Tatopfern durch das Strafrecht könne daher einen Verstoß gegen den allgemeinen Gleichheitssatz des Art. 3 Abs. 1 GG enthalten.

b) Verfassungsrechtliche Rechtfertigung

Eine solche Ungleichbehandlung könnte jedoch verfassungsrechtlich gerechtfertigt werden.[1434] Nach der sog. *Willkürformel* des BVerfG darf die Regelung nicht evident unsachlich oder evident ungerecht sein.[1435] Seit 1980 wird diese durch die strengere sog. *neue Formel* ergänzt, nach der bei einer personenbezogenen Ungleichbehandlung nicht mehr allein Evidenz ausschlaggebend ist, vielmehr darf die Ungleichbehandlung im Hinblick auf Grund, Art und Gewicht nicht unverhältnismäßig sein.[1436] Demnach bedarf es eines legitimen Differenzierungsziels, der Geeignetheit des Differenzierungskriteriums, der Erforderlichkeit des Differenzierungskriteriums und einer Angemessenheitsprüfung.[1437]

1434 Siehe etwa BayObLG NJW 1974, 250, 251.

1435 BVerfGE 1, 14 = NJW 1951, 877; BVerfGE 4, 144 = NJW 1955, 625; BVerfGE 42, 64 = NJW 1976, 1391; eingehend hierzu F. Wollenschläger in: v. Mangoldt/Klein/Starck GG, Art. 3 Rn. 89; Nußberger in: Sachs, Art. 3 Rn. 9; Jarass in: Jarass/Pieroth GG, Art. 3 Rn. 23.

1436 BVerfGE 55, 72 = NJW 1981, 271; Nußberger in: Sachs, Art. 3 Rn. 13 f.; Kischel in: BeckOK GG, Art. 3 Rn. 28; ausführlich hierzu F. Wollenschläger in: v. Mangoldt/Klein/Starck GG, Art. 3 Rn. 93 ff.

1437 Jarass in: Jarass/Pieroth GG, Art. 3 Rn. 22; Nußberger in: Sachs, Art. 3 Rn. 17 ff.; die dogmatische Struktur der Rechtfertigungsgründe ist im Einzelnen strittig, hierzu eingehend F. Wollenschläger in: v. Mangoldt/Klein/Starck GG, Art. 3 Rn. 103 ff.

aa) Legitimes Ziel

Ein legitimes Differenzierungsziel[1438] könnte vorliegend sein, dass ältere Menschen von Kriminalität entweder quantitativ oder qualitativ stärker betroffen sind als jüngere Menschen und daher stärker zu schützen sind. In quantitativer Hinsicht ist dies, wie die empirischen Erhebungen des *2. Teils* dieser Arbeit zeigen, bei bestimmten Delikten durchaus gegeben.[1439] Aber auch in qualitativer Hinsicht sind ältere Menschen regelmäßig stärker betroffen, da ältere Menschen körperlich besonders vulnerabel sind und Gewaltdelikte oftmals besonders gravierende (siehe z.B. die hohe Anzahl vollendeter Tötungsdelikte) oder langfristige Folgen (z.B. besonders lange Genesungszeiten) haben.[1440] Eine besondere quantitative und qualitative Betroffenheit älterer Viktimisierungsopfer kann somit als ein nicht evident ungerechter, sachlicher Grund herangezogen werden.

bb) Geeignetheit

Das Alter ist ein geeignetes Differenzierungskriterium, da mit diesem an jenen Umstand angeknüpft wird, der die Grundlage für die Ungleichbehandlung des Vergleichspaares darstellt.[1441]

cc) Erforderlichkeit

Damit die Erforderlichkeit bejaht werden kann, dürfte keine mildere Maßnahme ebenso geeignet sein das Ziel zu erreichen.[1442] Andere Maßnahmen zum Schutz älterer Menschen in Bezug auf Viktimisierungen wurden bereits in *2. Teil: B V* dieser Arbeit gesondert dargestellt. Im Ergebnis ließ sich festhalten:

- Die Maßnahmen zur Verhinderung von Viktimisierungen älterer Menschen sehen sich mit dem Vorwurf konfrontiert, dass sie nicht alle älteren Menschen erreichen können. Insbesondere in Bezug auf jene Personen, die innerhalb dieser Gruppe besonders vulnerabel sind, zeig-

1438 Vgl. Nußberger in: Sachs GG, Art. 3 Rn. 17.
1439 Siehe im Einzelnen hierzu die Darstellungen in *2. Teil: B III*.
1440 Siehe im Einzelnen hierzu die Darstellungen in *2. Teil: B IV*.
1441 Vgl. Nußberger in: Sachs GG, Art. 3 Rn. 19.
1442 Nußberger in: Sachs GG, Art. 3 Rn. 21.

te sich das Problem, dass sie nur schwer oder nicht erreicht werden können.

- Die Maßnahmen zur Verhinderung von Kriminalität zeigten sich als aufwand- kostenintensiv, aber nicht besonders effizient.
- Die Maßnahmen zur Abmilderung der Folgen und eine Einflussnahme auf die Organe der Rechtspflege sowie ihrer Helfer sind an dieser Stelle irrelevant, da sie nicht dem Ziel dienen eine Viktimisierung zu verhindern, sondern lediglich im Nachgang von einer Viktimisierung zum Tragen kommen. Sie können demnach allenfalls die qualitative Betroffenheit, nicht jedoch die quantitative Betroffenheit beeinflussen. Eine qualitative Betroffenheit abzumildern kann aber wiederum nicht als ebenso effektiv eingeordnet werden, wie bereits zu verhindern, dass ein älterer Mensch *überhaupt* (qualitativ) betroffen wird.

Insofern lassen sich keine milderen Maßnahmen nennen, die ebenso geeignet sind wie ein besonderer strafrechtlicher Schutz zugunsten älterer Menschen. Das Ultima Ratio Prinzip würde also nicht angetastet werden.[1443]

dd) Angemessenheit

Ein stärkerer strafrechtlicher Schutz müsste zudem auch angemessen bzw. verhältnismäßig im engeren Sinn sein, d.h. es ist eine Abwägung der betroffenen Interessen vorzunehmen.[1444] Vorliegend handelt es sich nicht um die Frage, ob ältere Menschen in Bereichen geschützt werden sollen, in denen jüngere Opfer von Viktimisierungen schutzlos gestellt sind. Grundsätzlich werden beide Gruppen durch das Strafrecht geschützt und es soll – altersunabhängig - keiner Person, die Schutz verdient, ein solcher verwehrt bleiben. Dies bedeutet, allen Menschen kommt daher derselbe Basisschutz zu. Aufgrund der im Vergleich zum Durchschnittsbürger besonders großen Verletzlichkeit älterer Menschen und der für sie oft besonders weitreichenden Folgen sowie der in manchen Deliktbereichen besonders häufigen Betroffenheit, besteht bei dieser Gruppe nun eine gesteigerte Schutzbedürftigkeit. Diese nimmt mit dem Erreichen eines bestimmten Lebensalters in unterschiedlich starker Ausprägung, aber dennoch unausweichlich immer weiter zu (siehe oben 2. *Teil: B III, IV*). Es

1443 Siehe zum Ultima Ratio Prinzip sogleich genauer in 3. *Teil: B III.*

1444 Jarass in: Jarass/Pieroth GG, Art. 3 Rn. 22; Nußberger in: Sachs GG, Art. 3 Rn. 21.

handelt sich also um den gegenteiligen Verlauf, der bei besonders jungen Menschen gegeben ist: Zumindest in bestimmten Bereichen gelten Kinder und Jugendliche ebenfalls als eine im Vergleich zum Durchschnittsbürger schwächere Altersgruppe und genießen daher in diesen Bereichen bis zum Erreichen des Erwachsenenalters einen besonderen strafrechtlichen Schutz (so etwa Minderjährige i.S.v. § 174 StGB oder § 176 StGB). Die Rechte des Durchschnittsbürgers werden nicht negiert, wenn altersbedingt besonders schwachen Personen eine Sonderbehandlung zukommt, die letztlich dafür sorgen soll, dass durch das Strafrecht jeder Bürger ausreichend vor Eingriffen Dritter geschützt wird, sprich, jedem grundsätzlich dasselbe Schutzniveau zukommt. Was im Einzelnen ausreichend ist, um ein und dasselbe Schutzniveau zu erreichen, kann, wie bereits festgestellt, je nach Personengruppe variieren. Gerade *zum Erreichen* von Gleichheit ist der strafrechtliche Schutz älterer Menschen daher an ihre Bedürfnisse anzupassen. Da das Rechtsgut Leben keinen Wertabstufungen zugänglich ist und jeder Mensch unabhängig von seinem Alter oder sonstigen Eigenschaften gleich viel wert ist,[1445] ist dieses Rechtsgut von derartigen Erwägungen von vorneherein, insbesondere aber bei einem pauschalen Abstellen auf das Alter per se, ausgenommen.

Angemessenheit kann daher grundsätzlich bejaht werden.

Ein besonders starker strafrechtlicher Schutz zugunsten älterer Menschen wäre grundsätzlich kein Verstoß gegen Art. 3 Abs. 1 GG.

2. Art. 2 Abs. 2 S. 1 GG

Gemäß Art. 2 Abs. 2 S. 1 GG hat jeder das Recht auf Leben und körperliche Unversehrtheit. Vom persönlichen Schutzbereich werden alle natürlichen Personen erfasst.[1446] Dem sachlichen Schutzbereich unterfällt zum einen das Leben, das als körperliches Dasein im Sinne einer biologisch-physischen Existenz definiert wird.[1447] Zum anderen wird auch die körperliche Unversehrtheit geschützt, also die körperliche Ungestörtheit der Kör-

1445 Für viele BayObLG NJW 1974, 250; Kinzig in: Schönke/Schröder StGB, § 46 Rn. 20.

1446 Starck in: v. Mangoldt/Klein/Starck GG, Art. 2 Rn. 42; Jarass in: Jarass/Pieroth GG, Art. 2 Rn. 6, Lang in: BeckOK GG, Art. 2 Rn. 64.

1447 Jarass in: Jarass/Pieroth, GG Art. 2 Rn. 81; Starck in: v. Mangoldt/Klein/Starck GG, Art. 2 Rn. 192; Lang in: BeckOK GG, Art. 2 Rn. 58.

persphäre im biologisch-physiologischen Sinne, das psychische Wohlbefinden, körperliche Integrität und körperliche Selbstbestimmung.[1448] Art. 2 Abs. 2 GG bietet damit unter anderem Schutz vor dem Hervorrufen von Krankheiten oder Gebrechen, körperlichen Schmerzen und vergleichbaren psychisch-seelisch pathologischen Zuständen.[1449] Bei Art. 2 Abs. 2 S. 1 GG handelt es sich nicht nur um ein Abwehr-/Freiheitsrecht, da es auch staatliche Schutzpflichten zu begründen vermag.[1450] Dies bedeutet, dass der Staat verpflichtet ist *„das Leben ... des Einzelnen zu schützen, d.h. vor allem, es auch vor rechtswidrigen Eingriffen von Seiten anderer zu bewahren"*, und zwar auf angemessene und wirksame Art und Weise.[1451] Dies gilt auch für die körperliche Unversehrtheit und das psychische Wohlbefinden, wobei bemerkenswert ist, dass eine Schutzpflicht überdies zugunsten *„besonders empfindlicher Personen"* gelten soll.[1452] Hinsichtlich der Frage, wie der Staat seinen Schutzpflichten nachkommen möchte, steht ihm ein erheblicher Ermessenspielraum zur Verfügung, solange die von ihm gewählte Maßnahme nicht *„gänzlich ungeeignet oder völlig unzulänglich"* ist.[1453] Eine von vielen Möglichkeiten ist es, einschlägige materiell rechtliche Regelungen (im Strafrecht, Haftungsrecht oder Verwaltungsrecht) zu erlassen.[1454] Folglich fällt insbesondere die Bekämpfung von Gewaltkriminalität in den staatlichen Pflichtenkreis.[1455] Dabei scheint es eine logische Konsequenz zu sein, dass er innerhalb dieses Aufgabenkreises wiederum jene Personen besonders zu schützen hat, die besonders anfällig sind, in ihrem Leben oder ihrer körperlichen Unversehrtheit beeinträchtigt zu werden. In diesem Sinne existieren im StGB bereits besondere Vorschriften zum Schutz Minderjähriger (z.B. §§ 171 StGB, 174 ff. StGB). Nach den obigen empirischen Ausführungen zu Gewaltdelikten sind aber auch ältere Menschen

---

1448 Jarass in: Jarass/Pieroth GG, Art. 2 Rn. 83; Murswiek/Rixen in: Sachs, Art. 2 Rn. 148 f.; Starck in: v. Mangoldt/Klein/Starck GG, Art. 2 Rn. 193 f.

1449 Jarass in: Jarass/Pieroth GG, Art. 2 Rn. 83; Murswiek/Rixen in: Sachs, Art. 2 Rn. 148 f.; Starck in: v. Mangoldt/Klein/Starck GG, Art. 2 Rn. 193 f.

1450 Jarass in: Jarass/Pieroth GG, Art. 2 Rn. 80; Lang in: BeckOK GG, Art. 2 Rn. 74; Starck in: v. Mangoldt/Klein/Starck GG, Art. 2 Rn. 190.

1451 Jarass in: Jarass/Pieroth GG, Art. 2 Rn. 91.

1452 Ebd., Art. 2 Rn. 91 m.w.N.

1453 Jarass in: Jarass/Pieroth GG, Art. 2 Rn. 92 m.w.N.; vgl. auch Lang in: BeckOK GG, Art. 2 Rn. 77; Joecks in: MüKo StGB, Einl. Rn. 19 f.

1454 Jarass in: Jarass/Pieroth GG, Art. 2 Rn. 91a; Starck in: v. Mangoldt/Klein/Starck GG, Art. 2 Rn. 191; vgl. Lang in: BeckOK GG, Art. 2 Rn. 77; vgl. auch BVerfGE 39, 1 = NJW 1975, 573.

1455 Murswiek/Rixen in: Sachs, Art. 2 GG, Rn. 196.

als besonders empfindliche Personen einzuordnen, so dass den Staat sogar eine Schutzpflicht zugunsten dieser Personengruppe trifft.[1456]

Der strafrechtliche Schutz sollte dabei Ultima Ratio sein, wobei das grundsätzliche Verbot der Verletzung des Lebens oder der körperlichen Unversehrtheit im StGB als absolut notwendig angesehen wird.[1457] Dem Staat wird zugestanden, einen nach *„Strafwürdigkeit des Rechtsverstoßes differenzierten Lebens- und Körperschutz und den Ausgleich mit kollidierenden Rechtsgütern und entgegenstehenden Belangen“* vorzunehmen.[1458] Dementsprechend kann er innerhalb dieses Rahmens ältere Menschen unter einen angemessenen strafrechtlichen Schutz stellen. Noch hat er seinen Ermessensspielraum dahingehend nicht ausgeschöpft. Ob und wie er das in sinnvoller Weise tun könnte, ist Gegenstand dieser Arbeit. Dabei bleibt zu betonen, dass es strittig ist, ob der Gesetzgeber im Sinne eines sog. Untermaßverbots verpflichtet sein kann, ein Verhalten, das Rechtsgüter verletzt, unter Strafe zu stellen.[1459] Grund für die Diskussion ist, dass Art. 26 Abs. 1 GG im Gegensatz zu vielen anderen ausländischen Verfassungen kein explizites *„Pönalisierungsgebot“* statuiert.[1460] Dieser Streit[1461] ist für das vorliegende Kapitel dieser Arbeit jedoch nicht von ausschlaggebendem Gewicht und kann offen bleiben, da primär geklärt werden soll, ob der Rechtsrahmen für einen besonderen strafrechtlichen Schutz grundsätzlich gegeben ist, und nicht ob der Staat zu einem solchen auch zwingend verpflichtet ist.

II. Europäischer Rechtsrahmen

Auch in europarechtlicher Hinsicht stellt sich die Frage, ob ein besonderer strafrechtlicher Schutz älterer Menschen mit Sekundär- und Primärrecht vereinbar ist.

In der Rechtsordnung der Union hat das primäre Unionsrecht die oberste Rangstufe und setzt sich aus den Gründungsverträgen mitsamt ihren Anhängen und Protokollen sowie den später von den Mitgliedstaa-

---

1456 Siehe auch Vierter Altenbericht, S. 320, r. Sp. zum verfassungsrechtlichen Rang der Schutzbelange älterer Menschen angesichts der Staatszielbestimmung des Art. 20 Abs. 1 GG.

1457 D. Lorenz in: Bonner Kommentar GG, Art. 2 Rn. 558.

1458 Ebd., Rn. 560.

1459 Roxin, § 2, Rn. 95.

1460 Ebd., § 2, Rn. 95, Fn. 127.

1461 Siehe hierzu die Literaturauflistung bei Roxin, § 2, Rn. 96, Fn. 128.

ten zur Änderung und Ergänzung der Verträge geschlossenen Verträgen zusammen. Seit dem Vertrag von Lissabon handelt es sich hierbei im Wesentlichen um den Vertrag über die Europäische Union (EUV), den Vertrag über die Arbeitsweise der Europäischen Union (AEUV) und deren Anhänge und Protokolle, die nach Art. 51 EUV Vertragsbestandteil sind. Zudem stehen der EAGV, ungeschriebene Regeln als die sog. allgemeinen Rechtsgrundsätze der Union und die Charta der Grundrechte der Europäischen Union gem. Art. 6 EUV gleichwertig daneben.[1462]

Das sekundäre Unionsrecht sind die Rechtsakte, die die Unionsorgane aufgrund der Verträge oder einer Ermächtigung durch einen anderen Rechtsakt erlassen.[1463] Nach Art. 288 AEUV fallen hierunter Verordnungen, Richtlinien, Beschlüsse, Empfehlungen und Stellungnahmen.[1464]

1. Sekundärrecht

Art. 19 Abs. 1 AEUV ermächtigt den Rat geeignete Vorkehrungen zu treffen, um Diskriminierungen aus Gründen des Geschlechts, der Rasse, der ethnischen Herkunft, der Religion oder der Weltanschauung, einer Behinderung, des Alters oder der sexuellen Ausrichtung zu bekämpfen. Die hierauf gestützte Gleichbehandlungsrahmenrichtlinie 2000/78/EG[1465] ist für die vorliegende Thematik nicht relevant, da diese zwar unter anderem auch eine Gleichbehandlung bzgl. des Alters zum Ziel hat, allerdings nur in den Bereichen Beschäftigung und Beruf. Die übrigen Gleichbehandlungsrichtlinien der Europäischen Union (Antirassismusrichtlinie 2000/43/EG, Gender-Richtlinie 2002/73EG bzw. 2006/54/EG, Richtlinie zur Gleichstellung der Geschlechter auch außerhalb der Arbeitswelt 2004/113/EG) betreffen nicht das Thema Gleichbehandlung des Alters.[1466]

Auf sekundärrechtlicher Ebene finden sich auch sonst keine speziellen Vorgaben, die einem stärkeren strafrechtlichen Schutz älterer Menschen entgegenstünden oder einen solchen sogar verlangen würden.

1462 Zum Ganzen Haag/Kotzur in: Bieber u.a., § 6 Rn. 8; Herdegen, § 8 Rn. 1, eingehender Rn. 4 ff..

1463 Herdegen, § 8 Rn. 1.

1464 Herdegen, § 8 Rn. 1, eingehender Rn. 43 ff.; Haag/Kotzur in: Bieber u.a., § 6 Rn. 24.

1465 Vgl. Hölscheidt in: Meyer Hölscheidt CRCh, Art. 21 Rn. 4 Fn. 3.

1466 Siehe hierzu den umfassenden Rechtsprechungsüberblick zum Antidiskriminierungsrecht der EU in: ADS, Zusammenfassung ausgewählter EuGH-Entscheidungen, S. 4 ff.

2. Primärrecht

a) Rechtsetzungkompetenz der Europäischen Union im Strafrecht

Die Kompetenz der Europäischen Union ist in Bezug auf das Strafrecht recht begrenzt. Gemäß Art. 325 AEUV hat die Europäische Union hinsichtlich Betrügereien zu Lasten finanzieller Interessen der EU eine Kompetenz zum Erlass von Strafrechtssetzung. Abgesehen davon, dass von dieser von noch nie Gebrauch gemacht wurde,[1467] ist sie vorliegend auch nicht relevant. Nach Art. 83 Abs. 1 UA 1 AEUV kann das Europäische Parlament oder der Rat in Richtlinien Mindestvorschriften zur Festlegung von Straftaten und Strafen in Bereichen besonders schwerer Kriminalität mit grenzüberschreitender Dimension bestimmen; dies sind gem. Art. 83 Abs. 1 UA 2 AEUV Terrorismus, Menschenhandel und sexuelle Ausbeutung von Frauen und Kindern, illegaler Drogenhandel, illegaler Waffenhandel, Geldwäsche, Korruption, Fälschung von Zahlungsmitteln, Computerkriminalität und organisierte Kriminalität. Nach Art. 83 Abs. 3 AEUV haben Parlament und Rat auch dann eine solche Kompetenz, wenn sich die Angleichung der strafrechtlichen Rechtsvorschriften der Mitgliedstaaten als unerlässlich für die wirksame Durchführung der Politik der Union auf einem Gebiet, auf dem Harmonisierungsmaßnahmen erfolgt sind, erweist (Annexkompetenz).[1468] Da es sich vorliegend weder um derartige Kriminalitätsbereiche handelt noch eine Umsetzung von Harmonisierungsmaßnahmen zur Diskussion steht, scheidet eine etwaige Kompetenz der Europäischen Union von vornherein aus.

b) Verbot der Altersdiskriminierung als allgemeiner Grundsatz der Union

Ein Diskriminierungsverbot aufgrund von Alter gilt seit der *Mangold*-Entscheidung des EuGH aus dem Jahr 2005 ausdrücklich als allgemeiner Grundsatz des Unionsrechts.[1469] Ein solcher Grundsatz ist ungeschriebenes Primärrecht, auf das zum Teil ausdrücklich Bezug genommen wird

---

1467 Eisenberg/Kölbel, § 22, Rn. 15.

1468 Vgl. hierzu Satzger in: Satzger/Schluckebier/Widmaier StGB, Einl. Rn. 23 ff.; Eisenberg/Kölbel, § 22, Rn. 17.

1469 EuGH, Urt. vom 22.11.2005, Rs. C-144/04 = NJW 2005, 3695, 3698 (Mangold); als verfassungskonform bestätigt durch BVerfG, NJW 2010, 3422 (Honeywell); siehe auch EuGH, Urt. vom 19. 1. 2010 - Rs. C-555/07 = NZA 2010, 85 (Kücükdeveci); EuGH Urt. V. 19.04.2016, Rs. C-441/14 = EuZW 2016, 466, 467 (z.B. in Art. 6 Abs. 3 EUV, Art. 340 Abs. 2 AEUV) und das der Auslegung von Unionsrecht und zur Lückenschließung dient.[1470] Hierunter fallen gerade die Grundrechte und gemeinsamen Verfassungsüberlieferungen der Mitgliedsstaaten, die in den übereinstimmenden Punkten ein europäisches Verfassungsrecht ergeben.[1471] In der Rechtssache *Mangold* entschied der EuGH, dass eine auf Alter beruhende Ungleichbehandlung vorliegt, wenn Arbeitgeber mit Arbeitnehmern, die das 52. Lebensjahr vollendet haben, gem. § 14 Abs. 3 TzBfG a.F. uneingeschränkt befristete Arbeitsverträge schließen können.[1472] Er wertete dies als Verstoß gegen das primärrechtlich ungeschriebene Altersdiskriminierungsverbot, das *„seinen Ursprung in verschiedenen völkerrechtlichen Verträgen und den gemeinsamen Verfassungstraditionen der Mitgliedstaaten hat“*[1473] und sah die Richtlinie 2000/78/EG (Gleichbehandlungsrahmenrichtlinie) als Ausdruck dieses primärrechtlichen Diskriminierungsverbotes an.[1474] Zwar sieht Art. 6 Abs. 1 der Richtlinie 2000/78/EG vor, dass Ungleichbehandlungen wegen des Alters gerechtfertigt werden können, wenn sie objektiv und angemessen sind sowie im Rahmen des nationalen Rechts durch ein legitimes Ziel gerechtfertigt und die Mittel zur Erreichung dieses Ziels angemessen und erforderlich sind. Eine solche Rechtfertigung hielt der EuGH in diesem Fall jedoch nicht für möglich und erklärte Art. 14 TzBfG wegen *„effet utile“* für unanwendbar.[1475] Auch wenn die *Mangold*-Entscheidung vielfach kritisiert wurde,[1476] urteilte der EuGH in der *Kücükdeveci*-Entscheidung im Jahr 2010 erneut, dass das Diskriminierungsverbot wegen des Alters ein allgemeiner Grundsatz der Union ist, der in der Richtlinie 2000/78/EG konkretisiert wird.[1477] Im selben Jahr erteilte auch das BVerfG der an der Rechtsprechung des EuGH geäußerten Kritik eine Absage und bestätigte

(Dansk Industri); für viele Baer/Markard in: v. Mangoldt/Klein/Starck GG, Art. 3 Rn. 551; ADS, S. 27.

1470 Haag/Kotzur in: Bieber, § 6 Rn. 16; Herdegen, § 8 Rn. 15 f.

1471 Haag/Kotzur in: Bieber, § 6 Rn. 16; Herdegen, § 8 Rn. 15 f.

1472 EuGH, Urt. vom 22.11.2005, Rs. C-144/04 = NJW 2005, 3695 (Mangold).

1473 EuGH, Urt. vom 22.11.2005, Rs. C-144/04 = NJW 2005, 3695, 3698 (Mangold); siehe auch Preis, NZA 2006, 407; Herdegen, § 8 Rn. 61.

1474 EuGH, Urt. vom 22.11.2005, Rs. C-144/04 = NJW 2005, 3695 (Mangold).

1475 Zur fehlenden Rechtfertigung nach Art.. 6 Abs. 1 der RL 2000/78/EG siehe EuGH, Urt. vom 22.11.2005, C-144/04 = NJW 2005, 3695, 3698 (Mangold); Herdegen, § 8 Rn. 38; Haag/Kotzur in: Bieber u.a., § 6 Rn. 31; ADS, S. 27.

1476 Siehe etwa Preis, NZA 2006, S. 406 f.; *Gerken u.a.*, S. 17 ff.; Herdegen, § 8 Rn. 61.

1477 EuGH, Urt. vom 19. 1. 2010 - Rs. C-555/07 = NJW 2010, 427 (Kücükdeveci); siehe auch Herdegen, § 8 Rn. 61; ADS, S. 20.

diese in der *Honeywell*-Entscheidung als verfassungskonform.[1478] Heute hat sich dieses Problem ohnehin entschärft: Bereits zur Zeit der *Mangold*-Entscheidung war das Verbot der Altersdiskriminierung in Art. 21 der Charta der Grundrechte der Europäischen Union vom 7. 12. 2000 enthalten.[1479] Die Charta wurde allerdings nur von einem Konvent ausgearbeitet und vom Europäischen Rat befürwortet, war jedoch noch nicht formell verabschiedet.[1480] Seit sie am 01.12.2009 gemeinsam mit dem Vertrag von Lissabon in Kraft trat, ist das Altersdiskriminierungsverbot nun in Art. 21 Abs. 1 GRCh i.V.m. Art. 6 Abs. 1 EUV verbindlich normiert.[1481] Da für die Grundrechte der Charta der Grundrechte nichts anderes als für die als allgemeine Rechtsgrundsätze entwickelten Grundrechte gilt, sind sie anerkanntermaßen Teil des Primärrechts.[1482] Der EuGH erwähnt teilweise das Verbot des Art. 21 GRCh auch ausdrücklich im Zusammenhang mit dem allgemeinen Grundsatz.[1483] Insofern erübrigt sich nun die diesbezüglich an der *Mangold*-Entscheidung geübte Kritik, da direkt auf eine primärrechtliche Norm zurückgegriffen werden kann: Ein Verstoß gegen Art. 21 GRCh führt gem. EuGH dazu, dass ein nationales Gericht eine gegen das Diskriminierungsverbot wegen des Alters verstoßende Norm unangewendet zu lassen hat.[1484] Zu der Frage, ob vorliegend ein Verstoß gegen Art. 21 Abs. 1 GRCh vorliegen würde, siehe sogleich.

1478 BVerfGE 126, 286 = NJW 2010, 3422 (Honeywell); siehe auch Herdegen, § 10 Rn. 28; eine andere Entscheidung erwarteten *Gerken u.a.*, S. 41 ff.

1479 Preis, NZA 2006, 407; Knecht in: Schwarze, GRCh, Präambel Rn. 1; Jarass GRCh, Einl. Rn. 4 f.

1480 Preis, NZA 2006, 407; Jarass GRCh, Einl. Rn. 4 f.; Knecht in: Schwarze, GRCh, Präambel Rn. 1.

1481 Jarass GRCh, Einl. Rn. 6; Hölscheidt in: Meyer/Hölscheidt GRCh, Art 21. Rn. 51; vgl. auch Folz in: Vedder/Heintschel GRCh, Präambel Rn. 1 und Rn. 16.

1482 Jarass GRCh, Einl. Rn. 12; Herdegen, § 8 Rn. 24; Haag/Kotzur in: Bieber u.a., § 6 Rn. 8; vgl. Knecht in: Schwarze, GRCh, Präambel Rn. 16.

1483 EuGH Urt. v. 08.09.2011 – Rs. C- 297/10 und C-298/10 = NJW 2012, 512 (Hennigs/Mai); EuGH Urt. v. 19.04.2016, Rs. C-441/14 = EuZW 2016, 466, 467 (Dansk Industri); siehe auch Hölscheidt in: Meyer/Hölscheidt GRCh, Art. 21 Rn. 51.

1484 EuGH Urt. v. 19.04.2016, Rs. C-441/14 = EuZW 2016, 466, 467 (Dansk Industri); siehe auch Hölscheidt in: Meyer/Hölscheidt GRCh, Art. 20 Rn. 29.

c) Charta der Grundrechte der Europäischen Union

Wie gesehen ist die Charta der Grundrechte der Europäischen Union nach Art. 6 Abs. 1 EU-Vertrag als Primärrecht von den Mitgliedstaaten zu beachten. Bei der Thematik des besonderen strafrechtlichen Schutzes älterer Menschen handelt es sich daher ebenso um ein Thema europäischer Grundrechte wie deutscher Grundrechte. Zu erörtern sind der im Kapitel I „Würde des Menschen" aufgeführte Art. 2 Abs. 1 (Recht auf Leben) und Art. 3 Abs. 1 GRCh (Recht auf Unversehrtheit), der im Kapitel II „Freiheiten" enthaltene Art. 6 GRCh (Recht auf Freiheit und Sicherheit) sowie die im Kapitel III „Gleichheit" normierten Art. 20 (Gleichheit vor dem Gesetz), Art. 21 Abs. 1 (Nichtdiskriminierung) und Art. 25 GRCh (Rechte älterer Menschen). Zu diesen Grundrechten im Einzelnen:

aa) Art. 3 Abs. 1 GRCh

Während in Art. 2 Abs. 2 S. 1 GG Recht auf Leben und körperliche Unversehrtheit in einer Norm zusammengefasst wird, werden in der EU-Grundrechtecharta das Recht auf Leben in Art. 2 Abs. 2 GRCh und das Recht auf körperliche und geistige Unversehrtheit in Art. 3 Abs. 1 GRCh getrennt normiert. Das Grundrecht auf Leben stellt auch in der GRCh nicht nur ein Abwehrrecht dar, sondern statuiert daneben – ebenso wie Art. 2 Abs. 2 GG – auch Schutzpflichten.[1485] Genauso verhält es sich mit Art. 3 Abs. 1 GRCh: Er kann als legitimier Zweck herangezogen werden, um andere Grundrechte zu beschränken.[1486] Insofern kann grundsätzlich auf obige Ausführungen zu Art. 2 Abs. 2 S. 1 GG verwiesen werden.

bb) Art. 6 GRCh

Art. 6 GRCh, das Grundrecht auf Freiheit und Sicherheit, begründet ebenfalls Schutzpflichten.[1487] Man könnte auf die Idee kommen, darunter den Fall zu fassen, dass ältere Menschen es aufgrund von Sicherheitsbedenken, d.h. aus Angst vor Viktimisierung, nicht mehr wagen am öffentlichen

1485 Höfling/Kempny in: Stern/Sachs GRCh, Art. 2 Rn. 32 ff.

1486 Ebd., Art. 3 Rn. 13 f.; Folz in: Vedder/Heintschel von Heinegg GRCh, Art. 3 Rn. 5; vgl. auch Borowsky in: Meyer/Hölscheidt GRCh, Art. 3 Rn. 36.

1487 Ogorek in: Stern/Sachs GRCh, Art. 6 Rn. 9.

Leben teilzunehmen und daher ihr Zuhause nicht mehr verlassen. Auch werden von Art. 6 GRCh dann Schutzpflichten generiert, wenn *„dies zur effektiven Wahrnehmung des Grundrechts auf (Fortbewegungs-)Freiheit und seiner verfahrensrechtlichen Begleitkomponenten erforderlich ist.*“[1488] Allerdings meint Art. 6 GRCh andere Fälle als den vorliegenden. Zum einen wird das Recht auf körperliche Fortbewegungsfreiheit und keine allgemeine Handlungsfreiheit geschützt, zum anderen kommt dem Recht auf Sicherheit keine eigenständige Bedeutung zu.[1489]

cc) Art. 20 GRCh

Gemäß Art. 20 GRCh, dem allgemeinen Gleichheitssatz, sind alle Personen vor dem Gesetz gleich.[1490] Im vorliegenden Fall müssten also auch aus europarechtlicher Sicht jüngere und ältere Menschen grundsätzlich gleich behandelt werden. Dieses Grundrecht könnte verletzt werden, wenn älteren Menschen ein höherer strafrechtlicher Schutz zukäme. Bezüglich Art. 20 GRCh wird vor allem die Rechtsprechung des EuGH bemüht, aber *„Insgesamt herrscht „größte Unklarheit“*“.[1491] Letztlich schützt Art. 20 GRCh nach allgemeiner Auffassung davor, dass Gleiches ungleich und Ungleiches gleich behandelt wird,[1492] sei es bei der Gesetzgebung oder sei es bei der Gesetzesanwendung.[1493] Wie im nationalen Recht auch muss zunächst eine Ungleichbehandlung von Vergleichsgruppen festgestellt werden und sodann geprüft werden, ob diese gerechtfertigt ist.[1494] Welche Anforderun-

1488 Ebd., Art. 6 Rn. 9.

1489 Folz in: Vedder/Heintschel von Heinegg GRCh, Art. 6 Rn. 3; Ogorek in: Stern/Sachs GRCh, Art. 6 Rn. 8; Bernsdorff in: Meyer/Hölscheidt GRCh, Art 6. Rn. 10 f.

1490 Der allgemeine Gleichheitssatz galt schon spätestens seit EuGH, Urt. v. 19.10.1977, Rs. 117/76 und 16/77 = Slg. 1977, 1753 (Ruckdeschel) als ungeschriebener Grundsatz des Unionsrechts, vgl. F. Wollenschläger in: v. Mangoldt/Klein/Starck GG, Art. 3 Rn. 20.

1491 Hölscheidt in: Meyer/Hölscheidt GRCh, Art. 20 Rn. 13.

1492 EuGH, Urt. v. 21.07.2011, Rs. C-21/10 = Slg. I 2011, 6789 (Karol Nagy); EuGH Urt. v. 19.12.2012, Rs. C-364/11 = NVwZ-RR 2013, 160 (Kott u.a.); Hölscheidt in: Meyer/Hölscheidt GRCh, Art. 20 Rn. 16.

1493 Hölscheidt in: Meyer/Hölscheidt GRCh, Art. 20 Rn. 18.

1494 Vgl. EuGH, Urt. v. 19.10.1977, Rs. 117/76 und 16/77 = Slg. 1977, 1753 (Ruckdeschel); Hölscheidt in: Meyer/Hölscheidt GRCh, Art. 20 Rn. 21 f.; Folz in: Vedder/Heintschel von Heinegg GRCh, Art. 20 Rn. 4; Jarass, GRCh, Art. 20 Rn. 7 ff.

gen an die Rechtfertigung zu stellen sind, ist dabei mangels Einheitlichkeit und dogmatischer Aufarbeitung unklar,[1495] jedoch ist grundsätzlich auch hier eine Verhältnismäßigkeitsprüfung vorzunehmen d.h. es bedarf eines rechtlich zulässigen Ziels und eines angemessenen Verhältnisses von betreffender Behandlung und dem verfolgten Ziel.[1496] Insofern kann auf die Ausführungen zu Art. 3 GG verwiesen werden.

dd) Art. 21 Abs. 1 GRCh

Art. 20 GRCh tritt hinter den spezielleren Art. 21 GRCh zurück.[1497] In Art. 21 Abs. 1 GRCh wird eine Diskriminierung unter anderem wegen Alter verboten. Hiervon werden sowohl mittelbare als auch unmittelbare Diskriminierungen erfasst.[1498] Träger dieses Grundrechts ist jede natürliche Person.[1499] Eine Diskriminierung liegt vor, wenn in unzulässiger Weise anhand des Merkmals „Alters“ eine Ungleichbehandlung stattfindet.[1500] Die Ungleichbehandlung muss zu einem Nachteil führen, der nicht von besonderem Gewicht sein muss, sondern lediglich kausal.[1501] Auch hier ist eine Rechtfertigung gem. Art. 52 Abs. 1 GRCh möglich,[1502] was ein legitimes Ziel und Verhältnismäßigkeit voraussetzt.[1503] Insofern kann erneut auf die Erörterungen zu Art. 3 Abs. 1 GG Bezug genommen werden.

1495 Siehe hierzu eingehender Hölscheidt in: Meyer/Hölscheidt GRCh, Art. 20 Rn. 25; ähnlich Folz in: Vedder/Heintschel von Heinegg GRCh, Art. 20 Rn. 4.

1496 EuGH Urt. vom 16. 12. 2008, Rs. C-127/07 = EuZW 2009, 263 (Société Arcelor Atlantique et Lorraine u.a); Hölscheidt in: Meyer/Hölscheidt GRCh, Art. 20 Rn. 27; Folz in: Vedder/Heintschel von Heinegg, GRCh, Art. 20 Rn. 4; Jarass GRCh, Art. 20 Rn. 15.

1497 Hölscheidt in: Meyer/Hölscheidt GRCh, Art. 20 Rn. 11; Jarass GRCh, Art. 20 Rn. 5.

1498 Folz in: Vedder/Heintschel von Heinegg GRCh, Art. 21 Rn. 4; vgl. hierzu auch Baer/Markard in: v. Mangoldt/Klein/Starck, GG, Art. 3 Rn. 551.

1499 Hölscheidt in: Meyer/Hölscheidt GRCh, Art. 21 Rn. 33; Jarass, GRCh, Art. 21 Rn. 8.

1500 Jarass GRCh, Art. 21 Rn. 9; vgl. auch Hölscheidt in: Meyer/Hölscheidt GRCh, Art. 21 Rn. 35 ff.

1501 Jarass GRCh, Art. 21 Rn. 15 f.

1502 Ebd., Art. 21 Rn. 26; Hölscheidt in: Meyer/Hölscheidt GRCh, Art. 21 Rn. 53.

1503 Jarass GRCh, Art. 21 Rn. 27 ff.

ee) Art. 25 GRCh

In Art. 25 GRCh heißt es konkret: *„Die Union anerkennt und achtet das Recht älterer Menschen auf ein würdiges und unabhängiges Leben und auf Teilnahme am sozialen und kulturellen Leben.“* Nach dem Schutzzweck der Norm sind hiermit nicht nur „ältere“ Menschen im Alter zwischen 65 und 80, sondern auch „hochaltrige“ bzw. „alte“ Menschen ab 80 Jahren gemeint.[1504] Während Art. 20 und Art. 21 Abs. 1 GRCh unmittelbar geltende Gleichheitsgebote statuieren, ist Art. 25 GRCh kein Grundrecht, sondern ein Grundsatz i.S.v. Art. 52 Abs. 5 GRCh, der voraussetzt, dass bestimmte Rechte älterer Menschen bestehen.[1505] Für die Begründung eines subjektiven Rechts bedarf es daher zusätzlich einer sekundärrechtlichen Regelung. Die im Unterschied zu Art. 24 GRCh (Rechte des Kindes) gewählte Formulierung macht dies deutlich: In Art. 24 GRCh heißt es in Abs. 1: *„Kinder haben Anspruch auf den Schutz und die Fürsorge, die für ihr Wohlergehen notwendig sind.“*, während bei älteren Menschen nur von einer „Achtung“ ihrer (bereits existierenden) Rechte die Rede ist. Da bereits explizite Diskriminierungsverbote für das Merkmal Alter bestehen, ist davon auszugehen, dass in Art. 25 GRCh ein Auftrag an die Mitgliedstaaten zu sehen ist, die Teilhabe älterer Menschen auch über diese Diskriminierungsverbote hinaus zu sichern.[1506] Wie bereits gesehen, existieren jedoch keine einschlägigen sekundärrechtlichen Regelungen. Allerdings ist für die dieser Arbeit zugrundeliegende Thematik im Hinterkopf zu behalten, dass aus europarechtlicher Sicht ausdrücklich gewünscht wird, dass ältere Menschen in sozialer, kultureller und politischer Hinsicht in das Alltagsleben der Gesellschaft zu inkludieren sind. Um dieses Ziel zu erreichen, können nationale Regelungen, die andere Freiheiten beeinträchtigen, durchaus gerechtfertigt sein.[1507]

1504 Hölscheidt in: Meyer/Hölscheidt GRCh, Art. 25 Rn. 15; nicht auf 65 Jahre, sondern auf das Rentenalter als Untergrenze abstellend Ross in: Schwarze, GRCh, Art. 25 Rn. 4.

1505 Folz in: Vedder/Heintschel von Heinegg GRCh, Art. 25 Rn. 3: Ross in: Schwarze, GRCh, Art. 25 Rn. 3; Hölscheidt in: Meyer/Hölscheidt GRCh, Art. 25 Rn. 13.

1506 Zum Ganzen Weber in: Stern/Sachs GRCh, Art. 25 Rn. 3.

1507 Weber in: Stern/Sachs GRCh, Art. 25 Rn. 6.

3. Fazit

Somit ergeben sich auf primärrechtlicher Ebene im Vergleich zum nationalen Recht keine Besonderheiten, die einem besonderen strafrechtlichen Schutz älterer Menschen entgegenstehen würden. Einschlägiges Sekundärrecht existiert nicht.

III. Ergebnis

Insgesamt lässt sich festhalten, dass es nicht gegen den in Art. 3 Abs. 1 GG statuierten allgemeinen Gleichbehandlungsgrundsatz verstoßen würde, wenn ältere Menschen strafrechtlich unter einen stärkeren Schutz gestellt würden als jüngere Menschen. Eine aus Art. 2 Abs. 2 S. 1 GG fließende Schutzpflicht spricht vielmehr dafür, den strafrechtlichen Schutz älterer Menschen stärker auszuprägen. Aus europarechtlicher Sicht ergibt sich nichts Abweichendes.

B. Strafrechtliche Legitimationsgrundsätze

Nachdem der verfassungs-/europarechtliche Rahmen abgesteckt ist, bedarf es in einem nächsten Schritt der Klärung, ob ein stärkerer strafrechtlicher Schutz älterer Menschen mit den strafrechtlichen Legitimationsgrundsätze vereinbar wäre. Im Zuge dessen stellt sich die Frage nach Aufgabe und Funktion des Strafrechts. Nachdem geklärt wurde, dass es sich hierbei um den Rechtsgüterschutz handelt, ist zu erörtern, welches Rechtsgut in Bezug auf eine Viktimisierung eines älteren Menschen verletzt werden könnte. Da die Aufgabe einer Strafvorschrift (Darf der Staat etwas mit Strafe bedrohen?) nicht gleichzusetzen ist mit dem Zweck einer Strafe im Einzelfall (Auf welche Weise soll die Strafe wirken, um diese Aufgabe zu erfüllen?),[1508] ist sind außerdem Sinn und Zweck der Strafe zu klären. Hierfür sind die Strafzwecktheorien darzustellen, bevor in einem letzten Schritt noch das Schuldprinzip sowie das sog. Ultima-Ratio-Prinzip anzusprechen sind.

1508 Roxin, § 3, Rn. 1.

I. Aufgabe und Funktion des Strafrechts

1. Rechtsgüterschutz

Das deutsche Strafrecht dient der Sicherung der in der Verfassung verankerten Grundrechte als Ausdruck der elementaren Werteordnung unserer Gesellschaft und der Erhaltung des Rechtsfriedens durch Verfolgung und Sanktionierung normabweichenden Verhaltens.[1509] Diese Aufgabe wird durch den Rechtsgüterschutz verwirklicht.[1510] Rechtsgüter kann man definieren als *„alle Gegebenheiten oder Zwecksetzungen (...), die für die freie Entfaltung des Einzelnen, die Verwirklichung seiner Grundrechte und das Funktionieren eines auf dieser Zielvorstellung aufbauenden staatlichen Systems notwendig sind"*.[1511] Zum einen werden die Rechtsgüter der Allgemeinheit (sog. Universalrechtsgüter) geschützt, d.h. der Bestand des Staates, die Rechtspflege, Sicherheit des Straßenverkehrs usw.[1512] Zum anderen sollen aber auch die Rechtsgüter des Individuums (sog. Individualrechtsgüter), gesichert werden, z.B. Leben, körperliche Unversehrtheit, persönliche Freiheit, Eigentum, Vermögen.[1513] So schützt etwa § 211 StGB das Rechtsgut Leben und § 242 StGB die Rechtsgüter Eigentum und Gewahrsam.[1514] Man könnte Rechtsgüter auch als *„ideelle Sozialwerte"* bezeichnen.[1515] Der Straftatbestand nennt das geschützte Rechtsgut nicht ausdrücklich und ist nicht mit dem Tatobjekt zu verwechseln.[1516]

Demnach hat jede Strafnorm den Zweck, ein bestimmtes Rechtsgut vor Eingriffen eines Dritten zu bewahren bzw. einen solchen Eingriff zu ahn-

---

1509 Für viele Roxin, § 2, Rn. 7.

1510 Roxin, § 2, Rn. 7; Satzger in: Satzger/Schluckebier/Widmaier StGB, Einleitung Rn. 5; Wessels/Beulke/Satzger, § 1, Rn. 9; Ganter in: Graf/Jäger/Wittig StGB, § 46 Rn. 1; siehe zu den abweichenden Mindermeinungen den Überblick bei Roxin, § 2, Rn. 103 ff.; zu Kritik an den Rechtsguttheorien siehe auch Neumann/Schroth, S. 43 ff.; Frisch, NStZ 2016, S. 22 ff.

1511 Roxin, § 2, Rn. 7; zu weiteren möglichen Definitionen siehe Engländer, ZStW 2015, S. 620, der zudem feststellt, dass es keinen „wahren" Rechtsgutsbegriff gebe, ebd., S. 621.

1512 Wessels/Beulke/Satzger, § 1, Rn. 11; Rengier, § 3, Rn. 3; Roxin, § 2, Rn. 9 f.

1513 Wessels/Beulke/Satzger, § 1, Rn. 11; Rengier, § 3, Rn. 3; Roxin, § 2, Rn. 9 f.

1514 Wessels/Beulke/Satzger, § 1, Rn. 14; vgl. Roxin, § 2, Rn. 9, Rn. 65; Maeck, S. 16.

1515 Wessels/Beulke/Satzger, § 1, Rn. 14; a.A. Roxin, § 2, Rn. 67.

1516 So ist etwa das von § 212 geschützte Rechtsgut das Leben, das Tatobjekt hingegen ist ein Mensch, Rengier, § 3, Rn. 1.

den. Sofern von einem bestimmten Verhalten kein Rechtsgut gefährdet oder verletzt wird, hat der Staat von Strafe abzusehen.[1517]

2. Betroffene Rechtsgüter im Rahmen einer Viktimisierung älterer Menschen

Aufgrund der Aufgabe des Strafrechts, einen Rechtsgüterschutz zu verwirklichen, ist danach zu fragen, welches Rechtsgut geschützt werden soll, wenn eine Viktimisierung älterer Menschen besonders pönalisiert wird.

a) Moral und Tabus als strafrechtlich geschütztes Rechtsgut

In diesem Zusammenhang kann man kritisch hinterfragen, ob ein moralwidriges Verhalten in einer Strafnorm überhaupt sanktioniert werden könnte,[1518] insbesondere wenn dieses nicht das friedfertige Miteinander der Allgemeinheit stört.[1519] Dies ist vorliegend relevant, weil man - wie eingangs festgestellt - in einem ersten Impuls dazu geneigt sein mag, ältere Menschen grundsätzlich als „leichtere" Opfer und das Ausnutzen dieser (vermeintlichen) Schwäche als (moralisch) besonders verwerflich einzustufen. In Bezug auf Gewaltdelikte spricht *Ahlf* davon, dass Täter, die sich an älteren Menschen vergreifen, *„Abscheu"* hervorrufen, da dies nicht im Einklang stehe mit vier *„fundamentale(n) sittliche(n) Werte(n), die in allen Kulturen gleichermaßen gelten"*.[1520] Nämlich das Prinzip andere Menschen per se nicht zu schädigen, sich gegenseitig zu achten, die Personenwürde anderer Menschen nicht anzutasten und das immer mehr an Bedeutung verlierende Prinzip ältere Menschen zu achten.[1521] Es erscheint also diskussionswürdig, ob allein aus dem Umstand heraus, dass ein derartiges

1517 Vgl. Roxin, § 2, Rn. 9 f.; Engländer, ZStW 2015, S. 617; Wessels/Beulke/Satzger, § 1, Rn. 12; nach Weigend in: LK StGB Bd. 1, Einl. Rn. 3 ist der Gesetzgeber relativ frei darin zu bestimmen, was er als schützenswert ansieht, solange ein schützenswertes Interesse nicht gänzlich fehlt, der „Täter" nicht nur eigene Interessen verletzt oder mildere Maßnahmen offensichtlich zum Schutz ausreichen würden.

1518 Vgl. Engländer, ZStW 2015, S. 617; ablehnend Wessels/Beulke/Satzger, § 1, Rn. 12.

1519 Roxin, § 2, Rn. 17.

1520 Ahlf, ZfG 1994, S. 289.

1521 Ebd., S. 289.

Ausnutzen in moralischer Hinsicht negativ bewertet wird bzw. ein gesellschaftliches Tabu bricht, besondere strafrechtliche Konsequenzen erwachsen können.

aa) Allgemeine Begriffsbestimmungen

Gemäß Duden ist Moral die Gesamtheit von ethisch-sittlichen Normen, Grundsätzen, Werten, die das zwischenmenschliche Verhalten einer Gesellschaft regulieren, die von ihr als verbindlich akzeptiert werden.[1522] Ein Tabu wiederum wird als ungeschriebenes Gesetz definiert, das aufgrund bestimmter Anschauungen innerhalb einer Gesellschaft verbietet, bestimmte Dinge zu tun.[1523] Diese Begrifflichkeiten sind selbstverständlich dehnbar und schwammig, denn was die eine Person bereits als moralisch verwerflich ansieht, sieht eine andere als lediglich moralisch fragwürdig an und eine dritte Person gar als moralisch einwandfrei. Einen gemeinsamen Nenner zu finden, der von der Gesamtheit der Gesellschaft akzeptiert wird, ist ausgesprochen schwierig und abgesehen von Extremfällen, wie etwa sexuelle Übergriffe auf Kinder, wohl nahezu unmöglich.

bb) Das grundsätzliche Verhältnis von Strafe und Moral

Die Auseinandersetzung mit der Frage des Verhältnisses von Strafrecht und Moral, kam wohl spätestens durch den 1957 im Vereinigten Königreich verfassten *Wolfenden Report* ins Rollen. Das Ergebnis dieser Untersuchung war, dass es Aufgabe des Staates sei die öffentliche Ordnung und Sittlichkeit zu wahren, aber nicht durch Gesetze in das Privatleben seiner Bürger einzugreifen, d.h. etwa Homosexualität nicht mehr unter Strafe zu stellen.[1524] *Lord Devlin* wendete sich gegen diesen Report und vertrat den Standpunkt, dass das Strafrecht auch dem Schutz der moralischen Ansichten der Gesellschaft diene.[1525] Seine These musste er insbesondere gegen *Hart*, der ein Anhänger des sog. harm principle von *John Stuart*

1522 https://www.duden.de/node/658498/revisions/1974586/view (05.09.2020); eingehender zum Moralbegriff siehe z.B. Ellscheid in: Hassemer/Neumann/Saliger, S. 203 ff.

1523 https://www.duden.de/rechtschreibung/Tabu#bedeutungen (05.09.2020).

1524 Report of the Committee on Homosexual Offenses and Prostitution, CMND. No. 247 (1957).

1525 Devlin, S. 1-25; vgl. auch Hart, S. 82.

Mill war, verteidigen.[1526] Dieses Schädigungsprinzip besagt, „*That the only purpose for which power can be rightfully exercised over any member of a civilised community, against his will, is to prevent harm to others. His own good, either physical or moral, is not sufficent warrant.*“[1527] Nach der These von *Hart* dürfe der Staat in diesem Sinne nur dann strafrechtliche Sanktionen verhängen, wenn ansonsten dem Mitglied der Gesellschaft oder der Gesellschaft Schaden zugefügt würde. Hingegen seien lediglich unmoralische, dabei aber niemanden schädigende Handlungen gerade nicht strafbar.[1528]

Im Hinblick auf das deutsche Strafrecht herrscht nun bereits seit den 1960er bzw. 1970er Jahren grundsätzliche Einigkeit darüber, dass das Strafrecht die Ultima Ratio sein muss und ein ausschließlich moralisch fragwürdiges Verhalten, das nicht zugleich eine Rechtsgüterverletzung beinhaltet, nicht in einer Strafnorm pönalisiert werden kann.[1529] In seinem 1969 erlassenen *Fanny Hill*-Urteil entschied der BGH zur Frage der Unzüchtigkeit einer Schrift ausdrücklich „*das Strafgesetz hat nicht die Aufgabe, auf geschlechtlichem Gebiet einen moralischen Standard des erwachsenen Bürgers durchzusetzen, sondern es hat die Sozialordnung der Gemeinschaft vor Störungen und groben Belästigungen zu schützen. Daß dies auch die Tendenz des Gesetzgebers ist, zeigt die Aufhebung der Strafvorschriften über Ehebruch, einfache Homosexualität zwischen Männern und über Sodomie im Zuge der Reform des Strafrechts (Art. 1 Nr. 50, 52, 53 1. StrG v. 25.06.1969, BGBl. I 645)*“.[1530] Hierin zeigt sich die Annahme, dass das moralische Empfinden einem ständigen gesellschaftlichen Wandel unterliegt, der sich beispielsweise in den Änderungen des Sexualstrafrechts niederschlägt.[1531]

1526 Vgl. Renzikowski in: MüKo StGB, Vorb. zu § 174 Rn. 4, Fn. 14.

1527 Mill, S. 26; siehe auch Renzikowski, NJW 2014, 2539, 2539; Renzikowski in: MüKo StGB, Vorb. zu § 174 Rn. 3; Roxin, § 2 Rn. 123 ff.; ebenfalls ein Unterstützer des *harm principle* war *Joel Feinberg*, allerdings wollte dieser daneben auch von Natur aus unmoralisches Verhalten als Strafgrund genügen lassen, „*even though it causes neither harm nor offense to the actor or others*“, Feinberg, The Moral Limits of the Criminal Law, Bd. 2: Offense to Others, Oxford 1985, S. XIII; vgl. hierzu auch Roxin, § 2 Rn. 125.

1528 Siehe hierzu Hart, S. 5; vgl. zur Debatte auch Renzikowski in: MüKo StGB, Vorb. zu § 174 Rn. 4, Fn. 14.

1529 Hörnle, Grob anstößiges Verhalten, S. 1 f. m.w.N.; Roxin, § 2, Rn. 19; Kudlich in: Satzger/Schluckebier/Widmaier StGB, Vor. §§ 13 Rn. 5; Frisch, NStZ 2016, S. 22.

1530 BGHSt 23, 40, 43 f. (Fanny Hill) = BGH NJW 1969, 1818, 1819; s. auch Renzikowski in: MüKo StGB, Vorb. zu § 174 Rn. 3.

1531 Vgl. z.B. Renzikowski in: MüKo StGB, Vorb. zu § 174 Rn. 6.

cc) Die Berücksichtigung von Gefühlen im StGB

Auch wenn gemäß obiger Ausführungen Moral per se nach einhelliger Ansicht nicht als ein eigenständiges Rechtsgut begriffen wird, gibt es im Deutschen Strafgesetzbuch Normen, wie z.B. Beischlaf zwischen Verwandten gemäß § 173 StGB, die sich zumindest nicht ohne Weiteres als Normen zum Schutz von Individualrechtsgütern oder zum Schutz anerkannter Kollektivrechtsgüter begreifen lassen.[1532] Zwar werden bei den in Rede stehenden Normen oftmals Rechtsgüter wie „öffentlicher Friede" (z.B. §§ 86a, 90a, 111, 126, 130, 130a, 131, 140, 166, 167, 167a, 168 StGB),[1533] „Schutzinteressen der Allgemeinheit" (z.B. §§ 183a, 184e StGB),[1534] „Jugendschutz" (z.B. §§ 176, 184, 184a StGB),[1535] „Tierschutz" (z.B. § 184a StGB)[1536] oder „Familienschutz" (z.B. § 173 StGB)[1537] bemüht, dies wird aber durchaus kritisch betrachtet.[1538] So werden Strafbarkeiten wie § 184a S. 1 Alt. 2 (Tierpornographie) und § 173 StGB (Beischlaf zwischen Verwandten) in der Literatur zum Teil ausschließlich als ein Tabubruch und Moralwidrigkeit angesehen.[1539] Der Gefühlschutz im Strafrecht bleibt daher nach wie vor nicht gänzlich undiskutiert.

dd) Diverse Vorschläge der Literatur für einschränkende Kriterien

In der Forschung wird der Schutz von Gefühlen teilweise grundlegend abgelehnt, da es nicht Aufgabe des Staates sei, dass er seine Bürger vor

1532 Vgl. etwa Ritscher in: MüKo StGB, § 173 Rn. 2.

1533 Hörnle, Grob anstößiges Verhalten, S. 5 m.w.N.

1534 Heger in: Lackner/Kühl StGB, § 183a Rn. 1; a.A. Ziegler in: BeckOK StGB, § 183a Rn. 2 m.w.N.; Eisele in: Schönke/Schröder StGB, § 184e Rn. 1.

1535 Eisele in: Schönke/Schröder StGB, § 184a Rn. 1; Heger in: Lackner/Kühl StGB, § 184a Rn. 1; Renzikowksi in: MüKo StGB, § 176 Rn. 1.

1536 Vgl. Hörnle in: MüKo StGB, § 184a Rn. 2; Eisele in: Schönke/Schröder StGB, § 184a Rn. 1.

1537 BVerfGE 120, 224 = NJW 2008, 1137, 1139; BGHSt 39, 326 = NJW 1994, 271, 272.

1538 So z.B. Roxin, § 2, Rn. 31, 43 ff.; Bosch/Schittenhelm in: Schönke/Schröder StGB, § 173 Rn. 1; Eisele in: Schönke/Schröder StGB, § 184a Rn. 1a m.w.N.; Ziegler in: BeckOK StGB, § 183a Rn. 2; Hörnle in: MüKo StGB, § 183a Rn. 1.

1539 Zu § 184 StGB: Eisele in: Schönke/Schröder StGB, § 184a Rn. 1a; Hörnle, S. 431 ff.; Hörnle in: MüKo StGB, § 184a Rn. 2; zu § 173 StGB: Ritscher in: MüKo StGB, § 173 StGB Rn. 7; Bosch/Schittenhelm in: Schönke/Schröder StGB, § 173 Rn. 1; Hörnle in: MüKo StGB, § 173 Rn. 7; Hörnle, S. 466 .

negativen Gefühlen schützen müsse, denn das Strafrecht diene einer funktionierenden *„Ko-Existenz“* der Menschen, nicht einem *„Ko-Sentiment“*.[1540] Als Beispiel, wieso eine solche Forderung zu weitgehend sei, wird genannt, dass sodann auch das Abhalten von Staatsprüfungen wie Staatsexamina im StGB pönalisiert werden müsse, da diese Prüfungen wohl immer mit ausgeprägten negativen Gefühlen seitens der Prüflinge einhergehen.[1541] Gegen dieses Argument wird überzeugend eingewendet, dass es zu pauschal und eine solche Forderung selbstverständlich zu weitgehend sei. [1542]Allerdings sei es im Gegenzug nicht notwendig, dass umfassend auf eine Rücksichtnahme auf Gefühle verzichtet wird, es müssten vielmehr Kriterien entwickelt werden, in welchen Fällen Gefühle zu berücksichtigen seien und in welchen nicht.[1543] Hierfür gibt es in der Literatur diverse Ansätze, von denen die Folgenden näher umrissen werden sollen.

aaa) Konzeption des Schutzes der „Rechte anderer“

So beschäftigt sich *Hörnle* in ihrer Habilitationsschrift mit der Frage, inwiefern die Inhalte gewisser Verbotsnormen, die in deskriptiver Hinsicht *„als stark anstößig und teilweise bedrohlich gelten“* und *„starke Gefühlsreaktionen wie Furcht, Ekel, Schamgefühl oder Empörung auslösen“*,[1544] von bloßen Moralwidrigkeiten abzugrenzen sind. Sie stellt sich auf den Standpunkt, dass derartige Gefühlsreaktionen des Opfers oder Dritter nur dann überhaupt erst relevant werden sollen, wenn der Fokus gerade auf der Verletzung gesellschaftlicher Tabus liegt und nicht durch die erfolgte Rechtsgutverletzung bzw. konkrete Gefährdung des Rechtsguts des Opfers überlagert wird,[1545] da der Schutz von Rechtsgütern wie Eigentum, Gesundheit, Leben etc. selbstverständlich sei.[1546] Nachdem eine Pönalisierung immer eine Beschränkung der allgemeinen Handlungsfreiheit i.S.v. Art. 2 Abs. 1 GG darstellt, hält sie es für notwendig den Blick auf die Grundrechtsschranken dieses Grundrechts zu richten und zu fragen, ob das Verhalten

1540 Amelung, S. 346.

1541 Amelung, S. 346f.; vgl. auch Hörnle, Grob anstößiges Verhalten, Einleitung S. 4; Roxin, § 2 Rn. 26.

1542 Hörnle, Grob anstößiges Verhalten, S. 4.

1543 Ebd., S. 4.

1544 Ebd., Einleitung S. 3.

1545 Ebd., Einleitung S. 3.

1546 Ebd., S. 116.

des Täters „die Rechte anderer“ oder „das Sittengesetz“ verletzt.[1547] Insbesondere die Rechte anderer sollen als Wertentscheidung der Verfassung den Rahmen für Entscheidungen der Legislative vorzeichnen.[1548] Hinsichtlich der Sittengesetze verweist sie auf die ganz h.M. in der Verfassungslehre, nach der es sich hierbei um keinen pauschalen Verweis auf die Moralansichten der Mehrheit handelt, selbst wenn sie einen sehr hohen Grad an Akzeptanz haben.[1549] Ziel dieser Grundrechtsschranke sei es nach ihrer Ansicht daher, dass auch jene Verhaltensweisen erfasst werden, die gegen den Anspruch auf Achtung der Menschenwürde gem. Art. 1 Abs. 1 GG verstoßen, selbst wenn das konkrete Verhalten nicht das Grundrecht einer bestimmten Person verletzt hat.[1550]

bbb) Bedrohungsgefühle als zusätzliches Kriterium

Roxin verfolgt den Ansatz, dass es grundsätzlich notwendig sei der Gesellschaft zuzugestehen, auch unterschiedliche Wertevorstellungen zu haben.[1551] Solange ein Verhalten, das die Gefühle Dritter berührt, bei eben jenen keine Angst- und Bedrohungsgefühle erweckt, kann der Schutz dieser Gefühle von vornherein keinen Rechtsgutcharakter haben.[1552] Derartige Bedrohungsgefühle würden etwa bei den Ehrverletzungsdelikten gem. §§ 185 ff. StGB oder der Belohnung und Billigung schwerwiegender Straftaten gem. § 140 StGB hervorgerufen,[1553] nicht jedoch bei der Erregung öffentlichen Ärgernisses gem. § 183a StGB, da dieses lediglich zu Peinlichkeits- und keinen Angstgefühlen führe.[1554] Nach diesen Überlegungen würde in vorliegendem Fall ein Gefühlschutz zu verneinen sein, denn selbst wenn es bei der Allgemeinheit besonderen Ekel hervorruft, einen alten und schwachen Menschen zu viktimisieren, so erweckt dies bei jungen Personen, die dieses Gefühl hegen, noch keine Angst um sich selbst. Weder sind sie selbst Teil der Gruppe älterer Menschen noch dürften sie daran denken, wie es wohl ihnen selbst als alten Menschen in ferner Zukunft einmal ergehen wird. Dies wäre allenfalls dann denkbar, wenn

1547 Ebd., S. 468.
1548 Ebd., S. 468.
1549 Ebd., S. 470.
1550 Ebd., S. 470.
1551 Roxin, § 2, Rn. 26.
1552 Vgl. Roxin, § 2, Rn. 26 f.
1553 Roxin, § 2, Rn. 27.
1554 Roxin, § 2, Rn. 30.

diese Personen daraus den Schluss ziehen würden, dass Täter, die sich gezielt ältere Menschen als Opfer heraussuchen, derart skrupellos, gewissenlos und verroht sind, dass sie allgemein vor nichts zurückschrecken. Dies dürfte jedoch zu weitgehend sein, da das Gefühl eher von Mitleid für die ältere Person geleitet sein wird als von Überlegungen, was dieses Verhalten für die Allgemeinheit und damit für sich selbst bedeutet. Somit wäre die Viktimisierung älterer Menschen allenfalls bei einem Bruchteil der Bevölkerung geeignet, Bedrohungsgefühle hervorzurufen, nämlich primär innerhalb der Gruppe der älteren Menschen.

ccc) Unrechtsgehalt im Täterverhalten selbst

Andere Befürworter der Gefühlschutztheorie bringen selbst einschränkend vor, dass allein die Gefühlswelt nicht ausschlaggebend sein könne, es müsse immer auch im Verhalten des Täters selbst ein Unrechtsgehalt feststellbar sein.[1555] Hingegen sei es nicht ausreichend, wenn die betroffenen Personen besonders sensibel und daher in ihren Gefühlen leicht verletzbar sind.[1556] Diese Ausführungen beziehen sich auf die sog. Religionsdelikte[1557] in den §§ 166 ff. StGB, jedoch ist dies ein verallgemeinerungsfähiger Gedanke. Überträgt man diesen Gedanken auf ältere Menschen, so kann allein der Umstand, dass das Opfer alt ist und dies die Gefühle Dritter in anstößiger Weise berührt, nicht ausreichend sein, um auf die Strafbarkeitsbegründung Einfluss zu nehmen. Für die vorliegende Untersuchung ist dies jedoch nur beschränkt hilfreich, da keine Anhaltspunkte gegeben werden, wie das Verhalten des Täters aussehen muss, damit ein besonderer Unrechtsgehalt bejaht werden kann. Relevanter erscheint der Ansatz, dass die Bürger in einem Rechtsstaat in ihren religiösen Gefühlen dann strafrechtlich relevant verletzt werden, wenn deren „*identitätsbildenden Inhalte*" in einer Weise attackiert werden, dass die betroffene Personen „*in ihrem sozialen Rechtsstatus beeinträchtig(t)*" und als ungleich bezeichnet werden.[1558] Indem also ein wesentlicher Inhalt des Bekenntnisses beschimpft wird, soll zugleich die dahinterstehende Person, die sich mit diesem Bekennt-

1555 Stübinger in: Kindhäuser/Neumann/Paeffgen, 4. Auflage, § 166 Rn. 3.
1556 Ebd., § 166 Rn. 3.
1557 Kritisch zu diesem Oberbegriff Stübinger in: Kindhäuser/Neumann/Paeffgen, § 166 Rn. 1.
1558 Stübinger in: Kindhäuser/Neumann/Paeffgen, § 166 Rn. 4.

nis identifiziert, extrem herabgewürdigt werden.[1559] Dies muss über bloß respektloses Verhalten hinausgehen,[1560] so dass es im Einzelfall wieder schwierig ist abzugrenzen, welches Verhalten nun letztlich erfasst sein soll und welches nicht.[1561]

Im Hinblick auf ältere Menschen, würde dies jedoch bedeuten, dass solche Angriffe relevant sind, die ältere Menschen in ihrem Ansehen als gleichwertige Mitglieder der Gesellschaft in einem ganz besonderen Ausmaß herabsetzen. Stellt man auf die Beeinträchtigung des sozialen Rechtsstatus ab, dann könnte dies bedeuten, dass ihnen durch die strafrechtlich relevante Handlung selbst abgesprochen wird aufgrund ihres fortgeschrittenen Alters ebenbürtige Mitglieder der Gesellschaft zu sein. Inwiefern aber zum Beispiel bei einer Körperverletzung durch die Verletzungshandlung selbst eine solche Herabsetzung ausgedrückt werden soll, ist sehr fraglich. Allein dadurch, dass der Täter einen älteren Menschen in seiner körperlichen Unversehrtheit verletzt, kann nicht darauf geschlossen werden, dass er ihn als minderwertigeres Mitglied der Gesellschaft betrachtet als einen jüngeren Menschen. Insbesondere wird er sich eine ältere Person als Opfer gesucht haben, weil er davon ausgeht, dass bei dieser für die Tatvollendung besonders günstige Faktoren gegeben sind (so etwa kognitive Einschränkungen, die es erschweren eine Täuschung zeitnah als solche zu durchschauen). Dies ist aber losgelöst von der Frage, ob er dieses ältere Opfer auch als ungleich herabwürdigen will und im Zweifel wird er sich keinerlei derartige Gedanken machen.

Aus diesem Grund ist es auch nicht überzeugend darauf abzustellen, dass das Täterverhalten zum Ausdruck bringen muss, dass dieser sich bewusst darüber hinwegsetzt, dass andere sein Verhalten als anstößig empfinden, und er dennoch provozieren oder (Scham-/Mit-)Gefühle verletzen will, ohne dass das Opfer eine Ausweichmöglichkeit zu dieser Konfrontation hat.[1562]

1559 Hörnle in: MüKo StGB, § 166 Rn. 1; vgl. Stübinger in: Kindhäuser/Neumann/Paeffgen, § 166 Rn. 4.

1560 Stübinger in: Kindhäuser/Neumann/Paeffgen, § 166 Rn. 4.

1561 Die h.M. stellt darauf ab, dass der öffentliche Friede das zu schützende kollektive Rechtsgut ist, vgl. nur Heger in: Lackner/Kühl StGB, § 166 Rn. 1; Bosch/Schittenhelm in: Schönke/Schröder StGB, Vorb. zu den §§ 166 ff. Rn. 2.

1562 So Weigend in: LK StGB Bd. 1, Einl. Rn. 5.

ddd) Weitere Gedanken

Betrachtet man die übrigen Rechtsgüter, die für die Strafbarkeitsbegründung von eher moralisch zu beanstandenden Handlungen herangezogen werden, so lassen sich auch die Gedanken zu diesen Normen nicht ohne weiteres für die vorliegende Problematik verwenden. Weder wird der von den §§ 86a, 90, 90a, 130 StGB geschützte öffentliche Friede[1563] in vergleichbarer Form gestört noch ist im Gegensatz zu Jugendschutz[1564] bzw. Familienschutz[1565] i.S.v. § 173 StGB bzw. Tierschutz[1566] i.S.v. § 184a StGB ein Altenschutz gesellschaftlich be- bzw. anerkannt.

Durch die Normen zum Schutz des öffentlichen Friedens soll die Gesellschaft zum einen vor unliebsamen oder auch beunruhigenden Meinungen geschützt werden und zum anderen ein friedliches Zusammenleben gewährleistet werden, wozu auch „*der Schutz vor Äußerungen gehört, durch die auf der einen Seite Aggressionen gegenüber einzelnen Bevölkerungsgruppen hervorgerufen oder gefördert und auf der anderen Seite Ängste und Verunsicherungen bei den Betroffenen bewirkt werden, die sich dadurch in ihrem Wert und ihren Rechten erneut oder als Mitglieder der Gesellschaft überhaupt in Frage gestellt sehen*“.[1567] Sich gezielt einen alten Menschen als Opfer zu suchen vermag die Gesellschaft in ihren Grundfesten dabei nicht so sehr erschüttern wie etwa das Verwenden von nationalsozialistischen Zeichen, das Verunglimpfen des Staates und seiner Symbole und ähnliche Handlungen, die den demokratischen Rechtsstaats als solchen angreifen. Sofern Schutzinteressen der Allgemeinheit in Hinblick auf §§ 183, 183a StGB als Schutzgut angenommen werden, verbietet sich auch diesbezüglich ein Vergleich zur Viktimisierung älterer Menschen, da es bei diesen Normen ausschließlich darum geht, dass die Öffentlichkeit davor bewahrt werden soll, unaufgefordert mit sexuellen Handlungen, die ins private Schlafzimmer gehören, konfrontiert oder gar belästigt zu werden.[1568] Die Opferwerdung eines älteren Menschen lässt sich mit dieser Situation jedoch keinesfalls verglei-

1563 Hörnle, Grob anstößiges Verhalten, S. 5 m.w.N.

1564 Eisele in: Schönke/Schröder StGB, § 184a Rn. 1; Heger in: Lackner/Kühl StGB, § 184a Rn. 1; Renzikowksi in: MüKo StGB, § 176 Rn. 1.

1565 BVerfGE 120, 224 = NJW 2008, 1137, 1139; BGHSt 39, 326 = NJW 1994, 271, 272.

1566 Vgl. Hörnle in: MüKo StGB, § 184a Rn. 2; Eisele in: Schönke/Schröder StGB, § 184a Rn. 1.

1567 Sternberg-Lieben/Schittenhelm in: Schönke/Schröder StGB, § 130 Rn. 1a; ähnlich zum Beispiel auch Schäfer in: MüKo StGB § 126 Rn. 1.

1568 Vgl. Heger in: Lackner/Kühl StGB, § 183a Rn. 1.

chen, da es nicht gesellschaftlich akzeptierter Usus ist, ältere Menschen satt in der Öffentlichkeit in privaten Räumlichkeiten zu viktimisieren. Familienschutz und Tierschutz als Rechtsgüter des § 173 StGB bzw. § 184a StGB werden sowieso bereits sehr argwöhnisch betrachtet,[1569] so dass es von Haus aus kritisch wäre, diese als Vergleichspunkte heranzuziehen. Ohnehin passt der mit diesen Normen verfolgte Zweck nicht zu den Fällen der Viktimisierung älterer und gegebenenfalls schwächerer Personen, da weder eine Gefahr genetischer Schädigungen oder (zumindest außerhalb der Sexualdelikte) eine Gefahr für die (sexuelle) Selbstbestimmung besteht.[1570] Auch die Gedanken zum Tierschutz werden in keiner Form relevant.[1571]

ee) Fazit

Als Fazit lässt sich festhalten, dass Moral als Strafgrund allein allenfalls mit höchster Zurückhaltung herangezogen werden kann und für sich genommen nicht als überzeugende Begründung für einen erhöhten strafrechtliche Schutz älterer Menschen verwendet werden kann. Unproblematisch erscheint es hingegen, wenn ein Verhalten sanktioniert wird, das ein strafrechtlich geschütztes Rechtsgut und zugleich eine moralische Verbotsnorm verletzt. Die Aussage, dass Strafrecht und Moral nicht völlig losgelöst voneinander sein können,[1572] ist insofern zuzustimmen.

b) Vergleich mit Normen zum Schutz bestimmter Gruppen

Ob auch Kriminalitätsfurcht eine legitime Grundlage für ein schärferes Strafrecht sein kann, ist sehr kritisch zu sehen,[1573] kann hier aber ohnehin offen bleiben, da das Viktimisierungs-Furcht-Paradoxon widerlegt ist und nicht davon ausgegangen werden kann, dass ältere Menschen besonders große Kriminalitätsfurcht aufweisen.[1574] Für die Frage, welches weitere Rechtsgut bzw. welche Rechtsgüter in Bezug auf ältere Menschen neben

1569 Vgl. Ritscher in; MüKo StGB, § 173 Rn. 2; Kühl in Lackner/Kühl StGB, § 173 Rn. 1; Eisele in: Schönke/Schröder StGB, § 184a Rn. 1a; Ziegler in: BeckOK StGB, § 184a Rn. 2.
1570 Vgl. hierzu Ritscher in: MüKo StGB, § 173 Rn. 3 f.
1571 Vgl. hierzu Hörnle in: MüKo StGB, § 184a Rn. 2.
1572 Renzikowski in: MüKo StGB, Vorb. zu § 174 Rn. 3.
1573 Siehe zu den einzelnen Argumenten Eisenberg/Kölbel, § 24, Rn. 49.
1574 Ausführlich hierzu 2. *Teil: B IV 2 b aa.*

den klassischen Rechtsgütern in Betracht kommen, könnte vielmehr ein Vergleich mit bereits bestehenden Vorschriften zum Schutz bestimmter vergleichbarer Personengruppen hilfreich sein. In Betracht kommen hier der besondere Schutz von Vollstreckungsbeamten (§§ 113 f. StGB) sowie der Minderjährigenschutz (siehe etwa den sexualstrafrechtlichen Jugendschutz in §§ 176 ff., 180, 182, 184c StGB).

aa) Vergleich mit Vollstreckungsbeamten

Man könnte sich auf den Standpunkt stellen, dass ältere Menschen besonders schutzwürdig sind, weil sie eine Gruppe sind, die sich dadurch auszeichnet, dass sie der Gesellschaft im Laufe ihres Lebens einen besonderen Mehrwert in Form von Arbeitskraft, Lebenserfahrung, Know-how etc. erbracht haben bzw. nach wie vor erbringen und somit auch in besonderem Maße mit Respekt und Wertschätzung behandelt werden sollten. Dies entspricht vom Gedanken her der Gesetzesinitiative des hessischen Landesregierung aus dem Jahr 2015 zugunsten von Polizeibeamten und anderen Einsatzkräften. Der Gesetzesantrag sah die Einführung eines Schutzparagraphen § 112 StGB vor, der deutlich macht, dass Angriffe auf Polizeibeamte und andere Einsatzkräfte unabhängig von der Vornahme einer Vollstreckungshandlung ein besonderes ahndungswürdiges Unrecht darstellen.[1575] Dabei ging es nicht darum bislang strafloses Verhalten unter Strafe zu stellen, da die §§ 223 ff. StGB bereits für eine Pönalisierung sorgen, sondern darum *„angemessene staatliche Reaktionen in Fällen zu ermöglichen, in denen sich diejenigen, die für die Sicherheit und das Wohlbehalten der Bevölkerung eintreten, gerade aus diesem Grunde tätlichen Angriffen ausgesetzt sehen“*.[1576] Letztlich soll nun der Schutz von Vollstreckungsbeamten, insbesondere Polizisten und Rettungskräften, unter anderem dadurch gestärkt werden, dass seit 30.05.2017 die Tatbegehungsvariante des tätlichen Angriffs auf Vollstreckungsbeamte nicht mehr von § 113 StGB sondern von § 114 StGB als selbständiger Straftatbestand mit verschärftem Strafrahmen (Freiheitsstrafe von drei Monaten bis zu fünf Jahren) erfasst wird.[1577] Der neue § 114 StGB verzichtet für tätliche Angriffe gegen Vollstreckungsbeamte auf die Voraussetzung einer Vollstreckungshandlung, so dass nun

---

1575 BT-Drucks. 165/15, S. 1.
1576 Ebd., S. 4.
1577 Bundesgesetzblatt Jahrgang 2017 Teil I Nr. 30, S. 1226; BT-Drucks. 18/11161, S. 2.

auch allgemeine Diensthandlungen erfasst werden.[1578] Gemäß dem Gesetzesentwurf werden „*sie nicht als Individualpersonen angegriffen, sondern als Repräsentanten der staatlichen Gewalt*“ und den tätlichen Angriffen haftet ein erhöhtes Gefährdungspotential an. „*Außerdem soll auch neben der Anwendung anderer, allgemeiner Strafvorschriften gewährleistet werden, dass der spezifische Unrechtsgehalt des Angriffs auf einen Repräsentanten der staatlichen Gewalt im Strafausspruch deutlich wird.*“[1579] Im Mittelpunkt der Änderung steht die „*Wertschätzung für den Dienst der Polizisten, aber auch der anderen Vollstreckungsbeamten sowie für den Einsatz der Hilfskräfte der Feuerwehr und der Rettungsdienste*“.[1580] Ein Angriff gegen einen älteren Menschen lässt sich mit dieser Situation aber dennoch nicht vergleichen. Man könnte darin zwar nicht nur einen Angriff gegen eine Individualperson sehen, sondern zugleich auch einen Angriff gegen die besonders zu respektierende Gruppe Älterer. Allerdings hinkt der Vergleich insofern, als dass der Schutzparagraph § 114 StGB jene Personen schützt, die während einer Tätigkeit, die sie aktuell im Dienste des Staates und der Allgemeinheit ausüben und sich daher besonderen Gefahren aussetzen, attackiert werden. Zieht man den besonderen strafrechtlichen Wert älterer Menschen daraus, dass sie in ihrer Allgemeinheit der Gesellschaft bereits durch Arbeitsleistung usw. viel Mehrwert gebracht haben und dies durch Ratschläge, Weisheit, Know How usw. eventuell auch aktuell noch immer tun, so könnte man argumentieren, dass die Gruppe älterer Menschen auch nach wie vor im Dienste der Allgemeinheit handeln. Doch selbst wenn man dies so sehen würde, ließe sich immer noch einwenden, dass dieser Dienst – anders als bei Vollstreckungsbeamten und Rettungskräften – jedenfalls nicht dazu führt, dass sie hierdurch einer gesteigerten Viktimisierungsgefahr ausgesetzt werden. Sie werden grundsätzlich nicht mit besonderen Gefahren konfrontiert, nur weil sie (angeblich) besonders wertvolle Mitglieder der Gesellschaft sind. Die Argumente für die Einführung eines Schutzparagraphen für Vollstreckungsbeamte und Rettungskräfte lassen sich für die vorliegende Diskussion daher nicht fruchtbar machen.

1578 Vgl. Bundesgesetzblatt Jahrgang 2017 Teil I Nr. 30, S. 1226; BT-Drucks. 18/11161, S. 2.

1579 BT-Drucks. 18/11161, S. 1.

1580 Ebd., S. 2.

bb) Vergleich mit Minderjährigen

Ein bestimmtes Alter kann im Strafrecht zu einem besonderen Schutz führen. So bleibt etwa ein Kind bis 14 Jahre gem. § 19 StGB aufgrund Schuldunfähigkeit straflos. Hierin zeigt sich die gesetzgeberische Wertung, dass ein Kind eine besondere Stellung einnimmt.[1581] Bei Kindern als Opfer einer Straftat wirkt es sich ebenfalls aus, dass diese als vergleichsweise schutzbedürftig angesehen werden. Dies geht so weit, dass der BGH in BGHSt NStZ 2013, 158 im Rahmen von Heimtücke i.S.v. § 211 StGB diese gegenüber Kleinkindern bejaht, auch wenn sich der Sachverhalt an sich nicht sauber unter die Definition der Arg- und Wehrlosigkeit fassen lässt; und so konstruiert der BGH die Figur der Umgehung des schutzbereiten Dritten oder natürlicher Abwehrmechanismen.[1582] Aber auch im StGB finden sich einige Normen, die gezielt Jugendliche und/oder Kinder schützen sollen. Zunächst soll ein Blick auf die jeweils geschützten Rechtsgüter geworfen und anschließend die Frage erörtert werden, ob eine Parallele zu älteren Menschen gezogen werden kann.

aaa) Sexualstrafrechtlicher Schutz Minderjähriger

Gerade im Sexualstrafrecht finden sich einige Normen, die explizit dem Schutz von Jugendlichen und/oder Kindern dienen.

(1) Geschützte Rechtsgüter

Fraglich ist, welche Rechtsgüter die einschlägigen Normen im Einzelnen schützen möchten. Hierzu lässt sich folgende Auflistung erstellen:

- **§§ 176, 176a, 176b StGB ((schwerer) sexueller Missbrauch von Kindern; sexueller Missbrauch von Kindern mit Todesfolge)**

Schutzgegenstand der §§ 174 ff. ist generell die sexuelle Selbstbestimmung.[1583] Ob dies auch hinsichtlich der Tatbestände gilt, die explizit Kin-

1581 Vgl. auch Ceffinato/Kalb, JA 2014, S. 887 f.
1582 Ceffinato/Kalb, JA 2014, S. 890 f.
1583 Für viele Renzikowski in: MüKo StGB, Vorb. § 174 Rn. 1 ff.

der, d.h. Personen unter vierzehn Jahren,[1584] erfassen, ist strittig. Während durch § 176b StGB eindeutig das Rechtsgut Leben des Kindes, das Opfer eines sexuellen Übergriffes wird, geschützt werden soll, [1585] ist das Schutzgut der §§ 176 f. StGB weniger eindeutig. Im Wesentlichen existieren hierzu folgende Auffassungen: Teilweise wird der Jugendschutz als Rechtsgut angeführt,[1586] allerdings ist dieser Begriff von vornherein zu weit bzw. mangels Verdeutlichung, wovor genau die Jugend geschützt werden soll, zu unbestimmt.[1587] Außerdem schützt § 176 StGB nicht Jugendliche im Alter von fünfzehn bis achtzehn Jahren, sondern Kinder unter sechzehn Jahre.[1588] So gesehen ist die Ansicht mancher, wonach konkret die sexuelle Selbstbestimmung von Kindern geschützt werden soll, überzeugender.[1589] Die h.M. wiederum möchte die sexuelle Entwicklung des Kindes davor bewahren, durch Eingriffe von Außen negativ beeinflusst zu werden, allerdings bedarf es für eine Strafbarkeit nicht des tatsächlichen Eintritts einer negativen Folge i.S.e. tatsächlich gestörten Entwicklung, so dass die sexuelle Handlung an einem Kind allein ist ausreichend für eine Strafbarkeit ist.[1590] Teilweise werden die sexuelle Selbstbestimmung des Kindes und die ungestörte sexuelle Entwicklung des Kindes als Synonyme angesehen.[1591]

- **§ 180 StGB (Förderung sexueller Handlungen Minderjähriger)**

Schutzgut des § 180 StGB ist die ungestörte sexuelle Entwicklung von Personen unter sechzehn (Abs. 1) bzw. unter achtzehn Jahren (Abs. 2 - 4),[1592]

1584 Heger in: Lackner/Kühl StGB, § 176 Rn. 1; Eisele in: Schönke/Schröder StGB, § 176 Rn. 2; Ziegler in: BeckOK StGB, § 176 Rn. 10.

1585 Renzikowski in: Müko StGB, § 176b Rn. 1.

1586 Brockmann, S. 231 m.w.N.

1587 Ebd., S. 232.

1588 Ebd., S. 232.

1589 Renzikowski in: Müko StGB, § 176 Rn. 1 bzw. § 176a Rn. 1; Bezjak, S. 103 sowie S. 120; eingehend hierzu Brockmann, S. 216 ff.

1590 Renzikowski in: Müko StGB, § 176 Rn. 3; Heger in: Lackner/Kühl StGB, § 176 Rn. 1; Eisele in: Schönke/Schröder StGB, § 176 Rn. 1a; eingehend hierzu Brockmann, S. 182 ff.; vgl. auch Bezjak, S. 101 f.

1591 Bezjak, S. 120.

1592 Renzikowski in: Müko StGB, § 180 Rn. 1; Heger in: Lackner/Kühl StGB, § 180 Rn. 1a; Eisele in: Schönke/Schröder StGB, § 180 Rn. 1; Laue in: Dölling u.a. StGB, § 180 Rn. 1.

es wird aber erneut auch die sexuelle Selbstbestimmung als kumulativ hinzutretendes Rechtsgut genannt.[1593]

- **§ 182 StGB (sexueller Missbrauch von Jugendlichen)**

Hier werden sowohl die sexuelle Selbstbestimmung als auch die ungestörte sexuelle Entwicklung Jugendlicher als Schutzgut angeführt.[1594] Der Unterschied zu § 176 StGB liegt im Wesentlichen darin, dass bei Kindern unwiderleglich von einer fehlenden sexuellen Autonomie ausgegangen wird, während bei Jugendlichen gem. § 182 StGB besondere Voraussetzungen, wie das Ausnutzen einer Zwangslage hinzukommen.[1595]

- **§§ 184 Abs. 1 Nr. 1-5, Nr. 7, 184b, c StGB (Verbreitung pornographischer Schriften; Verbreitung, Erwerb und Besitz kinder- bzw. jugendpornographischer Schriften)**

§ 184 Abs. 1 Nr. 1-8 StGB dienen (primär) dem Schutz Minderjähriger vor Kontakt mit pornographischen Schriften i.S.v. § 11 Abs. 3 StGB und teilweise auch dem Schutz vor einer unfreiwilligen Konfrontation mit diesen Schriften.[1596]

§ 184b StGB stellt eine Qualifikation dieser Norm dar und schützt grundsätzlich dieselben Rechtsgüter.[1597] Der höhere Strafrahmen wird damit begründet, dass Kinder besonders davor geschützt werden müssen zum Zweck der Herstellung derartiger kinderpornographischer Schriften missbraucht zu werden.[1598] Daneben möchte man der Verbreitung dieser Schriften einen besonderen Riegel vorschieben, um dadurch Nachahmungsanreize möglichst gering zu halten.[1599]

Diese Begründungen können nicht ohne Weiteres auch bei § 184c StGB angebracht werden, da sexuelle Handlungen für Jugendliche weniger weitreichende Folgen haben dürften.[1600] § 184c StGB dient daher dem

---

1593 Eisele in: Schönke/Schröder, § 180 Rn. 1; Ziegler in: BeckOK StGB, § 180 Rn. 2.

1594 Renzikowski in: Müko StGB, § 182 Rn. 1; Laue in: Dölling u.a. StGB, § 182 Rn. 1; Ziegler in: BeckOK StGB, § 182 Rn. 2.

1595 Ziegler in: BeckOK StGB, § 182 Rn. 2.

1596 Eisele in: Schönke/Schröder StGB, § 184 Rn. 5; Heger in: Lackner/Kühl StGB, § 184 Rn. 1; Ziegler in: BeckOK StGB, § 184 Rn. 2.

1597 Ziegler in: BeckOK StGB, § 184b Rn. 2; Hörnle in: MüKo StGB, § 184b Rn. 1.

1598 Ziegler in: BeckOK StGB, § 184b Rn. 2; Hörnle in: MüKo StGB, § 184b Rn. 1.

1599 Ziegler in: BeckOK StGB, § 184b Rn. 2; Hörnle in: MüKo StGB, § 184b Rn. 1; Eisele in: Schönke/Schröder StGB, § 184b Rn. 2 mit der kritischen Anmerkung, dass es keine empirischen Belege für Nachahmungseffekte gebe.

1600 Hörnle in: MüKo StGB, § 184c Rn. 4.

Jugendschutz und dem Schutz der jugendlichen Darsteller dahingehend, dass sie nicht in kommerzieller Weise am Pornographie-Business beteiligt werden sollen.[1601] Letzteres beruht auf dem Gedanken, dass Jugendliche noch nicht derart selbstbestimmt und vorausschauend handeln, dass sie eine vernünftige Abwägung der Vorteile des schnellen Gelderwerbs in der Pornoindustrie gegen die damit verbundenen Nachteile anstellen.[1602] Zudem möchte der Gesetzgeber eine Anreiz- und Nachahmungswirkung verhindern.[1603]

- **§ 184g (jugendgefährdende Prostitution)**

§ 184g StGB hat den Jugendschutz als Schutzweck, da sie die Entwicklung Minderjähriger vor dem Einfluss der Prostitution bewahren möchte.[1604]

(2) Fazit und Parallele zu älteren Menschen

All diese sexualstrafrechtlichen Normen, die die Betroffenheit Minderjähriger als Opfer besonders pönalisieren, haben in erster Linie das Ziel Kinder und Jugendliche davor zu bewahren in ihrer sexuellen Entwicklung durch Eingriffe von Dritten gestört zu werden. Dieser Gedanke lässt sich nicht auf ältere Menschen übertragen, da diese keinen sexuellen Entwicklungen mehr unterliegen, in denen sie negativ beeinflusst werden könnten. Sofern „Jugendschutz" als Schutzgut angeführt wird, ist der Kritik, dass dieser Begriff viel zu weit und unbestimmt ist, zuzustimmen, da nicht genauer definiert wird, was hierunter überhaupt zu verstehen ist. Ein derart schwammiger Begriff ist daher in der Tat nicht hilfreich. Ein Pendant hierzu im Sinne eines Schutzgutes, wie „Altenschutz", wäre durchaus klanghaft, allerdings wäre ein solcher Begriff derselben Kritik ausgesetzt wie der Begriff „Jugendschutz".

1601 Eisele in: Schönke/Schröder StGB, § 184c Rn. 2.

1602 Hörnle in: Müko StGB, § 184c Rn. 5.

1603 Ziegler in: BeckOK StGB, § 184c Rn. 2; Heger in: Lackner/Kühl StGB, § 184c Rn. 1.

1604 Ziegler in: BeckOK StGB, § 184g Rn. 2; Laue in: Dölling u.a. StGB, § 184g Rn. 1; kritisch hierzu Hörnle in: MüKo StGB, § 184g Rn. 1.

bbb) Sonstige Normen des StGB zum Schutz Minderjähriger

Nicht nur im Sexualstrafrecht lassen sich Normen mit einem besonderen Schutz zugunsten Minderjähriger finden, sondern auch in den übrigen Abschnitten des StGB. Zu nennen sind hier etwa §§ 131, 170, 171, 235, 236, 225 StGB.

(1) Geschützte Rechtsgüter

Auch hier ist fraglich, welche Rechtsgüter die einschlägigen Normen schützen möchten:

- **§ 131 StGB (Gewaltdarstellung)**

Gewaltverherrlichende/-verharmlosende und die Menschenwürde verletzende Schriften sollen nach dem Willen des Gesetzgebers nicht exzessiv verbreitet werden und dürfen insbesondere nicht an Minderjährige abgegeben werden.[1605] Das geschützte Rechtsgut ist der öffentliche Friede,[1606] aber auch der Einzelne soll davor geschützt werden, dass eine etwaige Labilität oder aggressive Anlagen gefördert werden; insbesondere bei Kindern und Jugendlichen soll die Eventualität einer Förderung von aggressiven Fehlentwicklungen verhindert werden.[1607] Zwar ist es wissenschaftlich nicht eindeutig erwiesen, dass exzessive Gewaltdarstellungen eine Verrohung und Nachahmungen fördern, allerdings ist ein solcher Einfluss zumindest möglich. [1608] Aufgrund der denkbar schweren und weitreichenden Ausmaße der Rechtsgüterverletzungen Dritter im Rahmen eines Amoklaufes o.Ä., reicht bereits die bloße Möglichkeit in diesem Fall für eine Pönalisierung aus.[1609]

1605 BT-Drs. 10/2546, S. 21.

1606 Schäfer in: MüKo StGB, § 131 Rn. 1; Rackow in: BeckOK StGB, § 131 Rn. 5; Kühl in: Lackner/Kühl StGB, § 131 Rn. 1.

1607 Schäfer in: MüKo StGB, § 131 Rn. 2; Rackow in: BeckOK StGB, § 131 Rn. 5; Ostendorf in: NK-StGB, § 131 Rn. 3.

1608 Schäfer in: MüKo StGB, § 131 Rn. 4; Sternberg-Lieben in: Schönke/Schröder StGB, § 131 Rn. 1.

1609 Schäfer in: MüKo StGB, § 131 Rn. 4; Sternberg-Lieben in: Schönke/Schröder StGB, § 131 Rn. 1.

- **§ 170 StGB (Verletzung der Unterhaltspflicht)**

Der Entzug einer gesetzlichen Unterhaltspflicht in Abs. 1 unter Strafe gestellt, um zum einen den Unterhaltsberechtigten vor einer wirtschaftlichen Gefährdung seines Lebensbedarfs zu schützen, zum anderen um die Sozialbehörden und letztlich die Allgemeinheit vor einer unberechtigten Inanspruchnahme von Mitteln zu bewahren. Abs. 2 dient primär dem Lebensschutz Ungeborener.[1610]

- **§ 171 StGB (Verletzung der Fürsorge- oder Erziehungspflicht)**

Das von § 171 StGB geschützte Rechtsgut ist die ungestörte körperliche und seelische Entwicklung von Kindern und Jugendlichen bis zu ihrem 16. Lebensjahr.[1611]

- **§ 235 StGB (Entziehung Minderjähriger)**

Das von § 235 StGB geschützte Rechtsgut ist sowohl die elterliche bzw. familienrechtliche Sorge als auch Minderjährigenschutz in dem Sinne, dass ihre körperliche, geistige und seelische Integrität sowie ihre ungestörte Entwicklung geschützt werden sollen.[1612] Teilweise wird auch zusätzlich das *„allgemeine Interesse an einem Mindestniveau pädagogischer Einwirkung"* genannt.[1613]

- **§ 236 StGB (Kinderhandel)**

§ 236 StGB schützt die ungestörte körperliche und seelische Entwicklung des Minderjährigen.[1614]

- **§ 225 StGB (Misshandlung von Schutzbefohlenen)**

Von § 225 StGB werden das Rechtsgut der körperlichen Unversehrtheit und zudem die psychische Integrität der Opfer und deren ungestörte körperliche und seelische Entwicklung bzw. durch § 225 Abs. 3 Nr. 1 auch

---

1610 Zum Ganzen Frommel in: Kindhäuser/Neumann/Paffgen StGB, § 170 Rn. 5 f; Bosch/Schittenhelm in: Schönke/Schröder StGB, § 170 Rn. 1 f.; Heuchemer in: BeckOK StGB, § 170 Rn. 2.

1611 Ritscher in: MüKo StGB, § 171 Rn. 2; Heger in: Lackner/Kühl StGB, § 171 Rn. 1; Lenckner/Bosch in: Schönke/Schröder StGB, § 171 Rn. 1.

1612 Wieck-Noodt in: MüKo StGB, § 235 Rn. 8; Heger in: Lackner/Kühl StGB, § 235 Rn. 1; Frommel in: NK-StGB, § 171 Rn. 5.

1613 Heuchemer in: BeckOK StGB, § 171 Rn. 1 m.w.N.

1614 Graf in: Graf/Jäger/Wittig StGB, § 236 Rn. 3;Valerius in: BeckOK StGB, § 236 Rn. 1; Wieck-Noodt in: MüKo StGB, § 236 Rn. 1.

das Rechtsgut Leben geschützt.[1615] Kinder und Jugendliche werden von dieser Norm deswegen unabhängig von ihrer tatsächlichen Wehrlosigkeit geschützt, weil man davon ausgeht, dass diese in einem Abhängigkeitsverhältnis immer wehrlos sind.[1616]

(2) Fazit und Parallele zu älteren Menschen

All diese Normen, die die Viktimisierung Minderjähriger besonders pönalisieren, haben nicht nur, aber in erster Linie das Ziel, Kinder und Jugendliche davor zu bewahren, in ihrer geistigen bzw. seelischen und körperlichen Entwicklung durch Eingriffe von Dritten gestört zu werden. Insoweit verhält es sich ebenso wie mit den sexualstrafrechtlichen Normen, allerdings wird hier nicht allein die ungestörte sexuelle Entwicklung, sondern die ungestörte Entwicklung im Allgemeinen erfasst. Es lässt sich durchaus eine Parallele zu älteren Menschen ziehen:

Kinder und Jugendliche unterliegen einer individuellen Entwicklung hin zu einem erwachsenen Menschen mit gewissen geistigen, seelischen und körperlichen Stärken. Diese Entwicklung verläuft von Mensch zu Mensch unterschiedlich, grundsätzlich sind jedoch alle Minderjährigen in eine solche verwickelt. Solange sie nicht erwachsen sind, gelten sie daher als noch nicht vollständig gereift und belastbar. Ein älterer Mensch hat all diese Prozesse bereits lange Zeit hinter sich gelassen, dafür startet jedoch ab einem gewissen Alter ein individueller Abbauprozess, d.h., seine geistigen und körperlichen Fähigkeiten werden nach und nach schwächer. Sicherlich unterliegen grundsätzlich auch erwachsene Menschen noch Entwicklungsprozessen und auch bereits gewissen Abbauprozessen, allerdings dürfte bei diesen ein gewisser geistiger und körperlicher Status quo erreicht sein, der sich nicht mehr bzw. noch nicht markant verändert. Sowohl bei Minderjährigen als auch bei älteren Menschen sind diese Prozesse also deutlich extremer als bei einem erwachsenen Durchschnittsmenschen. Während bei Minderjährigen der Entwicklungsprozess möglichst ungestört vonstattengehen können soll, um dieses Plateau zu erreichen, ist es bei älteren Menschen nun wünschenswert, dass diese möglichst lange

---

1615 Eschelbach in: BeckOK StGB, § 225 Rn. 1; vgl. auch Grünewald in: LK StGB Bd. 7, § 225 Rn. 2.

1616 Eschelbach in: BeckOK StGB, § 225 Rn. 2; Hardtung in: MüKo StGB, § 225 Rn. 1; Eschelbach in: BeckOK, § 225 Rn. 1; Grünewald in: LK StGB Bd. 7, § 225 Rn. 3.

auf diesem Niveau verbleiben können, indem der Abbauprozess möglichst ungestört von äußeren Einflüssen ablaufen kann, die diesen noch weiter beschleunigen und verstärken könnten. Insofern erscheint es angemessen, ältere Menschen dahingehend ebenfalls besonders zu schützen. Als Rechtsgut könnte man das „ungestörte körperliche und kognitive Altern“ bzw. den „ungestörten Ablauf von körperlichen und kognitiven Alterungsprozessen“ benennen.

c) Fazit

Als Rechtsgut neben den allgemein anerkannten Rechtsgütern wie Leben, körperliche Unversehrtheit, Eigentum etc. ist auch das „ungestörte körperliche und kognitive Altern“ bzw. der „ungestörten Ablauf von körperlichen und kognitiven Alterungsprozessen“ denkbar.

3. Ergebnis

Auch wenn der Gefühlsschutz dem StGB nicht fremd ist, ist Moral nach ganz h.M. kein Rechtsgut. Sie kann allenfalls ergänzend zu unstreitig anerkannten Rechtsgütern wie Körper, Leben, Eigentum oder Vermögen ihren Niederschlag finden. Angesichts der Delikte, von denen ältere Menschen besonders häufig betroffen werden, ist ein eigenständiger Rückgriff auf die Moral nicht nötig, denn all diese „klassischen“ Rechtsgüter können ohne Weiteres bemüht werden. Daneben könnte das „ungestörte körperliche und kognitive Altern“ bzw. der „ungestörten Ablauf von körperlichen und kognitiven Alterungsprozessen“ als eigenes Schutzgut bei Delikten gegen ältere Menschen relevant werden.

II. Sinn und Zweck der Strafe

In Bezug auf den Zweck der Strafe werden unterschiedliche Theorien vertreten, welche im Wesentlichen die sog. absoluten Theorien, die sog. relativen Theorien und die sog. Vereinigungstheorien sind. Diese sollen im Folgenden in ihren wichtigsten Grundzügen dargelegt werden.

1. Absolute Straftheorien

Die sog. *absoluten Straftheorien* (*absolutus* = losgelöst) stellen darauf ab, dass Strafe ausschließlich dazu dient einen Schuldausgleich herbeizuführen und die Rechtsordnung wiederherzustellen, also einen rein repressiven und vergangenheitsgerichteten Charakter hat.[1617] Präventionserwägungen oder andere gesellschaftliche Zwecke spielen bei diesen Theorien, die bis ins Altertum zurückgehen,[1618] keinerlei Rolle. Sie sind vielmehr „losgelöst" von diesen anderen Zwecken.[1619] Aufgrund der Vergeltung soll ein Schuldausgleich und somit Gerechtigkeit hergestellt werden.[1620] In diesem Zusammenhang fallende Begriffe sind sog. Vergeltungstheorie bzw. Gerechtigkeitstheorie bzw. Sühnetheorie.[1621] Auch wenn die absolute Theorie bis in die Antike zurückgeht (siehe etwa das sog. Talionsprinzip), waren *Immanuel Kant* (1724 – 1804) und später *Georg Wilhelm Friedrich Hegel* (1770 – 1831) wohl ihre berühmtesten Verfechter, die ihr im Rahmen der Philosophie des deutschen Idealismus ihre besondere Ausprägung gaben.[1622]

Nach *Kant* darf der Täter allein deswegen bestraft werden, weil er straffällig geworden ist und es gerecht sei, ihn dafür zu belangen.[1623] Das Strafgesetz stelle insofern einen kategorischen Imperativ dar, bei dessen Verlet-

---

1617 Roxin, § 3, Rn. 2; Joecks in: MüKo StGB, Einl. Rn. 53; Rengier, § 3, Rn. 10; Kühl in:
Lackner/Kühl StGB, § 46 Rn. 2 befürwortet daher die Bezeichnung als *„repressive Theorien"*.

1618 Roxin, § 3, Rn. 2; Joecks in: MüKo StGB, Einl. Rn. 53; vgl. auch Rengier, § 3, Rn. 10.

1619 Joecks in: MüKo StGB, Einl. Rn. 57; Kühl in: Lackner/Kühl StGB, § 46 Rn. 2; Streng, S. 7,
Rn. 11 f.; Krey/Esser, § 5, Rn. 132.

1620 Rengier, § 3, Rn. 10; Joecks in: MüKO StGB, Einl. Rn. 53; Meier, S. 19.

1621 Hinsichtlich der Begrifflichkeiten besteht keine Einigkeit. So bezeichnet Streng, S. 7, Rn. 11 die sog. *Vergeltungstheorie* alternativ auch als sog. *Gerechtigkeitstheorie*; auch Roxin, § 3 Rn. 2 verwendet den Begriff *Gerechtigkeitstheorie* und *Sühnetheorie* wohl synonym; ebenso Kinzig in: Schönke/Schröder, Vorb. zu §§ 38 ff. Rn. 2; a.A. Neumann/Schroth, S. 15 f., die in der *Gerechtigkeitstheorie* eine eigene *absolute Theorie* sehen, die im Gegensatz zur *Vergeltungstheorie* nicht einen gerechten Ausgleich zwischen Täter und eine metaphysischen Instanz, sondern zwischen Täter und Mitbürgern sucht; auch Rengier, § 3, Rn. 10 bezeichnet die Sühnetheorie als eine eigene absolute Theorie.

1622 Joecks in: MüKO StGB, Einl. Rn. 533; Meier, S. 19; Krey/Esser, § 5 Rn. 135.

1623 Kant, S. 155 f

zung der Täter um der Gerechtigkeit Willen zu bestrafen sei.[1624] Er betont, dass neben der Gerechtigkeit keine weiteren (präventiven) Zwecke für die begangene Straftat zu verfolgen seien, da der Straftäter aus Gründen der Menschenwürde nicht zu einer Sache degradiert und als Abschreckungsobjekt für die Gesellschaft missbraucht werden dürfe.[1625] Er geht zudem davon aus *„die Gerechtigkeit hört auf eine zu sein, wenn sie sich für einen Preis weggibt"*.[1626] Mangels eines Surrogats für die wiederherzustellende Gerechtigkeit, geht er sogar so weit, dass eine Gesellschaft, die ursprünglich eine Insel bewohnte und beschließe, diese Insel zu verlassen, um sich in der Welt zu verteilen, aus Gründen der Gerechtigkeit zuvor auch den letzten Mörder im Gefängnis hinrichten müsse (sog. Inselbeispiel).[1627] Sowohl Qualität als auch Quantität der Strafe sollen sich am Wiedervergeltungsrecht, dem *ius talionis*, und daher an der zu bestrafenden Staftat selbst orientieren.[1628] Er bezeichnet dies als *„Prinzip der Gleichheit"*.[1629]

Auch nach *Hegel* ist Gerechtigkeit der hinter einer Strafe stehende Zweck.[1630] Er geht davon aus, dass das Recht und das Gesetz ein *„an sich seiender Wille"* ist.[1631] Ebenso hat der Verbrecher als eine vernünftige Person einen Willen und äußert diesen in negativer Form durch Verletzung einer Norm. Insofern weist er daher einen *„besonderen Willen"* auf, der vom *„an sich seienden Willen"* abweicht.[1632] Um das Recht wiederherzustellen ist das Verbrechen, das sonst gelten würde, durch Strafe aufzuheben, so dass *Hegel* die Straftat letztlich als Negation der Rechtsordnung und die Strafe als Negation dieser Negation bezeichnet.[1633] Somit hebt die Strafe die Straftat auf und das Recht wird wiederhergestellt.[1634] Was Art und Maß der Strafe angeht, stellt er auf Gleichheit ab, aber anders als *Kant* nicht nach dem Talionsprinzips, sondern er orientiert sich an der *„an sich seienden Beschaffenheit der Verletzung"*, d.h. die Strafe hat sich *„nach*

1624 Ebd., S. 155 f.; vgl. auch Meier, S. 19; Joecks in: MüKO StGB, Einl. Rn. 55.
1625 Kant, S. 155; vgl. auch Krey/Esser, § 5, Rn. 135; Meier, S. 19.
1626 Kant, S. 156; vgl. Joecks in: MüKO StGB, Einl. Rn. 55.
1627 Kant, S. 157; vgl. auch Krey/Esser, § 5, Rn. 135; Neumann/Schroth, S. 11; Rengier, § 3, Rn. 11.
1628 Kant, S. 156; vgl. auch Meier, S. 19.
1629 Kant, S. 156; vgl. auch Meier, S. 19.
1630 Hegel, S. 98; vgl. auch Meier, S. 19.
1631 Hegel, S. 96.
1632 Ebd., S. 96.
1633 Ebd., S. 97.
1634 Ebd., S. 97.; vgl. auch Krey/Esser, § 5, Rn. 136; Joecks in: MüKO StGB, Einl. Rn. 57.

dem Wert derselben“ zu bestimmen.[1635] Eine absolute Bestimmung hält er dabei für unmöglich, sondern sieht sie als Forderung an, die der Verstand immer mehr zu beschränken hat, die ins Unendliche fortgeht und nur eine Annäherung zulässt.[1636]

Nach Ansicht *Kants* und *Hegels* wird also gleiches Unrecht in Bezug auf Dauer und Härte bzw. auch gemäß der Art (so *Kant*[1637]) oder dem Wert (so *Hegel*[1638]) mit gleicher Strafe geahndet.[1639] Zum Teil wird angenommen, dass *Kant* und *Hegel* anerkannten, dass das Strafrecht neben der Vergeltung auch eine präventive Wirkung entfalten kann.[1640]

Eine modernere Ausprägung, die teilweise als sog. *Sühnetheorie*[1641] bezeichnet wird, stellt darauf ab, dass nicht Vergeltung, sondern Sühne und die damit verbundene Möglichkeit der Versöhnung mit der Rechtsordnung und der Gesellschaft im Vordergrund stehen.[1642] Sofern ein Täter keine Schuldgefühle hätte, würde die Strafe dann jedoch versagen.[1643] Ob eine Freiheits- und Lebensstandardbeschränkung geeignet ist, derartige Schuldgefühle hervorzurufen, kann bezweifelt werden.[1644] Daher ist der Hauptkritikpunkt gegen diese Theorie, dass Versöhnung immer etwas Freiwilliges sei und nicht durch Strafe aufgezwungen werden könne.[1645] Fraglich sei außerdem, ob die Gesellschaft eine Sühneleistung durch Freiheitsentzug *„als entsühnend anerkennt*“ und den Täter nicht eher als gebrandmarkt ansieht.[1646] In einer weiteren modernen Ausprägung möchte die absolute Theorie nicht mehr eine reine Vergeltung, Talion oder Rache, sondern eine gerechte Strafe, die sich an den Werten der Gesellschaft orientiert[1647] und der Erhaltung einer konkreten Rechtsordnung dient.[1648]

1635 Hegel, S. 99.
1636 Hegel, S. 100.
1637 Kant, S. 156 f.
1638 Hegel, S. 96, S. 99.
1639 Wessels/Beulke/Satzger, § 1, Rn. 22; näher auf die Ansichten von *Kant* und *Hegel* eingehend Roxin, § 3, Rn. 2 ff.; Joecks in: MüKo StGB, Einl. Rn. 55 ff.
1640 Streng, S. 7, Rn. 11; bzgl. *Kant*: Neumann/Schroth, S. 12 f.; a.A. Krey/Esser, § 5, Rn. 136.
1641 Zu den begrifflichen Steitigkeiten siehe bereits oben.
1642 Wessels/Beulke/Satzger, § 1, Rn. 22; Roxin, § 3, Rn. 10; Rengier, § 3, Rn. 13; eingehender hierzu Neumann/Schroth, S. 17 f.
1643 Neumann/Schroth, S. 17.
1644 Ebd., S. 18.
1645 Wessels/Beulke/Satzger, § 1, Rn. 22; Roxin, § 3, Rn. 10; Streng, S. 18, Rn 32.
1646 Lesch, JA 1994, S. 513.
1647 Streng, S. 6, Rn. 10.
1648 Werkmeister, S. 134.

Die Schuld des Täters bleibt aber ausschlaggebend für die Strafe.[1649] Von dieser modernen Variante der absoluten Theorie gibt es verschiedene Spielarten.[1650] Zum Beispiel wird darauf abgestellt, dass die Rechtsordnung auf dem Gedanken basiere fair zu sein, da sie dem Bürger zwar Vorschriften macht und seine Freiheiten einschränkt, im Ausgleich zu diesen Pflichten jedoch dafür sorgt, dass der Bürger nicht von seinen Mitbürgern geschädigt wird. Bei einer Straftat werde dieses Fair-Play-Prinzip verletzt und es wäre unfair, dem Täter sowohl seine volle Handlungsfreiheit als auch den Schutz vor Verletzungen zu gewähren. Um das Gleichgewicht wieder herzustellen, müsse er demnach bestraft werden.[1651]

Der Vorteil dieser absoluten Theorien ist, dass sie ein Maß der Strafe bestimmen[1652] und insbesondere überzogene, drakonische Strafen verhindert werden können.[1653] Gerechtigkeit als Grundlage einer Strafe heranzuziehen ist insofern ein durchaus begrüßenswerter Gedanke[1654] und aus diesem Grund auch in § 46 Abs. 1 S. 1 StGB aufzufinden.[1655] Allerdings sprechen sehr gewichtige Argumente gegen die absoluten Theorien, so dass sie vielfach als *„nicht haltbar"*[1656] oder als *„institutionalisierte Rache"* und Relativierung der rechtskulturhistorischen Leistung der Zivilisierung bezeichnet werden.[1657] Problematisch ist nämlich, dass sie nicht der Sicherung der Allgemeinheit nachkommen, da sie keinerlei Resozialisierung von Tätern beabsichtigen.[1658] Reine Vergeltung, unabhängig von der Verletzung von Rechtsgütern, ist jedoch nicht mit der Aufgabe des Strafrechts, dem Rechtsgüterschutz, vereinbar und entbehrt damit ihrer Legitimation.[1659] Weshalb der Staat *„Schuldausgleich und Gerechtigkeit um ihrer selbst willen zu üben"* hätte, ist vielmehr nicht erklärbar und abzulehnen.[1660]

1649 Streng, S. 7, Rn. 11.

1650 Siehe etwa die Beispiele bei Kühl in: Lackner/Kühl, § 46 Rn. 2; Werkmeister, S. 135 f.

1651 Vgl. zu dieser Theorie Werkmeister, S. 135, der sie mit dem zivilrechtlichen Konstrukt der ungerechtfertigten Bereicherung vergleicht.

1652 Wessels/Beulke/Satzger, § 1, Rn. 24 f.; Rengier, § 3, Rn. 12.

1653 Joecks in: MüKo StGB, Einl. Rn. 59; Rengier, § 3, Rn. 12.

1654 Radke in: MüKo StGB, Vorb. zu § 38, Rn. 33; Rengier, § 3, Rn. 12.

1655 Ausführlicher hierzu siehe 5. Teil B I 3.

1656 So etwa bei Roxin, § 3, Rn. 8; Joecks in: MüKo StGB, Einl. Rn. 59.

1657 So Werkmeister, S. 142.

1658 Roxin, § 3, Rn. 9; Wessels/Beulke/Satzger, § 1, Rn. 22f.; Joecks in: MüKo StGB, Einl. Rn. 59.

1659 Roxin, § 3, Rn. 8; Wessels/Beulke/Satzger, § 1, Rn. 22f.; Joecks in: MüKo StGB, Einl. Rn. 59; Radtke in: MüKo StGB, Vorb. zu § 38 Rn. 33.

1660 Kühl in: Lackner/Kühl StGB, § 46 Rn. 2.

Das Gleichgewicht zwischen Recht und Unrecht kann grundsätzlich auch auf anderem Wege als durch Vergeltung wiederhergestellt werden, so dass es nicht überzeugt, allein auf jene abzustellen.[1661] Auch die modernen Varianten der absoluten Theorie vermögen nicht, diese Kritikpunkte auszuräumen.[1662]

2. Relative Theorien

Die sog. *relativen Straftheorien*[1663] (*relatus* = bezogen auf) wiederum haben die Verhinderung von Straftaten, mithin Prävention, zum Ziel, d.h. anders als die absoluten Theorien blicken sie nicht zurück, sondern in die Zukunft und verfolgen einen rationalen, gesellschaftlichen und sozialen Zweck.[1664] Innerhalb der Präventionstheorien ist zwischen der sog. *Generalprävention* und der sog. *Spezialprävention* zu unterscheiden.[1665] Die Grundlagen dieser Theorien gehen auf die Antike zurück, in der *Seneca* († 65 n. Chr.) sich auf den seinerseits den *Protagoras* (485 – 415 n. Chr.) zitierenden *Platon* (427 – 347 v. Chr.) beruft: *„Nam, ut Plato ait: ‚nemo prudens punit, quia peccatm est, sed ne pecctur...“* - *„Denn wie Platon sagt: ‚Kein kluger Mensch straft, weil gesündigt worden ist, sondern damit nicht gesündigt werde...“*.[1666]

a) Generalprävention

Die *Generalprävention* will nicht auf den Täter, sondern auf die Allgemeinheit einwirken.[1667] Innerhalb der Generalprävention ist wiederum zwischen der sog. *positiven Generalprävention* und der sog. *negativen Gene-*

1661 Meier, S. 20.
1662 Werkmeister, S. 146.
1663 Kühl in: Lackner/Kühl StGB, § 46 Rn. 2 befürwortet eine Bezeichnung als *„präventive Theorien“*.
1664 Für viele Rengier, § 3, Rn. 14; Werkmeister, S. 148.
1665 Eingehend hierzu Roxin, § 3, Rn. 11 ff.; Wessels/Beulke/Satzger, § 1, Rn. 23; Radtke in: MüKo StGB, Vorb. zu § 38 Rn. 34.
1666 Roxin, § 3, Rn. 11; Krey/Esser, § 5, Rn. 138.
1667 Roxin, § 3, Rn. 21; Eschelbach in: Satzger/Schluckebier/Widmaier StGB, § 46 Rn. 31 f.

ralprävention zu differenzieren.[1668] Dabei wird die positive Generalprävention im Sinne einer Normbestätigungstheorie zum Teil als demokratisch, die negative Generalprävention im Sinne einer Abschreckungstheorie als diktatorisch bezeichnet.[1669]

Die *positive Generalprävention* soll das Vertrauen der Gesellschaft in die Rechtsordnung unterstützen,[1670] wobei man mit *Roxin* zwischen einem Lerneffekt, einem Vertrauenseffekt und einem Befriedigungseffekt der Strafe für die Allgemeinheit differenzieren kann.[1671] Grundlegender Gedanke des Lerneffektes ist es, dass die Bürger von der Berechtigung der Normen überzeugt sind und sie diese als ein ihre Werteordnung verkörperndes Konstrukt freiwillig beachten wollen, wobei diese Normüberzeugung durch die Sanktionierung abweichenden Verhaltens weiter vertieft und gestärkt wird.[1672] Der Vertrauens- und Befriedigungseffekt seinerseits beruht darauf, dass der Allgemeinheit verdeutlicht wird, dass ein Normverstoß bzw. der damit einhergehende Angriff gegen ihr allgemein akzeptiertes Wertesystem nicht folgenlos bleibt; zugleich wird dem Selbststabilisierungsbedürfnis des Einzelnen Genüge getan.[1673] Es dient dem friedlichen Miteinander, wenn die Bürger nicht auf Lynch- und Selbstjustiz zurückgreifen müssen, wenn sich bereits der Staat auf eine formalisierte Weise dafür einsetzt, dass die geltenden Werte und Normen eingehalten werden. Dies sorgt nicht nur für eine Genugtuung der Gesellschaft, sondern auch des Opfers.[1674]

Die *negative Generalprävention*, die hauptsächlich auf *Paul Johann Anselm von Feuerbach* (1775 – 1833) und seine *„Theorie vom psychologischen Zwang"* zurückgeht,[1675] soll die Allgemeinheit bzw. tatgeneigte Bürger davon abzu-

---

1668 Miebach/Maier in: MüKo StGB, § 46 Rn. 49 und 57; Kinzig in: Schönke/Schröder StGB, Vorb. zu den §§ 38 ff Rn. 3; Schäfer/Sander/van Gemmeren, Rn. 839 und Rn. 862.

1669 Streng, S. 15.

1670 Roxin, § 3, Rn. 26 f.; Eisenberg/Kölbel, § 41, Rn. 3; Eschelbach in: Satzger/Schluckebier/Widmaier StGB, § 46 Rn. 32; zu ihrer alternativen Bezeichnung als *„Integrationsprävention"* siehe Radtke in: MüKo StGB, Vorb. zu § 38 Rn. 35; Meier, S. 22; Werkmeister, S. 227; Schünemann, S. 219.

1671 Roxin, § 3, Rn. 27; vgl. Meier, S. 22; Werkmeister, S. 231; ähnlich Eisenberg/Kölbel, § 41, Rn. 4; Radtke in: MüKo StGB, Vorb. zu § 38 Rn. 35.

1672 Radtke in: MüKo StGB, Vorb. zu § 38 Rn. 35; Hörnle, Straftheorien, S. 28.

1673 Streng, S. 14, Rn. 24; Werkmeister, S. 234.

1674 Streng, S. 15, Rn. 27 ff.; vgl. Meier, S. 23.

1675 Feuerbach, S. 15; vgl. auch Roxin, § 3, Rn. 22; Joecks in: MüKo StGB, Einl. Rn. 70; Radtke in: MüKo StGB, Vorb. zu § 38 Rn. 35; Streng, S. 14, Rn. 23; Meier, S. 22.

schrecken, überhaupt straffällig zu werden.[1676] Gemäß *Feuerbach* soll dem Bürger verdeutlicht werden, dass sein Rechtsbruch zwingend eine Übelszufügung nach sich ziehen wird, die von größerem Gewicht sein wird als der Verzicht darauf, seinem kriminellen Trieb nachzugeben.[1677] Dieses Konstrukt ist insofern überzeugend, als dass sich durch *„laienpsychologische Evidenz"* und entsprechende tiefenpsychologische Erkenntnisse begründen lässt, dass tatgeneigte Personen von ihrem Vorhaben ablassen, wenn ihnen beispielhaft vor Augen geführt wird, welch negativen Konsequenzen ein vergleichbares Tun bei einem Mitbürger nach sich zog.[1678] Diese Annahme beruht auf dem Menschenbild, das in der Zeit der Aufklärung vorherrschend war, nämlich dass der Mensch ein rationales Wesen ist, das Vor- und Nachteile gegeneinander abwägt.[1679] Allerdings ist einschränkend hinzuzufügen, dass die meisten Menschen wohl weniger von der Höhe einer Strafe als eher von der Wahrscheinlichkeit überführt zu werden abgeschreckt werden.[1680] Die beste Wirkung entfaltet Generalprävention wohl in Kombination mit Maßnahmen, die nicht strafrechtlicher Natur sind, so dass diese im Optimalfall kumulativ angewendet werden.[1681] Problematisch erscheint jedoch hinsichtlich der negativen Generalprävention, dass eine Abschreckung der Gesellschaft allein auf Dauer keinen ausreichenden Mehrwert bietet, da durch den reinen Strafvollzug eher gefördert wird, dass ein Täter erneut straffällig wird.[1682] Zudem wird vorgebracht, dass der Schwerpunkt dieser Theorie auf der Strafandrohung liege, inwiefern davon aber auch die Legitimität des einzelnen Strafurteils und Strafvollstreckungsvollzugs abgeleitet werden könne, bliebe aber offen.[1683] Des Weiteren wird insbesondere gegen die negative Generalprävention der Einwand erhoben, dass es fraglich sei, ob Delinquenten tatsächlich derart

---

1676 Roxin, § 3, Rn. 25; Streng, S. 13, Rn. 22; Eisenberg/Kölbel, § 41, Rn. 2; Eschelbach in: Satzger/Schluckebier/Widmaier StGB, § 46 Rn. 32; Rengier, § 3, Rn. 15.

1677 Feuerbach, S. 16.; vgl. auch Krey/Esser, § 5, Rn. 139; Werkmeister, S. 196; Neumann/Schroth, S. 35.

1678 Roxin, § 3, Rn. 24; vgl. auch Joecks in: MüKo StGB, Einl. Rn. 70; Kühl in Lackner/Kühl, $ 46 Rn. 2.

1679 Neumann/Schroth, S. 35; vgl. auch Joecks in: MüKo StGB, Einl. Rn. 73.

1680 Roxin, § 3, Rn. 25; Neumann/Schroth, S. 35 f.; eingehender hierzu Werkmeister, S. 198ff.

1681 So Eisenberg/Kölbel, § 41, Rn. 1.

1682 So etwa Roxin, § 3, Rn. 32.

1683 Neumann/Schroth, S. 39; ähnlich Lesch, JA 1994, S. 517.

rational Kosten und Nutzen gegeneinander abwiegen und das zugrundeliegende Konstrukt des sog. *homo oeconomicus* der Realität entspricht.[1684]

b) Spezialprävention

Die *Spezialprävention*, deren wohl bekanntester Verfechter *Franz v. Liszt* (1851 – 1919) war,[1685] richtet sich an den Täter, um zu verhindern, dass er weitere Straftaten begeht.[1686] *V. Liszt* sah Strafe als Mittel zum Schutz der Rechtsordnung an und stellte sie mithin in den Dienst des Rechtsgüterschutzes.[1687] Aus diesem Zweckgedanken ergebe sich das Prinzip des Strafmaßes.[1688] Da Strafe ein zweischneidiges Schwert sei (Rechtsgüterschutz durch Rechtsgüterverletzung) sei sie möglichst sparsam anzuwenden. Dabei ist für ihn die richtige, also die gerechte Strafe, die notwendige Strafe.[1689] Zu beachten sei, dass Strafe als Zwang zwei unterschiedliche Funktionen habe: Zum einen könne sie als indirekter, mittelbarer, psychologischer Zwang oder als Motivation fungieren. Insofern könne eine künstliche Anpassung des Verbrechers an die Gesellschaft durch Besserung i.S.v. Einpflanzung und Kräftigung altruistscher und sozialer Motive bewirkt werden oder durch Abschreckung i.S.v. Einpflanzung und Kräftigung egoistischer Motive, die in der Wirkung mit den zuvor genanten altrusitischen Motiven zusammenfallen.[1690] Zum anderen könne Strafe direkten, unmittelbaren, mechanischen Zwang entfalten i.S. einer Sequestierung des Verbrechers.[1691] Im sog. *Marburger Programm (1882)*[1692] bezeichnete *Liszt* daher Besserung, Abschreckung und Unschädlichmachung des Täters als die

---

1684 Wittig, S. 179; Werkmeister, S. 184 sowie 196 f.; ähnlich Lesch, JA 1994, S. 517; Joecks in: MüKO StGB, Einl. Rn. 72; vgl. auch Mansdörfer in Esser/Rübenstahl/Saliger/Tsambikakis, Wirtschaftsstraftrecht, Vor § 13 StGB Rn. 3.

1685 Roxin, § 3, Rn. 12; Rengier, § 3, Rn. 18; Wessels/Beulke/Satzger, § 1, Rn. 23; Krey/Esser, § 5, Rn. 142.

1686 Roxin, § 3, Rn. 11; Meier, S. 24; Joecks in: MüKo StGB, Einl. Rn. 62; Kinzig in: Schönke/Schröder StGB, Vorb. zu den § 38 ff. Rn. 7.

1687 Liszt, S. 149.

1688 Liszt, S. 162.

1689 Liszt, S. 161; Liszt, ZStW 1883, S. 31; vgl. auch Joecks in: MüKo StGB, Einl. Rn. 67.

1690 Liszt, S. 163; Liszt, ZStW 1883, S. 33 f.

1691 Liszt, S. 164; vgl. Meier, S. 25.

1692 Zum Begriff siehe Liszt, S. 126; Hecker in: Schönke/Schröder StGB, Einf. Rn. 8; Roxin, § 3, Rn. 12.

unmittelbaren Strafwirkungen[1693] und entwickelte folgendes Einwirkungsmodell: Besserung[1694] der besserungsfähigen und besserungsbedürftigen Täter, Abschreckung der nicht besserungsbedürftigen Täter, Unschädlichmachung des nicht besserungsfähigen Täters.[1695] Zur Orientierung teilt er die Verbrecher daher in drei Kategorien. Die abschreckende Wirkung ist danach insbesondere für den nicht besserungsbedürftigen Gelegenheitstäter relevant, da dieser allein durch die Strafe als *„Denkzettel"* wieder in ein rechtschaffendes Leben zurückgeführt werden kann,[1696] während die nicht besserungsfähigen und nicht abzuschreckenden Gewohnheitsverbrecher durch Sicherung unschädlich zu machen sind.[1697] Unschädlichmachung meint in diesem Kontext nicht eine Todesstrafe, sondern eine unbestimmt lange oder lebenslange Freiheitsentziehung.[1698] Auch die besserungsbedürften und zugleich besserungsfähigen Täter stuft er als Gewohnheitsverbrechern ein,[1699] allerdings bestehe bei diesen *„noch nicht rettungslos verlorenen Individuen"* die Möglicheit sie wieder zu rechtschaffenden Bürgern zu erziehen, *„aber nur durch ernste und anhaltende Zucht"*.[1700]

Basierend auf diesen Überlegungen von *v. Liszt* wird heute - ebenso wie bei der Generalprävention - zwischen der positiven und der negativen Spezialprävention differenziert. Die *positive Spezialprävention* zielt darauf ab dem Straftäter auf sozialpädagogische Weise zu vermitteln, dass Strafe nicht nur eine Übelszufügung ist und sein Rechtsbewusstsein zu wecken bzw. zu stärken.[1701] Idealerweise wird er dadurch befähigt zukünftig ein rechtstreues Leben zu führen.[1702] Der Resozialisierung kommt durch das Ziel (Re-)Integration sowohl eine strafbegrenzende[1703] als auch durch das

---

1693 Liszt, S. 164; Liszt, ZStW 1883, S. 34; Meier S. 25.

1694 Anstelle von Besserung wird in der Fachsprache heute der Begriff Resozialisierung oder Sozialisierung verwendet, Roxin, § 3, Rn 12.

1695 Liszt, S. 166; Liszt, ZStW 1883, S. 35 f; Krey/Esser, § 5, Rn. 142; Meier, S. 25; ähnlich Neumann/Schroth, S. 20.

1696 Liszt, ZStW 1883, S. 42; Liszt, S. 172; vgl. Roxin, § 3 Rn. 12.

1697 Liszt, ZStW 1883, S. 36; Liszt, S. 166; vgl. Roxin, § 3 Rn. 12.

1698 Liszt, S. 169; Liszt, ZStW 1883, S. 42; vgl. Krey/Esser, § 5, Rn. 142; Werkmeister, S. 160.

1699 Liszt, ZStW 1883, S. 40; Liszt, S. 171.

1700 Liszt, S. 171; Liszt, ZStW 1883, S. 41 (Minimum ein Jahr Freiheisstrafe).

1701 Kinzig in: Schönke/Schröder StGB, Vorb. zu den §§ 38 ff. Rn. 7; Radtke in: MüKo StGB, Vorb. zu § 38 Rn. 41; Meier, S. 25.

1702 Kinzig in: Schönke/Schröder StGB, Vorb. zu den §§ 38 ff. Rn. 7; Radtke in: MüKo StGB, Vorb. zu § 38 Rn. 41; Meier, S. 25.

1703 Werkmeister, S. 162; vgl. Meier, S. 25.

Ziel der Stärkung von Normtreue eine strafbegründende Funktion[1704] zu. Auch wenn dies vielfach geschieht, wäre es zu kurz gegriffen die positive Spezialprävention mit Resozialisierung im Strafvollzug gleichzusetzen, da sie die Gesamtheit aller Maßnahmen zur Befähigung des Täters zu einem straffreien Leben erfasst.[1705] Die *negative Spezialprävention* setzt darauf, dass der einzelne Täter durch die Verhängung von Kriminalstrafe und den darauf folgenden Strafvollzug von der Begehung einer weiteren Straftat abgeschreckt wird sowie bestimmte Täter durch Freiheitsentzug gesichert, d.h. durch unmittelbaren Zwang von der Begehung weiterer Straftaten abgehalten werden.[1706] Eine Abschreckung des Täters erhofft man sich dadurch, dass die Strafe für ihn so unangenehm ist, dass er daraus einen Lerneffekt dahingehend zieht, sich zukünftig rechtstreu zu verhalten.[1707] Die Allgemeinheit kann vor dem Täter gesichert werden, indem ihm durch zeitweise oder lebenslange Unterbringung in einer Strafvollzugsanstalt die Freiheit entzogen wird, wofür auch Maßnahmen im Sinne der Maßregeln der Besserung und Sicherung gem. §§ 61 ff. StGB denkbar sind.[1708] An der oben erläuterten, pauschalierenden Tätereinteilung in drei Kategorien von Verbrechern nach *v. Liszt* ist nicht zwingend festzuhalten, es sind vielmehr der individuelle Täter und seine Besonderheiten sowie die Tatsituation in den Blick zu nehmen.[1709] Das BVerfG sieht den Gesichtspunkt der Resozialisierung als elementar an und betont, *„daß die Forderung nach Resozialisierung verfassungsrechtlich dem Selbstverständnis einer Gemeinschaft entspreche, die die Menschenwürde in den Mittelpunkt stelle und dem Sozialstaatsprinzip verpflichtet sei. Dieses Resozialisierungsinteresse ergebe sich für den Straftäter aus Art. 2 I i.V. mit Art. 1 GG. Der verurteilte Straftäter müsse die Chance erhalten, sich nach Verbüßung seiner Strafe wieder in die Gemeinschaft einzuordnen. Es sei Aufgabe des Staates, im Rahmen des Zumutbaren alle gesetzlichen Maßnahmen zu treffen, die geeignet und nötig seien, beim Gefange-*

1704 Werkmeister, S. 167 f., der in diesem Zusammenhang die Verwendung der Begriffe „Besserung“
und „Erziehung“ in Bezug auf Erwachsene ablehnt; vgl. Meier, S. 25.

1705 Meier, S. 25; Werkmeister, S. 153.

1706 Radtke in: MüKo StGB, Vorb. zu § 38 Rn. 41; Kinzig in: Schönke/Schröder StGB, Vorb. zu den §§ 38 ff. Rn. 7; Meier, S. 25.

1707 Streng, S. 17 Rn. 30; vgl. Krey/Esser, § 5 Rn. 144; Kinzig in: Schönke/Schröder StGB, Vorb. zu den §§ 38 ff. Rn. 9.

1708 Streng, S. 17 Rn. 30; vgl. Krey/Esser, § 5 Rn. 144; Kinzig in: Schönke/Schröder StGB, Vorb. zu den §§ 38 ff. Rn. 9.

1709 Werkmeister, S. 161; vgl. Meier, S. 25.

nen dieses Vollzugsziel zu erreichen".[1710] In diesem Sinne wird es als Vorteil dieser Theorie angesehen, dass insbesondere im Rahmen der Resozialisierung eines Täters sowohl der Gesellschaft als auch dem Täter etwas Gutes widerfährt und das Sozialstaatsprinzip bestmöglich umgesetzt wird.[1711] Teilweise wird die Spezialprävention nicht als Strafzwecktheorie gesehen, sondern eher als Strafzumessungslehre oder Strafvollzugstheorie.[1712]

Fraglich ist allerdings, wie mit Tätern zu verfahren ist, die an sich sozialisiert sind und keine Resozialisierung benötigen, denn bei diesen greift das Argument der Verhinderung weiterer Straftaten nicht.[1713] Hierunter fallen etwa Fahrlässigkeitstäter oder Personen, die in einer einmaligen Konfliktsitauation straffällig geworden sind.[1714] Als besonders einprägsames Beispiel für das Versagen allein spezialpräventiver Erwägungen werden NS-Gewaltverbrecher genannt, die sich regimebedingt schwere Straftaten zu schulden kommen ließen, nach Kriegsende jedoch ein sozial angepasstes und rechtschaffendes Leben führten.[1715] Problematisch ist auch, dass nicht resozialisierbare Täter bei konsequenter Anwendung der negativen Spezialprävention an sich lebenslang weggesperrt werden müssten, was bei weniger schwerwiegenden Delikten wie Schwarzfahren und Ladendiebstahl überzogen scheint.[1716]

c) Kritik an den relativen Theorien

Es wurden bereits Kritikpunkte speziell an der Generalprävention sowie an der Spezialprävention genannt; übereinstimmend wird an diesen relativen Theorien folgendes bemängelt:

Im Gegensatz zu den absoluten Theorien beinhalten sie keine Begrenzung des Strafmaßes, so dass die Gefahr unverhältnismäßiger Strafen

---

1710 BVerfGE 45, 187 = NJW 1977, 1525, 1528; so auch schon BVerfGE 35, 202 = NJW 1973, 1226, 1231 (Lebach Urteil); vgl. auch BVerfGE 98, 169 = NJW 1998, 337; Roxin, § 3 Rn. 14.

1711 Roxin, § 3 Rn. 15; ähnlich Streng, S. 18 Rn. 32; Werkmeister, S. 151.

1712 Krey/Esser, § 5, Rn. 144.

1713 Rengier, § 3, Rn. 20; Roxin, § 3 Rn. 19; Meier, S. 27.

1714 Roxin, § 3 Rn. 19; Meier, S. 27; Rengier, § 3, Rn. 20.

1715 Roxin, § 3 Rn. 19; Rengier, § 3, Rn. 20; Meier, S. 27.

1716 Roxin, § 3 Rn. 20 u.a. mit Hinweis auf die *„nothing works"*-These von Martinson; Rengier, § 3, Rn. 20; ähnlich Meier, S. 27.

besteht.[1717] Mangels eines ihnen „*immanenten Maßprinzips*" sind sie auf weitere Aspekte angewiesen.[1718] Abgesehenen von der positiven Spezialprävention besteht bei den Präventionstheorien aus diesem Grund auch die Gefahr einer Instrumentalisierung des Strafrechts dahingehend, den Täter zum „*Sündenbock*" der Gesellschaft zu machen,[1719] sowie die Gefahr einer Ausartung in „*staatlichen Terror*".[1720] Zu Recht kann beanstandet werden, dass es eine Herabwürdigung zu einem Objekt darstellt, einem einzelnen Täter die Bürde aufzuerlegen, für die Defizite einer gesamten Gesellschaft geradestehen und als abschreckendes Beispiel für diese dienen zu müssen.[1721] Auch wenn sich im Rahmen der Spezialprävention einwenden ließe, der Täter habe ja auch selbst einen Vorteil, nämlich den der Resozialisierung, so lässt sich jedenfalls im Rahmen der Generalprävention ein derart unmittelbarer Vorteil für den Täter aber nicht benennen, so dass ein Verstoß gegen die Menschenwürde gem. Art. 1 GG gegeben ist.[1722] Außerdem kann man - nicht nur, aber gerade hinsichtlich der Generalprävention - hinterfragen, ob es mit der in Art. 1 GG verankerten Menschenwürde vereinbar ist, dass der erwachsene Bürger sich vom Staat erziehen lassen muss.[1723]

d) Empirische Beweisbarkeit der relativen Theorien

Die Funktion der **Generalprävention** lässt sich nicht bzw. nur schwer empirisch nachweisen.[1724] Zum einen liegt dies daran, dass methodische Schwierigkeiten gegeben sind. Die negative Generalprävention empirisch zu erfassen wird auf zwei Arten versucht, zum einen auf der Makroebene

1717 Radtke in MüKo StGB, Vorb. zu § 38 Rn. 36.; Wessels/Beulke/Satzger, § 1, Rn. 24; zur Spezialprävention: Roxin, § 3 Rn. 16; Meier, S. 26; zur Generalprävention: Roxin, § 3, Rn. 32; Eschelbach in Satzger/Schluckebier/Widmaier StGB, § 46 Rn. 30; Rengier, § 3, Rn. 17; Meier, S. 24.

1718 Radtke in: MüKo StGB, Vorb. zu § 38 Rn. 36 sowie Rn. 42.

1719 Wessels/Beulke/Satzger, § 1, Rn. 22 f.

1720 Roxin, § 3, Rn. 32.

1721 Lesch, JA 1994, S. 518.

1722 Zu diesem Kritikpunkt siehe Werkmeister, S. 208; zu weiteren Rechtfertigungsversuchen durch die Konstruktion einer konkreten oder abstrakten Einwilligung des Täters siehe die Ausführungen bei Werkmeister, S. 209 ff.

1723 Zur Spezialprävention Roxin, § 3, Rn. 17; Meier, S. 27; Werkmeister, S. 168; Neumann/Schroth, S. 28; zur Generalprävention: Roxin, § 3, Rn. 32.

1724 Radtke in: MüKo StGB, Vorb. zu § 38 Rn. 37; Theune in: LK StGB Bd. 2, § 46 Rn. 47; Roxin, § 3, Rn. 30; Meier, S. 24.

durch den Vergleich offizieller Kriminalitätsraten mit Verfolgungs-bzw. Sanktionierungsstrategien und zum anderen auf der Mikroebene durch Untersuchungen im individuellen Bereich.[1725] Die positive Generalprävention hingegen wird oftmals gar nicht erst versucht empirisch zu erfassen, da die Entwicklung von Vertrauen und Rechtsbewusstsein zu komplexe Vorgänge mit zu vielen einflussnehmenden Determinanten seien und wird von manchen Forschern daher als gegen die Empirie immun angesehen.[1726] Für die Generalprävention wird insbesondere auf amerikanische Untersuchungen zur Todesstrafe verwiesen, anhand derer ein Zusammenhang zwischen der Schwere der Sanktion und dem Kriminalitätsaufkommen nicht nachweisbar war; jedoch bestand ein Zusammenhang zwischen Entdeckungs-/Bestrafungswahrscheinlichkeit und Kriminalitätsaufkommen, der auch in neueren Studien bestätigt wurde.[1727] Ohnehin sollten verallgemeinernde Aussagen basierend auf Untersuchungen der Todesstrafe nur mit Vorsicht genossen werden, da die Todesstrafe die mit Abstand härteste Strafe für die schwerste Straftat überhaupt ist.[1728] In Untersuchungen konnte allerdings ein Zusammenhang mit der moralischen Verbindlichkeit einer Norm sowie den informellen Reaktionen im Täterumfeld empirisch nachgewiesen werden.[1729] Insgesamt wird daher davor gewarnt, den Abschreckungseffekt hoher Strafen zu überschätzen, allerdings geben die Untersuchungen auch keinen Anlass für die Annahme, dass keinerlei abschreckende Wirkung von ihnen ausgehe.[1730] So ergab eine deutsche Untersuchung zu Ladendiebstahl und Steuerhinterziehung, dass sich Personen, die sich normgebunden fühlen, meist ohne entsprechende Abwägung von Kosten und Nutzen auch normtreu verhalten.[1731] Personen, die grundsätzlich offen für normabweichendes Handeln sind, sind hingegen durchaus von Schwere, Wahrscheinlichkeit und Schnelle einer Sanktion beeinflussbar.[1732] Zum Teil wird davon ausgegangen, dass

---

1725 Meier, S. 27 f.; vgl. auch Dölling, ZStW 1990, S. 3; Schöch, S. 1085 f.; Schöch in: Kaiser/Kinzig/Schöch, S. 166 Rn. 43.

1726 Meier, S. 30; vgl. auch Dölling, ZStW 1990, S. 2 f.; Streng, S. 36, Rn. 66; a.A. Schöch, S. 1083.

1727 Meier, S. 28; vgl. auch Eisenberg/Kölbel, § 41, Rn. 13; Radtke in: MüKo StGB, Vorb. zu § 38 Rn. 38.

1728 Eisenberg/Kölbel, § 41, Rn. 22.

1729 Meier, S. 29; vgl. auch Streng, S. 32 Rn. 59; Schöch, S. 1102 ff.

1730 Meier, S. 29; vgl. auch Streng, S. 32 Rn. 59; Schöch, S. 1102 ff.

1731 Eisenberg/Kölbel, § 41, Rn. 10 unter Hinweis auf weitere (internationale) Untersuchungen.

1732 Ebd., § 41 Rn. 10; vgl. zu dieser Untersuchung auch Radtke in: MüKo StGB, Vorb. zu § 38 Rn. 38; ähnlich auch das Ergebnis bei Schöch, S. 1102.

auch wenn sich die Funktion der Generalprävention nicht oder nur schwer empirisch nachweisen lässt, eine solche sich nicht leugnen lassen kann, da immerhin der Großteil der Gesellschaft nicht straffällig wird.[1733] Letztlich kann weder ein Beweis noch ein Gegenbeweis geführt werden und es verbleibt bei dem etwas unbefriedigenden Ergebnis, dass Strafe abschreckende Wirkung haben *kann*.[1734]

Empirisch kann ebenfalls nicht eindeutig nachgewiesen werden, dass die **Spezialprävention** zukünftige Straftaten zu verhindern vermag.[1735] Hinsichtlich der Erforschung der Spezialprävention stellen sich zwei unterschiedliche methodische Probleme. Zum einen ist es bereits problematisch, anhand welcher Kriterien man den Erfolg einer Sanktion bemessen sollte, obgleich mehrheitlichdafür die Legalbewährung herangezogen wird, d.h. Daten zu der Frage, ob keine Straftaten mehr begangen werden.[1736] Allerdings ist unklar, ob man hierfür bereits auf die amtliche Registrierung von Straftaten oder erst auf eine Verurteilung abstellen soll, sowie ob auch Dunkelfeldtaten miteinzubeziehen sind.[1737] Zum anderen ist die Nachweisbarkeit der Kausalität einer Sanktion für den Erfolg der Legalbewährung problematisch.[1738] Hierfür muss auf lediglich versuchsähnliche Untersuchungsanordnungen zurückgegriffen werden, denn es ist (schon allein wegen §§ 46 ff. StGB) nicht möglich, Variablen wie Sanktionsart, Alter und Geschlecht zugunsten einer empirischen Untersuchung einfach zu verändern.[1739] Es wird regelmäßig auf eine Untersuchung von *Robert Martinson* mit dem Titel „*What Works?*“ aus dem Jahr 1974 verwiesen.[1740] Es handelt sich hierbei um eine Meta-Evaluation zu der Frage, ob Resozialisierungsbemühungen im US-amerikanischen Strafvollzug rückfallhemmende Wirkungen entfalten.[1741] Die Ergebnisse waren so ernüchternd, dass hieraus vielfach die etwas resigniert klingende Feststellung „*not-*

1733 Roxin, § 3, Rn. 30; zustimmend Krey/Esser, § 5, Rn. 140; vgl. auch Schöch, S. 1084; kritisch zu derartigen Aussagen Radtke in: MüKo StGB, Vorb. zu § 38 Rn. 37.

1734 Meier, S. 30; so letztlich auch Roxin, § 3, Rn. 30; Eisenberg/Kölbel, § 41, Rn. 14; Streng, S. 35 Rn. 65; Maeck, S. 118.

1735 Meier, S. 35; Neumann/Schroth, S. 21; Maeck, S. 119.

1736 Meier, S. 30; Radtke in: MüKo StGB, Vorb. zu § 38 Rn. 47; Streng, S. 36, Rn. 67.

1737 Meier, S. 30; kritisch auch Neumann/Schroth, S. 21; Martinson, The Public Interest 1974, S. 25.

1738 Meier, S. 31; kritisch auch Neumann/Schroth, S. 21.

1739 Meier, S. 31; kritisch auch Neumann/Schroth, S. 21.

1740 Martinson, The Public Interest 1974, S. 22 ff.

1741 Ebd., S. 22 ff.

hing works“ gezogen wurde.[1742] *Martinson* selbst formulierte das Ergebnis seiner Studie jedoch nicht ganz so drastisch und sprach lediglich davon, dass die Datenauswertung wenig Hoffnung gebe, dass bereits ein sicherer Weg gefunden wurde Rückfälle durch Rehabilitierung zu reduzieren[1743] und es durchaus möglich sei, „*that there is indeed something that works*“.[1744] Die ebenfalls bekannte These der „*Austauschbarkeit der Sanktionen*“ hat einen recht ähnlichen Aussagegehalt, nämlich, dass es irrelevant sei, welche der vom Strafrecht zur Verfügung gestellten Sanktionsformen gewählt werde, da die Rückfallquote immer gleich hoch und die Sanktionen daher austauschbar seien.[1745] An Thesen wie „*nothing works*“ oder „*Austauschbarkeit der Sanktionen*“ wird kritisiert, dass sie den Untersuchungsergebnissen nicht gerecht würden und diese differenzierter zu betrachten seien.[1746] So ergaben neuere deutsche[1747] und kanadische Untersuchungen[1748], dass Behandlungsmaßnahmen sehr wohl eine rückfallhemmende Wirkung haben, sofern individuelle Tatursachen, individuelle Gefährlichkeit der Täter und die Ansprechbarkeit des Täters für derartige Maßnahmen miteinbezogen werden.[1749] Somit lässt sich festhalten, dass spezialpräventive Wirkungen teilweise beweisbar sind und im Übrigen zwar kein Beweis, zumindest aber auch noch kein Gegenbeweis erbracht wurde.[1750]

1742 Meier, S. 32; Roxin, § 3, Rn. 20; vgl. auch Hörnle, Straftheorien, S. 23.

1743 „*(...) these data (...) give us very little reason to hope that we have in fact found a sure way of reducing recidivism through rehabilitation*“, Martinson, The Public Interest 1974, S. 49.

1744 Martinson, The Public Interest 1974, S. 50; vgl. auch Meier, S. 32.

1745 Meier, S. 32.; Radtke in: MüKo, Vorb. § 38 Rn. 47 m.w.N.; Villmow in: Kindhäuser/NeumannPaeffgen StGB, Vorb. zu §§ 38 ff. Rn. 68.

1746 Meier, S. 33.

1747 Meier, S. 34 unter Verweis auf eine Studie von Lösel, F., Köferl, P., & Weber, F. (1987). Meta-Evaluation der Sozialtherapie, Stuttgart 1987, S. 224 f.; vgl. auch Radtke in: MüKo StGB, Vorb. zu § 38 Rn. 50.

1748 Meier, S. 33 unter Verweis auf die Studien von Andrews, D., & Bonta, J., The psychology of criminal conduct, 5. Aufl., New Providence, S. 345 ff.; Hanson, K., et al., The principles of effective correctional treatment also apply to sexual offenders: A meta-analysis, Criminal Justice and Behavior, 36, S. 865–891; vgl. auch Radtke in: MüKo StGB, Vorb. zu § 38 Rn. 50.

1749 Meier, S. 34; vgl. auch Roxin, § 3, Rn. 20; Neubacher, S. 154.

1750 Meier, S. 35; Radtke in: MüKo StGB, Vorb. zu § 38 Rn. 46; vgl. auch Roxin, § 3, Rn. 20; skeptisch Streng, S. 37 Rn. 69.

e) Zusammenfassung relative Theorien

Die Generalprävention stützt sich darauf, dass durch die Anwendung von Strafe nicht nur konkrete Täter, sondern die Allgemeinheit in ihrem Vertrauen in die Geltung der Strafnormen gestützt wird, die Ablehnung von nicht normkonformen Verhalten gefördert und die Konsequenzen eines Rechtsbruchs erlernt werden. An dieser Theorie wird insbesondere bemängelt, dass ihr kein Maßprinzip immanent sei.

Die Spezialprävention geht hauptsächlich auf *v. Liszt* zurück und basiert darauf, dass nicht besserungsbedürftige Täter abgeschreckt werden, dass besserungsbedürftige und besserungsfähige Täter gebessert werden und dass nicht besserungsfähge Täter durch Einsperren unschädlich gemacht werden. Hauptkritikpunkt ist, dass diese Theorie kein aus sich selbst heraus ableitbares Maßprinzip liefert und empirisch nicht erwiesen ist, ob Täter überhaupt durch spezialpräventive Maßnahmen gebessert werden können und wie diese Maßnahmen konkret ausgestaltet sein sollten.

3. Vereinigungstheorien

Sowohl die absoluten als auch die relativen Theorien bieten wie gesehen gewisse Vorteile, sind alle aber auch mit diversen Mängeln behaftet. Das deutsche BVerfG vertritt daher die sog. (vergeltende) Vereinigungstheorie,[1751] der auch die Rechtsprechung[1752] bzw. herrschende Lehre folgen, obschon mit diversen Abweichungen im Detail.[1753] Daneben wird in der Literatur zum Teil auch die sog. präventive Vereinigungstheorie vertreten.[1754]

a) Vergeltende Vereinigungstheorie

Das BVerfG hat ausdrücklich *„nicht nur den Strafzweck des Schuldausgleichs (...), sondern auch andere Strafzwecke, wie etwa die Prävention oder die Reso-*

1751 BVerfGE 45, 187 = NJW 1977, 1525, 1531; siehe auch BVerfGE 32, 98 = NJW 1972, 327, 330.

1752 BGHSt 28, 218, 326 = NJW 1979, 1666, 1668; BVerfGE NJW 2004, 739, 745; vgl. Roxin, § 3, Rn. 34; Satzger in: Satzger/Schluckebier/Widmaier StGB, Einl. Rn. 6.

1753 So Miebach/Maier in: MüKo StGB, § 46 Rn. 41 f.; Rengier, § 3, Rn. 21.

1754 Roxin, § 3, Rn. 44.

zialisierung des Täters, anerkannt. Das Schuldprinzip kennzeichnet die Strafe in besonderer Weise. Die Strafe ist eine repressive Übelzufügung als Reaktion auf schuldhaftes Verhalten, die dem Schuldausgleich dient.“[1755] Damit ist keiner der Strafzwecke zwingend und je nach Einzelfall kann ein anderer Strafzweck mehr in den Fokus rücken.[1756] Der BGH beruft sich ebenfalls auf jeden der Strafzwecke. Zum Teil spricht er allgemein von der Notwendigkeit des Schuldausgleichs,[1757] betont aber andererseits, *„daß die Strafe nicht die Aufgabe hat, Schuldausgleich um ihrer selbst willen zu üben, sondern nur gerechtfertigt ist, wenn sie sich zugleich als notwendiges Mittel zur Erfüllung der präventiven Schutzaufgabe des Strafrechts erweist“*.[1758] Er verweist auch explizit auf die Legitimität des Heranziehens generalpräventiver[1759] und spezialpräventiver[1760] Gesichtspunkte im Rahmen der Strafzumessung.[1761]

Die vergeltende Vereinigungstheorie besagt daher, dass Vergeltung und Prävention sich als Strafzwecke nicht gegenseitig ausschließen, sondern nebeneinander bestehen können.[1762] Danach soll die Strafe eine repressive Zufügung eines Übels sein, um einen gerechten Schuldausgleich zu bewirken.[1763] Die Schuld des einzelnen Täters wird im Rahmen der Strafzumessung, in die sämtliche Präventionszwecke nach Ermessen des Richters einbezogen werden können, berücksichtigt.[1764] Bei der Findung dieser schuldangemessenen Strafe besteht ein gewisser Spielraum.[1765] Am Ende soll eine Strafe stehen, die das Maß der Schuld des Täters weder über- noch unterschreitet. [1766] Vertreter dieser Lehre betrachten sie als *„sachgerechte Verbindung unterschiedlicher Strafzwecke, die sich sinnvoll ergänzen“*.[1767] Gegner dieser Ansicht bemängeln jedoch, dass sie keinen Mehrwert bringe, da sie die zuvor aufgeführten Mängel der einzelnen Strafzwecktheorien nicht auflöse, sondern diese lediglich in einer Theorie addiere.[1768]

1755 BVerfG NJW 2004, 739, 745; Krey/Esser, § 5, Rn. 150 m.w.N.
1756 Roxin, § 3, Rn. 34 mit Hinweis auf weitere einschlägige BVerfGE.
1757 BGHSt 24, 132 = NJW 1971, 61, 61.
1758 BGHSt 24, 40 = NJW 1971, 439, 439; Krey/Esser, § 5 Rn. 151; Roxin, § 3 Rn. 14.
1759 BGHSt 34, 150 = NJW 1986, 3217, 3217; BGH NStZ 1996, 79.
1760 BGHSt 34, 150 = NJW 1986, 3217, 3217.
1761 Krey/Esser, § 5, Rn. 151 m.w.N.; Detter, S. 4 f.
1762 Rengier, § 3, Rn. 22; Krey/Esser, § 5, Rn. 146.
1763 Rengier, § 3, Rn. 22; Krey/Esser, § 5, Rn. 146.
1764 Rengier, § 3, Rn. 22; Krey/Esser, § 5, Rn. 146.
1765 Ganter in: Graf/Jäger/Wittig StGB, § 46 Rn. 15 m.w.N.; eingehender zur sog. Spielraumtheorie siehe später in *5. Teil: B I 1 e*.
1766 Krey/Esser, § 5, Rn. 148.
1767 Ebd., § 5, Rn. 146.
1768 Roxin, § 3, Rn. 35.

Diese Vereinigungstheorie lässt sich am StGB selbst festmachen,[1769] da sich § 46 Abs. 1 S. 1 StGB entnehmen lässt, dass die Schuld und somit wohl Vergeltung Grundlage der Strafe ist.[1770] Hingegen lässt sich § 46 Abs. 1 S. 2 StGB aufgrund der Berücksichtigung der Wirkungen der Strafe für das zukünftige Leben des Täters der Gedanke der (Spezial-) Prävention entnehmen.[1771] Ebenso lässt sich § 47 Abs. 1 StGB der (General- bzw. Spezial-) Prävention zuordnen (*„zur Einwirkung auf den Täter oder zur Verteidigung der Rechtsordnung“*).[1772] Grundlage der individuellen Strafzumessung bleibt demnach das Maß der Schuld,[1773] während über das Verhältnis von Spezial-/Generalprävention hierzu - wie oben dargestellt - in Rechtsprechung und Literatur Streit besteht.[1774]

b) Präventive Vereinigungstheorie

In der Literatur wird – insbesondere von *Roxin* – teilweise die sog. präventive Vereinigungstheorie vertreten. Diese lehnt Vergeltung als Strafzweck ab, da sie eine solche als nicht mit dem strafrechtlichen Rechtsgüterschutzauftrag vereinbar ansieht.[1775] Ausganspunkt dieser Theorie ist die positive Generalprävention, da sie insbesondere die Geltungskraft der verletzten Strafnorm verdeutlichen und bekräftigen möchte.[1776] Im Rahmen der Strafverhängung sieht sie daneben auch die Spezialprävention als Strafzweck an bzw. im Rahmen des Strafvollzugs die Spezialprävention allein.[1777] Durch diese Theorie soll insbesondere das Dilemma aufgelöst werden, dass sich für die Vertreter der Spezialprävention bei einem nicht resozialisierbaren Täter stellt.[1778] In diesem Fall soll dem Täter zwar

1769 Krey/Esser, § 5, Rn. 153.

1770 Wessels/Beulke/Satzger, § 1, Rn. 26; Krey/Esser, § 5, Rn. 154; Meier, S. 40.

1771 Roxin, § 3 Rn. 13; Rengier, § 3, Rn. 23; Satzger in: Satzger/Schluckebier/Widmaier StGB, Einl. Rn. 6.

1772 Satzger in: Satzger/Schluckebier/Widmaier StGB, Einl. Rn. 6; Miebach/Maier in MüKo StGB, § 46 Rn. 47; Wessls/Beulke/Satzger StGB, § 1, Rn. 12.

1773 Schäfer/Sander/van Gemmeren, S. 294, Rn. 818; Roxin, § 3, Rn. 51; Meier, S. 40.

1774 Schäfer/Sander/van Gemmeren, S. 294, Rn. 819; vgl. zu den vergeltenden und präventiven Vereinigungstheorien Roxin, § 3, Rn. 33 ff.

1775 Eingehend hierzu Roxin, § 3, Rn. 44 ff.; vgl. auch Rengier, § 3, Rn. 24; Krey/Esser, § 5, Rn. 147.

1776 Meier, S. 37 f.; vgl. auch Roxin, § 3, Rn. 42.

1777 Roxin, § 3, Rn. 42.

1778 Ebd., § 3, Rn. 39.

eine helfende Hand gereicht werden, jedoch kein dahingehender Zwang durch Strafe ausgeübt werden und folglich rein aus generalpräventiven Erwägungen gestraft werden.[1779] In Fällen, in denen Generalprävention und Spezialprävention miteinander in Konflikt geraten, sind diese gegeneinander abzuwägen. Im Zweifel ist der Spezialprävention der Vorrang zu gewähren, sofern dadurch der generalpräventive Zweck nicht ausgehebelt wird.[1780] Da diese Theorie nicht auf dem Schuldprinzip basiert, wendet sie dieses auch nur in beschränkter Weise an.[1781] Die Strafe darf demnach nicht höher als die Schuld des Täters ausfallen, allerdings kann aus präventiven Gründen durchaus eine deutlich niedrigere und insofern nicht mehr schuldangemessene Strafe verhängt werden.[1782] Letztlich versucht die präventive Vereinigungstheorie die Anwendung der verschiedenen Strafzwecke zu systematisieren und eine willkürliche Anwendung nach Gutdünken des einzelnen Richters einzudämmen.[1783]

Gegen diese Theorie lässt sich anführen, dass sie in Widerspruch zu § 46 Abs. 1 S. 1 StGB steht.[1784] Diese Norm besagt „Keine Strafe ohne Schuld“ und müsste in einer Rechtsfortbildung contra legem umgedeutet werden.[1785]

4. Neue (expressive) Straftheorien

Daneben haben sich auch neuere Theorien entwickelt. Zum Teil wird befürwortet den Blick mehr auf das Opfer zu richten, etwa durch eine Ergänzung des Strafzwecks der Resozialisierung des Täters durch einen weiteren Zweck, nämlich den der Resozialisierung des Opfers.[1786] Hiergegen wird insbesondere eingewendet, dass dieser Gedanke nur bei opferbezogenen Delikten greifen würde und nicht universell zum Tragen komme.[1787] Außerdem sei ein solcher eigener Strafzweck nicht von Nöten, wenn man bedenkt, dass die positive Generalprävention bereits darauf ausgerichtet

---

1779 Ebd., § 3, Rn. 39.
1780 Ebd., § 3, Rn. 40.
1781 Krey/Esser, § 5, Rn. 149; Roxin, § 3, Rn. 51 ff.; vgl. Meier, S. 38.
1782 Krey/Esser, § 5, Rn. 149; Roxin, § 3, Rn. 51 ff.; vgl. Meier, S. 38.
1783 Roxin, § 3, Rn. 43; Streng, S. 25, Rn. 47.
1784 Krey/Esser, § 5, Rn. 154.
1785 Ebd., § 5, Rn. 154.
1786 Kühl in: Lackner/Kühl StGB, § 46 Rn. 2 m.w.N.
1787 Meier, S. 39.

sei, die Normgeltung sowohl gegenüber der Allgemeinheit als auch gegenüber dem Opfer zu verdeutlichen.[1788]

Daneben wird etwa auch vertreten, dass Strafe unabhängig von Präventionserwägungen und Vergeltungsgedanken ein Akt der Kommunikation ist und schlicht einen *„symbolisch-expressiven Gehalt"* haben soll.[1789] Die Strafe soll nach diesen expressiven Theorien nicht zukünftige Straftaten verhindern, sondern die Missbilligung der Nichtbeachtung der in der Gesellschaft herrschenden Normen zum Ausdruck bringen.[1790] Anders als bei den Vergeltungstheorien wird die Strafe dennoch nicht als Selbstzweck eingeordnet und ist auch nicht ausschließlich vergangenheitsorientiert.[1791] Innerhalb dieser expressiven Theorien wird zwischen normbezogenen und personenbezogenen expressiven Theorien unterschieden. Die normbezogenen stellen primär darauf ab, dass der Allgemeinheit vermittelt wird, dass die verletzte Norm weiterhin Geltung habe.[1792] Die personenbezogenen unterteilen sich wiederum in täterbezogene und opferbezogene expressive Straftheorien.[1793] Die täterbezogenen richten sich konkret an den Täter, dem durch die Strafe mitgeteilt werden soll, dass er eine Norm verletzt hat und hierfür zu tadeln ist.[1794] Die opferbezogenen stellen darauf ab, dass das konkrete Opfer ein Bestrafungsbedürfnis hegt.[1795] Sofern dieses auf normativ anerkennenswerten Interessen beruht, soll dieses durch die Strafe zum Ausdruck gebracht werden.[1796]

Des Weiteren wird auch eine sog. expressive Vereinigungstheorie vertreten, nach der sowohl expressive als auch präventive Komponenten vereint werden und der Schuldspruch im Sinne eines Tadels sowohl den Täter ansprechen soll als auch die Gemeinschaft und das Opfer.[1797] Beim Freiheitsentzug im Sinne eines *„hard treatments"* wiederum können auch negative generalpräventive Zwecke miteinbezogen werden, indem anderen potentiellen Straftätern vernünftige Gründe (*„prudential reasons"*) dafür

1788 Ebd., S. 39.
1789 Kühl in: Lackner/Kühl StGB, § 46 Rn. 2 m.w.N.; Vgl. auch Hörnle, Straftheorien, S. 31; sehr kritisch Frisch, NStZ 2016, S. 20 f.
1790 Werkmeister, S. 273.
1791 Ebd., S. 273.
1792 Eingehend hierzu Werkmeister, S. 273 ff.; Hörnle, Straftheorien, S. 31.
1793 Werkmeister, S. 298.
1794 Eingehend hierzu Werkmeister, S. 298 ff.; Hörnle, Straftheorien, S. 34.
1795 Werkmeister S. 316.
1796 Eingehend hierzu ebd., S. 316 ff.; vgl. auch Hörnle, Straftheorien, S. 36 ff.
1797 Werkmeister, S. 351 f.

geliefert werden, sich nicht strafbar zu machen.[1798] Dabei soll die Strafe in erster Linie nicht die Gefährlichkeit für die Allgemeinheit, sondern den *„verdienten Tadel“* ausdrücken.[1799]

5. Stellungnahme

Unter der sog. Antinomie der Strafzwecke versteht man die Problematik der Gegensätzlichkeit der verschiedenen Strafzwecke (z.B. Abschreckung durch harte Strafen vs. Meiden von Entsozialisierung durch milde Strafe).[1800] Der vergeltende Schuldausgleich ergibt sich sowohl aus dem Gesetz als auch aus der höchstrichterlichen Rechtsprechung. Aus Gründen der Praxistauglichkeit soll daher in vorliegender Arbeit der vergeltenden Vereinigungstheorie gefolgt werden. In jedem Fall ist Prävention aber ein von der ganz h.M. allgemein anerkannter Strafzweck. Wenn man bedenkt, dass ältere Menschen - wie bereits dargestellt - körperlich und kognitiv häufig eingeschränkt sind und für einige Delikte besonders geeignete Opfer darstellen und dies auch tatsächlich von Tätern als tatmotivierend wahrgenommen wird und sich regelrechte Deliktsstrukturen zu Lasten Älterer entwickelt haben, erscheint es durchaus sinnvoll zu sein, durch eine höhere Strafe auf eine gesteigerte negative general- sowie spezialpräventive Wirkung in Form von Abschreckung der Allgemeinheit und konkreter Täter abzuzielen. Der gesteigerten Tatmotivation eines potenziellen Täters kann dadurch entgegengesteuert werden, sei es, weil er mit einer höheren Bestrafung rechnen muss oder sei es, weil er eine solche bereits erfahren hat. Daneben wird generalpräventiv auch die Allgemeinheit davon abgeschreckt, die Idee zu verfolgen, einen älteren Menschen aufgrund seiner besonderen Wehrlosigkeit zu viktimisieren. Aber auch die Aspekte der positiven Generalprävention greifen ein, da das Vertrauen der Allgemeinheit dahingehend gestärkt wird, dass tendenziell schwache Mitglieder der Gesellschaft durch unser Strafsystem ausreichend geschützt werden. Die Überlegungen zur negativen Spezialprävention greifen selbstverständlich auch bezüglich Tätern, die sich an älteren Menschen deliktisch vergreifen. Der Gedanke einer Resozialisierung und (Re-)Integration in die Gesellschaft gilt wohl insbesondere in den Fällen, in denen aus regelrechten

1798 Ebd., S. 352.
1799 Ebd., S. 352.
1800 Streng, S. 25, Rn. 46; Meier, S. 166; Kühl in: Lackner/Kühl StGB, § 46 Rn. 2; B. Gercke in: Esser u.a., Wirtschaftsstrafrecht, § 46 StGB Rn. 5.

Clan-Strukturen heraus von Kindesbeinen an Delikte wie der Enkeltrick verübt werden.

Der Zweck von Strafe steht einem erhöhten strafrechtlichen Schutz älterer Menschen zu Präventionszwecken folglich nicht entgegen, ist aber später bei der Frage zu berücksichtigen, was eine gerechte Bestrafung von Tätern, die sich an älteren Menschen deliktisch vergehen, sein könnte.

III. Schuldprinzip

In Deutschland herrscht das sog. Schuldprinzip (*nulla poena sine culpa*), wonach Strafen Schuld voraussetzen und die Strafe an das Maß der Schuld angepasst sein muss.[1801] Es gibt demnach die sog. strafbegründende Tatschuld und die sog. Strafzumessungsschuld.[1802]

1. Strafbegründende Tatschuld

Nach der Rspr.[1803] ist die Grundlage dafür, dass eine Person *überhaupt* bestraft werden kann, seine Willensfreiheit. So setzt gem. BGH *„Strafe (...) Schuld voraus. Schuld ist Vorwerfbarkeit. Mit dem Unwerturteil der Schuld wird dem Täter vorgeworfen, daß er sich nicht rechtmäßig verhalten, daß er sich für das Unrecht entschieden hat, obwohl er sich rechtmäßig verhalten, sich für das Recht hätte entscheiden können. Der innere Grund des Schuldvorwurfes liegt darin, daß der Mensch auf freie, verantwortliche, sittliche Selbstbestimmung angelegt und deshalb befähigt ist, sich für das Recht und gegen das Unrecht zu entscheiden, sein Verhalten nach den Normen des rechtlichen Sollens einzurichten und das rechtlich Verbotene zu vermeiden, sobald er die sittliche Reife erlangt hat und solange die Anlage zur freien, sittlichen Selbstbestimmung nicht durch die in § 51 StGB genannten krankhaften Vorgänge vorübergehend gelähmt oder auf Dauer zerstört ist.“*[1804] Die Rspr. geht also bei jedem Täter grundsätzlich

---

1801 Wessels/Beulke/Satzger, § 5 Rn. 209 und § 13 Rn. 619; vgl. auch Eisenberg/Kölbel, § 25, Rn. 1; Krey/Esser, § 3 Rn. 108.

1802 Vgl. Eschelbach in: Satzger/Schluckebier/Widmaier StGB, § 46 Rn. 1; vgl. zur *„Doppelfunktion“* auch Radtke in: MünchKomm StGB, Vorb. zu § 38 Rn. 14.

1803 BGHSt 2, 200 = NJW 1952, 593; BVerfGE 20, 323 („nulla poena sine culpa“).

1804 BGHSt 2, 200 = NJW 1952, 593, 594; vgl. auch Wessels/Beulke/Satzger, § 13, Rn. 632.

von Schuld aus, es sei denn es liegt ein Schuldausschließungs- oder Entschuldigungsgrund, z.B. gem. §§ 20 f. StGB, vor.[1805]

In der Literatur finden sich Ansätze, die diesem Schuldbegriff entsprechen, so etwa kontrolltheoretische Ansätze wie Rational Choice oder die Theorie von den sog. Neutralisationstechniken.[1806] Ein Teil der Literatur wendet sich kritisch gegen dieses Konzept der Willensfreiheit, insbesondere weil derartige innerpsychische Abläufe empirisch nicht nachweisbar sind.[1807] Sie bevorzugen daher einen *„pragmatisch-sozialen Schuldbegriff"* und stellen darauf ab, dass derjenige schuldfähig ist, der *„dem Vergleich mit einem Durchschnittsmenschen standhält, dem im gesellschaftlichen Alltag die Verantwortlichkeit zugeordnet wird"*.[1808] Wenn also ein Durchschnittsbürger in der Tatsituation hätte anders handeln können, so ist das Handeln des Täters als schuldhaft anzusehen. Hieran wird beanstandet, dass bei einem reinen Vergleich des Täters mit einem Durchschnittsmenschen die Klärung der Frage, ob der Täters in der Tatsituation auch hätte anders handeln können, völlig auf der Strecke bleibe.[1809] Mit diesem sozialen Schuldbegriff werde also nur bestimmt, dass der Täter sich normwidrig und sozial unerwünscht verhalten habe; ob er dies auch schuldhaft tat, bliebe allerdings offen.[1810] Der Schuldstrafe liegt nach dieser Ansicht zugrunde, dass der Durchschnittsbürger dazu motiviert werden könne, sich an Normen zu halten und lenkbar sei.[1811] Derart generalpräventive Erwägungen im Rahmen der Schuld anzusiedeln wird aber als sehr kritisch angesehen, da es gerade Aufgabe des Schuldprinzips sei, diesen präventiven Erwägungen einen Rahmen vorzugeben und staatliche Zugriffsmaßnahmen einzugrenzen.[1812] Mangels Bestimmungsmerkmalen sei ein derartiger Schuldbegriff *„inhaltsleer"*[1813] .

Es ist durchaus überzeugend, den Schuldbegriff im Sinne der Rechtsprechung zu definieren, denn auch wenn Willensfreiheit nicht empirisch be-

---

1805 Eisenberg/Kölbel, § 25, Rn. 8.
1806 Ebd., § 25, Rn. 6 f.
1807 Eisenberg/Kölbel, § 25, Rn. 2.
1808 Eisenberg/Kölbel, § 25, Rn. 2 m.w.N.; vgl. Wessels/Beulke/Satzger, § 13, Rn. 635; siehe zur Problematik der empririschen Beweisbarkeit ebd., 633 f.; Schöch in: Kaiser/Schöch/Kinzig, S. 3 Rn. 10.
1809 Streng, S. 8, Rn. 12.
1810 Ebd., S. 8, Rn. 12.
1811 Ebd., S. 9, Rn. 15 m.w.N.
1812 Ebd., S. 9, Rn. 15.
1813 Ebd., S. 9, Rn. 15.

legt werden kann, scheint sie das deutlich griffigere und praxistauglichere Merkmal zu sein.

2. Strafzumessungsschuld

Daneben ist die Schuld aber auch maßgeblich für die Strafzumessung, § 46 Abs. 1 S. 1 StGB.[1814] Strafart und Strafmaß können also nicht allein an präventiven Belangen ausgerichtet sein, sondern müssen immer strafzumessungsschuldangemessen sein.[1815] Die zuvor dargestellten Straftheorien werden im Rahmen der Strafzumessung nun erneut relevant. In dieser Arbeit wird der herrschenden vergeltenden Vereinigungstheorie gefolgt, doch auch innerhalb dieser stellt sich die Frage, wie die sog. Antinomie der Strafzwecke bei der Strafzumessung aufzulösen ist.[1816] Das Gesetz selbst gibt in § 46 StGB nur eine bedingte Hilfestellung, so dass sich für die Lösung dieses Problems mehrere Ansatzpunkte bzw. Strafzumessungstheorien entwickelt haben, von denen die gängigsten im Folgenden dargestellt werden.[1817] Da in dieser Arbeit der von der Rechtsprechung vertretenen Spielraumtheorie[1818] gefolgt werden wird, wird im Anschluss zunächst grob dargestellt werden, welches Schema die Rechtsprechung auf den Strafzumessungsvorgang anwendet.[1819] Anschließend wird genauer erläutert, wie sich der Schuldbegriff im Rahmen der Strafzumessung definiert[1820] und anhand welcher (opferbezogenen) Kriterien diese Strafzumessungsschuld bestimmt wird und welche Bedeutung gerade opferbezogene Umstände für spezial- und generalpräventive Erwägungen haben können.[1821] Diese im folgenden zu erläuternden Grundsätze der Strafzumessung werden im *5. Teil: B I* dieser Arbeit zu berücksichtigen sein.

1814 Eisenberg/Kölbel, § 25, Rn. 14.

1815 Ebd., § 25, Rn. 23.

1816 Streng, S. 25, Rn. 46; Meier, S. 166; Kühl in: Lackner/Kühl StGB, § 46 Rn. 2; B. Gercke in: Esser u.a., Wirtschaftsstrafrecht, § 46 StGB Rn. 5.

1817 Siehe zu einem Überblick über die verschiedenen Theorien für viele Streng in: NK-StGB, § 46 Rn. 96 ff.

1818 BGHSt 7, 28 = NJW 1955, 190, 191; BGHSt 20, 264 = NJW 1965, 2016, 2017; BGHSt 24, 132 = NJW 1971, 61.

1819 Siehe hierzu z.B. Schäfer/Sander/van Gemmeren, Rn. 882 ff.

1820 Siehe hierzu z.B. ebd., Rn. 574 ff.

1821 Siehe hierzu z.B. ebd., Rn. 587 ff.

a) Strafzumessungstheorien

aa) Stellenwerttheorie

Nach dieser Theorie, die von *Henkel* erdacht wurde,[1822] sind Schuld und Prävention streng voneinander zu trennen, so dass sich die Strafzumessung ausschließlich nach Unrecht und Schuld richtet und präventive Erwägungen für die Strafhöhe unbeachtet zu bleiben haben.[1823] In einem ersten Schritt hat das Gericht ein fiktives Strafquantum, d.h. die Dauer einer hypothetischen Freiheitsstrafe gemäß dem verschuldeten Unrecht, zu bestimmen.[1824] Den ihm zustehenden Spielraum soll das Gericht zugunsten einer hohen Wiedereingliederungswahrscheinlichkeit dahingehend ausüben, eine Strafe im unteren Bereich zu wählen (*„passive Spezialprävention“*).[1825] In einem zweiten Schritt ist unter Einbezug von spezial- und/oder generalpräventiven Erwägungen die Art der schuldangemessenen Strafe festzulegen und die Notwendigkeit einer Strafvollstreckung zu klären.[1826] Begründet wird dieses Vorgehen insbesondere damit, dass präventive Erwägungen die Strafhöhe erheblich beeinflussen können, dem Gesetz aber kein Vorrang eines der Strafzwecke entnommen werden könne.[1827] Ein Vorteil dieser Theorie ist die Auflösung der Antinomie der Strafzwecke. Gegner sehen sie allerdings als nicht mit dem Wortlaut des § 46 Abs. 1 S. 2 StGB vereinbar an, da nach diesem bereits bei der Strafhöhe spezialpräventive Erwägungen angestellt werden können bzw. müssen, und lehnen die Stellenwerttheorie daher ab.[1828] Die Strafhöhe allein am strittigen und unbestimmten Schuldbegriff festzumachen ist ebenfalls kritikwürdig.[1829]

1822 Henkel, S. 23 ff.; s. auch Horn/Wolters in: SK-StGB, § 46 Rn. 37.

1823 Henkel, S. 27 und S. 43; Horn/Wolters in: SK-StGB, § 46 Rn. 33 ff; s. auch Meier, S. 169; Eschelbach in: Satzger/Schluckebier/Widmaier StGB, § 46 Rn. 40; Streng in: NK-StGB, § 46 Rn. 106.

1824 Horn/Wolters in: SK-StGB, § 46 Rn. 33; s. auch Meier, S. 169.

1825 Horn/Wolters in: SK-StGB, § 46 Rn. 35; s. auch Meier, S. 169.

1826 Horn/Wolters in: SK-StGB, § 46 Rn. 33; s. auch Meier, S. 169; Schäfer/Sander/van Gemmeren, S. 295, Rn. 824; Streng in: NK-StGB, § 46 Rn. 106.

1827 Streng, S. 313, Rn. 633; Streng in: NK-StGB, § 46 Rn. 106.

1828 Zum Ganzen Eschelbach in: Satzger/Schluckebier/Widmaier StGB, § 46 Rn. 40; Meier, S. 169 f.; Schäfer/Sander/van Gemmeren, S. 295, Rn. 825; Streng, S. 314 Rn. 635; Streng in: NK-StGB, § 46 Rn. 107; Theune in: LK StGB Bd. 2, § 46 Rn. 37.

1829 Streng, S. 314, Rn. 634; Streng in: NK-StGB, § 46 Rn. 107.

bb) Lehre von der tatproportionalen Strafzumessung

Entsprechend der Lehre von der tatproportionalen Strafzumessung sind keinerlei präventive Erwägungen in die Strafzumessung miteinzubeziehen.[1830] Stattdessen soll im Wesentlichen die anhand von Handlungs- und Erfolgsunrecht sowie Tatschuld zu bestimmende Tatschwere maßgeblich sein.[1831] Vorteil dieser Theorie ist, dass sie sich nicht mit dem Problem der Antinomie der Strafzwecke auseinandersetzen muss[1832] und das schwerpunktmäßige Abstellen auf das Tatunrecht die Strafgleichheit fördert.[1833] Aber auch diese Theorie sieht sich der Kritik der Unvereinbarkeit mit dem Wortlaut des § 46 Abs. 1 S. 2 StGB ausgesetzt.[1834] Diesen lediglich darauf zu reduzieren, dass bei der Strafzumessung nur die Strafempfindlichkeit des Täters (nicht auch dessen Strafempfänglichkeit) zu berücksichtigen sei,[1835] überzeugt auch deswegen nicht, weil hierdurch die kriminalpolitisch erwünschten Effekte der Strafe unnötig beschnitten würden. Wenn eine Strafe im Einzelfall nicht mehr dem jeweiligen Rechtsgefühl der Bevölkerung entspräche, wäre es sehr fraglich, ob ein normbestätigender Effekt eintreten würde.[1836] Kritisch wird auch gesehen, dass eine Nichtberücksichtigung präventiver Erwägungen langfristig ein höheres durchschnittliches Strafmaß zur Folge hätten, da derartige Erwägungen oftmals für eine Verortung der Strafe im unteren Bereich des noch schuldangemessenen Strafspielraums führen würden.[1837] Gemäß internationalen Erfahrungen mit der Lehre der Tatproportionalität ist im Allgemeinen

1830 Ausführlich hierzu Hörnle, Tatproportionale Strafzumessung, S. 108 ff.; Schünemann, S. 209 ff., insbesondere S. 224 ff.; Kohlschütter, S. 11 ff.

1831 Schünemann, S. 225 f.; Hörnle, Tatproportionale Strafzumessung, S. 195 ff.; s. auch Meier, S. 170; Eschelbach in: Satzger/Schluckebier/Widmaier StGB, § 46 Rn. 41; Streng, S. 314, Rn. 636.

1832 Meier, S. 171; s. eingehend hierzu Schünemann, S. 213 ff.

1833 Streng, S. 317, Rn. 640; Streng in: NK-StGB, § 46 Rn. 109; Theune in: LK StGB Bd. 2, § 46 Rn. 48.

1834 Eschelbach in: Satzger/Schluckebier/Widmaier StGB, § 46 Rn. 41; Schäfer/Sander/van Gemmeren, S. 295, Rn. 825; Streng, S. 317, Rn. 639; a.A. Schünemann, S. 225; Hörnle, Tatproportionale Strafzumessung, S. 365

1835 Meier, S. 170.

1836 Ebd., S. 171.

1837 Ebd., S. 171; Streng, S. 316, Rn. 639; Streng in: NK-StGB, § 46 Rn. 112 mit dem Beispiel des sozial gut integrierten Ersttäters, der nach dieser Theorie im Sinne der Gerechtigkeit härter zu bestrafen wäre als es aus spezialpräventiven Gründen in der Regel der Fall ist; ähnlich Theune in: LK StGB Bd. 2, § 46 Rn. 49.

allerdings eher ein gegenteiliger Effekt, nämlich eine Absenkung des Strafniveaus, zu beobachten.[1838]

cc) Punktstrafetheorie

Die Punktstrafetheorie besagt, dass nur eine einzige, im jeweiligen Einzelfall ganz genau bestimmte Strafe tatschuldangemessen und aus Präventionsgesichtspunkten richtig sei.[1839] Als Vorteil dieser Theorie wird genannt, dass sie der Annahme, dass es bei der Bestimmung der Strafhöhe nicht nur um Ermessen, sondern um Rechtsanwendung gehe, gerecht werde.[1840] Gegen die Kritik, dass eine genaue Berechnung der Strafe mathematisch nicht möglich sei, wird eingewandt, dass eine solche auch gar nicht notwendig sei und es sich vielmehr um einen Annäherungswert handele.[1841] Dies beruhe darauf, dass die richtige Strafe immer auch von den Wertungen des jeweiligen Richters abhängig sei.[1842] Indem dem einzelnen Richter grundsätzlich kein Ermessen zugestanden wird, ist das Ziel der Punktstrafetheorie weniger die Bestimmung einer einzigen, richtigen Strafe, sondern vielmehr die Ermöglichung einer vollen Überprüfbarkeit der richterlichen Entscheidung in der Revisionsinstanz.[1843] Der BGH ist dennoch ein Gegner der Punktstrafetheorie, denn seiner Ansicht nach spielen bei *„der Strafzumessung, also der Gewichtung der einzelnen Umstände, (...) vielmehr aus dem Inbegriff der Hauptverhandlung und dem Eindruck von der Persönlichkeit des Angekl. gewonnene Momente eine Rolle, die sich einer exakten Richtigkeitskontrolle entziehen und schon deshalb eine volle Nachprüfung des Strafausspruchs unmöglich machen“*.[1844]

1838 Streng, S. 317, Rn. 640; Streng in: NK-StGB, § 46 Rn. 113.

1839 Schneidewien/Kleinknecht, JZ 1955, S. 507; Frisch, ZStW 1987, S. 362.

1840 Eschelbach in: Satzger/Schluckebier/Widmaier StGB, § 46 Rn. 45; vgl. Bruns/Güntge, S. 123, Rn. 66; Streng, S. 325, Rn. 656.

1841 Streng, S. 325, Rn. 656.

1842 Ebd., S. 325, Rn. 656; Eschelbach in: Satzger/Schluckebier/Widmaier StGB, § 46 Rn. 45; Streng in: NK-StGB, § 46 Rn. 104; vgl. auch Theune in: LK StGB Bd. 2, § 46 Rn. 38.

1843 Streng, S. 325, Rn. 656; Streng in: NK-StGB, § 46 Rn. 104.

1844 BGHSt 27, 2 = NJW 1976, 2355; Eschelbach in: Satzger/Schluckebier/Widmaier StGB, § 46 Rn. 45; Streng, S. 326, Rn. 658ff.; Streng in NK-StGB, § 46 Rn. 105.

dd) Theorie der Strafzumessung als sozialer Gestaltungsakt

Nach dieser Theorie kann nicht nur die Art, sondern auch die Höhe der Strafe durch präventive Erwägungen beeinflusst werden.[1845] Sie geht davon aus, dass es sich bei der Strafzumessung um einen *„schöpferischen sozialen Aktes durch ihn, den Richter selbst"* handelt, an dessen Ende eine in seinen Augen gerechte Strafe steht.[1846] Konkrete Maßstäbe und Leitlinien bietet diese Theorie allerdings nicht, so dass sie eher als Argument für die Begründung der beschränkten Revisibilität des Strafmaßes herangezogen wird.[1847]

ee) Spielraumtheorie

Die Rechtsprechung[1848] bzw. die ganz h.M.[1849] folgt der Spielraumtheorie[1850]. Diese Theorie besagt, dass es für die im Einzelfall schuldangemessene und gerechte Strafe eine Ober- und Untergrenze gibt, die sich jeweils innerhalb des gesetzlich vorgegebenen Strafrahmens bewegen muss. Diese Grenzen bzw. dieser Schuldrahmen kennzeichnen den Spielraum, der dem einzelnen Tatrichter für die Festlegung der genauen Strafhöhe zur Verfügung steht. Erst innerhalb dieser durch den Schuldrahmen begrenzten Spannbreite können präventive Erwägungen i.S.v. § 46 Abs. 1 S. 2 StGB miteinbezogen werden,[1851] was auch als *„Prävention im Rahmen der Repression"* bezeichnet wird.[1852] So kann oder vielmehr sollte zum Beispiel aus Gründen der Spezialprävention eine Strafe am unteren Rand ausgewählt

1845 Schäfer/Sander/van Gemmeren, S. 295 Rn. 826.

1846 Dreher, JZ 1967, S. 44; s. auch Streng in: NK-StGB, § 46 Rn. 122.

1847 Streng, S. 322, Rn. 649; Streng in: NK-StGB, § 46 Rn. 122; dagegen auch Theune in: LK StGB Bd. 2, § 46 Rn. 50.

1848 Grundlegend war BGHSt 7, 28 = NJW 1955, 190, 191; siehe z.B. auch BGHSt 20, 264 = NJW 1965, 2016, 2017; BGHSt 24, 132 = NJW 1971, 61.

1849 Eschelbach in: Satzger/Schluckebier/Widmaier StGB, § 46 Rn. 42; Theune in: LK StGB Bd. 2, § 46 Rn. 39; vgl. auch Meier, S. 167; Schäfer/Sander/van Gemmeren, S. 296, Rn. 830.

1850 Oder auch *„Schuldrahmentheorie"*, Theune in: LK StGB Bd. 2, § 46 Rn. 39.

1851 Zum Ganzen BGHSt 7, 28 = NJW 1955, 190, 191; BGHSt 20, 264 = NJW 1965, 2016, 2017; BGHSt 24, 132 = NJW 1971, 61; Eschelbach in: Satzger/Schluckebier/Widmaier StGB, § 46 Rn. 42; Theune in: LK StGB Bd. 2, § 46 Rn. 39; vgl. auch Meier, S. 167; Schäfer/Sander/van Gemmeren, S. 296, Rn. 830.

1852 Streng, S. 309, Rn. 625.

werden, um den Täter nicht unnötig zu entsozialisieren.[1853] Auch wenn § 46 Abs. 1 S. 2 StGB nur die Spezialprävention erwähnt, können auch generalpräventive Gründe miteinfließen, da man davon ausgeht, dass die sog. Sozialklausel den Strafzweck der Spezialprävention lediglich besonders betonen, nicht jedoch die übrigen Strafzwecke negieren möchte.[1854] Letztlich handelt es sich um eine Ermessensentscheidung des einzelnen Richters, welche Strafe er innerhalb des vorgegebenen Spielraums bzw. Strafrahmens wählt, d.h., dass durch diese Theorie nicht der Anspruch erhoben, dass es im Einzelfall immer nur eine einzige schuldangemessene und richtige Strafe gibt.[1855] Solange sich die am Ende ausgesprochene Strafe innerhalb des Spielraums bewegt, ist sie von einem Revisionsgericht daher als Tatfrage zu akzeptieren.[1856] Dies ist sehr überzeugend, weil es widerspiegelt, dass die Gesamtkultur einer Gesellschaft sich aus Teilkulturen zusammensetzt und sich dies auch bei der richterlichen Strafzumessung bemerkbar macht, wenn *„die darin eingebundenen Einzelnen (...) als Wertende unvermeidbar ihre wiederum höchst individuellen Prägungen ein*"bringen.[1857] Insofern ist es in der Tat angemessener sich die denkbare schuldangemessene Strafe als Strecke zwischen einer Ober- und einer Untergrenze und nicht als Punkt vorzustellen.[1858] Insgesamt zeichnet sich die Spielraumtheorie also durch große Flexibilität aus.[1859]

Als problematisch wird in der Literatur allerdings die Frage angesehen, welche Aspekte der Schuld und welche der Prävention zuzuordnen sind[1860] sowie, dass hinreichende empirische Erkentnisse über die Wirkung von Strafe fehlen.[1861] Außerdem werde die Frage, ob eine Unterschreitung der schuldangemessenen Untergrenze aus Gründen der Spezialprävention

---

1853 Schäfer/Sander/van Gemmeren, S. 296, Rn. 830; Streng in: NK-StGB, § 46 Rn. 102; Streng, S. 262, Rn. 538.

1854 Streng, S. 262, Rn. 538; vgl. auch Gercke in: Esser u.a., Wirtschaftsstrafrecht, § 46 StGB Rn. 6.

1855 Schäfer/Sander/van Gemmeren, S. 296, Rn. 829; vgl. auch Gercke in: Esser u.a., Wirtschaftsstrafrecht, § 46 StGB Rn. 5.

1856 BGHSt 34, 345 = NJW 1987, 3014, 3015; BGHSt 29, 319 = NJW 1981, 692, 692; Eschelbach in: Satzger/Schluckebier/Widmaier StGB, § 46 Rn. 42; Kinzig in: Schönke/Schröder StGB, Vorb. zu §§ 38ff. Rn. 20; Schäfer/Sander/van Gemmeren, S. 296, Rn. 833; Theune in: LK StGB Bd. 2, § 46 Rn. 40.

1857 Streng, S. 312, Rn. 630; Streng in: NK-StGB, § 46 Rn. 101.

1858 Streng, S. 311, Rn. 628.

1859 Schäfer/Sander/van Gemmeren, S. 297, Rn. 832.

1860 Eschelbach in: Satzger/Schluckebier/Widmaier StGB, § 46 Rn. 43.

1861 Theune in: LK StGB Bd. 2, § 46 Rn. 47; ausführlich zu diesem Problem bereits oben.

möglich sei, durch diese Theorie nicht geklärt.[1862] Kritisiert wird zudem, dass es weder eindeutige Kriterien für die Festlegung des Schuldrahmens gebe, noch dieser im Einzelfall genau benannt werde, so dass eine Nachprüfung von vornherein ausscheide.[1863] Diesem Vorwurf wird mit dem Argument entgegen getreten, dass eine exakte Bestimmung des Rahmens auch nicht notwendig sei, da jedenfalls eine *„merkliche Überschreitung"* des schuldangemessenen Schuldrahmens offensichtlich sei.[1864] Innerhalb einer gewissen Toleranzgrenze sei eine Kontrolle der Gerichte daher durchaus möglich.[1865]

ff) Stellungnahme

Spielraumtheorie, Tatproportionalitätstheorie und Stellenwerttheorie folgen alle der Vorgabe des § 46 Abs. 1 S. 1 StGB, der die Schuld des Täters als Ausgangspunkt der Strafzumessung einstuft.[1866] Vorzugswürdig ist jedoch die herrschende Spielraumtheorie. Ihr haftet zwar in der Tat etwas der *„Geruch der ‚Beliebigkeit'"*[1867] an, ihr Vorteil ist aber, dass sie den Einbezug aller Strafzwecke gestattet. Dieses Vorgehen entspricht zum einen der von der h.M. - und auch in dieser Arbeit vertretenen - vergeltenden Vereinigungstheorie am Besten und zum anderen wird eine genauere und mit weniger Unschärfe behaftete Theorie aufgrund der Vielschichtigkeit der bei der Strafzumessung zu beachtenden Komponenten kaum möglich sein.[1868] Schon allein *„wegen der Komplexität der Schuldbewertung und der Unzulänglichkeit menschlicher Erkenntnis"* dürfte es unmöglich sein die Schuld und die daraus resultierende Strafe ganz exakt und eindeutig zu bestimmen.[1869] Die Spielraumtheorie kann aber als *„brauchbares, (...) nicht*

1862 Eschelbach in: Satzger/Schluckebier/Widmaier StGB, § 46 Rn. 44; Meier, S. 168; a.A. Schäfer/Sander/van Gemmeren, S. 297, Rn. 832, wonach eine Unterschreitung nicht möglich ist; ebenso Streng, S. 310, Rn. 626.

1863 Eschelbach in: Satzger/Schluckebier/Widmaier StGB, § 46 Rn. 44; Meier, S. 168; Schäfer/Sander/van Gemmeren, S. 297, Rn. 833; vgl. auch Theune in: LK StGB Bd. 2, § 46 Rn. 43.

1864 Bruns/Güntge, S. 124, Rn. 71.

1865 Ebd., S. 126, Rn. 78.

1866 Meier, S. 166.

1867 So ebd., S. 172; ähnlich Schünemann, S. 209, der sie als *„Sammelbecken der Beliebigkeit"* bezeichnet.

1868 So Meier, S. 172.

1869 Bruns/Güntge, S. 125, Rn. 74.

zwingend beweisbares Modell" dazu verhelfen, den Anforderungen an eine faire Strafe möglichst gerecht zu werden.[1870]

b) Ablauf eines Strafzumessungsvorgangs nach der Spielraumtheorie

In der Praxis wird das Strafmaß nach der Spielraumtheorie einzelfallabhängig anhand obiger Faktoren bestimmt. Hierfür wird sich des folgenden Schemas bedient:

aa) Erster Schritt: Strafrahmenbestimmung

Entsprechend der Spielraumtheorie ist bei der Strafzumessung also zunächst der Strafrahmen zu bestimmen. Das Gesetz bestimmt in der jeweilig einschlägigen Norm bereits eine Ober- und Untergrenze.[1871] Dieser Strafrahmen ist jedoch nicht fix, sondern kann durch Qualifikationen (zum Beispiel § 224 StGB) und besonders schwere Fälle (sog. Regelbeispiele, wie § 243 StGB) nach oben bzw. durch Privilegierungen (zum Beispiel Beihilfe gem. §§ 49, 27 Abs. 2 StGB oder Versuch gem. §§ 49, 23 Abs. 2 StGB) und minder schwere Fälle (zum Beispiel § 250 Abs. 3 StGB) nach unten verschoben werden.[1872] Hierbei hat der Strafrichter stets eine Gesamtabwägung der Umstände vorzunehmen, die für das Maß der Strafzumessungsschuld relevant sind, sowie die persönlichen Verhältnisse und die strafrechtlichen und außerstrafrechtlichen Nebenfolgen der Tat und der Verurteilung zu beachten.[1873] Dies gilt insbesondere für die Anwendung fakultativer Sonderstrafrahmen (wie etwa §§ 13, 17, 21, 23 StGB).[1874] Diese Abwägung kann von einem Revisionsgericht nur bei absoluter Unvertretbarkeit beanstandet werden.[1875]

1870 So zutreffend Bruns/Güntge, S. 125, Rn. 74.
1871 Für viele Eschelbach in: Satzger/Schluckebier/Widmaier StGB, § 46 Rn. 65.
1872 Für viele ebd., § 46 Rn. 66.
1873 Für viele ebd., § 46 Rn. 67.
1874 Für viele Eschelbach in: Satzger/Schluckebier/Widmaier StGB, § 46 Rn. 66.
1875 Für viele Eschelbach in: Satzger/Schluckebier/Widmaier StGB, § 46 Rn. 67; eingehend zur Strafrahmenbestimmtung etwa auch Schäfer/Sander/van Gemmeren, S. 253, Rn. 699 ff. und S. 317 Rn. 883 f.; vgl. auch Ganter in: Graf/Jäger/Wittig StGB, § 46 Rn. 15.

bb) Zweiter Schritt: Strafzumessung im engeren Sinne

Nachdem nun die Ober- und die Untergrenze des Strafrahmens feststehen, folgt die Bestimmung der Art und Höhe der Strafe innerhalb dieses Rahmens im Einzelfall.[1876] Grundsätzlich enthält § 46 Abs. 2 S. 2 StGB einen Katalog an potenziell relevanten Strafzumessungsgesichtspunkten, der jedoch nicht abschließend ist.[1877] Diese im nächsten Abschnitt näher dargestellten Strafzumessungsfaktoren sind zu gewichten und abzuwägen. Innerhalb der schuldbezogenen Umstände sollen die tatbezogenen schwerer wiegen als Umstände aus dem außertatbestandlichen Bereich (etwa Vorleben und Nachtatverhalten), insgesamt gesehen soll den Schuld kennzeichnenden Merkmalen als Grundlage der Strafzumessung wiederum größeres Gewicht zukommen als präventiven Erwägungen.[1878] Zulässig sind nach der Spielraumtheorie sowohl generalpräventive als auch spezialpräventive Erwägungen, wobei im Falle eines Widerstreites die Spezialprävention vorrangig ist.[1879] Die negative Generalprävention kann eine Strafverschärfung dann begründen, wenn sie geeignet ist, eine abschreckende Wirkung zu entfalten und dies auch erforderlich ist (wegen Nachahmungsgefahr, gemeinschaftsgefährlicher Zunahme solcher oder ähnlicher Straftaten usw.).[1880] Die positive Generalprävention (vgl. §§ 47 Abs. 1, 56 Abs. 3, 59 Abs. 1 Nr. 3 StGB) wird sich in der Regel nicht strafverschärfend auswirken, kann jedoch einer zu starken spezialpräventiv veranlassten Strafmilderung im Wege stehen, die bei langer Verfahrensdauer oder sonstigen allgemeinen Gerechtigkeitserwägungen veranlasst sind.[1881] Zunehmend größere Bedeutung erlangt die Spezialprävention (vgl. § 46 Abs. 1 S. 2 StGB), die sich insbesondere zur Einwirkung auf Wiederholungstäter strafverschärfend, aber zur Verhinderung von Entsozialisierung auch strafmildernd auswirken kann.[1882]

1876 Für viele Schäfer/Sander/van Gemmeren, Rn. 886.

1877 Eschelbach in: Satzger/Schluckebier/Widmaier StGB, § 46 Rn. 73; Miebach/Maier in: MüKo StGB, § 46 Rn. 182; Streng in: NK-StGB, § 46 Rn. 51; Streng, S. 268, Rn. 550.

1878 Meier, S. 233.

1879 So ausdrücklich BGHSt 24, 40 = NJW 1971, 439, 439; Theune in: LK StGB Bd. 2, § 46 Rn. 52.

1880 Vgl. von Heintschel-Heinegg in: BeckOK StGB, § 46 Rn. 29; B. Gercke in: Esser u.a., Wirtschaftsstrafrecht, § 46 StGB Rn. 42;

1881 Schäfer/Sander/van Gemmeren, S. 312, Rn. 867; vgl. auch Ganter in: Graf/Jäger/Wittig StGB, § 46 Rn. 53 ff.; Lackner in: Lackner/Kühl StGB, § 46 Rn. 36a.

1882 Schäfer/Sander/van Gemmeren, S. 312, Rn. 867; vgl. auch Ganter in: Graf/Jäger/Wittig StGB, § 46 Rn. 53 ff.; Lackner in: Lackner/Kühl StGB, § 46 Rn. 36a.

Nach § 46 Abs. 3 StGB dürfen Umstände, die schon Merkmale des gesetzlichen Tatbestandes sind, nicht berücksichtigt werden; dies gilt ebenso für Regelbeispiele und besonders schwere Fälle, da diese wie Tatbestandsmerkmale zu behandeln sind.[1883] Das Doppelverwertungsverbot verbietet jedoch nicht, die unterschiedlich schwerwiegende Verwirklichung eines Tatbestandsmerkmales in den Abwägungsvorgang einzubeziehen.[1884] Auch Strafzumessungsgesichtspunkte, die bereits im ersten Schritt zu einer Strafrahmenverschiebung geführt haben, dürfen ohne Verstoß gegen § 46 Abs. 3 StGB erneut miteinbezogen werden.[1885]

c) Schuld i.S.v. § 46 Abs. 1 S. 1 StGB

Wie bereits dargestellt wurde, ist die Schuld die Grundlage dafür, dass ein Täter überhaupt bestraft werden kann (sog. *Strafbegründungsschuld*[1886]); wie soeben gesehen, kommt der Schuld zugleich eine wesentliche Rolle bei der Strafzumessung zu (sog. *Strafzumessungsschuld*).[1887]

aa) Begriff der Strafzumessungsschuld

Die beiden Schuldbegriffe sind nach h.M. nicht identisch, der Schuldbegriff i.S.v. § 46 Abs. 1 StGB baut vielmehr auf dem der Strafbegründungsschuld auf: Während die Strafbegründungsschuld die grundsätzliche Vorwerfbarkeit des Verhaltens erfasst, erfasst die Strafzumessungsschuld *das Maß* der Vorwerfbarkeit bei der Verwirklichung des tatbestandsmäßigen Unrechts.[1888] § 46 StGB gilt als zentrale gesetzliche Bestimmung für

1883 Schäfer/Sander/van Gemmeren, S. 318, Rn. 887; Ganter in: Graf/Jäger/Wittig StGB, § 46 Rn. 56 f.; Streng in: NK-StGB, § 46 Rn. 131.

1884 Streng, S. 347 Rn. 701.

1885 Schäfer/Sander/van Gemmeren, S. 318, Rn. 887; Ganter in: Graf/Jäger/Wittig StGB, § 46 Rn. 56 f.

1886 Siehe hierzu bereits ausführlicher im *3. Teil: B II.*

1887 Radtke in: MüKo StGB, Vorb. zu 38 Rn. 15; Eschelbach in: Satzger/Schluckebier/Widmaier StGB, § 46 Rn. 1; Kinzig in: Schönke/Schröder StGB, § 46 Rn. 9a.

1888 Miebach/Maier in: MüKo StGB, § 46 Rn. 29; Schäfer/Sander/van Gemmeren, S. 207, Rn. 575; Kinzig in: Schönke/Schröder StGB, § 46 Rn. 9a; Streng in: NK-StGB, § 46 Rn. 19; Kühl in: Lackner/Kühl StGB, § 46 Rn. 23; Radtke in: MüKo StGB, Vorb. zu 38 Rn. 15; Eschelbach in: Satzger/Schluckebier/Widmaier StGB, § 46 Rn. 93.

die Strafzumessung, denn in § 46 Abs. 1 StGB werden die Strafzwecke aufgeführt (sog. *Grundlagenformel*[1889]), gem. § 46 Abs. 2 S. 1 StGB erfolgt eine Abwägung der Strafzumessungsgründe, § 46 Abs. 2 S. 2 StGB nennt Beispiele für Strafzumessungsgründe und § 46 Abs. 3 StGB enthält das Verbot der Doppelverwertung von Tatbestandsmerkmalen als Strafzumessungsgründe.[1890] Ein Blick ins Gesetz hilft für die Begriffsbestimmung der Strafzumessungsschuld dennoch nur bedingt weiter, da § 46 Abs. 1 S. 1 StGB lediglich bestimmt, dass die *„Schuld des Täters (...) die Grundlage für die Zumessung der Strafe“* ist, ohne zugleich eine gesetzliche Definition für den Schuldbegriff zu liefern.[1891] Teilweise wird die Norm daher sogar als *„gesetzgeberische Fehlleistung von besonderen Rang“* bezeichnet.[1892] Unzweifelhaft ist aber, dass das Maß der Schuld anhand von Kriterien zu bestimmen ist, die nicht abschließend, sondern lediglich beispielhaft in § 46 Abs. 2 StGB aufgelistet werden (*„namentlich“*).[1893] Dies bedeutet letztlich: Das Gesetz *„gestattet erhebliche graduelle Abstufungen der Schuld anhand der einzelnen Strafzumessungsfaktoren, soweit diese einen Schuldbezug aufweisen“*.[1894] Im Endeffekt kommt es bei der Strafzumessung darauf an, wie stark die jeweilige Tat die Rechtsordnung gestört hat, was wiederum vom Maß des verwirklichten Unrechts abhängt, das sich im Wesentlichen nach dem Erfolgsunwert und dem Handlungsunwert einer Tat bestimmt.[1895] Diese Komponenten können unterschiedlich intensiv und unterschiedlich vorwerfbar sein.[1896] Bei ihrer Prüfung muss immer ein Bezug zur konkreten Tatbestandsverwirklichung bestehen, so dass auch von sog. *Tatschuld* gesprochen wird.[1897] Ausgangspunkt ist nach der h.M. daher sowohl bei

1889 Eschelbach in: Satzger/Schluckebier/Widmaier StGB, § 46 Rn. 6; B. Gercke in: Esser u.a., Wirtschaftsstrafrecht, § 46 StGB Rn. 2; Streng in: Kindhäuser/Neumann/Paffgen StGB, § 46 Rn. 19; Theune in: LK StGB, § 46 Rn. 1.

1890 Eschelbach in: Satzger/Schluckebier/Widmaier StGB, § 46 Rn. 1.

1891 Ebd., § 46 Rn. 74.

1892 Streng in: NK-StGB, § 46 Rn. 19.

1893 Kühl in: Lackner/Kühl StGB, § 46 Rn. 32; Radtke in: MüKo StGB, Vorb. zu § 38 Rn. 15; Streng in: NK-StGB, § 46 Rn. 22; Meier, S. 219.

1894 Radtke in: Müko StGB, Vorb. zu § 38 Rn. 15; vgl. auch Meier, S. 188.

1895 Schäfer/Sander/van Gemmeren, S. 208, Rn. 575 f.; Miebach/Maier in: MüKo StGB, § 46 Rn. 29 ff.; Eschelbach in: Satzger/Schluckebier/Widmaier StGB, § 46 Rn. 74.

1896 Schäfer/Sander/van Gemmeren, S. 208, Rn. 575 f.; Miebach/Maier in: MüKo StGB, § 46 Rn. 29 ff.; Eschelbach in: Satzger/Schluckebier/Widmaier StGB, § 46 Rn. 74; Meier, S. 219; Maeck, S. 24.

1897 Schäfer/Sander/van Gemmeren, S. 209, Rn. 583; Streng, S. 255 Rn. 527; B. Gercke in: B. Gercke in: Esser u.a., Wirtschaftsstrafrecht, § 46 StGB Rn. 2; Wessels/Beulke/Satzger, § 13 Rn. 636 (*„konkrete Einzeltatschuld“*).

der Strafbegründungsschuld als auch bei der Strafzumessungsschuld die Tatschuld, allerdings kann bei der Strafzumessung auf eine größere „*Wertungsbasis*“ zurückgegriffen werden.[1898]

bb) Komponenten des Erfolgsunrechts und Handlungsunrechts

Erfolgsunrecht und Handlungsunrecht ergeben zusammen den Unrechtsgehalt einer Tat[1899] und können nicht isoliert voneinander gesehen werden.[1900] Unter Erfolgsunrecht ist das Maß des verschuldeten Unrechts zu verstehen, unter Handlungsunrecht das Maß der Vorwerfbarkeit des Täterhandelns.[1901]

Vorsicht ist dahingehend geboten, keines der beiden Unrechte überzubewerten. Wenn sowohl Handlungs- als auch Erfolgsunrecht hoch bzw. niedrig sind, so ist auch die Strafe im oberen bzw. unteren Strafrahmenbereich zu verorten. Allein ein hoher Handlungsunwert bei niedrigem Erfolgsunwert zieht jedoch noch keine hohe Strafe nach sich; ebenso verhält es sich bei hohem Erfolgsunwert und gleichzeitig niedrigem Handlungsunwert. Diese Wertung schlägt sich im Gesetz zum Beispiel bei § 243 StGB nieder, denn auch wenn an sich ein Regelbeispiel des § 243 Abs. 1 S. 2 StGB (erhöhter Handlungsunwert) verwirklich wäre, führt dies im Falle eines Diebstahls einer geringwertigen Sache gem. § 243 Abs. 2 StGB (niedriger Erfolgsunwert) dennoch nicht zu einem erhöhten Strafrahmen. Sofern Handlungsunrecht und Erfolgsunrecht voneinander abweichen, ist eine Abwägung der beiden Komponenten vorzunehmen.[1902]

Grundsätzlich ist anerkannt, dass es für die Bestimmung des Unrechtsgehalts einer Tat nicht ausschließlich auf den Täter ankommt, sondern dass den biologischen, sozialen oder psychischen Eigenschaften des Opfers, seinen Beziehungen zum Täter oder seinem Verhalten vor bzw. bei und

---

1898 Streng in: NK-StGB, § 46 Rn. 22; Streng, S. 255, Rn. 527.

1899 Wessels/Beulke/Satzger, § 1, Rn. 29; Ganter in: Graf/Jäger/Wittig, § 46 Rn. 16; zu einer Mindermeinung, die nur auf das Handlungsunrecht abstellt, siehe Maeck, S. 23 f.

1900 Schäfer/Sander/van Gemmeren, S. 208, Rn. 578; vgl. auch Meier, S. 188.

1901 Schäfer/Sander/van Gemmeren, S. 208, Rn. 577; Meier, S. 187; B. Gercke in: Esser u.a., Wirtschaftsstrafrecht, § 46 StGB Rn. 2.

1902 Zum Ganzen Schäfer/Sander/van Gemmeren, S. 208, Rn. 578; Miebach/Maier in: MüKo StGB, § 46 Rn. 31; Eschelbach in: Satzger/Schluckebier/Widmaier StGB, § 46 Rn. 76 f.; vgl. auch Streng, S. 271, Rn. 557.

nach der Tat Bedeutung für die Strafzumessung zukommen kann.[1903] Dies beruht insbesondere auf der kriminologischen Erkenntnis, dass diese Faktoren die Entstehung und die konkrete Ausgestaltung eines Verbrechens beeinflussen können.[1904] Da das Strafrecht, wie zuvor gesehen, dem Rechtsgüterschutz dient, schützt jede Strafnorm ein bestimmtes Rechtsgut.[1905] Opfer einer Straftat ist daher der Rechtsgutträger, der durch ein Delikt in diesem Rechtsgut gefährdet oder verletzt wird, d.h. je nachdem ob es sich um ein Individualrechtsgut oder ein Universalrechtsgut handelt, kann die Allgemeinheit oder eine Einzelperson das Opfer sein.[1906]

aaa) Handlungsunrecht

Das Handlungsunrecht bzw. der Handlungsunwert beschreibt das von der Rechtsordnung missbilligte und somit fehlerhafte Verhalten[1907] und kann in eine objektive und eine subjektive Seite unterteilt werden.[1908]

(1) Objektives Handlungsunrecht

§ 46 Abs. 2 S. 2 StGB nennt explizit *„die Art der Ausführung der Tat“* und *„das Maß der Pflichtwidrigkeit“* als strafzumessungsrelevante Faktoren.

- Die Art der Ausführung der Tat gilt als eine der objektiven Komponenten des Handlungsunrechts.[1909] Hierunter fallen die Tatmodalitäten wie etwa die verwendeten Tatmittel, sofern sie nicht nur tatbestandserfüllend und typisch sind,[1910] des Weiteren die dem Täter vorwerfbare Handlungsintensität (beispielsweise Dauer, Hartnäckigkeit oder Rohheit)[1911] sowie situative Gegebenheiten (zum Beispiel die Ausnut-

1903 Maeck, S. 5.
1904 Maeck, S. 5 f., S. 8.
1905 Ebd., S. 16.
1906 Ebd., S. 16; vgl. Roxin, § 2, Rn. 9 f.
1907 Für viele Maeck, S. 75.
1908 Schäfer/Sander/van Gemmeren, S. 210, Rn. 586; Eschelbach in: Satzger/Schluckebier/Widmaier, § 46 Rn. 79 sowie Rn. 93.
1909 Eschelbach in: Satzger/Schluckebier/Widmaier StGB, § 46 Rn. 79; Schäfer/Sander/van Gemmeren, S. 210, Rn. 586; Miebach/Maier in: MüKo StGB, § 46 Rn. 201.
1910 So z.B. BGH Beschl. v. 10.11.1995 – 2 StR 551/95.
1911 So z.B. BGH NStZ-RR 1997, 66; BGH NStZ 1988, 310; BGH NStZ 1996, 79.

zung einer hilflosen Lage des Opfers), aber auch die Täter- Opfer-Beziehung.[1912]

- Des Weiteren wird das in § 46 Abs. 2 StGB genannte *„Maß der Pflichtwidrigkeit“* dem objektiven Handlungsunrecht zugeordnet.[1913] Dieser Gesichtspunkt wird insbesondere relevant für die Frage des Ausmaßes der Sorgfaltswidrigkeit bei Fahrlässigkeits- und Gefährdungsdelikten, aber auch bei unechten Unterlassungsdelikten und bei Tatbeständen, bei denen der Täter gegen eine ihm obliegende besondere Rechtspflicht verstößt.[1914]

(2) Subjektives Handlungsunrecht

§ 46 Abs. 2 S. 2 Nr. 1 und 2 StGB nennt zudem *„die Beweggründe und die Ziele des Täters“*, *„die Gesinnung, die aus der Tat spricht“* und *„de(n) bei der Tat aufgewendete(n) Wille(n)“* als Strafzumessungskriterien.

- Beweggründe und Ziele des Täters sind für die Strafzumessung sehr wichtige Umstände, worunter jegliche Ursachen bzw. Anreize für die Tat und die Motive des Täters fallen.[1915] Dabei überschneiden sich Ziele und Beweggründe häufig wenigstens teilweise.[1916] Ihre Relevanz wird durch gesetzgeberische Wertung untermauert, z.B. bei den Tötungsdelikten: In § 212 StGB ist der Totschlag geregelt. Sowohl bei § 211 StGB als auch bei § 213 StGB ist der Erfolgsunwert „Tod eines anderen Menschen“ ebenfalls gegeben, allerdings ziehen niedere Beweggründe i.S.v. § 211 Abs. 2 StGB eine lebenslange Freiheitsstrafe nach sich, während die Beweggründe des § 213 StGB im Vergleich zu

---

1912 BGH NStZ-RR 2003, 166; s. allgemein auch Eschelbach in: Satzger/Schluckebier/Widmaier StGB, § 46 Rn. 79; Meier, S. 196; Streng, S. 273 Rn. 560 und 563; eingehend hierzu Schäfer/Sander/van Gemmeren, S. 224 Rn. 631 ff.; siehe ebd., Rn. 638 mit beispielhaften Ausführungen zu einzelnen Delikten.

1913 Schäfer/Sander/van Gemmeren, S 210, Rn. 586; Eschelbach in: Satzger/Schluckebier/Widmaier StGB, § 46 Rn. 82.

1914 So z.B. BGH NJW 2008, 2057; BGH NStZ 2017, 577; eingehend hierzu Schäfer/Sander/van Gemmeren, S. 222, Rn. 623 ff.; Meier, S. 198; vgl. auch Maeck, S. 75, S. 121.

1915 Miebach/Maier in: MüKo StGB, § 46 Rn. 183; Theune in: LK StGB Bd. 2, § 46 Rn. 87 und 93.

1916 Eschelbach in: Satzger/Schluckebier/Widmaier StGB, § 46 Rn. 98; vgl. auch Schäfer/Sander/van Gemmeren, S. 219, Rn. 610; Ganter in: Graf/Jäger/Wittig StGB, § 46 Rn. 26; Streng, S. 268, Rn. 551; Maeck, S. 105.

§ 212 StGB zu einer Strafmilderung führen können.[1917] Zwingend zu beachten ist jedoch, dass Beweggründe, die für die Tatbestandsverwirklichung bereits relevant wurden, nicht erneut bei der Strafzumessung herangezogen werden (Verbot der Doppelverwertung gem. § 46 Abs. 3 StGB).[1918]
Als strafmildernde Beweggründe lassen sich beispielhaft altruistische Motive, Handeln aus einer persönlichen Notlage und wirtschaftlicher Zwang nennen.[1919] Gewinnsucht, grober Eigennutz, Rücksichtslosigkeit, sittenwidrige Zwecke und Schadenszufügungsabsicht hingegen sind Beispiele für strafschärfende Beweggründe.[1920]
Ob allein auf die Viktimisierung eines älteren Opfers als Strafschärfungsgrund in diesem Sinne zurückgegriffen werden kann, ist sehr fraglich. Der BGH macht deutlich, dass immer klar und nachvollziehbar sein muss, welche Erwägungen für die Strafzumessung relevant wurden; insbesondere sind dabei moralisierende Erwägungen, die nicht eindeutig erkennen lassen, auf welchem präventionsrelevanten Gesichtspunkt der Tat und der Täterpersönlichkeit eine Strafschärfung vorgenommen wird zu vermeiden, da sie die *„die Gefahr einer gefühlsmäßigen, auf unklaren Erwägungen beruhenden Strafzumessung"* in sich bergen.[1921] Es muss daher konkret erläutert werden, wieso das Erscheinungsbild des Geschehens im Vergleich zm Regelfall schwerer erscheint.[1922] Sofern also allein auf ein höheres Alter des Opfers abgestellt wird, ist dies zu pauschal und enthält keine immanente Erklärung, wieso die Beweggründe bzw. Ziele des Täters deshalb besonders verwerflich sind.

- Auch wenn sie ausdrücklich gesetzlich normiert ist, besteht in der Literatur sehr große Skepsis gegenüber der Heranziehung der aus der Tat sprechenden Gesinnung des Täters, weil sie eine besonders große

1917 Zu diesem Beispiel s. Schäfer/Sander/van Gemmeren, S. 218, Rn. 607 f.; vgl. auch Eschelbach in: Satzger/Schluckebier/Widmaier StGB, § 46 Rn. 96.
1918 Schäfer/Sander/van Gemmeren, S. 219, Rn. 612; Streng in: NK-StGB, § 46 Rn. 125; Theune in: LK StGB Bd. 2, § 46 Rn. 93.
1919 So etwa BGH StV 1992, 570; BGH NStZ 2013, 46; Eschelbach in: Satzger/Schluckebier/Widmaier StGB, § 46 Rn. 96.
1920 So etwa BGH NJW 1966, 787; Eschelbach in: Satzger/Schluckebier/Widmaier StGB, § 46 Rn. 96; vgl. auch Theune in: LK StGB Bd. 2, § 46 Rn. 87.
1921 BGH NJW 1987, 2685; Theune in: LK StGB Bd. 2, § 46 Rn. 83.
1922 BGH NStZ 2006, 9.

Gefahr für Moralisierungen in sich birgt.[1923] Aus diesem Grund muss sich die Gesinnung daher als Hinweis auf eine besondere kriminelle Energie aus der Tat ergeben.[1924] Bei Rohheitsdelikten wie einer Körperverletzung kann dies etwa eine vorwerfbare Menschenverachtung sein, bei Vermögensdelikten der Hang dazu *„sich auf anderer Leute Kosten ein schönes Leben zu machen“*.[1925] Sofern bei Roheitsdelikten von Tatmodalitäten (besondere Brutalität, viele Verletzungen usw.) auf eine besondere niedere Gesinnung geschlossen wird, ist immer auch zu beachten, dass der Täter sich eventuell in einem Ausnahmezustand befand.[1926] Ideologisch motivierte Überzeugungstäter können nach Ansicht mancher eventuell unterschiedlich bestraft werden.[1927] Je nachdem, ob ihre Gesinnung achtenswert ist, etwa weil sie auf eine friedliche Welt abzielt, oder nicht, kann sie sich strafmildernd oder strafverschärfend auswirken.[1928]

- Der bei der Tat aufgewendete Wille meint die Intensität des Täterwillens[1929] und wird als Zeichen der kriminellen Energie des Täters gesehen.[1930] Strafschärfend wirken sich zum Beispiel eine besondere Hartnäckigkeit, besonders aufwendige und sorgfältige Planungen der Tat im Vorfeld und eine Fortsetzung der Tatdurchführung trotz Tatentdeckung aus.[1931] Strafmildernd hingegen kann es sich etwa auswirken, dass der Täter zur Tatbegehung erst überredet werden musste

1923 Theune in: LK StGB Bd. 2, § 46 Rn. 94; Eschelbach in: Satzger/Schluckebier/Widmaier StGB, § 46 Rn. 99; Schäfer/Sander/van Gemmeren, S. 220, Rn. 614 ff.; vgl. auch Streng, S. 269, Rn. 552; zur Unzulässigkeit moralisierender Erwägungen s. BGH NJW 1987, 2685.

1924 Theune in: LK StGB Bd. 2, § 46 Rn. 94; Eschelbach in: Satzger/Schluckebier/Widmaier StGB, § 46 Rn. 99; Schäfer/Sander/van Gemmeren, S. 220, Rn. 614 ff.; vgl. auch Streng, S. 269, Rn. 552.

1925 Schäfer/Sander/van Gemmeren, S. 220, Rn. 614; weitere Bsp. bei Theune in: LK StGB Bd. 2, § 46 Rn. 96.

1926 BGH NStZ 1998, 84; Theune in: LK StGB Bd. 2, § 46 Rn. 86.

1927 Schäfer/Sander/van Gemmeren, S. 220, Rn. 616; Theune in: LK StGB Bd. 2, § 46 Rn. 107.

1928 Theune in: LK StGB Bd. 2, § 46 Rn. 107; Schäfer/Sander/van Gemmeren, S. 220, Rn. 616; zu Recht sehr kritisch hierzu z.B. Eschelbach in: Satzger/Schluckebier/Widmaier StGB, § 46 Rn. 101.

1929 Schäfer/Sander/van Gemmeren, S. 220, Rn. 617; vgl. auch Streng, S. 269, Rn. 553.

1930 Eschelbach in: Satzger/Schluckebier/Widmaier StGB, § 46 Rn. 102; Streng, S. 269, Rn. 553; kritisch hierzu Schäfer/Sander/van Gemmeren, S. 221, Rn. 619.

1931 Eschelbach in: Satzger/Schluckebier/Widmaier StGB, § 46 Rn. 102

oder die Tat im Versuch stecken blieb.[1932] Die Vorsatzform und das Handlungsziel können sich überlappen, so dass fraglich ist, ob sie aufgrund des Verbots der Doppelverwertung nach § 46 Abs. 3 StGB miteinbezogen werden kann oder nicht.[1933] Sofern man einen Einbezug bejaht, können Opfereigenschaften und Opferverhalten relevant werden, etwa für die Bestimmung der objektiven Fahrlässigkeit, d.h. für die objektive Vorhersehbarkeit und die Erfüllbarkeit der objektiven Sorgfaltspflicht.[1934] Aber auch sonst können sich aus Opfereigenschaften/-verhalten Hinweise hinsichtlich der Intensität des Täterwillens ergeben.[1935] In strafverschärfender Weise können sich ein hoher Mangel an Hemmungsvermögen und Widerstandskraft oder eine besonders große Skrupellosigkeit des Täters darin zeigen, dass der Täter dem Opfer gegenüber gerade besonders rücksichtsvoll hätte sein müssen, beispielsweise aufgrund besonderer Hilf- oder Wehrlosigkeit im Rahmen einer Schwerbehinderung.[1936]

- Der Grad der Steuerungsfähigkeit bei der Tat ist ebenfalls dem subjektiven Handlungsunrecht zuzuordnen.[1937] Grundsätzlich führt § 21 StGB bei einer Beeinträchtigung der Steuerungsfähigkeit bereits zu einer Strafrahmenverschiebung, sofern eine solche nicht vorgenommen wurde oder die hierfür notwendige Erheblichkeitsschwelle noch nicht überschritten wurde, ist die Schuld des Täters grundsätzlich aber dennoch als geringer anzusehen.[1938]

1932 Ebd., § 46 Rn. 102; vgl. auch Schäfer/Sander/van Gemmeren, S. 221, Rn. 619; Meier, S. 201; Streng, S. 269, Rn. 553.

1933 Offengelassen von BGH Beschl. v. 14.6.2016 – 2 StR 120/15; Eschelbach in: Satzger/Schluckebier/Widmaier StGB, § 46 Rn. 102; eingehender Schäfer/Sander/van Gemmeren, S. 221, Rn. 618 f.

1934 Maeck, S. 119 f.

1935 Ebd., S. 121.

1936 Ebd., S. 121.

1937 Eschelbach in: Satzger/Schluckebier/Widmaier StGB, § 46 Rn. 94.

1938 BGH StV 1998, 259; OLG München NStZ-RR 2008, 355; Eschelbach in: Satzger/Schluckebier/Widmaier StGB, § 46 Rn. 94; Schäfer/Sander/van Gemmeren, S. 218, Rn. 605 f.; vgl. Theune in: LK StGB Bd. 2, § 46 Rn. 85.

(3) Nicht tatbestandsmäßiges Vor- und Nachtatverhalten

Neben dem tatbestandsmäßigen Handeln kann auch nicht tatbestandsmäßiges Vor- und Nachtatverhalten berücksichtigt werden.[1939] § 46 Abs. 2 S. 2 StGB nennt beispielhaft *„das Vorleben des Täters, seine persönlichen und wirtschaftlichen Verhältnisse sowie sein Verhalten nach der Tat, besonders sein Bemühen, den Schaden wiedergutzumachen, sowie das Bemühen des Täters, einen Ausgleich mit dem Verletzten zu erreichen"*. Da das Vorleben des Täters und seine persönlichen und wirtschaftlichen Verhältnisse Umstände sind, die an sich nicht unmittelbar tatrelevant sind, ist für ihren Einbezug in die Strafzumessung notwendig, *„dass sie insoweit einen inneren Zusammenhang mit der Tat aufweisen, als sie als Anzeichen für den Umfang von Schuld oder Präventionsbedürftigkeit des Täters von Belang sind"*.[1940] Eine *„allgemeine Lebensführungsschuld"* wird hingegen ausdrücklich verneint.[1941]

Das hohe Lebensalter eines Täters kann an dieser Stelle in die Strafzumessung strafmildernd miteinbezogen werden, etwa weil ein Freiheitsentzug aufgrund der vergleichsweise geringeren verbleibenden Lebenszeit für ihn schwerer wiegen kann als für einen jüngeren Täter.[1942] Außerdem soll das hohe Alter als Anlass genommen werden, besonders sorgfältig zu prüfen, ob Gründe für eine verminderte Schuldfähigkeit gegeben sind oder die Einsichtsfähigkeit aufgrund von Altersabbau beeinträchtigt ist.[1943]

bbb) Erfolgsunrecht

Die *„verschuldeten Auswirkungen der Tat"* i.S.v. § 46 Abs. 2 S. 2 Nr. 4 Var. 2 StGB beschreiben das Erfolgsunrecht bzw. den Erfolgsunwert. Damit ist nicht gemeint, dass überhaupt ein tatbestandsmäßiger Erfolg eingetreten ist, da dies bereits für die Tatbestandsverwirklichung relevant wird (Verbot

---

1939 Hinsichtlich deren Zuordnung zum Handlungsunrecht s. Schäfer/Sander/van Gemmeren, S. 210, Rn. 586; Streng, S. 275, Rn. 564 bezeichnet diese Faktoren als weitestgehend nicht unmittelbar tatrelevant.

1940 Streng in: NK-StGB, § 46 Rn. 65; BGH NStZ-RR 2010, 25; NStZ-RR 2001, 295; BGH BGH StV 1984, 21; so auch Eschelbach in: Satzger/Schluckebier/Widmaier StGB, § 46 Rn. 107; vgl auch Wessels/Beulke/Satzger, § 13, Rn. 636.

1941 BGH NStZ-RR 2001, 295; BGH Beschl. v. 6.3.1987 – 2 StR 597/86, BeckRS 1987, 31104052; Miebach/Maier in: MüKo StGB, § 46 Rn. 229; von Heintschel-Heinegg in: BeckOK StGB, § 46 Rn. 30.

1942 Meier, S. 207 f.

1943 Ebd., S. 207 f.

der Doppelverwertung, § 46 Abs. 3 StGB); das Erfolgsunrecht bestimmt sich vielmehr nach Umfang und Auswirkung der Rechtsverletzung, bei der zwischen Art und Ausmaß des tatbestandlichen Erfolges sowie der außertatbestandsmäßigen Folgen differenziert werden kann.[1944] Da gemäß h.M. jedem einzelnen Straftatbestand ein zu schützendes Rechtsgut zugeordnet wird, das durch die Tat verletzt oder gefährdet wird,[1945] könnte man ein Erfolgsunrecht nicht nur bei Erfolgsdelikten, sondern auch bei reinen Tätigkeitsdelikten und echten Unterlassungsdelikten als verwirklicht ansehen.[1946] Bei einem Versuch i.S.v. § 22 StGB, bei dem der tatbestandliche Erfolg fehlt, könnte man annehmen, dass zugleich auch das Erfolgsunrecht entfällt.[1947] Überzeugender ist es jedoch allein in der Gefährdung des durch die Strafnorm geschützten Rechtsgutes einen Gefährdungserfolg und somit ein Erfolgsunrecht zu sehen.[1948] Dieses kann angesichts der jeweiligen Nähe zur Tatvollendung und der Gefährlichkeit des Versuchs unterschiedlich stark ausgeprägt sein.[1949] Da das Erfolgsunrecht eines versuchten Deliktes im Vergleich zu einem vollendeten Delikt regelmäßig geringer ausfällt, ist eine mildernde Strafrahmenverschiebung gem. §§ 23, 49 StGB möglich.[1950] Sofern eine nachträgliche Beseitigung oder Milderung des tatbestandsmäßigen Erfolges bzw. Schadens erfolgt, kann sich dies aufgrund eines geringeren Erfolgsunrechts ebenfalls strafmildernd auswirken.[1951]

(1) Tatbestandsmäßige Folgen

Das Erfolgsunrecht bestimmt sich zum einen nach Quantität und Qualität der tatbestandsmäßigen Folgen. Bei einer Körperverletzung sind daher neben der Zahl der Opfer (Quantität) auch Art und Schwere der Verletzung

1944 Schäfer/Sander/van Gemmeren, S. 210, Rn. 586 f.; Eschelbach in: Satzger/Schluckebier/Widmaier StGB, § 46 Rn. 103 f.; Meier, S. 193, S. 195; vgl. auch Maeck, S. 24 f.

1945 Zu Begriffen der Verletzung und Gefährdung siehe z.B. Maeck, S. 27.

1946 So Maeck, S. 26, S. 37; vgl. auch Rackow in: BeckOK StGB, § 123 Rn. 34.

1947 Schäfer/Sander/van Gemmeren, S. 211, Rn. 588 f.

1948 Meier, S. 194; vgl. auch Kinzig in: Schönke/Schröder StGB, § 46 Rn. 19, der dieses sogar beim untauglichen Versuch noch bejaht; a.A: Schäfer/Sander/van Gemmeren, S. 211, Rn. 589.

1949 Streng, S. 271, Rn. 556.

1950 Schäfer/Sander/van Gemmeren, S. 211, Rn. 588 f.

1951 Schäfer/Sander/van Gemmeren, S. 214, Rn. 593; Streng, S. 270, Rn. 556; Miebach/Maier in: MüKo StGB, § 46 Rn. 214.

(Qualität) relevant,[1952] bei einem Vermögensdelikt neben der Anzahl der Opfer (Quantität) auch Art und Schwere des Vermögensschadens bzw. Art und Wert der Beute (Qualität) usw.[1953]

Es wird die Ansicht vertreten, dass aus verfassungsrechtlichen Gründen bei bestimmten Merkmalen eine Abstufung des verwirklichten Unrechts nicht möglich sei.[1954] So wäre immer, wenn „ein anderer“ betroffen ist, etwa bei Körperverletzungsdelikten i.S. v. §§ 223 ff. StGB, außer Betracht zu lassen, ob das Opfer alt bzw. jung, hübsch, reich, Rentner ist o.Ä., da in diesen Fällen *„ceteris paribus regelmäßig das gleiche Unrecht“* verwirklicht sei.[1955] Dies überzeugt jedenfalls In Bezug auf das Rechtsgut Leben. Bei Straftaten gegen das Leben ist nach ganz h.M. stets zu beachten, dass Menschenleben gleichwertig sind und daher nur die Quantität, also die Anzahl der Opfer einer Tat, beachtet werden kann. Wertabstufungen hingegen können wegen Art. 3 Abs. 1 GG gerade nicht vorgenommen werden, so dass ein besonders junges Alter des Opfers nicht strafschärfend wirken kann, nur weil es *„ein unschuldiges Kind ist, das sein Leben noch vor sich hatte“* oder angeblich besondere Qualitäten des Opfers es zu einem *„wertvollen Mensch“* machen.[1956] Diese Gedanken lassen sich auch auf ein hohes Alter des Opfers übertragen. Bei den übrigen Rechtsgütern, etwa der körperlichen Unversehrheit, ist eine Wertabstufung aber durchaus ohne Verstoß gegen Art. 3 Abs. 1 GG denkbar.[1957] Auch wenn man zugrunde legt, dass nicht nur das Leben, sondern auch die körperliche Unversehrtheit eines jeden Menschen absolut gleichwertig sind, kann der Erfolg „Tod“ kraft der Natur der Sache nicht mehr oder weniger stark ausfallen, eine Körperverletzung hingegen kann von einem Kratzer bis hin zu einer Amputation rei-

---

1952 BGH Urt. v. 19.2.2014 – 5 StR 626/13, BeckRS 2014, 5159; Schäfer/Sander/van Gemmeren, S. 211, Rn. 590.

1953 BGH Beschl. v. 14.3.2013 – 2 StR 49/13, BeckRS 2013, 8611; BGH StV 2015, 172; Schäfer/Sander/van Gemmeren, S. 211, Rn. 590; vgl. auch Eschelbach in: Satzger/Schluckebier/Widmaier StGB, § 46 Rn. 103; Meier, S. 193 f.; Miebach/Maier in: MüKo StGB, § 46 Rn. 214.

1954 Meier, S. 189.

1955 Ebd., S. 189.

1956 Zur h.M. siehe für viele Schäfer/Sander/van Gemmeren, S. 211, Rn. 590; vgl. auch BayOblG NJW 1974, 250, 251, das jedoch zumindest in Extremfällen wie bei einer Tötung eines Todeskandidaten kurz vor seiner Exekutierung ausnahmsweise eine Berücksichtigung der Lebenserwartung des Opfers für denkbar hält; Eschelbach in: Satzger/Schluckebier/Widmaier StGB, § 46 Rn. 103; Theune in: LK StGB Bd. 2, § 46 Rn. 148; Meier, S. 194; Maeck, S. 48 f.

1957 BGH Beschl. v. 26.4.2017 – 5 StR 90/17, BeckRS 2017, 110158; Kinzig in: Schönke/Schröder StGB, § 46 Rn. 20.

chen.[1958] Insofern kann es daher zu unterschiedlichen qualitativen Auswirkungen kommen. Auch Opfereigenschaften (wie Alter, Geschlecht, Beruf) bzw. das Verhalten des Opfers (wie eine Tatprovokation oder Verzeihung und damit der Wegfall des Genugtuungsbedürfnisses) können relevant werden für Quantität bzw. Qualität einer Rechtsgutgefährdung bzw. –verletzung.[1959] Opfereigenschaften können insbesondere der Zustandsbeschreibung des durch die Strafnorm geschützten Rechtsguts dienen.[1960] Hinsichtlich des Rechtsguts Körper und seines *„Erhaltungsgrades"* machen sich etwa eine Krankheit oder eine Körperbehinderung als spezifische Eigenschaften des Opfers bemerkbar.[1961] Auch das Alter des Opfers kann als eine Eigenschaft des Opfers gesehen werden, da es wesentlich für sein *„So-Sein"* ist,[1962] und als Hinweis auf die körperliche Zustandsbeschaffenheit eines Opfers herangezogen werden: Für ältere Menschen bedeutet ihr höheres Alter, dass ihre Abwehr- und Widerstandskräfte gegen negative Einwirkungen von außen immer weiter abnehmen und sie hierdurch größeren Gefährdungen ausgesetzt sind als jüngere Menschen.[1963] Da aber auch junge Menschen in körperlich schwacher Verfassung sein können, kann Alter allein über eine Indizwirkung für einen geschwächten körperlichen Zustand nicht hinausreichen.[1964]

Ebenfalls bedeutsam sind opferbezogene Umstände, die die Dauer der Verletzung bestimmen können. Darunter fallen jene Umstände, die eine Aussage darüberzulassen, welche Existenzdauer das Rechtsgut ohne die Einwirkung des Täters noch gehabt hätte oder wie lange die Wiederherstellung des Zustandes von vor der Rechtsgutsverletzung benötigt.[1965] Das Alter kann sich hier dahingehend auswirken, dass es Einfluss darauf haben kann, wie lange ein Opfer eine Rechtsgutgefährdung bzw. –verletzung hinnehmen muss, beispielsweise muss ein junges Opfer rein zeitlich gesehen mit einer Beinamputation im Zweifel länger leben als ein älteres

---

1958 Maeck, S. 119.
1959 Ebd., S. 119; vgl. bzgl. der Verringerung des Erfolgsunwerts bei Mitverursachung durch das Verhalten des Geschädigten auch Schäfer/Sander/van Gemmeren, S. 213, Rn. 591.
1960 Maeck, S. 17.
1961 Ebd., S. 17.
1962 Ebd., S. 17.
1963 Ebd., S. 28 f
1964 Ebd., S. 28 f.
1965 BGH Beschl. v. 26.4.2017 – 5 StR 90/17, BeckRS 2017, 110158; Kinzig in: Schönke/Schröder StGB, § 46 Rn. 20.

Opfer.[1966] Auch hinsichtlich der Genesungszeit kann sich das Alter des Opfers bemerkbar machen, da diese bei älteren Menschen in der Regel länger ausfällt als bei jüngeren Menschen.[1967] Sowohl für Individual- als auch Universalrechtsgutverletzungen bzw. –gefährdungen gilt: Ob ein opferbezogener, erfolgsunrechtsrelevanter Umstand (wie etwa Alter) das Erfolgsunrecht steigern oder mindern kann, hängt im Endeffekt davon ab, ob er im Vergleich mit einer bestimmten Durchschnittsgröße eines solchen Umstandes Auskunft über ein Mehr oder Weniger einer Rechtsgutsverletzung/-gefährdung gibt.[1968]

(2) Außertatbestandsmäßige Folgen

Nach h.M. können zudem auch die außertatbestandsmäßigen Folgen für die Strafzumessung herangezogen werden, sofern sie vom Täter verschuldet sind.[1969] Verschuldet sind sie dann, wenn sie für den Täter vorhersehbar waren; dies bedeutet nicht, dass der Täter alle Folgen in allen Einzelheiten voraussehen konnte, aber dass sie ihrer Art und ihrem Gewicht nach erkennbar waren.[1970] So gehören eine Insolvenz eines durch Betrug geschädigten Betriebes oder besonders harte finanzielle Konsequenzen für das Tatopfer zu den voraussehbaren Tatfolgen.[1971] Strittig ist jedoch, ob die außertatbestandsmäßigen Folgen vom Schutzbereich der verletzten Norm erfasst sein müssen. Zum Teil wurde vom BGH verlangt, *„daß diese Auswirkungen geeignet sind, das Tatbild zu prägen und die Bewertung der Schuldschwere zu beeinflussen. Zudem muß es sich um Folgen handeln, die in den Schutzbereich der strafrechtlichen Norm fallen, deren Verletzung dem Täter vorgeworfen wird.*“[1972] Dies wird von der Literatur teilweise unter Hinweis

1966 BGH Beschl. v. 26.4.2017 – 5 StR 90/17, BeckRS 2017, 110158; Kinzig in: Schönke/Schröder StGB, § 46 Rn. 20.

1967 Maeck, S. 30; vg. auch ebd., S. 32; vgl. zudem *2. Teil: A III.*

1968 Ebd., S. 36 f., S. 119.

1969 BGHSt 37, 179 = NJW 1991, 307, 308; Eschelbach in: Satzger/Schluckebier/Widmaier StGB, § 46 Rn. 104; Theune in: LK StGB Bd. 2, § 46 Rn. 151; Schäfer/Sander/van Gemmeren, S. 214, Rn. 595; Meier, S. 195.

1970 BGHSt 37, 179 = NJW 1991, 307, 308; BGH NStZ 2002, 645; BGH NStZ 2005, 156, 157; Eschelbach in: Satzger/Schluckebier/Widmaier StGB, § 46 Rn. 104; Schäfer/Sander/van Gemmeren, S. 215, Rn. 597; Ganter in: Graf/Jäger/Wittig StGB, § 46 Rn. 24; Theune in: LK StGB Bd. 2, § 46 Rn. 159.

1971 BGH NJW 1991, 2574, 2575; Ganter in: Graf/Jäger/Wittig, § 46 Rn. 24.

1972 BGH NStZ 1993, 337, 337 f.; vgl. Theune in: LK StGB Bd. 2, § 46 Rn. 154.

auf das Bestimmtheitsgebot des Art. 103 Abs. 2 GG begrüßt.[1973] Allerdings hat sich der BGH in einer neueren Entscheidung ganz ausdrücklich dahingehend geäußert, dass es nicht darauf ankomme, ob die außertatbestandlichen Folgen vom Schutzbereich erfasst werden und hält dementsprechend *„das Abgrenzungskriterium der Voraussehbarkeit der Tatfolge weiterhin für ausreichend“*.[1974]

d) Bedeutung des Opfers für präventive Erwägungen im Rahmen der Strafzumessung

Wie bereits zuvor festgestellt wurde, sind die empirischen Belege hinsichtlich präventiver Wirkungen von Strafe eher dürftig. Dementsprechend ist auch der Erfahrungsschatz dahingehend, welche Opfereigenschaften für die Präventionsbedürftigkeit sowie Präventionsempfänglichkeit des Täters (Spezialprävention) oder der Allgemeinheit (Generalprävention) von Einfluss sind, gering. Dennoch ist es überzeugend, gewissen Faktoren eine Indizfunktion zuzugestehen.[1975]

aa) Spezialprävention

aaa) Präventionsbedarf des Täters

Die Täterpersönlichkeit gilt als ausschlaggebend für die Frage, ob und wie wahrscheinlich es ist, dass ein Täter erneut ein Rechtsgut gefährden bzw. verletzen wird. Für die Klärung des Präventionsbedarfs werden sämtliche Faktoren, die diesbezüglich Erkenntnisse liefern können, (die Tat, auf den Täter einwirkende Einflüsse, opferbezogene Faktoren usw.) als Indizien miteinbezogen.[1976] Mittlerweile haben sich kriminologische Tätertypologien,[1977] Prognosemerkmale,[1978] Erfahrungsregeln der statistischen Progno-

---

1973 Eschelbach in: Satzger/Schluckebier/Widmaier StGB, § 46 Rn. 105 m.w.N.; vgl. auch Streng in: NK-StGB, § 46 Rn. 58; Streng, S. 270, Rn. 558; Meier, S. 195.

1974 BGH NStZ 2002, 645; zustimmend Miebach/Maier in: MüKo StGB, § 46 Rn. 216; kritisch Theune in: LK StGB Bd. 2, § 46 Rn. 55; für Beispiele siehe Schäfer/Sander/van Gemmeren, S. 215, Rn. 598.

1975 Vgl. Maeck, S. 122.

1976 Ebd., S. 107.

1977 Kritisch hierzu ebd., S. 107 f.

1978 Eingehender Maeck, S. 108.

se[1979] sowie der klinischen Prognose[1980] und der intuitiven Prognose[1981] entwickelt, die für die Beurteilung herangezogen werden können. Aus diesen ergibt sich, dass opferbezogene Umstände, wie die Opferauswahl oder die Täter-Opfer-Beziehung, grundsätzlich dazu geeignet sind Hinweise auf die Präventionsbedürftigkeit eines Täters zu geben.[1982] Sofern das Opfer besonders schwach, jung oder wehrlos ist oder eine besondere Beziehung in der Regel Rücksichtnahme, Mitgefühl und Gemeinschaftsgefühl erwarten lassen würde, kann dies auf eine prognostisch negative Willensschwäche des Täters hindeuten.[1983] Auch ein extrem schwacher Tatanreiz kann ein Hinweis darauf sein, dass eine große Willensschwäche und daher ein hoher Präventionsbedarf des Täters vorliegen.[1984] Eine außergewöhnliche Tatsituation, in der der Täter vom Opfer zur Tatbegehung verleitet wird, kann hingegen auf ein geringes Maß an Präventionsbedarf bedeuten.[1985] Ein relevanter Gesichtspunkt ist auch die Auswechselbarkeit des Opfers und damit einhergehend die Wiederholbarkeit des Tatgeschehenes. Wichtig ist, dass bei derartigen Überlegungen immer die Gesamtstruktur des Täters betrachtet wird.[1986]

bbb) Präventionszugänglichkeit des Täters

Die Präventionszugänglichkeit eines Täters bemisst sich ebenfalls nach seiner Täterpersönlichkeit. Bedeutsam sein können sämtliche Faktoren, auch opferbezogene, die Aufschluss über die Ansprechbarkeit des Täters geben können.[1987]

Die Abschreckungszugänglichkeit des Täters hängt davon ab, ob ihn die Angst vor Strafe allgemein und insbesondere, ob ihn die Angst vor einer hinsichtlich Dauer, Höhe und Art bestimmten Strafe zu einem normkon-

---

1979 Eingehender ebd., S. 109; Schöch in: Kaiser/Schöch/Kinzig, S. 135 Rn. 10 ff.

1980 Eingehender Maeck, S. 109 f.; Schöch in: Kaiser/Schöch/Kinzig, S. 135 Rn. 9.

1981 Eingehender Maeck, S. 110 f.; Schöch in: Kaiser/Schöch/Kinzig, S. 134 Rn. 8; ausführlich zu den Grundlagen der Kriminalprognose Göppinger, § 14.

1982 Maeck, S. 111 sowie S. 122; vgl. auch Theune in: LK StGB Bd. 2, § 46 Rn. 100.

1983 Maeck, S. 111 sowie S. 122; vgl. auch Theune in: LK StGB Bd. 2, § 46 Rn. 100.

1984 Maeck, S. 111 sowie S. 122; vgl. auch Theune in: LK StGB Bd. 2, § 46 Rn. 100.

1985 Maeck, S. 111 sowie S. 122; vgl. auch Eschelbach in: Satzger/Schluckebier/Widmaier StGB, § 46 Rn. 90: Theune in: LK StGB Bd. 2, § 46 Rn. 87.

1986 Ebd., S. 111; Vgl. auch Theune in: LK StGB Bd. 2, § 46 Rn. 87.

1987 Zu den von der Spezialprävention verfolgten Zwecken der Abschreckung und Resozialisierung des Täters sowie der Sicherung der Allgemeinheit vor dem Täter siehe bereits oben im *3. Teil: B II 2 b*.

formen Verhalten animieren kann.[1988] Hier stellt sich bereits das Problem, woran zur Klärung dieser Frage angeknüpft werden sollte, da z.B. die Tätereinordnung nach *v. Liszt* und seine sog. Denkzettelstrafe[1989] für Gelegenheitstäter allenfalls einen Hinweis darauf, dass ein solcher Täter abgeschreckt werden kann, nicht jedoch darauf, welche Strafart/-dauer gewählt werden sollte.[1990] Auch die Vorstrafenliste des Täters hilft nicht weiter, da sie lediglich die Information enthält, dass diese vorherigen Strafen den Täter offensichtlich nicht von einer weiteren Delinquenz abgehalten haben; unklar bleibt hingegen, ob und mit welcher Strafe dies dennoch möglich wäre.[1991] Sofern man von einer grundsätzlichen Abschreckungszugänglichkeit eines Täters ausgeht, lassen sich aber, basierend auf allgemeinen Erfahrungsregeln, Hinweise sammeln, ob die Strafe einen schwachen oder starken Gegenanreiz bilden sollte.[1992] Hierfür können opferbezogene Umstände hilfreich sein, so kann beispielsweise eine feindselige Täter-Opfer-Beziehung oder provozierendes Verhalten des Opfers auf einen starken Anreiz und somit die Notwendigkeit eines starken Gegenanreizes (in Form einer hohen Strafe) hindeuten.[1993] Sucht der Täter sich ein besonders wehrloses, abhängiges oder beeinträchtigtes Opfer, kann dies ebenfalls ein Indiz dafür sein, dass er im Gegensatz zum Durchschnittsbürger besonders willensschwach ist und es somit einer starken Gegenmotivation bedarf.[1994]

Die Resozialisierbarkeit des Täters ist davon abhängig, ob und inwieweit er für die Einsicht des sozialen Nutzens normkonformen Verhaltens empfänglich ist und ihm die Fähigkeit vermittelt werden kann entsprechend dieser Einsicht zu handeln.[1995] Dass Menschen an sich resozialisiert werden können, ist allgemein anerkannt, die geringe Anzahl empirischer Erkenntnisse hinsichtlich der Sanktionswirkung auf bestimmte Täterpersönlichkeiten machen es jedoch schwierig, eindeutige Kriterien zu entwickeln, anhand derer die grundsätzliche Resozialisierbarkeit eines bestimmten Täters sowie Dauer und Höhe der Strafe zu Gunsten einer möglichst gelingenden Resozialisierung festgemacht werden können. Allerdings können auch hier opferbezogene Umstände zumindest als Indiz für die Täter-

---

1988 Maeck, S. 112.
1989 Siehe hierzu *3. Teil: B II 2 b*.
1990 Maeck, S. 112; vgl. auch Theune in: LK StGB Bd. 2, § 46 Rn. 29.
1991 Maeck, S. 112; vgl. auch Theune in: LK StGB Bd. 2, § 46 Rn. 27.
1992 Maeck., S. 112; vgl. Theune in: LK StGB Bd. 2, § 46 Rn. 29.
1993 Maeck., S. 113.
1994 Ebd., S. 113; vgl. zur Willensschwäche auch Theune in: LK StGB Bd. 2, § 46 Rn. 148.
1995 Maeck., S. 114, dort auch zum folgenden Text.

persönlichkeit und seine individuellen Sozialisationsdefizite und somit als Ansatzpunkt für eine Resozialisierung aufgegriffen werden. So kann zum Beispiel die Opferauswahl einschlägig relevant werden, wenn das Viktimisieren einer wehrlosen Person auf eine Willensschwäche oder Verrohung des Täters hindeutet.

Die Sicherung der Allgemeinheit vor dem Täters gelingt dann, wenn und soweit er durch die Strafe an der Begehung weiterer Straftaten gehindert wird, wobei empirisch nicht geklärt ist, welche Strafen welche Täterpersönlichkeiten abschrecken, so dass nur die Todesstrafe als sicheres Mittel hinsichtlich dieses Sicherungszweckes angesehen werden kann.[1996] Eine Freiheitsstrafe vermag diesen Zweck nur auf Zeit zu erfüllen, zumal auch nicht gesichert ist, dass der Täter sich in der Haftanstalt vollkommen rechtstreu verhält.[1997] Inwiefern opferbezogene Umstände aufschlussreich sein können, ist unklar.[1998]

bb) Generalprävention

Bedeutung für die Präventionsbedürftigkeit sowie Präventionszugänglichkeit der Allgemeinheit haben alle Faktoren, auch opferbezogene, die dahingehende Erkenntnisse bieten können.

Im Rahmen der negativen Generalprävention soll die Allgemeinheit davon abgeschreckt werden, durch eine Tat ebenfalls zur Begehung von Straftaten verleitet zu werden.[1999] Für die Feststellung des Vorliegens einer dahingehenden Abschreckungsbedürftigkeit der Allgemeinheit kann auf diverse Kriterien zurückgegriffen werden, etwa ob vergleichbare Straftaten eher zahlreich oder vereinzelt begangen werden, ob sie in letzter Zeit zunehmend öfter begangen werden, ob die Straftat eher auf den besonderen persönlichen Verhältnissen des Täters oder allgemeinen und häufig anzutreffenden Verhältnissen beruht usw.[2000] Hierfür können opferbezogene Umstände fruchtbar gemacht werden, da sie die Tat charakterisieren und für die Frage der Vergleichbarkeit und der Verbreitung vergleichbarer Taten entscheidend sein können.[2001] Es bedarf immer einer Gesamtwürdi-

---

1996 Ebd., S. 115.
1997 Ebd., S. 115.
1998 Ebd., S. 116.
1999 Zur negativen Generalprävention siehe *3. Teil: B II 2 a.*
2000 Maeck, S. 117.
2001 Ebd., S. 116.

gung der Umstände, da allein aus einer Opfereigenschaft, wie zum Beispiel besonderer Wehrlosigkeit, nicht auf einen großen Nachahmungsanreiz für andere potentielle Täter geschlossen werden kann.[2002] In der Theorie kann sich jeder opferbezogene Umstand auswirken, empirisch fundierte Erfahrungswerte, an denen ein Richter sich orientieren könnte, fehlen jedoch.[2003]

Im Rahmen der positiven Generalprävention soll das Vertrauen der Allgemeinheit in den Bestand der Rechtsordnung zum Zwecke des Erhalts der Rechtstreue der Allgemeinheit bestätigt werden.[2004] In welchen Fällen die Allgemeinheit bei Ausbleiben einer bestimmten Strafe in ihrem Normvertrauen erschüttert wird, ist unklar, jedenfalls ist dies aber denkbar, wenn *„der Täter aus ungewöhnlicher Rechtsfeindschaft, Brutalität oder Gleichgültigkeit“* handelt, er *„schon bei Tatbegehung darauf spekulierte, von Freiheitsstrafe verschont zu bleiben“* oder das Delikt *„Ausdruck einer in der Bevölkerung verbreiteten Einstellung ist, welche die verletzte Norm nicht ernst nimmt“*.[2005] Opferbezogene Umstände können in derartige Überlegungen miteinbezogen werden, da diese Einfluss auf das Empfinden der Allgemeinheit hinsichtlich einer Tat haben können.[2006] Dies kann zum einen in die Richtung gehen, dass das Opfer die Geschehnisse in ihren Augen verdient hat, etwa weil es seine Rechtsgüter nicht sorgsam behandelt, und daher kein hohes Strafbedürfnis seitens der Allgemeinheit besteht. Opferbezogene Umstände können aber auch zu einer besonderen Anteilnahme und einem erhöhten Strafbedürfnis seitens der Allgemeinheit führen, zum Beispiel, wenn das Opfer sehr alt bzw. sehr jung oder besonders wehrlos ist. Doch auch hierfür fehlt es an entsprechenden empirischen Grundlagen, die der Richter bei der Urteilsfindung heranziehen könnte.

Hinsichtlich der Präventionszugänglichkeit der Allgemeinheit bestehen ebenfalls keine aufschlussreichen empirischen Erkenntnisse, auch nicht hinsichtlich opferbezogener Umstände.[2007]

2002 Ebd., S. 117.

2003 Ebd., S. 117; Theune in: LK StGB Bd. 2, § 46 Rn. 30; zu den Problemen der empirischen Beweisbarkeit der Generalprävention siehe bereits im *3. Teil: B II 2 d*.

2004 Zur positiven Generalprävention siehe *3. Teil: B II 2 a*.

2005 Maeck, S. 117.

2006 Ebd., S. 118, dort auch zum folgenden Text.

2007 Ebd., S. 118; zu den Problemen der empirischen Beweisbarkeit der Generalprävention siehe bereits im *3. Teil: B II 2 d*.

IV. Strafrecht als Ultima Ratio

Da das Strafrecht eine extrem einschneidende staatliche Maßnahme darstellt (*„schärfste Schwert des Staates“*[2008]), darf es nur die sog. Ultima Ratio sein.[2009] Dies bedeutet, dass es mit Zurückhaltung einzusetzen ist und kein milderes Mittel einen ebenso guten Rechtsgüterschutz bewirken dürfte.[2010] Dahinter steht der Gedanke, dass nur jenes Verhalten unter Strafe stehen soll, für das in der Gesellschaft der Konsens besteht, dass es den in den Rechtsgütern zu Tage tretenden allgemein anerkannten Werten widerspricht und sozialschädlich ist.[2011] Unter diesem Aspekt sei nach *Streng* besonders darauf zu achten, Präventionserwägungen nicht *„ganz sachfremd unter dem Aspekt der Beruhigung der Bevölkerung ein*“zusetzen.[2012] Grundsätzlich sind Bestrebungen im Sinne einer positiven Generalprävention, wie gesehen, aber durchaus Aufgabe des Gesetzgebers, so dass nichts dagegen einzuwenden ist, wenn der Staat sich darum bemüht, die Bevölkerung für die Einhaltung bestimmter Werte (zugunsten von Körperintegrität, Eigentum etc.) zu sensibilisieren. Voraussetzung ist jedoch, dass die Norm auch dem friedlichen Miteinander der Bürger dient.[2013] Wenn nicht eindeutig ist, ob ein milderes Mittel ebenso effektiv wäre, steht es im Ermessen des Gesetzgebers, ob das Strafrecht das Mittel seiner Wahl wird oder nicht.[2014] Da vorliegend keine milderen, gleich effektiven Mittel ersichtlich sind (siehe hierzu bereits *3. Teil: A I 1 b cc*) wird das Ultima Ratio-Prinzip ohnehin nicht angetastet, jedenfalls aber stünde es im gesetzgeberischen Ermessen.

2008 Satzger in: Satzger/Schluckebier/Widmaier StGB, Einleitung Rn. 5.; ähnlich Rengier, § 3, Rn. 5.

2009 BVerfGE NJW 1993, 1751, 1754; BVerfGE NJW 1998, 443, 433; Rengier, § 3 Rn. 5.

2010 BVerfGE NJW 1998, 443, 433; Wessels/Beulke/Satzger, § 1, Rn. 15; Streng, S. 5 Rn. 8; Roxin, § 2, Rn. 97; Weigend in: LK StGB Bd. 1, Einl. Rn. 1; kritisch hierzu Frisch, NStZ 2016, S. 23 f.

2011 BVerfGE NJW 1993, 1751, 1754; BVerfGE NJW 1998, 443, 433; Streng, S. 5, Rn. 8; vgl. Satzger in: Satzger/Schluckebier/Widmaier, Einleitung Rn. 5; Rengier, § 3 Rn. 6.

2012 Streng, S. 5, Rn. 9.

2013 Roxin, § 2, Rn. 38 f.

2014 Ebd., § 2, Rn. 101.

V. Ergebnis

Aufgabe des Strafrechts ist nach ganz h.M. die Verwirklichung von Rechtsgüterschutz. Daher war danach zu fragen, welches Rechtsgut geschützt werden soll, wenn die Viktimisierung älterer Menschen besonders pönalisiert wird. Es stellte sich heraus, dass neben den allgemein anerkannten Rechtsgütern wie Leben, körperliche Unversehrtheit, Eigentum usw. auch der ungestörte Ablauf von körperlichen und kognitiven Alterungsprozessen als Rechtsgut herangezogen werden könnte.

Der Sinn und Zweck einer Strafe steht einem erhöhten strafrechtlichen Schutz älterer Menschen zu Präventionszwecken gemäß der hier vertretenen vergeltenden Vereinigungstheorie nicht entgegen, ist aber bei der Frage der Ausgetsaltung einer gerechten Bestrafung von Tätern, die sich an älteren Menschen deliktisch vergehen, zu berücksichtigen.

Auch der Grundsatz, dass das Strafrecht Ultima Ratio zu sein hat, steht dem Bestreben, ältere Menschen strafrechtlich besonders zu schützen, nicht entgegen.

C. Gesamtergebnis

Der rechtliche Rahmen für besonderen strafrechtlichen Schutz ist grundsätzlich gegeben. Es bestehen weder europarechtliche noch verfassungsrechtliche Bedenken und auch die Vereinbarkeit mit den strafrechtlichen Legitimationsgrundsätzen ist zu bejahen.

4. Teil: Diskussion einer besonderen Schutzwürdigkeit älterer Menschen aus normativer Sicht

A. Systematische Betrachtungsweise

Im *2. Teil* dieser Arbeit wurde bereits herausgearbeitet, dass bestimmte, typischerweise bei älteren Menschen vorzufindende Eigenschaften dazu beitragen, dass sie in bestimmten Deliktbereichen quantitativ besonders betroffen sind. Eine leichtere Tatbegehung und eine schwerere Tatentdeckung/-anzeige kann sowohl bezüglich Eigentums- als auch Gewaltdelikten durch verschiedene, zu einer besonderen Hilf- und Wehrlosigkeit führende Komponenten begünstigt werden. Diese Komponenten können soziale Isolation, Einsamkeit, Überforderung mit technischen Neuerungen, Gutgläubigkeit, Nachlassen geistiger und körperlicher Kräfte - bis hin zu pathologischen Auswirkungen wie Blindheit, Taubheit, Gebrechlichkeit oder Demenz - sein. Aber auch in qualitativer Hinsicht sind ältere Menschen regelmäßig besonders von Straftaten betroffen. Gerade im Rahmen von Gewaltdelikten führt ihre körperliche Vulnerabilität regelmäßig zu einem verhältnismäßig schnellen Eintritt einer Verletzung, zu einer (verhältnismäßig) schweren Verletzung, einer verlangsamten Regeneration, dem Ausbleiben einer vollständigen Regeneration, der Ingangsetzung einer Abwärtsspirale, verbunden mit einem Verlust der Möglichkeit, selbstständig zu leben usw. Gerade in Bezug auf eine besondere qualitative Betroffenheit könnte man argumentieren, dass der Täter, der einen alten Menschen viktimisiert, aufgrund der in der Regel härteren Folgen für das ältere Opfer härter zu bestrafen ist.[2015] Dies entspricht dem Bestreben einer modernen Kriminologie, nicht nur die Menschen zu schützen, die einem besonders hohen Opferwerdungsrisiko unterliegen, sondern auch jene, die besonders vulnerabel sind und *„objektiv und subjektiv am stärksten leiden“*.[2016]

Auch wenn diese Eigenschaften und Entwicklungen nicht bei jedem älteren Menschen in gleichem Maße vorhanden oder ausgeprägt sind und es sich viel mehr um heterogene und individuelle Prozesse handelt, so sind sie in der breiten Maße und in einem gewissen Rahmen durchaus

2015 Vgl. auch Fattah, KFN-FB, Nr. 10, S. 26.
2016 Drescher, S. 28; ähnlich Baurmann, ZfG 1981, S. 250.

verallgemeinerungsfähig. Ebenfalls im *2. Teil* dieser Arbeit wurde hierauf bereits eingegangen und festgestellt, dass jeder Mensch über kurz oder lang diversen Abbauprozessen unterworfen ist und daher in geistiger und körperlicher Hinsicht schwächer wird. Insofern ist eine generell-abstrakte Kategorisierung der Gruppe „ältere Menschen" geboten. Selbstverständlich gibt es „atypische Fälle", in denen ein älterer Mensch überdurchschnittlich fit bzw. mit einem durchschnittlich oder eher unfitten Erwachsenen vergleichbar ist und daher nur eine abstrakte Gefahr vergleichsweise schwerer Folgen besteht - etwa dahingehend, dass gerade durch eine Gewaltanwendung und ihre Folgen erstmals eine Abwärtsspirale bzw. eine Kette an Abbauerscheinungen in Gang gesetzt wird. Sofern keine qualitativ schweren Folgen eintreten, ist es dann zwar das „Glück" des Täters, allerdings ist es im Gegenzug genauso sein Nachteil, wenn z.B. das Opfer eines Enkeltricks doch nicht verwirrt und senil ist, wie aufgrund des altertümlichen Namens erhofft, und die Tat scheitert. Eine Nichtberücksichtigung dieser Personengruppe überdurchschnittlich fitter älterer Menschen scheint daher mangels einer besonderen Schutzbedürftigkeit jedenfalls beim Ausbleiben einer besonderen qualitativen Betroffenheit nicht per se unangemessen. Hierbei dürfte es sich ohnehin um eher seltene Einzelfälle handeln.

B. Bestand von Handlungsbedarf aus normativer Sicht

Fraglich ist, ob aus normativer Sicht überhaupt Handlungsbedarf besteht. Insofern ist zu überlegen, ob diese das Viktimisierungsrisiko steigernden Eigenschaften sowie die typischen Folgen des Alters nicht ohnehin schon durch die mögliche Verwirklichung bereits vorhandener Regelbeispiele und Qualifikationen bzw. die Möglichkeit von entsprechenden Strafzumessungserwägungen ausreichend abgedeckt sind. Hierfür ist zunächst zu klären welchen Schutz die Normen des StGB älteren Menschen bieten, bevor in einem zweiten Schritt überlegt werden kann, ob dieser bereits gebotene Schutz ausreichend ist oder aufgrund von Lücken oder Unzulänglichkeiten weiterer Handlungsbedarf besteht. Der Blick wird hierbei auf die Delikte gerichtet, von denen ältere Menschen typischerweise betroffen sind oder bei denen besondere altersbedingte Folgen naheliegend erscheinen.

I. Gewaltdelikte

Unter den Gewatdelikten findet sich keine einzige Regelung, die allein das höhere Alter eines Opfers strafschärfend berücksichtigt. Beispielsweise die Körperverletzungsdelikte bieten jedoch in den §§ 224 ff. StGB einen größeren Katalog an Regelbeispielen und Qualifikationen, für deren Einschlägigkeit das konkrete Alter des Opfers keine Rolle spielt, und der gleichermaßen für alte sowie für junge Menschen gilt. Gleiches gilt auch für den Raub und dessen Qualifikationen in den §§ 250 ff. StGB. Im Folgenden soll nun beleuchtet werden, inwiefern zumindest diverse alterstypische Folgen von Gewaltdelikten durch die Normen des StGB bereits erfasst werden und ob bzw. inwiefern sich alterstypische Eigenschaften strafverschärfend auswirken.

1. Qualitative Betroffenheit

a) Altersbedingt schwerere Verletzung

Ältere Menschen laufen Gefahr im Rahmen eines Gewaltdeliktes aufgrund ihres Alters eine schwerere Verletzung davonzutragen als ein jüngerer Mensch. Das StGB berücksichtigt eine solche altersbedingt schwerere Verletzung folgendermaßen:

aa) Raub gem. §§ 249 ff. StGB

Ein Raub i.S.v. § 249 Abs. 1 StGB setzt voraus, dass die Wegnahme einer fremden beweglichen Sache mit Gewalt gegen eine Person oder unter Anwendung einer Drohung mit gegenwärtiger Gefahr für Leib oder Leben erfolgt. Die Gewaltanwendung kann Verletzungsfolgen nach sich ziehen. Wird nun zum Beispiel eine ältere Dame Opfer eines (Handtaschen-)Raubes gem. § 249 Abs. 1 StGB und erleidet beim Entreißen der Tasche eine Verletzung, die bei einem jüngeren Opfer voraussichtlich gar nicht oder in weniger schwerwiegender Form eingetreten wäre, so ist bei ausreichender Schwere der Verletzung die Qualifikation gemäß § 250 Abs. 1 Nr. 1c StGB („*Gefahr einer schweren Gesundheitsbeschädigung*“) erfüllt. Denn gemäß BGH „*werden (...) von dem Qualifikationstatbestand (...) nicht allein die Gefahren umfasst, die der konkreten Raubhandlung generell für jeden von ihr potenziell Betroffenen innewohnen würden; vielmehr sind auch die Gefahren einbezogen, denen das konkrete Opfer allein wegen seiner individuellen besonderen Schadensdisposition durch die Raubhandlung ausgesetzt ist.*".[2017] Diesem Urteil lag folgender Sachverhalt zugrunde: Der Täter näherte sich dem Opfer, einer 80-jährigen Dame, von hinten und zog an ihrer Handtasche, um das darin vermutete Geld zu erlangen. Das Opfer ließ die Handtasche wider Erwarten nicht sofort los, so dass der Täter so viel Kraft anzuwenden begann, dass der Trageriemen riss. Bei diesem Vorgang erlitt die Geschädigte eine schmerzhafte und komplizierte Schulterverletzung mit Auskugelung und Verrenkung des Schultergelenks, einer Knochenabsplitterung und eine Zerrung des Nervengeflechts, deren Folge eine dauerhafte erhebliche Bewegungseinschränkung des Arms in seitliche Richtung war. Der BGH prüfte, ob das Opfer durch diesen Raub i.S.v. § 249 Abs. 1 StGB zudem auch in die konkrete Gefahr einer schweren Gesundheitsschädigung i.S.v. § 250 Abs. 1 Nr. 1c StGB gebracht wurde. In dem Urteil wird ausgeführt, dass sich unter Umständen „*die Gesundheitsgefahren, die durch eine mit Gewaltausübung verbundene Raubhandlung für ein gesundes, im Vollbesitz seiner körperlichen und geistigen Kräfte befindliches Opfer begründet werden, sich deutlich von den Gefahren unterscheiden, die durch eine vergleichbare Handlung für ein Kind, einen alten Menschen, einen Behinderten oder einen durch Krankheit oder sonstige körperliche Gebrechen bereits geschwächten Betroffenen eintreten.*"[2018] § 250 Abs. 1 Nr. 1c StGB ist ein Qualifikationstatbestand,[2019] so dass die konkrete Gefährdung als objektives Tatbestandsmerkmal im (bedingten) Vorsatz des Täters enthalten sein muss.[2020] Der Täter muss also mindestens Eventualvorsatz hinsichtlich einer schweren Gesundheitsbeeinträchtigung haben, wobei „*insbesondere*" geprüft werden muss, „*ob er eine individuelle Schadensdisposition des Opfers und die gegebenenfalls erst hieraus resultierende Gefahr einer schweren Gesundheitsschädigung erkannt hat.*"[2021] In vorliegendem Fall ging der BGH davon aus, dass der Täter „*ein Opfer ausgewählt*" hat, „*das wegen seines Alters erkennbar „besonders gefährdet" war*".[2022] Sucht sich der Täter eines Raubes somit bewusst ein altes und (vermeintlich) schwaches Opfer aus und bringt es durch die Gewaltanwendung in die Gefahr einer schweren Gesundheits-

2017 BGH NJW 2002, 2043, 2043.
2018 BGH NJW 2002, 2043, 2043.
2019 Für Viele Bosch in: Schönke/Schröder StGB, § 250 Rn. 20.
2020 Für Viele Sander in: MüKo StGB, § 250 Rn. 68.
2021 BGH NJW 2002, 2043, 2044.
2022 BGH NJW 2002, 2043, 2044.

beeinträchtigung, so findet bereits ein qualifizierter strafrechtlicher Schutz statt.

In BGH NStZ 2003, 662 entschied der BGH in einem Fall, in dem einem 72-jährigen Mann ein Faustschlag in sein Gesicht versetzt worden war. Der BGH bestätigte seine Ansicht hinsichtlich der Berücksichtigung individueller Schadenspositionen noch einmal explizit und bejahte die Qualifikation des § 250 Abs. 1 Nr. 1c StGB.

Dem Urteil lag der Sachverhalt zugrunde, dass die beiden Angeklagten den Plan fassten „*dem nächsten Passanten mittels Gewalt Geld wegzunehmen (...). Der Angeklagte K. schlug mit der Faust in das Gesicht des Rentners, so daß das Opfer mit dem Kopf auf die Bordsteinkante stürzte, wodurch zwei Zähne aus dessen Prothese herausfielen. Sodann trat er mit seinen Füßen, an denen er Turnschuhe trug, auf den Oberschenkel und in den Rücken des am Boden liegenden Geschädigten, und schlug auf ihn ein. Der Angeklagte W. stand in einer Entfernung von einigen Metern "wie unbeteiligt dabei", da er erkannt hatte, daß der Angeklagte K. dem Opfer weit überlegen war und deswegen "weder tatkräftige 'Hilfe' noch Ansporn benötigte, um für beide das erhoffte Geld zu erlangen"."*[2023] Hinsichtlich der Folgen der Tat stellte das Tatgericht fest, dass das Opfer eine Gehirnerschütterung, Risswunden in der Nasenscheidewand und an der Augenbraue, zahlreiche Blutergüsse und Prellungen davontrug. Zudem führte die körperliche Misshandlung zu einem dauerhaft stark erhöhten Blutdruck des Opfers.

Unter Berufung auf BGH NJW 2002, 2043 betonte der BGH in BGH NStZ 2003, 662 erneut, dass individuelle Schadensdispositionen des Opfers zu berücksichtigen seien. Er führt ebenfalls aus, dass „*sich die Gesundheitsgefahren, die durch eine mit Gewaltausübung verbundene Raubhandlung für ein gesundes, im Vollbesitz seiner körperlichen und geistigen Kräfte befindliches Opfer begründet werden, deutlich von denjenigen unterscheiden, die durch eine vergleichbare Handlung beispielsweise für einen alten Menschen oder einen durch Krankheit oder sonstige körperliche Gebrechen geschwächten Betroffenen eintreten. Hier hätte der Tatrichter bedenken müssen, daß der Angeklagte K. das 72jährige Opfer so heftig mit der Faust ins Gesicht geschlagen hat, daß dieses mit dem Kopf auf die Bordsteinkante stürzte und eine Gehirnerschütterung davontrug. Wie die Revision zu Recht beanstandet, liegt unter diesen Umständen - zumal bei einem älteren Menschen - die Gefahr schwerer Kopfverletzungen nicht fern*“.[2024] Der BGH hält somit bei der vorliegenden Handlung den Eintritt einer bestimmten Verletzung nicht nur allgemein für wahrscheinlich, son-

---

2023 BGH NStZ 2003, 662, 663.
2024 BGH NStZ 2003, 662, 663.

dern er hält deren Eintritt insbesondere bei einem älteren Menschen für naheliegend. Worin genau die gesteigerte Gefahr einer Verletzung des Kopfes bei fortgeschrittenem Alter des Opfers liegt, führt er im Folgenden jedoch nicht näher aus und belässt es lediglich bei dieser Feststellung. Ob der fortan stark erhöhte Blutdruck des Opfers allein für die Qualifikation des § 250 StGB ausreichend wäre, ergibt sich aus dem Urteil ebenfalls nicht, allerdings ist angesichts der Beachtung der individuellen Schadensdispositionen hiervon auszugehen. Der Faustschlag in das Gesicht eines älteren Menschen erfüllt somit die Qualifikation des § 250 Abs. 1 Nr. 1c StGB.

bb) Körperverletzungsdelikte gem. §§ 223 ff. StGB

Im Rahmen einer Körperverletzung i.S.v. § 223 StGB muss der Täter sein Opfer ebenfalls so nehmen, wie es ist, auch wenn es eine schwache Konstitution hat und die Körper- oder Gesundheitsverletzung nur aus diesem Grund eintritt. Es wird an den *„status quo der körperlichen Befindlichkeit des Opfers bei Begehung der Tat"* angeknüpft,[2025] so dass auch eine (vorsätzlich, rechtswidrig und schuldhaft herbeigeführte) Verschlechterung eines bereits angegriffenen körperlichen Zustandes des Opfers zu einer Verwirklichung von § 223 StGB führt.[2026] Es handelt sich auch nicht um einen atypischen Kausalverlauf, wenn das ältere Opfer besonders anfällig für Verletzungen ist und diese entsprechend schwerer ausfallen als dies bei einem jüngeren Menschen der Fall wäre. Da sich ein solches Geschehen *„innerhalb der Grenzen des nach allgemeiner Lebenserfahrung Vorhersehbaren hält und keine andere Bewertung der Tat rechtfertigt"*,[2027] liegt eine nur unwesentliche Abweichung des vorgestellten vom tatsächlichen Geschehensablauf vor.

Im Rahmen der Qualifikation des § 224 Abs. 1 Nr. 5 StGB (*„mittels einer das Leben gefährdenden Behandlung"*) wäre fraglich, wie es sich auswirkt, wenn die Behandlung allein deswegen lebensgefährlich war, weil sie für ein altes und schwaches Opfer bereits eine unmittelbare Lebensge-

---

2025 Eschelbach in: BeckOK StGB, § 223 Rn. 1; so auch Wolters in: SK-StGB Bd. 4, § 223 Rn. 24.

2026 BGH NJW 1960, 2253; s. auch Grünewald in: LK StGB Bd. 7, § 223 Rn. 30; Joecks (Hardtung) in: MüKo StGB, § 223 Rn. 7; Kühl in: Lackner/Kühl StGB, § 223 Rn. 5; Sternberg-Lieben in: Schönke/Schröder StGB, § 223 Rn. 5.

2027 BGH NStZ 2016, 721, 722; s. auch Sternberg-Lieben/Schuster in: Schönke/Schröder StGB, § 15 Rn. 55; Joecks in: MüKo StGB, § 16 Rn. 83.

fahr in sich trug, dies bei einem jungen und daher „strapazierfähigeren“ Menschen jedoch noch nicht unbedingt diesen weitreichenden Charakter gehabt hätte. Unabhängig von der Frage, ob man eine konkrete oder abstrakte Gefahr fordert[2028], wirkt sich eine tatsächlich gegebene schwache Konstitution des Opfers aus, da *„vor allem die individuelle Schädlichkeit der Einwirkung gegen den Körper des Verletzten zu berücksichtigen“* ist,[2029] worunter Konstitution im Sinne von Alter und Vorschädigungen des Opfers fallen.[2030] Sofern also für einen älteren Menschen aufgrund seiner altersbedingt schwächeren Disposition unmittelbar auf der Körperverletzungshandlung basierend eine Lebensgefahr besteht, ist die Qualifikation zu bejahen.

Nach wohl h.M. ist § 225 StGB (Misshandlung von Schutzbefohlenen) zumindest im Rahmen der Zufügung körperlicher Schmerzen eine weitere Qualifikation zu § 223 StGB.[2031] Der von § 225 StGB geschützte Personenkreis sind nicht nur Minderjährige, sondern unabhängig vom Alter auch solche Personen, die wegen Krankheit oder Gebrechlichkeit gegenüber Angriffen auf ihre körperliche Unversehrtheit wehrlos sind.[2032] Wehrlos ist eine Person dann, wenn sie sich aufgrund von Krankheit oder Gebrechlichkeit nicht oder nicht in sachgemäßer Weise wehren kann.[2033] Unter Gebrechlichkeit versteht man die Störung der physischen Gesundheit durch Alter oder körperliche Behinderung, die ihren Ausdruck in einer erheblichen Beeinträchtigung der Bewegungsfähigkeit findet und einen dauerhaften Befund liefert.[2034] Krankheit hingegen ist jeder pathologische

2028 Zur Frage der konkreten oder abstrakten Gefahr s. für viele Gründewald in: LK StGB Bd. 7, § 224 Rn. 3; Eschelbach in: BeckOK StGB, § 224 Rn. 42.

2029 BGH NStZ 2013, 345, 345.

2030 Stree/Sternberg-Lieben in: Schönke/Schröder StGB, § 224 Rn. 12; vgl. auch Eschelbach in: BeckOK StGB, § 224 Rn. 42; Kühl in: Lackner/Kühl StGB, § 224 Rn. 8.

2031 Grünewald in: LK StGB Bd. 7, § 225 Rn. 1; bei der Zufügung rein seelischer Schmerzen handelt es sich hingegen um einen eigenen Tatbestand, s. hierzu für viele Hardtung in: MüKo StGB, § 225 Rn. 3; Grünewald in: LK StGB Bd. 7, § 225 Rn. 1; kritisch hierzu Paeffgen/Böse in: NK-StGB, § 225 Rn. 3.

2032 Eschelbach in: BeckOK StGB, § 225 Rn. 1; Hardtung in: MüKo StGB, § 225 Rn. 4; Grünewald in: LK StGB Bd. 7, § 225 Rn. 2.

2033 Eschelbach in: BeckOK StGB, § 225 Rn. 3; Hardtung in: MüKo StGB, § 225 Rn. 4; Paeffgen/Böse in: NK-StGB, § 225 Rn. 11; Wolters in: SK-StGB Bd. 4, § 225 Rn. 3.

2034 Eschelbach in: BeckOK StGB, § 225 Rn. 4; Paeffgen/Böse in: NK-StGB, § 225 Rn. 10; vgl. auch Hardtung in: MüKo StGB, § 225 Rn. 4; Wolters in: SK-StGB Bd. 4, § 225 Rn. 3.

Zustand von medizinischer Bedeutung, der zu Wehrlosigkeit führt.[2035] Zudem setzt § 225 Abs. 1 StGB ein besonderes Schutzverhältnis zwischen Täter und Opfer i.S.v. § 225 Abs. 1 Nr. 1-4 StGB voraus sowie ein Quälen, rohes Misshandeln oder eine Gesundheitsschädigung durch böswillige Vernachlässigung der Sorgepflicht als Tathandlung.[2036]

Wenn durch die Tat des § 225 Abs. 1 StGB die Gefahr des Todes oder einer schweren Gesundheitsschädigung verwirklicht wurde, ist die Qualifikation des § 225 Abs. 3 Nr. 1 StGB zu prüfen. Diese setzt eine auf medizinischen Befunden basierende konkrete Gefahr voraus, deren Verwirklichung nur noch vom Zufall abhängt.[2037] Sofern die konkrete Gefahr auf einer durch die Tat messbaren Steigerung der individuellen Schadensdispositionen des Opfers beruht, hindert dies nicht die Verwirklichung der Qualifikation.[2038] Aus diesem Grund kommt dem Anwendungsbereich von § 225 Abs. 3 Nr. 1 StGB im Pflegebereich besondere Relevanz zu.[2039] Demnach werden ältere Menschen im Rahmen von Pflegebeziehungen vor schweren Gesundheitsschädigungen und Tod durch § 225 Abs. 3 Nr. 1 StGB besonders geschützt.

Auf die Erfolgsqualifikation der schweren Körperverletzung gem. § 226 StGB sowie die Körperverletzung mit Todesfolge gem. § 227 StGB lässt sich die Rechtsprechung zu den individuellen Schadensdispositionen ebenfalls übertragen.[2040] Tritt also lediglich aufgrund der geschwächten Konstitution eines älteren Menschen durch eine Körperverlerzung eine Folge des § 226 Abs. 1 Nr. 1-3 StGB oder der Tod ein, kann dies aufgrund der Einschlägigkeit der Qualifikationen des §§ 226 f. StGB härter bestraft werden als eine einfache Körperverletzung nach § 223 StGB.

cc) Tötungsdelikte

Bei den gegen das Leben gerichteten Delikten ist zunächst die fahrlässige Tötung § 222 StGB interessant, da gemäß Statistik gerade ältere Menschen

---

2035 Eschelbach in: BeckOK StGB, § 225 Rn. 5; Kühl in: Lackner/Kühl StGB, § 225 Rn. 2; Grünewald in: LK StGB Bd. 7, § 225 Rn. 3.

2036 Wolters in: SK-StGB Bd. 4, § 225 Rn. 9 ff.

2037 Grünewald in: LK StGB Bd. 7, § 225 Rn. 27; Eschelbach in: BeckOK StGB, § 225 Rn. 32; Wolters in: SK-StGB Bd. 4, § 225 Rn. 23.

2038 BGH NStZ 2017, 282, 283; s. auch Eschelbach in: BeckOK StGB, § 225 Rn. 33.

2039 Eschelbach in: BeckOK StGB, § 225 Rn. 33.

2040 Zu § 227 StGB vgl. BGH NStZ 197, 341; ähnlich die Berücksichtigung individueller Körpereigenschaften, Wolters in: SK-StGB Bd. 4, § 226 Rn. 10.

Opfer dieses Deliktes werden.[2041] Hier ergeben sich grundsätzlich keine Probleme, dem Täter eine individuelle Schadensdisposition, die zu einem besonders leichten Todeseintritt führt, zuzurechnen.[2042]

§ 221 StGB pönalisiert die Aussetzung. Nach Abs. 1 macht sich strafbar, wer eine Person in eine hilflose Lage versetzt oder sie pflichtwidrig in dieser im Stich lässt und sie hierdurch in die Gefahr des Todes oder einer schweren Gesundheitsschädigung bringt. Diese Hilflosigkeit kann unter anderem gerade auch auf Gebrechlichkeit[2043] oder sehr hohen Alter[2044] beruhen. Atypische Kausalverläufe verhindern die Bejahung des für § 221 Abs. 1 StGB notwendigen Gefahrzusammenhanges.[2045] Jedenfalls bei offensichtlicher Gebrechlichkeit eines älteren Menschen besteht daher der notwendige Gefahrzusammenhang. § 221 Abs. 2 Nr. 2 StGB sowie § 221 Abs. 3 StGB sind einschlägig im Falle einer Gefahrverwirklichung, d.h. wenn das Opfer der Aussetzung tatsächlich eine schwere Gesundheitsschädigung erleidet oder stirbt. Auch bei § 221 StGB stehen individuelle Schadensdispositionen einer Tatbestandsverwirklichung nicht im Wege.[2046]

dd) Brandstiftungsdelikte gem. §§ 306 ff. StGB

Fraglicher ist es, wie es sich bei den Brandstiftungsdelikten i.S.v. § 306b Abs. 1 StGB („*schwere Gesundheitsschädigung*"), Abs. 2 Nr. 1 StGB („*Gefahr des Todes*") sowie § 306c StGB („*wenigstens leichtfertig den Tod*") StGB verhält. Bei diesen Normen muss sich die brandspezifische Gefahr verwirklicht haben, d.h. in der Gefährdung muss sich gerade das der Brandstiftungshandlung innewohnende Risiko verwirklicht haben.[2047]

2041 Siehe ausführlich *2. Teil: B III 2 a bb*.

2042 Vgl. Bluter-Fall des RGSt 54 349; OLG Stuttgart NJW 1956, 1451, 1452; siehe auch für viele Eschelbach in: BeckOK StGB, § 222 Rn. 21; Krüger in: LK StGB Bd. 7, § 222 Rn. 39.

2043 OLG Zweibrücken, NJW 1998, 841; Eschelbach in: BeckOK StGB, § 221 Rn. 5; Wessels/Hettinger/Engländer, 42. Aufl., § 3, Rn. 219; nach der h.M. ist die hilflose Lage in Nr. 1 und Nr. 2 jeweils identisch zu verstehen, siehe hierzu Krüger in: LK StGB Bd. 7, § 221 Rn. 40 m.w.N.

2044 Wolters in: SK-StGB Bd. 4, § 221 Rn. 3.

2045 Krüger in: LK StGB Bd. 7, § 221 Rn. 68; Eschelbach in: BeckOK StGB, § 221 Rn. 21.

2046 Neumann/Saliger in: NK-StGB, § 221 Rn. 33 m.w.N.; Krüger in: LK StGB Bd. 7, § 221 Rn. 67.

2047 Heine/Bosch in: Schönke/Schröder StGB, § 306a Rn. 20; Radtke in: MüKo StGB, § 306a Rn. 52; Wessels/Hettinger/Engländer, § 21, Rn. 1003.

Dies ist in etwa zu bejahen bei Gefahr durch Einstürzen des Tatobjektes. Darüber hinaus besteht der Gefahrzusammenhang aber auch dann, wenn die konkrete Gesundheitsgefahr ihre Ursache in den Verhaltensweisen des Rechtsgutsinhabers findet, die darauf abzielen, sich den möglichen negativen Wirkungen der Tat auf seine Rechtsgüter zu entziehen, so wie bei einem lebensrettender Sprung aus dem Fenster eines brennenden Hauses.[2048] Sofern ein älteres Opfer zum Beispiel aufgrund von schwerfälligem Gehen oder Demenz nicht in der Lage ist sich vor einem Brand in Sicherheit zu bringen, obwohl einem jungen und gesunden Opfer dies durchaus möglich gewesen wäre, realisiert sich hierin die spezifische Brandgefahr. Denn ebenso wenig wie der Sturz von einer Treppe während der Flucht, ist eine die Flucht von vornherein einschränkende Opferkonstitution ein völlig atypischer Kausalverlauf, der den Gefahrzusammenhang unterbrechen würde.

ee) Strafzumessung gem. § 46 Abs. 2 StGB

§ 46 Abs. 2 S. 2 StGB gestattet im Rahmen der *„verschuldeten Auswirkungen der Tat"* grundsätzlich auch eine Beachtung des quantitativen sowie des qualitativen Ausmaßes der Folgen einer Straftat. Damit ist auch die Möglichkeit eröffnet, die Schwere einer Verletzung aufgrund eines Gewaltdeliktes wertend miteinzubeziehen.[2049] Insofern kann also grundsätzlich erfasst werden, dass ein Opfer altersbedingt eine schwerere Verletzung davon getragen hat.

ff) Extremfall: auf Bettlägerigkeit beruhende, tödliche Lungenentzündung/-embolie o.Ä.

Fraglich ist, ob auch das extreme (aber keinesfalls ungewöhnliche) Beispiel, dass ein älterer Mensch aufgrund von Gewalteinwirkung, etwa bei einem Raubüberfall, mit dem Ziel einer älteren Dame die Handtasche zu entreissen, stürzt, sich den Oberschenkelhals bricht und erst infolge der damit verbundenen Bettlägerigkeit an einer Lungenentzündung verstirbt, von den bestehenden Regelungen erfasst wird. Denkbar wäre insbesondere

2048 Radtke in: MüKo StGB, § 306a Rn. 52; Heine/Bosch in: Schönke/Schröder StGB, § 306a Rn. 20.

2049 Eingehender hierzu *3. Teil: B III 2 c bb bbb.*

eine schwere Gesundheitsschädigung i.S.v. § 250 Abs. 1 Nr. 1c StGB, aber auch die Verwirklichung von § 250 Abs. 2 Nr. 3b StGB, der die konkrete Lebensgefahr erfasst.

- Fraglich ist, ob § 250 Abs. 1 Nr. 1c StGB („*Gefahr einer schweren Gesundheitsschädigung*") zu bejahen ist. Unter einer Gesundheitsschädigung versteht man das Hervorrufen oder Steigern eines pathologischen, d.h. eines nachteilig von den normalen körperlichen Funktionen abweichenden Zustandes körperlicher oder seelischer Art.[2050] Schwer ist eine solche, wenn eine der in § 226 StGB genannten oder eine in der Schwere vergleichbare gesundheitliche Beeinträchtigung vorliegt.[2051] Der Tod des Opfers ist die wohl schwerste denkbare Gesundheitsschädigung. Indem er sich realisiert hat, hat sich gezeigt, dass sein Eintritt nur vom Zufall abhing und somit eine konkrete Gefahr vorlag.[2052]
  Die Gefahr der schweren Gesundheitsschädigung müsste gem. Worlaut des § 250 Abs. 1 Nr. 1c StGB auch „*durch die Tat*" herbeigeführt worden sein. Zunächst einmal bedeutet dies, dass Kausalität i.S.d. „conditio sine qua non"-Formel vorliegen müsste, zudem wird aber auch das Vorliegen eines Unmittelbarkeitszusammenhangs zwischen dem Raub und der konkreten Gefahr gefordert.[2053] Eine Mindermeinung lässt hierfür (zumindest in Ausnahmefällen) ausreichen, dass die Gefahr durch die Wegnahme selbst geschaffen wird.[2054] Die h.M. fordert allerdings, dass die Gefahr immer durch die auf die Verwirklichung des Raubes gerichtete Nötigungshandlung geschaffen werden muss.[2055] Vorliegend kommt ohnehin nur die Handlung des Entreißens als Anknüpfungspunkt in Betracht, so dass dieser Streit dahinstehen kann. Da die Nötigungshandlung des Entreißens der Tasche nicht hinweggedacht werden kann, ohne dass der Tod durch die Lungenentzündung entfiele, ist die Kausalität an sich zu bejahen. Fraglich ist allerdings

---

2050 Sinn in: SK-StGB Bd. 5, § 250 Rn. 35; Sander in: MüKo StGB, § 250 Rn. 47 f.

2051 Sander in: MüKo StGB, § 250 Rn. 47 f.; Sinn in: SK-StGB Bd. 5, § 250 Rn. 35; kritisch hierzu Vogel in: LK StGB Bd. 7, § 250 Rn. 20.

2052 Vgl. Wittig in: BeckOK StGB StGB, § 250 Rn. 7; Bosch in: Schönke/Schröder StGB, § 250 Rn. 21.

2053 Wittig in: BeckOK StGB, § 250 Rn. 7; Kindhäuser in: NK-StGB, § 250 Rn. 10.

2054 Sander in: MüKoStGB StGB, § 250 Rn. 52; Kühl in: Lackner/Kühl StGB, § 250 Rn. 3; vgl. Vogel in: LK StGB Bd. 7, § 250 Rn. 24; Sinn in: SK-StGB Bd. 5, § 250 Rn. 38.

2055 Wittig in: BeckOK StGB StGB, § 250 Rn. 7; Sander in: MüKo StGB, § 250 Rn. 51 f.; Kindhäuser in NK-StGB, § 250 Rn. 10; Vogel in: LK StGB Bd. 7, § 250 Rn. 24.

die Unmittelbarkeit. Nach der oben ausgeführten Rechtsprechung des BGH sind hierbei individuelle Schadensdispositionen, also auch die besondere Vulnerabilität eines älteren Menschen, miteinzubeziehen.[2056] Die individuelle Schadensposition des Opfers, nämlich dass es älter und gebrechlicher ist, hat vorliegend dazu geführt, dass der auf der Nötigungshandlung (Entreißen der Tasche) beruhende Oberschenkelhalsbruch zu der für das Opfer lebensgefährdenden und –beendenden Bettlägerigkeit führte. Es handelt sich auch nicht um einen atypischen Kausalverlauf, da ein derartiges Geschehen definitiv noch innerhalb der Grenzen des nach allgemeiner Lebenserfahrung Voraussehbaren und sogar eine typische Folge bei älteren Menschen ist (Adäquanzurteil).[2057] So gesehen ließe sich argumentieren, dass bei einer derartigen Kette noch von einem unmittelbaren Zusammenhang gesprochen werden kann. Sofern der Täter zudem Gefährdungsvorsatz hatte bzw. erkannt hat, dass die Gefahr auf den individuellen Schadensdispositionen beruht,[2058] wäre auch der subjektive Tatbestand zu bejahen. Naheliegender ist es jedoch trotz besagter BGH-Rechtsprechung den Unmittelbarkeitszusammenhang zu verneinen. Dies deswegen, weil die individuelle Schadensposition eben nur bezüglich einer unmittelbaren Gefahr einer schweren Gesundheitsschädigung zum Tragen kommen. Vorliegend haftet der Tathandlung, dem Entreißen einer Tasche, aber keinesfalls eine derart schwere Gefahr an, auch dann nicht, wenn das Opfer ein älterer und gebrechlicher Mensch ist. Zu viele unabwägbare weitere Faktoren im Rahmen des Genesungsverlaufs müssen hinzu kommen, denn die Lungenentzündung ist der Handlung keinesfalls immanent, so dass lediglich eine mittelbare Kausalität gegeben ist. Die Qualifikation ist daher zu verneinen.

Wandelt man den Ausgangsfall dahingehend ab, dass die Bettlägerigkeit nicht zu einer tödlichen Erkrankung geführt hat, scheidet die Norm von vorneherein aus. Es wäre bereits fraglich, ob der Tathandlung die abstrakte Gefahr eines tödlichen Oberschenkelhalsbruchs anhaftet, keinesfalls besteht aber eine dahingehende konkrete Gefahr.

- Daneben ist auch der Qualifikationstatbestand des § 250 Abs. 2 Nr. 3b StGB („*durch die Tat in die Gefahr des Todes bringt*") zu prüfen. An

---

2056 BGH NJW 2002, 2043; BGH NStZ 2003, 662; vgl. auch Kindhäuser in: NK-StGB, § 250 Rn. 10 m.w.N.; Sinn in: SK-StGB Bd. 5, § 250 Rn. 35.

2057 Vgl. BGHSt 7, 325 = NJW 1955, 1077, 1078; Kühl in: Lackner/Kühl StGB, § 15 Rn. 11.

2058 BGH NStZ 2002, 542, 543; Wittig in: BeckOK StGB StGB, § 250 Rn. 7 m.w.N.

sich ergeben sich keine Unterschiede zu den Voraussetzungen des § 250 Abs. 1 Nr. 1c StGB, außer insofern, dass die konkrete Gefahr nicht mehr nur eine schwere Gesundheitsschädigung, sondern Tod erfassen muss.[2059] Die konkrete Lebensgefahr ist erneut gegeben, da sich die Gefahr des Todes mit dem Todeseintritt sogar verwirklicht hat. Zu der Frage, ob sie hier auch „*durch die Tat*" entstanden ist, d.h. unmittelbar auf der Nötigungshandlung beruht[2060] und vom (zumindest bedingten) Vorsatz des Täters umfasst ist,[2061] kann nach oben verwiesen werden. Die Qualifikation ist zu verneinen.

- Zu denken ist nun noch an die Erfolgsqualifikation[2062] des Raubes mit Todesfolge gem. § 251 StGB. Fraglich ist hier lediglich der spezifische Gefahrzusammenhang bzw. Unmittelbarkeitszusammenhang, für dessen Vorliegen sich im tödlichen Ausgang gerade die tatbestandspezifische Gefahr eines Raubes verwirklicht haben muss. Auch hier muss die spezifische Gefahr nach der h.M. auf der Nötigungshandlung beruhen, so dass ein lediglich wegnahmebedingter Tod nicht ausreichend ist[2063] Im Übrigen kann ebenfalls auf die obigen Ausführungen verwiesen werden, so dass die Verwirklichung von § 251 StGB zu verneinen ist.
- Fraglich ist, ob des Weiteren §§ 223 Abs. 1, 224 Abs. 1 Nr. 5 StGB („*mittels einer das Leben gefährdenden Behandlung*") erfüllt wäre. Es ist strittig, ob die Handlung eine konkrete Lebensgefahr hervorrufen muss oder diese nur objektiv generell, d.h. abstrakt dazu geeignet sein muss. Nach einer Mindermeinung in der Literatur muss eine konkrete Gefahr vorliegen.[2064] Folgt man dieser und stellt entsprechend dem Wortlaut der Norm sehr restriktiv darauf ab, dass die Handlung (Entreißen der Handtasche) bereits eine konkrete Lebensgefahr beinhalten muss, so ist die Qualifikation im vorliegenden Fall eindeutig zu verneinen.

2059 Sander in: MüKo StGB StGB, § 250 Rn. 67; Vogel in: LK StGB Bd. 7, § 250 Rn. 40; Sinn in: SK-StGB Bd. 5, § 250 Rn. 60.

2060 Wittig in: BeckOK StGB, § 250 Rn. 16 i.V.m. Rn. 7; Kindhäuser in: NK-StGB, § 250 Rn. 24; Bosch in: Schönke/Schröder StGB, § 250 Rn. 34.

2061 BGH NStZ 2002, 542; Wittig in: BeckOK StGB, § 250 Rn. 8; Kindhäuser in: NK-StGB § 250 Rn. 14.

2062 Für viele Kühl in: Lackner/Kühl StGB, § 251 Rn. 1.

2063 Wittig in: BeckOK StGB, § 251 Rn. 4; Bosch in: Schönke/Schröder StGB, § 251 Rn. 4; Kühl in: Lackner/Kühl StGB, § 251 Rn. 1.

2064 Kindhäuser in: NK-StGB, § 224 Rn. 28 (m.w.N. in Rn. 27).

Nach anderer, herrschender Ansicht in Literatur und Rechtsprechung ist allerdings eine abstrakte Gefahr ausreichend.[2065] Danach handelt es sich nicht um ein konkretes Gefährdungsdelikt und die Behandlung muss nur im konkreten Fall unter Einbezug der Umstände des Einzelfalls objektiv dazu geeignet sein, das Leben zu gefährden,[2066] so dass letztlich weniger als eine konkrete Gefährdung, aber mehr als eine abstrakte vorausgesetzt wird.[2067] Sofern die Körperverletzungshandlung selbst nicht lebensgefährlich ist, sondern nur die durch sie verursachte Gefahr, soll Nr. 5 abzulehnen sein.[2068] Individuelle Besonderheiten beim Tatopfer sind miteinzubeziehen, wenn sie im Vergleich zu einer „einfachen" Körperverletzung das Gefahrenpotential der Handlung eindeutig erhöhen, so etwa die Konstitution des Opfers (z.B. Alter und Vorschädigungen).[2069] Es ist daher durchaus vertretbar es als irrelevant anzusehen, dass ein jüngerer Mensch an dem Oberschenkelhalsbruch und der daraus resultierenden Bettlägerigkeit allein wohl nicht verstorben wäre, wenn im konkreten Fall ein älterer, in seiner Konstitution bereits geschwächter Mensch gerade schon daran stirbt. Der Täter muss das Opfer also so nehmen wie es ist, auch wenn es besonders anfällig ist. Andererseits lässt sich – nach vorliegender Ansicht überzeugender - ebenso argumentieren, dass nur das Entreißen der Tasche selbst noch keine lebensgefährliche Behandlung ist und nur durch deren Folge, den Oberschenkelhalsbruch, die höchstens abstrakte Gefahr einer Lungenentzündung infolge Bettlägerigkeit verursacht wird, die dann ihrerseits die abstrakte Gefahr eines tödlichen Ausgangs in sich trägt. Danach wäre die Qualifikation zu verneinen.
Sofern man die Qualifikation dennoch bejahen möchte, müsste der Täter zumindest Eventualvorsatz gehabt haben. Nach der Rechtsprechung

2065 BGHSt 36,9 = NJW 1989, 781; Kindhäuser in: NK-StGB, § 224 Rn. 27 m.w.N.; Dölling in: Dölling u.a., § 224 StGB Rn. 6 m.w.N.; Sternberg-Lieben in: Schönke/Schröder StGB, § 224 Rn. 1b, Rn. 12 m.w.N; Grünewald in: LK StGB Bd. 7, § 224 Rn. 3.

2066 BGH NStZ 2004, 618; BGH Beschl. v. 25.10.2011 – 4 StR 455/11, BeckRS 2011, 27459; Sternberg-Lieben in: Schönke/Schröder StGB, § 224 Rn. 12; Wessels/Hettinger/Engländer, § 5, Rn. 244.

2067 Sternberg-Lieben in: Schönke/Schröder StGB, § 224 Rn. 12; vgl. auch Grünewald in: LK StGB Bd. 7, § 224 Rn. 3.

2068 BGH NStZ 2007, 34, 35; Fischer, § 224 Nr. 12 m.w.N.; Wessels/Hettinger/Engländer, % 5, RN. 244; siehe zu einer Auflistung an Beispielen Paeffgen/Bös in: NK-StGB, § 224 Rn. 29 ff.

2069 Kühl in: Lackner/Kühl StGB, § 224 Rn. 8; Sternberg-Lieben in: Schönke/Schröder StGB, § 224 Rn. 12; Vgl. auch Grünewald in: LK StGB Bd. 7, § 224 Rn. 34.

genügt es für den Vorsatz, wenn der Täter von den Umständen, die die Lebensgefahr begründen, Kenntnis hatte.[2070] Der Täter müsste also Kenntnis davon haben, dass es sich um ein älteres und daher anfälligeres Opfer handelt. Dies dürfte in der Regel der Fall sein, wenn das Opfer offensichtlich betagt ist, dies ist jedoch nicht zwingend, wenn es sich um eine (augenscheinlich) jung(gebliebene), fitte und agile Person handelt, der man ihr Alter und damit verbundenen Abbauerscheinungen nicht sofort ansieht. Ein Vorsatz kann also unter Umständen zu verneinen sein. Zu beachten ist auch, dass eine andere Ansicht für die Qualifikation voraussetzt, dass der Täter die Lebensgefährlichkeit der Handlung (zumindest im Rahmen einer Parallelwertung in der Laiensphäre) wollte.[2071] Auch dies kann unter Umständen sehr fraglich sein.

- Des Weiteren wäre an eine Körperverletzung mit Todesfolge gem. § 227 Abs. 1 StGB zu denken. Der Erfolg (Tod) ist objektiv zurechenbar und kausal i.S.d. conditio sine qua non Formel eingetreten. Bei diesem Tatbestand könnte jedoch der tatbestandsspezifische Gefahrzusammenhang zwischen Körperverletzung und Todesfolge problematisch sein (Unmittelbarkeitszusammenhang).[2072] Welche Anforderungen hieran zu stellen sind, ist strittig.
  Nach der sog. *Letalitätstheorie*, die sich auf den Wortlaut beruft, muss bereits die Körperverletzung als solche aus sich heraus einen tödlichen Ausgang nehmen können, d.h., der Tod muss das Resultat des Körperverletzungserfolges, hier des Oberschenkelhalsbruch, sein.[2073] Dies wäre vorliegend zu verneinen, da der Tod nicht aufgrund des Bruchs selbst, sondern erst aufgrund der Lungenentzündung eintrat. Eine Strafbarkeit würde ausscheiden.
  Nach BGHSt 31, 96 = NJW 1982, 2831 (Hochsitzfall)[2074] hingegen muss der Erfolg des Todes bei § 227 StGB an die Körperverletzungs-

---

2070 BGHSt 19, 352 = NJW 1964, 1631; Fischer § 224; Grünewald in: LK SGB Bd. 7, § 224 Rn. 13. Rn. 39; Wessels/Hettinger/Engländer, § 5, Rn. 246.

2071 Hardtung in: MüKoStGB StGB, § 224 Rn. 52; Küpper/Börner, S. 68.

2072 Vgl. Sternberg-Lieben in: Schönke/Schröder StGB, § 227 Rn. 3; Eschelbach in: BeckOK StGB, § 227 Rn. 7; Grünewald in: LK StGB Bd. 7, § 227 Rn. 6.

2073 Ausführlich hierzu Grünewald in: LK StGB Bd. 7, § 227 Rn. 7 f.; Sternberg-Lieben in: Schönke/Schröder StGB, § 227 Rn. 5; Kühl in: Lackner/Kühl StGB, § 227 Rn. 2; „Art und Schwere der Verletzung“, Hardtung in: MüKoStGB StGB, § 227 Rn. 16; so auch Wessels/Hettinger/Engländer, § 5, Rn. 268.

2074 Sachverhalt: Der Angeklagte warf den Hochsitz um, auf dem sein Onkel saß. Dieser fiel herunter und brach sich dabei den rechten Knöchel. Nach

handlung und nicht an den Körperverletzungserfolg anknüpfen.[2075] Damit dieser erfüllt ist, müsste der Körperverletzung die spezifische Gefahr anhaften, zum Tod des Verletzten zu führen und gerade diese Gefahr müsste sich verwirklicht haben.[2076] Danach könnte man den Unmittelbarkeitszusammenhang bejahen, da das Entreißen der Tasche letztlich zum Tod des Opfers geführt hat und es sich bei der Tatsache, dass ein Opfer sich einen derartigen Bruch zuzieht und die Bettlägerigkeit zu einer tödlichen Lungenentzündung führte, bei einem älteren Menschen keinesfalls um einen besonders außergewöhnlichen Verlauf handelt und insofern als spezifisch bezeichnet werden könnte. Selbst wenn von Dritten (z.B. dem behandelnden Arzt) nicht bedacht oder erkannt werden würde, dass es zu einem solchen Verlauf kommen kann, und dementsprechend keine Gegenmaßnahmen ergriffen würden, ist dies noch nicht so außergewöhnlich, dass der Zurechnungszusammenhang unterbrochen wäre.[2077] Der Fall, dass die Körperverletzungshandlungen nur zusammen mit einer Vorschädigung des Opfers dessen Tod herbeigeführt haben, soll der Zurechnung gem. BGH NStZ 1997, 341[2078] dabei ausdrücklich nicht entgegenstehen. Demnach ist es unschädlich, wenn altersbedingte körperliche Beeinträchtigungen dazu führen, dass die Tat tödlich endet.[2079] Mindestens Fahrlässigkeit i.S.v. § 18 StGB ist dementsprechend auch gegeben, da eine objektive Erkennbarkeit des Gefahrzusammenhangs und eine objektive Vorher-

einer operativen Behandlung war der Verletzte fast ausschließlich bettlägerig. Letztlich verstarb er an Herz-Kreislauf-Versagen infolge einer Lungenembolie und Lungenentzündung, die sich in Abhängigkeit zu dem verletzungsbedingten längeren Krankenlager und mangels ätzlicher Gegenmaßnahmen entwickelten. Darüber hinaus wurden bei dem Verstorbenen altersbedingte Verschleißerscheinungen am Herz- und Kreislaufsystem festgestellt.

2075 Ebenso in BGHSt 14, 110 = NJW 1960, 1068 (Pistolenfall); vgl. auch Kühl in: Lackner/Kühl StGB, § 227 Rn. 2 m.w.N.; Grünewald in: LK StGB Bd. 7, § 227 Rn. 9; Wolters in: SK-StGB Bd. 4, § 227 Rn. 7.

2076 BGHSt 31, 96, 99 = NJW 1982, 2831, 2381; Sternberg-Lieben in: Schönke/Schröder StGB, § 227 Rn. 3; Eschelbach in: BeckOK StGB StGB, § 227 Rn. 7.

2077 So BGHSt 31, 96 = NJW 1982, 2831.

2078 Hier rechnete der BGH den „psychogenen" Tod aufgrund der durch Verletzungen verursachten Aufregungen und Angstzustände mit der Folge eines Herzinfarkts dem Täter zu, vgl. auch Wessels/Hettinger/Engländer, § 5, Rn. 270.

2079 BGH NStZ 1997, 341; Eschelbach in: BeckOK StGB, § 227 Rn. 8; a.A. Wessels/Hettinger/Engländer, § 5, Rn. 270, der hier gerade nicht die Verwirklichung einer spezifischen Lebensgefährlichkeit des Täterverhaltens im Erfolg sieht.

sehbarkeit der schweren Folge dann regelmäßig ebenfalls gegeben sein werden.[2080]
Allerdings hat der BGH im Hochsitzfall darauf abgestellt, dass die Körperverletzungshandlung selbst, also das Umstoßen des 3,50 m hohen Hochsitzes, bereits lebensgefährlich war, auch wenn der darauf beruhende Verletzungserfolg nicht sofort zum Tod, sondern zunächst nur zu einem Knöchelbruch geführt hat und der Tod sodann auf dem Hinzutreten weiterer Umstände beruhte.[2081] Im vorliegenden Fall ist das Entreißen der Handtasche alleine aber wohl gerade noch nicht als lebensgefährlich einzustufen, so dass es höchst fraglich ist, ob man in einem solchen Fall den Unmittelbarkeitszusammenhang ebenfalls bejahen kann. Meines Erachtens ist dies aufgrund der unterschiedlichen Gefährlichkeit der Tathandlung kein mit dem BGH-Fall vergleichbarer Sachverhalt, so dass die Zurechenbarkeit und somit die Strafbarkeit ebenfalls zu verneinen ist. § 227 Abs. 1 StGB ist nicht erfüllt.
Stellt man für die Anwendung des § 227 Abs. 1 StGB auf die Stärke des Verdachts, dass der Täter die Körperverletzungshandlung mit Tötungsvorsatz vorgenommen habe, ab,[2082] so dürfte man bei einem schlichten Handtaschenraub in der Regel nur dann zu einem anderen Ergebnis kommen, wenn der Täter die wesentlichem Umstände, auf denen die Sorgfaltswidrigkeit hinsichtlich des Lebens des Opfers beruht (hier: das Alter oder die Vorschädigungen des Opfers) kannte.[2083] Dies ist Tatfrage.

- Eine fahrlässige Tötung nach § 222 StGB ist zu § 227 StGB subsidiär.[2084] Verneint man § 227 StGB, so ist in der Prüfung des § 222 StGB die objektive Sorgfaltspflichtverletzung zu bejahen, da die im Verkehr erforderliche Sorgfalt außer Acht gelassen wurde und Kausalverlauf und Erfolg wie bereits festgestellt nicht außerhalb jeglicher Lebenserfahrung liegen. Auch die subjektive Sorgfaltspflichtverletzung dürfte regelmäßig zu bejahen sein, so dass § 222 StGB in der Regel erfüllt ist.

- §§ 212 Abs. 1, 211 StGB wären dann gegeben, wenn Dolus eventualis vorliegen würde; allerdings wird der Täter häufig nicht billigend in Kauf nehmen, dass sein Raubopfer stirbt, so dass tendenziell bloß eine

2080 Vgl. für viele Hardtung in: MüKo StGB, § 18 Rn. 57 sowie § 227 Rn. 19.
2081 BGHSt 31, 96 = NJW 1982, 2831, 2831; vgl. auch BGH NStZ 1997, 341, 341;
2082 So Wolters in: SK-StGB Bd. 4, § 227 Rn. 9.
2083 Vgl. Wolters in: SK-StGB Bd. 4, § 227 Rn. 10.
2084 Siehe etwa Krüger in: LK StGB Bd. 7, § 222 Rn. 100.

bewusste Fahrlässigkeit vorliegen wird.[2085] Aus einem besonders rücksichtslosen und skrupellosen Vorgehen bei objektiver Gefährlichkeit für das Rechtsgut könnte man aber auch auf Eventualvorsatz schließen.[2086] Dies ist Tatfrage.

Handelt es sich nicht um einen Raub, sondern „nur" um eine Körperverletzung, die im Rahmen der Genesungsphase zu Bettlägerigkeit und Tod führt, stellen sich im Rahmen der Qualifikation des § 224 Abs. 1 Nr. 5 StGB (*„mittels einer das Leben gefährdenden Behandlung"*) sowie § 227 StGB bzw. § 222 StGB bzw. § 212 StGB selbstverständlich dieselben Fragen.

Als Ergebnis lässt sich festhalten, dass – auch, wenn im Einzelnen vieles strittig ist - keine der Qualifikationen einschlägig ist und je nach Einzelfall „nur" auf § 222 StGB bzw. §§ 212 Abs. 1, 211 StGB zurückgegriffen werden kann.

Wie bereits erwähnt, gestattet § 46 Abs. 2 S. 2 StGB im Rahmen der *„verschuldeten Auswirkungen der Tat"* grundsätzlich auch eine Beachtung des quantitativen sowie des qualitativen Ausmaßes der Folgen einer Straftat. Damit ist auch die Möglichkeit eröffnet, die Schwere einer Verletzung aufgrund eines Gewaltdeliktes wertend miteinzubeziehen,[2087] worunter auch der vorliegende Fall gefasst werden könnte.

b) Altersbedingt höhere Komplikationsrate bei Verletzungen

Sofern diese nicht auf einem Dazwischentreten Dritter beruhen und außerhalb jeglicher Lebenswahrscheinlichkeit sind, d.h., wenn kein atypischer Kausalverlauf gegeben ist, werden tatsächlich eintretende Komplikationen grundsätzlich von § 223 StGB abgedeckt.[2088] Eine lediglich latent gegebene Mehrgefährdung aufgrund eines statistisch erhöhten Risikos altersbedingten Auftretens von Komplikationen, wird jedoch nicht erfasst,

---

2085 Zur Abgrenzung bewusste Fahrlässigkeit und Eventualvorsatz s. z.B. BGH NStZ 2008, 451; BGHSt 36, 1 = NJW 1989, 781; ausführlich Kudlich in: BeckOK StGB, § 15 Rn. 20 ff.; Oğlakcıoğlu in: MüKo StGB, Vorb. zu § 29 Rn. 61 ff.

2086 Vgl. BGH NStZ-RR 2010, 373 (Steinwürfe von Autobahnbrücke); BGH NStZ 2016, 670; LG Berlin NStZ 2017, 47 (Berliner Raser Fall); Kudlich in: BeckOK StGB, § 15 Rn. 23.

2087 Eingehender hierzu *3. Teil: B III 2 c bb bbb*.

2088 Vgl. BGH NStZ 2016, 721; Freund in: MüKo StGB, Vorb. zu § 13 Rn. 348; Heuchemer in: BeckOK StGB, § 13 Rn. 19.

da es sich bei § 223 StGB um ein Erfolgsdelikt handelt.[2089] Dementsprechend kann auch eine altersbedingt erhöhte Komplikationsrate, die auch potentiell lebensgefährliche Komplikationen beinhaltet, nicht gem. § 224 Abs. 1 Nr. 5 StGB relevant werden. Auch § 46 Abs. 2 StGB eröffnet keine Möglichkeit dieses latente Risiko strafschärfend im Rahmen der Strafzumessung zu berücksichtigen.

c) Altersbedingt längere Genesungszeit

Das Vorliegen einer altersbedingt längeren Genesungszeit wird grundsätzlich nicht relevant. Selbst bei langer Dauer kann eine solche auch nicht als Siechtum i.S.v. § 226 Abs. 1 Nr. 3 Alt. 2 StGB eingestuft werden, da unter Genesung eine (wenn auch langsame und nicht zwingend vollständige) Wiederherstellung des Gesundheitszustandes zu verstehen ist, während Siechtum *„einen chronischen Krankheitszustand, der den Gesamtorganismus in Mitleidenschaft zieht und ein Schwinden der körperlichen und geistigen Kräfte sowie allgemeine Hinfälligkeit zur Folge hat"* bezeichnet.[2090] Man könnte die längere Genesungszeit jedoch bei der Strafzumessung im engeren Sinne unter dem Gesichtspunkt der *„verschuldeten Auswirkungen der Tat"* i.R.v. § 46 Abs. 2 S. 2 StGB berücksichtigen.[2091]

d) Ingangsetzung einer Abwärtsspirale

Die körperliche Vulnerabilität führt regelmäßig nicht nur zu einem verhältnismäßig schnellen Eintritt einer relativ schweren Verletzung, sondern auch zu einer Ingangsetzung einer Abwärtsspirale, eventuell sogar verbunden mit einem Verlust der Möglichkeit, selbstständig zu leben. Das StGB sieht in keinem Tatbestand die Bestrafung einer solchen Folge vor. Denkbar wäre an dieser Stelle allenfalls die Berücksichtigung über *„die verschuldete Auswirkungen der Tat"* gem. § 46 Abs. 2 S. 2 StGB, sofern sie für den Täter vorhersehbar waren.[2092] Fraglich ist, inwiefern die Ingangsetzung

---

2089 Vgl. Grünewald in: LK StGB Bd. 7, § 223 Rn. 1; Kühl in: Lackner/Kühl StGB, § 223 Rn. 3; Dölling in: Dölling u.a. StGB, § 223 Rn. 4.

2090 Kühl in: Lackner/Kühl StGB, § 226 Rn. 4; Hardtung in: MüKo StGB, § 226 Rn. 36; Wessels/Hettinger/Engländer, § 5, Rn. 258; ähnlich Sternerg-Lieben in: Schönke/Schröder StGB, § 226 Rn. 7.

2091 Eingehender hierzu *3. Teil: B III 2 c bb bbb.*

2092 Eingehender hierzu ebd.

einer Abwärtsspirale noch als Auswirkung der Tat erfasst werden kann. Dies dürfte davon abhängen, ob diese außertatbestandsmäßige Folge für den Täter vorhersehbar war.[2093] Dies wäre im Einzelfall je nach Offensichtlichkeit des höheren Alters und der damit zusammenhängenden Vulnerabilität des Opfers Tatfrage.

e) Fazit

Die Problematik, dass die Folgen eines Gewaltdeliktes für ältere Menschen unter Umständen härter sind, wird, wie gesehen, strafrechtlich bereits erfasst. Allerdings kommt dabei weder zum Ausdruck, dass ältere Menschen aufgrund ihrer besonderen Vulnerabilität von solchen Folgen besonders leicht betroffen sind, noch, dass es sehr häufig besonders weitreichende Folgen für sie gibt.

Außerdem ist im Rahmen von § 224 Abs. 1 Nr. 5 StGB nicht eindeutig, ob die Qualifikation bei Tod durch Bettlägerigkeit erfüllt sein kann, so dass eine entsprechende Strafbarkeit nicht eindeutig bzw. nicht unstrittig ausgeschlossen ist. Aufgrund der doch gegebenen Unklarheiten könnte der strafrechtliche Schutz diesbezüglich noch eindeutiger gestaltet werden. Hinzu kommt, dass es im Rahmen des Vorsatzes unter Umständen zu einem Ausscheiden der Strafbarkeit kommt, wenn das Opfer nicht offensichtlich alt und gebrechlich war. Im Rahmen von § 227 Abs. 1 StGB kommt es beim Tod infolge von Lungenentzündung o.Ä. aufgrund von Bettlägerigkeit ebenfalls zu Problemen im Zusammenhang mit dem Unmittelbarkeitszusammenhang, so dass eine Strafbarkeit nicht unstreitig bejaht werden kann. Zwar dürfte in jedem Fall § 222 StGB eingreifen, allerdings ist dessen Strafrahmen deutlich kleiner als der von § 227 Abs. 1 StGB. Demnach ist der strafrechtliche Schutz älterer Menschen zwar von den Tatbeständen des StGB abgedeckt, aber noch ausbaufähig.

2. Quantitative Betroffenheit

Eigenschaften wie soziale Isolation, Einsamkeit und das Nachlassen geistiger und körperlicher Kräfte - bis hin zu pathologischen Niederschlägen wie Blindheit, Taubheit, Gebrechlichkeit oder Demenz – machen ältere Menschen regelmäßig zu attraktiven Opfern von Gewaltdelikten. Insbe-

---

2093 Eingehender hierzu *3. Teil: B III 2 c bb bbb*.

sondere ihre eingeschränkte oder aufgehobene Fähigkeit, sich gegen Gewalt zur Wehr zu setzen oder rasch bzw. überhaupt fliehen zu können, machen sie besonders hilflos gegenüber körperlichen Attacken (z.B. beim Handtaschenraub). Aber auch ihre leichte Verletzlichkeit führt teilweise zu einer besonderen quantitativen Betroffenheit (z.B. bei § 222 StGB).

Sieht man sich die Regelbeispiele und Qualifikationen der Gewaltdelikte an, so findet sich fast keine Regelung, nach der eine dieser Eigenschaften zu einer Strafbegründung oder Strafschärfung führen würde. Die §§ 223 ff. StGB berücksichtigen lediglich in § 225 Abs. 1 StGB mit dem Merkmal *„wegen Gebrechlichkeit oder Krankheit wehrlose Person"* ausdrücklich eine geschwächte Konstitution des Opfers. In den §§ 249 ff. StGB findet sich keinerlei vergleichbare Regelung. Ebenso verhält es sich mit den §§ 211 ff. StGB. Allenfalls die fahrlässige Verursachung des Todes, der bei einem älteren und körperlich geschwächten Menschen besonders leicht eintreten kann und daher zu einer relativ hohen Betroffenheit älterer Menschen führt, wird über § 227 StGB und § 222 StGB grundsätzlich abgedeckt.

In der Strafzumessung kann gem. § 46 Abs. 2 S. 2 StGB *„die Gesinnung, die aus der Tat spricht"* berücksichtigt werden. Über dieses Merkmal könnte man es strafschärfend werten, dass es eine besonders verwerfliche Gesinnung darstellt sich einen älteren Menschen aufgrund oben genannter Eigenschaften als Opfer zu suchen und diesen besonderen Gefahren auszusetzen, bloß weil seine besondere Vulnerabilität aus Tätersicht die Tatbegehung erleichtert oder erst ermöglicht. Das Gesinnungsmerkmal des § 46 Abs. 2 StGB wird aufgrund der Gefahr von Moralisierungen allerdings sehr kritisch gesehen und sollte sehr zurückhaltend angewendet werden.[2094] Die Beweggründe und Ziele des Täters, insbesondere wenn sie rassistisch, fremdenfeindlich oder sonst menschenverachtend sind, können über § 46 Abs. 2 S. 2 StGB strafschärfend in die Strafzumessung miteinbezogen werden[2095] und wären vorliegend ein möglicher Ansatzpunkt für die Berücksichtigung des höheren Alters. Eine entsprechende Rechtsprechungspraxis ist aber nicht ersichtlich und auch in der Literatur finden sich keine dahingehenden Vorschläge.

2094 Eingehender hierzu 3. *Teil: B III 2 c bb aaa (2).*

2095 Eingehender hierzu 3. *Teil: BIII 2 c bb aaa (2).*

II. Eigentums- und Vermögensdelikte

Konkrete, altersbezogene Regelungen finden sich auch unter den Eigentums- und Vermögensdelikten nicht, d.h. das höhere Alter eines Opfers kann sich von vorneherein nicht per se strafbegründend oder strafschärfend auswirken. Das StGB hält allerdings Regelbeispiele und Qualifikationen bereit, für deren Einschlägigkeit das konkrete Alter des Opfers keine Rolle spielt und die für jedermann gelten. Im Folgenden soll daher beleuchtet werden inwiefern diverse alterstypische Folgen von Eigentumsdelikten durch die Normen des StGB bereits erfasst werden. Daneben ist zu prüfen, inwiefern typische tatförderliche Eigenschaften älterer Menschen, wie soziale Isolation, Einsamkeit, Überforderung mit technischen Neuerungen, Gutgläubigkeit, Nachlassen geistiger und körperlicher Kräfte, bis hin zu pathologischen Erscheinungen wie Blindheit, Taubheit, Gebrechlichkeit oder Demenz, für die Tatbestandsverwirklichung oder Regelbeispiele und Qualifikationen relevant werden. Im Zuge dessen ist auch ein Blick auf § 46 StGB und die Möglichkeiten einer Berücksichtigung im Rahmen der Strafzumessung zu werfen.

1. Qualitative Betroffenheit

In qualitativer Hinsicht ist bezüglich älterer Menschen allenfalls denkbar, dass sie aufgrund Verrentung bzw. Pensionierung und dem damit einhergehenden Wegfall eines Gehalts von den monetären Folgen eines Eigentums- und Vermögensdelikts besonders betroffen sind.

aa) Unmittelbare Vermögenseinbußen

aaa) Neunzehnter Abschnitt: Diebstahl und Unterschlagung gem. §§ 242 ff. StGB sowie zwanzigster Abschnitt: Raub und Erpressung gem. §§ 249 ff. StGB

Die §§ 242 ff. StGB sowie §§ 249 ff. StGB enthalten keine Regelungen hinsichtlich des Wertes der weggenommenen Sache oder der finanziellen Bedeutung des Verlustes für das Opfer. Zwar regelt § 243 Abs. 2 StGB, dass in den Fällen des § 243 Abs. 1 Satz 2 Nr. 1 bis 6 StGB ein besonders schwerer Fall ausgeschlossen ist, wenn sich die Tat auf eine geringwertige Sache bezieht, vergleichbare strafschärfende Regelungen finden sich jedoch nicht. Die Regelbeispiele und Qualifikationen des Raubes gem. §§ 249 ff. StGB bzw. der räuberischen Erpressung gem. §§ 253, 255, 250 ff. StGB („*gleich einem Räuber*") beziehen sich nur auf die Art bzw. das Maß oder den Ausgang der Gewaltanwendung, jedoch ebenfalls nicht auf den Wert der weggenommen Sache oder die Bedeutung des Verlustes der Sache für das Opfer.[2096] Dass ein älteres Opfer von der Wegnahme aufgrund beschränkter finanzieller Ressourcen qualitativ besonders betroffen sein könnte, bleibt demnach von vornherein unbeachtet.

Bezüglich § 246 StGB existieren keine Regelbeispiele und Qualifikationen.

bbb) Zweiundzwanzigster Abschnitt: Betrug und Untreue gem. § 263 ff. StGB

Im Hinblick darauf, dass ältere Menschen in der Regel nicht mehr erwerbstätig sind und von ihrer Rente bzw. Pension leben, könnte das Regelbeispiel des § 263 Abs. 3 S. 2 Nr. 2 Alt. 1 StGB („*einen Vermögensverlust großen Ausmaßes herbeiführt*") relevant werden. Dieses ist bei außergewöhnlich hohen Schadenssummen, die das durchschnittliche Maß eines Betrugsschadens übersteigen, einschlägig, wobei nach der ganz h.M. in Rechtsprechung und Literatur ein Vermögensverlust großen Ausmaßes objektiv zu bestimmen und ab einem Wert von 50.000 Euro zu bejahen ist.[2097] Diese Grenze wird demnach bei einem bestimmten Betrag gezogen und geht nicht – etwa durch eine prozentuale Betrachtung - auf die individuellen Vermögensverhältnisse ein, da davon ausgegangen wird, dass die Allgemeinheit angesichts der durchschnittlichen Vermögensverhältnisse in der Bevölkerung diesen Betrag als Vermögensverlust großen Ausmaßes ansieht.[2098] Diese allgemeine Betrachtung bezieht auch ältere Menschen mit ein und berücksichtigt folglich nicht, ob diese spezielle Bevölkerungsgruppe mangels Erwerbstätigkeit bereits geringere Beträge als großen Vermögensverlust bewerten würden. Typische Maschen zu Lasten älterer Menschen (wie zum Beispiel Schockanrufe und der Enkeltrick)

2096 Vogel in: LK StGB Bd 8, § 250 Rn. 2 f.; Sinn in: SK-StGB Bd. 5, § 250 Rn. 6.

2097 BGHSt 48, 360 = NJW 2004, 169; BGHSt 53, 71 = NJW 2009, 528, 531; Dannecker in: Graf/Jäger/Wittig StGB, § 263 Rn. 137; Saliger in: Esser u.a., Wirtschaftsstrafrecht, § 263 StGB Rn. 282; Hefendehl in: MüKo StGB, § 263 Rn. 978.

2098 Vgl. BGH NJW 2004, 169, 171; BT-Drucks 13/8587, S. 43 l. Sp. (100.000 DM); Hoyer in: SK-StGB Bd. 5, § 263 Rn. 283.

können also erst ab einem Betrag von 50.0000 Euro dieser Alternative unterfallen.

Ebenfalls mit Blick auf die regelmäßig beschränkten Einkommen älterer Menschen, ist zudem das Regelbeispiel des § 263 Abs. 2 S. 2 Nr. 3 StGB („*eine andere Person in wirtschaftliche Not bringt*“) anzusprechen. Wirtschaftliche Not meint, dass das Opfer einer solchen Mangellage ausgesetzt wird, dass ihm die Mittel für lebenswichtige Aufwendungen für sich oder auch für unterhaltsberechtigte Personen fehlen.[2099] Stoffgleichheit ist nicht erforderlich.[2100] Sozialleistungen, die aufgrund der durch die Tat verursachten wirtschaftlichen Not geleistet werden, können nicht berücksichtigt werden.[2101] Die Intensivierung einer wirtschaftlichen Not, die bereits vor der Tat bestand, oder eine bloße wirtschaftliche Bedrängnis genügen nicht für die Verwirklichung des Regelbeispiels.[2102] Allerdings muss der Täter die tatsächlichen Voraussetzungen der Notlage kennen und sich darüber bewusst sein, dass er das Opfer in wirtschaftliche Not bringt.[2103] Sofern ein älterer Mensch aufgrund seines geringeren Einkommens und seiner individuellen Vermögenssituation durch ein Betrugsdelikt in wirtschaftliche Not gebracht wird und der Vorsatz des Täters die tatsächlichen Voraussetzungen der wirtschaftlichen Not umfasst, ist das Regelbeispiel erfült.

Für die Untreue gilt das soeben Gesagte aufgrund Verweisung auf die Regelbeispiele des Betruges in §§ 266 Abs. 3, 263 Abs. 3 StGB ebenfalls.

ccc) Strafzumessung gem. § 46 Abs. 2 StGB

Art und Höhe eines Vermögensschadens können in der Strafzumessung im engeren Sinne unter dem Gesichtspunkt der „*verschuldeten Auswirkungen der Tat*“ i.R.v. § 46 Abs. 2 S. 2 StGB berücksichtigt werden. Eine beson-

---

2099 Dannecker in: Graf/Jäger/Wittig StGB, § 263 Rn. 139; Saliger in: Esser u.a., Wirtschaftsstrafrecht, § 263 StGB Rn. 286; Hefendehl in: MüKo StGB, § 263 Rn. 982.

2100 Dannecker in: Graf/Jäger/Wittig StGB, § 263 Rn. 139; Hefendehl in: MüKo StGB, § 263 Rn. 982; Hoyer in: SK-StGB Bd. 5, § 263 Rn. 287.

2101 Dannecker in: Graf/Jäger/Wittig StGB, § 263 Rn. 139; Saliger in: Esser u.a., Wirtschaftsstrafrecht, § 263 StGB Rn. 286; Hefendehl in: MüKo StGB, § 263 Rn. 982; Hoyer in: SK-StGB Bd. 5, § 263 Rn. 287.

2102 Saliger in: Esser u.a., Wirtschaftsstrafrecht, § 263 StGB Rn. 286.

2103 Dannecker in: Graf/Jäger/Wittig StGB, § 263 Rn. 140; Saliger in: Esser u.a., Wirtschaftsstrafrecht, § 263 StGB Rn. 286.

dere finanzielle Betroffenheit eines älteren Opfers kann sich daher grundsätzlich an dieser Stelle strafschärfend auswirken; dies ist Tatfrage.[2104]

bb) Mittelbare Vermögenseinbußen

Neben unmittelbaren Vermögenschäden kommen auch mittelbare in Betracht. Ein Beispiel hierfür wäre eine Körperverletzung an einer älteren Dame, die nachfolgend enormen Rede- und Anlehnungsbedarf aufweist und daher oft ihren Bruder besuchen möchte, um das Geschehene zu verarbeiten. Dieser Bruder lebt jedoch nicht in unmittelbarer Nähe ihrer Wohnung, so dass sie regelmäßig Bahnfahrten unternimmt und dementsprechend Kosten für den öffentlichen Nahverkehr anfallen, die sie ansonsten nicht gehabt hätte.[2105] Denkbar wäre auch, dass durch ein Vermögensdelikt die finanziellen Ressourcen so vermindert werden, dass eine seit langer Zeit ersehnte und geplante Reise nicht durchgeführt werden kann, und dies für eine ältere Person eine schwerere Folge darstellt als für eine jüngere, die andere Lebensinhalte hat als auf diese eine Reise hinzufiebern.[2106] Als weiteres Beispiel kommt in Betracht, dass ein älterer Mensch mit größeren finanziellen Ressourcen zukünftig generell auf öffentliche Verkehrsmittel verzichten und auf Taxi als Fortbewegungsmittel umsteigen oder aber von einer kriminell belasteten Gegend in eine sicherere Gegend umziehen könnte. Je nach finanzieller Situation ist also eine andere Reaktion und eine andere Belastung möglich.[2107] Bei solchen indirekten Folgen ist es fragwürdig, ob sie überhaupt noch als Viktimisierungskosten angesehen werden können, oder ob dies nicht zu weit ist und die Grenze früher gezogen werden muss. Betrachtet man den Betrug gem. § 263 StGB, so scheidet dies im Rahmen des Tatbestandes grundsätzlich aus, da solch indirekte Kosten schon nicht Teil einer *un*mittelbaren Vermögensminderung im Rahmen der Vermögensverfügung sind.[2108] Auch die Stoffgleichheit ist nicht gegeben, da Schaden und Vorteil nicht auf derselben Handlung beruhen, wenn wie hier weitere Zwischenschritte

---

2104 Vgl. für viele Miebach/Maier in: MüKo StGB, § 46 Rn. 214; eingehender hierzu *3. Teil: B III 2 c bb bbb.*

2105 Siehe zu diesem Beispiel Fattah/Sacco, S. 188.

2106 Siehe zu diesem Beispiel Greve, Ztschr. f. Entwicklungspsychologie 2000, S. 128.

2107 Fattah/Sacco, S. 204.

2108 Vgl. etwa Hefendehl in: MüKo StGB, § 263 Rn. 305 ff.; Tiedemann in: LK StGB Bd. 9, § 263 Rn. 126; Hoyer in: SK-StGB Bd. 5, § 263 Rn. 270.

seitens des Opfers notwendig sind und es sich bei dem Vorteil nicht *„um die Kehrseite des Schadens“* handelt.[2109] Bei einem Diebstahl gem. §§ 242 ff. StGB oder einem Raub gem. §§ 249 ff. StGB scheidet die tatbestandliche Erfassung solcher indirekten Kosten ebenfalls von vorneherein aus, da hier lediglich auf die Wegnahme einer bestimmte fremden, beweglichen Sache abgestellt wird.[2110]

Fraglich ist, ob eine Berücksichtigung über § 46 Abs. 2 S. 2 StGB (*„verschuldete Auswirkungen der Tat“*) möglich ist. Beim Betrug können auf diesem Weg die über den eigentlichen Betrugsschaden hinausgehenden wirtschaftlichen Einbußen z.B. die Vernichtung einer wirtschaftlichen Existenz aufgrund der erschlichenen Leistung erfasst werden. Derartige außertatbestandliche Schäden müssen jedoch vom Schutzbereich der Norm erfasst werden oder – so die mehrheitliche Rechtsprechung - voraussehbar sein.[2111] Die in Rede stehenden Tatfolgen mussten nicht in all ihren Einzelheiten vorhersehbar gewesen sein, um *„verschuldet zu sein“*, vielmehr es ist ausreichend, wenn sie ihrer Art und ihrem Gewicht nach im Wesentlichen für den Täter erkennbar waren.[2112] Ob die oben genannten Beispiele in diesem Sinne in der Strafzumessung berücksichtigt werden können ist von der Ansicht und der Begründung des jeweiligen Tatrichters abhängig, keinesfalls ist eine Berücksichtgung aber eindeutig oder gar zwingend. Vielmehr dürfte es (abgesehen von Einzelfällen) wohl zu weitgehend sein, derart indirekte Folgen strafrechtlich zu sanktionieren.

2. Quantitative Betroffenheit

Fraglich ist, ob die tatfördernden Eigenschaften älterer Menschen, die teilweise für eine besondere quantitative Betroffenheit Älterer in Bezug

2109 Vgl. etwa Perron in: Schönke/Schröder StGB, § 263 Rn. 168; Tiedemann in: LK StGB Bd. 9, § 263 Rn. 256; Hoyer in: SK-StGB Bd. 5, § 263 Rn. 270.

2110 Vgl. für viele Schmitz in: MüKo StGB, § 242 Rn. 24 sowie Sander in: MüKo StGB, § 249 Rn. 7.

2111 BGH NStZ 1993, 337, 337 f.; BGHSt 37, 179 = BGH NJW 1991, 307; OLG Düsseldorf Beschl. v. 2.11.2000 – 2a Ss 282/00 – 48/00 III, BeckRS 2000, 9589 Rn. 11; Stree/Kinzig in: Schönke/Schröder StGB, § 46 Rn. 26a, 26b; Miebach/Maier in: MüKo StGB, § 46 Rn. 216; Horn/Wolters in: SK-StGB Bd. 2, § 46 Rn. 123.

2112 BGH NStZ–RR 2010, 170; Miebach/Maier in: MüKo StGB, § 46 Rn. 217; eingehend hierzu auch *3. Teil: B III 2 c bb bbb.*

auf Eigentums- und Vermögensdelikte sorgen, eine besondere Berücksichtigung finden.

a) Neunzehnter Abschnitt: Diebstahl und Unterschlagung gem. §§ 242 ff. StGB sowie zwanzigster Abschnitt: Raub und Erpressung gem. §§ 249 ff. StGB

In Hinblick auf ältere Diebstahlsopfer i.S.v. § 242 StGB könnte das Regelbeispiel des § 243 Abs. 1 S. 2 Nr. 6 Alt. 1 StGB („*stiehlt, indem er die Hilflosigkeit einer anderen Person (...) ausnutzt*") relevant werden. In den Fällen dieser Norm nutzt der Täter zielgerichtet eine Notlage des Opfers aus, um die Tat zu ermöglichen oder zu erleichtern. Eine Notlage ist eine Situation, in der die Selbstschutzmöglichkeiten des Opfers gegen eine Wegnahme erheblich reduziert sind.[2113] Hilflos i.S.v. § 243 Abs. 1 S. 2 Nr. 6 Alt. 1 StGB ist jemand, der sich nicht aus eigener Kraft gegen eine Wegnahme schützen kann, sei es wegen Krankheit, Gebrechlichkeit, Blindheit oder sonstiger körperlicher Gebrechen.[2114] Der BGH betonte allerdings ausdrücklich: „*Allein das hohe Alter des Tatopfers begründet für sich noch nicht Hilflosigkeit i.S.v. § 243 Abs. 1 S. 2 Nr. 6 StGB*".[2115] Erst wenn oben genannte Schwächeerscheinungen und eine Reduktion der Wehrhaftigkeit gegen die Wegnahme hinzukommen, kann es sich demnach strafschärfend auswirken, ein altes Opfer zu viktimisieren.

Aufgrund diverser altersbezogener Eigenschaften haben sich gängige Vorgehensweisen zu Lasten älterer Menschen entwickelt. Diese werden, wie im *2. Teil* dargestellt, häufig von sogenannten Banden erfunden und angewendet. Das Regelbeispiel des § 243 Abs. 1 S. 2 Nr. 3 StGB („*gewerbsmäßig*") und die Qualifikation des § 244 Abs. 1 Nr. 2 StGB („*als Mitglied einer Bande, die sich zur fortgesetzten Begehung von Raub oder Diebstahl verbunden hat, unter Mitwirkung eines anderen Bandenmitglieds stiehlt*") bzw. § 244a StGB (schwerer Bandendiebstahl) können regelmäßig herangezogen werden, wenn sich eine Einzelperson bzw. mindestens drei Personen zur

---

2113 Wittig in: BeckOK StGB, § 243 Rn. 23; Bosch in: Schönke/Schröder StGB, § 243 Rn. 39 f.; Hoyer in: SK-StGB Bd. 5, § 243 Rn. 38.

2114 Vogel in: LK StGB Bd. 9, § 243 Rn. 47; Wittig in: BeckOK StGB, § 243 Rn. 23.1; Bosch in: Schönke/Schröder StGB, § 243 Rn. 39; bzgl. Blindheit BayOblG NJW 1973, 1808 .

2115 BGH NStZ 2001, 532; Wittig in: BeckOK StGB, § 243 Rn. 23.1; Bosch in: Schönke/Schröder StGB, § 243 Rn. 39

Erhaltung ihres Lebensunterhaltes bestimmter Maschen, die als Trickdiebstahl zu qualifizieren sind, bedienen, um sich zu Lasten älterer Menschen zu bereichern.[2116] Die Qualifikationen des § 250 Abs. 1 Nr. 2 StGB, § 253 Abs. 4 StGB sowie §§ 255 i.V.m. 250 Abs. 1 Nr. 2 StGB pönalisieren ein bandenmäßiges Vorgehen bei einem Raub oder einer (räuberischen) Erpressung.

§ 246 StGB enthält keine Regelbeispiele und Qualifikationen.

b) Zweiundzwanzigster Abschnitt: Betrug und Untreue gem. § 263 ff. bzw. 266 ff. StGB

Typische tatförderliche Eigenschaften älterer Menschen, wie soziale Isolation, Einsamkeit, Überforderung mit technischen Neuerungen, Gutgläubigkeit, Nachlassen geistiger und körperlicher Kräfte - bis hin zu pathologischen Erscheinungen, wie Blindheit, Taubheit, Gebrechlichkeit oder Demenz, hindern grundsätzlich die Tatbestandsverwirklichung der §§ 263 ff. StGB nicht, werden allerdings auch nicht gesondert in Regelbeispielen oder Qualifikationen beachtet.[2117] Typische „Maschen" zu Lasten älterer Menschen (wie zum Beispiel Schockanrufe und der Enkeltrick) dürften regelmäßig vom Regelbeispiel des § 263 Abs. 3 S. 2 Nr. 2 Alt. 2 StGB (*„in der Absicht handelt, durch die fortgesetzte Begehung von Betrug eine große Zahl von Menschen in die Gefahr des Verlustes von Vermögenswerten zu bringen"*) erfasst sein, da diese Vorgehensweisen auf eine breite Maße an Opfern ausgerichtet sind. Ob dabei zehn oder (entsprechend der h.M.) zwanzig oder gar fünfzig Personen viktimisiert werden sollen,[2118] kann hier dahingestellt bleiben. Die Absicht der Täter bezüglich der Herbeiführung einer konkreten Gefahr, d.h. der Abhängigkeit des Schadenseintritts vom Zufall, dürfte in diesen Fällen

---

2116 Vgl. zu § 243 StGB: BGHSt 1, 383 = NJW 1952, 113; BGH 1 StR 290/83 = BeckRS 1983, 31109230; s. auch Vogel in: LK StGB Bd. 8, § 244 Rn. 36; Schmitz in: MüKo StGB, § 243 Rn. 40 f.;
vgl. zu § 244 StGB: BGHSt 46, 321 = NJW 2001, 2266; s. auch Vogel in: LK StGB Bd. 8, § 244 Rn. 56; Schmitz in: MüKo StGB, § 244 Rn. 38ff.

2117 Vgl. insbesondere zur Irrelevanz von Gut- bzw. Leichtgläubigkeit BGHSt 34, 199 = NJW 1987, 388, 389; BGHSt 57, 95 = NJW 2012, 1377, 1382; Kühl in: Lackner/Kühl StGB, § 263 Rn. 19 m.w.N.

2118 Vgl. zu diesem Streit bspw. Vogel in: LK StGB Bd. 9, § 263 Rn. 299;

zu bejahen sein.[2119] Ein gewerbsmäßiger Bandenbetrug wird von § 263 Abs. 5 StGB erfasst und richtet sich insbesondere gegen die organisierte Kriminalität.[2120]

Für die Untreue gilt das soeben Gesagte aufgrund Verweisung auf die Regelbeispiele des Betruges gem. §§ 266 Abs. 3 i.V.m. 263 Abs. 3 StGB ebenfalls.

c) Strafzumessung gem. § 46 Abs. 2 StGB

In der Strafzumessung kann gem. § 46 Abs. 2 S. 2 StGB „*die Gesinnung, die aus der Tat spricht*" berücksichtigt werden. Insofern ist auf das bereits Gesagte zu verweisen.

C. Gesamtergebnis

Ein höheres Alter per se findet weder in strafbegründender noch in strafschärfender Weise Berücksichtigung im StGB.

Eine besondere qualitative Betroffenheit älterer Menschen findet im Rahmen von **Gewaltdelikten** keine gesonderte Berücksichtigung. Schwere Folgen sind – unter Einbezug von individuellen Schadensdispositionen - durch allgemeine Regelungen in den Regelbeispielen und Qualifikationen erfasst, ohne dass hierbei speziell ein höheres Alter oder mit dem Alter zusammenhängende Eigenschaften bzw. Folgen gesondert aufgeführt werden. An sich findet daher ein recht umfassender Schutz älterer Menschen statt, allerdings kommt in den Normen nicht zum Ausdruck, dass ältere Menschen oftmals besonders leicht und/oder besonders schwer von den Folgen eines solchen Delikt betroffen werden. Auch in quantitativer Hinsicht finden sich keine speziellen Regelungen zugunsten älterer Menschen. Besondere Merkmale älterer Menschen, die dazu führen, dass sie von manchen Gewaltdelikten besonders häufig betroffen werden, werden nicht ausdrücklich berücksichtigt. Lediglich in § 225 StGB ist explizit davon die Rede, dass neben Minderjährigen auch eine wegen Krankheit oder

2119 Vgl. Dannecker in Graf/Jäger/Wittig StGB, § 263 Rn. 138; Saliger in: Esser u.a., Wirtschaftsstrafrecht, § 263 StGB Rn. 285; Vogel in: LK StGB Bd. 9, § 263 Rn. 299.

2120 BT-Drs. 13/8587, S. 64 r. Sp.; s. auch Saliger in: Esser u.a., Wirtschaftsstrafrecht, § 263 StGB Rn. 291; Vogel in: LK StGB Bd. 9, § 263 Rn. 307.

Gebrechlichkeit wehrlose Person zum potenziellen Opferkreis des Delikt Misshandlung Schutzbefohlener zählt.

In Bezug auf **Eigentums- und Vermögensdelikte** finden sich in den §§ 242 ff. sowie 249 ff. StGB keinerlei Regelungen, die eine besondere qualitative Betroffenheit älterer Menschen erfassen würden. § 263 Abs. 3 S. 2 Nr. 2 Alt. 1 und Nr. 3 StGB bzw. §§ 266 Abs. 3 i.V.m. 263 Abs. 3 S. 2 Nr. 2 Alt 1 und Nr. 3 StGB hingegen könnten im Einzelfall zumindest pönalisieren, dass ein älterer Mensch einen objektiv großen Vermögensverlust erlitten hat und/oder in wirtschaftliche Not geraten ist. In quantitativer Hinsicht werden ältere Menschen aufgrund diverser tatfördernder Eigenschaften besonders gerne als Opfer einer bestimmten Masche wie dem Enkeltrick herausgesucht. Sofern diese gewerbsmäßig und/oder durch Banden ausgeübt werden, sind die §§ 243 Abs. 1 S. 2 Nr. 3, 244 Abs. 1 Nr. 2, 244a, 250 Abs. 1 Nr. 2, 253 Abs. 4 S. 2, 255 i.V.m. 250 Abs. 1 Nr. 2, 263 Abs. 3 S. 2 Nr. 1, 266 Abs. 2 i.V.m. 263 Abs. 3 S. 2 Nr. 1 StGB einschlägig. In § 243 Abs. 1 S. 2 Nr. 6 Alt. 1 StGB wird außerdem das tatfördernde Merkmal der Hilflosigkeit des Opfers aufgegriffen. Im Übrigen lassen sich den Tatbeständen des StGB weder strafbegründend noch strafschärfend Regelungen entnehmen, die sich auf im Alter häufig auftretende Eigenschaften des Opfers stützen.

Hohes Alter per se oder mit ihm im Zusammenhang stehende Dispositionen oder Beweggründe des Täters werden im **Katalog der Strafzumessungstatsachen des § 46 Abs. 2 StGB** nicht ausdrücklich erwähnt.

Da es sich hierbei um eine nicht abschließende Auflistung handelt, ist es dennoch nicht von vorneherein ausgeschlossen, **allein ein höheres Alter** auf Opferseite als strafschärfendes Merkmal heranzuziehen. Denkbar wäre es im Rahmen der Gesinnung, die aus der Tat spricht (§ 46 Abs. 2 StGB), als besonders verwerflich einzustufen einen älteren Menschen überhaupt deliktisch zu attackieren. Die Berücksichtigung der Gesinnung erfolgt aber zu Recht zurückhaltend, so dass diese nicht als Einfallstor für eine Strafschärfung allein aufgrund des höheren Alters eines Opfers dienen kann. Ein möglicher Ansatzpunkt wäre jedoch die Beweggründe und Ziele des Täters gem. § 46 Abs. 2 S. 2 StGB als niedrig einzustufen, wenn er sich ein altes und schwaches Opfer sucht. Auch wenn es grundsätzlich denkbar ist, findet sich keine (st.) Rspr., nach der im Rahmen der Strafzumessung das höhere Alter an sich über § 46 Abs. 2 StGB in irgendeiner Weise strafschärfend berücksichtigt wird. Auch die Kommentarliteratur schweigt hierzu.

Ob die **mit dem höheren Alter zusammenhängenden Folgen einer Tat** über § 46 Abs. 2 StGB in der Strafzmessung berücksichtigt werden können, ist Tatfrage. Grundsätzlich ist es aber möglich diese über die verschuldeten Auswirkungen der Tat gem. § 46 Abs. 2 S. 2 StGB zu berücksichtigen. Das **Ausnutzen altersbedingte Eigenschaften zur Tatbegehung** könnte u.U. zwar unter die aus der Tat sprechende Gesinnung gem. § 46 Abs. 2 S. 2 StGB subsumiert werden, wie bereits erwähnt ist dieses Zumessungstatsache jedoch mit großer Zurückhaltung zu behandeln, so dass erneut besser auf die Beweggründe und Ziele des Täters gem. § 46 Abs. 2 S. 2 StGB zurück zu greifen ist. Auch hierzu findet sich keine einschlägige Rechtsprechung oder Kommentarliteratur.

Zusammenfassend lässt sich festhalten, dass ältere Menschen durch die bestehenden Normen des StGB recht umfassend geschützt werden. Allerdings wird ihrer besonderen Vulnerabilität aufgrund bestimmter typischer altersbedingter Eigenschaften, die regelmäßig zu einer besonderen qualitativen und/oder quantitativen Betroffenheit führen, weitestgehend keine besondere Berücksichtigung geschenkt. In den Strafnormen kommt zum einen nicht zum Ausdruck, dass ältere Menschen aufgrund ihrer Vulnerabilität vergleichsweise besonders leicht und besonders schwer von den körperlichen Folgen eines Gewaltdelikts betroffen werden können. Ebensowenig, dass körperliche oder kognitive Abbauerscheinungen sie zu besonders geeigneten Opfern bestimmter Deliktsformen machen, nämlich aufgrund von 1) leichterem „Hereinlegen“ im Rahmen von Vermögensdelikten, 2) schlechteren Abwehrmöglichkeiten gegen Gewalt bzw. Drohungen und 3) eingeschränkteren Fluchtmöglichkeiten. Auch wenn es nicht zu Strafbarkeitslücken kommt, bestehen teilweise Unsicherheiten hinsichtlich der verwirklichten Normen. Zudem sollte die teilweise besonders hohe Schutzbedürftigkeit älterer Menschen allein aus präventiven Gründen mehr Beachtung finden. Eine strengere strafrechtliche Ahndung von Delikten zu Lasten älterer Menschen wäre daher begrüßenswert.

5. Teil: Konkrete Vorschläge für die Ausgestaltung eines besonderen Schutzes älterer Opfer

In einem nächsten Schritt bleibt nun zu untersuchen, wie eine (straf-)rechtliche Berücksichtigung des Alters tatsächlich aussehen könnte. Hierfür wurden in der Forschungsliteratur bereits vereinzelt Vorschläge vorgebracht. Nach einem kurzen Überblick über diese, wird sodann ein eigener Vorschlag für eine Berücksichtigung in der Strafzumessung unterbreitet werden.

A. Bereits vorgebrachte Vorschläge in der Forschungsliteratur

I. Überblick über Vorschläge für Maßnahmen außerhalb des StGB

Es finden sich Vorschläge für (die genaue Ausgestaltung von) Präventionsmaßnahmen zur Verhinderung von Viktimisierung sowie zu Verhinderung von Kriminalität.

a) Maßnahmen zur Verhinderung einer Viktimisierung

aa) An ältere Menschen adressierte Aufklärungsmaßnahmen

Görgen u.a. geben diverse Hinweise, worauf im Rahmen einer Aufklärung Rücksicht genommen werden sollte, damit nicht unnötig Furcht unter den Adressaten dieser Maßnahme geschürt wird.[2121] So soll nicht nur auf das Bestehen einer bestimmten Gefahr hingewiesen werden, sondern auch darauf, wie hoch das Risiko einer Betroffenheit ist.[2122] Zugleich soll auch dargelegt werden, wie man sein eigenes Risiko minimieren kann und im Falle einer dennoch eintretenden Viktimisierung handeln sollte.[2123] Daneben sollte auch darauf geachtet werden, dass den Opfern einer Tat keine Schuld zugeschoben wird und diese nach wie vor dem Täter zuge-

---

2121 Görgen u.a., Sicherheitspotenziale im höheren Lebensalter, S. 457 f.
2122 Ebd., S. 457.
2123 Ebd., S. 458.

ordnet bleibt.[2124] Zu guter Letzt betonen *Görgen u.a.* zu Recht, dass bei Präventionsmaßnahmen nicht außer Acht gelassen werden darf, dass auch ältere Menschen ein Recht dazu haben *„bestimmte Risiken ein*(zu)*gehen oder jedenfalls nicht aktiv meiden zu wollen“*,[2125] d.h., ihre Autonomie zu bewahren und nicht auf eine Stufe mit Kindern und Heranwachsenden gestellt zu werden. Dies mag vor dem Hintergrund, dass ältere Menschen unter Umständen im kognitiven Bereich unter Abbauerscheinungen leiden, eine besondere Gratwanderung sein, dennoch handelt es sich hierbei um eine zwingend zu berücksichtigende Komponente.[2126] *Greve* betont, dass bei den Beratungsangeboten für ältere Menschen darauf geachtet werden sollte, dass diesen auf keinen Fall zu größerem Leichtsinn geraten wird, da ihre Vorsichtsmaßnahmen wahrscheinlich gerade der Grund dafür sind, dass sie eher selten viktimisiert werden.[2127] Allerdings solle eine Aufklärung darüber stattfinden, wie jeder individuell sein Viktimisierungsrisiko reduzieren kann, ohne dabei auf die Teilnahme am öffentlichen Leben zu verzichten.[2128] Im Rahmen von Aufklärungsmaßnahmen ausgegebene Broschüren sollten in ihren Formulierungen so gehalten sein, dass sie ältere Menschen auf Gefahrensituationen hinweisen ohne dabei aber Angst hervorzurufen oder zu steigern.[2129] Bei den bereits ergriffenen Maßnahmen wie individuelle Beratung durch Polizei oder, wie z.B. in Bayern, Hessen, Rheinland-Pfalz und Niedersachen, zusätzlich durch eigens ausgebildete Ehrenamtliche (sog. Sicherheitsberater für Senioren)[2130] sollten die Berater optimalerweise ihrerseits bereits älter sein,[2131] da dies einen vertrauensfördernden Effekt habe.[2132]

Görgen u.a. erachten es im Rahmen von Aufklärungsmaßnahmen zudem als sinnvoll, sich nicht nur darauf zu beschränken, dass Prävention in Hinblick auf kriminelle Handlungen betrieben wird, sondern die Sicherheit älterer Menschen im Allgemeinen in den Fokus zu stellen.[2133] Zu denken ist hierbei an Aufklärung auch bezüglich lediglich unlauterer

---

2124 Ebd., S. 457.
2125 Ebd., S. 458.
2126 Vgl. ebd., S. 458 ff.
2127 Greve, Alter – ein Risiko?, S. 139.
2128 Ebd., S. 139.
2129 Görgen/Nägele/Kotlenga, SHgZ, S. 537.
2130 Ebd., S. 530 f.; Beispiele aus den USA nennend: Baurmann, ZfG 1981, S. 254; die persönliche Beratung bevorzugend: Heinemann/Püschel, ZfG 1994, S. 311.
2131 Vgl. Baurmann, ZfG 1981, S. 254.
2132 Görgen u.a., KFN-FB, Nr. 95, S. 155.
2133 Görgen u.a., Sicherheitspotenziale im höheren Lebensalter, S. 451.

Geschäftspraktiken, Training für sicheres und selbstbewusstes Auftreten im öffentlichen Raum und Abbau von Verunsicherungen durch Jugendliche mittels Kontaktmöglichkeiten im Rahmen von generationenübergreifenden Seminaren.[2134] Des Weiteren sehen sie den Sozialraum als eine wesentliche Präventionskomponente an, da dieser für den Lebensstil des Opfers von Bedeutung sei und Einfluss darauf habe, ob sich Tatgelegenheiten ergeben, inwiefern sich das Opfer sicher fühlt etc.[2135] In einer Studie kamen sie auch zu dem Ergebnis, dass das Wissen um Einbrüche in der Nachbarschaft viele der (selbst nicht betroffenen) Probanden veranlasste, ihrerseits entsprechende Sicherheitsvorkehrungen zu treffen.[2136] Bei Präventionsmaßnahmen sollte daher auch der jeweilige Sozialraum der Adressaten miteinbezogen werden.[2137]

Dem Problem, dass ältere Menschen mit steigendem Alter aufgrund sozialer Isolation, Demenz ö.Ä immer schwerer zu erreichen sind,[2138] könnte folgendermaßen entgegen getreten werden: Bei den Präventionsmaßnahmen in Form von Aufklärung, Information, Sensibilisierung und Schulung älterer Menschen sollte zumindest darauf geachtet werden, dass diese bereits zu einem Zeitpunkt stattfindet, zu dem die potentiellen Opfer diese gewonnenen Informationen und Ratschläge noch umsetzen können und nicht etwa z.B. durch Demenz hierzu bereits nicht mehr in der Lage sind.[2139] *Görgen u.a.* plädieren daher dafür, dass *„sicherheitsbezogene Präventionsmaßnahmen im Hinblick auf Ältere sich (...) an spezifischen sicherheitsrelevanten Themen und Interessenlagen orientieren und nicht am Lebensalter.“*[2140] In Bezug auf die schwer/nicht erreichbaren Personen und die sich als ausreichend aufgeklärt sehenden Personen sehen *Görgen u.a.* *„eine Ansprache Älterer als Multiplikatoren und Multiplikatorinnen (als) sinnvoll“* an.[2141] Hierunter kann beispielsweise fallen, dass nicht primär auf die Gefahren- und Kriminalitätsabwehr abgestellt wird, sondern auf den Gewinn von Lebensqualität. Beispielhaft nennen *Görgen u.a.* hierfür die Kommunikationsherstellung zwischen Älteren und Jugendlichen, wodurch dazu beigetragen werden kann, dass sich ältere Menschen von diesen auf öffentlichen

---

2134 Ebd., S. 451.
2135 Ebd., S. 451.
2136 Ebd., S. 453.
2137 Ebd., S. 452.
2138 Siehe hierzu *2. Teil: V 1 a dd.*
2139 So Studer, S. 235.
2140 Görgen u.a., Sicherheitspotenziale im höheren Lebensalter, S. 455.
2141 Ebd., S. 455.

Plätzen weniger bedroht fühlen.[2142] Die Informationen sollten zudem altersgerecht an die älteren Menschen herangetragen werden, so etwa nicht durch Internetkampagnen, sondern eher durch soziale Gruppen wie Vereine, deren Mitglieder (auch) aus älteren Menschen bestehen.[2143]

bb) Guardianship

Doch nicht nur Aufklärung ist ein denkbarer Ansatz. Entsprechend amerikanischem Vorbild könnte man des Weiteren Programme ins Leben rufen, die älteren Menschen auf Abruf eine Begleitperson zur Seite stellen, wenn diese im öffentlichen Raum unterwegs sind (Fußgängerbegleitung, Minibusse), und hierdurch das Risiko einer Viktimisierung Einzelner reduzieren.[2144] Man könnte außerdem allgemein verstärkt auf den Einsatz von sog. *guardians* bauen.[2145] *Görgen u.a.* sehen nicht nur bei den Bankmitarbeitern als sog. *guardians* Präventionspotentiale schlummern,[2146] sondern betrachten die *„Altersbezogene Prävention"* generell *„als interdisziplinäres und institutionenübergreifendes Unterfangen"*.[2147] Neben den Strafverfolgungsbehörden und der strafrechtlichen und zivilrechtlichen Gerichtsbarkeit, sollten etwa auch Pflegekräfte, Mediziner, Mitarbeiter von Gewalt- und Opferschutzeinrichtungen und Sozialarbeiter zugunsten der Effizienz in die Präventionsmaßnahmen eingeschlossen werden.[2148] Die Sinnhaftigkeit eines solchen Vorgehens stützen sie darauf, dass in den USA erfolgreich Programme unter dem Namen *„Community Sentinels for Elder Abuse Prevention"* ins Leben gerufen wurden, in denen Mitarbeiter unterschiedlichster Institutionen (Banken, Ärzte, Post, Bewährungshelfer usw.) an Schulungen zu *„Community Sentinels"* teilnahmen.[2149] Um die in der Praxis etwas schwierige Zusammenarbeit der verschiedenen Institutionen zu erleichtern, könnten - wie in Großbritannien - spezielle Koordinatoren eingesetzt werden.[2150]

2142 Ebd., S. 455.

2143 Studer, S. 237.

2144 Baurmann, ZfG 1981, S. 254; vgl auch Heinemann/Püschel, ZfG 1994, S. 311 (nachbarschaftlich organisierter nächtlichen Begleitdienst).

2145 Befürwortend etwa Studer, S. 236.

2146 Siehe hierzu ausführlich *2. Teil: V 1 a bb*.

2147 Görgen u.a., Sicherheitspotenziale im höheren Lebensalter, S. 449.

2148 Ebd., S. 449 f.

2149 Siehe hierzu *2. Teil: V 1 a bb*.

2150 Görgen u.a., Sicherheitspotenziale im höheren Lebensalter, S. 449 f.

cc) Überwachung von sog. Kaffeefahrten

In Graubereich der fragwürdigen Geschäftspraktiken fordern *Görgen/Nägele/Kotlenga* eine besonders enge Zusammenarbeit von Strafverfolgungsbehörden, Ordnungsbehörden und Verbraucherschutzorganisationen.[2151] Speziell dem legalen Graubereich der sog. Kaffeefahrten könnte nach *Kreuzer* entgegen getreten werden, indem man die Veranstalter verpflichtet die geplante Aktivität vorab behördlich anzuzeigen.[2152] Hierdurch sei eine bessere Kontrolle möglich, inwiefern und ob die älteren Menschen von einem bestimmten Veranstalter ausgebeutet werden. Stichprobenhafte Prüfungen durch die Polizei oder das Einschleusen von Journalisten schreibt er ebenfalls eine abschreckende Wirkung auf unlautere Veranstalter zu.

dd) Änderungen im Medizinsektor zur Verhinderung von Patiententötungen

Es wird vorgebracht, dass der Gefahr einer Serientötung durch eine Pflegekraft anhand einer Systemkorrektur und eines anderen Verständnisses von Medizin entgegengetreten werden sollte:[2153]

Zum einen sollte auf mehreren Ebenen in eine bessere Ausbildung investiert werden, d.h. beireits bei der Bewerberauswahl sollte durch Eignungstest und der Durchführung von Assessment-Center darauf geachtet werden, dass Berufsneulinge den Pflegeberuf nicht deswegen auswählen, weil dieser die Möglichkeit eines Machtmissbrauchs bietet.[2154] In der Ausbildung selbst sollte sodann das Augenmerk auch darauf gerichtet werden, dass den Auszubildenden ein gesunder Umgang mit Belastungssituationen beigebracht wird und sie für Auffälligkeiten wie eine sprachliche Verrohung, Rückzug oder eigenmächtiges bzw. unprofessionelles Handeln von Kollegen zu sensibilisieren.[2155] Zudem sollten die Ausbilder einen Blick auf die mentale Situation der Auszubildenden haben, so dass nicht belastungsfähige Personen bereits in der Ausbildung entsprechend unterstützt oder ein Berufswechsel nahegelegt werden kann.[2156] Des Weiteren sollte

---

2151 Görgen/Nägele/Kotlenga, SHgZ, S. 535.

2152 Kreuzer, Senioren als Kriminalitätsopfer, S. 11, dort auch zum folgenden Text.

2153 Beine/Turczynski, Tatort Kh., S. 171.

2154 Ebd. S. 172.

2155 Ebd., S 175; vgl. Beine, Fortschritte der Neurologie und Psychiatrie 1999, S. 500.

2156 Beine/Turczynski, Tatort Kh., S. 176.

auch im Arbeitsalltag eine entsprechende Begleitung gewährleistet sein, etwa durch die verpflichtende Teilnahme an regelmäßigen Treffen von Ärzten und Pflegekräften zum Zwecke des Austausches während der regulären Arbeitszeiten.[2157]

Der nächste Punkt, an dem man ansetzen könnte, wäre das Vorhandensein von Konfliktmanagement und Coaching, z.b. durch regelmäßig durchgeführte Konferenzen und Fortbildungsveranstaltungen, die den kollegialen Austausch auch in kritischer Hinsicht fördern und erleichtern könnten.[2158] Zusätzlich sollte an der bestehenden sog. Fehlerkultur gearbeitet werden, d.h., das Zugeben von Fehlern muss möglich sein.[2159] Hierfür könnte die Einführung sog. Balint-Gruppen, in denen die Besprechung von „Problemfällen“ mit schwierigen Patienten unter psychologischer Leitung stattfindet, hilfreich sein.[2160] Denkbar sind auch sog. „M&M-Konferenzen“ nach angelsächsischem Vorbild, d.h. Morbiditäts- und Mortalitätskonferenzen, in denen Todesfälle, Zwischenfälle und Komplikationen erörtert werden können.[2161] Die Einführung eines Whistle-Blowing-Systems mit einem verbindlichen und nachvollziehbaren Verfahrensablauf könnte die Möglichkeit bieten anonym Missstände anzuzeigen.[2162]

Darüber hinaus wird gefordert, dass Mengenausweitung und Arbeitsverdichtung beendet werden, da Krankenhäuser immer mehr wie Wirtschaftsunternehmen geführt werden und sich dies in der täglichen Arbeit nicht positiv niederschlägt bzw. auf das Arbeitsklima drückt.[2163] Insbesondere die Qualität der medizinischen und pflegerischen Versorgung der Patienten leidet unter dem enormen Streben nach Gewinnoptimierung, da das Damoklesschwert Stellenkürzungen und Schließungen überall verbreitet ist und möglicherweise nicht immer zu einem Verhalten veranlasst, das für das Wohl des Patienten das Beste ist.[2164]

Letztlich sollten auch die den Patienten nahestehenden Personen dazu angehalten werden offen für deren Beschwerden zu sein und sich nicht zu scheuen, diese an die Klinikleitung oder die Beratungsstelle „Pflege in

---

2157 Ebd., S. 181; vgl. Beine, Int. J. Law Psychiatry 2003, S. 384.
2158 Beine/Turczynski, Tatort Kh., S. 183; vgl. Beine, Int. J. Law Psychiatry 2003, S. 384.
2159 Beine/Turczynski, Tatort Kh., S. 186; vgl. Beine, Fortschritte der Neurologie und Psychiatrie 1999, S. 500.
2160 Beine/Turczynski, Tatort Kh., S. 187.
2161 Ebd., S. 187.
2162 Ebd., S. 189.
2163 Ebd., S. 198.
2164 Ebd., S. 202.

Not" heranzutragen, wobei in diesem Zusammenhang der Einsatz sog. Patientenfürsprecher hilfreich sein könnte.[2165]

Da die Tatmittel für Serientötungen in Krankenhäusern meist Medikamente sind, sollten die Bestellung und die Vergabe von Medikamenten besonders kontrolliert werden.[2166] Auch die Sterberaten sollten in Bezug auf auffällige Abweichungen, insbesondere mit Blick merkwürdige Korrelationen mit den Dienstzeiten einzelner Angestellter, im Auge behalten werden.[2167] Damit ein solches System funktionieren kann, fordert *Beine* eine Aufrüstung des Gesundheitssektors, da überlastete Pflegekräfte im Zweifel keine Ressourcen dafür haben achtsam zu sein und sich mit einer solchen zusätzlichen zeitlichen und/oder emotionalen Belastung auseinanderzusetzen.[2168]

b) Maßnahmen zur Verhinderung von Kriminalität im Allgemeinen

Eine Maßnahme in dieser Kategorie könnten altershomogene Unterkünfte sein, die nur von älteren Menschen bewohnt werden dürfen und zu denen der Zutritt streng kontrolliert wird, da sich innerhalb solcher Wohnblöcke ein Gemeinschaftsgefühl und damit einhergehend auch ein Gefühl der Sicherheit entwickeln kann.[2169] Andererseits könnte eine solche Absonderung älterer Menschen aus der Gesellschaft ihre Angst vor jüngeren Menschen steigern und nicht zwingend zu einem höheren Sicherheitsgefühl der Älteren in der Öffentlichkeit führen und darüberhinaus könnte eine solche Separation altersdiskriminierend wirken.[2170] Als Beispiel nennen *Fattah/Sacco*, dass Frauen eine höhere Kriminalitätsfurcht aufweisen als Männer, aber dennoch niemand auf die Idee kommen würde, geschlechtergetrenntes Wohnen einführen zu wollen und erklären dies damit, dass Sexismus in unserer Gesellschaft viel eher als Problem anerkannt wird, als Ageism.[2171] Dem ist wohl zuzustimmen. Auch wenn mit Altersheimen

---

2165 Ebd., S. 211.

2166 Beine, Fortschritte der Neurologie und Psychiatrie 1999, S. 500; Beine, Int. J. Law Psychiatry 2003, S. 384; Beine, Krankentötungen, S. 368.

2167 Vgl. Tenzer, kma 2015, S. 8; Beine, Krankentötungen, S. 367.

2168 Vgl. Beine, Teil 2 - Heilberufe 2017, S. 40, mit zwei kritischen Kommentaren auf S. 38 und S. 40.

2169 Zu diesem Beispiel siehe Fattah/Sacco, S. 258; vgl. auch Heinemann/Püschel, ZfG 1994, S. 311.

2170 Fattah/Sacco, S. 258.

2171 Ebd., S. 258.

und betreuten Wohnen bereits eine gewisse Trennung vorhanden ist, so ist dies nicht von der gleichen Dimension wie „Altersstadtviertel". Zumal die Intension für die bereits existierenden Einrichtungen eine andere ist, nämlich die Pflege und Unterstützung älterer Menschen, die bei der Bewältigung des normalen Alltags auf fremde Hilfe angewiesen sind. Dies kann man nicht vergleichen mit einer Absonderung der Alten, unabhängig von ihrer körperlichen und geistigen Fitness, um sie vor Kriminalität zu schützen. Aber auch wenn körperliche und kognitive Einschränkungen als Voraussetzung herangezogen würden, wäre der fale Beigeschmack einer Altendiskriminierung nicht von der Hand zu weisen.

c) Verbesserung der Forschungsmethoden

Da Maßnahmen zum Schutz von Kriminalitätsopfern auch auf den Erkenntnissen von Statistiken und Viktimisierungssurveys beruhen, lohnt es sich einen Blick auf die Kritik an diesen zu werfen. Hier wird insbesondere das Problem der Erreichbarkeit und Kommunikationsmöglichkeiten im Rahmen von Viktimisierungssurveys genannt.[2172] Im Hinblick auf die Opfer und Delikte, die durch die Raster fallen, weitere Ansatzpunkte zu erwägen, so etwa Intensivinterviews, Gruppendiskussionen und differenzierte Beobachtungsstudien. [2173] *Studer* befürwortet mit Blick auf hochbetagte Opfer ebenfalls eine modifizierte Herangehensweise durch Fokusgruppen, leitfadengestütze Interviews und oder teilnehmende Beobachtungen, z.B. in Alters- und Pflegeheimen.[2174] Sog. Proxy-Interviews nennt er ebenfalls als Möglichkeit, stuft eine solche Befragung von Dritten, wie z.B. Angehörigen, allerdings zum einen als offensichtlich nicht besonders zielführend ein, nur um kurz darauf eine Dunkelfeldbefragung von Pflegekräften zu befürworten.[2175] Zudem fordert er noch Aufklärung der grundlegenden Fragen, wie typischen Tatgelegenheiten und –strukturen, eine weitere Erhellung des Dunkelfeldes durch eine tiefergehende Forschung auch in Richtung organisierter Kriminalität, dem Graubereich zwischen Kriminalität und unsittlichem Verhalten und Delikten, die sich nicht als einschlägig aufdrängen.[2176]

2172 S. ausführlich *2. Teil: B III 3 c.*

2173 Görgen u.a., KFN-FB, Nr. 95, S. 131; ähnlich Görgen, SHgZ, S. 512.

2174 Studer, S. 230.

2175 Ebd., S. 230.

2176 Studer, S. 43 f.

Des Weiteren schägt *Görgen* vor, kumulativ zu arbeiten und neben Opferbefragungen auch polizeiliche bzw. justizielle Statistiken für besonders schwere Delikte, sehr seltene Delikte sowie Tötungsdelikte zu analysieren, um so ein möglichst umfassendes Bild zu gewinnen. Das Hellfeld und die daraus gewonnen Daten sollten nicht zu begrenzt ausfallen, d.h. „*problemangemessen weit gefasst und nicht von vorneherein auf Polizei und Justiz begrenzt werden*".[2177] Die Institutionen, die hierfür in Betracht kämen, wären Heimaufsichten, Medizinische Dienste der Krankenkassen, einschlägige Beschwerdestellen und Notruftelefone etc.[2178]

2. Abmilderung der Folgen einer Viktimisierung

a) Opferhilfe

Abgesehen von präventiven Maßnahmen, werden auch Strategien zur Abmilderung der Folgen einer Viktimisierung ergriffen, um die physischen, ökonomischen und psychologischen Schäden, die im Rahmen einer Viktimisierung auftreten können, abzufedern.[2179] Die Evaluation des vom BMFSFJ geförderten Projekts „Sicher leben im Alter (SiliA)" ergab allerdings, dass es sich als recht schwierig erwies, sowohl ältere Personen als auch Fachkräfte dazu zu motivieren, auf ältere Menschen abgestimmte Beratungs-/Informationsveranstaltungsangebote anzunehmen.[2180] Aus diesem Grund sollte auf Informationsveranstaltungen aufgrund der wohl immer noch gegebenen Tabuisierung des Themas Gewalt gegen ältere Menschen intensiv durch Werbung hingewiesen werden.[2181]

b) Angstreduktion

Der Fokus kann auch anderweitig ausgerichtet werden, nämlich nicht auf Kriminalitätsreduktion, sondern auf Angstreduktion. Im Rahmen der Bekämpfung von Kriminalitätsfurcht kann eine Aufteilung in drei Strategien

2177 Görgen u.a., KFN-FB, Nr. 95, S. 131.
2178 Ebd., S. 132.
2179 Fattah/Sacco, S. 253.
2180 Siehe hierzu *2. Teil: V 2 a.*
2181 Arlt, Antigewaltwoche 2011, S. 18.

vorgenommen werden.[2182] Unabhängig davon, welche Altersgruppen in diese Programme miteinbezogen werden, sollte im Rahmen der Angstreduktion vorsichtig vorgegangen werden.

aa) Vertrauensbildende Maßnahmen

Ein konkreter Ansatz in Bezug auf Gewaltdelikte an älteren Menschen – sei es im Nahraum oder öffentlichen Raum - ist, dass diese in ihrem Vertrauen zu ihrer eigenen körperlichen Unversehrtheit, ihrer Einbindung in ein funktionierendes Sozialgefüge und ihre generelle Umgebung erschüttert werden.[2183] Dieses Vertrauen sollte daher gestärkt werden, damit das Alter nicht als negativ empfunden wird und auch das hohe Lebensalter noch genossen werden kann.[2184] Wenn Verbrechensfurcht von individuellen Ängsten oder von verzerrten Informationen, die das eigentliche Viktimisierungsrisiko überhöhen, kreiert wird, erscheint es sinnvoll, an diesem Punkt anzusetzen.[2185] Hiefür kommen diverse Vorgehensweisen in Betracht:

Durch entsprechende Kampagnen („*Tell the truth campaigns*“[2186]) können an die Bürger realistische Informationen über ihr tatsächliches Viktimisierungsrisiko herangetragen werden.[2187] Gerade hinsichtlich älterer Menschen ist das die Information, dass ihr Viktimisierungsrisiko generell eher als gering einzustufen ist, und die Massenmedien könnten dahingehend aufgefordert werden, entsprechend zu berichten.[2188] Daneben wird vorgeschlagen den Einsatz uniformierter Personen, seien es Vollstreckungsbeamte wie Polizisten oder Briefträger, zu erhöhen, da statistischen Erkenntnissen nach ein entsprechender Anblick für ein erhöhtes Sicherheitsgefühl sorge.[2189] Allein ein erhöhter Einsatz von Polizeibeamten scheint dabei dennoch nicht erfolgversprechend zu sein, da dies wohl nicht automatisch mit einer Reduzierung der Verbrechensrate oder der Kriminalitätsfurcht einhergehe.[2190] Allerdings wird befürwortet, dass die

2182 So gesehen bei Fattah/Sacco, S. 261 ff.
2183 Niederfranke/Greve, ZfGG 1996, S. 174 f.
2184 Niederfranke/Greve, ZfGG 1996, S. 175.
2185 Fattah/Sacco, S. 261.
2186 Ebd., S. 261.
2187 Ebd., S. 261.
2188 Ebd., S. 261.
2189 Ebd., S. 261.
2190 Ebd., S. 261; vgl. auch Neubacher, S. 147.

Polizei sich mehr auf ungehöriges Verhalten („*uncivil behaviour*“[2191]) konzentriere, weil derartiges Verhalten mit Kriminalitätsfurcht in Zusammenhang stünde.[2192] Da die lokalen Polizeibeamten jeweils am besten wüssten, welche Wertvorstellungen in ihren Polizeirevieren vorherrschend und demnach einzuhalten seien, wären sie auch besonders geeignet für deren Einhaltung zu sorgen.[2193] Insofern solle also die Polizeipräsenz per se nicht unbedingt erhöht werden, aber ihr Aufgabenspektrum erweitert werden.[2194] Durch eine derart erhöhte Polizeiaktivität könne das Vertrauen der Bevölkerung in die Polizeiarbeit erhöht und die Kriminalitätsfurcht gleichzeitig verringert werden.[2195] Dies ist nach vorliegender Ansicht aber nicht erstrebenswert, da man im Rahmen eines derart weiten Aufgabenspektrums abhängig wäre von den Moralvorstellungen, Einschätzungen und dem Gutdünken einzelner Polizisten. Bezüglich der Massenmedien und ihrer tendenziell reißerischen Berichterstattung hingegen wäre gewiss sinnvoll diese zu neutraleren Schlagzeilen und Formulierungen aufzufordern, allerdings dürfte dies in der Praxis schwierig, wenn nicht unmöglich umzusetzen sein.

bb) Stärkung des Gemeinschaftsgefühls

Da gesellschaftliches Miteinander für ein gewisses Gefühl von Sicherheit sorgt, wird bezüglich älterer Menschen wird vorgeschlagen, altershomogene Wohnanlagen zu schaffen.[2196] Wie bereits zuvor erörtert, bringt dies aber zu viele negative Konsequenzen mit sich.

3. Einflussnahme auf Reaktionen der Strafrechtspflege und ihrer Hilfsorgane

Ärzte sollten dazu angehalten werden, in Untersuchungen besonders sensibel für verdächtige Anzeichen von Gewalteinwirkung zu sein und, falls

2191 Ebd., S. 261.
2192 Ebd., S. 261.
2193 Ebd., S. 261.
2194 Ebd., S. 261.
2195 Ebd., S. 262; zur präventiven Wirkung polizeilicher Kontrollen siehe eingehender Eisenberg/Kölbel, § 41, Rn. 16 ff.
2196 Fattah/Sacco, S. 262.

notwendig, Maßnahmen einzuleiten.[2197] Hierfür könnten Instrumente wie die sog. Geriatric Mistreatment Scale[2198] oder der sog. Elder abuse Suspicion Index (EASI)[2199] verwendet werden, die Ärzten (oder anderen Berufsgruppen, wie Pflegekräften) dabei helfen sollen, die Indizien einer Gewaltanwendung zu erkennen.[2200]

Speziell im Hinblick auf Tötungen an älteren Menschen wird teilweise kritisiert, dass die mit den Obduktionen betrauten Ärzte nicht unabhängig und fachkundig genug[2201] seien bzw. gar nachlässig[2202] oder zu oberflächlich[2203] agieren würden. Darüber hinaus wird als Problem genannt, dass die Ärzte sich oftmals als Hilfsorgane der Polizei missbraucht fühlen und daher vorschnell einen natürlichen Tod bescheinigen würden.[2204] Hinzu kommen regelmäßig auch rein praktische Mängel (schlechtes Licht, fehlende Hilfspersonen usw.).[2205] Ein Vorschlag, um gegen diesen Missstand vorzugehen, ist zum einen das Anbieten von detaillierten Leichenschauen durch spezialisierte Leichenschauärzte[2206] und die Zusammenstellung von Komitees, die aus Experten wie Pathologen, Toxikologen, forensischen Psychiatern, Ernährungsfachleuten etc. bestehen.[2207] Des Weiteren wird angeregt, dass die in einem Verdachtsfall beteiligten Institutionen bereits frühzeitig untereinander Informationen austauschen[2208] und in Zweifelsfällen nicht ein natürlicher Tod, sondern die Todesart „ungeklärt" angeben werden sollte, damit eine Obduktion eingeleitet werden kann.[2209] Unabhängig davon, ob man diesen Vorwurf an die Ärzteschaft als *„ungerechtfertigt und ungerecht"*[2210] betrachtet oder nicht, sind dies unterstützenswerte

2197 Ausführlich hierzu Kreuzer, ZBewHi 2010, S. 99 ff.; Vgl. auch Bode-Jänisch u.a., Archiv für Kriminologie 2010, S. 184.

2198 Görgen, 25 Jahre Gewaltprävention – Rahmenbedingungen, S. 2.

2199 Görgen, 25 Jahre Gewaltprävention – Vorrangige Fragen, S. 1.

2200 Ebd., S. 1.

2201 Kreuzer, Senioren als Kriminalitätsopfer, S. 7; Kreuzer, ZBewHi 2010, S. 93; ähnlich Scheib, S. 95 (*„Einflussnahme Dritter"*); Scheib, S. 91 (*„Inkompetenz"*).

2202 Lang, S. 12; Scheib, S. 92; ähnlich Beine, Krankentötungen, S. 368; vgl. auch Neubacher, S. 40.

2203 Beine, Ärzteblatt 2007, S. A 2330; Beine, Fortschritte der Neurologie und Psychiatrie 1999, S. 496; eingehender hierzu Scheib, S. 92 f., 95 f.

2204 Scheib, S. 94 f.

2205 Ebd., S. 96.

2206 Lang, S. 80; Scheib, S. 97, Neubacher, S. 41.

2207 Görgen, KF-FB Nr. 93, S. 20 f.

2208 Kreuzer, ZBewHi 2010, S. 93; ähnlich Beine, Fortschritte der Neurologie und Psychiatrie, S. 500; Beine, Int. J. Law Psychiatry 2003, S. 384.

2209 Scheib, S. 99; vgl. auch Neubacher, S. 40.

2210 So Maisch, Patiententötung, S. 190.

Anregungen, da insbesondere einschlägiges Spezialwissen zu einer höheren Aufdeckungsquote führen könnte.

Aber nicht nur in Bezug auf Patiententötungen, sondern auch hinsichtlich (vermeintlicher) Alterssuizide (insbesondere durch Erhängen[2211]) sollte bedacht werden, dass es sich unter Umständen um einen getarnten Homizid handelt, bei dem der Täter seine körperliche Überlegenheit gezielt zum Vertuschen der Tat ausnutzte.[2212] Kampfspuren und Abwehrverletzungen sind in Fällen des Erdrosselns oder Erhängens in der Regel die einzigen Indizien dafür, dass es sich nicht um einen Suizid handeln könnte,[2213] allerdings könnten diese bei einem körperlich sehr unterlegenem Opfer, wie einer betagten älteren Person eben gerade sehr unauffällig sein oder ganz fehlen.[2214] *Scheib* warnt daher ausdrücklich davor, dass bei älteren Menschen nicht vorschnell davon ausgegangen werden sollte, dass sie keinen Lebensmut mehr gehabt hätten und es sich daher bestimmt um einen Suizid handle, sondern auch in diesen Fällen die Augen für verdächtige Auffälligkeiten offen zu halten.[2215] Da Strangulation gemäß der im *2. Teil* zu den Tötungsdelikten aufgeführten Studien eine häufig gewählte Tötungsart zu sein scheint, ist dies sicherlich kein unbedeutender Hinweis. Generell sollte bei einem vordergründig natürlichen Tod besonders Augenmerk auch auf ein mögliches Ersticken gelegt werden.

Gerade im Hinblick auf den sog. Enkeltrick wird kritisiert, dass bei den Polizeibehörden und Staatsanwaltschaften häufig keine spezialisierten Ermittlungsgruppen existieren und dadurch die Ermittlungen zu schleppend vorangingen. Vorgeschlagen werden daher auf Dauer angelegte, zentralisierte und spezialisierte Dienstellen oder eine stärkere informelle Vernetzung der zuständigen Dienstellen.[2216]

Eine Sensibilisierung könnte auch im Umgang der Organe der Strafrechtspflege mit älteren Opfern erfolgen.[2217] So wird die Polizei von älteren Menschen gerne für Angelegenheiten in Anspruch genommen, die gar

---

2211 Diese sog. harte Suizidmethode ist sowohl bei älteren Männern als auch älteren Frauen die am häufigsten gewählte Methode, Schaller/Erlemeier, S. 23.

2212 Dankwarth, Kriminalistik 1992, S. 260.

2213 Vgl. Scheib, S. 204 ff.

2214 Scheib, S. 244.

2215 Ebd., S. 244.

2216 Görgen u.a., Sicherheitspotenziale im höheren Lebensalter, S. 308 f.; Görgen u.a., Sicherheitspotenziale im höheren Lebensalter, S. 329 f.; ähnlich Ludwig, Der Kriminalist 2009, S. 9; zum Vorbild der Schweiz s. Schett, Kriminalistik 2011, S. 334.

2217 Fattah/Sacco, S. 263.

nicht in ihren Zuständigkeitsbereich gehören, wie etwa Unterstützung bei medizinischen Notfällen oder die Beilegung eines Nachbarschaftsstreits ohne strafrechtlichen Hintergrund.[2218] Insofern erscheint eine Zusammenarbeit der Polizei mit jenen Gemeinschaftseinrichtungen, die für derartige Interessen älterer Menschen zuständig sind, sinnvoll, um die älteren Menschen sogleich an diese weiter verweisen und somit kompetente Hilfe vermitteln zu können.[2219] Des Weiteren wird vorgeschlagen, dass zu einer Entlastung der Polizei als „allgemeiner Lebensberater älterer Menschen" beigetragen wird, indem entsprechende Hilfsangebote für ältere Menschen zur Verfügung gestellt werden.[2220] So etwa Seniorenberater auf Basis eines Ehrenamtes, Seniorenbeauftragte, freiwillige Polizeidienste, Bürgerbeteiligungen im Bereich Innere Sicherheit usw.[2221]

Kumulativ könnte man auch überdenken, Polizisten im Umgang mit älteren Menschen besonders zu schulen, da diese nach einer Viktimisierung, was den Umgang mit der Institution Polizei und der Bürokratie angeht, unter Umständen stärker verunsichert sind als jüngere Menschen.[2222] Man könnte sogar über die Einrichtung einer Abteilung, die sich speziell mit der Viktimisierung älterer Menschen befasst, nachdenken.[2223] Dies erscheint sinnvoll, da zwar einerseits davon berichtet wird, dass Polizeibeamte eher gewillt seien respektloses Verhalten ihnen gegenüber zu tolerieren, wenn es von älteren Menschen ausgehe.[2224] Andererseits scheinen Polizisten mangels entsprechender Schulungen im Umgang mit älteren Menschen oftmals aber auch ungeduldig zu reagieren und sich der häufig tatsächlich nicht in ihren Zuständigkeitsbereich fallenden Probleme Älterer nicht anzunehmen.[2225] Dem könnte durch entsprechende Fortbildungsangebote und die Ausgabe entsprechender Materialien entgegengewirkt werden.[2226]

Neben der Polizei wird aber auch den Gerichten und Opferhilfe-Organisationen der Vorwurf gemacht, dass sie nicht ausreichend auf die Bedürfnisse älterer Opfer eingehen würden.[2227] So soll ihnen nach Ansicht

2218 Ebd.; vgl. auch den Abschnitt *2. Teil: B III 4* in dieser Arbeit.
2219 Fattah/Sacco, S. 263.
2220 Meyer zu Bexten/Schneider, Empirische Polizeiforschung 2010, S. 119
2221 Ebd., S. 119.
2222 Fattah/Sacco, S. 263.
2223 Ebd., S. 263.
2224 Ebd., S. 264.
2225 Baurmann, ZfG 1981, S. 253.
2226 Ebd., S. 255.
2227 Fattah/Sacco, S. 264.

mancher eine aktive Teilnahme am Prozess eher verwehrt werden und auch nicht genug Unterstützung bei der Verfolgung und Verurteilung der Täter zuteilwerden,[2228] wobei für diese These keine Belege genannt werden. Dennoch hiervon ausgehend könnte man argumentieren, dass die Voraussetzungen hierfür entschärft bzw. an ältere Menschen angepasst werden sollten und Ältere darüber hinausgehend motiviert werden sollten, führende Rollen nicht nur in Verbrechensverhinderung-Programmen und sondern gerade auch in Opferhilfe-Organisationen sowie Programmen, die bei der Strafverfolgung unterstützend tätig werden, zu übernehmen.[2229] Gerade letzteres wirke sich positiv aus, weil es älteren Menschen die Möglichkeit biete, nicht nur Teil des Problems, sondern auch Teil der Lösung zu sein.[2230] Ein derartiges Peer-Network ist informeller gehalten und daher vielleicht effektiver und entlastet zudem die ohnehin sehr beanspruchten Institutionen der Strafrechtspflege.[2231]

Darüberhinaus meinen *Fattah/Sacco*, dass die mit der Viktimisierung älterer Menschen einhergehenden Probleme größtenteils beseitigt würden, wenn die Polizei Delikte gegen ältere Menschen rigoros verfolgen und die Gerichte diese ebenso streng aburteilen würden.[2232] Dies mag grundsätzlich ein durchaus richtiger Gedanke sein, auch wenn die These, dass quasi alle Probleme damit beseitigt würden, nach vorliegender Ansicht viel zu weitgehend ist.

4. Exkurs: Umgang mit sexueller Gewalt und Nahraumgewalt im Alter

Görgen u.a. haben konkrete Vorschläge gemacht, wie gerade sexueller Gewalt im Alter entgegengetreten werden sollte.[2233] Sie setzen dabei nicht auf eine Veränderung der strafrechtlichen Sanktionen, sondern auf Aufklärungsarbeit zur Sensibilisierung der Gesellschaft zum einen und spezifischer Berufsgruppen (Pflegekräfte, Ärzte, Seelsorger usw.) zum anderen, sowie auf die Einrichtung leicht zugänglicher Beratungen und Hilfen für ältere Opfer.[2234] Da es sich hier um ein stark vernachlässigtes und tabuisier-

2228 Ebd., S. 264.
2229 Ebd., S. 265.
2230 Ebd., S. 265.
2231 Ebd., S. 265.
2232 Ebd., S. 265.
2233 Görgen u.a., KFN-FB, Nr. 95, S. 146.
2234 Görgen u.a., KFN-FB, Nr. 95, S. 146; siehe auch Görgen/Nägele, ZfGG 2006, S. 388.

tes Delikt zu Lasten älterer Menschen handelt, bei dem ein nicht völlig unbeachtliches Dunkelfeld vermutet wird,[2235] erscheint es angemessen, diesbezügliche Präventionsmaßnahmen in einem gesonderten Exkurs darzustellen. Die Erwägungen lasen sich insbesondere auch für Präventionserwägungen hinsichtlich sonstiger Nahraumgewalt an Älteren furchtbar machen.

Die allgemeine Öffentlichkeitsarbeit sollte nach *Görgen u.a.* so ausgestaltet werden, dass der Gesellschaft vermittelt wird, dass sexuelle Viktimisierung auch im Alter noch möglich ist, so dass sowohl Opfer und Zeugen als auch konfrontierte Institutionen einen tatsächlich eintretenden Fall sexueller Gewalt als solchen wahrnehmen und ernst nehmen.[2236] Polizei, Opferschutz/-hilfeinstitutionen, Wissenschaft und Medien sollen hierbei herangezogen werden, um diese Aufklärungsarbeit bei der Bevölkerung in Form von allgemeinen Veranstaltungen wie Vorträgen zu betreiben, während die Medien dazu angehalten werden sollen, nicht in reißerischer Art über die Ausnahmetaten von besonders abnormen Tätern zu berichten.[2237] Dieser Ansatz lässt sich insofern verallgemeinern, als die Medien auch sonstige Viktimisierungen älterer Menschen nicht als besonders herausragend und ungewöhnlich darstellen sollten.

Da es sich als schwierig erweist, bestimmte Gruppen älterer Opfer von sexueller Gewalt zu erreichen (pflegebedürftige, demenzkranke, isoliert lebende Opfer), sollten das soziale Umfeld sowie die Leitungen von Alteneinrichtungen, Ärzte und Pflegekräfte entsprechend für Anzeichen auf Gewalt sensibilisiert werden.[2238] Insbesondere sollten neben Berufsgruppen wie Medizinern und Pflegekräften auch kirchliche Institutionen, Seelsorger, Polizei und Mitarbeiter in Opferschutz-/Opferhilfeinstitutionen entsprechend aufgeklärt und geschult werden, sexuelle Viktimisierungen älterer Menschen als solche zu erkennen, ernst zu nehmen und geeignete Maßnahmen einzuleiten.[2239]

Im Hinblick auf die Ärzteschaft wird vorgeschlagen entsprechende Fortbildungen anzubieten, in denen Basisinformationen über häusliche Gewalt vorgestellt werden sowie Taktiken, wie in Verdachtsfällen auf Patienten einzugehen ist.[2240] Pflegekräfte sollten bereits in der Ausbildung

---

2235 Siehe hierzu *2. Teil: B III 2 e dd.*
2236 Görgen u.a., KFN-FB, Nr. 95, S. 146.
2237 Ebd., S. 147; Görgen/Nägele, ZfGG 2006, S. 388.
2238 Görgen u.a., KFN-FB, Nr. 95, S. 157.
2239 Vgl. Görgen/Nägele, ZfGG 2006, S. 388.
2240 Görgen u.a., KFN-FB, Nr. 95, S. 148.

unterrichtet werden, dass es sich bei sexueller Gewalt im Alter um eine beachtenswerte Problematik handelt, damit sie entsprechende Anzeichen erkennen und in geeigneter Weise hierauf reagieren können.[2241]

Die weit verbreitete religiöse Affinität älterer Menschen könnte kirchliche Seelsorger zu vertrauenserweckenden Ansprechpartnern für diese machen, so dass eine Sensibilisierung dieser Seelsorger ebenfalls sinnvoll erscheint.[2242] Die Polizei sollte nicht nur die Öffentlichkeit sensibilisieren, sondern zuvor selbst in Seminaren und Fortbildungen mit der Problematik ausreichend vertraut gemacht werden.[2243]

Auch die Mitarbeiter von Opferschutz-/Opferhilfeinstitutionen sollten im Rahmen von Schulungen, Fachtagungen usw. dafür sensibilisiert werden, dass sexuelle Gewalt als eine Form von Gewalt und Unterdrückung in Partnerschaften auch im Alter noch relevant sein kann.[2244] Orientieren könnte man sich auch an in den USA und Kanada implementierten sog. „Gatekeeper-Programmen“[2245], in denen Menschen, die regelmäßig in Kontakt zu älteren Menschen stehen, durch entsprechende Schulungen für Anzeichen (sexueller) Gewalt gegenüber älteren Menschen sensibilisiert werden können.[2246] Entsprechend dem sog. Projekt „Niagara Gatekeepers“[2247] können auch Personen wie Briefträger, Bankmitarbeiter, Mitarbeiter der Stadtwerke etc. miteingebunden werden.[2248]

Bei Nahraumdelikten sollten Hilfeangebote generell *„niedrigschwellig“* sein[2249] und erst recht hinsichtlich sexueller Gewalt an älteren Menschen.[2250] Älteren Menschen sollte der Zugang zu einschlägigen Hilfsangeboten in der Art erleichtert werden, dass nicht speziell an ältere Menschen gerichtete Notruftelefone o.Ä. eingerichtet werden, die aufgrund einer Angst vor Stigmatisierung ohnehin nicht angenommen werden würden, sondern dass offene Hilfsangebote existieren.[2251] In Vorträgen, Ausstellungen o.Ä. sollte auf offene Formulierungen gesetzt werden, da ältere Frauen

2241 Ebd., S. 149; vgl. Görgen/Nägele, ZfGG 2006, S. 388.
2242 Görgen u.a., KFN-FB, Nr. 95, S. 150; vgl. Görgen/Nägele, ZfGG 2006, S. 388.
2243 Görgen u.a., KFN-FB, Nr. 95, S. 150; vgl. Görgen/Nägele, ZfGG 2006, S. 388.
2244 Görgen/Nägele, ZfGG 2006, S. 388; Görgen u.a., KFN-FB, Nr. 95, S. 151.
2245 Görgen u.a., KFN-FB, Nr. 95, S. 151; Görgen/Nägele/Kotlenga, SHgZ, S. 524.
2246 Görgen/Nägele/Kotlenga, SHgZ Ebd., S. 524; Görgen u.a., KFN-FB, Nr. 95, S. 151.
2247 Görgen u.a., KFN-FB, Nr. 95, S. 152; Görgen/Nägele/Kotlenga, SHgZ, S. 524.
2248 Görgen/Nägele/Kotlenga, SHgZ, S. 525; Görgen u.a., KFN-FB, Nr. 95, S. 151.
2249 Wetzels, KFN-FB, Nr. 49, S. 24; Görgen, Mythos Familiensolidarität, S. 193; Görgen, Nahraumgewalt, S. 24.
2250 Vgl. Görgen/Nägele, ZfGG 2006, S. 388.
2251 Görgen u.a., KFN-FB, Nr. 95, S. 153.

die sexuelle Verfügbarkeit als eheliche Pflicht ansehen könnten, so dass sie sich von Begriffen wie Vergewaltigung unter Umständen gar nicht erst angesprochen fühlen und ihnen dementsprechend auch nicht die Augen dafür geöffnet werden, dass sie selbst entsprechend viktimisiert werden.[2252] Es sollte darauf Rücksicht genommen werden, dass ältere Menschen dazu neigen sog. *akkomodative Bewältigungsstrategien* anzuwenden und sich an Situationen zu adaptieren, wenn die Alternative – hier Verlassen des (sexuell) gewalttätigen Partners – andere, noch schwerer zu bewältigende Probleme mit sich bringen würde (z.B. soziale Isolation, Verlust der Fähigkeit zur selbstständigen Lebensführung in finanzieller oder organisatorischer Hinsicht).[2253]

Auch wenn eine Trennung für das Opfer nicht in Frage kommt, kann es dabei unterstützt werden, die Viktimisierungen z.B. zunächst zumindest zu reduzieren und vielleicht langfristig doch über eine noch grundlegendere Veränderung der Situation nachzudenken.[2254] Die Mitarbeiter sollten geschult werden, die potentiellen Opfer vorsichtig, aber direkt nach sexueller Gewalt zu fragen, da es gerade bei älteren und in ihrer Mobilität eingeschränkten Menschen wichtig ist, aktiv auf diese zuzugehen und sich nicht darauf zurückzuziehen, dass diese die Initiative zu ergreifen haben.[2255] Zudem ist es erfahrungsgemäß vertrauensfördernd, wenn die Mitarbeiter nicht wesentlich älter sind als die Opfer und Frauenhäuser sollten darauf ausgerichtet sein, nicht nur jüngere, sondern eben auch ältere Frauen aufnehmen zu können, die altersbedingt auf Hilfe bei einer eigenständigen Lebensführung angewiesen oder gar pflegebedürftig sind.[2256] Insoern könnte auch eine Zusammenarbeit von Opferhilfeorganisationen und Altenpflegeorganisationen hilfreich sein, so dass z.B. Projekte des betreuten Wohnens ältere Opfer zeitweise aufnehmen und jene wiederum Mitarbeiter in den Opferhilfeinstitutionen über die Bedürfnisse älterer Menschen aufklären.[2257] Im Ausland existieren bereits spezielle Einrichtungen für ältere Opfer von Nahraumgewalt. In den USA gibt es, basierend auf dem Modell des New Yorker *„Harry & Jeanette Weinberg Center for the Prevention of Elder Abuse“*, das in das *„Hebrew Home for the Aged“* integriert ist, Alten-

2252 Ebd., S. 153.
2253 Ebd., S. 154; vgl. grundlegend zu den Coping-Maßnahmen älterer Menschen *2. Teil: B IV 2 a bb*.
2254 Ebd., S. 154.
2255 Ebd., S. 154.
2256 Ebd., S. 155.
2257 Ebd., S. 155 f.; vgl. Görgen, Nahraumgewalt, S. 24 f.

heime, die zugleich ältere Gewaltopfer aufnehmen.[2258] Ziel ist es, diesen zunächst eine altersgerechte und falls nötig auf die Pflegebedürftigkeit ausgerichtete Zuflucht zu bieten und sie zudem dabei zu unterstützen, wieder in ein gewaltfreies Leben (eigene Wohnung, betreutes Wohnen, stationäre Pflegeeinrichtung) zurückzukehren. Auch Kanada und Israel haben sich bereits an diesem Modell orientiert.[2259] In Schottland wurden Frauenhäuser ins Leben gerufen, die auf eine ältere Klientel (50 plus) ausgerichtet sind, sowie Betreutes Wohnen mit einem speziellen Hilfsangebot für ältere weibliche Bewohner, die sich in einer schwierigen häuslichen Situation befinden.[2260] Um eine „*Ghettoisierung*" zu vermeiden, befürworten *Görgen/Nägele/Kotlenga*, dass derartige Einrichtungen nicht nur auf pflegebedürftige ältere Menschen ausgerichtet werden, sondern auch auf solche, die sich noch selbst versorgen können.[2261]

Da als wesentliches Fazit des im Rahmen des euopäischen Daphne-III-Programms unterstützen Forschungsprojekts festgehalten wurde, dass die Polizei oftmals die erste Anlaufstelle älterer Nahraumopfer darstellte, zugleich aber oftmals keine strafrechtliche Verfolgung gewünscht war, sollte besonderes Augenmerk darauf gelegt werden, dass die Polizei derartige Interventionsstellen einbindet bzw. an Institutionen verweisen kann, die die weitere Organisation von Hilfsmaßnahmen als ihre ureigene Aufgabe ansehen.[2262] Daher wurde in der Folge des Projekts auch Trainingsmaterial für eine entsprechende Schulung von Polizisten entwickelt.[2263] Doch auch für die sozialen Dienste, wie Frauenhäuser, Frauenberatungsstellen, Interventionsstellen, kommunale soziale Dienste, Pflegedienste usw., wurden Informationsbroschüren angefertigt.[2264]

Auf ältere Opfer (sexueller) Gewalt spezialisierte Selbsthilfegruppen vermögen Isolation zu beseitigen, Selbstbewusstsein zu vermitteln, über die Formen von Gewalt aufzuklären und Motivation zu einer Veränderung der Opferrolle herbeizuführen.[2265] Um ältere Menschen besser zu erreichen sollte die Selbsthilfegruppe zumindest auch von einer älteren oder

2258 Görgen/Nägele/Kotlenga, SHgZ, S. 549.
2259 Ebd., S. 549.
2260 Ebd., S. 550.
2261 Ebd. S. 550.
2262 Taefi u.a., Mind the Gap!, S. 79.
2263 Abrufbar unter: http://www.ipvow.org/images/ipvow/reports/training/Police_Training_material_Germany_German.pdf (05.09.2020).
2264 Abrufbar unter http://www.ipvow.org/images/ipvow/manuals/Germany_manual_social_services_Deutsch.pdf (05.09.2020).
2265 Görgen u.a., KFN-FB, Nr. 95, S. 156; Görgen/Nägele/Kotlenga, SHgZ, S. 551.

entsprechend geschulten Person geleitet werden.[2266] In Bezug auf Selbsthilfegruppen für ältere Opfer von Nahraumgewalt gibt es bereits positive Erfahrungen aus dem Ausland. Entsprechend den Berichten des „*Women's Center*", einem Frauenhaus in Milwaukee, Wisconsin, sollte darauf geachtet werden, dass wenigstens eine ältere Frau Teil der Gruppenleitung ist, die Gruppe mit einem positiven Ziel zu benennen (z.B. Beistand) und Altenhilfeorganisationen zu beteiligen.[2267] Zudem wäre es erwägenswert, älteren Opfern sexueller Gewalt im Alltag eine geschulte Vertrauensperson zur Seite zu stellen. Diese sollen einer Isolation entgegenwirken, bei der Bewältigung von Problemen helfen, einem vorhandenen sozialen Netzwerk die Bedürfnisse des Opfers vermitteln und dadurch insgesamt die Lebensqualität des Opfers steigern.[2268] Auch hierfür gibt es bereits Vorbilder im Ausland, sog. „*Victim Advocacy*"-/ oder „*Community Advocacy*"-Programme.[2269] So werden z.B. in Michigan entsprechend trainierte Studentinnen der Michigan University als persönliche Betreuerinnen von aus Schutzeinrichtungen entlassenen Frauen tätig. Diese sind nicht speziell auf ältere Frauen spezialisiert, allerdings wäre gerade bei diesen eine individuelle Unterstützung sinnvoll.[2270]

Im Wesentlichen lassen sich all diese Ansätze nicht nur für sexuelle Gewaltdelikte heranziehen, sondern auch für andere Viktimisierungen in Partnerschaften oder innerhalb des Nahraums älterer Menschen.[2271] Hinsichtlich Nahraumgewalt werden die Mittel des Strafrechts allein nämlich meist nicht als ausreichende Prävention betrachtet, da es oftmals nicht dem Opferwunsch entspricht.[2272] Diese möchten vielfach zwar eine Beendigung der Gewalt, nicht jedoch eine schwerwiegende Veränderung ihrer Lebensumstände, insbesondere mit zunehmendem Alter.[2273] Aus diversen Gründen wird daher teilweise eine zusätzliche Verortung des Problems

---

2266 Görgen u.a., KFN-FB, Nr. 95, S. 156; Görgen/Nägele/Kotlenga, SHgZ, S. 551.
2267 Görgen/Nägele/Kotlenga, SHgZ, S. 551.
2268 Görgen u.a., KFN-FB, Nr. 95, S. 156.
2269 Görgen/Nägele/Kotlenga, SHgZ, S. 551.
2270 Zu diesem Beispiel s. Görgen/Nägele/Kotlenga, SHgZ, S. 551 f.
2271 Sehr ausführlich hierzu Görgen/Nägele/Kotlenga, SHgZ, S. 538 ff.; Görgen, Mythos Familiensolidarität, S. 193 ff.; Görgen, Nahraumgewalt S. 24 ff.; Görgen/Nägele, Prävention 2015, S. 63 f.
2272 Pfeiffer/Görgen/Höynck, Gewalt gegen alte Menschen, S. 43; ähnlich Görgen, Nahraumgewalt, S. 28; Görgen, Forum Kriminalprävention 2005, S. 16.
2273 Pfeiffer/Görgen/Höynck, Gewalt gegen alte Menschen, S. 43; ähnlich Görgen, Nahraumgewalt, S. 28; Görgen, Forum Kriminalprävention 2005, S. 16.

im Familienrecht und Sozialrecht angeregt.[2274] Hierbei wird aber darauf hingewiesen, dass Aspekte der Kinder- und Jugendhilfe nicht unbesehen auf ältere Menschen übertragen werden sollten, sondern nur der Orientierung dienen und durch den Gesetzgeber altersgerecht umgestaltet werden müssten.[2275] Die sog. „*Victim advocats*" könnten außerdem in Bezug auf sämtliche Delikte älteren Menschen dabei behilflich sein, ihre Rechte geltend zu mache.[2276]

5. Exkurs: Umgang mit Gewalt in der häuslichen oder stationären Pflege

Auch wenn in dieser Arbeit der Fokus nicht auf Gewalt in der Pflege liegen soll, ist aufgrund der Wichtigkeit dieses Themas zumindest kurz auch auf den Umgang speziell mit dieser Problematik einzugehen. Diesbezüglich erscheint es sinnvoll, Maßnahmen zu einer ausreichenden Finanzierung des Pflegesektors zu ergreifen und dadurch einer auf Überforderung bzw. Überlastung beruhenden Gewalt entgegenzuwirken.[2277] Ein Vorschlag, wie diese finanziellen Mittel eingesetzt werden könnten, wird von *Kreuzer* unterbreitet, der sich nach einem skandinavischen Vorbild für Ombudsleute, i.S.v. Landespflegedienstbeauftragten, ausspricht.[2278] Diese dienen nicht nur als Kontrollorgan,[2279] sondern werden auch für Öffentlichkeitsarbeit eingesetzt und müssen jährlich Berichte beim Parlament einreichen.[2280] Die Heimaufsicht sollte mit genug Personal ausgestattet werden, um den Heimen regelmäßig unangekündigte Kontrollbesuche abstatten zu können.[2281] Er betont auch die wichtige Aufgabe von Ärzten, insbesondere den Hausärzten, Viktimisierungen als solche zu erkennen.[2282] Bei den Strafverfolgungsbehörden Polizei und Justiz könnten spezielle Abteilungen gegründet werden, die besonders geschult sind

2274 Eingehend hierzu s. Pfeiffer/Görgen/Höynck, Gewalt gegen alte Menschen, S. 44 ff.; siehe auch Görgen/Nägele, Prävention 2015, S. 63; Görgen, 25 Jahre Gewaltprävention – Vorrangige Fragen, S. 2; Görgen, 25 Jahre Gewaltprävention – Rahmenbedingungen, S. 12.

2275 Görgen, 25 Jahre Gewaltprävention – Rahmenbedingungen, S. 3.

2276 Baurmann, ZfG 1981, S. 253.

2277 Kreuzer, Senioren als Kriminalitätsopfer, S. 7.

2278 Kreuzer, Senioren als Kriminalitätsopfer, S. 8.

2279 Kreuzer, ZBewHi 2010, S. 92.

2280 Kreuzer, Senioren als Kriminalitätsopfer, S. 8 f.

2281 Ebd., S. 11.

2282 Ebd., S. 11; so auch Görgen, Nahraumgewalt, S. 26.

in Hinblick auf Besonderheiten bei Pflege und Nahraumgewalt.[2283] Solche Spezialkommissariate bzw. –dezernate für Gewalt, Vernachlässigung und Misshandlung älterer, pflegebedürftiger Menschen könnten entweder selbstständig arbeiten oder mit den manchmal bereits bestehenden Spezialeinheiten für familiäre Gewalt verbunden werden.[2284] Angestellte sollten bei ihrer Einstellung und auch im Laufe ihres Werdegangs regelmäßig Fortbildungen zu diesem Thema besuchen, die ebenfalls für die Teilnahme von Strafrichtern, Familienrichtern und Vormundschaftsrichtern offen sein sollten. Auch schriftliche Informationsunterlagen sollten ausgehändigt werden.[2285]

Aufgrund der Komplexität der Thematik dürfte zudem eine interdisziplinäre Zusammenarbeit von Kriminologen bzw. Viktimologen, Gerontologen, Rechtsmedizinern, Pflege- und Gesundheitswissenschaftlern, Soziologen, Psychologen und Juristen zweckmäßig sein.[2286] Hierfür könnte man sich zum Beispiel am amerikanischen Vorbild der sog. *elder abuse multisiciplinary teams* orientieren, in dem etwa Ärzte, Pflegekräfte, Polizei, Banken, Seniorenämter gemeinsam Verdachtsmomenten nachgehen und Viktimisierungsfälle betreuen.[2287]

Oftmals haben Pflegepersonen keine besonders hohe Tatmotivation oder werden gerade nicht aus Boshaftigkeit und Schädigungsabsicht, sondern aus schlichter Überforderung gewalttätig.[2288] Der die pflegebedürftige Ehefrau versorgende Ehemann wird daher unter Umständen erleichtert sein, wenn ihm Wege aufgezeigt werden, wie er z.B. die täglichen Routineeinheiten wie Zähneputzen, gegen den Willen der Ehefrau gewaltfrei durchführen kann.[2289] Im Rahmen der Angebote sollte der Begriff Gewalt eher vermieden und das Angebot stattdessen thematisch offen formuliert werden.[2290] Angehörige sollten darüber aufgeklärt werden, wie Krankheitsverläufe/-symptome aussehen, welche Problemlösungsstrategien angewen-

---

2283 Ebd., S. 12.

2284 Kreuzer, ZBewHi 2010, S. 98 f.

2285 Ebd., S. 98 f.

2286 Görgen/Nägele/Kotlenga, SHgZ, S. 582 f.; ähnlich Görgen, 25 Jahre Gewaltprävention - Vorrangige Fragen, S. 2.

2287 Görgen, 25 Jahre Gewaltprävention - Rahmenbedingungen, S. 3.

2288 Görgen/Nägele/Kotlenga, SHgZ, S. 525 f.; ähnlich Grabe, Antigewaltwoche 2011, S. 9.

2289 Görgen/Nägele/Kotlenga, SHgZ, S. 525 f.; ähnlich Grabe, Antigewaltwoche 2011, S. 9.

2290 Görgen, Nahraumgewalt, S. 27; Görgen, Forum Kriminalprävention 2005, S. 15.

det werden könnten.[2291] Zudem sollten Selbsthilfegruppen, anonyme Sorgen-/Beratungstelefone und Beschwerdestellen zur Anzeige von Missständen in professioneller Pflege angeboten werden.[2292]

Auch ein sog. anger-management-Training[2293] bzw. „Gewalt-Assessment"[2294] im Sinne eines Deeskalationstrainings, wie dem mittlerweile gut bewährten ProDeMa (Professionelles Deeskalationsmanagement),[2295] kann sowohl bei privaten als auch bei beruflichen Pflegepersonen hilfreich sein im Umgang mit schwierigen oder ihrerseits aggressiven Pflegebedürftigen gewaltfrei zu agieren. Konkret bei Berufspflegern könnte außerdem eine noch bessere Personalprüfung stattfinden, indem man wie z.B. in den USA oder Großbritannien Möglichkeiten schafft Bewerber darauf zu überprüfen, ob sie bereits einschlägig auffällig geworden sind.[2296] Allerdings ist dies wohl *„in der Praxis mit zahlreichen praktischen, rechtlichen und ethischen Schwierigkeiten behaftet"*.[2297] Sog. criminal background checks in den USA sind z.B. deswegen problematisch, weil es an ausreichenden Regulatorien wie etwa einer zeitlichen Limitierung fehlt oder für die Pflege irrelevante Delikte wie Verkehrsverstöße Eingang in die records finden. Zudem bestehen Probleme hinsichtlich des Datenschutzes.[2298] Auch in Großbritannien ist es problematisch. Dort wird zwar im Rahmen des sog. *„Protection of Vulnerable Adults (POVA) Scheme"*[2299] nicht jedes, sondern nur einschlägiges Missverhalten im Pflegesektor aufgezeichnet, allerdings ergeben Evaluationen, dass die Liste nur eingeschränkt verlässlich ist.[2300] Allgemein wird an diesem Vorgehen kritisiert, dass auch Personen erfasst werden, die nicht mit Schädigungsabsicht gehandelt haben (im Fall der POVA Liste wohl sogar 90 %) und die übrigen Fälle bereits durch Strafverfahren erfasst werden, so dass ein Schutz älterer Menschen „nur" in Bezug auf solche Täter gegeben ist, die gezielt den Pflegeberuf zum Ausüben von Delikten

---

2291 Görgen, Forum Kriminalprävention 2005, S. 15; Görgen, Nahraumgewalt, S. 27.

2292 Görgen, Nahraumgewalt, S. 27; Görgen, Forum Kriminalprävention 2005, S. 15.

2293 Siehe hierzu Görgen/Nägele/Kotlenga, SHgZ, S. 525 f.

2294 Siehe hierzu Hirsch, Prävention statt Gewalt, S. 43; Brendebach, Gewalt im Alter, S. 80.

2295 Siehe eingehender hierzu Hirsch, Definition und Formen von Gewalt, S. 27.

2296 Görgen/Nägele/Kotlenga, SHgZ, S. 526.

2297 Ebd., S. 526.

2298 Zu diesen Bedenken siehe Görgen/Nägele/Kotlenga, SHgZ, S. 527.

2299 Ebd., S. 527.

2300 Ebd., S. 528.

gewählt haben.[2301] Außerdem könnten andere Präventionsbemühungen auf der Strecke bleiben, wenn zu viel (unangebrachtes) Vertrauen in diese Listen gesetzt wird.[2302]

Da es sich bei Gewalt in der Pflege meist eher um ein soziales und psychologisches Problem handelt, erscheinen diese Maßnahmen sinnvoller als Präventionsbemühungen auf strafrechtlicher Ebene.[2303] Betont wird die Wichtigkeit, dass in dem Diskurs um Gewalt gegen (pflegebedürftige) ältere Menschen und mögliche Präventionsmaßnahmen im Auge behalten wird, diese Gruppe nicht nur als physisch und kognitiv beeinträchtigte Personen, sondern als gleichwertige Mitglieder der Gesellschaft zu betrachten.[2304]

6. Stellungnahme

Es werden bereits diverse Präventionsmaßnahmen zum Schutz älterer Menschen vorgeschlagen und teilweise umgesetzt.[2305] Allerdings sind diese oft auch mit negativen Konsequenzen verbunden. Zudem ist es etwas kritisch, dass es sowohl in Deutschland als auch im Ausland bisher keine verlässlichen Daten zur Effektivität bisher eingesetzter Gewaltpräventionsmaßnahmen gibt.[2306] Dennoch ist es sinnvoll zumindest in den Bereichen, in denen ältere Menschen besonders gefährdet sind Opfer zu werden, Maßnahmen zu ihrem Schutz zu ergreifen und diese auch im Nachgang zu einer Viktimisierung besonders zu unterstützen.[2307] Dabei erscheint es

---

2301 Ebd., S. 538.

2302 Ebd., S. 528.

2303 Niederfranke/Greve, ZfGG 1996, S. 174; Zu Präventionsvorschlägen bei häuslicher Pflege siehe auch: Görgen/Nägele, Prävention 2015, S. 63 f., Görgen, Mythos Familiensolidarität, S. 195 ff. sowie Görgen, Nahraumgewalt, S. 26 ff. Zu gesetzgeberischen und politischen Maßnahmen zur Bekämpfung von Missständen in der Pflege siehe zudem den nicht abschließenden Überblick bei Görgen, 25 Jahre Gewaltprävention – Rückblick, S. 5 ff. (Pflegegesetzgebung, Heimgesetz, Runder Tisch Pflege, Amt des Pflegebevollmächtigen, Beschwerdestellen, Helplines).

2304 Zeike, Prävention von Gewalt, S. 2.

2305 Siehe hierzu auch *2. Teil: B V 1 bis 3*.

2306 Görgen, 25 Jahre Gewaltprävention – Rückblick, S. 14; Görgen, 25 Jahre Gewaltprävention – Rahmenbedingungen, S. 5; Hirsch, Forum Ausbildung 2013, S. 29.

2307 So auch Görgen/Nägele/Kotlenga, Sicherer Hafen oder gefahrvolle Zone?, S. 582; Görgen, 25 Jahre Gewaltprävention – Vorrangige Fragen, S. 3.

empfehlenswert zwischen dem Dritten und dem Vierten Lebensalter zu differenzieren und Maßnahmen zum einen rechtzeitig an noch relativ gut erreichbare Personen im Dritten Lebensalter zu richten und zum anderen auch speziell auf hochaltrige Menschen zugeschnittene Präventionsmaßnahmen und Hilfsangebote zur Verfügung zu stellen.[2308] Grundsätzlich neue Strukturen und Einrichtungen sind nicht notwendig, die bereits bestehenden Strukturen und Einrichtungen sollten sich jedoch – wie seitens der Polizei in Bezug auf Handtaschenraub bereits geschehen - bewusst auch auf ältere Menschen ausrichten.[2309] Gegen die einzelnen vorgeschlagenen Maßnahmen kann, wie bereits detailliert dargestellt wurde, teilweise wiederum Kritik vorgebracht werden, so dass selbstverständlich nicht alle von ihnen überzeugend sind. Jedenfalls aber eine Aufklärung und Information älterer Menschen hinsichtlich ihres tatsächlichen Viktimisierungsrisikos ist begrüßenswert, sofern auf bestimmte Punkte geachtet wird: Die Formulierungen sollten so gewählt sein, dass sie Ängste nicht neu hervorrufen und bereits vorhandene Ängste noch weiter schüren, etwa indem nicht nur auf potentielle Gefahren, sondern das jeweilige persönliche Risikoausmaß hingewiesen wird. Insbesondere sollte älteren Menschen auch nicht zu Leichtsinn geraten werden, da eine gesunde Vorsicht aufgrund ihrer erhöhten Vulnerabilität durchaus ein notwendiger Schutzmechanismus ist. Auch der Vorschlag unterschiedliche sog. guardians einzusetzen, überzeugte.

II. Überblick über Vorschläge für Änderungen im Gesetz

Die in der Literatur bereits vorgebrachten Vorschläge für Änderungen im Gesetz beziehen sich auf den Pflegebereich. Da der Fokus der vorliegenden Arbeit nicht auf diesem Problemfeld liegt, sollen diese zumindest kurz umrissen werden, da hieraus eventuell Erkenntnisse und Anregungen für die der vorliegenden Arbeit zugrundeliegende Frage gewonnen werden können.

2308 Vgl. Görgen/Nägele/Kotlenga, Sicherer Hafen oder gefahrvolle Zone?, S. 581.
2309 Görgen, 25 Jahre Gewaltprävention – Rahmenbedingungen, S. 3 f.

1. Gesetzlich normierter Anspruch auf gewaltfreie Pflege

In der Literatur wird die Frage aufgeworfen, ob man im Hinblick auf Missstände in der Pflege einen *„Anspruch auf gewaltfreie menschenwürdige Pflege“* normieren sollte.[2310] An sich ergibt sich ein solcher Anspruch bereits aus Art. 1 Abs. 1 i.V.m. Art. 2 Abs. 2 GG und ist damit verfassungsrechtlich bereits gesichert.[2311] Um aber die besondere Wichtigkeit hervorzuheben, könnte man diesen Grundsatz trotzdem explizit als solchen im Familienrecht, dem Sozialrecht oder Pflegegesetz betonen, so dass in diesem Sinne bereits vorgeschlagen wurde, einen Anspruch auf gewaltfreie Pflege entsprechend dem Anspruch von Kindern auf gewaltfreie Erziehung gem. § 1631 Abs. 2 BGB zu formulieren.[2312] Auch wenn der Gewaltbegriff den Vorteil hat, dass er *„griffig(..) und politisch wirksam(..)“*[2313] sein könnte, wurde hieran Kritik geübt. Zum einen, dass diese Norm eingeführt wurde, um das früher allgemein anerkannte Gewohnheitsrecht der maßvollen Züchtigung aus der Erziehung von Kindern und Jugendlichen zu verbannen und ein entsprechendes Problembewusstsein auch bei den Familiengerichten zu schaffen; ein Gewohnheitsrecht auf maßvolle Gewaltanwendung in der Pflege (älterer) Menschen hingegen bestehe gerade nicht.[2314] Zum anderen käme das Anliegen, dass die Pflege auch mit einem gewissen Maß an Zuwendung und Einfühlungsvermögen verbunden sein sollte, bei einer solchen Formulierung zu kurz.[2315] Letzteres ist etwas fragwürdig, da es ohnehin schwierig sein dürfte, gesetzlich zu normieren, dass einem anderen Menschen Empathie entgegen zu bringen ist und eine schlichte Versorgung, die vorgegebenen Standards entspricht, nicht ausreichend sein soll. Derartiges gesetzlich ausdrücklich zu verlangen ist nach vorliegender Ansicht sehr kritisch zu sehen.

Unabhängig von oder zusätzlich zu einem solchen Anspruch auf gewaltfreie Pflege könnte man auch einen *„gesetzlichen Anspruch auf umfassende Beratung über Möglichkeiten der Finanzierung und Durchführung oder ambulante Unterstützung der Pflege im häuslichen oder stationären Bereich“* begründen, der sich nicht nur an Pflegebedürftige, sondern auch Pflegepersonen richtet.[2316]

2310 Ebd., S. 94.
2311 Ebd., S. 94.
2312 Ebd., S. 94 f.
2313 Ebd., S. 95.
2314 Ebd., S. 95.
2315 Ebd., S. 95.
2316 Ebd., S. 95.

2. Änderungen im Strafgesetzbuch

Den Normen des Strafgesetzbuches und ihren zugrundeliegenden Wertungen kommt eine besondere generalpräventiv wirkende Bedeutung zu. Daher wurde im Hinblick auf die Verbesserung der Pflegesituation in Deutschland neben einer Implementierung der besonderen Schutzbedürftigkeit älterer pflegebedürftiger Menschen in das Familien- und Sozialrecht zudem bereits eine Änderung des StGB angeregt. Dies soll nicht dazu dienen die breite Masse an möglichen Vernachlässigungen und Misshandlungen abzudecken, sondern sicher zu stellen, dass besonders grobe Fälle strafrechtlich erfasst werden können. Zwar ist dies weitestgehend bereits durch bestehende Normen gewährleistet (§§ 242, 263, 185, 239, 223, 229, 240, 211 ff., 222, 225 StGB, unter Umständen iV.m. § 13 StGB als Unterlassen), allerdings könnten diese eventuell noch feinjustiert werden. [2317]

a) § 223 StGB

Ein Vorschlag geht dahin, dass im Rahmen von § 223 StGB das Tatbestandsmerkmal „körperliche Misshandlung“ so ausgeweitet werden könnte, dass unter dem Begriff „körperliche und seelische Misshandlungen“ fortan nicht nur solche psychischen Beeinträchtigungen erfasst werden, die sich pathologisch niedergeschlagen haben, sondern auch sonstige seelische Verletzungen.[2318] Daran ist nach vorliegender Ansicht jedoch problematisch, dass der Tatbestand des § 223 StGB gefährlich weit gefasst werden würde und es ohne ein derart objektiv fassbares Kriterium sehr schwer bzw. unmöglich wäre zu bestimmen, wo die Grenzen zur strafrechtlichen Relevanz liegen.

b) § 225 StGB

Ein weiterer Vorschlag stellt auf die Misshandlung Schutzbefohlener gem. § 225 Abs. 1 StGB ab. Die Tatbestandsvariante der „böswilligen Vernachlässigung der Sorgepflicht“ legt das Vorhandensein von besonders verwerflichen Motiven zu Grunde und schließt somit eine gleichgültige Gesinnung

---

2317 Zum Ganzen ebd., S. 96.
2318 Ebd., S. 97.

des Täters aus.[2319] Da dies tatsächlich schwer zu beurteilen ist, könnte es sinnvoll sein, auf dieses Merkmal zu verzichten und stattdessen auf eine „grobe Vernachlässigung der Sorgepflicht“ bzw. bloße „Vernachlässigung der Sorgepflicht“ abzustellen.[2320] Alternativ könnte man aus dem Erfordernis einer „Gesundheitsschädigung“ das Erfordernis einer „erheblichen Gesundheitsgefährdung“ machen, da der Strafrichter bei einer derartigen Formulierung in seiner Beurteilung der jeweiligen Situation und deren Subsumtion unter § 225 StGB freier wäre.[2321] Auch wenn es in der Praxis Nachweisprobleme hinsichtlich des Vorliegens von Böswilligkeit geben mag, rechtfertigt dies nach vorliegender Ansicht nicht eine solch enorm weite Fassung des Tatbestandes, die sodann mit der bloßen „Vernachlässigung“ auch schlichte Überforderung erfassen würde, sofern sie zwar vorsätzlich, aber dennoch ohne jegliche schädigende Absicht erfolgen würde. Zu nennen wäre etwa ein gut gesinnter Angehöriger, der nicht in der Lage ist seinen Verwandten anständig zu pflegen und obwohl er dies auch weiss, aus purer Überforderung mit der Situation keine Hilfe einholt. Dies geht zu weit und es ist sehr fraglich, ob in einem solchen Fall eine strafrechtliche Sanktion angemessen ist. Das Korrektiv der „erheblichen“ Gesundheitsgefährdung könnte in diesem Fall das Ganze zu seinen Gunsten abmildern, aber eben - je nach Fall - nicht zwingend. Aus diesem Grund sollte das Tatbestandsmerkmal der Böswilligkeit nicht aus dem Tatbestand des § 225 StGB gestrichen werden. Besser wäre es wohl das Merkmal der Gleichgültigkeit konkret in den Tatbestand mitaufzunehmen und durch diese zusätzliche Tathandlungsvariante für mehr Klarheit und eine bessere Abgrenzbarkeit zu sorgen.

c) Ausweitung bedingter Antragsdelikte

Es bestehen gemäß *Kreuzer* berechtigte Bedenken dahingehend, dass ältere pflegebedürftige Menschen, z.B. aus Angst vor negativen Konsequenzen für sich, Scheu vor dem damit verbundenen bürokratischen Aufwand oder Abhängigkeit von ihrem Peiniger, sich nicht mit einer Anzeige von an ihnen verübten Straftaten an offizielle Stellen wenden könnten und diese

2319 BGH NStZ-RR 2015, 369; Grünewald in: LK StGB Bd. 7, § 225 Rn. 21; Sternberg-Lieben in: Schönke Schröder StGB, § 225 Rn. 14.

2320 Kreuzer, ZBewHi 2010, S. 97.

2321 Ebd., S. 97.

daher nicht verfolgt werden.[2322] Dies mag bei relativen Antragsdelikten wie § 223 oder § 229 StGB noch einigermaßen unproblematisch sein, da zumindest bei anderweitigem Bekanntwerden der Taten über § 230 StGB das öffentliche Interesse an einer Strafverfolgung bejaht und die Strafverfolgung folglich trotzdem eingeleitet werden kann.[2323] Problematisch ist es aber in den Fällen von absoluten Antragsdelikten, die für die Strafverfolgung zwingend einen Strafantrag voraussetzen, zum Beispiel Beleidigung gem. §§ 185, 194 StGB oder Haus- und Familiendiebstahl gem. §§ 242, 246, 247 StGB.[2324] In diesen Fällen könnte darüber nachgedacht werden, ob es nicht sinnvoll wäre, aus diesen Delikten ebenfalls relative Antragsdelikte zu machen, so dass etwa bei einer offensichtlichen Ausnutzung von Pflegebeziehungen eine Strafverfolgung aus öffentlichem Interesse eingeleitet werden könnte.[2325]

B. Eigener Ansatz: Frage der Strafzumessung

Wie könnte sich das höhere Alter eines Opfers nun außerhalb des Pflegebereichs strafrechtlich niederschlagen? Grundsätzlich in Betracht kämen hierfür eine neue Strafnorm, wie etwa ein sog. „Altendelikt“ o.Ä., neue Tatbestände, Qualifikationen, Regelbeispiele oder eine Berücksichtigung bei der Strafzumessung im engeren Sinne.

I. Verortung der Problematik in der Strafzumessung

Wie im *3. Teil* dargelegt wurde, käme das „ungestörte körperliche und kognitive Altern“ bzw. der „ungestörten Ablauf von körperlichen und kognitiven Alterungsprozessen“ als eigenes Rechtsgut in Betracht. Hierauf aufbauend könnte zumindest bei Gewaltanwendung ein eigenes Delikt bzw. ein eigener Tatbestand in das StGB implementiert werden. Der Vorteil an einer in der Strafzumessung verorteten Lösung wäre allerdings, dass ältere Menschen gegenüber anderen Erwachsenen nicht per se eine rechtliche „Sonderbehandlung“ erhielten und dementsprechend keine Stigmati-

2322 Ebd., S. 97.
2323 Ebd., S. 97.
2324 Ebd., S. 97.
2325 Ebd., S. 98.

sierung und Ausgrenzung stattfände.[2326] Allgemein gehaltene Regelungen beugen einer Diskriminierung von älteren Menschen vor und verhindern eine Instrumentalisierung im Zusammenhang mit *„einer polarisierenden Generationenpolitik“*.[2327] Aus diesem Grund sollte auch nicht ein höheres Alter allein zu einer höheren Strafe führen, sondern lediglich unter der Berücksichtugung weiterer altersbezogener Faktoren. Die Strafzumessung gem. § 46 Abs. 2 S. 2 StGB stellt das flexibelste Instrument dar und lässt zu, dass eine Berücksichtigung bzw. Nichtberücksichtigung dieser Opfereigenschaft in jedem Einzelfall individuell beurteilt wird. Eine Beachtung des Alters im Rahmen der Strafzumessung ist daher gegenüber den anderen genannten Möglichkeiten vorzuziehen. Um dennoch eine einheitliche Handhabung seitens der Gerichte zu ermöglichen, soll im Folgenden versucht werden grundlegende Kriterien zu entwickeln, die im Rahmen der Strafzumessung herangezogen werden können. Die Grundsätze der Strafzumessung wurden bereits im *3. Teil* geklärt und sind auf den vorliegenden Untersuchungsgegenstand anzuwenden, damit ein eigener Vorschlag entwickelt werden kann.

II. Konkreter Vorschlag unter Berücksichtigung der Grundsätze der Strafzumessung

Fraglich ist nun, ob bzw. wie das höhere Alter eines Opfers de lege lata oder de lege ferenda anhand der im *3. Teil* näher erläuterten Grundsätzen der Strafzumessung strafschärfend berücksichtigt werden kann.

Bei alten Tätern wird seitens der Rechtsprechung auf § 46 Abs. 2 StGB zurückgegriffen, um aufgrund des Alters die Strafe zu mildern, obgleich „Alter“ nicht explizit von § 46 StGB genannt wird.[2328] Die Begründungen seitens der Rechtsprechung sind unterschiedlich und recht unspezifisch: Es wird angeführt, dass die Belastungen für einen älteren Angeklagten im Vergleich zu einem jüngeren höher seien oder eine Freiheitsstrafe für einen älteren Straftäter eine besondere Härte oder doppelt so schwer sei.[2329] Gegen eine strafmildernde Berücksichtigung des Alters wendet

---

2326 Vgl. Hürlimann/Kreuzer, S. 75, die im Rahmen eines solchen *„Normalitätskonzept“*, d.h. einer grundsätzlichen Gleichbehandlung älterer Menschen, Modifikationen im geltenden Strafrecht bezüglich Alterskriminalität fordern.

2327 Sechster Altenbericht, S. 404.

2328 Schaumann, S. 11 f.

2329 BGH Beschl. v. 18.12.1990 - 5 StR 493/90 = StV 1991, 206.; BGH Beschl. v. 21.3.1990 – 4 StR 25/90 = StV 1990, 303; BGH NStZ-RR 1997, 195; s. auch

sich *Schaumann*, der die Rechtsprechung diesbezüglich für willkürlich und nicht mit Art. 3 Abs. 1 GG vereinbar hält.[2330] Einem potentiellen Vorwurf des Verstoßes gegen Art. 3 Abs. 1 GG wurde bereits im *3. Teil* dieser Arbeit entgegengetreten. Des Weiteren hält *Schaumann* eine einheitliche Regelung, an der die Rechtsprechung sich orientieren könnte, für nicht entwickelbar und verweist auf eine Berücksichtigung erst auf der Ebene des Strafvollzugs.[2331] Mangels erkennbarer Regeln seitens des BGH ist eine Orientierung an der strafmildernden Berücksichtigung des Alters für die strafschärfende Berücksichtigung schwierig, allerdings wird in dieser Arbeit gezeigt werden, dass eine Entwicklung von sinnvollen Kriterien durchaus möglich ist.

Nicht in Bezug auf ältere Menschen als Opfer, aber hinsichtlich älterer Menschen als Täter wird in der Literatur teilweise vorgeschlagen in den Katalog der Strafzumessungsvorschrift des § 46 Abs. 2 StGB die Merkmale *„hohes Alter"*, *„Altern"* und *„schlechter Gesundheitszustand"* als Strafmilderungsgründe aufzunehmen.[2332] Diesen Vorschlag könnte man umgekehrt auch hinsichtlich einer Strafverschärfung bei Delikten zu Lasten Älterer aufgreifen. Der Bestimmtheitsgrundsatz verlangt, dass die Kriterien einer Strafzumessung im Einzelfall so bestimmt sind, dass Art und Höhe einer Strafe für den Bürger antizipierbar sind und dem Richter als Orientierung dienen.[2333] Für Regelbeispiele muss sich daher aus dem Gesetz eindeutig ableiten lassen (§ 1 StGB, Art. 103 Abs. 2 GG), welche Kriterien heranzuziehen sind, auch wenn der unbenannte schwere Fall diese Voraussetzung wieder etwas relativiert.[2334] Insofern würde eine explizite Erwähnung des höheren Alters des Opfers in § 46 Abs. 2 StGB als Strafzumessungsgesichtspunkt nicht schaden, andererseits ist dies aufgrund der lediglich beispielhaften Aufzählung[2335] nicht zwingend notwendig. Wichtig ist vielmehr, dass zugunsten einer einheitlichen und fairen Rechtsprechung ein Schema

---

Schaumann, S. 12; mit deutlicher Kritik an der Ungenauigkeit und Verallgemeinerung dieser Aussagen auf S. 13 ff.

2330 Schaumann, S. 15, S. 17, S. 105.

2331 Ebd., S. 80, S. 138.

2332 Kreuzer/Hürlimann, S. 76, allerdings ohne konkretere Ausführungen zur genauen Ausgestaltung zu machen.

2333 Satzger in: Satzger/Schluckebier/Widmaier StGB, § 1 Rn. 31; vgl. auch Schmitz in: MüKo StGB, § 1 Rn. 64; Heintschel-Heinegg in: BeckOK StGB, § 1 Rn. 11.

2334 Satzger in: Satzger/Schluckebier/Widmaier StGB, § 1 Rn. 33; vgl. auch Heintschel-Heinegg in: BeckOK StGB, § 1 Rn. 66.

2335 Für viele Theune in: LK StGB Bd. 2, § 46 Rn. 82.

entwickelt wird, das bei Straftaten zu Lasten eines älteren Menschen im Rahmen der Strafzumessung generell angewendet werden kann.

1. Einstufung des Opfers als alt

Wie bereits im *2. Teil* dieser Arbeit festgestellt wurde, ist der Begriff „älterer Mensch" sehr unscharf und aus ihm allein wird nicht hinreichend deutlich, wer hierunter zu fassen ist. Diskussionswürdig ist demnach, ab wann ein Opfer überhaupt als alt einzustufen ist. Man könnte zunächst überlegen, ob sich eine bestimmte Altersgrenze finden lässt, ab deren Überschreiten eine Person automatisch als älterer Mensch gilt. Der Vorteil einer solchen starren Altersgrenze ist offenkundig: Sie würde für Rechtssicherheit sorgen und wäre in dieser Hinsicht als positiv zu bewerten. Fraglich ist jedoch, ob eine solche fixe Grenze überhaupt sinnvoll gezogen werden könnte und wenn ja, in welchem Alter dies der Fall wäre. Der allgemeine Sprachgebrauch hilft nur bedingt weiter, da nach diesem wohl irgendwo zwischen sechzig und fünfundsechzig die Grenze zu ziehen wäre. Eine genauere Eingrenzung lässt sich aber nicht vornehmen.[2336] Die steigende Lebenserwartung dürfte hieran nichts ändern, da dadurch die Einordnung als alt wohl nicht nach hinten verschoben wird, sondern *„Menschen sodann eben lediglich „länger" alt"* sind[2337] und der Begriff „alt" mehrere Generationen zugleich erfasst.[2338] Hinzu kommt, dass Frauen oftmals früher als alt eingestuft werden als Männer.[2339] Die genaue Einstufung dürfte daneben unterschiedlich ausfallen, je nachdem, ob man jüngere oder ältere Menschen befragt, da sich diese Wahrnehmung mit dem Alter wohl insofern verändert, als dass die Einordnung als älterer Mensch mit zunehmenden Alter kontinuierlich weiter nach hinten verschoben wird.[2340] So bezeichnen sich Menschen ab 65 Jahren im Schnitt erst ab 70 als alt, jüngere Menschen hingegen bereits ab 60 oder 65, so dass hinsichtlich Eigen- und Fremdwahrnehmung ein Unterschied von ca. 10 Jahren

---

2336 Vgl. hierzu Kreuzer/Hürlimann, S. 21; Kunz, S. 12; ähnlich Kunz/Gertz, S. 4; WHO, World Report on Violence and Health, S. 125, wonach diese sich am Rentenalter orientierende Eingrenzung auch diese weite Eingrenzung nur in westlichen Ländern, nicht jedoch in Entwicklungsländern sinnvoll erscheint.

2337 Lachmund, S. 32.

2338 Ebd., S. 28.

2339 Vgl. Kawelovski, S. 14 f.; Keßler, S. 6.

2340 Vgl. Kawelovski, S. 14 f.; Baurmann, ZfG 1981, S. 245; Kreuzer/Hürlimann, S. 11; Göppinger, § 24, Rn. 66.

besteht.[2341] In der Medizin wiederum spricht man zwischen einem Alter von 50 und 65 Jahren von der *„Rückbildungsphase"* und ab einem Alter von 65 Jahren vom *„Senium"*.[2342]

Ein möglicher Ansatz wäre jedoch, sich an bereits bestehenden rechtlichen Altersgrenzen zu orientieren. So gibt es zum Beispiel im israelischen Strafgesetzbuch eine starre Grenze in 368F ("Attacking elderly persons") gemäß derer das Opfer ab 65 als „elderly person" im Sinne dieser Strafnorm gilt. Es stellt sich daher die Frage, ob im deutschen oder europäischen Recht bzw. in der Rechtsprechung derartige Altersgrenzen bereits existieren und ob diese für die vorliegende Problematik fruchtbar gemacht werden könnten. Statistiken und Erwägungen in der Forschungsliteratur (auch zum Phänomen Alterskriminalität) sind ebenfalls unter diesem Blickwinkel zu betrachten.

a) Altersgrenzen im deutschen Recht

Der Schutz alter Menschen wird in Deutschland nicht außer Acht gelassen, aber sie unterfallen oftmals bereits dem Schutz, der durch allgemeine Regelungen geboten wird.[2343] Dennoch sind Altersgrenzen, die nach dem Kalender bestimmt werden, dem deutschen Recht nicht fremd.

Sie können **grundsätzlich** in verschiedene Arten unterteilt werden. Zunächst gibt es harte und weiche Grenzen, je nachdem ob sie ausschließlich von einem bestimmten kalendarischen Alter abhängen oder zusätzlich bestimmte Eigenschaften (z.B. Leistungsfähigkeit oder Darlehensfähigkeit) geprüft werden.[2344] Des Weiteren gibt es positive und negative Altersgrenzen, abhängig davon, ob die Grenze positive oder negative Konsequenzen hat, obgleich eine derartige Unterteilung nicht immer eindeutig zu treffen ist, da die Bewertung als positiv oder negativ durchaus etwas Subjektives sein kann und unter Umständen sowohl positive als auch negative Wirkungen denkbar sind (z.B. Befreiung von der Arbeitspflicht bei gleichzeitigem Ausschluss von der Arbeitswelt). Außerdem können Altersgrenzen einen ein- oder einen zweidimensionalen Charakter aufwei-

---

2341 Vgl. Sechster Altenbericht, S. 285; Baurmann, ZfG 1981, S. 245.

2342 Keßler, S. 6; Obertacke/Nast-Kolb, Unfallchirurg 2000, S. 230; s. hierzu bereits im *2. Teil: A III.*

2343 Vierter Altenbericht, S. 321, r. Sp.

2344 Sechster Altenbericht, S. 374, dort auch zum folgenden Text; vgl. auchausführlich Igl, S. 25 ff.

sen, je nachdem, ob sie nur belastend bzw. befreiend wirken oder ob sie beide Wirkungen in sich vereinen. Sinn und Zweck dieser Altersgrenzen können unterschiedlich sein und basieren in der Regel auf dem Gedanken, dass ältere Menschen immer weniger leistungsfähig bzw. belastbar werden und sowohl die älteren Menschen selbst als auch die Allgemeinheit vor Schäden bewahrt werden sollen, die mit dem Alter zusammenhängen.[2345] Manche Altersgrenzen hängen allerdings nicht unmittelbar mit dem Alter zusammen,[2346] so etwa die eher politisch motivierten Altersgrenzen für Wahlbeamte/innen in manchen Bundesländern.[2347]

Altersgrenzen werden im deutschen Recht **einfachgesetzlich** in verschiedenen Rechtsbereichen angewendet (etwa im Berufsrecht, Recht des Öffentlichen Dienstes, Sozialrecht, Recht des Ehrenamtes, Recht der kommunalpolitischen Wahlbeamten/innen) und sind nicht immer aus sich heraus und ohne Weiteres verständlich, da zum Beispiel für Notare/innen andere Ruhestandsregelungen gelten als für Rechtsanwälte/innen.[2348] Auch in der Privatwirtschaft werden in Satzungen und anderen selbstgesetzten Regelungswerken Altersgrenzen eingesetzt, z.B. Altersgrenzen für Vorstände in gemeinnützigen Organisationen oder Altersgrenzen für den Abschluss von Versicherungsverträgen, spezielle Seniorenrabatte i.S.v. vergünstigten Tickets für den Nahverkehr oder Museen etc.[2349] An sich werden Altersgrenzen aber vor allem bei Kindern und Jugendlichen angewendet, und zwar dann, wenn es um deren Schutz oder deren Befähigung zu etwas geht.[2350] Beispielhaft nennen lässt sich in strafrechtlicher Hinsicht der besondere strafrechtliche Schutz von Jugendlichen, denen gegenüber bis zum sechzehnten Geburtstag eine Fürsorge- und Aufsichtspflicht besteht (§ 171 StGB), der Wegfall der Straflosigkeit des Beischlafs zwischen Verwandten erst ab dem achtzehnten Geburtstag (§ 173 Abs. 3 StGB) oder der spezielle Schutz bis zum sechzehnten bzw. achtzehnten Geburtstag bei sexuellem Missbrauch (§ 174 bzw. § 182 StGB).

Bei Erwachsenen dienen Altersgrenzen insbesondere der Befähigung ein bestimmtes Amt auszuüben (z.B. § 3 BVErfGG, Art. 54 GG) und der

---

2345 Ebd., S. 375; Igl, S. 14.
2346 Ebd., S. 375, S. 407.
2347 Siehe Übersicht in ebd., S. 383.
2348 Genauer hierzu ebd., S. 404.
2349 Kritisch hierzu ebd., S. 405 f.
2350 Vierter Altenbericht, S. 319, l. Sp.; vgl. Igl, S. 5.

Absicherung im Alter (z.B. § 35 SGB VI).[2351] Insbesondere im Tarifrecht finden sich unterschiedlich ausgestaltete (begünstigende) Altersgrenzen, die in der Regel in Zusammenhang mit einem bestimmten Lebensalter (beginnend bei 45 Jahren) und der Betriebszugehörigkeit stehen (besonderer Kündigungsschutz, Anspruch auf Altersteilzeit usw.).[2352] Für die Zeiten nach Beendigung des Berufslebens sowie für die Frage, wann ein Mensch alt und wann hochaltrig ist, finden sich keine Altersgrenzen im Gesetz.[2353] In § 71 SGB XI ist zwar die sog. Altenhilfe geregelt, indes definiert die Norm aber nicht, ab wann ein Mensch als „alt" gilt. Die Praxis orientiert sich an § 30 Abs. 1 Nr. 1 SGB XII bzw. der Regelaltersgrenze in § 35 S. 2 SGB VI und das BSG sieht diejenigen Personen als „alt" an, die nach § 41 Abs. 2 Satz 2 und 3 SGB XII hinsichtlich einer Grundsicherung im Alter leistungsberechtigt sind. Allerdings soll ein Alter von 65 bzw. mittlerweile 67 keine starre Grenze sein, denn im Einzelfall kann auch schon früher ein Anspruch nach § 71 SGB XI bejaht werden.[2354]

Durch das Allgemeine Gleichbehandlungsgesetz (AGG) soll unter anderem in den in § 2 AGG aufgeführten Anwendungsbereichen auch eine Benachteiligung aus Gründen des Alters verhindert oder beseitigt werden (§ 1 AGG), allerdings verweist die Politik auf eine Fortentwicklung des Rechts und von Altersgrenzen durch die Justiz und umgekehrt.[2355] Eine feste Altersgrenze nach oben lässt sich weder nach dem Wortlaut der Norm noch nach der dazugehörigen Rechtsprechung festmachen.[2356]

Im Heimrecht werden ältere Menschen gesondert geschützt, wobei die im Rahmen der Föderalismusreform geschaffenen Landesgesetze sich weitestgehend am ehemaligen HeimG orientieren.[2357] Wer ältere Menschen

---

2351 Ebd., S. 320, r. Sp., S. 321, r. Sp.; genauer hierzu s. S. 328 ff. wonach 65 oft als Grenze herangezogen wird, da hier zumeist Eintritt in die Rente; eingehend hierzu auch Sechster Altenbericht, S. 376 ff.

2352 Siehe die Übersichten im Sechsten Altenbericht, S. 378 ff.

2353 Vierter Altenbericht, S. 321, r. Sp.

2354 BSGE 121, 12 = FamRZ 2016, 1458; Kaiser in: BeckOK SozR SGB XII § 71 Rn. 2.

2355 Sechster Altenbericht, S. 406; vgl. zum AGG auch Igl, S. 101 f.

2356 Vgl. Schlachter in ErfK zum Arbeitsrecht, AGG, 19. Aufl. 2019, § 1 Rn. 12, relevant war das Alter z.B. in den folgenden Fällen: EuGH Urt. v. 15.11.2016 – C-258/15, BeckRS 2016, 82679; EuGH Urt. v. 8. 9. 2011 – C-297/10, C-298/10= NJW 2012, 512; EuGH Urt. v. 8. 9. 2011 – C-297/10, C-298/10 = NZA 2011, 1100; BAG NZA 2009, 361.

2357 Sechster Altenbericht, S. 398.

im Sinne der Gesetze sind, geht aus diesen jedoch ebenfalls nicht hervor.[2358]

Auch in strafrechtlicher Hinsicht existieren gesetzlich normierte Altersgrenzen, allerdings für Kinder, Jugendliche und Heranwachsende. So gilt man bis zum Alter von vierzehn Jahren als strafunmündiges Kind (§ 19 StGB), sodann als Heranwachsender und erst ab 21 wird man als Erwachsener gesehen, den die volle strafrechtliche Verantwortlichkeit trifft (§ 10 StGB i.V.m. 1 Abs. 2 JGG). Im Übrigen existieren insbesondere im Sexualstrafrecht feste Altersgrenzen, allerdings auch hier zum Schutze junger Menschen. In Bezug auf volljährige Personen lassen sich im StGB neben § 10 StGB hingegen keine weiteren strafrechtlich relevanten Altersgrenzen finden.

Fraglich ist nun, ob diese Altersgrenzen und die ihnen zugrundeliegenden Überlegungen auf die Problematik der Grenzziehung, ab wann ein Kriminalitätsopfer als älterer Mensch einzustufen ist, übertragen werden können.

In den Altenberichten der Bundesregierung wird auf die Thematik verwiesen, dass die Ziehung einer Altersgrenze auch beim Rentenbezug ein Problem darstellt und es wird die Behauptung aufgestellt, dass die Grenzziehung bei (damals noch) 65 Jahren nicht mit gerontologischen Gesichtspunkten in Einklang stehe und stattdessen rein von arbeitsmarkt- und fiskalpolitischen Interessen getragen sei.[2359] Im Rahmen des RV-Altersgrenzenanpassungsgesetzes von 2007, in dessen Folge die Regelaltersgrenze von grundsätzlich 65 auf 67 Jahre angehoben wurde, wird die Anhebung auch tatsächlich damit begründet, dass diese rentenpolitische Maßnahme aufgrund steigender Lebenserwartung bei gleichzeitig sinkender Geburtenrate zur Sicherung der Beitragsätze und des Rentenniveaus zwingend notwendig sei.[2360] Abgesehen davon, dass eine unwiderlegbare Vermutung eingeschränkter Leistungsfähigkeit auch zu wissenschaftlichen Erkenntnissen in Widerspruch steht, wird eine solche feststehende Grenze im Altenbericht der Bundesregierung als Diskriminierung eingeordnet, die negative Altersbilder in der Gesellschaft und innerhalb der Gruppe älterer Menschen selbst befeuert.[2361] Daher wird im Sechsten Altenbericht

---

2358 Sechster Altenbericht, S. 398.

2359 Vierter Altenbericht, S. 328, r. Sp. mit Hinweis auf W. Boecken, Wie sollte der Übergang vom Erwerbsleben in den Ruhestand rechtlich gestaltet werden?, Gutachten B zum 62. Juristentag in Bremen, 1998, Beck, S. 54 f.; s. auch Sechster Altenbericht, S. 403; Waltermann, NJW 1998, 2488.

2360 BT-Drucks. 16/4372, S. 2.

2361 Sechster Altenbericht, S. 404.

ausdrücklich gefordert, dass sowohl im Berufsrecht als auch bei ehrenamtlichen Tätigkeiten eine Flexibilisierung der Altersgrenzen vorgenommen werden soll, entweder indem Altersgrenzen grundsätzlich aufgehoben werden und immer eine Einzelfallentscheidung vorgenommen wird oder indem die vorhandenen Grenzen so formuliert werden, dass sie im Einzelfall widerlegt werden können.[2362] Unabhängig von der Kritik, die an den existierenden Grenzen geübt wird, sind diese jedoch ohnehin so inkonsistent und unterschiedlich, dass hieraus kein allgemeingültiger Gedanke gezogen werden kann, der dabei behilflich sein könnte, für das vorliegende Problem eine Grenze zu bestimmen. Insbesondere scheint aber hinsichtlich des Renteneintrittsalters von 67 gem. § 35 S. 2 SGB VI Streit[2363] zu bestehen, inwiefern diesem wirklich gerontologisch haltbare Erkenntnisse zugrunde liegen.

Im **deutschen Verfassungsrecht** werden ältere Menschen und ihr Schutz zwar nicht explizit aufgeführt, aber aus Art. 20 Abs. 1 GG (Staatszielbestimmung) lässt sich ein solcher Schutz durchaus ableiten („*Die Bundesrepublik Deutschland ist ein demokratischer und sozialer Bundesstaat*"). Gemäß BVerfGE 45, 376 = NJW 1978, 207 verlangt das Bundesverfassungsgericht, dass das „*Sozialstaatsprinzip (...) staatliche Vorsorge und Fürsorge für einzelne oder für Gruppen der Gesellschaft, die auf Grund persönlicher Lebensumstände oder gesellschaftlicher Benachteiligung in ihrer persönlichen und sozialen Entfaltung behindert sind*" bereitstellt. Dementsprechend werden das allgemeine Persönlichkeitsrecht in Art. 2 Abs. 1 GG und die Menschenwürde in Art. 1 Abs. 1 GG in der Lehre als altersbezogene Selbstbestimmungsrechte verstanden.[2364] Auch durch den allgemeinen Gleichbehandlungsgrundsatz in Art. 3 Abs. 1 GG wird das Alter mitgeschützt.[2365] Diesbezüglich wird im Sechsten Altenbericht der Bundesregierung moniert, dass das Bundesverfassungsgericht „*ein defizitäres Altersbild*" hätte und „*sich nicht als Motor für eine Korrektur der Altersgrenzen hervorgetan, sondern vielmehr die Legitimation von Altersgrenzen „stabilisiert"*" hätte, indem es in ständiger Rechtsprechung nicht auf „*die interindividuelle Varianz der Leistungsfähigkeit (…) abhebt, sondern vielmehr generalisierende Altersgrenzen weiterhin für gerechtfertigt hält*".[2366] Dasselbe gelte auch für andere Obergerichte.[2367]

2362 Ebd., S. 405.
2363 Siehe hierzu ebd., S. 404.
2364 Vierter Altenbericht, S. 321, l. Sp.
2365 Sechster Altenbericht, S. 406; Igl, S. 103; siehe auch *3. Teil: A I 1*.
2366 Sechster Altenbericht, S. 396.
2367 Ebd., S. 396.

Wirft man einen Blick auf die Landesverfassungen, so wird man dort teilweise hinsichtlich des Schutzes älterer Menschen in der Sozialversicherung und bei den Förder- und Teilhaberechten fündig. In den Verfassungen selbst werden dabei aber keine genauen Altersgrenzen festgelegt, sondern es ist allgemein vom *„Alter“* (Art. 22 Abs. 2 Berliner Verfassung, Art. 45 Abs. 3 Brandenburger Verfassung, Art. 57 Abs. 2 Landesverfassung der Freien und Hansestadt Bremen, Art. 35 Abs. 2 Verfassung des Landes Hessen, Art. 46 Abs. 2 Verfassung des Saarlandes, Art. 5 Abs. 3 Verfassung für Rheinland-Pfalz), *„alte(n) Menschen“* (Art. 17a Verfassung Mecklenburg-Vorpommern, Art. 7 Abs. 2 Sächsische Verfassung) und *„ältere(n) Menschen“* (Art. 38 Verfassung des Landes Sachsen-Anhalt) die Rede.[2368] Weder das GG in Art. 3 Abs. 3 noch die entsprechenden Antidiskriminierungsnormen in den Landesverfassungen berücksichtigen explizit das Alter.[2369]

In der **Rechtsprechung** wird keine einheitliche Linie vertreten, was die Einstufung eines Menschen als alt in strafrechtlicher Hinsicht betrifft. Hinsichtlich **alter Täter** wird mit einer uneinheitlichen Terminologie mal ein Alter von 58 Jahren als *„fortgeschritten“*,[2370] mal von 64 Jahren als *„vorgerückt“*,[2371] mal ein Alter von 67 Jahren als *„verhältnismäßig hohe*(s) *Alter“*[2372] und wieder ein anderes Mal 68 Jahre als *„hohes Alter“*[2373] bezeichnet. Dann wiederum galt ein Alter von 46 Jahren bereits als *„relativ hohes Alter“*,[2374] während in einem anderen Fall ein Alter von 50 Jahren[2375] als nicht hoch genug für eine mildernde Berücksichtigung in der Strafzumessung erachtet wurde.[2376] Hinsichtlich **alter Opfer** lässt sich der Rechtsprechung ebenfalls keine Altersgrenze entnehmen. Zwar bezeichnet der BGH zum Beispiel in BGH NJW 2002, 2043 das 72-jährige Opfer als älteren Menschen[2377] oder geht in BGH NJW 2002, 2043 davon aus, dass der Täter sein 80-jähriges Opfer ausgewählt hat, weil es *„wegen seines Alters erkennbar*

2368 Vgl. auch Vierter Altenbericht, S. 320, r. Sp. und S. 321 l. Sp.

2369 Vgl. auch ebd., S. 321, l. Sp.

2370 BGH Beschl. v. 22.9.1993 – 2 StR 503/93, BeckRS 1993, 31090211.

2371 OLG Hamm VRS 33, 344; BGH Beschl. v. 12.7.1995 – 5 StR 297/95 = StV 1995, 633.

2372 BGH Beschl. v. 21.3.1990 – 4 StR 25/90 = StV 1990, 303.

2373 BGH Beschl. v. 06.09.1995 - 3 StR 339/95.

2374 BGH Beschl. v. 18.12.1990 - 5 StR 493/90 = StV 1991, 206.

2375 BGH Urt. v. 28.3.2001 – 3 StR 463/00, BeckRS 2001, 30170775.

2376 Siehe auch Lachmund, S. 28 mit entsprechenden Fundstellenzitaten; Schaumann, S. 11 mit entsprechenden Nachweisen.

2377 BGH NStZ 2003, 662, 663.

„besonders gefährdet" war",[2378] konkretere oder einheitliche Aussagen werden jedoch nicht getroffen.

b) Altersgrenzen im Europarecht

Sucht man auf europäischer Ebene nach Altersgrenzen, so finden sich im Europarecht etwa in Art. 25 der Grundrechtecharta (*„Die Union anerkennt und achtet das Recht älterer Menschen auf ein würdiges und unabhängiges Leben und auf Teilnahme am sozialen und kulturellen Leben."*) und Art. 23 der revidierten Sozialcharta (*„Alle älteren Menschen haben das Recht auf sozialen Schutz."*) Bestimmungen zugunsten älterer Menschen und ihres sozialen Schutzes, aber auch hier werden keine genauen Altersgrenzen genannt und es bleibt bei dem schwammigen Begriff *„ältere Menschen"*.[2379] Auch in der Kommentarliteratur findet keine Festlegung statt. Wenn überhaupt, wird darauf verwiesen, dass für die Mitgliedsstaaten ein gewisser Spielraum bestehen dürfte und aufgrund des demographischen Wandels mit einem Anstieg der Altersgrenze zu rechnen sei.[2380] Sofern ein derartiger Versuch doch unternommen wird, bleibt auch dieser vage und wird unter dem Hinweis auf das in der EU durchschnittliche Rentenalter und die Grenze in der deutschen Pflegestatistik bei *„etwa 65 Jahre"* angesetzt.[2381] Zudem solle der Begriff „ältere Menschen" gerade auch die „alten" und besonders schutzwürdigen Menschen, d.h. sog. Hochaltrige ab 80 Jahren, erfassen.[2382]

Die Richtlinie 2000/78/EG des Rates vom 27.11.2000 (auf deren Umsetzung unter anderem das oben erwähnte AGG beruht) behandelt nur Diskriminierungsverbote wegen des Alters im Beruf, also der Erwerbsphase, nicht jedoch für die Phase nach Beendigung der Erwerbstätigkeit. Insofern vermag auch diese Antidiskriminierungsrichtlinie nicht dabei zu helfen, eine Altersgrenze zu bestimmen.[2383]

2378 BGH NJW 2002, 2043, 2044.

2379 Vierter Altenbericht, S. 319 f.; vgl. Igl, S. 107.

2380 Weber in: Stern/Sachs, GRCh, Art. 25 Rn. 4.

2381 Hölscheidt in: Meyer/Hölscheidt, GRCh, Art. 25 Rn. 15.

2382 Ebd., Art. 25 Rn. 15.

2383 Vierter Altenbericht, S. 320, l. Sp.; vgl. Igl, S. 108.

c) Altersgrenzen in Statistiken und Studien

In der Gerontologie wird seit Mitte der 1990er Jahre zwischen dem dritten und dem vierten Lebensalter unterschieden.[2384] Das dritte Lebensalter wird primär dadurch gekennzeichnet, dass ein sozialer Rollenwechsel stattfindet (etwa Austritt aus dem Erwerbsleben); das vierte Lebensalter hingegen ist geprägt von vielfältigen Einschränkungen und Verlusten, Zunahme von Multimorbidität, Pflegebedarf und Erkrankungen wie Demenz und ist um das 85. Lebensjahr herum einzuordnen.[2385] Statistiken und Studien orientieren sich oft an den gerontologischen Basiswissenschaften wie Soziologie und Psychologie und ziehen meistens **bei 60**[2386] **oder 65 Jahren** die Grenze.[2387]

Nimmt man etwa die PKS zur Hand so sieht man, dass in Tab. 91 „Opfer nach Alter und Geschlecht" bei den Erwachsenen zwischen der Gruppe der 21- bis unter 60-Jährigen und der Gruppe der über 60-Jährigen unterschieden wird.[2388] Innerhalb der Gruppe der über 60-Jährigen wird wiederum in einer gesonderten Tab. 91 „Opfer nach Alter und Geschlecht – Erwachsene ab 60 Jahren" eine weitere Unterteilung vorgenommen, nämlich „60 bis unter 65", „65 bis unter 70", „70 bis unter 75", „ 75 bis unter 80" und „80 und älter".[2389] Hieraus kann der Rückschluss gezogen werden, dass ein Mensch ab 60 Jahren als „älterer Erwachsener" eingeordnet wird und sich innerhalb dieser Altersgruppe Besonderheiten ergeben könnten.

So befragte z.B. auch *Studer* in seiner Studie Menschen ab 60 Jahren[2390] und *Dankwarth/Püschel* werteten Tötungsdelikte an über 60-Jährigen aus-[2391]. *Fattah/Sacco* hingegen erachten es als einigermaßen sinnvoll auf der Opferseite Menschen ab 65 Jahren als ältere Menschen zu betrachten.[2392] 60 und 65 werden häufig als Grenze gewählt, weil in diesem Alter bereits

---

2384 Görgen, Viktimisierung von Senioren, S. 132; Tesch-Römer/Wurm, GBE-Beitrag 2009, S. 10.

2385 Ebd., S. 132; vgl. auch Tesch-Römer/Wurm, GBE-Beitrag 2009, S. 11.

2386 Z.B. Kawelovski, S. 15; Görgen, KFN-FB, Nr. 93, S. 1.

2387 Z.B. Fattah/Sacco, S. 2; Heinemann/Püschel, ZfG 1994, S. 600.

2388 Siehe zum Beispiel PKS 2018, Tab. 91: Opfer nach Alter und Geschlecht.

2389 Siehe zum Beispiel PKS 2018, Tab. 91: Opfer ab 60 Jahren nach Alter und Geschlecht.

2390 Studer, S. 49.

2391 Dankwarth/Püschel, ZfGG 1991, S. 266 ff.

2392 Fattah/Sacco, S. 2 f., die ohne eine nähere Erläuterung feststellen, dass es nicht angebracht sei 65 bei Alterskriminalität als Grenze heranzuziehen und für 55 als Schlüsselalter für Alterskriminalität plädieren.

das Ausscheiden aus dem Berufsleben beginnt und die Rente bzw. Pension als ein neuer Lebensabschnitt[2393] gesehen werden kann, der mit dem Wegfall sozialer Kontakte aus dem Arbeitsalltag[2394] eine *„gewisse Zäsur"* darstellt.[2395] Daran wird kritisiert, dass Aspekte wie Gesundheit oder Geisteszustand außer Acht gelassen werden und allein soziale Gesichtspunkte ausschlaggebend seien.[2396] Dieser Vorwurf ist nach vorliegender Ansicht insofern nicht ganz zutreffend, als dass es ab diesem Alter zudem auch immer mehr zu Abbauerscheinungen kommt. *Greve/Wetzels* meinen, dass *„statistisch bedeutsamen Effekten entlang von arbiträren Altersgrenzen häufig keine besondere Bedeutung beizumessen"* sei und es unter diesem Aspekt nicht von besonderer Relevanz sei, ob die Grenzziehung für Statistiken bei 60 oder 65 stattfindet.[2397] Auch 70 wird als Grenze erwogen, da sich die Mehrheit der älteren Menschen erst ab diesem Alter selbst als alt einstufen würde.[2398]

Wegen des Problems der mangelnden Homogenität der Gruppe älterer Menschen bilden einige Forscher **weitere Untergruppen**, so etwa Gruppen von älteren Menschen zwischen 65 und 74 und zwischen 75 und XX oder untergliedern in „alte" Menschen (65 bis 74), „sehr alte" Menschen (75 bis 84) und die „alten alten" Menschen (85 plus).[2399] Doch auch bei diesen Altersphasenunterteilungen herrscht Uneinigkeit, so segmentieren manche Studien noch differenzierter in die „jungen Alten" (45-60) und die „neuen Alten" (60-75) und wiederum andere Studien in die „jungen Alten" (60-75), die „alten Alten" (75-90), die „Hochbetagten" (90-100) und die „Langlebigen" (über 100).[2400] Weiterhin wird vorgeschlagen, dass nicht nur Altersgruppen (wie z.B. *„under 14, 15-24, 25-34, 35-44, 45-54, 55 and over"*), sondern noch weitere Untergruppen gebildet werden könnten, so etwa eine Gesundheitsuntergruppe, in der danach unterschieden wird, ob jemand körperlich gesund oder krank, behindert oder nicht behindert, geistig krank oder geistig gesund, alkoholabhängig oder nicht

2393 Vgl. Studer, S. 48; ebenfalls Dankwarth/Püschel, ZfGG 1991, S. 269; Heinemann/Püschel, ZfG 1994, S. 306.
2394 Kawelovski, S. 15; Heinemann/Püschel, ZfG 1994, S. 306.
2395 Kreuzer/Hürlimann, S. 21.
2396 Fattah/Sacco, S. 2.
2397 Greve/Wetzels, KFN-FB, Nr. 34, S. 10.
2398 So Dankwarth/Püschel, ZfGG 1991, S. 269; vgl. auch Sechster Altenbericht, S. 285; Baurmann, ZfG 1981, S. 245.
2399 Fattah/Sacco, S. 2 f.
2400 Sechster Altenbericht, S. 284.

alkoholabhängig ist.[2401] Eine weitere Untergruppe könnte sich nach der Lebens- bzw. Wohnsituation richten, je nachdem, ob jemand selbstständig ist oder in einer Einrichtung lebt, ob jemand alleine oder mit der Familie/Ehepartner/Freunden/Verwandten/etc. lebt, ob jemand in einer „guten“ oder kriminell belasteten Gegend wohnt.[2402] Eine Unterscheidung könnte sich auch nach dem Einkommen richten, also danach, ob jemand finanziell unabhängig oder von jemand andes abhängig ist, ob jemand finanziell abgesichert ist oder von einem sehr niedrigen Einkommen wie z.B. niedriger Rente lebt.[2403] Ähnlich ist der Vorschlag von *Greve*, Personen nach bestimmten Merkmalen in Gruppen einzuteilen: gesundheitliche Einschränkungen, persönliche Vorbelastung, Mobilität, Krankheitsbelastung usw.[2404]

Diese kategorische Einteilung rein nach dem tatsächlichem Alter und den anderen oben genannten Faktoren wird ihrerseits kritisiert.[2405] Ein abweichender Vorschlag ist daher folgende Einteilung nach **wahrgenommenem Alter**: Zunächst einmal gibt es das persönliche Alter („*personal age*“), also das Alter, in das sich jemand selbst einordnen würde, weiterhin das fremdwahrgenommene Alter („*interpersonal age*“), das darauf beruht, auf welches Alter dieselbe Person von anderen Menschen geschätzt wird und schlussendlich das einvernehmliche bzw. konsensuale Alter („*consensual age*“), das sich daraus zusammensetzt, inwieweit das persönliche und fremdwahrgenommene Alter übereinstimmen.[2406] Geht man davon aus, dass Straftäter das Alter der Opfers in ihre Überlegungen miteinbeziehen, so soll für diese Überlegungen nicht das tatsächliche, sondern das fremdwahrgenommene Lebensalter maßgeblich sein.[2407] Abgesehen von dem Fall, dass der Täter das genaue Alter des Opfers kennt, etwa weil er ein Verwandter ist, wird seine Einschätzung der Vulnerabilität seines Opfers davon abhängen, wie alt es seiner Meinung nach ist.[2408] Nach vorliegender Ansicht ist dies jedoch nicht überzeugend, da bei derart subjektiven Erwägungen Nachweisschwierigkeiten in der Praxis vorprogrammiert sind. Es ist nicht ersichtlich, welche Merkmale sicher indizieren könnten, dass der Täter sein Opfer als „älter“ einschätzte, so dass man auf seine entsprechen-

---

2401 Fattah/Sacco, S. 3.
2402 Ebd., S. 3.
2403 Ebd., S. 3.
2404 Greve, Alter - ein Risiko?, S. 182.
2405 Vgl. Fattah/Sacco, S. 3, aber ohne genaue Kritikpunkte zu bezeichnen.
2406 Fattah/Sacco, S. 3; Studer, S. 48.
2407 Fattah/Sacco, S. 3.
2408 Ebd., S. 4.

de Einlassung angewiesen wäre. Außerdem hilft die Bestimmung eines solchen „*consensual age*" allein nicht bei der Grenzziehung, welches Opfer als „älterer Mensch" einzustufen ist und welches nicht, denn auch dieses „einvernehmliche Alter" müsste eine gesondert festzulegende Altersgrenze überschreiten.

Eine **weitere Anregung** beihaltet die Berücksichtigung des *biologischen Alters* je nach Veränderungen des biologischen Apparates, des *psychologischen Alters*, das kognitive, emotionale und selbstreflektierte Aspekte beinhaltet, des *sozialen bzw. soziologischen Alters*, das von den Rollen und dem sozialen Status von Altersgruppen abhängig ist, sowie des *funktionalen Alters*, das auf die Fähigkeit mit den Alltagsanforderungen zurechtzukommen abstellt.[2409] Eine solche Unterscheidung dürfte mehr Sinn ergeben, da sie weniger subjektiv auf die Tätersicht ausgerichtet ist als die Bestimmung eines „*consensual age*" und die verschiedenen Alterserscheinungen, die die Ursachen für die fehlende Homogenität in der Gruppe der älteren Menschen sind, individuell miteinbezieht.[2410]

Betrachtet man die **Literatur zur Alterskriminalität**, so stellt sich dort ebenfalls die Frage, ab wann ein Delinquent als alt einzustufen ist. Anhand der Definition von Alterskriminalität, die nach h.M. wohl „*die Straftaten alter Menschen (umfasst), welche auf den geistigen, körperlichen und sozialen Prozess des Alterns bzw. auf die altersspezifischen Lebensbedingungen zurückzuführen*" sind lautet, lässt sich ebenfalls keine genaue Altersgrenze festmachen.[2411] Bei der Bestimmung, ab wann ein Täter als „alt" eingestuft werden kann bzw. soll, stellen sich dieselben Probleme. Die Versuche sich an einem bestimmten Altersmodell zu orientieren und hieraus Erkenntnisse zu ziehen, sind in der Literatur zur Alterskriminalität gescheitert. Hinsichtlich der Gründe kann nach oben auf *2. Teil: A V* dieser Arbeit, in dem die Modelle und ihre Defizite im Einzelnen dargestellt wurden. Dort zeigte sich das grundlegende Problem, dass zu viele Faktoren eine maßgebliche Rolle spielen und aufgrund der Heterogenität keine allgemein gültige Aussage getroffen werden kann, die für jedermann gilt.

Letztlich findet sich auch hier keine Lösung, mit der alle Forscher einverstanden sind, so dass keine einheitliche Grenze gezogen werden

---

2409 Studer, S. 48; vgl. auch Acker, S. 41 f.

2410 Vgl. hierzu auch Acker, S. 42 ff. und die dort dargestellten diversen Alterstheorien, nämlich die Defizitmodelle des Alters, qualitative Verlaufsmodelle, Theorien des erfolgreichen Alterns, Wachstumstheorien, kognitive Theorien und kulturanthropologische Alterstheorien; ebenso *2. Teil: A V.*

2411 Acker, S. 16.

kann.[2412] Teilweise wird 60 als Schwelle gewählt, entweder unter Hinweis auf das durchschnittliche Rentenalter als extremste Zäsur im Leben eines Menschen fortgeschrittenen Alters[2413] oder unter Hinweis auf eine entsprechende Handhabung in der PKS[2414] oder aus Pragmatismus.[2415] Andere Forscher nehmen eine Grenzziehung bei 65 Jahren vor,[2416] wieder andere bei 55 Jahren.[2417] *Kreuzer/Hürlimann* schlagen daher in Anlehnung an das Jugendstrafrecht eine Kombination von festen und individuellen Altersgrenzen vor. Danach wäre ein Täter dann alt, wenn er zur Tatzeit eine Mindesaltersgrenze (von z.B. 65 Jahren) erreicht hätte und *„noch nach seiner geistig-seelisch-sozialen Entwicklung imstande wäre, das Unrecht der Tat einzusehen und nach dieser Einsicht zu handeln"*.[2418]

d) Stellungnahme

Auch wenn starre Altersgrenzen den Reiz der Rechtssicherheit haben, ist eine solche Altersgrenze zu pauschal und wird der Realität nicht immer gerecht. Ältere Menschen sind, wie eingangs festgestellt, nicht zwangsläufig ab Erreichen eines bestimmten Alters geistig bzw. körperlich nicht mehr fit und insofern auch nicht zwangsläufig nicht mehr mit einem jüngeren Menschen vergleichbar,[2419] selbst wenn sie tendenziell anfälliger für körperliche Verletzungen und einen weniger reibungslosen Heilungsprozess sind. Es handelt sich vielmehr um individuelle Prozesse, die es unmöglich machen, *die* Gruppe älterer Menschen zu bestimmen.[2420] Aus diesem Grund wird auch im Sechsten Altenbericht der Bundesregierung Kritik an starren Altersgrenzen im deutschen Recht geäußert, die – so wie oben dargestellt - allein wegen Erreichens eines bestimmten chronologischen Alters bestimmte Rechte oder Pflichten gewähren. Im Fazit des Berichts wird die Politik zu Recht dazu angehalten diese Fristen zu

2412 Siehe zum Beispiel den Überblick bei Acker, S. 16 f.; Keßler, S. 8.
2413 So Keßler, S. 8 f.; Acker, S. 31 f.; Kreuzer/Hürlimann, S. 21 f.; Göppiner, § 24, Rn. 67.
2414 Keßler, S. 8; Göppinger, § 24, Rn. 67.
2415 Göppiner, § 24, Rn. 67.
2416 Kreuzer/Hürlimann, S. 21.
2417 Fattah/Sacco, S. 3.
2418 Kreuzer/Hürlimann, S. 73.
2419 Vgl. auch Schreiber, S. 27, der betont, es komme auf die individuellen psychischen und somatischen Befindlichkeiten des Einzelnen an.
2420 Vgl. auch Kawelovski, S. 14 f.; Ahlf, ZfG 1994, S. 290.

überprüfen und in den Fällen, in denen sie nicht zweckmäßig sind, abzuschaffen.[2421] Man kann durchaus sagen, dass das Alter verschiedene Stufen aufweist und es - so wie von *Kreuzer/Hürlimann* genannt - zum Beispiel junggebliebene Alte, pflegebedürftige Alte und etwas dazwischen gibt.[2422] Eine reine Anknüpfung an das kalendarische Alter ist zu vereinfachend.[2423] Auch weil die Frage des Alters etwas Dynamisches ist, das unter anderem aufgrund des demographischen Wandels und der immer höher werdenden Lebenserwartung ebenfalls den Prozessen eines Strukturwandels unterworfen ist,[2424] erscheint es absolut notwendig zu sein, die Einordnung in die Kategorie „älterer Mensch" nicht streng vorzunehmen und ausschließlich vom kalendarischen Alter abhängig zu machen. Dies entspricht zum Beispiel auch dem Vorgehen in § 71 SGB XII (Altenhilfe), bei dem nicht das kalendarische Alter alleine maßgeblich ist, sondern vorausgesetzt wird, dass zudem altersbedingte geistige oder körperliche Beschwerden dazu beitragen, dass der Anspruchsteller Schwierigkeiten bei der Adaption im gesellschaftlichen Leben hat.[2425] Von daher erscheint eine Unterscheidung zwischen

- körperlich und geistig gesunden Alten (1),
- körperlich hinfälligen und geistig gesunden Alten (2),
- körperlich gesunden und geistig verwirrten Alten (3),
- körperlich hinfälligen und geistig verwirrten Alten (4)

sinnvoll und vorzugswürdig. Gruppe (4) wäre die am wenigsten kritische Gruppe, da die Schutzwürdigkeit der ihr unterfallenden Personen aufgrund besonderer Vulnerabilität ohne Weiteres gegeben ist. Gruppe (1) hingegen weist noch keine nennenswerten Abbauerscheinungen auf und insofern sind zumindest beim Ausbleiben besonderer Folgen entsprechenden Strafzumessungserwägungen noch nicht zwingend veranlasst.[2426] Problematischer sind hingegen die beiden übrigen Gruppen. Bei Gruppe (2) sowie bei Gruppe (3) ist es relevant, um was für ein Delikt es sich handelt. Ein zur Gruppe (2) gehörendes Opfer ist körperlich als hinfällig, aber als geistig gesund eingestuft worden und daher insbesondere hinsichtlich eines Gewaltdelikts durchaus schützenswerter, weniger jedoch hinsichtlich

2421 Sechster Altenbericht, S. 517.

2422 Kreuzer/Hürlimann, S. 21.

2423 *Wetzels/Greve* befürworten daher *„funktionale und psychologische Definitionskriterien"*, s. Wetzels/Greve, ZfGG 1996, S. 199.

2424 Keßler, S. 214.

2425 Kaiser in: BeckOK SozR SGB XII, § 71, Rn. 2.

2426 So auch schon festgestellt in *4. Teil: A.*

eines reinen Vermögensdeliktes wie Betrug. Bei einem der Gruppe (3) zuzuordnendem Opfer wirken sich diese Eigenschaften hingegen gerade im Rahmen von Eigentums- und Vermögensdelikten aus. Sowohl bei Gruppe (2) als auch bei Gruppe (3) weisen die Opfer also jeweils in Bezug auf bestimmte Deliktgruppen altersbedingte Dispositionen auf, die regelmäßig besondere Auswirkungen auf die Straftat haben.

Zu bestimmen bleibt nun noch, was „körperlich hinfällig" und „geistig verwirrt" bedeutet, vor allem, ab welchem Grad eine Abbauerscheinung für die Strafzumessung relevant wird. Ausschlaggebend hierfür ist der Vergleich mit einem körperlich oder geistig nicht beeinträchtigtem Durchschnittsmenschen. Zweifelsohne ist ein Opfer, das unter einer fortgeschrittenen Demenz leidet, als geistig verwirrt einzustufen und ein anderes Opfer, das eine Osteoporose-Diagnose gestellt bekommen hat oder zum Laufen zwingend eine Gehhilfe benötigt, als körperlich hinfällig im Sinne obiger Gruppen zu bezeichnen. Doch nicht jeder Fall ist derart eindeutig gelagert. In der Praxis dürfte die Klärung von Zweifelsfällen wohl die Heranziehung eines Sachverständigen erfordern. Nur ein solcher kann bestimmen, ob die altersbedingte Abbauerscheinung bereits einen Grad erreicht hat, der nennenswert von dem eines körperlich oder geistig gesunden jüngeren Menschen abweicht oder sich noch in einem marginalen und daher vernachlässigenswerten Bereich bewegt.

In einem allerletzten Schritt ist nun noch zu klären, ab wann eine solche Gruppenbildung vorzunehmen ist. Von einer festen Altersgrenze wurde, wie oben erläutert, aufgrund der mangelnden Homogenität Abstand genommen, allerdings müssen die Richter sich an einem bestimmten Richtwert orientieren können. Als solcher kommt in Anlehnung an die überwiegende Forschungsliteratur 65 in Betracht, wobei die Gruppenbildung auch schon je nach Fall bei einem 60-jährigen Opfer vorgenommen werden kann, wenn dieses in der Hauptverhandlung in körperlicher oder geistiger Hinsicht auffällig erscheint. Insofern kommt es auf das Ermessen des Richters bzw. dessen Einschätzung an. Auch dieser Bereich entspricht den Grenzen in der Forschungsliteratur, da dort zumeist im Bereich zwischen 60 und 65 die Grenze gezogen wird.

Ein solches Vorgehen entspräche vom Grundgedanken her auch dem zuvor genannten Vorschlag von *Kreuzer/Hürlimann* für die Bestimmung eines „alten Täters" eine Kombination von festen und individuellen Altersgrenzen anzuwenden.[2427] Auch hier wird also auf für die Einordnung als älterer Mensch i.S.d. Strafrechts auf ein individuell zu bestimmendes

---

2427 Kreuzer/Hürlimann, S. 73.

Kriterium abgestellt. Davon, dieses Merkmal mit einer derart starren Grenze zu kombinieren, wird aus den oben dargelegten Gründen aber besser zugunsten einer etwas großzügigeren und daher noch besser für den Individualfall geeigneten Spanne verzichtet. Denkbar wäre es auch, auf eine solche vollständig zu verzichten und nur auf bestimmte altersbezogene Eigenschaften des Opfers abzustellen. Dies hätte den Vorteil, dass auch jene Opfer miteinbezogen würden, die kalendarisch gesehen noch nicht besonders alt, jedoch ebenso vulnerabel sind. Auf einen allerersten Blick hätte dies den Nutzen, dass auch eine weiche Altersgrenze nicht gezogen werden müsste. Allerdings handelt es sich bei den in Rede stehenden Abbauerscheinungen um schleichende Prozesse, die nicht plötzlich mit dem höheren Alter eingesetzt haben, sondern zum Teil bereits in jungen Jahren beginnen. So weist auch jeder jüngere Erwachsene, z.B. ein 30-Jähriger, bereits die ein oder anderen mit dem jeweiligen Alter zusammenhängende Abbauerscheinung auf. Diese müsste jedoch ein gewisses Maß erreicht haben, um sich besonders auszuwirken. Für die Frage, wann eine altersbedingte Abbauerscheinung derart große Relevanz hat, dass sie als so fortgeschritten angesehen werden kann, dass sie sich bei bereits in dem selben Rahmen wie bei einem älteren Durchschnittserwachsenen bewegt, müsste zwangsläufig wieder auf höheres Alter als Maßstab zurück gegriffen werden. Somit stellt sich erneut die Frage, ab wann ein Mensch (zumindest ungefähr) als älterer Mensch gilt. Die Abbauerscheinungen und ihre Relevanz lassen sich nicht sauber davon trennen, wie alt die Person bzw. die Vergleichsperson ist, d.h. die Beantwortung der Frage, ab wann ein Mensch (zumindest ungefähr) als älter gilt, lässt sich ohnehin nicht vollständig vermeiden.

Insbesondere lässt sich aber folgendes zugunsten eines Einbezugs des höheren Alters nennen:

Die Situation eines jüngeren Erwachsenen, der körperlich oder kognitiv schwächer ist als der Durchschnitt seiner Altersgruppe, ist nicht ohne Weiteres mit der Situation der Gruppe der älteren Menschen vergleichbar. Dies deswegen, weil ältere Menschen in der Regel nicht nur eine tatförderliche Eigenschaft aufweisen, sondern mehrere gleichzeitig und eben dies ihre besondere Vulnerabilität hinsichtlich einer Viktimisierung bewirkt. So wurde eingangs festgestellt, dass Multimorbidität eine typische Alterserscheinung ist, ebenso das Nachlassen aller Sinne sowie kognitive Einschränkungen wie Verschlechterung der Multitasking-Fähigkeit usw. Ein jüngerer Mensch wird in der Regel nicht in all diesen Bereichen zugleich Einschränkungen aufweisen. Gerade aus dem Zusammenspiel all dieser mit dem höheren Alter einhergehenden Eigenschaften ergibt sich jedoch die besondere Vulnerabilität Älterer.

2. Tat- und/oder erfolgsbezogenes Merkmal

Wie bereits erläutert wurde, ist zusätzlich zum Alter ein weiteres tat- und/ oder erfolgsbezogenes Merkmal notwendig. Als ein solches zusätzliches Merkmal kommt das Vorliegen einer altersbedingten Eigenschaft in Betracht. Diese kann sich entweder auf der Tatbegehungsseite auswirken, indem sie hierfür ausgenutzt wird, sowie - entweder alternativ oder kumulativ - auf der Folgenseite, indem als Folge eine besondere altersbedingte Beeinträchtigung eintritt. Je nachdem ist das Handlungsunrecht erhöht und/oder das Erfolgsunrecht. Für diese Merkmale muss eine Definition gefunden oder aber eine Fallgruppenbildung vorgenommen werden.

a) Ausnutzen einer altersbedingten Abbauerscheinung zur Tatbegehung

Zunächst einmal könnte man darauf abstellen, dass es bei der Begehung der Tat zu einer Ausnutzung spezifischer Alterserscheinungen im Sinne von körperlichenAbbauerscheinungen kam.

aa) Altersbedingte Abbauerscheinung

In Betracht kommen hierfür mit dem Alter einhergehende kognitive Einschränkungen wie demenzielle Erkrankungen, verminderte Sinneswahrnehmungen (schlechter hören, sehen etc.), körperliche Schwäche sowie eingeschränkte oder aufgehobene Mobilität. Insofern kann auf die vom Gericht getätigten Feststellungen zur Einordnung in Gruppe (2), (3) oder (4) verwiesen werden, denn der Täter muss sich eben jene Disposition(en) für die Tat zunutze gemacht haben. Bei Gruppe (2) wäre diese Disposition eine körperliche, bei Gruppe (3) eine kognitive und bei Gruppe (4) eine körperliche und kognitive. Da Opfer der Gruppe (4) eine solche nicht aufweisen, scheiden sie von vornherein aus. Man könnte überlegen diese altersbedingte Abbauerscheinung ab einem gewissen Alter (widerleglich) zu vermuten, allerdings ist dies angesichts der bereits diskutierten Heterogenität dieser Prozesse und der damit zusammenhängenden Schwierigkeit eine feste Altersgrenze zu ziehen, nicht überzeugend.

Dass Opfer der Gruppe (4) an dieser Stelle ausscheiden, ist akzeptabel, da ansonsten allein das höhere Alter des Opfers relevant werden würde. In diesem Fall würde entweder allein die niedere Gesinnung des Täters strafschärfend berücksichtigt werden, was jedoch sehr nahe an eine Gesinnungsstrafbarkeit und reine Moralisierung rücken würde. Alternativ müsste allein auf eine erhöhte Gefährlichkeit der Handlung des Täters für das Opfer abgestellt werden, wofür allerdings die empirische Grundlage noch nicht gegeben ist. Dies, weil mangels entsprechender Forschung keine ausreichende Datenlage existiert, aus der hervor geht, wieviel größer die Gefahr für ältere Opfer ist besonders schwer von den Folgen betroffen zu werden. Insofern überzeugt es nur bei einer tatsächlichen Realisierung auf diese abzustellen (s. hierzu unten beim erfolgsbezogenen Merkmal).

bb) Ausnutzen

Eine subjektive Einschränkung im Sinne eines Ausnutzens ist angebracht, damit eine Ausuferung der erhöhten Strafbarkeit von vorneherein verhindert wird. Gerade angesichts der Tatsache, dass aus präventiven Gründen eine besondere Berücksichtigung im Strafmaß stattfinden sollte, ist es sinnvoll, die Täter zu erfassen, die aus jenen Gründen bewusst ein älteres Opfer ausgewählt haben. Im Wesentlichen wird man hierunter folgende Fallgruppen fassen können:

- verminderte Fluchtmöglichkeiten aufgrund von reduzierter bzw. aufgehobener Mobilität,
- verminderte Wehrhaftigkeit gegen körperliche Angriffe aufgrund körperlicher Abbauerscheinungen,
- verminderte Wehrhaftigkeit gegen Angriffe auf das Vermögen aufgrund kognitiver Einschränkungen und/oder verminderter Sinneswahrnehmung(en).

Fraglich ist, wann ein Ausnutzen dieser Gegebenheiten vorliegt. Es besteht eine gewisse Vergleichbarkeit mit dem Regelbeispiel des § 243 Abs. 1 Nr. 6 StGB (*„indem er die Hilflosigkeit einer anderen Person (…) ausnutzt“*). Auch dort nutzt der Täter zielgerichtet eine auf Gebrechlichkeit oder sonstigen körperlichen Gebrechen beruhende Hilflosigkeit des Opfers aus, um die

Wegnahme einer Sache zu ermöglichen oder zu erleichtern.[2428] Objektiv wird die Tat durch die Gewahrsamslockerung gefördert und subjektiv nimmt der Täter dies zumindest billigend in Kauf.[2429] Der Gesetzgeber wertet das Opfer in diesen Fällen ausdrücklich als besonders schutzwürdig und das Ausnutzen als Ausdruck einer besonders niederen Gesinnung des Täters.[2430] Im Rahmen von § 243 Abs. 1 Nr. 6 StGB ist ein Ausnutzen von Hilflosigkeit demnach dann gegeben, wenn der Täter die Umstände, die zu der Gewahrsamslockerung führen, kennt und diese auch zielgerichtet dazu nutzt, dass ihm die Tatbegehung ermöglicht oder zumindest deutlich erleichtert wird.[2431]

Man könnte sich außerdem am Heimtückemerkmal i.S.v. § 211 StGB und dessen Definition orientieren. Dort wird vorausgesetzt, dass der Täter zum einen die Tatsachen, die die arg- und wehrlose Lage des Opfers ausmachen, erkennt und zum anderen in seine Vorstellung aufnimmt, dass er eben jene ausnutzt.[2432] Eine heimtückische Tötung ist deswegen so gefährlich, weil sie das Opfer aufgrund seiner hilflosen Lage besonders überrascht und es daran hindert bzw. es ihm zumindest erschwert, sich zu verteidigen, zu fliehen, Hilfe zu rufen o.Ä.[2433] Dieses heimtückische Vorgehen ist mit einem Delikt an einem älteren Menschen dahingehend vergleichbar, dass auch hier zwar nicht unbedingt eine Arglosigkeit, entsprechend obiger Fallgruppen jedoch regelmäßig eine je nach Fall unterschiedlich stark ausgeprägte Wehrlosigkeit vom Täter zur Tatbegehung ausgenutzt wird. Gerade weil im Abschlussbericht der Expertengruppe zur Reform der Tötungsdelikte diskutiert wurde, das Vorliegen von Heimtücke anstelle der Arg- und Wehrlosigkeit nur noch auf der Wehrlosigkeit des Opfers beruhen zu lassen,[2434] erscheint ein solcher Vergleich als passend.

2428 Wittig in: BeckOK StGB, § 243 Rn. 23; Schmitz in: MüKo StGB, § 243 Rn. 55; Bosch in: Schönke/Schröder StGB, § 243 Rn. 38, der dies als *„Schmarotzerdiebstahl"* bezeichnet.

2429 Vogel in: LK StGB Bd. 8, § 243 Rn. 49.

2430 BT-Drucks. IV/650, S. 405 l. Sp.; kritisch zur Strafschärfung Vogel in: LK StGB Bd. 8, § 243 Rn. 46.

2431 Für viele Schmitz in: MüKo StGB, § 243 Rn. 55.

2432 BGHSt 6, 120 = NJW 1954, 1374, 1374; BGHSt 11, 139 = NJW 1958, 309, 309; s. auch Rissing-van Saan/Zimmermann in: LK StGB Bd. 7, § 211 Rn. 114.

2433 BGHSt 11, 139 = NJW 1958, 309, 309; vgl. Rissing-van Saan/Zimmermann in: LK StGB Bd. 7, § 211 Rn. 95; zu der Diskussion in der Literatur um ein die Heimtücke einschränkendes Merkmal s. eingehend Rissing-van Saan/Zimmermann in: LK StGB Bd. 7, § 211 Rn. 121 ff.

2434 Vgl. Abschlussbericht Tötungsdelikte, S. 42 f.

Im Rahmen von Delikten zu Lasten älterer Menschen ist es daher sinnvoll, darauf abzustellen, dass der Täter erkannt und in seine Vorstellung aufgenommen haben muss, dass es sich bei dem Opfer um einen älteren Menschen handelt, der aufgrund einer altersbedingten Beeinträchtigung hinsichtlich der Rechtsgutverletzung wehrloser als ein jüngerer Mensch ist und somit die Tatbegehung ermöglicht oder erleichtert wird.

Man könnte diese Gesichtspunkte innerhalb des Katalogs des § 46 Abs. 2 StGB im subjektiven Handlungsunrecht bzw. Handlungsunwert verorten, nämlich unter dem Strafzumessungsgesichtspunkt „*Beweggründe und Ziele des Täters*“ (§ 46 Abs. 2 S. 2 StGB). Allerdings ist eine derart genaue Zuordnung nicht zwingend erforderlich, da es sich bei § 46 Abs. 2 StGB um keine abschließende Aufzählung handelt und jedenfalls Vergleichbarkeit mit diesem Gesichtspunkt besteht.[2435] Daher ist es wie bereits festgestellt auch nicht notwendig, in den Katalog der Strafzumessungsvorschrift des § 46 Abs. 2 StGB Merkmale wie „*hohes Alter*“, „*Altern*“, „*schlechter Gesundheitszustand*“ o.Ä. als Strafzumessungsgesichtspunkte explizit aufzunehmen.[2436]

b) Zurechenbare altersbedingte Beeinträchtigung auf der Folgenseite

Als ein alternatives oder zusätzliches (erfolgsbezogenes) Merkmal kommt das Vorliegen einer altersbedingten Beeinträchtigung auf der Folgenseite in Betracht, deren Eintritt dem Täter zurechenbar ist.

aa) Altersbedingte Beeinträchtigung auf der Folgenseite

Diesbezüglich muss ebenfalls eine Definition gefunden werden bzw. eine Fallgruppenbildung vorgenommen werden. Man könnte zum Beispiel an eine besondere pathologische Folge des jeweiligen Deliktes denken, die als typisch altersbedingt angesehen werden kann und in der Regel bei einem jüngeren Opfer in der Form wohl nicht eingetreten wäre. Hierbei könnten die besonderen Folgen herangezogen werden, die bereits im *2. Teil* bei den Folgen einer Straftat für ältere Menschen diskutiert wurden. In Bezug

---

2435 Eschelbach in: Satzger/Schluckebier/Widmaier StGB, § 46 Rn. 73; Miebach/Maier in: MüKo StGB, § 46 Rn. 182; Streng in: NK-StGB, § 46 Rn. 51; Streng, S. 268, Rn. 550.

2436 Wie bei Kreuzer/Hürlimann, S. 76 zugunsten alter Straftäter vorgeschlagen.

auf Körperverletzungs- bzw. Gewaltdelikte lassen sich dementsprechend folgende Fallgruppen bilden:

- schwerere Verletzung aufgrund altersbedingter Disposition des Opfers, insbesondere Tod,
- Eintritt typischer altersbedingter Komplikationen, insbesondere Bettlägerigkeit, die zu einer tödlichen Lungenentzündung/-embolie o.Ä. führt,
- längere Genesungsphase oder Ausschluss einer vollständigen Genesung aufgrund des Alters des Opfers,
- Verstärkung vorhandener altersbedingter Gesundheitsprobleme,
- dauerhafter Verlust der Fähigkeit, eigenständig zu leben (Pflege, Umzug in Seniorenheim etc.).

Um auf besondere psychische Folgen abstellen zu können, sind die diesbezüglichen Erkenntnisse nicht ausreichend fundiert genug. Ebenso verhält es sich mit besonderen monetären oder ähnlichen Belastungen infolge einer Viktimisierung (vgl. oben *2. Teil: IV 2* und *4*). Diesbezüglich besteht weiterer Forschungsbedarf ehe sie in die Fallgruppen mitaufgenommen werden können.

Eine solche altersbedingte besondere Tatfolge kann grundsätzlich nicht nur ein Opfer der Gruppe (2), (3) oder (4), sondern auch der Gruppe (1) treffen. Ebenso wie bereits die Gruppenbildung angesichts der Einordnung eines Opfers als „alt“, bergen obige Merkmale gewisse praktische Probleme im Strafverfahren in sich und unterliegen der richterlichen Würdigung. Unter Umständen könnte es notwendig sein, einen Sachverständigen mit der Frage zu betrauen, ob die Folge altersbedingte Besonderheiten aufweist, die bei einem jüngeren Opfer wahrscheinlich nicht eingetreten wären.

bb) Zurechenbarkeit

Fraglich ist, ob diese altersbedingten besonderen Tatfolgen dem Täter sodann auch zurechenbar sein müssen. Dabei ist zunächst grundsätzlich zu fragen, ob eine solche Einschränkung überhaupt gerechtfertigt ist, oder ob dem Täter nicht vielmehr (getreu dem Leitsatz, dass der Täter sein Opfer nehmen muss, wie es ist[2437]) jegliche altersbedingte Beeinträchtigung

2437 Vgl. die entsprechende Rechtsprechung zu den individuellen Schadensdispositionen in BGH NJW 2002, 2043; BGH NStZ 2003, 662.

anzulasten ist, wenn dieser vorsätzlich ein Delikt gegen eine alte Person verübt. Eine solche Einschränkung ist nach vorliegender Ansicht deswegen angebracht, um eine Ausuferung der erhöhten Strafbarkeit einzugrenzen. Gerade angesichts der Tatsache, dass aus präventiven Gründen eine besondere Berücksichtigung im Strafmaß stattfinden sollte, ergibt es Sinn, jene Täter zu erfassen, die ein älteres Opfer ausgewählt haben, obwohl ihnen bewusst war, dass ihr Handeln für ein älteres Opfer eine besondere Gefährdung in sich birgt.

Nachdem eine gewisse Einschränkung nach Zurechenbarkeitskriterien zu bejahen ist, sind für die Bestimmung der Zurechenbarkeit zumindest grobe Richtlinien aufzustellen. In Anlehnung an das „Ausnutzen" der altersbedingten Abbauerscheinungen älterer Menschen zur Tatbegehung ließe sich hier nun darauf abstellen, dass die altersbedingten besonderen Folgen dem Täter dann zurechenbar sind, wenn er erkannt und in seine Vorstellung aufgenommen hat, dass es sich bei seinem Opfer um einen älteren Menschen handelt und dementsprechend besondere altersbedingte Folgen eintreten könnten. Bei den Körperverletzungsdelikten könnte man zum Beispiel folgendermaßen argumentieren: Bei älteren Menschen heilen Knochenbrüche schlechter als bei jungen Menschen. Dieser schwierigere Heilungsprozess ist zumindest bei einer Parallelwertung in der Laiensphäre auch evident, wenn man als Täter ein 80-jähriges Opfer vorsätzlich verletzt, und somit dem Täter in aller Regel zurechenbar.

Diese Gesichtspunkte lassen sich unter die *„verschuldeten Auswirkungen der Tat"* i.S.v. § 46 Abs. 2 S. 2 StGB fassen und sind daher dem Erfolgsunrecht bzw. den Erfolgsunwert zuzuordnen. Für die Strafzumessung können an dieser Stelle sowohl Art und Ausmaß der tatbestandsmäßigen Folgen sowie der außertatbestandsmäßigen Folgen (sofern sie gem. h.M. vom Täter verschuldet sind) herangezogen werden.[2438] Auch hier ist eine derart genaue Zuordnung nicht zwingend notwendig, da es sich bei § 46 Abs. 2 S. 2 StGB um keine abschließende Aufzählung handelt und jedenfalls Vergleichbarkeit mit diesem Gesichtspunkt besteht.[2439] Wie bereits erwähnt ist es daher auch nicht notwendig in den Katalog der Strafzumessungsvorschrift des § 46 Abs. 2 S. 2 StGB die Merkmale *„hohes Alter"*, *„Altern"*,

2438 Siehe eingehend hierzu 3. *Teil: B III 2 c bb bbb.*

2439 Eschelbach in: Satzger/Schluckebier/Widmaier StGB, § 46 Rn. 73; Miebach/Maier in: MüKo StGB, § 46 Rn. 182; Streng in: NK-StGB, § 46 Rn. 51; Streng, S. 268, Rn. 550.

„schlechter Gesundheitszustand“ o.Ä. als Strafzumessungsgesichtspunkte aufzunehmen.[2440]

C. Gesamtergebnis

Vorzugswürdig ist eine Strafzumessungsregel, da diese die flexibelste und spezifischste Handhabung gewährleistet. Es sollte eine Gruppenbildung nach folgendem Schema vorgenommen werden: (1) körperlich und geistig gesunde Alte, (2) körperlich hinfällige und geistig gesunde Alte, (3) körperlich gesunde und geistig verwirrte Alte, (4) körperlich hinfällige und geistig verwirrte Alte. Eine feste Altersgrenze ist abzulehnen, jedoch soll ein Alter ab 65 Jahren als flexibler Richtwert dienen. Sofern ein Opfer unter die Gruppe 2, die Gruppe 3 oder die Gruppe 4 fällt, müsste noch ein tat- und/oder erfolgsbezogenes Merkmal hinzukommen. Dies könnte zum einen in einem Ausnutzen einer altersbedingten körperlichen Abbauerscheinung zur Tatbegehung liegen (erhöhtes Handlungsunrecht) und/oder in einer zurechenbaren altersbedingten Beeinträchtigung auf der Folgenseite (erhöhtes Erfolgsunrecht). Gehört ein Opfer zur Gruppe (1), kommt von vornherein nur ein erfolgsbezogenes Merkmal in Betracht.

2440 Wie bei Kreuzer/Hürlimann, S. 76 zugunsten alter Straftäter vorgeschlagen.

6. Teil: Fazit und Schlusswort

A. *Ziel der Untersuchung*

Ziel dieser Arbeit war es anhand der bereits vorhandenen Datenlage zu klären, ob ältere Menschen einen besonderen strafrechtlichen Schutz genießen sollten. Die Ausgangsfrage war daher zunächst, ob ältere Menschen in quantitativer und/oder qualitativer Hinsicht besonders viktimisiert werden und ob diesbezüglich Handlungsbedarf besteht. Nur im Falle eines unzureichenden Schutzes ergibt es Sinn über eine Anpassung dessen nachzudenken.

Die vorliegende Arbeit soll damit einen Beitrag zur Beantwortung der Frage leisten, inwiefern die aufgrund des demographischen Wandels immer größer und daher für die Gesellschaft bedeutsamer werdende Gruppe der älteren Menschen in Deutschland durch Kriminalität bedroht wird bzw. wie mit Viktimisierungen zu ihren Lasten verfahren wird, und ob der bereits bestehende Schutz ausreichend ist, bzw. wie er verbessert werden könnte.

B. *Wesentliche Ergebnisse der Untersuchung*

Da sich bereits in den jeweiligen Kapiteln kurze Zusammenfassungen zu den Ergebnissen der Untersuchung finden, sollen an dieser Stelle nur noch die wesentlichsten Ergebnisse genannt werden.

I. Klärung der Ausgangsfrage: Quantitative und qualitative Viktimisierung älterer Menschen in Deutschland

Anhand der vorhandenen Datenlage wurde zunächst ein umfassender Überblick über die Viktimisierung von Menschen ab 60 Jahren geschaffen. Es war nicht überraschend, dass die Sichtung diverser Statistiken und Studien in ihrer Gesamtschau ergab, dass ältere Menschen in quantitativer Hinsicht grundsätzlich vergleichsweise wenig von Kriminalität betroffen sind. Dies beruht wohl darauf, dass ihr Lebensstil sie weniger in Kontakt mit potenziellen Tätern bringt, als dies bei jüngeren Menschen der Fall ist und ihre an sich eher zurückgezogene Lebensweise grundsätzlich weniger Tatgelegenheiten bietet. Gerade nach einer Verrentung bzw. Pensionierung verändert sich der Tagesablauf und ältere Menschen verkehren zunehmend weniger in Milieus, die Viktimisierungen begünstigen (so verringern sich etwa nächtliche Besuche in Gaststätten). Andererseits geht man auch davon aus, dass ältere Menschen ein höheres Meideverhalten an den Tag legen und eben jene Vorsicht dazu führt, dass sie weniger viktimisiert werden. Dabei wurde ihnen lange unterstellt, dass ihre Angst irrational sei (sog. Viktimisierungs-Furcht-Paradoxon); heute jedoch ist diese These anerkanntermaßen aus diversen Gründen so nicht mehr haltbar.

Von diesem Grundsatz geringer Viktimisierungsgefahr bestehen sowohl bei den Gewaltdelikten als auch bei den Eigentums- und Vermögensdelikten gewisse Ausnahmen, so dass ältere Menschen in manchen Bereichen sogar besonders prädestiniert für eine Opferwerdung sind.

Demnach unterliegen Menschen ab 60 Jahren einem deutlich höheren Risiko Opfer einer fahrlässigen Tötung gem. § 222 StGB zu werden, wobei das Risiko von Frauen ab 80 Jahren gegenüber dem der Männer ab 80 Jahren deutlich erhöht ist. Auch Raubmorde werden überproportional oft an Menschen ab 60 Jahren begangen. Besonders beliebt sind ältere Menschen insbesondere als Opfer eines Handtaschenraubes. Die Zahlen waren in den letzten Jahren zwar rückläufig, allerdings betrug der Anteil der über 60-jährigen Opfer immer noch über 40 %. Gerade Damen über 80 Jahre sind hier besonders gefährdet. Und obwohl Menschen über 60 Jahre von dem Delikt der Misshandlung Schutzbefohlener gem. § 225 StGB mit 6 % grundsätzlich eher wenig betroffen sind, werden sie immer noch doppelt so oft viktimisiert wie Erwachsene der Altersgruppe der 21- bis 59-Jährigen.

Doch nicht nur von gewissen Gewaltdelikten sind ältere Menschen quantitativ in einem nicht unbeachtlichen Maße betroffen, sondern auch von Eigentums- und Vermögensdelikten. Bei diesen Deliktsfeldern haben sich regelrechte Geschäftspraktiken entwickelt, mit denen gezielt ältere Menschen hereingelegt werden. Der sog. Enkeltrick ist dabei nur eines von vielen Beispielen, wenn auch das wohl bekannteste. Bei diesen Tricks ist meistens keine vorherige Täter-Opfer-Beziehung gegeben und die oftmals in (ausländischen) Banden organisierten Täter gehen sehr durchgeplant und professionell vor und finanzieren sich auf diese Weise ihren Lebensunterhalt oder einen aufwendigen Lebensstil. Auch hinsichtlich des Delikts des Wohnungseinbruchs deuten Daten eine besondere Gefährdung Älterer an.

In qualitativer Hinsicht zeigten sich in Bezug auf Viktimisierungen älterer Menschen ebenfalls Besonderheiten. Tötungsdelikte an über 50-Jährigen gelangen sehr häufig ins Vollendungsstadium. Innerhalb der Gruppe der über 60-Jährigen sind dabei in der Mehrzahl Frauen betroffen, insbesondere in der Altersgruppe 80 plus. Bei Raubmorden bleiben die Taten ebenfalls selten im Versuchsstadium stecken, gerade wenn es sich bei dem Opfer um eine Frau handelt. Da ältere Menschen aufgrund von körperlichen Abbauerscheinungen und gesundheitlichen Defiziten besonders vulnerabel sind, kann man kann davon ausgehen, dass sie in dieser Hinsicht vergleichsweise schnell und besonders schwer von Gewaltdelikten betroffen sind.

Es zeigt sich, dass es bei Delikten zu Lasten älterer Menschen besonders leicht zu Verletzungen kommen kann und diese besonders weitreichende Folgen haben können. Eine Genesung kann sich komplizierter darstellen, Langzeitfolgen besonders schwer sein. Bei Eigentums- und Vermögensdelikten werden gerade bei Vorgehensweisen wie dem sog. Enkeltrick relativ hohe Summen erbeutet.

Zum einen machen mit dem Alter früher oder später zwangsläufig einhergehende körperliche und kognitive Abbauerscheinungen und zunehmende soziale Isolation alte Menschen zu besonders attraktiven Opfern, denn man kann sie deswegen (1) im Rahmen von Vermögensdelikten regelmäßig leichter „hereinlegen“, (2) ferner haben sie schlechtere Abwehrmöglichkeiten gegen Gewalt bzw. Drohungen und (3) schließlich haben sie eingeschränktere Fluchtmöglichkeiten. Dies bedeutet, dass sie deliktischen Attacken auf ihre Rechtsgüter im Vergleich zu einem jüngeren Opfer oft weniger oder gar nichts entgegensetzen können. Außerdem verlassen die Täter sich oft darauf, dass ihre Tat von einer älteren Person weder angezeigt noch von Dritten entdeckt wird. Wegen dieser erleichterten Tatbegehungsmöglichkeiten bei geringer Tatentdeckungs- bzw. Aufklärungswahrscheinlichkeit haben sich sogar kriminelle Maschen konkret zu Lasten Älterer entwickelt.

Zum anderen werden ältere Menschen aufgrund ihrer Vulnerabilität vergleichsweise besonders leicht und besonders schwer von den Auswirkungen einer Gewaltanwendung betroffen.

II. Kritische Betrachtung und Forschungsbedarf

Darüber hinaus geht man teilweise von nicht unbeachtlichen Dunkelfeldern aus. Generell ist eine Dunkelfeldforschung in Bezug auf ältere Menschen jedoch problembehaftet, da gerade Hochbetagte, kognitiv und kommunikativ beeinträchtigte Menschen sowie sozial isoliert lebende Menschen von Viktimisierungssurveys nicht oder nur schwer erfasst werden. Gerade bei den Tötungsdelikten, bei denen eine Dunkelfeldforschung aufgrund der Natur der Sache allgemein sehr schwer ist, vermutet man nicht unbeachtliche Differenzen zwischen den amtlich registrierten Straftaten und der tatsächlichen Kriminalität. Dies soll vor allem an defizitären Leichenschauen und einer sehr geringen Obduktionsrate liegen, da bei älteren Menschen häufig vorschnell von einer natürlichen Todesursache ausgegangen wird. Unter anderem aus diesem Grund kann es wohl auch immer wieder zu Serientötungen – teilweise über viele Jahre hinweg – an sich in Institutionen befindlichen älteren Patienten kommen.

Betrachtet man speziell die Nahraumdelikte an nicht pflegebedürftigen älteren Menschen, so erkennt man, dass sie absolut gesehen auch in diesem Bereich zwar weniger betroffen sind als jüngere Menschen, dies aber nicht bedeutet, dass es sich um ein vernachlässigenswertes Forschungsfeld handelt. Vielmehr findet mit steigendem Alter eine Verlagerung von Gewalterfahrungen vom öffentlichen Raum in den Nahraum statt und es besteht die Vermutung, dass das Dunkelfeld relativ ausgeprägt ist. Sog. *intimitate terrorism* durch (Ehe-) Partner endet in der Regel nicht plötzlich, nur weil die Beteiligten älter werden; allerdings scheint hier psychische Gewalt gegenüber der physischen Gewalt vorherrschend zu sein. Die bei Nahraumdelikten ohnehin schon bestehenden Anzeigehemnisse, wie Scham oder Hoffnung auf Besserung, werden im Alter durch altersspezifische Bedenken noch ergänzt. Hierunter fallen zum Beispiel die Befürchtung, alleine nicht mehr selbstständig leben zu können, oder die Furcht zu vereinsamen.

Erwähnenswert ist auch, dass ältere Menschen eher selten mit Sexualdelikten in Verbindung gebracht werden. Ersten Forschungsansätzen zufolge kann man aber davon ausgehen, dass derartige Taten zu Lasten Älterer zumindest etwas verbreiteter sind als man annehmen möchte und diese Thematik einer zu großen Tabuisierung durch unsere in dieser Hinsicht scheinbar vorurteilsbelastete Gesellschaft unterliegen könnte. Studien hierzu ergaben, dass weitere Forschung zur Klärung, ob hier nicht ein gewisses Dunkelfeld bestehen könnte, ein Desiderat ist.

Ob ältere Menschen psychisch besonders von einer Viktimisierung betroffen sind, ließ sich nicht abschließend klären, da hierfür weitere Datenerhebungen notwendig wären.

In Bezug auf monetäre Folgen lässt sich keine pauschale Aussage treffen, unter Umständen macht sich aber ein bereits erfolgter Austritt aus dem

Erwerbsleben besonders schwer bemerkbar. Auch hier besteht weiterer Forschungsbedarf.

Es werden bereits Maßnahmen ergriffen, die das ältere Opfer in den Fokus nehmen. Hierunter fallen zum Beispiel Opferhilfeangebote, die sich speziell an ältere Menschen richten, oder Projekte, die zum Ziel haben, ältere Menschen sozial besser zu integrieren. Abgesehen davon, dass derartige Maßnahmen auch mit negativen Konsequenzen verbunden sein können, ist ihre Effizienz unklar.

III. Notwendigkeit rechtlicher Maßnahmen

Betrachtet man die Normen des StGB stellt man fest, dass hohes Alter per se weder strafbegründend noch strafschärfend berücksichtigt wird, obgleich der europa- und verfassungsrechtliche sowie strafrechtliche Legitimationsrahmen hierfür an sich gegeben wäre. Ältere Menschen genießen dabei aber selbstverständlich denselben Basisschutz wie der Rest der Bevölkerung. Insofern bestehen zwar keine Strafbarkeitslücken, da die bestehenden und in Bezug auf das Alter allgemein gehaltenen Grundtatbestände, Regelbeispiele, Qualifikationen und Strafzumessungsmöglichkeiten recht umfassend sind. Schwere Folgen von Gewalt, auch solche, die typischerweise bei älteren Menschen eintreten, werden darüber grundsätzlich abgedeckt. Allerdings wird der besonderen Vulnerabilität Älterer aufgrund bestimmter altersbedingter Eigenschaften, die regelmäßig zu einer erleichterten Tatbegehung oder besonderen qualitativen und/oder quantitativen Betroffenheit führen, weitgehend keine besondere Berücksichtigung geschenkt.

Insofern könnte der strafrechtliche Schutz älterer Menschen insbesondere aus präventiven Gründen noch stärker ausfallen als bisher. Dennoch ist Vorsicht bei der Umsetzung geboten, da das Alter allein nicht ausreichendes Kriterium sein kann. Es gibt nicht *die* Gruppe älterer Menschen und das persönliche Altern ist ein sehr individueller Prozess. Der in dieser Arbeit gemachte Vorschlag ist daher nicht die Schaffung einer gänzlich neuen Strafnorm, die etwa das Rechtsgut *„ungestörtes körperliches und kognitives Altern“* bzw. den *„ungestörten Ablauf von körperlichen und kognitiven Alterungsprozessen“* schützen könnte. Die Berücksichtigung in der Strafzumessung im engeren Sinne würde eine flexible Handhabung gewährleisten und tendenziell dazu führen, dass es nur in evidenten Fällen zu einer Strafschärfung kommt. Dies ist mit Blick auf die notwendige Rechtssicherheit jedoch hinzunehmen. Auch um eine Stigmatisierung und Diskriminierung älterer Menschen als besonders schwache und hilflose Mitglieder der Gesellschaft nicht zu fördern, ist es am sinnvollsten im Rahmen der Strafzumessung aktiv zu werden. Es wäre möglich, ist aber nicht notwendig hierfür im Rahmen des § 46 Abs. 2 StGB eine Strafzumessungstatsache wie *„hohes Alter“* o.Ä. einzuführen. Besser ist es, im konkreten Fall unter *„verschuldete Auswirkungen der Tat“* bzw. *„Beweggründe und Ziele des Täters“* i.S.v. § 46 Abs. 2 S. 2 StGB nach folgender Leitlinie zu prüfen:

1. Schritt: Gruppenbildung bei Opfern über ca. 65 Jahre

Es sollte eine Gruppenbildung nach folgendem Schema vorgenommen werden (1) körperlich und geistig gesunde Alte, (2) körperlich hinfällige und geistig gesunde Alte, (3) körperlich gesunde und geistig verwirrte Alte, (4) körperlich hinfällige und geistig verwirrte Alte. Eine feste Altersgrenze ist abzulehnen, jedoch soll ein Alter ab 65 Jahren als flexibler Richtwert dienen.

2. Schritt: Prüfung des Vorliegens eines tat- und/oder erfolgsbezogenen Merkmals

Sofern ein Opfer der Gruppe (2), Gruppe (3) oder Gruppe (4) angehört, müsste noch ein tat- und/oder erfolgsbezogenes Merkmal hinzukommen. Dies könnte zum einen in einem Ausnutzen einer altersbedingten körperlichen Abbauerscheinung zur Tatbegehung liegen (erhöhtes Handlungsunrecht) und/oder in einer zurechenbaren altersbedingten Beeinträchtigung auf der Folgenseite (erhöhtes Erfolgsunrecht). Bei einem Opfer der Gruppe (1) kommt von vornherein nur die Verwirklichung des erfolgsbezogenen Merkmals in Betracht.

C. Schlusswort

Das Thema ältere Menschen als Kriminalitätsopfer verdient insgesamt noch eine stärkere Beachtung in Wissenschaft und Politik. Der Europäische Wirtschafts- und Sozialausschuss hat es in Bezug auf Misshandlungen älterer Menschen bereits 2007 als ein *„stark vernachlässigtes Thema, das immer noch verharmlost und verdrängt wird“*[2441] bezeichnet und prangerte

2441 Stellungnahme Europäischer Wirtschafts- und Sozialausschuss, SOC/279, S. 1; Senioren als Kriminalitätsopfer, S. 4.

die empirische Datenlage als *„unzureichend und lückenhaft"* an.[2442] Zwar hat sich die Datenlage seitdem verbessert, es fehlt dennoch nach wie vor an einer tieferen Erforschung des Problemfeldes, nicht nur in Bezug auf pflegebedürftige ältere Menschen. Auch deutsche Wissenschaftler attestieren *„eine wachsende Fürsorgepflicht von Staat, Gesellschaft und sozialem Nahraum zur Prävention von Kriminalität, Gewalt, Misshandlung und Vernachlässigung gegenüber Älteren"* und betonen die Wichtigkeit dieser Thematik.[2443]

Insgesamt werden ältere Menschen und ihr Schutz durch das StGB keinesfalls in bedenklicher Weise vernachlässigt, allerdings wäre eine Feinjustierung der bestehenden Regelungen durch eine entsprechende Ausgestaltung in der Strafzumessung und den Ausbau sonstiger präventiver Maßnahmen begrüßenswert. Abgesehen von einer strafrechtlichen Berücksichtigung, könnten sinnvollerweise weitere präventive Maßnahmen ergriffen werden. Insbesondere der Einsatz bzw. die Stärkung von sog. *guardians* im Umfeld älterer Menschen, seien es Bankmitarbeiter oder Ärzte, könnten erfolgreich zu ihrem Schutz beitragen.

2442 Stellungnahme Europäischer Wirtschafts- und Sozialausschusses, SOC/279, S. 3.

2443 Kreuzer, Bewährungshilfe 2010, S. 88.

Literaturverzeichnis

Abschlussbericht der Expertengruppe zur Reform der Tötungsdelikte (§§ 211-213, 57a StGB), dem BMJV im Juni 2015 vorgelegt, URL: https://www.bmjv.de/DE/Ministerium/ForschungUndWissenschaft/ReformToetungsdelikte/ReformToetungsdelikte_node.html (05.09.2020)
zit. als: Abschlussbericht Tötungsdelikte

Acker, Frank-Holger, Die Dokumentation polizeilicher Ermittlungsarbeit beim Phänomen Alterskriminalität – Eine kriminalistisch-sozialwissenschaftliche Aktenanalyse, Frankfurt 2018
zit. als: Acker

Ahlf, E.-H., Alte Menschen als Opfer von Gewaltkriminalität, in: Zeitschrift für Gerontologie, Bd. 27, 1994, S. 289-298
zit. als: Ahlf, ZfG 1994

Amelung, Knut, Rechtsgüterschutz und Schutz der Gesellschaft, Frankfurt a.M. 1972
zit. als: Amelung

Antidiskriminierungsstelle des Bundes (Hg.), Zusammenfassung ausgewählter EuGH-Entscheidungen zum Antidiskriminierungsrecht ab dem Jahr 2000, Berlin 2019
zit. als: ADS

Arlt, Beate, SiliA: Sicher Leben im Alter – Erfahrungen im Rahmen des Modellprojekts, in: Partnergewalt gegen ältere Frauen – Antigewaltwoche 2011, Dokumentation der Fachtagung vom 21. November 2011 in der Hansestadt Wismar, hg. v. Ministerium für Arbeit, Gleichstellung und Soziales Mecklenburg-Vorpommern, Schwerin 2011, S. 10-20
zit. als: Arlt, Antigewaltwoche 2011

Baier, Dirk, Sicherheit und Kriminalität in Niedersachsen: Ergebnisse einer Repräsentativbefragung, KFN-Forschungsbericht, Nr. 127, hg. v. Kriminologischen Forschungsinstitut Niedersachsen e.V., 2015
zit. als: Baier, KFN-FB, Nr. 127

Baier, Dirk, Stefanie Kemme, Michael Hanslmaier, Bettina Doering, Florian Rehbein, Christian Pfeiffer, Kriminalitätsfurcht, Strafbedürfnisse und wahrgenommene Kriminalitätsentwicklung: Ergebnisse von bevölkerungsrepräsentativen Befragungen aus den Jahren 2004, 2006 und 2010, KFN-Forschungsbericht, Nr. 117, hg. v. Kriminologischen Forschungsinstitut Niedersachsen e.V., 2011
zit. als: Baier u.a., KFN-FB, Nr. 117

Bajanowski, Thomas, Alfred DuChesne, Bernd Brinkmann, Tötungsserie durch Luftembolie, in: Lebensverkürzung, Tötung und Serientötung – eine interdisziplinäre Analyse der „Euthanasie“, hg. v. Manfred Oehmichen, Rechtsmedizinische Forschungsergebnisse, Bd. 15, Lübeck 1996, S. 195-202
zit. als: Bajanowski/DuChesne/Brinkmann, Lebensverkürzung

Baurmann, Michael, Kriminologie – Alte Menschen als (Kriminalitäts-)Opfer, in: Zeitschrift für Gerontologie, Bd. 14, 1981, S. 245-258
zit. als: Baurmann, ZfG 1981

Beck'scher Online-Kommentar Grundgesetz, hg. v. Volker Epping, Christian Hillgruber, 41. Ausg., München 2019
zit. als: Bearbeiter in: BeckOK GG

Beck'scher Online-Kommentar Sozialrecht, hg. v. Richard Giesen, Ralf Kreikebohm, Christian Rolfs, Peter Udsching, 53. Ausg., München 2019
zit. als: Bearbeiter in: BeckOK SozR SGB XII

Beck'scher Online-Kommentar Strafgesetzbuch, hg. v. Bernd v. Heintschel-Heineg, 42. Ausg., München 2019
zit. als: Bearbeiter in: BeckOK StGB

Behn, Helen, Thomas Feltes, Emotionale Belastungen nach Wohnungseinbrüchen, in: Kriminalistik 2013, H. 7, S. 463-467.
zit. als: Behn/Feltes, Kriminalistik 2013

Beine, Karl-Heinz, Sehen Hören Schweigen – Patiententötungen und aktive Sterbehilfe, Freiburg i. Br. 1998
zit. als: Beine, Sehen Hören Schweigen

Beine, Karl-Heinz, Krankentötungen in Kliniken und Heimen, Aufdecken und Verhindern, 2., überarb. Aufl., Freiburg i. Br. 2011
zit. als: Beine, Krankentötungen

Beine, Karl-Heinz, Jeanne Turczynski, Tatort Krankenhaus, Wie ein kaputtes System Misshandungen und Morde an Kranken fördert, München 2017
zit. als: Beine/Turczynski, Tatort Kh.

Beine, Karl-Heinz, Krankentötungen in Kliniken und Heimen, in: Fortschritte der Neurologie und Psychiatrie, Bd. 67, 1999, S. 493-501
zit. als: Beine, Fortschritte der Neurologie und Psychiatrie 1999

Beine, Karl-Heinz, Homicides of patients in hospitals and nursing homes: a comparative analysis of case series, in: International Journal of Law and Psychiatry, Bd. 26, 2003, S. 373-386
zit. als: Beine, Int. J. Law Psychiatry 2003

Beine, Karl-Heinz, Tötungsserien in Krankenhäusern und Heimen – Morden gegen das Leiden, Deutsches Ärzteblatt, Jg. 104, 2007, S. A 2328-A2332
zit. als: Beine, Ärzteblatt 2007

Beine, Karl-Heinz, Straftaten im Gesundheitssystem (Teil 1): Patiententötungen: Kliniken und Heime als Tatort, in: Heilberufe – Das Pflegemagazin, Bd. 69, 2017, S. 40-42
zit. als: Beine, Teil 1 – Heilberufe 2017

Beine, Karl-Heinz, Straftaten im Gesundheitssystem (Teil 2): Patiententötungen: Kliniken und Heime als Tatort, in: Heilberufe – Das Pflegemagazin, Bd. 69, 2017, S. 38-40
zit. als: Beine, Teil 2 – Heilberufe 2017

Bezjak, Garonne, Grundlagen und Probleme des sexuellen Missbrauchs von Kindern gemäß § 176 StGB, Berlin 2015
zit. als: Bezjak

Bieber, Roland, Astrid Epiney, Marcel Haag, Markus Kotzur, Die Europäische Union, Europarecht und Politik, 13. Aufl. Baden-Baden 2019
zit. als: Bearbeiter in: Bieber u.a.

Bock, Michael, Kriminologie – Für Studium und Praxis, 5., neu bearb. Aufl., München 2019
zit. als: Bock

Bode-Jänisch Stefanie, Robert Havermann, Tanja Germerott, Armin Fieguth, Untersuchungsergebnisse und Obduktionsbefunde bei Gewaltdelikten gegen ältere Menschen, in: Archiv für Kriminologie, Bd. 226, 2010, S. 176- 186
zit. als: Bode-Jänisch u.a., Archiv für Kriminologie 2010

Brandstädter, Jochen, Werner Greve, Das Selbst im Alter: adaptive und protektive Mechanismen, in: Zeitschrift für Entwicklungspsychologie und Pädagogische Psychologie, 24. Jg.,1992, S. 269-297
zit. als: Brandstädter/Greve, Ztschr. f. Entwicklungspsychologie 1992

Brendebach, Christine, Gewalt gegen alte Menschen in der Familie, Ergebnisse einer Studie der „Bonner Initiative gegen Gewalt im Alter“, Bonner Schriftenreihe „Gewalt im Alter“, Bd. 6, hg. v. R. Hirsch, E. Kranzhoff, F. Erkens, Bonn 2000
zit. als: Brendebach, Gewalt im Alter

Brockhorst, Bettina, Ältere Menschen – Möglichkeiten und Chancen älterer Menschen in einer alternden Gesellschaft, in: Alter – ein Risiko? Ältere Menschen als Opfer von häuslicher und institutioneller Gewalt, Kölner Schriften zur Kriminologie, Bd. 9, Münster 2005, S. 35-41
zit. als: Brockhorst, Ältere Menschen

Brockmann, Michael, Das Rechtsgut des § 176 StGB, Zugleich ein Beitrag zur Leistungsfähigkeit des Rechtsgutsbegriffs als Hilfsmittel der Auslegung, Berlin 2015
zit. als: Brockmann

Bruns, Hans-Jürgen, Georg-Friedrich Güntge, Das Recht der Strafzumessung, 3., neu bearb. u. erw. Aufl., Köln 2019
zit. als: Bruns/Güntge

Bundesministerium für Familie, Senioren, Frauen und Jugend (Hg.), „Selbstorganisation älterer Menschen – Ein Modellprojekt des BMFSFJ, Durchführung: Institut für Sozialarbeit und Sozialpädagogik e. V., November 2007, URL: https://www.bmfsfj.de/blob/95296/9ef9a0f292660747f8748210a1a30b14/selbstorganisation-aelterer-menschen-flyer-data.pdf (05.09.2020)
zit. als: BMFSFJ, Selbstorganisation älterer Menschen

Bundschuh, Gerhard, Erdrosseln im Krankenbett – Patientenfixierung mit Todesfolge eine Fallanalyse, in: Kriminalistik 2010, Bd. 64, S. 652-658
zit. als: Bundschuh, Kriminalistik 2010

Ceffinato, Tobias, Christoph Kalb, Strafrechtlicher Minderjährigenschutz, in: Juristische Arbeitsblätter, Jg. 46, 2014, S. 887-893
zit. als: Ceffinato/Kalb, JA 2014

Dankwarth, Gerhard, Der nicht-natürliche Tod älterer Menschen – Eine Übersicht zu Ursachen und Begleitumständen, in: Kriminalistik, Zeitschrift für die gesamte kriminalistische Wissenschaft, Jg. 46, 1992, S. 257-262
zit. als: Dankwarth, Kriminalistik 1992

Dankwarth, Gerhard, Klaus Püschel, Straftaten gegen das Leben – Alte Menschen als Opfer und Täter, in: Zeitschrift für Gerontologie und Geriatrie, Bd 24, 1991, S. 266-270
zit. als: Dankwarth/Püschel, ZfGG 1991

Detter, Klaus, Einführung in die Praxis des Strafzumessungsrechts, Köln 2009
zit. als: Detter

Devlin, Patrick, The Enforcement Of Morals, Aberdeen 1965
zit. als: Devlin

Dieck, Margret, Gewalt gegen ältere Menschen im familialen Kontext – Ein Thema der Forschung, der Praxis und der öffentlichen Information, in: Zeitschrift für Gerontologie, 1987, B. 20, S. 305-313
zit. als: Dieck, ZfG 1987

Dreher, Eduard, Zur Spielraumtheorie als der Grundlage der Strafzumessungslehre des Bundesgerichtshofes, in: Juristenzeitung, Bd. 22, 1967, S. 41-45
zit. als: Dreher, JZ 1967

Drescher, Tina, Häusliche und institutionelle Pflege älterer Menschen als kriminologisches Problem, Europäische Hochschulschriften, Reihe II: Rechtswissenschaft, Bd. 5708, Frankfurt a.M. 2014
zit. als: Drescher

Dreißigacker, Arne, Befragung zu Kriminalität und Sicherheit, Kernbefunde der Dunkelfeldstudie des Landeskriminalamtes Schleswig-Holstein, KFN-Forschungsbericht, Nr. 129, hg. v. Kriminologischen Forschungsinstitut Niedersachsen und dem Ministerium für Inneres und Bundesangelegenheiten des Landes Schleswig-Holstein und Landeskriminalamt Dezernat 11, Hannover und Kiel 2016
zit. als: Dreißigacker, KFN-FB, Nr. 129

Dölling, Dieter, Generalprävention durch Strafrecht: Realität oder Illusion?, in: Zeitschrift für die gesamte Strafrechtswissenschaft 1990, S. 1-20
zit. als: Dölling, ZStW 1990

Dölling, Dieter, Gunnar Duttge, Stefan König, Dieter Rössner (Hg.), Gesamtes Strafrecht, StGB, StPO, Nebengesetze, 4. Aufl., Baden-Baden 2017
zit. als: Bearbeiter in: Dölling u.a. StGB

Eine neue Kultur des Alterns – Altersbilder in der Gesellschaft – Erkenntnisse und Empfehlungen des Sechsten Altenberichts, Broschüre hg. v. BMFSFJ, 9. Aufl., Berlin 2019, URL: https://www.bmfsfj.de/blob/93190/1d9776fd7d37c5fb8c4378da723cdf28/6–altenbericht-eine-neue-kultur-des-alterns-data.pdf (01.11.2019)
zit. als: Eine neue Kultur des Alterns

Eisenberg, Ulrich, Ralf Kölbel, Kriminologie, 7., völlig neu überarb. Aufl., Tübingen 2017
zit. als: Eisenberg/Kölbel

Engländer, Armin, Revitalisierung der materiellen Rechtsgutlehre durch das Verfassungsrecht?, Zeitschrift für die gesamte Strafrechtswissenschaft, Bd. 127, 2015, S. 616–634
zit. als: Engländer, ZStW 2015

Erdwien, Birgitt, Älter werden – aber sicher! Ein Manual für Dozentinnen und Dozenten in der Erwachsenenausbildung, hg. v. Deutsche Hochschule der Polizei und Zoom – Gesellschaft für prospektive Entwicklungen e.V., Münster u. Göttingen 2015, URL: https://www.dhpol.de/de/medien/downloads/hochschule/13/Erdwien_2015_aelter_werden_aber_sicher.pdf (01.11.2019)
zit. als: Erdwien, Älter werden – aber sicher!

Erlemeier, Norbert, Uwe Sperling, Suizidalität im Alter: Die gerontologische Perspektivem in: Suizidgefährdung und Suizidprävention bei älteren Menschen, Eine Publikation der Arbeitsgruppe „Alte Menschen“ im Nationalen Suizidpräventionsprogramm für Deutschland, hg. v. Reinhard Lindner, Daniela Hery, Sylvia Schaller, Barbara Schneider, Uwe Sperling, Berlin 2014
zit. als: Erlemeier/Sperling, Suizidalität im Alter

Erster Periodischer Sicherheitsbericht – Kurzfassung, hg. v. BMI und BMJV, Berlin 2001, URL: https://www.bka.de/DE/AktuelleInformationen/StatistikenLagebilder/PeriodischerSicherheitsbericht/periodischersicherheitsbericht_node.html (05.09.2020)
zit. als: Erster Periodischer Sicherheitsbericht

Esser, Robert, Markus Rübenstahl, Frank Saliger, Michael Tsambikakis, Wirtschaftsstrafrecht Kommentar mit Steuerstrafrecht und Verfahrensrecht – Kommentar, 1. Aufl., Köln 2017
zit. als: Bearbeiter in Esser u.a., Wirtschaftsstrafrecht, § Rn.

Fattah, Ezzat A., Internationaler Forschungsstand zum Problem “Gewalt gegen alte Menschen” und Folgen von Opfererfahrung, KFN-Forschungsbericht, Nr. 10, hg. v. Kriminologisches Forschungsinstitut Niedersachsen e.V., Hannover 1993
zit. als: Fattah, KFN-FB, Nr. 10

Fattah, Ezzat, The Elderly’s High Fear/Low Victimization Paradox: An unconventional view, in: Festschrift für Hans Joachim Schneider zum 70. Geburtstag am 14. November 1998 – Essays in Honor of Hans Joachim Schneider – Kriminologie an der Schwelle zum 21. Jahrhundert – Crimonology on the Threshold of the 21st Century, hg. v. Hans-Dieter Schwind, Edwin Kube, Hans-Heiner Kühne, Berlin 1998
zit. als: Fattah, FS Schneider

Fattah, Ezzat A., Vincent F. Sacco., Crime and Victimization of the Elderly, New York 1989
zit. als: Fattah/Sacco

Feuerbach, Paul Johann Anselm, Lehrbuch des gemeinen in Deutschland gültigen peinlichen Rechts, 11., verb. Aufl., Giessen 1832
zit. als: Feuerbach

Fiß, Thomas, Claudia Meinke, Stürze bei Senioren, in: Pharmazeutische Zeitung, Jg. 157, 2012, S. 16-24
zit. als: Fiß/Meinke, Pharmazeutische Zeitung 2012

Frisch, Wolfgang, Gegenwärtiger Stand und Zukunftsperspektiven der Strafzumessungsdogmatik, Das Recht der Strafzumessung im Lichte der systematischen Darstellungen von Hans-Jürgen Bruns und Franz Pallin (Teil I), in: Zeitschrift für die gesamte Strafrechtswissenschaft, Bd. 99, 1987, S. 349-388
zit. als: Frisch, ZStW 1987

Frisch, Wolfgang, Voraussetzungen und Grenzen staatlichen Strafens, in: Neue Zeitschrift für Strafrecht, 2016, S. 16-25
zit. als: Frisch, NStZ 2016

Gerken, Lüder, Gerken, Volker Rieble, Günter H. Roth, Torsten Stein, Rudolf Streinz, „Mangold“ als ausbrechender Rechtsakt, Köln 2009
zit. als: Gerken u.a.

Galtung, Johan, Frieden mit friedlichen Mitteln – Friede und Konflikt, Entwicklung und Kultur, Bd. 4, Opladen 1998
zit. als: Galtung

Gertz, Hermann-Josef, Demenz, Wahn und bloßes Altsein: Regeln und Besonderheiten der Schuldfähigkeitsbegutachtung älterer Straftäter, in: Straffälligkeit älterer Menschen – Interdisziplinäre Beiträge aus Forschung und Praxis, hg. v. Franziska Kunz, Hermann-Josef Gertz, Berlin 2015, S. 167-192
zit. als: Gertz in: Kunz/Gertz

Göppinger, Hans, Kriminologie, 6., vollst. neu bearb. und erw. Aufl., München 2008
zit. als: Göppiner

Görgen, Thomas, Gewalt gegen ältere Menschen, Anmerkungen zur konzeptuellen Fassung eines neuen Forschungs- und Praxisfeldes, in: Kriminologische Spuren in Hessen, hg. v. Bernhard Jäger, Bernd Paul, Hans Schneider, Freundesausgabe für Arthur Kreuzer zum 65. Geburtstag, Bd. 2, Polizeiwissenschaftliche Analysen, hg. v. Edwin Kube, Hans Schneider, Jürgen Stock, Frankfurt a.M. 2002
zit. als: Görgen, Kriminologische Spuren in Hessen

Görgen, Thomas, Sabine Krause, Barbara Nägele, Gewalt gegen ältere Menschen in nicht-institutionellen Settings: Inanspruchnahme eines telefonischen Beratungsangebots und forschungspraktische Fragestellungen im Rahmen von Beratungsevaluation und –dokumentation – Das Modellprojekt „Gewalt gegen ältere Menschen im persönlichen Nahraum“, in: Das Pflegewesen und die Pflegebedürftigen, Analysen zu Wirkungen der Pflegeversicherung und ihrem Reformbedarf, Beiträge zur sozialen Gerontologie und Altenarbeit, hg.v. Thomas Klie, Anke Buhl, Hildegard Entzian, Roland Schmidt, Frankfurt 2002, S. 342-359
zit. als: Görgen/Krause/Nägele, Das Pflegewesen und die Pflegebedürftigen

Görgen, Thomas, Barbara Nägele, Ältere Menschen als Opfer sexualisierter Gewalt, KFN-Forschungsbericht, Nr. 89, hg. v. Kriminologischen Forschungsinstitut Niedersachsen e.V., Hannover 2003
zit. als: Görgen/Nägele, KFN-FB, Nr. 89

Görgen, Thomas, Nahraumgewalt im Alter – Opferrisiken und Optionen für gewaltpräventives Handeln, in: Forum Kriminalprävention – Zeitschrift der Stiftung Deutsches Forum für Kriminalprävention, H. 3, 2005, S. 13-16
zit. als: Görgen, Forum Kriminalprävention 2005

Görgen, Thomas, Werner Greve, Gewalt gegen alte Menschen – Stand der Forschung, in: Alter – ein Risiko? Ältere Menschen als Opfer von häuslicher und institutioneller Gewalt, Kölner Schriften zur Kriminologie, Bd. 9, Münster 2005, S. 53-72
zit. als: Görgen/Greve, Gewalt gegen alte Menschen

Görgen, Thomas, Sandra Herbst, Barbara Nägele, Antje Newig, Ines Kemmelmeier, Sandra Kotlenga, Nico Mild, Nico, Khea Pigors, Susann Rabold, „Ich habe gehofft, das wird besser mit den Jahren“ – Sexuelle Gewalterfahrungen älterer Frauen, KFN-Materialien für die Praxis, Nr. 1, hg. v. Kriminologischen Forschungsinstitut Niedersachsen e.V., Hannover 2005
zit. als: KFN-Materialien für die Praxis, Nr. 1

Görgen, Thomas, Barbara Nägele, Nahraumgewalt gegen alte Menschen, in: Zeitschrift für Gerontologie und Geriatrie, 2005, Bd. 38, S. 4-9
zit. als: Görgen/Nägele, ZfGG 2005

Görgen, Thomas, Antje Newig, Barbara Nägele, Sandra Herbst, „Jetzt bin ich so alt und das hört nicht auf“ – Sexuelle Viktimisierung im Alter, KFN-Forschungsbericht, Nr. 95, hg. v. Kriminologischen Forschungsinstitut Niedersachsen e.V., Hannover 2005
zit. als: Görgen u.a., KFN-FB, Nr. 95

Görgen, Thomas, Nahraumgewalt gegen ältere und pflegebedürftige Menschen, in: Geborgenheit schenken, Schutz bieten: Sicherheit für Senioren: Expertenworkshop im Rahmen des 10. Deutschen Präventionstages 2005 zum Thema 'Ältere und pflegebedürftige Menschen als Opfer', hg. v. der zentralen Geschäftsstelle polizeilicher Kriminalprävention der Länder und des Bundes und der Stiftung Deutsches Forum Kriminalprävention, Stuttgart 2006, S. 11-33
zit. als: Görgen, Nahraumgewalt

Görgen, Thomas, Barbara Nägele, Sexuelle Viktimisierung im Alter, in: Zeitschrift für Gerontologie und Geriatrie, 2006, Bd. 39, S. 382-389
zit. als: Görgen/Nägele, ZfGG 2006

Görgen, Thomas, Werner Greve, Alter ist kein Risikofaktor an sich für die Opferwerdung, in: Gewalt – Beschreibungen, Analysen, Prävention, hg. v. Wilhelm Heitmeyer, Monika Schröttle, Bonn 2006, S. 144-163
zit. als: Görgen/Greve, Gewalt

Görgen, Thomas, Sandra Herbst, Susann Rabold, Kriminalitäts- und Gewaltgefährdungen im höheren Lebensalter und in der häuslichen Pflege – Zwischenergebnisse der Studie “Kriminalität und Gewalt im Leben alter Menschen”, KFN-Forschungsbericht, Nr. 98, hg. v. Kriminologischen Forschungsinstitut Niedersachsen e.V., Hannover 2006
zit. als: Görgen/Herbst/Rabold, KFN-FB, Nr. 98

Görgen, Thomas, Susann Rabold, Sandra Herbst, Ist die Hand, die pflegt, auch die Hand, die schlägt? – Ergebnisse einer Befragung ambulanter Pflegekräfte zur Misshandlung und Vernachlässigung älterer Menschen in der häuslich-professionellen Pflege, KFN-Materialien für die Praxis, Nr. 4, Hannover 2007
zit. als: Görgen/Rabold/Herbst, KFN-Materialien für die Praxis, Nr. 4

Görgen, Thomas, Die sicherste Zeit unseres Lebens? Altersbezogene Analyse der Polizeilichen Kriminalstatistik, in: „Sicherer Hafen“ oder „gefahrvolle Zone“? Kriminalitäts- und Gewalterfahrungen im Leben alter Menschen, Ergebnisse einer multimethodalen Studie zu Gefährdungen älterer und pflegebedürftiger Menschen, hg. v. BMFSFJ, Berlin 2009, S. 67-91
zit. als: Görgen, SHgZ

Görgen, Thomas, Ruben Bauer, Michael Schröder, Wenn Pflege in der Familie zum Risiko wird: Befunde einer schriftlichen Befragung pflegender Angehöriger, Kriminalitäts- und Gewalterfahrungen im Leben alter Menschen, in: „Sicherer Hafen“ oder „gefahrvolle Zone“? – Kriminalitäts- und Gewalterfahrungen im Leben alter Menschen, Ergebnisse einer multimethodalen Studie zu Gefährdungen älterer und pflegebedürftiger Menschen, hg. v. BMFSFJ, Berlin 2009, S. 196-207
zit. als: Görgen/Bauer/Schröder, SHgZ

Görgen u.a., „Sicherer Hafen“ oder „gefahrvolle Zone“? – Kriminalitäts- und Gewalterfahrungen im Leben alter Menschen, Ergebnisse einer multimethodalen Studie zu Gefährdungen älterer und pflegebedürftiger Menschen, hg. v. BMFSFJ, Berlin 2009, S. 9-20
zit. als: Görgen u.a., SHgZ

Görgen, Thomas, Sandra Herbst, Susann Rabold, Jenseits der Kriminalstatistik: Befunde einer bundesweiten Opferbefragung, in: „Sicherer Hafen“ oder „gefahrvolle Zone“? Kriminalitäts- und Gewalterfahrungen im Leben alter Menschen, Ergebnisse einer multimethodalen Studie zu Gefährdungen älterer und pflegebedürftiger Menschen, hg. v. BMFSFJ, Berlin 2009, S. 122-174,
zit. als: Görgen/Herbst/Rabold, SHgZ

Görgen, Thomas, Nico Mild, Nina Fritsch, „Rate doch mal wer hier ist!“: Täuschungsbasierte Eigentums- und Vermögensdelikte an älteren Menschen, in: „Sicherer Hafen“ oder „gefahrvolle Zone“? Kriminalitäts- und Gewalterfahrungen im Leben alter Menschen, Ergebnisse einer multimethodalen Studie zu Gefährdungen älterer und pflegebedürftiger Menschen, hg. v. BMFSFJ, Berlin 2009, S. 92-121
zit. als: Görgen/Mild/Fritsch, SHgZ

Görgen, Thomas, Barbara Nägele, Sandra Kotlenga, Wohin nun? – Konsequenzen für den Umgang mit Sicherheitsgefährdungen im Alter, in: „Sicherer Hafen“ oder „gefahrvolle Zone“? Kriminalitäts- und Gewalterfahrungen im Leben alter Menschen, Ergebnisse einer multimethodalen Studie zu Gefährdungen älterer und pflegebedürftiger Menschen, hg. v. BFSJF, Berlin 2009, S. 521-576
zit. als: Görgen/Nägele/Kotlenga, SHgZ

Görgen, Thomas, Handbuch der Forensischen Psychiatrie, Bd. 4, Kriminologie und Forensische Psychiatrie, hg. v. Hans-Ludwig Kröber, Dieter Dölling, Norbert Leygraf, Henning Sass, Dresden 2009
zit. als: Görgen, Kriminologie u. Forensische Psychatrie

Görgen, Thomas, Viktimisierung von Senioren, in: Demografischer Wandel und Polizei, Bd. 10, hg. v. Bernhard Frevel, Rüdiger Bredthauer, Frankfurt a.M. 2010, S. 123-147
zit. als: Görgen, Viktimisierung von Senioren

Görgen, Thomas, Mythos Familiensolidarität? Gewalt gegen alte Menschen in Familien, in: Familie – ein öffentliches Gut? Gesellschaftliche Anforderungen an Partnerschaft und Elternschaft, hg. v. Elke Völmicke, Gerd Brudermüller, Schriften des Instituts für angewandte Ethik e.V., Bd. 9, Würzburg 2010, S. 181-205
zit. als: Görgen, Mythos Familiensolidarität

Görgen, Thomas, Barbara Nägele, Sandra Kotlenga, Kathrin Rauchert, Susann Rabold, Sicher leben im Alter? Ergebnisse einer Studie und Konzept eines Aktionsprogramms zur Förderung der Sicherheit älterer Menschen, in: Kriminalistik 2010, Bd. 64, S. 644-651
zit. als: Görgen u.a., Kriminalistik 2010

Görgen, Thomas, Sicher leben im Alter: Prävention von Misshandlungen und Vernachlässigung älterer Pflegebedürftiger im familiären Umfeld, in: Polizei & Wissenschaft, Ausg. 4, 2012, S. 50-59
zit. als: Görgen, Polizei & Wissenschaft 2012

Görgen, Thomas, Sandra Herbst, Sandra Kotlenga, Barbara Nägele, Susann Rabold, Kriminalitäts- und Gewalterfahrungen im Leben älterer Menschen – Zusammenfassung wesentlicher Ergebnisse einer Studie zu Gefährdungen älterer und pflegebedürftiger Menschen, hg. v. BMFSFJ, 5. Aufl., Berlin 2012
zit. als: Görgen u.a., Kriminalitäts- und Gewalterfahrungen im Leben älterer Menschen

Görgen, Thomas, Barbara Nägele, Sandra Kotlenga, Sarah Fisch, Benjamin Kraus, Kathrin Rauchert, Sicher leben im Alter – Ein Aktionsprogramm zur Prävention von Kriminalität und Gewalt gegenüber alten und pflegebedürftigen Menschen, hg. v. BMFSFJ, Berlin 2012, URL: https://www.bmfsfj.de/blob/95306/26081a7ddf312a0e790eca503ede57fa/sicher-leben-im-alter-data.pdf (05.09.2020)
zit. als: Görgen u.a., Sicher leben im Alter

Görgen, Thomas, Ältere Menschen als Opfer polizeilich registrierter Straftaten, KFN –Forschungsbericht, Nr. 93, hg. v. Kriminologischen Forschungsinstitut Niedersachsen e.V., Hannover 2014
zit. als: Görgen, KFN-FB, Nr. 93

Görgen, Thomas, Daniel Wagner, Sabine Nowak, Benjamin Kraus, Barbara Nägele, Sandra Kotlenga, Nora Lüttschwager, Markus Binninger, Sarah Fisch, Sicherheitspotenziale im höheren Lebensalter, Ein Projekt zur Förderung sicherheitsbezogenen Handelns im Alter und zur Prävention betrügerischer Vermögensdelikte an älteren Menschen, Bericht an das BMFSFJ, Münster, Oktober 2014
zit. als: Görgen u.a., Sicherheitspotenziale im höheren Lebensalter

Görgen, Thomas, Barbara Nägele, Gewalt und Gewaltprävention im höheren Lebensalter, in: Prävention, Jg. 38, 2015, S. 61-64.
zit. als: Görgen/Nägele, Prävention 2015

Görgen, Thomas, Gewaltprävention in Bezug auf (pflegebedürftige) ältere Menschen: Rückblick auf ein Vierteljahrhundert, „Entdeckung" eines gesellschaftlichen Problems, in: 25 Jahre Gewaltprävention im vereinten Deutschland, Bestandsaufnahme und Perspektiven: Dokumentation des Symposiums an der Alice-Salomon-Hochschule in Berlin am 18. und 19. Februar 2016, hg. v. Stephan Voß, Erich Marks, Internetdokumentation, Berlin 2016, URL: www.gewalt-praevention.de/dokumentation (05.09.2020)
zit. als: Görgen, 25 Jahre Gewaltprävention – Rückblick

Görgen, Thomas, Gewaltprävention in Bezug auf (pflegebedürftige) ältere Menschen: Vorrangige Fragen und Herausforderungen, in: 25 Jahre Gewaltprävention im vereinten Deutschland, Bestandsaufnahme und Perspektiven: Dokumentation des Symposiums an der Alice Salomon Hochschule in Berlin am 18. und 19. Februar 2016, hg. v. Stephan Voß, Erich Marks, Internetdokumentation, Berlin 2016, URL: www.gewalt-praevention.de/dokumentation (05.09.2020)
zit. als: Görgen, 25 Jahre Gewaltprävention – Vorrangige Fragen

Görgen, Thomas, Rahmenbedingungen nachhaltiger Prävention in Bezug auf Gewalt gegen ältere pflegebedürftige Menschen, Thesen zum Auftakt der Diskussionen in der Arbeitsgruppe Gewalt gegen alte Menschen, in: 25 Jahre Gewaltprävention im vereinten Deutschland, Bestandsaufnahme und Perspektiven: Dokumentation des Symposiums an der Alice-Salomon-Hochschule in Berlin am 18. und 19. Februar 2016, hg. v. Voß, Stephan, Erich Marks, Internetdokumentation, Berlin 2016, URL: www.gewalt-praevention.de/dokumentation (05.09.2020)
zit. als: Görgen, 25 Jahre Gewaltprävention – Rahmenbedingungen

Grabe, Hans-Jörgen, Gewalt gegen ältere Frauen, in: Partnergewalt gegen ältere Frauen – Antigewaltwoche 2011, Dokumentation der Fachtagung vom 21. November 2011 in der Hansestadt Wismar, hg. v. Ministerium für Arbeit, Gleichstellung und Soziales Mecklenburg-Vorpommern, Leitstelle Frauen und Gleichstellung, Schwerin 2011, S. 7-10
zit. als: Grabe, Antigewaltwoche 2011

Graf, Jürgen, Markus Jäger, Petra Wittig, Wirtschafts- und Steuerstrafrecht, 2. Aufl., München 2017
zit. als: Graf/Jäger/Wittig StGB

Graß, H., G. Walentich, M. A. Rothschild, S. Ritz-Timme, Gewalt gegen alte Menschen in Pflegesituationen – Phänomenologie, Epidomologie und Präventionsstrategien, in: Rechtsmedizin, Bd. 17, Dezember 2007, S. 367-371
zit. als: Graß u.a., Rechtsmedizin 2007

Greve, Werner, Peter Wetzels, Opfererfahrungen und Kriminalitätsfurcht älterer Menschen, KFN-Forschungsbericht, Nr. 34, hg. v. Kriminologischen Forschungsinstitut Niedersachsen e.V., Hannover 1994
zit. als: Greve/Wetzels, KFN-FB, Nr. 34

Greve, Werner, Daniel Hosser, Peter Wetzels, Bedrohung durch Kriminalität im Alter, Kriminalitätsfurcht älterer Menschen als Brennpunkt einer Gerontoviktimologie, Interdisziplinäre Beiträge zur kriminologischen Forschung, Bd. 1, Baden-Baden 1996
zit. als: Greve/Hosser/Wetzels

Greve, Werner, Fear of Crime among the Elderly: Beyond simplifying paradoxes, KFN-Forschungsbericht, Nr. 65, hg. v. Kriminologischen Forschungsinstitut Niedersachsen e.V, Hannover 1997
zit. als: Greve, KFN-FB, Nr. 65

Greve, Werner, Fear of Crime among the Elderly: Foresight, not Fright, in: International Review of Victimology, Bd. 5, 1998, S. 277-309
zit. als: Greve, IRoV 1998

Greve, Werner, Anette Niederfranke, Bedrohung durch Gewalt und Kriminalität im Alter, in: Zeitschrift für Klinische Psychologie, Jg. 27, 1998, S. 130-135
zit. als: Greve/Niederfranke, ZKP 1998

Greve, Werner, Dirk Wentura, Monika Zisterer, Dynamiken der Selbst-Stabilisierung im Alter, in: Zeitschrift für Medizinische Psychologie, Jg. 8, Nr. 4, 1999, S. 167-173
zit. als: Greve/Wentura/Zisterer, ZMP 1999

Greve, Werner, Furcht vor Kriminalität im Alter, Befunde und Überlegungen zu einer Schnittstelle zwischen Gerontopsychatrie und Viktimologie, in: Zeitschrift für Entwicklungspsychologie und Pädagogische Psychologie, Jg. 32, H. 3, 2000, S. 123-133
zit. als: Greve, Ztschr. f. Entwicklungspsychologie 2000

Greve, Werner, Bedrohung durch Gewalt bei älteren Menschen: Ist Furcht vor Kriminalität das „eigentliche" Problem?, in: Alter – ein Risiko? Ältere Menschen als Opfer von häuslicher und institutioneller Gewalt, Kölner Schriften zur Kriminologie, Bd. 9, Münster 2005, S. 135-140
zit. als: Greve, Bedrohung durch Gewalt

Greve, Werner, Thomas Görgen, Kriminalität und Gewalt, in: Angewandte Gerontologie: Interventionen für ein gutes Altern in 100 Schlüsselbegriffen, hg. v. Hans-Werner Wahl, Clemens Tesch-Römer, Jochen Philipp Ziegelmann, 2., vollst. überarb. u. erw. Aufl., Stuttgart 2012, S. 608-613
zit. als: Greve/Görgen, Angewandte Gerontologie

Hager, Klaus, Olaf Krause (Hg.), Geriatrie, Das Wichtigste für Ärzte aller Fachrichtungen, München 2018
zit. als: Hager/Krause

Hart, Herbert Lionel Adolphus, Law, Liberty And Morality, Stanford 1963
zit. als: Hart

Hauptbericht des Freiwilligensurveys 2009 – Ergebnisse der repräsentativen Trenderhebung zu Ehrenamt, Freiwilligenarbeit und bürgerschaftlichem Engagement, durchgeführt im Auftr. des BMFSFJ, vorgelegt v. TNS Infratest Sozialforschung, hg. v. BMFSFJ, München 2009
zit. als.: Hauptbericht des Freiwilligensurveys 2009

Hassemer, Winfried, Ulfrid Neuman, Frank Saliger, Einführung in die Rechtsphilosophie und Rechtstheorie der Gegenwart, 9., neu bearbeitete und erweit. Aufl., Heidelberg 2016
zit. als: Hassmer/Neumann/Saliger

Hegel, Georg Wilhelm Friedrich, Grundlinien der Philosophie des Rechts, Berlin 1821
zit. als: Hegel

Herdegen, Matthias, Europacht, 20. Aufl., München 2018
zit. als: Herdegen

Heinemann, A., K. Püschel, Tötungsdelikte an alten Menschen, in: Zeitschrift für Gerontologie, Bd. 27, 1994, S. 306-312
zit. als: Heinemann/Püschel, ZfG 1994

Hellmann, Deborah, Repräsentativbefragung zu Viktimisierungserfahrungen in Deutschland, KFN-Forschungsbericht, Nr. 122, hg. v. Kriminologischen Forschungsinstitut Niedersachsen e.V., Hannover 2014
zit. als: Hellmann, KFN-FB, Nr. 122

Henkel, Heinrich, Die „richtige" Strafe, Gedanken zur richterlichen Strafzumessung, in: Recht und Staat in Geschichte und Gegenwart, eine Sammlung von Vorträgen und Schriften aus dem Gebiet der gesamten Strafrechtswissenschaften, H. 381/382, Tübingen 1969
zit. als: Henkel

Herbst, Sandra, Untersuchungen zum Viktimisierungs-Furch-Paradoxon – ein empirischer Beitrag zur Aufklärung des „Paradoxons" anhand von Vorsicht und Vulnerabilität im Alter, Interdisziplinäre Beiträge zur kriminologischen Forschung Bd. 38, Baden-Baden 2011
zit. als: Herbst

Hermann, Dieter, Dieter Dölling, Opferwerdung und Opferfurcht: Dunkelfeldstudien, in: Opfer von Straftaten – Kriminologische, rechtliche und praktische Aspekte, hg. v. Rudolf Egg Erich Minthe, Wiesbaden 2003, S. 241-261
zit. als: Hermann/Dölling, Opfer von Straftaten

Hirsch, Rolf Dieter, Christine Brendebach, Gewalt gegen ältere Menschen in der Familie: Untersuchungsergebnisse der „Bonner HsM-Studie", in: Zeitschrift für Gerontologie und Geriatrie, Bd. 32, Dezember 1999, S. 449-455
zit. als: Hirsch/Brendebach, ZfGG 1999

Hirsch, Rolf Dieter, Prävention statt Gewalt – Überforderung von Angehörigen verringern, in: Geborgenheit schenken, Schutz bieten: Sicherheit für Senioren: Expertenworkshop im Rahmen des 10. Deutschen Präventionstages 2005 zum Thema 'Ältere und pflegebedürftige Menschen als Opfer', hg. v. der zentralen Geschäftsstelle polizeiliche Kriminalprävention der Länder und des Bundes u. der Stiftung Deutsches Forum Kriminalprävention, Stuttgart 2006, S. 34-47
zit. als: Hirsch, Prävention statt Gewalt

Hirsch, Rolf Dieter, Definition und Formen von Gewalt, in: Forum Ausbildung: Zeitschrift für die praktische Ausbildung in Gesundheitsberufen, Jg. 8, 2013, S. 5-9
zit. als: Hirsch, Definition und Formen von Gewalt

Hirsch, Rolf Dieter, Ursachen von Gewalt gegen alte Menschen und Gewaltprävention, in: Forum Ausbildung: Zeitschrift für die praktische Ausbildung in Gesundheitsberufen, Jg. 8, 2013, S. 22-29
zit. als: Hirsch, Ursachen von Gewalt

Hirsch, Rolf Dieter, Gewalt gegen alte Menschen – Erkennen – Sensibilisieren – Handeln!, in: Bundesgesundheitsblatt – Gesundheitsforschung – Gesundheitsschutz, 2016, Bd. 59, S. 105-112
zit. als: Hirsch, BuGBl 2016

Hirsch, Rolf Dieter, Gewalt in Einrichtungen der Altenhilfe, in: Sexualisierte Gewalt an erwachsenen Schutz- und Hilfebedürftigen, hg. v. Martin Wazlawik, Stefan Freck, Wiesbaden 2017, S. 67- 88
zit. als: Hirsch, Sexualisierte Gewalt

Hirsch, Rolf Dieter, Gewalt gegen alte Menschen: Wenn Sie Verdacht schöpfen sollten, in: MMW – Fortschritte der Medizin, Bd. 161, 2019, S. 40-42
zit. als: Hirsch, MMW 2019

Hörnle, Tatjana, Tatproportionale Strafzumessung, Berlin 1999
zit. als: Hörnle, Tatproportionale Strafzumessung

Hörnle, Tatjana, Grob anstößiges Verhalten, Strafrechtlicher Schutz von Moral, Gefühlen und Tabus, Frankfurt a.M. 2005
zit. als. Hörnle, Grob anstößiges Verhalten

Hörnle, Tatjana, Straftheorien, 2., überarb. Aufl., Tübingen 2017
zit. als.: Hörnle, Straftheorien

Igl, Gerhard, Altersgrenzen und gesellschaftliche Teilhabe – Gutachten, erstellt im Auftrag des BMFSFJ, Berlin 2009, URL: https://www.antidiskriminierungsstelle.de/SharedDocs/Downloads/DE/Literatur_Altersjahr/Altersgrenzen-und-gesellschaftliche-Teilhabe.pdf?__blob=publicationFile&v=1 (05.09.2020)
zit. als: Igl

Informationsblatt 1 der Deutschen Alzheimergesellschaft e.V. – Selbsthilfe Demenz, Juni 2018, URL: https://www.deutsche-alzheimer.de/fileadmin/alz/pdf/factsheets/infoblatt1_haeufigkeit_demenzerkrankungen_dalzg.pdf (05.09.2020)
zit. als: Informationsblatt 1 der Deutschen Alzheimergesellschaft, 2018

Internationale Klassifikation psychischer Störungen – ICD-10 Kapitel V (F) – Klinisch-diagnostische Leitlinien, hg. v. Horst Dilling, Werner Mombour, Martin H. Schmidt, 9. Aufl. unter Berücksichtigung der Änderungen entsprechend ICD-10-GM 2014, Göttingen 2014
zit. als: Internationale Klassifikation psychischer Störungen – ICD-10

Jarass, Hans, Charta der Grundrechte der Europäischen Union – Unter Einbeziehung der vom EuGH entwickelten Grundrechte, der Grundrechtsregelungen der Verträge und der EMRK – Kommentar, 3. Aufl., München 2016
zit. als: Jarass GRCh

Jarass, Hans, Bodo Pieroth, Grundgesetz für die Bundesrepublik Deutschland – Kommentar, 15. Aufl., München 2018
zit. als: Bearbeiter in: Jarass/Pieroth GG

Kahl, Wolfgang, Christian Waldhoff, Christian Walter, Bonner Kommentar zum GG, Bd. 2: Art. 2-3, Los. 50.1894, Heidelberg
zit. als: Bearbeiter in: Bonner Kommentar GG

Kaiser, Günther, Heinz Schöch, Jörg Kinzig, Kriminologie, Jugendstrafrecht, Strafvollzug, 8. völlig überarb. und verb. Aufl., München 2015
zit. als: Bearbeiter in: Kaiser/Schöch/Kinzig

Kant, Immanuel, Metaphysische Anfangsgründe der Rechtslehre, Metaphysik der Sitten, Erster Teil, hg. v. Bernd Ludwig, 2., verb. Aufl., Hamburg 1998
zit. als: Kant

Kawelovski, Ältere Menschen als Kriminalitätsopfer, BKA, Reihe Polizei, Bd. 59, hg. v. Bundeskriminalamt, Kriminalistisch-kriminologische Forschungsgruppe, Wiesbaden 1995
zit. als: Kawelovski

Käferstein, Herbert, Burkhard Madea, G. Sticht, Todesfälle während ambulanter Pflege, in: Lebensverkürzung, Tötung und Serientötung, Eine interdisziplinäre Analyse der „Euthanasie“, hg. v. Manfred Oehmichen, Rechtsmedizinische Forschungsergebnisse, Bd. 15, Lübeck 1996, S. 205 – 216
zit. als: Käferstein u.a.

Kennedy, Leslie, Robert Silverman, The Elderly Victim of Homicide: An application of the routine activity approach, in: The Sociological Quaterly, 1990, Bd. 31, S. 707-319
zit. als: Kennedy/Silverman, Sociological Quaterly 1990

Keßler, Isabel, Straffälligkeit im Alter: Erscheinungsformen und Ausmaße, Kölner Schriften zur Kriminologie und Kriminalpolitik, Bd. 8, Münster 2005
zit. als: Keßler

Kindhäuser, Urs, Ulfrid Neumann, Hans-Ullrich Paeffgen (Hg.), Nomos Kommentar Strafgesetzbuch, 5. Aufl. 2017
zit. als: Bearbeiter in: NK-StGB

Klie, Thomas, Gewalt gegen alte Menschen. Zwischen Skandalisierung und Vernachlässigung, in: Alter – ein Risiko? Ältere Menschen als Opfer von häuslicher und institutioneller Gewalt, Kölner Schriften zur Kriminologie, Bd. 9, Münster 2005, S. 127-134
zit. als: Klie, Gewalt gegen alte Menschen

Kohlschütter, Hans, Entweder "Schuld des Täters" oder "Tatproportionalität" als Grundlage für die Strafzumessung, eine echte Alternative? Die Eliminierung der überindividuellen Denkfehler in der strafrechtlichen Irrtumslehre. Ein Beitrag zur Faktorenanalyse des unwertproportionalen Quantums der strafwertigen Sanktion, Aachen 2001
zit. als: Kohlschütter

Kotlenga, Sandra, Barbara Nägele, Mind the Gap! Verbesserte Interventionen bei Partnergewalt gegen ältere Frauen – Es ist nie zu spät – Gewalterfahrungen älterer Frauen durch Partner und Ex-Partner – Informationen für die Beratungspraxis, hg. v. der Zoom – Gesellschaft für prospektive Entwicklungen e.V., Göttingen 2013, URL: http://www.ipvow.org/images/ipvow/manuals/Germany_manual_social_services_Deutsch.pdf (05.09.2020)
zit. als: Kotlenga/Nägele, Mind the Gap!

Kranich, Mariana, Aggression und Gewalt im Alter, in: Bonner Schriftenreihe „Gewalt im Alter" – Handeln statt Misshandeln, Bd. 7, Bonn 2000, S. 45-71
zit. als: Kranich, Aggression im Alter

Kreuzer, Arthur, Prävention von Gewalt gegen Senioren, Bemerkungen zu rechtlichen und organisatorischen Rahmenbedingungen, Vortrag auf dem 14. Deutschen Präventionstag in Hannover am 09. Juni 2009, in: Zeitschrift Bewährungshilfe – Soziales/Strafrecht/Kriminalpolitik, Jg. 57, 2010, S. 88-105
zit. als: Kreuzer, ZBewHi 2010

Kreuzer, Arthur, Einführungsreferat bei der Vortrags- und Diskussionsveranstaltung in Ingelheim am Rhein am 14.3.2017 „Senioren als Kriminalitätsopfer – ein Nebenschauplatz demographischer Entwicklung?" URL: http://www.arthur-kreuzer.de/14_Maerz_2017_Ingelheim_Senioren_als_Opfer.pdf (05.09.2020)
zit. als: Kreuzer, Senioren als Kriminalitätsopfer

Kreuzer, Arthur, Michael Hürlimann (Hg.), Alte Menschen als Täter und Opfer – Alterskriminologie und humane Kriminalpolitik gegenüber alten Menschen, Freiburg i. Br. 1992
zit. als: Kreuzer/Hürlimann

Krey, Volker, Robert Esser, Deutsches Strafrecht, Allgemeiner Teil, 6., überarb. Aufl., Stuttgart 2016
zit als: Krey/Esser

Krüger, Matthias, Julia Ströhlein, 20 Jahre Sechstes Strafrechtsreformgesetz (Teil II: Eigentumsdelikte), in: Juristische Arbeitsblätter, Jg. 50, 2018, S. 401-409
zit. als: Krüger/Ströhlein, JA 2018

Kuhlmann, Andrea, Gerhard Nägele, Gewalt gegen ältere Menschen – (k)ein Thema – empirische Befunde und gegenwärtiger Forschungsstand in der Bundesrepublik Deutschland, in: Sozialer Fortschritt 2008, Bd. 57, 2008, S. 182-191
zit. als: Kuhlmann/Nägele, Sozialer Fortschritt 2008

Kunz, Franziska, Kriminalität älterer Menschen, Beschreibung und Erklärung auf der Basis von Selbstberichtsdaten, in: Schriftenreihe des Max-Planck-Instituts für ausländisches und internationales Strafrecht, Kriminologische Forschungsberichte, Bd. K 164, hg. v. Hans-Jörg Albrecht, Günther Kaiser, Freiburg 2014
zit. als: Kunz

Kunz, Franziska, Hermann-Josef Gertz (Hg.), Straffälligkeit älterer Menschen, Interdisziplinäre Beiträge aus Forschung und Praxis, Berlin 2015
zit. als: Kunz/Gertz

Küpper, Georg, Rene Börner, Strafrecht – Besonderer Teil 1, Delikte gegen Rechtsgüter der Person und Gemenschaft, 4. Aufl., Potsdam 2017
zit. als: Küpper/Börner

Lachmund, Christine, Der alte Straftäter, Die Bedeutung des Alters für Kriminalitätsentstehung und Strafverfolgung, Berlin 2011
zit. als: Lachmund

Landeskriminalamt Niedersachsen (Hg.), Befragung zu Sicherheit und Kriminalität in Niedersachsen – Abschlussbericht zur ersten Befragung im Frühjahr 2013, Hannover 2015, URL: https://www.lka.niedersachsen.de/forschung/dunkelfeldstudie/dunkelfeldstudie-befragung-zu-sicherheit-und-kriminalitaet-in-niedersachsen-109236.html (01.11.2019)
zit. als: LKA Niedersachsen 2013

Landeskriminalamt Niedersachsen (Hg.), Bericht zu Gewalterfahrungen in Paarbeziehungen in Niedersachsen im Jahr 2012, Sonderauswertung des Moduls 5 der Befragung zur Sicherheit und Kriminalität in Niedersachsen, Hannover 2014, URL: https://www.lka.polizei-nds.de/download/71850/Bericht_zu_Gewalterfahrungen_in_Paarbeziehungen_in_Niedersachsen_im_Jahr_2012.pdf (05.09.2020)
zit. als: LKA Niedersachsen, Bericht 2012

Landeskriminalamt Niedersachsen (Hg.), Befragung zu Kriminalität und Sicherheit in Niedersachsen, Bericht zu Kernbefunden der Studie, Hannover 2016, URL: https://www.lka.niedersachsen.de/download/73368/Kernbefundebericht2015.pdf (05.09.2020)
zit. als: LKA Niedersachsen 2015

Landeskriminalamt Niedersachsen (Hg.) Befragung zu Sicherheit und Kriminalität in Niedersachsen 2017, Bericht zu Kernbefunden der Studie, Hannover 2017, URL: https://www.lka.polizei-nds.de/forschung/dunkelfeldstudie/dunkelfeldstudie---befragung-zu-sicherheit-und-kriminalitaet-in-niedersachsen-109236.html (01.11.2019)
zit. als: LKA Niedersachsen 2017

Lackner, Karl, Kristian Kühl (Hg.), Strafgesetzbuch Kommentar, 29., neu bearb. Aufl., München 2018
zit. als: Bearbeiter in: Lackner/Kühl StGB

Lang, Judith, Tötungsdelikte an älteren Menschen über 60 Jahren in der Bundeshauptstadt Berlin (Jahreszeitraum 2000 – 2010) URL: https://refubium.fu-berlin.de/bitstream/handle/fub188/1704/Diss_jr.lang.pdf?sequence=1 (05.09.2020)
zit. als: Lang

Laufhütte, Heinrich, Ruth Rissing-van Saan, Klaus Tiedemann, Strafgesetzbuch Leipziger Kommentar – Großkommentar, Bd. 1: Einleitung; §§ 1 bis 31, 12., neu bearb. Auflage, Berlin 2007
zit. als: Bearbeiter in: LK StGB Bd. 1

Laufhütte, Heinrich, Ruth Rissing-van Saan, Klaus Tiedemann, Strafgesetzbuch Leipziger Kommentar – Großkommentar, Bd 2: §§ 32 bis 55, 12., neu bearb. Aufl., Berlin 2006
zit. als: Bearbeiter in: LK StGB Bd. 2

Laufhütte, Heinrich, Ruth Rissing-van Saan, Klaus Tiedemann, Strafgesetzbuch Leipziger Kommentar – Großkommentar, Bd. 7/1: §§ 211 bis 231, 12., neu bearb. Aufl., Berlin 2019
zit. als: Bearbeiter in: LK StGB Bd. 7

Laufhütte, Heinrich, Ruth Rissing-van Saan, Klaus Tiedemann, Strafgesetzbuch Leipziger Kommentar – Großkommentar, Bd. 8: §§ 242 bis 262, 12. Aufl., Berlin 2010
zit. als: Bearbeiter in: LK StGB Bd. 8

Laufhütte, Heinrich, Ruth Rissing-van Saan, Klaus Tiedemann, Strafgesetzbuch Leipziger Kommentar – Großkommentar, B. 9/1: §§ 263 bis 266b, 12., neu bearb. Aufl., Berlin 2012
zit. als: Bearbeiter in: LK StGB Bd. 9

Leipold, Bernhard, Werner Greve, Krise und Bewältigung, in: Hans-Werner Wahl, Tesch-Römer, Clemens, Ziegelmann, Jochen Philipp (Hg.), Angewandte Gerontologie: Interventionen für ein gutes Altern in 100 Schlüsselbegriffen, 2., vollst. überarb. und erw. Aufl., Stuttgart 2012, S. 90-95
zit. als: Leipold/Greve, Angewandte Gerontologie

Lesch, Heiko, Zur Einführung in das Strafrecht: Über den Sinn und Zweck staatlichen Strafens (Teil 1), in: JA, 1994, Jg. 26, S. 510-519
zit. als: Lesch, JA 1994

Lester, David, The Distribution of Sex and Age among Victims of Homicide: A cross-national study, in: International Journal of Psychiatry, Bd. 32, 1986, S. 47-50
zit. als: Lester, Int J Psych 1986

Lindert, Jutta, Joaquim Soares, Rosina-Martha Csöff, Henrique Barros, francisco Torres-Gonzalez, Elisabeth Ionanidi-Kapolou, Giovanni Lamura, Juan de Dios Luna, Gloria Macassa, Maria Gabrielle Melchiorre, Mindaugas Stankunas, Gewalt und Gesundheit bei älteren Menschen in Europa, Schriften der Evangelischen Hochschule Ludwigsburg im Verlag der Ev. Gesellschaft, Bd. 13, Ludwigsburg 2013
zit. als: Lindert u.a.

Liszt, Franz von, Der Zweckgedanke im Strafrecht, in: Zeitschrift für die gesamte Strafrechtswissenschaft, Bd. 3, 1883, S. 1-47
zit. als: Liszt, ZStW 1883

Liszt, Franz von, Strafrechtliche Aufsätze und Vorträge, Erster Band, 1875 bis 1891, Berlin 1905
zit. als: Liszt

Lucke, C, D. Krause, D. Lüttje, Die Betreuung von Patienten im hohen Lebensalter durch den Internisten in der Praxis, in: Der Internist, Bd. 41, 2000, S. 563-572
zit. als: Lucke/Krause/Lüttje, Internist 2000

Ludwig, Joachim, Enkeltrick: Grenzen der Ermittlungen und der Prävention, in: Der Kriminalist, Fachzeitschrift des Bundes Deutscher Kriminalbeamter, Jg. 41, 2009, S. 4-9
zit. als: Ludwig, Der Kriminalist 2009

Ludwig, Joachim, Enkeltrick – Kollektive Strafvereitelung durch Unzuständigkeit?, in: Der Kriminalist, Fachzeitschrift des Bundes Deutscher Kriminalbeamter, 2006, S. 55-60
zit. als: Ludwig, Der Kriminalist 2006

Maeck, Manfred, Opfer und Strafzumessung, Ein Beitrag zur Systematik und Dogmatik der richterlichen Strafzumessung, Stuttgart 1983
zit. als: Maeck

Matolycz, Esther, Pflege von alten Menschen, Wien 2011
zit. als: Matolycz

v. Mangoldt, Hermann, Friedrich Klein, Christian Starck, Kommentar zum Grundgesetz, Band 1: Art. 1 – 19, hg. v. Peter M. Huber, Andreas Voßkuhle, 7. Aufl., München 2018
zit. als: Bearbeiter in: v. Mangoldt/Klein/Starck

Maisch, Herbert, Patiententötungen, Dem Sterben nachgeholfen, München 1997
zit. als: Maisch, Patiententötung

Maisch, Herbert, Kriminologische Phänomenologie der Serientötung von Patienten durch Angehörige des Pflegepersonals, in: Lebensverkürzung, Tötung und Serientötung, Eine interdisziplinäre Analyse der „Euthanasie", hg. v. Manfred Oehmichen, Rechtsmedizinische Forschungsergebnisse, Bd. 15, Lübeck 1996, S. 217–225
zit. als: Maisch, Lebensverkürzung

Maisch, Herbert, Phänomenologie der Serientötung von schwerstkranken älteren Patienten durch Angehörige des Pflegepersonals, Zeitschrift für Gerontologie und Geriatrie, Bd. 29, 1996, S. 201-205
zit. als: Maisch, ZfGG 1996

Marcea, Johann Theodor, Psychische Leiden und psychische Erkrankungen im Alter, in: Das späte Alter und seine häufigsten Erkrankungen, Praktische Geriatrie, hg. v. Johann Marcea, Theodor Johann, Berlin 1986
zit. als: Marcea, Das späte Alter und seine häufigsten Krankheiten

Martinson, Robert, What works? Questions and answers about prison reform, in: The Public Interest, H. 35, 1974, S. 22–54.
zit. als: Martinson, The Public Interest 1974

Meier, Bernd-Dieter, Strafrechtliche Sanktionen, 4. Aufl., Heidelberg 2015
zit. als: Meier

Meyer, Jürgen Sven Hölscheidt (Hg.), Charta der Grundrechte der Europäischen Union, 5. Aufl., Baden-Baden 2019
zit. als: Bearbeiter in: Meyer/Hölscheidt GRCh

Meyer zu Bexten, Erdmuthe, Hans Schneider, Polizei und Generation 65 plus: Berührungspunkte, Problemfelder und Empfehlungen – Ergebnisse einer ersten empirischen Annäherung -, in: Demografischer Wandel und Polizei, Bd. 10, Bernhard Frevel, Rüdiger Bredthauer (Hg.) Frankfurt a.M. 2010, S. 98-122
zit. als: Meyer zu Bexten/Schneider, Empirische Polizeiforschung

Mill, John Stuart, On Liberty, Luton 2011
zit. als: Mill

Mönnighoff, Martin, Von der Sicherheit zu den Zukunftsbildern des Individualverkehrs ab 65, in: Demografischer Wandel und Polizei, Bd. 10, hg. v. Bernhard Frevel, Rüdiger Bredthauer, Frankfurt a.M. 2010, S. 182-200
zit. als: Mönnighoff, Empirische Polizeiforschung

Münchener Kommentar zum StGB, hg. v. Wolfgang Joecks, Klaus Miebach, 3. Aufl. 2017
zit. als: Bearbeiter in MüKo StGB

Nagartnam, Nages, Kujan Nagartnam, Gary Cheuk, Geriatric Diseases, Evaluation and Management, Cham 2018
zit. als: Nagartnam/Nagartnam/Cheuk

Nägele Barbara, Partnergewalt im Alter, Wissenschaftliche Erkenntnisse und Schlussfolgerungen für die Praxis, in: Partnergewalt gegen ältere Frauen, Antigewaltwoche 2011, Dokumentation der Fachtagung vom 21. November 2011 in der Hansestadt Wismar, hg. v. Ministerium für Arbeit, Gleichstellung und Soziales Mecklenburg-Vorpommern, Leitstelle Frauen und Gleichstellung, Schwerin 2011, S. 10-20
zit. als: Nägele, Antigewaltwoche 2011

Nägele, Barbara, Urte Böhm, Thomas Görgen, Sandra Kotlenga, Fanny Petermann, IPVoW – Partnergewalt gegen ältere Frauen, Länderbericht Deutschland, hg. v. der Deutschen Hochschule der Polizei u. ZOOM – Gesellschaft für prospektive Entwicklungen e.V., Göttingen und Münster 2010, URL: www.ipvow.org (05.09.2020)
zit. als: Nägele u.a., IPVoW Länderbericht Deutschland

Neubacher, Frank, Kriminologie, 4. Auflage, Baden Baden 2020
zit. als: Neubacher

Neumann, Ulfrid, Ulrich Schroth, Neuere Theorien von Kriminalität und Strafe, Darmstadt 1980
zit. als: Neumann/Schroth

Niederfranke, A., Werner Greve, Bedrohung durch Gewalt im Alter: Argumente für eine sozialwissenschaftliche Perspektive, in: Zeitschrift für Gerontologie und Geriatrie, Bd. 29, 1996, S. 169-175
zit. als: Niederfranke/Greve, ZfGG 1996

Nuus, Nimro, Nicro News: Täter und Opfer in fortgeschrittenem Alter, in: Kriminalistik, Jg. 37, 1983, S. 228
zit. als: Nuus, Kriminalistik 1983

Obertacke, Udo, Dieter Nast-Kolb, Besonderheiten des Unfalls, der Verletzung und der chirurgischen Versorgung im höheren Lebensalter, in: Der Unfallchirurg, 2000, Bd. 103, S. 227-241
zit. als: Obertacke/Nast-Kolb, Unfallchirurg 2000

Oehmichen, Manfred, Serientötung, Tötung und Lebensverkürzung – Versuch einer Synopse, in: Lebensverkürzung, Tötung und Serientötung – eine interdisziplinäre Analyse der „Euthanasie“, Rechtsmedizinische Forschungsergebnisse, Bd. 15, Lübeck 1996, S. 229-248
zit. als: Oehmichen, Serientötung

Oswald, Wolf, Gatterer, Gerald, Fleischmann, Ulrich M., Gerontopsychologie, Grundlagen und klinische Aspekte zur Psychologie des Alterns, 2., akt. u. erw. Aufl., Wien 2008
zit. als: Oswald/Gatterer/Fleischmann

Özsöz, Figen, Kriminalitätserfahrungen der bayerischen Bevölkerung, Auswertung der bayerischen Teildaten der Dunkelfeld-Opferbefragung „Der Deutsche Viktimisierungssurvey 2012“, hg. v. Bayerischen Landeskriminalamt, München 2016, URL: http://www.polizei.bayern.de/lka/kriminalitaet/studien/index.html/437 (05.09.2020)
zit. als: LKA Bayern 2016

Pedal, Ingo, Rainer Mattern, R. Reibold, V. Schmidt, Manfred Oehmichen, Ivana Gerling, Jochen Wilske, Plötzliche Todesfälle mechanisch fixierter Patienten, in: Zeitschrift für Gerontologie und Geriatrie, Bd. 29, 1996, S. 180-184
zit. als: Pedal u.a., ZfGG 1996

Petersen, Wolf, Versorgung von Knochenbrüchen im Alter, in: Der Allgemeinarzt, 2011, Bd. 33, S. 12-16
zit. als: Petersen, Der Allgemeinarzt 2011

Pfeiffer, Christian, Katrin Brettfeld, Info Delzer, Kriminalität in Niedersachsen: Eine Analyse auf der Basis der Polizeilichen Kriminalstatistik 1988 – 1995, KFN-Forschungsbericht, Nr. 56, hg. v. Kriminologischen Forschungsinstitut Niedersachsen e.V., Hannover
zit. als: Pfeiffer/Brettfeld/Delzer, KFN-FB, Nr. 56

Pfeiffer, Christian, Thomas Görgen, Theresia Höynck, Gewalt gegen alte Menschen – ein Thema für das Familienrecht?, in: Sechzehnter Deutscher Familiengerichtstag vom 14. bis 17. September 2005 in Brühl – in memoriam Elisabeth Hommelsheim – Ansprachen und Referate, Berichte und Ergebnisse der Arbeitskreise, hg. v. Deutschen Familiengerichtstag e. V., Bielefeld 2006, S. 29-56
zit. als: Pfeiffer/Görgen/Höynck, Gewalt gegen alte Menschen

Polizeiliche Kriminalstatistik 2013 – BKA-Tabellen – Übersicht Opfer – Tabelle 91: Opfer insgesamt nach Alter und Geschlecht – Erwachsene ab 60 Jahren, hg. v. BKA, Version xlsl, URL: https://www.bka.de/DE/AktuelleInformationen/StatistikenLagebilder/PolizeilicheKriminalstatistik/PKS2013/BKATabellen/bkaTabellenOpfer.html?nn=52384 (05.09.2020)
zitiert als: PKS 2013, Tab. 91: Opfer ab 60 Jahren nach Alter und Geschlecht zur Schlüsselzahl

Polizeiliche Kriminalstatistik 2014 – BKA-Tabellen – Übersicht Opfer – Tabelle 91: Opfer insgesamt nach Alter und Geschlecht – Senioren ab 60 Jahren, hg. v. BKA, Version xlsl, URL: https://www.bka.de/DE/AktuelleInformationen/StatistikenLagebilder/PolizeilicheKriminalstatistik/PKS2014/BKATabellen/bkaTabellenOpfer.html?nn=28238 (05.09.2019)
zitiert als: PKS 2014, Tab. 91: Opfer ab 60 Jahren nach Alter und Geschlecht zur Schlüsselzahl

Polizeiliche Kriminalstatistik 2015 – IMK-Bericht 2015, hg. v. BKA, Berlin 2016, URL: https://www.bka.de/SharedDocs/Downloads/DE/Publikationen/PolizeilicheKriminalstatistik/2015/pks2015ImkBericht.html (05.09.2020)
zit. als: PKS 2015

Polizeiliche Kriminalstatistik 2015 – BKA-Tabellen – Übersicht Opfertabellen – Tabelle 91: Opfer insgesamt nach Alter und Geschlecht – Erwachsene ab 60 Jahren, hg. v. BKA, Version xlsl, URL: https://www.bka.de/DE/AktuelleInformationen/StatistikenLagebilder/PolizeilicheKriminalstatistik/PKS2015/BKATabellen/bkaTabellenOpfer.html?nn=51356 (05.09.2020)
zitiert als: PKS 2015, Tab. 91: Opfer ab 60 Jahren nach Alter und Geschlecht zur Schlüsselzahl

Polizeiliche Kriminalstatistik 2016 – BKA-Tabellen – Übersicht Opfertabellen – Tabelle 91: Opfer insgesamt nach Alter und Geschlecht – Erwachsene ab 60 Jahren, hg. v. BKA, Version xlsl, URL: https://www.bka.de/DE/AktuelleInformationen/StatistikenLagebilder/PolizeilicheKriminalstatistik/PKS2016/BKATabellen/bkaTabellenOpfer.html?nn=65720 (05.09.2020)
zitiert als: PKS 2016, Tab. 91: Opfer ab 60 Jahren nach Alter und Geschlecht zur Schlüsselzahl

Polizeiliche Kriminalstatistik 2017 – BKA-Tabellen – Übersicht Opfertabellen – Tabelle 91: Opfer insgesamt nach Alter und Geschlecht – Erwachsene ab 60 Jahren, hg. v. BKA, Version xlsl, URL: https://www.bka.de/DE/AktuelleInformationen/StatistikenLagebilder/PolizeilicheKriminalstatistik/PKS2017/BKATabellen/bkaTabellenOpfer.html?nn=96600 (05.09.2020)
zitiert als: PKS 2017, Tab. 91: Opfer ab 60 Jahren nach Alter und Geschlecht zur Schlüsselzahl

Polizeiliche Kriminalstatistik 2018 – BKA-Tabellen – Übersicht Opfertabellen – Tabelle 91: Opfer insgesamt nach Alter und Geschlecht – Erwachsene ab 60 Jahren, hg. v. BKA, Version xlsl, URL:

https://www.bka.de/DE/AktuelleInformationen/StatistikenLagebilder/PolizeilicheKriminalstatistik/PKS2018/BKATabellen/bkaTabellenOpfer.html?nn=108686 (05.09.2020)

zitiert als: PKS 2018, Tab. 91: Opfer ab 60 Jahren nach Alter und Geschlecht zur Schlüsselzahl

Polizeiliche Kriminalstatistik 2018 – Zeitreihen – Übersicht Opfertabellen- Tabelle 91: Opfer Straftaten insgesamt ab 2000, hg. v. BKA, Version xlsl, URL: https://www.bka.de/DE/AktuelleInformationen/StatistikenLagebilder/PolizeilicheKriminalstatistik/PKS2 (05.09.2020)
zitiert als: PKS 2018, Tab. 91: Opfer nach Alter und Geschlecht für die Jahre ab 2000 zur Schlüsselzahl

Polizeiliche Kriminalstatistik 2018 – Zeitreihen – Übersicht Opfertabellen- Tabelle 91: Opfer Straftaten vollendet ab 2000, hg. v. BKA, Version xlsl, URL: https://www.bka.de/DE/AktuelleInformationen/StatistikenLagebilder/PolizeilicheKriminalstatistik/PKS2 (05.09.2020)
zitiert als: PKS 2018, Tab. 91: Opfer nach Alter und Geschlecht für die Jahre ab 2000 vollendet zur Schlüsselzahl

Polizeiliche Kriminalstatistik 2018 – Zeitreihen – Übersicht Opfertabellen- Tabelle 91: Opfer Straftaten Versuche ab 2000, hg. v. BKA, Version xlsl, URL: https://www.bka.de/DE/AktuelleInformationen/StatistikenLagebilder/PolizeilicheKriminalstatistik/PKS2 (05.09.2020)
zitiert als: PKS 2018, Tab. 91: Opfer nach Alter und Geschlecht für die Jahre ab 2000 Versuche zur Schlüsselzahl

Polizeiliche Kriminalstatistik 2018 – Ergänzende Informationen – Richtlinien für die Führung der Polizeilichen Kriminalstatistik, hg. v. BKA, URL: https://www.bka.de/DE/AktuelleInformationen/StatistikenLagebilder/PolizeilicheKriminalstatistik/PKS2018/pks2018_node.html (05.09.2020)
zitiert als: PKS 2018, Ergänzende Informationen – Richtlinien

Rabold, Susann, Thomas Görgen, Professionelle Pflege und ihre Schattenseiten: Befunde einer schriftlichen Befragung ambulanter Pflegekräfte, in: Sicherer Hafen oder gefahrvolle Zone?, Kriminalitäts- und Gewalterfahrungen im Leben alter Menschen, Ergebnisse einer multimethodalen Studie zu Gefährdungen älterer und pflegebedürftiger Menschen, S. 176-194, hg. v. BMFSFJ, Juni 2009
zit. als: Rabold/Görgen, SHgZ

„Rate mal, wer dran ist!" – So schützen Sie sich vor Betrügern und Trickdieben, hg. v. BMFSFJ, 9. Aufl., Berlin 2018
zit. als: Rate mal, wer dran ist

Ramsey-Klawsnik, Holly, Elder-Abuse Offenders: A typology, in: Generations, Bd. 24, 2000, S. 17-22
zit. als: Ramsey-Klawsnik, Generations 2000

Rengier, Rudolf, Strafrecht, Allgemeiner Teil, Grundrisse des Rechts, 11. Aufl., München 2019
zit. als: Rengier

Reuband, Karl-Heinz, Kriminalitätsfurcht – Erscheinungsformen, Trends und soziale Determination, in: Auf der Sucher nach neuer Sicherheit – Fakten, Theorien und Folgen, hg. v. Hans-Jürgen Lange, H. Peter Ohly, Jo Reichertz, 2. Aufl., Wiesbaden 2009, S. 233-251
zit. als: Reuband, Kriminalitätsfurcht

Reuband, Karl-Heinz, Kriminalitätsfurcht im höheren Alter: Widerspiegelung von Viktimisierungserfahrungen altersspezifischer Vulnerabilität oder psychosozialen Lebenslagen?, in: Demografischer Wandel und Polizei, Bd. 10, hg. v. Bernhard Frevel, Rüdiger Bredthauer, Frankfurt a.M. 2010, S. 148-181
zit. als: Reuband, Empirische Polizeiforschung

Robert-Koch-Institut (Hg.) in Zusammenarbeit mit dem Statistischen Bundesamt, Gesundheitsberichterstattung des Bundes, Depressive Erkrankungen – H. 51, hg. v. Robert-Koch-Institut, Berlin 2010, URL: https://www.rki.de/DE/Content/Gesundheitsmonitoring/Gesundheitsberichterstattung/GBEDownloadsT/depression.html;jsessionid=1357AB1ECDF48E223668A342F7C62A02.1_cid363?nn=2370692 (05.09.2020)
zit. als: Robert-Koch-Institut, Depressive Erkrankungen

Roth, Michael, Strukturelle und personale Gewalt, Probleme der Operationalisierung des Gewaltbegriffs von Johann Galtung, HSFK-Forschungsbericht 1/1998, Frankfurt a.M. 1988
zit. als: Roth, Strukturelle und personale Gewalt

Roth, Dennis, Kriminelles Verhalten im Alter, Eine gerontologische Annäherung, Frankfurt a.M. 2016
zit. als: Roth, Kriminelles Verhalten

Roxin, Claus, Strafrecht, Allgemeiner Teil, Bd. 1, Grundlagen, Der Aufbau der Verbrechenslehre, 4. vollst. neu bearb. Aufl., München 2006
zit. als: Roxin

Sachs, Michael (Hg.), Grundgesetz – Kommentar, 8. Aufl., München 2018
zit. als: Bearbeiter in: Sachs

Saß, Anke-Christine, Susanne Wurm, Thomas Ziese, Somatische und psychische Gesundheit, in: Beiträge zur Gesundheitsberichtserstattung des Bundes, Gesundheit und Krankheit im Alter, Eine gemeinsame Veröffentlichung des Statistischen Bundesamtes, des Deutschen Zentrums für Altersfragen und des Robert-Koch-Instituts, hg. v. Karin Böhm, Clemens Tesch-Römer, Thomas Ziese, Berlin 2009, S. 31-61, URL: https://www.destatis.de/GPStatistik/servlets/MCRFileNodeServlet/DEMonografie_derivate_00000153/Gesundheit_und_Krankheit_im_Alter.pdf%3Bjsessionid=756BDD3B1DEDADFFE9C287CA17413B89 (05.09.2020)
zit. als: Saß/Wurm/Ziese, GBE-Beitrag 2009

Satzger, Helmut, Wilhelm Schluckebier, Gunter Widmaier (Hg.), Strafgesetzbuch Kommentar, 4. Aufl., Köln 2019
zit. als: Bearbeiter in: Satzger/Schluckebier/Widmaier StGB

Schaller, Sylvia, Norbert Erlemeier, Epidemiologie, in: Suizidgefährdung und Suizidprävention bei älteren Menschen, Eine Publikation der Arbeitsgruppe „Alte Menschen" im Nationalen Suizidpräventionsprogramm für Deutschland, hg. v. Reinhard Lindner, Daniela Hery, Sylvia Schaller, Barbara Schneider, Uwe Sperling, Berlin 2014
zit. als: Schaller/Erlemeier, Epidemiologie

Schaumann, Karsten, Alter, Krankheit und Behinderung im deutschen Strafrecht, insbesondere im Strafzumessungsrecht, Frankfurt a.M. 2001
zit. als: Schaumann

Schäfer, Achim, Tötungsdelikte an älteren Menschen, Eine Untersuchung zur Greisentötung anhand des Aachener Obduktionsgutes aus dem Zehn-Jahres-Zeitraum 1976 – 1985, in: Archiv für Kriminologie, Bd. 183, 1989, S. 65-78
zit. als: Schäfer, Archiv für Kriminologie 1989

Schäfer, Gerhard, Günther Sander, Gerhard van Gemmeren, Praxis der Strafzumessung, 6., neu bearb. und erw. Aufl., München 2017
zit. als: Schäfer/Sander/van Gemmeren

Scheib, Klaus, Die Dunkelziffer bei Tötungsdelikten aus kriminologischer und rechtsmedizinischer Sicht, Berlin 2002
zit. als: Scheib

Schett, Andreas, „Enkeltrickbetrug“ – ein grassierendes Phänomen aus Sicht der Schweiz, in: Kriminalistik, Jg. 65, 2011, S. 333-340
zit. als: Schett, Kriminalistik 2011

Schmidt, P., R. Müller, R. Dettmeyer, B. Madea, Tötungsdelikte an älteren Menschen, Zeitschrift Rechtsmedizin, Bd. 10, 2000, S. 176-181
zit. als: Schmidt u.a., Rechtsmedizin 2000

Schneidewien, Karl, Th. Kleinknecht, Straf- und Strafprozessrecht, in: Juristenzeitung, Bd. 10, 1955, S. 504-512
zit. als: Schneidewien/Kleinknecht, JZ 1955

Schöch, Heinz, Empirische Grundlagen der Generalprävention, in: Theo Vogler (Hg.), Festschrift für Hans-Heinrich Jescheck zum 70. Geburtstag, Bd. 2, Berlin 1985, S. 1081-1105
zit. als: Schöch

Schönke, Adolf, Horst Schröder, Strafgesetzbuch Kommentar, Gesamtredaktion v. Albin Eser, 30., neu bearb. Aufl. 2019
zit. als: Bearbeiter in: Schönke/Schröder StGB

Schreiber, Lothar Hans, Mißhandlung von Kindern und alten Menschen, in: Kriminologische Schriftenreihe, Mergen, Armand (Hg.), Bd. 48, Hamburg 1971
zit. als: Schreiber

Schröder, Christine, Ältere Frauen und Gewalterfahrungen, in: Geborgenheit schenken, Schutz bieten: Sicherheit für Senioren, Expertenworkshop im Rahmen des 10. Deutschen Präventionstages 2005 zum Thema 'Ältere und pflegebedürftige Menschen als Opfer', hg. v. der Zentralen Geschäftsstelle der polizeilichen Kriminalprävention der Länder und des Bundes und der Stiftung Deutsches Forum Kriminalprävention, Stuttgart 2006, S. 78-79
zit. als: Schröder, Ältere Frauen und Gewalterfahrungen

Schröttle, Monika, Nicole Ansorge, Gewalt gegen Frauen in Paarbeziehungen, Eine sekundäranalytische Auswertung zur Differenzierung von Schweregraden, Mustern, Risikofaktoren und Unterstützung nach erlebter Gewalt, Ein Forschungsprojekt des Interdisziplinären Zentrums für Frauen- und Geschlechterforschung (IFF) der Universität Bielefeld i. A. des BMFSFJ, Berlin 2008, URL: http://www.bmfsfj.de unter dem Stichwort „Publikationen“ abrufbar (01.11.2019)
zit. als: Schröttle/Ansorge (Langfassung)

Schröttle, Monika, Nicole Ansorge, Gewalt gegen Frauen in Paarbeziehungen – Eine sekundäranalytische Auswertung zur Differenzierung von Schweregraden, Mustern, Risikofaktoren und Unterstützung nach erlebter Gewalt, Kurzfassung. Ein Forschungsprojekt des Interdisziplinären Zentrums für Frauen- und Geschlechterforschung (IFF) der Universität Bielefeld i. A. des BMFSFJ, 4. Aufl., Berlin 2012, URL: http://www.bmfsfj.de unter dem Stichwort „Publikationen“ (01.11.2019)
zit. als: Schröttle/Ansorge (Kurzfassung)

Schuster, Nicole, Suizid im Alter, Tod aus Verzweiflung, in: Pharmazeutische Zeitung, Jg. 157, 2012, S. 46-47
zit. als: Schuster, Pharmazeutische Zeitung 2012

Schünemann, Bernd, Plädoyer für eine neue Theorie der Strafzumessung, in: Neuere Tendenzen der Kriminalpolitik, Beiträge zu einem deutsch-skandinavischen Strafrechtskolloquium, hg. v. Albin Eser, Albin, Karin Cornils, Freiburg i. Br. 1987, S. 209-238
zit. als: Schünemann

Schwarze, EU-Kommentar, hg. v. Ulrich Becker, Armin Hatje, Johann Schoo, Jürgen Schwarze, 4. Aufl. 2019
zit. als: Bearbeiter in: Schwarze

Schwind, Hans-Dieter, Kriminologie und Kriminalpolitik – Eine praxisorientierte Einführung mit Beispielen, 23., neu bearb. und erweit. Aufl., Heidelberg 2016
zit. als: Schwind, Kriminologie

Schwind, Die Tricks der Anbieter von Kaffeefahrten, in: Weißer Ring: Zeitschrift für Opferschutz und Prävention, 2007, Jg. 30, S. 15
zit. als: Schwind, Weißer Ring 2007

Sechster Bericht zur Lage der älteren Generation in der Bundesrepublik Deutschland – Altersbilder in der Gesellschaft – Bericht der Sachverständigenkommission an das BMFSFJ, hg. v. BMFSFJ, Berlin 2010, URL: https://www.bmfsfj.de/blob/101922/b6e54a742b2e84808af68b8947d10ad4/sechster-altenbericht-data.pdf (05.09.2020)
zit. als: Sechster Altenbericht

Sessar, Klaus, Über die verschiedenen Aussichten, Opfer einer gewaltsamen Tötung zu werden, in: Das Verbrechensopfer, hg. v. Gerd Kirchhoff, Klaus Sessar, Bochum 1979, S. 301-320
zit. als: Sessar

Sicher leben im Alter – Ein Aktionsprogramm zur Prävention von Kriminalität und Gewalt gegenüber alten und pflegebedürftigen Menschen, hg. v. BMFSFJ, Berlin 2012
zit. als: Sicher leben im Alter

Sowarka, Doris, Beate Schwichtenberg-Hilmert, Kari Thürkow, Gewalt gegen ältere Menschen: Ergebnisse einer Literaturrecherche, DZA-Diskussionspapier Nr. 36, Deutsches Zentrum für Altersfragen, 11. Oktober 2002
zit. als: Sowarka/Schwichtenberg-Hilmert/Thürkow, DZA-Diskussionspapier Nr. 36

Statistisches Bundesamt (Hg.), Ältere Menschen in Deutschland und der EU, Wiesbaden Juli 2016
zit. als: StBA (2016), Ältere Menschen

Statistisches Bundesamt (Hg.), Pflegestatistik 2015, Pflege im Rahmen der Pflegeversicherung,

Deutschlandergebnisse, Wiesbaden Januar 2017
zit. als: StBA (2017), Pflegestatistik 2015, Deutschlandergebnisse

Statistisches Bundesamt (Hg.), Verkehr, Verkehrsunfälle, 2018, Fachserie 8, Reihe 7, Wiesbaden Juli 2019
zit. als: StBA (2018), Verkehr

Statistisches Bundesamt (Destatis) (Hg.), Genesis-Online, Tabellen Code 12411-0006, Bevölkerung: Deutschland, Stichtag, Altersjahre, Nationalität/Geschlecht/Familienstand, URL: www-genesis.destatis.de/genesis (30.10.2019)
zit. als: StBA, Bevölkerung

Stellungnahme des Europäischen Wirtschafts- und Sozialausschusses zum Thema „Misshandlung alter Menschen" (Sondierungsstellungnahme) vom 24. Oktober 2007, SOC/279 – CESE 1465/2007 (DE), URL: http://www.hsm-frankfurt.de/base/2007_10_24_EuropaeischerWirtschaftsundSozialausschussSondierungsstellungnahme.pdf (05.09.2020)
zit. als: Stellungnahme Europäischer Wirtschafts- und Sozialausschuss, SOC/279

Stephan, Egon, The Stuttgart Victimization Survey, in: Research in Criminal Justice – Stock-Taking of Criminological Research at the Max-Planck-Institute for Foreign and International Penal Law after a Decade, Kriminologische Forschungsberichte aus dem Max-Planck-Institut für ausländisches und internationales Strafrecht, hg. v. Günther Kaiser, Bd. 2, Freiburg i. Br. 1982
zit. als: Stephan, Stuttgart Victimization Survey

Stern, Klaus, Michael Sachs (Hg.), Europäische Grundrechte-Charta GRCh, Kommentar, München 2016
zit. als: Bearbeiter in: Stern/Sachs GRCh

Streng, Franz, Strafrechtliche Sanktionen – Die Strafzumessung und ihre Grundlagen, 3., überarb. Aufl., Stuttgart 2012
zit. als: Streng

Studer, David, Kriminalitätsfurcht und Viktimisierung im Alter – Ergebnisse einer nationalen Opferbefragung unter österreichischen Seniorinnen und Senioren, Zürich/St. Gallen 2014
zit. als: Studer

Taefi, Anabel, Sabine Nowak, Thomas Görgen, Benjamin Kraus, Barbara Nägele, Mind the Gap! Verbesserte Interventionen bei Partnergewalt gegen ältere Frauen – Es ist nie zu spät – Gewalterfahrungen älterer Frauen durch Partner und Ex-Partner – Polizeiliche und justizielle Perspektiven, hg. v. der Deutschen Hochschule der Polizei und Zoom – Gesellschaft für prospektive Entwicklungen e.V., Münster u. Göttingen 2013, URL: http://www.ipvow.org/de/forschungsberichte/mind-the-gap (05.09.2020)
zit. als: Taefi u.a., Mind the Gap!

Tenzer, Dirk, Interview Guntram Doelfs mit Dirk Tenzer, Geschäftsführer im Klinikum Oldenburg, Patientenmorde – „Wir müssen kritischer mit uns selbst umgehen", in: kma – Das Gesundheitswirtschaftsmagazin, Jg. 20, 2015, S. 8-9, URL: https://www.kma-online.de/aktuelles/klinik-news/detail/wir-muessen-kritischer-mit-uns-selbst-umgehen-a-29466_(05.09.2020)
zit. als: Tenzer, kma 2015

Tesch-Römer, Clemens, Susanne Wurm, Theoretische Positionen zu Gesundheit und Alter, in: Beiträge zur Gesundheitsberichtserstattung des Bundes, Gesundheit und Krankheit im Alter, Eine gemeinsame Veröffentlichung des Statistischen Bundesamtes, des Deutschen Zentrums für Altersfragen und des Robert-Koch-Instituts, hg. v. Karin Böhm, Clemens Tesch-Römer, Thomas Ziese, Berlin 2009, S. 7-20, URL: https://www.destatis.de/GPStatistik/servlets/MCRFileNodeServlet/DEMonografie_derivate_00000153/Gesundheit_und_Krankheit_im_Alter.pdf%3Bjsessionid=756BDD3B1DEDADFFE9C287CA17413B89 (05.09.2020)
zit. als: Tesch-Römer/Wurm, GBE-Beitrag 2009

Thiele, Andreas, Körperliches Altern und psychisches Befinden: Theoretische Überlegungen und empirische Ergebnisse aus einer Studie zum alternden Mann, Zeitschrift für Medizinische Psychologie, 1999, S. 159-166
zit. als: Thiele, ZMP 1999

Thoma, Jens, Suanne Zank, Claudia Schacke, Gewalt gegen demenziell Erkrankte in der Familie: Datenerhebung in einem schwer zugänglichen Forschungsgebiet, in: Zeitschrift für Gerontologie und Geriatrie, Bd. 37, 2004, S. 349-350
zit. als: Thoma/Zank/Schacke, ZfGG 2004

Trevethan, Shelley, Elderly victims of violent crime, in: Juristat – Service Bulletin – Canadian Center for Justice Statistics, August 1992, Bd. 12, S. 2-16
zit. als: Trevethan, Juristat 1992

Vedder, Christoph, Wolff Heintschel von Heiness (Hg.), Europäisches Unionsrecht – EUV, AEUV, GRCh, EAGV, Handkommentar, 2. Aufl., Baden-Baden 2018
zit. als: Bearbeiter in: Vedder/Heintschel GRCh

Vierter Bericht zur Lage der älteren Generation in der Bundesrepublik Deutschland: Risiken, Lebensqualität und Versorgung Hochaltriger, unter besonderer Berücksichtigung demenzieller Erkrankungen, und Stellungnahme der Bundesregierung, Bericht der Sachverständigenkommission an das BMFSFJ, hg. v. BMFSFJ, Berlin 2002, URL: https://www.bmfsfj.de/bmfsfj/service/publikationen/4--altenbericht-/95594 (05.09.2020)
zit. als: Vierter Altenbericht

Vorderwülbecke, Gerald, Gewaltsamer Tod im Alter: Tötung, Suizid und dyadischer Tod. Eine aktuelle empirische Analyse aus rechtsmedizinischer und soziologischer Sicht, Berlin 2018
zit. als: Vorderwülbecke

Wagner, Hans-Joachim, Konsumgesellschaft und Tötungsdelikt an alten Menschen – Phänomen oder Panoramawandel rechtsmedizinischer Aufgaben, in: Rechtsmedizin, Bd. 1, 1991, S. 35-40
zit. als: Wagner, Rechtsmedizin 1991

Wagner, Wieland, Japan – Abstieg in Würde, Wie ein alterndes Land um seine Zukunft ringt, München 2018
zit. als: Wagner

Walter, Michael, Ältere und pflegebedürftige Menschen als Opfer, in: Geborgenheit schenken, Schutz bieten: Sicherheit für Senioren, Expertenworkshop im Rahmen des 10. Deutschen Präventionstages 2005 zum Thema 'Ältere und pflegebedürftige Menschen als Opfer', hg. v. der Zentralen Geschäftsstelle der polizeiliche Kriminalprävention der Länder und des Bundes und der Stiftung Deutsches Forum Kriminalprävention, Stuttgart 2006, S. 84-85
zit. als: Walter, Ältere und pflegebedürftige Menschen als Opfer

Weaver, Greg, Cathy Martin, Thomas Petee, Culture, Context, and Homicide of the Elderly, in: Sociological Inquiry, February 2004, Bd. 74, S. 2-19
zit. als: Weaver/Martin/Petee, Sociological Inquiry 2004

Wenn das Altwerden zur Last wird – Suizidprävention im Alter, Broschüre hg. v. der Arbeitsgruppe Alte Menschen im Nationalen Suizidpräventionsprogramm für Deutschland, gefördert vom BMFSFJ, 6. akt. Aufl., 2019
zit. als: Wenn das Altwerden zur Last wird

Werkmeister, Andreas, Straftheorien im Völkerstrafrecht, Baden-Baden 2015
zit. als: Werkmeister

Wessels, Johannes, Werner Beulke, Helmut Satzger, Strafrecht, Allgemeiner Teil, Die Straftat und ihr Aufbau, 48., neu bearb. Aufl., Heidelberg 2018
zit. als: Wessels/Beulke/Satzger

Wessels, Johannes, Michael Hettinger, Armin Engländer, Strafrecht, Besonderer Teil 1 – Straftaten gegen Persönlichkeits- und Gemeinschaftswerte, 43., völlig neu bearb. Aufl.., Heidelberg 2019
zit. als: Wessels/Hettinger/Engländer

Wetzels, Peter, Über die Nutzung von Opferhilfeeinrichtungen – Ergebnisse einer bundesweiten repräsentativen Opferwerdungsbefragung, KF-Forschungsbericht, Nr. 49, hg. v. Kriminologischen Forschungsinstitut Niedersachsen e.V., Hannover 1996
zit. als: Wetzels, KFN-FB, Nr. 49

Wetzels, Peter, Werner Greve: Alte Menschen als Opfer innerfamiliärer Gewalt – Ergebnisse einer kriminologischen Dunkelfeldstudie, in: Zeitschrift für Gerontologie und Geriatrie, Bd. 29, 1996, S. 191-200
zit. als: Wetzels/Greve, ZfGG 1996

Wetzels, Peter, Eberhard Mecklenburg, Christian Pfeiffer, Wolfgang Bilsky, Persönliches Sicherheitsgefühl, Angst vor Kriminalität und Gewalt, Opfererfahrung älterer Menschen: Deskriptive Analysen krimineller Opfererfahrungen (Teil II): Subjektiv schwerste Opfererfahrung und Prävalenz stellvertretender Opferwerdung, KFN-Opferbefragung 1992, KFN-Forschungsbericht, Nr. 16, hg. v. Kriminologischen Forschungsinstitut Niedersachsen e.V., Hannover 1993
zit. als: Wetzels u.a., KFN-FB, Nr. 16

Wetzels, Peter, Eberhard Mecklenburg, Wolfgang Bilsky, Christian Pfeiffer, Persönliches Sicherheitsgefühl, Angst vor Kriminalität und Gewalt, Opfererfahrung älterer Menschen: Deskriptive Analyse krimineller Opfererfahrungen (Teil III): Opfererfahrung in engen sozialen Beziehungen KFN-Opferbefragung 1992, KFN-Forschungsbericht, Nr. 21, hg. v. Kriminologischen Forschungsinstitut Niedersachsen e.V., Hannover 1994
zit. als: Wetzels u.a., KFN-FB, Nr. 21

Willkomm, Martin (Hg.), Praktische Geriatrie, Klinik – Diagnostik – Interdisziplinäre Therapie, 2. vollst. überarb. und erw. Aufl., Stuttgart 2017
zit. als: Willkomm

Wilmers, Nicola, Werner Greve, Bewältigungsprozesse bei der Verarbeitung von Opfererfahrungen, in: Opfer von Straftaten, Kriminologische, rechtliche und praktische Aspekte, hg. v. Rudolf Egg, Erich Minthe, Wiesbaden 2003, S. 263-282
zit. als: Wilmers/Greve, Opfer von Straftaten

Wilms, Yvonne, Alter – ein Risiko? Ein Überblick über ein Symposium des Landespräventionsrates NRW, in: Alter – ein Risiko? Ältere Menschen als Opfer von häuslicher und institutioneller Gewalt, in: Kölner Schriften zur Kriminologie, Bd. 9, Münster 2005, S. 187-198
zit. als: Wilms, Alter – ein Risiko?

Witthohn, A., N.M. Meenen, K.H. Jungbluth, Gewalt gegen alte Menschen aus unfallchirurgischer Sicht, in: Zeitschrift für Gerontologie und Geriatrie, Bd. 29, 1996, S. 206-209
zit. als: Witthohn/Meenen/Jungbluth, ZfGG 1996

Wittig, Petra, Der rationale Verbrecher, Der ökonomische Ansatz zur Erklärung kriminellen Verhaltens, Berlin 1993
zit. als: Wittig

Wolter, Jürgen (Hg.), Systematischer Kommentar zum Strafgesetzbuch, Bd. 2: §§ 38 bis 79b, 9. Aufl., Köln 2016
zit. als: Bearbeiter in: SK-StGB Bd. 2

Wolter, Jürgen (Hg.), Systematischer Kommentar zum Strafgesetzbuch, Bd. 4: §§ 174 bis 241a, 9. Aufl., Köln 2016
zit. als: Bearbeiter in: SK-StGB Bd. 4

Wolter, Jürgen (Hg.), Systematischer Kommentar zum Strafgesetzbuch, Bd. 5: §§ 242 bis 302, 9. Aufl., Köln 2016
zit. als: Bearbeiter in: SK-StGB Bd. 5

World Health Organization, World Report on Violence and Health, Chapter 5: Abuse of the elderly, Genf 2002, S. 125-145
zit. als: WHO, World Report on Violence and Health

Wurm, Susanne, Gesundheit und Krankheit, in: Hans-Werner Wahl, Clemens Tesch-Römer, Jochen Philipp Ziegelmann (Hg.), Angewandte Gerontologie: Interventionen für ein gutes Altern in 100 Schlüsselbegriffen, 2., vollständig überarb. und erw. Aufl., Stuttgart 2012, S. 78-83
zit. als: Wurm, Angewandte Gerontologie

Wurm, Susanne, Thomas Lampert, Sonja Menning, Subjektive Gesundheit, in: Beiträge zur Gesundheitsberichtserstattung des Bundes, Gesundheit und Krankheit im Alter, Eine gemeinsame Veröffentlichung des Statistischen Bundesamtes, des Deutschen Zentrums für Altersfragen und des Robert-Koch-Instituts, hg. v. Karin Böhm, Clemens Tesch-Römer, Thomas Ziese, Berlin 2009, S. 79-91, URL: https://www.destatis.de/GPStatistik/servlets/MCRFileNodeServlet/DEMonografie_derivate_00000153/Gesundheit_und_Krankheit_im_Alter.pdf%3Bjsessionid=756BDD3B1DEDADFFE9C287CA17413B89 (05.09.2020)
zit. als: Wurm/Lampert/Menning, GBE-Beitrag 2009

Zeeh, Joachim, Gewalt gegen alte Menschen ist häufiger als Sie denken, in: MMW – Fortschritte der Medizin, Bd. 158, 2016, S. 63-68
zit. als: Zeeh, MMW 2016

Zeike, Helga, Prävention von Gewalt in der Pflege älterer Menschen, in: Internetdokumentation des Symposiums „25 Jahre Gewaltprävention im vereinten Deutschland – Bestandsaufnahme und Perspektiven", hg. v. Stephan Voß, Erich Marks, Internetdokumentation, Berlin 2016, S. 1-5, URL: www.gewalt-praevention.de/dokumentation (05.09.2020)
zit. als: Zeike, Prävention von Gewalt

Zeike, Helga, Die Entwicklung der Gewaltprävention mit Blick aus der Praxis: Wie können wir menschenwürdigen Umgang in der Pflege alter Menschen sicherstellen?, in: Internetdokumentation des Symposiums „25 Jahre Gewaltprävention im vereinten Deutschland – Bestandsaufnahme und Perspektiven", hg. v. Stephan Voß, Erich Marks, Internetdokumentation, Berlin 2016, S. 1-36, URL: www.gewalt-praevention.de/dokumentation (05.09.2020)
zit. als: Zeike, Entwicklung der Gewaltprävention

Zeyfang, Andrej, Michael D. Denkinger, Ulrich Hagg-Grün, Basiswissen Medizin des Alterns und des alten Menschen, 3., vollst. überarb. Aufl., Berlin 2018
zit. als: Zeyfang/Denkinger/Hagg-Grün

Zweiter Periodischer Sicherheitsbericht, hg. v. BMI und BMJV, URL: https://www.bka.de/DE/AktuelleInformationen/StatistikenLagebilder/PeriodischerSicherheitsbericht/periodischersicherheitsbericht_node.html (05.09.2020)
zit. als: Zweiter Periodischer Sicherheitsbericht

Bevölkerungsdaten

Konsolidiert anhand folgender Quelle: Statistisches Bundesamt (Destatis) (Hg.), Genesis-Online, Tabellen Code 12411-0006, Bevölkerung: Deutschland, Stichtag, Altersjahre, Nationalität/Geschlecht/Familienstand, URL: www-genesis.destatis.de/genesis (30.10.2019):

Jahr	Wohnbevölkerung -insgesamt-			Kinder unter 14			Jugendliche 14 bis unter 18			Heranwachsende 18 bis unter 21			Erwachsene 21 bis unter 60			Erwachsene 60 und älter			Erwachsene insgesamt		
	insges.	männlich	weiblich	insges.	männlich	weiblich	insges.	männlich	weiblich	insges.	männlich	weiblich	insges.	männlich	weiblich	insges.	männlich	weiblich	insges.	männlich	weiblich
1999	**82.163.475**	40.090.776	42.072.699	**11.995.156**	6.156.727	5.838.429	**3.646.867**	1.873.158	1.773.709	**2.799.882**	1.431.995	1.367.887	**44.840.422**	22.848.119	21.992.303	**18.881.148**	7.780.777	11.100.371	**63.721.570**	30.628.896	33.092.674
2000	**82.259.540**	40.156.536	42.103.004	**11.841.487**	6.077.210	5.764.277	**3.658.699**	1.877.924	1.780.775	**2.852.894**	1.457.634	1.395.260	**44.494.281**	22.655.874	21.838.407	**19.412.179**	8.087.894	11.324.285	**63.906.460**	30.743.768	33.162.692
2001	**82.440.309**	40.274.676	42.165.633	**11.663.161**	5.985.355	5.677.806	**3.718.258**	1.910.269	1.807.989	**2.841.251**	1.452.534	1.388.717	**44.346.311**	22.567.719	21.778.592	**19.871.328**	8.358.799	11.512.529	**64.217.639**	30.926.518	33.291.121
2002	**82.536.680**	40.344.879	42.191.801	**11.436.559**	5.868.943	5.567.616	**3.800.098**	1.951.890	1.848.208	**2.822.292**	1.443.742	1.378.550	**44.375.344**	22.561.636	21.813.708	**20.102.387**	8.518.668	11.583.719	**64.477.731**	31.080.304	33.397.427
2003	**82.531.671**	40.356.014	42.175.657	**11.208.661**	5.749.623	5.459.038	**3.846.178**	1.975.004	1.871.174	**2.795.211**	1.428.814	1.366.397	**44.345.172**	22.524.365	21.820.807	**20.336.449**	8.678.208	11.658.241	**64.681.621**	31.202.573	33.479.048
2004	**82.500.849**	40.353.627	42.147.222	**10.960.146**	5.621.804	5.338.342	**3.868.689**	1.986.764	1.881.925	**2.821.971**	1.442.278	1.379.693	**44.284.816**	22.475.455	21.809.361	**20.565.227**	8.827.326	11.737.901	**64.850.043**	31.302.781	33.547.262
2005	**82.437.995**	40.339.961	42.098.034	**10.773.064**	5.525.970	5.247.094	**3.784.340**	1.941.564	1.842.776	**2.867.917**	1.466.264	1.401.653	**44.472.576**	22.555.534	21.917.042	**20.540.098**	8.850.629	11.689.469	**65.012.674**	31.406.163	33.606.511
2006	**82.314.906**	40.301.166	42.013.740	**10.598.322**	5.437.375	5.160.947	**3.643.828**	1.868.047	1.775.781	**2.929.976**	1.499.125	1.430.851	**44.539.545**	22.578.471	21.961.074	**20.603.235**	8.918.148	11.685.087	**65.142.780**	31.496.619	33.646.161
2007	**82.217.837**	40.274.292	41.943.545	**10.460.086**	5.366.887	5.093.199	**3.509.997**	1.799.990	1.710.007	**2.937.508**	1.503.551	1.433.957	**44.540.574**	22.570.009	21.970.565	**20.769.672**	9.033.855	11.735.817	**65.310.246**	31.603.864	33.706.382
2008	**82.002.356**	40.184.283	41.818.073	**10.349.756**	5.309.135	5.040.621	**3.333.801**	1.709.884	1.623.917	**2.937.568**	1.503.965	1.433.603	**44.423.487**	22.498.652	21.924.835	**20.957.744**	9.162.647	11.795.097	**65.381.231**	31.661.299	33.719.932
2009	**81.802.257**	40.103.606	41.698.651	**10.243.179**	5.254.629	4.988.550	**3.238.514**	1.661.368	1.577.146	**2.832.491**	1.450.209	1.382.282	**44.278.737**	22.419.126	21.859.611	**21.209.336**	9.318.274	11.891.062	**65.488.073**	31.737.400	33.750.673
2010	**81.751.602**	40.112.425	41.639.177	**10.136.630**	5.198.704	4.937.926	**3.204.259**	1.645.299	1.558.960	**2.727.805**	1.397.151	1.330.654	**44.189.178**	22.385.209	21.803.969	**21.493.730**	9.486.062	12.007.668	**65.682.908**	31.871.271	33.811.637
2011	**80.327.900**	39.229.947	41.097.953	**9.957.162**	5.108.052	4.849.110	**3.185.790**	1.634.199	1.551.591	**2.537.628**	1.298.122	1.239.506	**43.212.318**	21.755.888	21.456.430	**21.435.002**	9.433.686	12.001.316	**64.647.320**	31.189.574	33.457.746
2012	**80.523.746**	39.380.976	41.142.770	**9.889.346**	5.074.178	4.815.168	**3.201.541**	1.642.475	1.559.066	**2.484.950**	1.273.157	1.211.793	**43.243.150**	21.803.266	21.439.884	**21.704.759**	9.587.900	12.116.859	**64.947.909**	31.391.166	33.556.743
2013	**80.767.463**	39.556.923	41.210.540	**9.862.234**	5.059.588	4.802.646	**3.213.295**	1.649.549	1.563.746	**2.459.518**	1.263.878	1.195.640	**43.284.656**	21.857.234	21.427.422	**21.947.760**	9.726.674	12.221.086	**65.232.416**	31.583.908	33.648.508
2014	**81.197.537**	39.835.457	41.362.080	**9.902.367**	5.081.343	4.821.024	**3.209.653**	1.649.417	1.560.236	**2.480.664**	1.280.257	1.200.407	**43.363.165**	21.938.586	21.424.579	**22.241.688**	9.885.854	12.355.834	**65.604.853**	31.824.440	33.780.413
2015	**82.175.684**	40.514.123	41.661.561	**10.116.129**	5.199.092	4.917.037	**3.209.548**	1.666.105	1.543.443	**2.610.272**	1.373.101	1.237.171	**43.737.501**	22.241.526	21.495.975	**22.502.234**	10.034.299	12.467.935	**66.239.735**	32.275.825	33.963.910
2016	**82.521.653**	40.697.118	41.824.535	**10.294.212**	5.290.178	5.004.034	**3.176.050**	1.653.335	1.522.715	**2.648.044**	1.395.200	1.252.844	**43.612.362**	22.166.905	21.445.457	**22.790.985**	10.191.500	12.599.485	**66.403.347**	32.358.405	34.044.942
2017	**82.792.351**	40.843.565	41.948.786	**10.424.531**	5.356.215	5.068.316	**3.113.615**	1.612.077	1.501.538	**2.632.344**	1.387.429	1.244.915	**43.537.097**	22.133.610	21.403.487	**23.084.764**	10.354.234	12.730.530	**66.621.861**	32.487.844	34.134.017
2018	**83.019.213**	40.966.691	42.052.522	**10.539.193**	5.414.141	5.125.052	**3.058.235**	1.578.802	1.479.433	**2.588.523**	1.358.425	1.230.098	**43.455.816**	22.099.450	21.356.366	**23.377.446**	10.515.873	12.861.573	**66.833.262**	32.615.323	34.217.939

Jahr	Erwachsene über 60 Jahren																	
	60>65			65<70			70<75			75<80			80<85			>85		
	insges.	männlich	weiblich	insges.	männlich	weiblich	insges.	männlich	weiblich	insges.	männlich	weiblich	insges.	männlich	weiblich	insges.	männlich	weiblich
1999	5.529.896	2.705.347	2.824.549	4.012.918	1.884.154	2.128.764	3.553.034	1.485.965	2.067.069	2.850.463	934.383	1.916.080	1.299.703	377.550	922.153	1.635.134	393.378	1.241.756
2000	5.718.165	2.801.342	2.916.823	4.156.942	1.961.226	2.195.716	3.603.180	1.551.108	2.052.072	2.847.234	955.446	1.891.788	1.473.962	432.423	1.041.539	1.612.696	386.349	1.226.347
2001	5.805.606	2.848.032	2.957.574	4.378.060	2.072.574	2.305.486	3.604.682	1.584.122	2.020.560	2.838.177	982.712	1.855.465	1.704.711	503.089	1.201.622	1.540.092	368.270	1.171.822
2002	5.663.568	2.780.420	2.883.148	4.637.124	2.201.864	2.435.260	3.580.311	1.591.451	1.988.860	2.857.377	1.029.525	1.827.852	1.912.327	567.538	1.344.789	1.451.680	347.870	1.103.810
2003	5.476.454	2.690.628	2.785.826	4.962.354	2.360.756	2.601.598	3.511.483	1.570.172	1.941.311	2.937.795	1.109.999	1.827.796	2.073.472	615.494	1.457.978	1.374.891	331.159	1.043.732
2004	5.197.776	2.554.391	2.643.385	5.191.424	2.474.740	2.716.684	3.611.866	1.628.184	1.983.682	3.007.179	1.183.437	1.823.742	2.145.666	641.468	1.504.198	1.411.316	345.106	1.066.210
2005	4.670.024	2.294.228	2.375.796	5.374.399	2.567.623	2.806.776	3.759.730	1.706.837	2.052.893	3.055.125	1.239.350	1.815.775	2.158.010	663.195	1.494.815	1.522.810	379.396	1.143.414
2006	4.303.946	2.115.567	2.188.379	5.459.176	2.613.746	2.845.430	3.971.995	1.812.346	2.159.649	3.063.276	1.270.286	1.792.990	2.165.181	690.150	1.475.031	1.639.661	416.053	1.223.608
2007	4.250.928	2.088.901	2.162.027	5.324.024	2.552.272	2.771.752	4.218.662	1.933.383	2.285.279	3.048.922	1.281.058	1.767.864	2.192.107	730.162	1.461.945	1.735.029	448.079	1.286.950
2008	4.228.731	2.078.987	2.149.744	5.144.557	2.469.600	2.674.957	4.522.256	2.079.806	2.442.450	3.001.088	1.271.267	1.729.821	2.258.736	791.628	1.467.108	1.802.376	471.359	1.331.017
2009	4.307.594	2.118.460	2.189.134	4.880.509	2.345.401	2.535.108	4.739.924	2.187.216	2.552.708	3.100.616	1.327.478	1.773.138	2.311.895	844.367	1.467.528	1.868.798	495.352	1.373.446
2010	4.649.437	2.284.990	2.364.447	4.381.911	2.106.077	2.275.834	4.915.622	2.275.092	2.640.530	3.240.091	1.401.043	1.839.048	2.354.967	887.633	1.467.334	1.951.702	531.227	1.420.475
2011	4.831.570	2.360.335	2.471.235	3.984.744	1.910.291	2.074.453	4.952.544	2.291.439	2.661.105	3.396.972	1.473.638	1.923.334	2.333.431	893.057	1.440.374	1.935.741	504.926	1.430.815
2012	4.989.604	2.432.556	2.557.048	3.940.115	1.889.153	2.050.962	4.826.272	2.237.524	2.588.748	3.623.049	1.581.779	2.041.270	2.326.832	903.793	1.423.039	1.998.887	543.095	1.455.792
2013	5.094.950	2.477.207	2.617.743	3.924.395	1.883.750	2.040.645	4.664.320	2.166.358	2.497.962	3.897.735	1.710.150	2.187.585	2.297.709	902.105	1.395.604	2.068.651	587.104	1.481.547
2014	5.152.977	2.502.129	2.650.848	4.008.894	1.925.969	2.082.925	4.426.214	2.059.860	2.366.354	4.109.305	1.811.505	2.297.800	2.396.702	955.114	1.441.588	2.147.596	631.277	1.516.319
2015	5.202.056	2.529.258	2.672.798	4.331.884	2.080.322	2.251.562	3.969.193	1.847.371	2.121.822	4.269.898	1.889.669	2.380.229	2.524.412	1.019.477	1.504.935	2.204.791	668.202	1.536.589
2016	5.281.280	2.573.457	2.707.823	4.563.301	2.186.608	2.376.693	3.654.937	1.703.714	1.951.223	4.349.557	1.930.680	2.418.877	2.694.971	1.099.541	1.595.430	2.246.939	697.500	1.549.439
2017	5.375.053	2.627.990	2.747.063	4.711.694	2.252.151	2.459.543	3.611.909	1.684.492	1.927.417	4.235.423	1.884.435	2.350.988	2.885.211	1.186.669	1.698.542	2.265.474	718.497	1.546.977
2018	5.493.914	2.695.725	2.798.189	4.808.497	2.291.634	2.516.863	3.596.545	1.679.886	1.916.659	4.089.384	1.823.611	2.265.773	3.111.597	1.287.124	1.824.473	2.277.509	737.893	1.539.616

FSC
www.fsc.org
MIX
Papier | Fördert gute Waldnutzung
FSC® C083411

Kolibri 360 GmbH
Ferdinand-Jühlke-Straße 7
99095 Erfurt, Deutschland
produktsicherheit@kolibri360.de